广东华侨史文库

《岭东日报·潮嘉新闻》梅州客家侨乡史料选编

上

肖文评 夏远鸣 王濯巾 钟敏丽 宋心梅 编

南方出版传媒 广东人民出版社
·广州·

图书在版编目（CIP）数据

《岭东日报·潮嘉新闻》梅州客家侨乡史料选编/肖文评等编．—广州：广东人民出版社，2018.12

（广东华侨史文库）

ISBN 978-7-218-12710-1

Ⅰ．①岭…　Ⅱ．①肖…　Ⅲ．①侨乡—地方史—史料—梅州—近代　Ⅳ．①D693.66　②K296.53

中国版本图书馆CIP数据核字（2018）第066643号

《LINGDONG RIBAO·CHAOJIA XINWEN》MEIZHOU KEJIA QIAOXIANG SHILIAO XUANBIAN

《岭东日报·潮嘉新闻》梅州客家侨乡史料选编

肖文评　夏远鸣　王濯巾　钟敏丽　宋心梅　编　　　　　版权所有　翻印必究

出 版 人：肖风华

策划编辑：王俊辉
责任编辑：李永新
装帧设计：书窗设计
责任技编：周　杰　吴彦斌

出版发行：广东人民出版社
地　　址：广州市大沙头四马路10号（邮政编码：510102）
电　　话：（020）83798714（总编室）
传　　真：（020）83780199
网　　址：http://www.gdpph.com
印　　刷：广州市浩诚印刷有限公司
开　　本：787毫米×1092毫米　1/16
印　　张：50　　字数：780千
版　　次：2018年12月第1版　2018年12月第1次印刷
定　　价：198.00元（上下册）

如发现印装质量问题，影响阅读，请与出版社（020-83795749）联系调换。
售书热线：（020）83780517

《广东华侨史文库》是《广东华侨史》编修工程的组成部分

由《广东华侨史》编修工作领导小组办公室资助出版

《广东华侨史文库》编委会

主　编：张应龙

副主编：袁　丁　张国雄

编　委：(以姓氏笔画为序)

　　　　刘　进　吴行赐　肖文评　张应龙

　　　　张国雄　袁　丁　黄晓坚

《广东华侨史文库》总序

广东是我国第一大侨乡，广东人移民海外历史久远、人数众多、分布广泛，目前海外粤籍华侨华人有3000多万、约占全国的2/3，遍及五大洲160多个国家和地区。

长期以来，粤籍华侨华人紧密追随世界发展潮流，积极融入住在国的建设发展。他们吃苦耐劳、勇于开拓，无论是东南亚地区的产业发展，还是横跨北美大陆的铁路修建，抑或古巴民族独立解放战争以及世界反法西斯战争，都凝聚着粤籍侨胞的辛勤努力、智慧汗水甚至流血牺牲。时至今日，越来越多的粤籍华侨华人政治上有地位、社会上有影响、经济上有实力、学术上有成就，成为住在国发展进步的重要力量。

长期以来，粤籍华侨华人无论身处何方，都始终情系祖国兴衰、民族复兴、家乡建设。他们献计献策、出资出力，无论是辛亥革命之时，还是革命战争年代，特别是改革开放时期，都不遗余力地支持、投身于中国革命和家乡的建设与发展。全省实际利用外资中近七成是侨、港、澳资金，外资企业中六成是侨资企业，华侨华人在广东兴办慈善公益项目超过3.3万宗、侨捐资金总额超过470亿元，为家乡的建设发挥了独特而巨大的作用。

长期以来，粤籍华侨华人充分发挥桥梁纽带作用，致力于促进中外友好交流。他们在自身的奋斗发展中，既将优秀的中华文化、岭南文化传播到五大洲，又将海外的先进经验、文化艺术带回家乡，促进广东成为中外交流最频繁、多元文化融合发展的先行地，推动中外友好交流不断深入、互利合作不断拓展,成为世界和平与发展的友好使者。

可以说,粤籍华侨华人的移民和发展史,既是中国历史的重要组成部分,更是世界历史不可缺少的亮丽篇章。

站在中华民族更深入地融入世界、加快实现伟大复兴中国梦的历史关口,面对广东全面深化改革开放、奋力实现"三个定位、两个率先"总目标的使命要求,中共广东省委、广东省人民政府决定编修《广东华侨史》,向全世界广东侨胞和光荣伟大的华侨历史致敬,向世界真实展示中国和平崛起的历史元素,也希望通过修史,全面、系统地总结梳理广东人走向世界、融入世界、贡献世界的历史过程和规律,更好地以史为鉴、古为今用,为广东在新形势下深化改革开放、加快转型升级、进一步当好排头兵提供宝贵的历史经验,形成强大的现实助力和合力。

编修一部高质量的《广东华侨史》,使之成为"资料翔实、观点全面、定性准确、结论权威"的世界侨史学界权威的、标志性的成果,是一项艰巨的使命,任重而道远。这既需要有世界视野的客观立场,有正确把握历史规律的态度和方法,有把握全方位全过程的顶层设计,更需要抓紧抢救、深入发掘整理各种资料,对涉及广东华侨史的各方面重大课题进行研究,并加强与海内外侨史学界的交流,虚心吸收国内外的研究成果。作为《广东华侨史》编修工程的重要组成部分,编辑出版《广东华侨史文库》无疑十分必要。我希望并相信,《广东华侨史文库》的出版,能够为广东华侨华人研究队伍的培育壮大,为广东华侨华人研究的可持续发展,为《广东华侨史》撰著提供坚实的学术理论和基础资料支撑,为推进中国和世界的华侨华人研究做出独特贡献,并成为中国华侨华人研究的重要品牌。

是为序。

广东省省长 朱小丹

2014年8月

本书为《广东华侨史》编修工程、广东省哲学社会科学"十二五"规划2013年度特别委托项目《梅州侨乡资料收集与整理》（GD13TW01-24）的结项成果，也是广东省普通高校人文社会科学省市共建重点研究基地嘉应学院客家研究院招标项目"粤东北民间文献与近代侨乡社会变迁研究"（12KYKT01）的阶段性成果。

目 录

上 册

一、说明 / 001

二、光绪二十八年（1902）

大清光绪廿八年壬寅六月十九日　公历一千九零二年七月二十三日　/ 007
议建学堂

大清光绪廿八年壬寅六月二十日　公历一千九零二年七月二十四日　/ 007
购置新书

大清光绪廿八年壬寅六月廿一日　公历一千九零二年七月二十五日　/ 007
西医神效

大清光绪廿八年壬寅六月廿二日　公历一千九零二年七月二十六日　/ 008
购书公禀

大清光绪廿八年壬寅七月初一日　公历一千九百零二年八月四号　/ 009
批准购书

大清光绪廿八年壬寅七月初四日　公历一千九百零二年八月七号　/ 009
匪事余谈

大清光绪廿八年壬寅七月初五日　公历一千九百零二年八月八号　/ 009
函商助学

大清光绪廿八年壬寅七月初十日　公历一千九百零二年八月十三号 行达天听	/ 010
大清光绪廿八年壬寅七月十三日　公历一千九百零二年八月十六号 农家述要	/ 010
大清光绪廿八年壬寅七月十五日　公历一千九百零二年八月十八号 宪示照登	/ 010
大清光绪廿八年壬寅七月廿五日　公历一千九百零二年八月二十八号 志书告竣	/ 011
大清光绪廿八年壬寅七月廿九日　公历一千九百零二年九月一号 选绅入局	/ 011
大清光绪廿八年壬寅八月初一日　公历一千九百零二年九月二号 兴学电音	/ 011
大清光绪廿八年壬寅八月初二日　公历一千九百零二年九月三号 重译精言	/ 011
大清光绪廿八年壬寅八月初三日　公历一千九百零二年九月四号 团局续闻 运米平粜	/ 012
大清光绪廿八年壬寅八月初四日　公历一千九百零二年九月五号 议立小学	/ 012
大清光绪廿八年壬寅八月初十日　公历一千九百零二年九月十一号 流民贻害	/ 013
大清光绪廿八年壬寅八月廿五日　公历一千九百零二年九月二十六号 远出营工	/ 013
大清光绪廿八年壬寅八月三十日　公历一千九百零二年十月一号 撞门行劫	/ 014
大清光绪廿八年壬寅九月初一日　公历一千九百零二年十月二号 筹资运米	/ 014
大清光绪廿八年壬寅九月初八日　公历一千九百零二年十月九号 不学之弊	/ 014
大清光绪廿八年壬寅九月初九日　公历一千九百零二年十月十号 邮政先声	/ 015
大清光绪廿八年壬寅九月初十日　公历一千九百零二年十月十一号 保商旧章	/ 015
大清光绪廿八年壬寅九月十二日　公历一千九百零二年十月十三号 保商旧章	/ 016

大清光绪廿八年壬寅九月十四日	公历一千九百零二年十月十五号	/ 017
保商旧章		
大清光绪廿八年壬寅九月十五日	公历一千九百零二年十月十六号	/ 018
设法运米		
保商旧章		
大清光绪廿八年壬寅九月十六日	公历一千九百零二年十月十七号	/ 019
风气最开		
徒耗金钱		
米价日增		
大清光绪廿八年壬寅九月十七日	公历一千九百零二年十月十八号	/ 019
商船起椗		
米市行情		
志书藏板		
大清光绪廿八年壬寅九月十九日	公历一千九百零二年十月二十号	/ 020
梅水操演		
大清光绪廿八年壬寅九月二十日	公历一千九百零二年十月二十一号	/ 021
关怀梓里		
拐婢罚金		
兴阻寻花		
大清光绪廿八年壬寅九月廿三日	公历一千九百零二年十月二十四号	/ 021
青柑出口		
梅江杂述		
大清光绪廿八年壬寅九月廿四日	公历一千九百零二年十月二十五号	/ 022
汕中杂述		
小学条陈		
大清光绪廿八年壬寅九月廿六日	公历一千九百零二年十月二十七号	/ 022
小学陈条		
大清光绪廿八年壬寅九月廿七日	公历一千九百零二年十月二十八号	/ 023
小学条陈		
大清光绪廿八年壬寅九月廿八日	公历一千九百零二年十月二十九号	/ 024
小学条陈		
梅州米价		
大清光绪廿八年壬寅十月初六日	公历一千九百零二年十一月五号	/ 025
梅水诗传		
大清光绪廿八年壬寅十月十八日	公历一千九百零二年十一月十七号	/ 026

条陈利弊
大清光绪廿八年壬寅十一月十一日　公历一千九百零二年十二月十号　　/ 026
　　团体兴学
　　岭东吏才
大清光绪廿八年壬寅十一月三十日　公历一千九百零二年十二月二十九号　/ 027
　　筹资阅报
大清光绪廿八年壬寅十二月初四日　公历一千九百零三年一月二号　　/ 027
　　报效加成
大清光绪廿八年壬寅十二月初五日　公历一千九百零三年一月三号　　/ 028
　　剿匪近事
大清光绪廿八年壬寅十二月初八日　公历一千九百零三年一月六号　　/ 028
　　学堂起点
大清光绪廿八年壬寅十二月十四日　公历一千九百零三年一月十二号　/ 028
　　兴学公函

三、光绪二十九年（1903）

大清光绪廿九年癸卯二月初一日　公历一千九百零三年二月二十七号　/ 031
　　定期开学
大清光绪廿九年癸卯二月初六日　公历一千九百零三年三月四号　　/ 031
　　通融办理
大清光绪廿九年癸卯二月初七日　公历一千九百零三年三月五号　　/ 031
　　章程续登
大清光绪廿九年癸卯二月十一日　公历一千九百零三年三月九号　　/ 032
　　玉峡苦况
　　因赌自戕
大清光绪廿九年癸卯二月十三日　公历一千九百零三年三月十一号　/ 032
　　捐助院产
大清光绪廿九年癸卯二月十六日　公历一千九百零三年三月十四号　/ 033
　　学堂纪事
　　格言两则
大清光绪廿九年癸卯二月十八日　公历一千九百零三年三月十六号　/ 034
　　备文游学
　　镇邑免捐
大清光绪廿九年癸卯二月廿一日　公历一千九百零三年三月十九号　/ 035
　　梅州夜盗
大清光绪廿九年癸卯二月廿五日　公历一千九百零三年三月二十三号　/ 035

变通蒙学
大清光绪廿九年癸卯二月廿八日　公历一千九百零三年三月二十六号　　　　／035
　　分设邮局
　　天南雁足
大清光绪廿九年癸卯二月三十日　公历一千九百零三年三月二十八号　　　　／036
　　茶商赴闽
　　严禁诱骗
　　青柑又熟
大清光绪廿九年癸卯三月初二日　公历一千九百零三年三月三十号　　　　／037
　　记联益公司
　　州牧牌示
　　天不漏奸
　　梅州米市
大清光绪廿九年癸卯三月初四日　公历一千九百零三年四月一号　　　　／038
　　招工告示
大清光绪廿九年癸卯三月初五日　公历一千九百零三年四月二号　　　　／038
　　新报风行
　　番客纷来
　　委员购地
大清光绪廿九年癸卯三月初六日　公历一千九百零三年四月三号　　　　／039
　　关心桑梓
　　热心教育
大清光绪廿九年癸卯三月初七日　公历一千九百零三年四月四号　　　　／039
　　青柑出口
大清光绪廿九年癸卯三月十一日　公历一千九百零三年四月八号　　　　／039
　　明火夜劫
大清光绪廿九年癸卯三月十二日　公历一千九百零三年四月九号　　　　／040
　　行劫补志
　　赴沪游学
大清光绪廿九年癸卯三月十三日　公历一千九百零三年四月十号　　　　／041
　　盗窃汇志
　　嵩社大福酬神演剧募捐缘簿序
大清光绪廿九年癸卯三月十四日　公历一千九百零三年四月十一号　　　　／042
　　知难而退
大清光绪廿九年癸卯三月十六日　公历一千九百零三年四月十三号　　　　／042

劝捐助学
　　寿联再志
大清光绪廿九年癸卯三月十七日　公历一千九百零三年四月十四号　　/ 042
　　学堂演说
大清光绪廿九年癸卯三月十八日　公历一千九百零三年四月十五号　　/ 043
　　追回逃妇
　　演说续登
大清光绪廿九年癸卯三月廿三日　公历一千九百零三年四月二十号　　/ 044
　　寿联三志
大清光绪廿九年癸卯三月廿四日　公历一千九百零三年四月二十一号　/ 044
　　问答述略
大清光绪廿九年癸卯三月廿六日　公历一千九百零三年四月二十三号　/ 045
　　地球将通
大清光绪廿九年癸卯四月初三日　公历一千九百零三年四月二十九号　/ 045
　　梅学将兴
大清光绪廿九年癸卯四月初六日　公历一千九百零三年五月二号　　　/ 045
　　学校章程节略
大清光绪廿九年癸卯四月廿二日　公历一千九百零三年五月十八号　　/ 046
　　兴筑学校
　　捐助平籴
大清光绪廿九年癸卯四月廿五日　公历一千九百零三年五月二十一号　/ 047
　　梅州米市
大清光绪廿九年癸卯五月初一日　公历一千九百零三年五月二十七号　/ 047
　　大违禅律
大清光绪廿九年癸卯五月初七日　公历一千九百零三年六月二日　　　/ 047
　　襄办平籴
大清光绪廿九年癸卯五月初八日　公历一千九百零三年六月三号　　　/ 047
　　青蚨飞去
大清光绪廿九年癸卯五月十一日　公历一千九百零三年六月六号　　　/ 048
　　开办学堂
大清光绪廿九年癸卯五月十四日　公历一千九百零三年六月九号　　　/ 048
　　花会猖獗
　　好行其德
　　是恶姻缘
大清光绪廿九年癸卯五月十五日　公历一千九百零三年六月十号　　　/ 049

匪踪汇纪
大清光绪廿九年癸卯五月十八日　公历一千九百零三年六月十三号　　　／050
　　学堂章程
大清光绪廿九年癸卯五月廿四日　公历一千九百零三年六月十九号　　　／050
　　新督礼贤
大清光绪廿九年癸卯五月廿七日　公历一千九百零三年六月二十二号　　／051
　　延揽人材
大清光绪廿九年癸卯闰五月初一日　公历一千九百零三年六月二十五号　／051
　　劝捐助学
大清光绪廿九年癸卯闰五月初三日　公历一千九百零三年六月二十七号　／052
　　教会规章
大清光绪廿九年癸卯闰五月初五日　公历一千九百零三年六月二十九号　／053
　　聘请出山
　　续教会规章
大清光绪廿九年癸卯闰五月初七日　公历一千九百零三年七月一号　　　／054
　　爱番客启
大清光绪廿九年癸卯闰五月初八日　公历一千九百零三年七月二号　　　／054
　　失票受罚
大清光绪廿九年癸卯闰五月十四日　公历一千九百零三年七月八号　　　／055
　　乐助同文
　　学堂纪闻
　　遐事客谈
大清光绪廿九年癸卯闰五月十九日　公历一千九百零三年七月十三日　　／056
　　拐匪可恶
大清光绪廿九年癸卯闰五月廿二日　公历一千九百零三年七月十六号　　／056
　　此老何为
大清光绪廿九年癸卯闰五月廿三日　公历一千九百零三年七月十七号　　／056
　　烟叶之利
　　姑息养奸
清光绪廿九年癸卯闰五月廿四日　公历一千九百零三年七月十八号　　　／057
　　添聘教习
大清光绪廿九年癸卯闰五月廿七日　公历一千九百零三年七月二十一号　／057
　　竞争航业
大清光绪廿九年癸卯闰五月廿九日　公历一千九百零三年七月二十三号　／058
　　踵兴学堂

野蛮世界
大清光绪廿九年癸卯六月初一日　公历一千九百零三年七月二十四号　　/ 058
　　竞争航业续闻
　　纪梅州平粜
大清光绪廿九年癸卯六月初五日　公历一千九百零三年七月二十八号　　/ 059
　　竞争航业再续
　　嘉应彭孝廉炜瑛涉趣园诗钞序
大清光绪廿九年癸卯六月初六日　公历一千九百零三年七月二十九号　　/ 060
　　志士捐书
　　竞争航业三续
大清光绪廿九年癸卯六月初七日　公历一千九百零三年七月三十号　　/ 061
　　竞争航业四续
大清光绪廿九年癸卯六月初九日　公历一千九百零三年八月一号　　/ 061
　　拟筑潮汕铁路
　　请奖捐绅
大清光绪廿九年癸卯六月廿一日　公历一千九百零三年八月十三号　　/ 062
　　保护出洋华商示文
大清光绪廿九年癸卯六月廿五日　公历一千九百零三年八月十七号　　/ 062
　　故镜重圆
　　洋客述言
　　航业冲突
大清光绪廿九年癸卯六月廿六日　公历一千九百零三年八月十八号　　/ 063
　　船户之弊
　　古梅涉趣园来稿
大清光绪廿九年癸卯六月廿九日　公历一千九百零三年八月二十一号　　/ 064
　　记三公司
大清光绪廿九年癸卯六月三十日　公历一千九百零三年八月二十二号　　/ 064
　　枪毋轻放
大清光绪廿九年癸卯七月初二日　公历一千九百零三年八月二十四号　　/ 065
　　教妇拜师
大清光绪廿九年癸卯七月初三日　公历一千九百零三年八月二十五号　　/ 065
　　更正前报
大清光绪廿九年癸卯七月初六日　公历一千九百零三年八月二十八号　　/ 065
　　小窃宜惩
　　游学汇纪

| 大清光绪廿九年癸卯七月初九日 | 公历一千九百零三年八月三十一号 | / 066 |

纪茶阳磁碗

挑妇行凶

| 大清光绪廿九年癸卯七月初十日 | 公历一千九百零三年九月一号 | / 067 |

种植之利

全无心肝

| 大清光绪廿九年癸卯七月十二日 | 公历一千九百零三年九月三号 | / 067 |

蕉阳茶市

| 大清光绪廿九年癸卯七月十三日 | 公历一千九百零三年九月四号 | / 067 |

示禁贩匪

言之丑也

| 大清光绪廿九年癸卯七月十四日 | 公历一千九百零三年九月五号 | / 068 |

齐昌教士

| 大清光绪廿九年癸卯七月十九日 | 公历一千九百零三年九月十号 | / 068 |

讹索述闻

| 大清光绪廿九年癸卯七月二十日 | 公历一千九百零三年九月十一号 | / 069 |

茶阳学堂筹款之艰

挑妇行凶续纪

| 大清光绪廿九年癸卯七月廿一日 | 公历一千九百零三年九月十二号 | / 069 |

齐昌近事函述

| 大清光绪廿九年癸卯七月廿四日 | 公历一千九百零三年九月十五号 | / 070 |

夜盗猖獗

| 大清光绪廿九年癸卯七月廿五日 | 公历一千九百零三年九月十六号 | / 070 |

叩轮减价

阔哉秀才

| 大清光绪廿九年癸卯七月廿七日 | 公历一千九百零三年九月十八号 | / 071 |

梅事杂述

茶阳小学

| 大清光绪廿九年癸卯七月廿八日 | 公历一千九百零三年九月十九号 | / 071 |

持赠新法

不减水脚

| 大清光绪廿九年癸卯九月廿一日 | 公历一千九百零三年十一月九号 | / 072 |

学堂影响

幸逢救星

| 大清光绪廿九年癸卯九月廿二日 | 公历一千九百零三年十一月十号 | / 072 |

押追拐卖
　　客子奇闻
　　中西食醋

大清光绪廿九年癸卯九月廿四日　公历一千九百零三年十一月十二号　　　／074
　　准控粮差
　　妇为劫盗

大清光绪廿九年癸卯九月廿五日　公历一千九百零三年十一月十三号　　　／074
　　潮州之人头税
　　竞争航业续闻

大清光绪廿九年癸卯九月廿六日　公历一千九百零三年十一月十四号　　　／075
　　巨商报效近闻
　　创办西学堂
　　粮差玩法

大清光绪廿九年癸卯十月十九日　公历一千九百零三年十二月七号　　　／076
　　准办潮汕铁路

大清光绪廿九年癸卯十月二十日　公历一千九百零三年十二月八号　　　／076
　　松口蒙学之起点
　　拐卖述闻
　　换帖还灰
　　画图新咏

大清光绪廿九年癸卯十月廿一日　公历一千九百零三年十二月九号　　　／077
　　青年顽固之特质

大清光绪二十九年癸卯十月廿三日　公历一千九百零三年十二月十一号　　　／077
　　巨商两纪

大清光绪廿九年癸卯十一月初一日　公历一千九百零三年十二月十九号　　　／078
　　羊城尺素

大清光绪廿九年癸卯十一月初三日　公历一千九百零三年十二月二十一号　　　／078
　　茶阳邮政近闻

大清光绪廿九年癸卯十一月初七日　公历一千九百零三年十二月二十五号　　　／078
　　潮汕铁路述闻

大清光绪廿九年癸卯十一月初十日　公历一千九百零三年十二月二十八号　　　／079
　　暹罗提犯
　　讼争妹婿

大清光绪廿九年癸卯十一月十三日　公历一千九百零三年十二月三十一号　　　／079
　　潮汕铁路总办至沪述闻

| 大清光绪廿九年癸卯十一月十五日 | 公历一千九百零四年一月二号 | / 080 |

  东游者众

| 大清光绪廿九年癸卯十一月十八日 | 公历一千九百零四年一月五号 | / 080 |

  请办矿务

| 大清光绪廿九年癸卯十一月廿二日 | 公历一千九百零四年一月九号 | / 080 |

  函述游美情形
  牡鸡作新郎

| 大清光绪廿九年癸卯十一月廿八日 | 公历一千九百零四年一月十五号 | / 081 |

  松口蒙学堂之建设
  拟设埔邑流通兼积贮银行章程

| 大清光绪廿九年癸卯十一月廿九日 | 公历一千九百零四年一月十六号 | / 081 |

  续闻松口蒙学之建设
  拟设埔邑流通兼积贮银行章程（续昨）

| 大清光绪廿九年癸卯十二月初二日 | 公历一千九百零四年一月十八号 | / 082 |

  电召能者函述

| 大清光绪廿九年癸卯十二月初四日 | 公历一千九百零四年一月二十号 | / 083 |

  拟设埔邑流通兼积贮银行章程（再续廿九）
  惨葬火坑

| 大清光绪廿九年癸卯十二月初五日 | 公历一千九百零四年一月二十一号 | / 083 |

  拟办嘉应开明蒙学堂章程稿
  娘子军战之悍俗

| 大清光绪廿九年癸卯十二月初六日 | 公历一千九百零四年一月二十二号 | / 084 |

  潮汕铁路总办抵省
  拟办嘉应开明蒙学堂章程稿（续昨）

| 大清光绪廿九年癸卯十二月初七日 | 公历一千九百零四年一月二十三号 | / 085 |

  捐金修路

| 大清光绪廿九年癸卯十二月初九日 | 公历一千九百零四年一月二十五号 | / 086 |

  女童慕学之特色

| 大清光绪廿九年癸卯十二月初十日 | 公历一千九百零四年一月二十六号 | / 086 |

  嘉应请办蒙学堂禀批

| 大清光绪廿九年癸卯十二月十一日 | 公历一千九百零四年一月二十七号 | / 087 |

  铁路总办至汕

| 大清光绪廿九年癸卯十二月十三日 | 公历一千九百零四年一月二十九号 | / 087 |

  务本中学堂近闻

| 大清光绪廿九年癸卯十二月十六日 | 公历一千九百零四年二月一号 | / 088 |

禀设游学公会之批词
　　禀拟筹办学堂之批词
　　同人东游

大清光绪廿九年癸卯十二月十七日　公历一千九百零四年二月二号　　　　/ 088
　　群学社简明章程并序

大清光绪廿九年癸卯十二月十八日　公历一千九百零四年二月三号　　　　/ 089
　　群学社简明章程（续昨）

大清光绪廿九年癸卯十二月十九日　公历一千九百零四年二月四号　　　　/ 090
　　耕牛出口

大清光绪廿九年癸卯十二月廿一日　公历一千九百零四年二月六号　　　　/ 090
　　禀请提款兴学之牌示
　　保护潮汕铁路之示谕
　　梅州米价之涨

四、光绪三十年（1904）

大清光绪三十年甲辰正月初五日　公历一千九百零四年二月二十号　　　　/ 095
　　潮漳铁路近闻

大清光绪三十年甲辰正月初九日　公历一千九百零四年二月二十四号　　　/ 095
　　埔邑乐群学堂开办大略事宜
　　戒烟新法

大清光绪三十年甲辰正月初十日　公历一千九百零四年二月二十五号　　　/ 096
　　续埔邑乐群学堂开办大略事宜

大清光绪三十年甲辰正月十八日　公历一千九百零四年三月四号　　　　　/ 097
　　学务处保护务本学堂之牌示

大清光绪三十年甲辰正月廿一日　公历一千九百零四年三月七号　　　　　/ 097
　　嘉应建设学堂之影响
　　西坑闹案述略
　　埔属火抢纪闻

大清光绪三十年甲辰正月廿二日　公历一千九百零四年三月八号　　　　　/ 098
　　闹新房之恶风潮

大清光绪三十年甲辰正月廿五日　公历一千九百零四年三月十一号　　　　/ 098
　　学务处之于同文学堂
　　嘉应永清局之内容

大清光绪三十年甲辰正月廿六日　公历一千九百零四年三月十二号　　　　/ 099
　　嘉应教育会之出现

大清光绪三十年甲辰正月廿八日　公历一千九百零四年三月十四号　　　　/ 100

同文学堂公件
　　官场消息
　　大令东游
　　梅州商况
　　梅州得雨
大清光绪三十年甲辰正月廿九日　公历一千九百零四年三月十五号　　　　／101
　　东游续纪
　　嘉应歉收
　　嘉应女学之萌芽
　　潮郡游神杂志
大清光绪三十年甲辰二月初一日　公历一千九百零四年三月十七号　　　　／102
　　梅州派习师范生
　　学务处判同文学堂事之失实
大清光绪三十年甲辰二月初三日　公历一千九百零四年三月十九号　　　　／103
　　茶阳学务杂述
大清光绪三十年甲辰二月初五日　公历一千九百零四年三月二十一号　　　／103
　　学务处委员记过述闻
　　强立学堂之成立
大清光绪三十年甲辰二月初六日　公历一千九百零四年三月二十二号　　　／104
　　中西学堂之示谕
　　松江女学
　　屠捐闹案近述
　　嘉应盗贼之横行
大清光绪三十年甲辰二月初七日　公历一千九百零四年三月二十三号　　　／105
　　开办潮汕铁路章程述略
　　创设香港源盛银行章程
大清光绪三十年甲辰二月初八日　公历一千九百零四年三月二十四号　　　／106
　　创设香港源盛银行章程（续昨）
大清光绪三十年甲辰二月初九日　公历一千九百零四年三月二十五号　　　／107
　　松江风气之渐开
大清光绪三十年甲辰二月十二日　公历一千九百零四年三月二十八号　　　／107
　　纪务本学堂开学之演说
大清光绪三十年甲辰二月十三日　公历一千九百零四年三月二十九号　　　／108
　　学务处商请总办述闻
　　纪务本学堂开学之演说（续昨）

挽梁直刺

大清光绪三十年甲辰二月十四日　公历一千九百零四年三月三十号　　／109
　　纪务本学堂开学之演说（再续昨稿）

大清光绪三十年甲辰二月十五日　公历一千九百零四年三月卅一号　　／110
　　请设学务公所之批词
　　嘉应州城厢劫贼之横行

大清光绪三十年甲辰二月十六日　公历一千九百零四年四月一号　　／110
　　请饬办米平粜之禀批
　　土神得妻

大清光绪三十年甲辰二月十七日　公历一千九百零四年四月二号　　／112
　　嘉应拟建女学会
　　娘子军之横暴

清光绪三十年甲辰二月十九日　公历一千九百零四年四月四号　　／112
　　师范学堂之希望
　　议抽条丝

大清光绪三十年甲辰二月廿二日　公历一千九百零四年四月七号　　／113
　　潮汕铁路要闻
　　师范教习已定

大清光绪三十年甲辰二月廿三日　公历一千九百零四年四月八号　　／113
　　纪中学堂
　　办理学务述函
　　争山上控之批词
　　嗜赌自误

大清光绪三十年甲辰二月廿六日　公历一千九百零四年四月十一号　　／114
　　办理同文学堂之特派委员抵汕
　　埔属劫案

大清光绪三十年甲辰二月廿七日　公历一千九百零四年四月十二号　　／115
　　续纪办理同文学堂之特派员
　　议撤练勇
　　议设女学
　　投水疑案

大清光绪三十年甲辰二月廿八日　公历一千九百零四年四月十三号　　／116
　　商办同文学堂
　　埔属劫盗之横行
　　巾帼英雄

豺虎为患

大清光绪三十年甲辰二月廿九日　公历一千九百零四年四月十四号　/ 117
　　纪岭东留学议同文学堂事
　　学务处收考游学之牌示
　　龙牙堡春笋之发达

大清光绪三十年甲辰二月三十日　公历一千九百零四年四月十五号　/ 117
　　同文学堂定期开学

大清光绪三十年甲辰三月初一日　公历一千九百零四年四月十六号　/ 118
　　手谕照登

大清光绪三十年甲辰三月初三日　公历一千九百零四年四月十八号　/ 119
　　纪同文学堂开学

大清光绪三十年甲辰三月初五日　公历一千九百零四年四月二十号　/ 120
　　大风潮来了

大清光绪三十年甲辰三月十日　公历一千九百零四年四月二十五号　/ 120
　　同文学堂之调停
　　阻止兴学之野蛮
　　恶少害命
　　纪火警

大清光绪三十年甲辰三月十一日　公历一千九百零四年四月二十六号　/ 121
　　兴民学堂纪略

大清光绪三十年甲辰三月十三日　公历一千九百零四年四月二十八号　/ 121
　　开办潮汕铁路消息
　　埔事述函
　　需索勘费之骇闻
　　送德国瑞牧师回国序

大清光绪三十年甲辰三月十四日　公历一千九百零四年四月二十九号　/ 122
　　同文学堂风潮已息
　　纪梅州游学生
　　梅州农事
　　破镜重圆

大清光绪三十年甲辰三月十五日　公历一千九百零四年四月三十号　/ 124
　　学务处委员之手谕

大清光绪三十年甲辰三月十七日　公历一千九百零四年五月二号　/ 124
　　嘉应兴学会议所之章程

大清光绪三十年甲辰三月十八日　公历一千九百零四年五月三号　/ 125

嘉应试期
嘉应兴学会议所之章程（续昨）
续纪梅州游学生
禀揭窝匪
劫坟匪犯解省
三河巡检之怪象

大清光绪三十年甲辰三月二十日　公历一千九百零四年五月五号　　/ 126
关卡之勒索
以教欺教
梅江喜雨

大清光绪三十年甲辰三月廿一日　公历一千九百零四年五月六号　　/ 127
照拨同文学堂官款

大清光绪三十年甲辰三月廿二日　公历一千九百零四年五月七号　　/ 127
纪巨商之报效
船户奸拐

大清光绪三十年甲辰三月廿五日　公历一千九百零四年五月十号　　/ 128
请赌津贴学费
水龙局之宜整顿
秃鹜之行窃

大清光绪三十年甲辰三月廿六日　公历一千九百零四年五月十一号　　/ 129
梅州函述
约束营勇告示
差役行凶
少妇毙贼

大清光绪三十年甲辰三月廿七日　公历一千九百零四年五月十二号　　/ 129
通饬兴学之札文

大清光绪三十年甲辰三月廿八日　公历一千九百零四年五月十三号　　/ 130
潮汕铁路之总办
兴宁近事汇述

大清光绪三十年甲辰三月廿九日　公历一千九百零四年五月十四号　　/ 131
请总办潮汕铁路之照会
兴宁函述

大清光绪三十年甲辰四月初二日　公历一千九百零四年五月十六号　　/ 131
务本学堂之风潮已息
潮汕铁路之组织

大清光绪三十年甲辰四月初三日　公历一千九百零四年五月十七号　　/ 132
　　保护务本学堂告示述略
　　埔邑又议碗捐
大清光绪三十年甲辰四月初四日　公历一千九百零四年五月十八号　　/ 132
　　铁路局之宴会期
　　官场之怪现象
　　续纪兴宁局绅
　　改良私塾
　　查封尼庵
大清光绪三十年甲辰四月初五日　公历一千九百零四年五月十九号　　/ 133
　　乐群学堂近述
大清光绪三十年甲辰四月初六日　公历一千九百零四年五月二十号　　/ 134
　　东游佳话
大清光绪三十年甲辰四月初七日　公历一千九百零四年五月二十一号　/ 134
　　札复清办潮州盗匪
　　源盛银行之成立
大清光绪三十年甲辰四月初九日　公历一千九百零四年五月二十三号　/ 136
　　银行成立之余闻
　　勘地述闻
　　潮嘉商人之巨劫
　　僧尼之狼狈
　　茶阳之洪水患
　　家庭怪象两则
大清光绪三十年甲辰四月十一日　公历一千九百零四年五月二十五号　/ 137
　　保护勘地之示谕
　　纪铁路总局之宴会
大清光绪三十年甲辰四月十二日　公历一千九百零四年五月二十六号　/ 138
　　兴民学堂演说
　　长乐县拟兴学堂
　　兴宁学务之振兴
大清光绪三十年甲辰四月十四日　公历一千九百零四年五月二十八号　/ 139
　　潮汕铁路分局
大清光绪三十年甲辰四月十六日　公历一千九百零四年五月三十号　　/ 139
　　平远赴东之师范生
　　嘉应蠹役之利害

大清光绪三十年甲辰四月十七日　公历一千九百零四年五月三十一号　　/ 140
　　函述槟榔屿中华学校开学之盛
　　嘉应练勇之行径
　　水利启争
大清光绪三十年甲辰四月十八日　公历一千九百零四年六月一号　　/ 140
　　潮汕铁路之关防
　　咨请办理银行
　　潮嘉商人之巨劫续闻
大清光绪三十年甲辰四月十九日　公历一千九百零四年六月二号　　/ 141
　　丙村之改良教育会
　　智群社会之组织
大清光绪三十年甲辰四月二十日　公历一千九百零四年六月三号　　/ 142
　　潮汕铁路勘地
　　议筑大丰永三邑码头
大清光绪三十年甲辰四月廿一日　公历一千九百零四年六月四号　　/ 142
　　禀请保护学塾
　　乡人谋自卫
　　潮嘉商人之劫案破获
大清光绪三十年甲辰四月廿三日　公历一千九百零四年六月六号　　/ 143
　　保护铁路勘工示
　　同文教习补志
大清光绪三十年甲辰四月廿五日　公历一千九百零四年六月八号　　/ 143
　　兴民学堂近述
　　兴宁近事汇闻
大清光绪三十年甲辰四月廿六日　公历一千九百零四年六月九号　　/ 144
　　兴邑兴民学堂招课英文学生序例
大清光绪三十年甲辰四月廿七日　公历一千九百零四年六月十号　　/ 145
　　改良教育会之演说
大清光绪三十年甲辰四月廿八日　公历一千九百零四年六月十一号　　/ 146
　　同文学堂咨送联系员
大清光绪三十年甲辰四月三十日　公历一千九百零四年六月十三号　　/ 146
　　潮汕铁路述要
　　禀请保护学塾之批词
大清光绪三十年甲辰五月初一日　公历一千九百零四年六月十四号　　/ 147
　　拟筹款兴学兴工之批词

封斋庵充学费

大清光绪三十年甲辰五月初二日　　公历一千九百零四年六月十五号　　／ 147
　　潮汕铁路近述
　　举行平粜

大清光绪三十年甲辰五月初三日　　公历一千九百零四年六月十六号　　／ 148
　　迷信风水之构讼

大清光绪三十年甲辰五月初九日　　公历一千九百零四年六月二十二号　　／ 148
　　铁路勘地之函商
　　猪仔乎青柑乎

大清光绪三十年甲辰五月初十日　　公历一千九百零四年六月二十三号　　／ 149
　　务本学堂春季积分榜

大清光绪三十年甲辰五月十一日　　公历一千九百零四年六月二十四号　　／ 149
　　纸商近情

大清光绪三十年甲辰五月十四日　　公历一千九百零四年六月二十七号　　／ 150
　　潮汕铁路工程之预告

大清光绪三十年甲辰五月十五日　　公历一千九百零四年六月二十八号　　／ 150
　　嘉应选派练习员
　　嘉应州之花会匪

大清光绪三十年甲辰五月十六日　　公历一千九百零四年六月二十九号　　／ 150
　　大埔小学堂之近状

大清光绪三十年甲辰五月十七日　　公历一千九百零四年六月三十号　　／ 151
　　呫呫藉端阻学之怪事

大清光绪三十年甲辰五月十八日　　公历一千九百零四年七月一号　　／ 151
　　嘉应学务所之会议
　　嘉应州试榜
　　误毒十三命之离奇
　　兴宁患疫之近情
　　兴宁农工业述略

大清光绪三十年甲辰五月十九日　　公历一千九百零四年七月二号　　／ 152
　　保护学塾之示文

大清光绪三十年甲辰五月廿四日　　公历一千九百零四年七月七号　　／ 153
　　埔邑废寺兴学之希望

大清光绪三十年甲辰五月廿五日　　公历一千九百零四年七月八号　　／ 154
　　埔邑废寺兴学续闻
　　在押同文学堂账房之自缢

拟推广社仓
大清光绪三十年甲辰五月廿六日　公历一千九百零四年七月九号　　　　　／ 154
纪嘉应游学生
镇平学务
丰顺县学堂之兴办
铁路工程之溺毙
毒毙九命
丰顺花会之为害
埔邑女尼之大运动
大清光绪三十年甲辰五月廿八日　公历一千九百零四年七月十一号　　　／ 156
电阻潮汕铁路工程述要
嘉应学务所之决议
愚妇轻生
大清光绪三十年甲辰五月廿九日　公历一千九百零四年七月十二号　　　／ 156
兴办族学之提议
在押毙命之相验
汤坑暴党之剧斗
嘉应木商之被劫
大清光绪三十年甲辰六月初三日　公历一千九百零四年七月十五号　　　／ 157
电阻潮汕铁路工程续闻
大清光绪三十年甲辰六月初六日　公历一千九百零四年七月十八号　　　／ 157
嘉应务本学堂之改良
大清光绪三十年甲辰六月初七日　公历一千九百零四年七月十九号　　　／ 158
纪嘉字营勇
巨商之热心教育
大清光绪三十年甲辰六月初八日　公历一千九百零四年七月二十号　　　／ 158
骗婚奇闻
大清光绪三十年甲辰六月初九日　公历一千九百零四年七月二十一号　　／ 159
务本学堂之试验
华奥银行之总理
大清光绪三十年甲辰六月初十日　公历一千九百零四年七月二十二号　　／ 159
新书新报之畅销
大清光绪三十年甲辰六月十一日　公历一千九百零四年七月二十三号　　／ 159
谕饬研究土货
大清光绪三十年甲辰六月十三日　公历一千九百零四年七月二十五号　　／ 160

岭东学会议潮汕铁路事
大清光绪三十年甲辰六月十四日　公历一千九百零四年七月二十六号　 / 160
　　谕饬研究土货粘单
　　拟设万国商会
　　查办控案之待质
　　办汤坑械斗
大清光绪三十年甲辰六月十五日　公历一千九百零四年七月二十七号　 / 162
　　纪拣派出洋之武备生
　　推广商业制艺学堂
　　埔邑米市近情
　　梅江水溢
大清光绪三十年甲辰六月十六日　公历一千九百零四年七月二十八号　 / 163
　　留学生之与潮汕铁路
大清光绪三十年甲辰六月十七日　公历一千九百零四年七月二十九号　 / 163
　　嶂下乡兴办蒙学
　　派员密查利弊
　　大埔官绅之与花会匪
大清光绪三十年甲辰六月十八日　公历一千九百零四年七月三十号　 / 164
　　岭东留东学生述函
　　示嶂下乡兴办蒙学
　　藉教为护符
大清光绪三十年甲辰六月廿三日　公历一千九百零四年八月四号　 / 165
　　学会拟设小学堂
　　妇女轻生
大清光绪三十年甲辰六月廿四日　公历一千九百零四年八月五号　 / 165
　　铁路局购地之办法
大清光绪三十年甲辰六月廿五日　公历一千九百零四年八月六号　 / 165
　　大埔官场之剥民
　　兴商之巨劫
　　革神会兴蒙学之提议
　　分水凹强盗抢劫
　　大埔之水患
大清光绪三十年甲辰六月廿八日　公历一千九百零四年八月九号　 / 167
　　务本学堂请助学费
　　嘉应州灾黎之惨诉

大清光绪三十年甲辰六月廿九日　　公历一千九百零四年八月十号　　　　／168
　　务本学堂暑假大考
　　州署之家丁逃走
　　丰顺水灾之惨状
大清光绪三十年甲辰七月初一日　　公历一千九百零四年八月十一号　　　／169
　　收发处犹勒索传呈
大清光绪三十年甲辰七月初二日　　公历一千九百零四年八月十二号　　　／169
　　铁路实线之测定
　　禀请禁醮兴学之批词
　　兴民学堂近述
　　李族议办蒙学堂
　　命案之累
　　松口盗风之稍戢
大清光绪三十年甲辰七月初三日　　公历一千九百零四年八月十三号　　　／170
　　禀办兴民学堂之批示
　　务本学堂请给钤记
大清光绪三十年甲辰七月初五日　　公历一千九百零四年八月十五号　　　／171
　　贼肆有由
　　西岩山产茶
　　平沙之烟利
　　纪汕商捐赈嘉应水灾
大清光绪三十年甲辰七月初六日　　公历一千九百零四年八月十六号　　　／172
　　赈灾小记
　　劫匪见获
　　埔邑商情二则
　　健讼至此
大清光绪三十年甲辰七月初七日　　公历一千九百零四年八月十七号　　　／173
　　潮汕铁路认招领股合约
　　长桥可惜
　　食鼠奇闻
　　试士被劫
　　乩仙尚可信耶
大清光绪三十年甲辰七月十四日　　公历一千九百零四年八月二十四号　　／174
　　捐地兴学之美举
　　京卿对付学务之演说

求铺票之怪象
大清光绪三十年甲辰七月十五日　公历一千九百零四年八月二十五号　／176
　　盐卡被劫
　　丙市夜盗之披猖
大清光绪三十年甲辰七月十七日　公历一千九百零四年八月二十七号　／176
　　捐修助学
　　纪埔邑张家之命案
　　记沈氏婢
大清光绪三十年甲辰七月廿二日　公历一千九百零四年九月一号　／177
　　大埔郭茂才上查邑侯书
大清光绪三十年甲辰七月廿三日　公历一千九百零四年九月二号　／179
　　师范学堂之腐败
　　兴民学堂禀陈筹款之批词
　　妖民惑众
大清光绪三十年甲辰七月廿四日　公历一千九百零四年九月三号　／180
　　严禁瞒骗轮船水脚
　　得赐宝星
　　张京卿捐款赈济
大清光绪三十年甲辰七月廿六日　公历一千九百零四年九月五号　／181
　　村氓拒教
　　漏匪猖獗
大清光绪三十年甲辰七月廿七日　公历一千九百零四年九月六号　／181
　　嘉应又被水灾
大清光绪三十年甲辰七月廿八日　公历一千九百零四年九月七号　／181
　　松江之水患
大清光绪三十年甲辰七月廿九日　公历一千九百零四年九月八号　／182
　　函述松口土匪
大清光绪三十年甲辰八月初一日　公历一千九百零四年九月十号　／182
　　上控学官之劣迹
大清光绪三十年甲辰八月初三日　公历一千九百零四年九月十二号　／183
　　兴民学堂拟行醮捐
　　嘉应水灾详述
　　怪哉上控差役之绅士
　　兴宁疫气渐平
大清光绪三十年甲辰八月初四日　公历一千九百零四年九月十三号　／184
　　禀办乐群学堂之牌示

嘉应屠户罢市
　　犯禁贩米之差役
大清光绪三十年甲辰八月初五日　公历一千九百零四年九月十四号　　　/ 185
　　禀报水灾之异闻
大清光绪三十年甲辰八月初六日　公历一千九百零四年九月十五号　　　/ 186
　　潮汕铁路之建筑期
大清光绪三十年甲辰八月初七日　公历一千九百零四年九月十六号　　　/ 186
　　州牧勘灾
　　猪屠开市
大清光绪三十年甲辰八月初八日　公历一千九百零四年九月十七号　　　/ 186
　　批饬严禁花会
　　纪乐群学堂劝捐
大清光绪三十年甲辰八月初十日　公历一千九百零四年九月十九号　　　/ 187
　　官绅之权不及妇女
大清光绪三十年甲辰八月十四日　公历一千九百零四年九月二十三号　　/ 187
　　潮汕铁路购地之价值
　　赈恤丰顺县灾黎
　　资遣旅客回籍
大清光绪三十年甲辰八月十五日　公历一千九百零四年九月二十四号　　/ 188
　　铁路局招勇咨文
　　褚观察之铁路购地示文
　　兴宁开办夜学堂
大清光绪三十年甲辰八月十八日　公历一千九百零四年九月二十七号　　/ 189
　　官商因赌规构衅
　　查大令勘灾
　　嘉应卫生会之开会
　　兴宁匪警
大清光绪三十年甲辰八月二十日　公历一千九百零四年九月二十九号　　/ 190
　　电催汕商报效
　　购地价值之示谕
　　汕头商会之总董
大清光绪三十年甲辰八月廿二日　公历一千九百零四年十月一号　　　　/ 191
　　糖业颇旺
　　柴商减色
　　三河水患

| 大清光绪三十年甲辰八月廿四日 | 公历一千九百零四年十月三号 | / 192 |

举办汕头商会之照会
委员散赈灾区
齐昌夜劫

| 大清光绪三十年甲辰八月廿五日 | 公历一千九百零四年十月四号 | / 193 |

梅州试事余谈
斥革玩役
梅州水患之惨

| 大清光绪三十年甲辰八月廿六日 | 公历一千九百零四年十月五号 | / 194 |

议延京卿为教习
嘉应创立犹兴会

| 大清光绪三十年甲辰八月廿七日 | 公历一千九百零四年十月六号 | / 194 |

派铁路学生学习路工

| 大清光绪三十年甲辰八月廿八日 | 公历一千九百零四年十月七号 | / 194 |

嘉应犹兴会章程

| 大清光绪三十年甲辰九月初四日 | 公历一千九百零四年十月十二号 | / 196 |

纪铁路工
兴宁之械斗已息
议兴蒙学

| 大清光绪三十年甲辰九月初五日 | 公历一千九百零四年十月十三号 | / 196 |

拨款赈济灾区
拳师脱险

| 大清光绪三十年甲辰九月初六日 | 公历一千九百零四年十月十四号 | / 197 |

婚姻自由
梅州米价

| 大清光绪三十年甲辰九月初七日 | 公历一千九百零四年十月十五号 | / 197 |

学务处批侵吞公款
书办浮收被控

| 大清光绪三十年甲辰九月初九日 | 公历一千九百零四年十月十七号 | / 198 |

营兵窝匪被控
掘坟盗骨之服刑

| 大清光绪三十年甲辰九月初十日 | 公历一千九百零四年十月十八号 | / 198 |

兴宁醮捐之举行
平远会匪述闻
斗案了结

大清光绪三十年甲辰九月十一日　公历一千九百零四年十月十九号　　　　/ 199
　　有志兴医
大清光绪三十年甲辰九月十三日　公历一千九百零四年十月二十一号　　　/ 199
　　梅勇缺额述闻
　　李氏祠广购书报
　　嘉应盗匪之披猖
大清光绪三十年甲辰九月十四日　公历一千九百零四年十月二十二号　　　/ 200
　　禀控长乐县令之批词
　　平远创设义仓
　　批斥局绅
大清光绪三十年甲辰九月十六日　公历一千九百零四年十月二十四号　　　/ 200
　　禀承嘉应煤矿
　　壮哉东游
　　要犯逃去
　　嘉应劫案纪闻
大清光绪三十年甲辰九月十七日　公历一千九百零四年十月二十五号　　　/ 201
　　学官之需索
　　挽温太史
　　巨商倒闭
大清光绪三十年甲辰九月十八日　公历一千九百零四年十月二十六号　　　/ 202
　　秦州牧购匪之赏格
　　民之讹言
　　教中之败类
　　松江米价
大清光绪三十年甲辰九月十九日　公历一千九百零四年十月二十七号　　　/ 203
　　公祭温太史
　　爱久泽技师来汕
　　嘉应庄倒闭之关系
　　堪舆家之骗术
大清光绪三十年甲辰九月二十日　公历一千九百零四年十月二十八号　　　/ 204
　　兴宁县议设学务公所
　　兴宁屠捐之难办
　　要犯果死于水耶
　　新充嘉属经费子厂述闻
　　兴宁种果之获利

大清光绪三十年甲辰九月廿一日　公历一千九百零四年十月二十九号　/ 205
　　嘉应收发处又勒索
　　新充嘉应经费子厂续闻
　　一辫之苦
　　灯笼可笑
大清光绪三十年甲辰九月廿二日　公历一千九百零四年十月三十号　/ 206
　　嘉应剿匪给奖
　　路劫述闻
大清光绪三十年甲辰九月廿四日　公历一千九百零四年十一月一号　/ 207
　　挽词续志
　　僻乡之风气渐开
　　匪徒被获
大清光绪三十年甲辰九月廿五日　公历一千九百零四年十一月二号　/ 208
　　长乐疫气已平
大清光绪三十年甲辰九月廿六日　公历一千九百零四年十一月三号　/ 208
　　勘赈灾区
　　嘉应练勇之怪现状
大清光绪三十年甲辰九月廿七日　公历一千九百零四年十一月四号　/ 208
　　秦州牧讲求技术
　　石斗之病民
大清光绪三十年甲辰九月廿八日　公历一千九百零四年十一月五号　/ 209
　　兴宁屠捐尚未行
　　刑讯盗犯
大清光绪三十年甲辰十月初一日　公历一千九百零四年十一月七号　/ 209
　　乐群学堂禀呈改章之批示
　　禀控侵吞赈款
　　土商雇勇保护
　　请禁神会之阻力
大清光绪三十年甲辰十月初三日　公历一千九百零四年十一月九号　/ 210
　　查办铁路之关碍
　　潮州中学堂之总教习
　　挽词再志
大清光绪三十年甲辰十月初五日　公历一千九百零四年十一月十一号　/ 211
　　赈恤灾区续纪
　　兴宁屠捐之办法

纪火警

大清光绪三十年甲辰十月初六日　公历一千九百零四年十一月十二号　　/ 212
　　岭东留学日本之调查

大清光绪三十年甲辰十月初九日　公历一千九百零四年十一月十五号　　/ 212
　　同文学堂禀请办法

大清光绪三十年甲辰十月初十日　公历一千九百零四年十一月十六号　　/ 213
　　恭祝万寿
　　纪潮汕铁路之庵埠路线
　　赵大令不谙团体
　　嘉应庄倒闭被控

大清光绪三十年甲辰十月十二日　公历一千九百零四年十一月十八号　　/ 214
　　祝万寿纪略
　　嘉应又闻盗劫

大清光绪三十年甲辰十月十三日　公历一千九百零四年十一月十九号　　/ 214
　　铁路学生学习路工之合约
　　赵大令批长乐县创建庙宇序

大清光绪三十年甲辰十月十五日　公历一千九百零四年十一月二十一号　　/ 216
　　铁路学生学习路工之合约（续昨）
　　商船验货之苦

大清光绪三十年甲辰十月十六日　公历一千九百零四年十一月二十二号　　/ 217
　　潮汕铁路丈量之工程
　　新关验货续闻
　　拦途打劫之多
　　假单行骗之案情

大清光绪三十年甲辰十月十七日　公历一千九百零四年十一月二十三号　　/ 218
　　新关验货续闻
　　秦州牧严禁演戏
　　追缴学堂捐款之新法
　　教士冒官被控

大清光绪三十年甲辰十月十八日　公历一千九百零四年十一月二十四号　　/ 219
　　纪张京卿之恩赏
　　履勘案情述闻
　　供差船户之狡猾
　　挽词补志

大清光绪三十年甲辰十月十九日　公历一千九百零四年十一月二十五号　　/ 220

纪巨商议偿债项
大清光绪三十年甲辰十月二十日　公历一千九百零四年十一月二十六号　/ 221
　　铁路工程纪闻
　　准收米捐充学费
　　埔邑使才
大清光绪三十年甲辰十月廿二日　公历一千九百零四年十一月二十八号　/ 221
　　同文学堂接聘总办消息
　　挽词再志
大清光绪三十年甲辰十月廿三日　公历一千九百零四年十一月二十九号　/ 222
　　澄邑侯催办铁路购地示文
大清光绪三十年甲辰十月廿四日　公历一千九百零四年十一月三十号　/ 222
　　同文学堂请示办法之禀词
　　委员协办潮汕铁路
　　纪长乐之演说会
　　振兴蒙学
　　隆泰复开张
大清光绪三十年甲辰十月廿六日　公历一千九百零四年十二月二号　/ 224
　　兴民学堂招考学生
　　局绅被扭
大清光绪三十年甲辰十月廿九日　公历一千九百零四年十二月五号　/ 226
　　照会潮汕商会纪略
　　纪万年丰会馆之议报效
　　纪日人之旅汕
大清光绪三十年甲辰十一月初一日　公历一千九百零四年十二月七号　/ 226
　　路工忙迫
大清光绪三十年甲辰十一月初二日　公历一千九百零四年十二月八号　/ 227
　　同文学堂禀请办法之批示
　　纪新令尹
大清光绪三十年甲辰十一月初六日　公历一千九百零四年十二月十二号　/ 227
　　拨兵防盗
　　谕斥健讼
　　长乐县修建节孝祠
大清光绪三十年甲辰十一月初七日　公历一千九百零四年十二月十三号　/ 228
　　严催醮捐
　　限期洁净街道

禀控阻挠学务
　　溪西族学之起点
　　赚门行劫
　　营勇卖放恶少
大清光绪三十年甲辰十一月初八日　公历一千九百零四年十二月十四号　　/ 229
　　大令观风
　　路政纪闻
　　剜肉医疮之无效
　　歌唱淫词被拿
大清光绪三十年甲辰十一月初九日　公历一千九百零四年十二月十五号　　/ 230
　　请给要籍之批词
　　嘉应学堂之教员
　　媚妻逆母之怪闻
大清光绪三十年甲辰十一月初十日　公历一千九百零四年十二月十六号　　/ 231
　　商部电复潮汕铁路事
大清光绪三十年甲辰十一月十一日　公历一千九百零四年十二月十七号　　/ 231
　　同文学堂官款之有着
　　差役吓诈平民
大清光绪三十年甲辰十一月十四日　公历一千九百零四年十二月二十号　　/ 232
　　观风告示
　　改练勇为巡警
　　劫案类志
　　花会匪凶横
大清光绪三十年甲辰十一月十六日　公历一千九百零四年十二月二十二号　　/ 233
　　同文学堂近事
　　兴宁县之舆论
　　拐逃少妇被控
大清光绪三十年甲辰十一月十八日　公历一千九百零四年十二月二十四号　　/ 234
　　潮汕铁路募勇纪闻
　　兴宁学务暂兴
　　匪徒之骗术
大清光绪三十年甲辰十一月二十日　公历一千九百零四年十二月二十六号　　/ 234
　　同文副办摄行总理事
　　潮汕铁路总办未到差
　　委员查案

浸圣会之活剧
大清光绪三十年甲辰十一月廿一日　　公历一千九百零四年十二月二十七号　　/ 236
　　醮捐禀批
　　局员御匪被杀
　　贼犯营求释放
大清光绪三十年甲辰十一月廿三日　　公历一千九百零四年十二月二十九号　　/ 236
　　同文学堂示期放假
大清光绪三十年甲辰十一月廿五日　　公历一千九百零四年十二月三十一号　　/ 237
　　长乐拨甑捐助学
大清光绪三十年甲辰十一月廿七日　　公历一千九百零五年一月二号　　/ 237
　　张京卿恭迎恩赏
　　勘验劫案
　　丰顺废寺兴学述闻
大清光绪三十年甲辰十一月廿八日　　公历一千九百零五年一月三号　　/ 237
　　同文学堂改订章程
　　匪徒不法
　　丰顺有开学之望
大清光绪三十年甲辰十一月廿九日　　公历一千九百零五年一月四号　　/ 239
　　同文学堂改订章程（续）
　　禀请兴学之批示
　　行商倒闭之累
　　蒙学堂定期开学
　　流氓强索
大清光绪三十年甲辰十二月初一日　　公历一千九百零五年一月六号　　/ 241
　　梅州学堂之组织
大清光绪三十年甲辰十二月初五日　　公历一千九百零五年一月十号　　/ 242
　　留学生维持潮汕铁路述闻
　　禀请废庵兴学
大清光绪三十年甲辰十二月初六日　　公历一千九百零五年一月十一号　　/ 243
　　捐输得奖
　　长乐息讼免费
　　劫案汇志
大清光绪三十年甲辰十二月初七日　　公历一千九百零五年一月十二号　　/ 244
　　废庵兴学之区画
大清光绪三十年甲辰十二月初八日　　公历一千九百零五年一月十三号　　/ 244

设立治安团练局
大清光绪三十年甲辰十二月初九日　公历一千九百零五年一月十四号　/ 245
　　醮场演说
　　纪嘉应武备之获选
大清光绪三十年甲辰十二月十一日　公历一千九百零五年一月十六号　/ 245
　　饬领护照
　　务本学堂改聘教习
　　议设城西蒙学
　　嘉应初设水卡
　　拿获少年匪
　　长乐冬稻歉收
大清光绪三十年甲辰十二月十二日　公历一千九百零五年一月十七号　/ 246
　　刘委员办理务本学堂冲突禀
　　拿获枪匪
　　西洋堡之国民警察
　　嘉应地震
大清光绪三十年甲辰十二月十三日　公历一千九百零五年一月十八号　/ 248
　　县令被控候查
　　松源刘氏蒙学之建设
　　贼赃并获
大清光绪三十年甲辰十二月十四日　公历一千九百零五年一月十九号　/ 249
　　梅州学务处汇述
　　告勇反坐
　　力挽颓风
大清光绪三十年甲辰十二月十五日　公历一千九百零五年一月二十号　/ 250
　　丰顺拟设师范讲习所
　　悬赏购匪
大清光绪三十年甲辰十二月十六日　公历一千九百零五年一月二十一号　/ 250
　　嘉应西街小学堂章程
大清光绪三十年甲辰十二月十八日　公历一千九百零五年一月二十三号　/ 251
　　潮汕铁路之风潮
　　禀陈兴学之批示
　　查办书吏劣迹
　　请办长乐义仓
　　嘉应西街小学堂章程（续）

嘉应防盗之计划
夜劫未成
会匪见获

大清光绪三十年甲辰十二月十九日　公历一千九百零五年一月二十四号　　/ 253
铁路风潮续志
丰顺族学之起点
嘉应西街小学堂章程
纪长乐之安澜会

大清光绪三十年甲辰十二月二十日　公历一千九百零五年一月二十五号　　/ 256
更正铁路风潮之传闻
铁路风潮详述
松口兴学之踊跃
拨勇防盗
州差捉拿无辜
兴宁之盗风

大清光绪三十年甲辰十二月廿一日　公历一千九百零五年一月二十六号　　/ 257
办理潮汕铁路闹事之要电
改建学堂之规模
嘉应芙贵堡联群弭盗章程
拿获劫盗
平远县代书之声势
私卖盗赃被控

大清光绪三十年甲辰十二月廿二日　公历一千九百零五年一月二十七号　　/ 259
部照出洋
教士之热心兴学
嘉应芙贵堡联群弭盗章程（续）
旧症复发
又劫斋庵

大清光绪三十年甲辰十二月廿三日　公历一千九百零五年一月二十八号　　/ 260
长乐学堂聘定教习

五、光绪三十一年（1905）

大清光绪三十一年乙巳正月初五日　公历一千九百零五年二月八号　　/ 263
潮汕铁路事汇述

033

禀控吞款批词
　　禀控蠹役
　　汕头甲辰出口人数
大清光绪三十一年乙巳正月初六日　公历一千九百零五年二月九号　　　／264
　　汕头甲辰商务述略
　　汕头改易斗量章程
　　嘉应蒙学之振兴
　　嘉应税契之踊跃
　　长乐学堂工程续闻
　　长乐冬防之效果
大清光绪三十一年乙巳正月初七日　公历一千九百零五年二月十号　　　／266
　　潮汕铁路事续述
　　洋债清还
　　长乐县广兴种植
　　长乐劫案
　　穷途遇救
大清光绪三十一年乙巳正月初八日　公历一千九百零五年二月十一号　／267
　　骗术出奇
　　嘉应奇花之出产
大清光绪三十一年乙巳正月十二日　公历一千九百零五年二月十五号　／268
　　潮汕铁路事再志
　　张太仆来潮之消息
　　嘉应师范学堂派员劝捐
　　松口李氏兴学
　　兴宁平远之土膏捐
大清光绪三十一年乙巳正月十三日　公历一千九百零五年二月十六号　／269
　　潮汕铁路归商部主持
　　善堂散赈不实之被控
大清光绪三十一年乙巳正月十四日　公历一千九百零五年二月十七号　／269
　　学务处补助务本学堂经费之札文
　　嘉应赴考师范之踊跃
　　绅商热心助学
　　善堂拟兴义学
　　西洋捕盗之营勇
　　民牧暴躁之举动

大清光绪三十一年乙巳正月十五日　公历一千九百零五年二月十八号　　　／270
　　长乐新桥开设书报所
　　长乐之求是学堂
大清光绪三十一年乙巳正月十八日　公历一千九百零五年二月二十一号　　／271
　　铁路闹事之交涉
　　汕头验疫之苛扰
　　示招中西学堂学生
　　桂里蒙学堂近述
　　劣绅阻学之不成
　　善堂被控事续闻
大清光绪三十一年乙巳正月十九日　公历一千九百零五年二月二十二号　　／272
　　办理潮汕铁路之近事
大清光绪三十一年乙巳正月二十日　公历一千九百零五年二月二十三号　　／272
　　张太仆拟设工艺厂之近闻
　　西扬小学堂之组织
　　松口屠行罢市余闻
大清光绪三十一年乙巳正月廿一日　公历一千九百零五年二月二十四号　　／273
　　详志潮汕铁路闹事之交涉
　　办理铁路闹事案杂述
　　大沙乡兴学
　　热心助学
　　嘉应麦秋有望
　　大埔元宵之风景
大清光绪三十一年乙巳正月廿二日　公历一千九百零五年二月二十五号　　／275
　　嘉应畲坑兴学
　　黄京卿之近事
　　造簿之新机器
　　嘉应女工之精良
　　和尚不守规戒被逐
　　捐例流弊之一端
大清光绪三十一年乙巳正月廿四日　公历一千九百零五年二月二十七号　　／276
　　潮汕铁路闹事案之交涉续志
　　镇平家族学堂之建设
　　嘉应创办织布公司
　　嘉应鱼业之受害

大清光绪三十一年乙巳正月廿五日　公历一千九百零五年二月二十八号　　／277
　　大埔设立种植会
　　兴宁吏治之腐败
　　广济善堂公举总理
大清光绪三十一年乙巳正月廿六日　公历一千九百零五年三月一号　　／279
　　大埔三河兴学
　　嘉应示期举行科试
　　大埔纸商之近况
　　嘉应山利之效果
大清光绪三十一年乙巳正月廿七日　公历一千九百零五年三月二号　　／280
　　同文学堂近事
　　嘉奖热心助学者
　　高陂商情述略
大清光绪三十一年乙巳正月廿八日　公历一千九百零五年三月三号　　／281
　　大埔吏治之一斑
　　兴宁私立学堂之振兴
　　行窃被拿
大清光绪三十一年乙巳正月廿九日　公历一千九百零五年三月四号　　／281
　　张太仆来潮之近闻
　　大埔教育普及之起点
　　雁洋堡分办小学堂之批词
大清光绪三十一年乙巳二月初一日　公历一千九百零五年三月六号　　／282
　　潮汕铁路闹事犯正法
　　同文学堂开学期
　　丙村小学堂之组织
　　长乐拟抽捐助学
　　长乐借端抄抢之骇闻
大清光绪三十一年乙巳二月初二日　公历一千九百零五年三月七号　　／284
　　潮州邮政之推广
　　长乐师范学堂将开办
　　劫案未破
　　差勇发财
　　大埔烟叶之损害
大清光绪三十一年乙巳二月初三日　公历一千九百零五年三月八号　　／285
　　梅州学堂之调查

大清光绪三十一年乙巳二月初四日　　公历一千九百零五年三月九号　　　　／285
　　会办潮汕路善后
　　家族学堂禀请立案
　　请示学习日本师范
　　嘉应吏治之怪象
　　平沙办学设局之情形
　　大埔北浦兴学

大清光绪三十一年乙巳二月初五日　　公历一千九百零五年三月十号　　　　／287
　　大埔学界拟大改良
　　兴宁游学之盛
　　兴宁学务近述

大清光绪三十一年乙巳二月初六日　　公历一千九百零五年三月十一号　　／288
　　潮汕铁路善后章程
　　潮汕铁路开工
　　纪嘉应务本学堂开学

大清光绪三十一年乙巳二月初八日　　公历一千九百零五年三月十三号　　／289
　　潮汕铁路赔款述闻
　　丙村办学禀批
　　讯判山场讼案

大清光绪三十一年乙巳二月初十日　　公历一千九百零五年三月十五号　　／291
　　兴宁棉利将兴
　　布帮改运之难成
　　兴宁沟道之宜通

大清光绪三十一年乙巳二月十一日　　公历一千九百零五年三月十六号　　／291
　　潮绅禀请集股自办铁路
　　禀控借学倾陷
　　请禁骗拐出洋
　　海外绅商之热心助学
　　女医生之将出现
　　排难毙命之奇闻

大清光绪三十一年乙巳二月十二日　　公历一千九百零五年三月十七号　　／293
　　铁路委员旋省
　　杨氏兴办家族学堂
　　王大令查封屠店
　　东江布运之危险

大清光绪三十一年乙巳二月十三日　公历一千九百零五年三月十八号　　／294
　　书院变价之新法
　　西阳高等小学堂开学之演说
　　劣绅阻学之举动
　　洋商之热心教育
　　嘉应巡警无望
　　请提寺产充公费

大清光绪三十一年乙巳二月十五日　公历一千九百零五年三月二十号　　／296
　　张京堂往日里
　　常备军回省
　　纪嘉应黎氏之兴学
　　梅麦有秋
　　船头馆加增充赀

大清光绪三十一年乙巳二月十六日　公历一千九百零五年三月二十一号　／297
　　兴民学堂开学
　　热心游学
　　大麻李姓之被劫
　　局绅异闻

大清光绪三十一年乙巳二月十七日　公历一千九百零五年三月二十二号　／297
　　丙村学堂开学
　　泥陂学堂之创设
　　禀请开办学务公所

大清光绪三十一年乙巳二月十八日　公历一千九百零五年三月二十三号　／298
　　张太仆来汕行程
　　赔款助学
　　镇平开办学务公所
　　东游续述

大清光绪三十一年乙巳二月十九日　公历一千九百零五年三月二十四号　／298
　　同文学堂改良之计划
　　兴宁税契浮收
　　滕大令注意团练
　　兴宁米价渐平
　　梅州办案之近闻
　　北叻华人之兴学

大清光绪三十一年乙巳二月廿二日　公历一千九百零五年三月二十七号　／300

官场消息
　　张村教民之兴学
　　大埔商业之近状
　　设局筹款之龃龉

大清光绪三十一年乙巳二月廿四日　公历一千九百零五年三月二十九号　/ 300
　　镇平游学之起点

大清光绪三十一年乙巳二月廿五日　公历一千九百零五年三月三十号　/ 301
　　东瀛留学生之行程
　　丙市小学堂之风潮
　　贪赃受罚

大清光绪三十一年乙巳二月廿七日　公历一千九百零五年四月一号　/ 301
　　电禀派员查办阻学
　　张京堂往日里续闻
　　黄京卿之霣耗
　　催缴房捐之示谕
　　驱逐南词之示禁

大清光绪三十一年乙巳二月廿九日　公历一千九百零五年四月三号　/ 302
　　张太仆举西人格雷为路矿参赞员
　　张京卿倩人代庖
　　长乐县王义门大令甄别师范生问题
　　乐群学堂本年之教员
　　王大令对外之手段
　　兴宁米食缺乏之原因
　　兴宁洋纱入口总数
　　黑板白字之忌惮
　　丰顺三点会之盛行

大清光绪三十一年乙巳二月三十日　公历一千九百零五年四月四号　/ 304
　　喈叻大埔巨商热心助学
　　阻学者看
　　兴宁开设学务处公所
　　花会复开

大清光绪三十一年乙巳三月初一日　公历一千九百零五年四月五号　/ 305
　　照会练习员建设学务公所

大清光绪三十一年乙巳三月初四日　公历一千九百零五年四月八号　/ 305
　　长乐王大令考选师范学生详述

兴宁寺捐
　　争承乳猪捐之冲突
　　兴宁税契之踊跃
大清光绪三十一年乙巳三月初六日　公历一千九百零五年四月十号　　／306
　　窝在衙门
　　炊薪价涨
大清光绪三十一年乙巳三月初七日　公历一千九百零五年四月十一号　　／306
　　汀纸价值之骤减

下　册

大清光绪三十一年乙巳三月初八日　公历一千九百零五年四月十二号　　／307
　　长乐教习已到
　　嘉应学堂之成立有望
　　重犯逃逸
　　大埔屠捐述闻
大清光绪三十一年乙巳三月初九日　公历一千九百零五年四月十三号　　／307
　　禀控闹学之批词
　　嘉应倡办种植会
大清光绪三十一年乙巳三月初十日　公历一千九百零五年四月十四号　　／308
　　秦牧伯鞭打文童
　　争填兴讼
　　丰顺兴学汇志
大清光绪三十一年乙巳三月十一日　公历一千九百零五年四月十五号　　／309
　　家庭奇变
　　留学生力除恶俗
　　寺僧藉端造谣可恶
　　调查兴宁物产
　　拒缴花红枪伤司勇
大清光绪三十一年乙巳三月十三日　公历一千九百零五年四月十七号　　／310
　　潮汕铁路事汇述
　　禀请认真清乡之批词
　　邱工部应聘办学
　　挽黄京卿联

人和学务之起点
樟村兴办学堂纪闻
兴宁开矿改良
兴宁钱币之怪象

大清光绪三十一年乙巳三月十四日　公历一千九百零五年四月十八号　　　　/ 312
改良潮汕铁路善后事宜述闻
兴宁水患之宜防

大清光绪三十一年乙巳三月十五日　公历一千九百零五年四月十九号　　　　/ 312
学堂经费之支绌
兴宁滕大令开办寺捐之批词
认真清乡禀稿

大清光绪三十一年乙巳三月十六日　公历一千九百零五年四月二十号　　　　/ 314
州试二三场合考题
兴民学堂学科之增设
烟酒捐之将实行
大埔亦多盗耶
建醮禳灾之无意识
续志认真清乡稿

大清光绪三十一年乙巳三月十七日　公历一千九百零五年四月二十一号　　　/ 316
滕大令将有丈田之举
兴宁气候与民族之关系
争承乳猪捐续志
弄洋枪误伤人命

大清光绪三十一年乙巳三月十八日　公历一千九百零五年四月二十二号　　　/ 317
护勇固如是耶
丙村学堂事续志
学务琐记

大清光绪三十一年乙巳三月二十日　公历一千九百零五年四月二十四号　　　/ 317
嘉应学堂筹款之述闻
查办学堂之委员抵州
平远县试纪闻
囚犯逃逸
亦一保存国粹之思想

大清光绪三十一年乙巳三月廿一日　公历一千九百零五年四月二十五号　　　/ 318
潮汕铁路公司讨应享之权利

又用一般之旧局绅

大清光绪三十一年乙巳三月廿二日　公历一千九百零五年四月二十六号　/ 319
新派潮汕铁路购地委员
学堂汇志
教习赠言
教民亦信佛耶

大清光绪三十一年乙巳三月廿四日　公历一千九百零五年四月二十八号　/ 320
督宪批潮汕铁路购地之禀词
义仓采米
白日失银

大清光绪三十一年乙巳三月廿七日　公历一千九百零五年五月一号　/ 321
嘉应州试四场题
是曰愚孝

大清光绪三十一年乙巳三月廿八日　公历一千九百零五年五月二号　/ 321
同文学堂博物理化教员已到
兴宁货船触礁沉没
兴民学堂董事禀请正名之批词
志委员查办长乐事

大清光绪三十一年乙巳三月廿九日　公历一千九百零五年五月三号　/ 322
大埔学务公所之将开办
川土平沽

大清光绪三十一年乙巳四月初一日　公历一千九百零五年五月四号　/ 323
条陈潮汕铁路购地善后事宜
嘉应卫生会之发达
禀办育德学堂之批词
滋事护勇已革

大清光绪三十一年乙巳四月初二日　公历一千九百零五年五月五号　/ 324
嘉应教育普及之前途
嘉应留学日本武备生之特色

大清光绪三十一年乙巳四月初三日　公历一千九百零五年五月六号　/ 324
雁洋小学开办
长乐税契浮收
兴宁社会之旧相

大清光绪三十一年乙巳四月初五日　公历一千九百零五年五月八号　/ 325
兴宁货船沉没详纪

亦一爱国之思想
　　又劫批银
大清光绪三十一年乙巳四月初七日　公历一千九百零五年五月十号　　/ 326
　　长乐师范学堂之不善
　　嘉应州试五场榜
　　工部往省
　　纪游学
大清光绪三十一年乙巳四月初九日　公历一千九百零五年五月十二号　　/ 326
　　挽黄京卿
　　兴宁城守撤任之原因
　　嘉属米价陡涨
大清光绪三十一年乙巳四月十二日　公历一千九百零五年五月十五号　　/ 327
　　示禁邮递呈词
　　州试大案揭晓
　　严究米船串吞之情弊
大清光绪三十一年乙巳四月十三日　公历一千九百零五年五月十六号　　/ 328
　　嘉应学务函述
　　州考兴镇二县头场榜
大清光绪三十一年乙巳四月十四日　公历一千九百零五年五月十七号　　/ 329
　　示禁米商居奇
大清光绪三十一年乙巳四月十五日　公历一千九百零五年五月十八号　　/ 329
　　州考长平二县文童首场榜
　　松源拟添设半日学堂
　　兴宁女学之萌芽
　　禀争学谷被斥
　　农业变通
大清光绪三十一年乙巳四月十六日　公历一千九百零五年五月十九号　　/ 330
　　长乐学堂教习与学生冲突之原因
　　兴宁卫生会之推广
　　滕大令清烟馆
大清光绪三十一年乙巳四月十七日　公历一千九百零五年五月二十号　　/ 331
　　纪丙市开教育纪念会
　　兴宁开设学务所之筹划
大清光绪三十一年乙巳四月十九日　公历一千九百零五年五月二十二号　　/ 332
　　邱工部之职任未定

岭东同文学堂三月份总积分榜
大清光绪三十一年乙巳四月二十日　公历一千九百零五年五月二十三号　/ 332
　　嘉应实行加收戤捐充学费
　　州考兴、镇二县文童二场榜
大清光绪三十一年乙巳四月廿二日　公历一千九百零五年五月二十五号　/ 333
　　铁路赔款不准酌减
大清光绪三十一年乙巳四月廿三日　公历一千九百零五年五月二十六号　/ 333
　　禀控夺款阻学之批词
　　嘉应育婴堂之近况
大清光绪三十一年乙巳四月廿四日　公历一千九百零五年五月二十七号　/ 334
　　学堂禀批两志
　　奸商骗运芜湖米之关系
　　货船必须互保
　　纳金赎罪述闻
大清光绪三十一年乙巳四月廿六日　公历一千九百零五年五月二十九号　/ 335
　　禀办龙田公小学堂之批词
　　兴宁河防之提议
大清光绪三十一年乙巳四月廿七日　公历一千九百零五年五月三十号　/ 336
　　嘉应又欲加收戤费
大清光绪三十一年乙巳四月廿八日　公历一千九百零五年五月三十一号　/ 336
　　兴宁学界之舆论
大清光绪三十一年乙巳四月廿九日　公历一千九百零五年六月一号　/ 337
　　西阳学堂禀批
　　兴宁茶市畅销
大清光绪三十一年乙巳四月三十日　公历一千九百零五年六月二号　/ 337
　　岭东学界之前途
　　书院彩票已准照办
　　嘉应学堂汇志
　　拿获小手
　　截抢米船之传闻
　　管理员干涉斗案被掳
大清光绪三十一年乙巳五月初一日　公历一千九百零五年六月三号　/ 338
　　学务处批嘉应加收戤捐禀
　　禀办家族学堂之批词
　　截抢米船续闻

大清光绪三十一年乙巳五月初三日　公历一千九百零五年六月五号　　　/ 340
　　请变公产批词
　　学务处照会温观察总董嘉应三堡学堂
　　松口准设保商团防局
大清光绪三十一年乙巳五月初四日　公历一千九百零五年六月六号　　　/ 341
　　学务处照会温观察总董嘉应三堡学堂
大清光绪三十一年乙巳五月初五日　公历一千九百零五年六月七号　　　/ 342
　　汕头开议报效之近情
　　查办有心阻学者
　　兴宁学务公所将成立
　　兴宁募勇防匪
大清光绪三十一年乙巳五月初七日　公历一千九百零五年六月九号　　　/ 343
　　兴宁县政事之近述
　　嘉应官绅之一斑
大清光绪三十一年乙巳五月初八日　公历一千九百零五年六月十号　　　/ 343
　　汕商新增报效多言不能包办
　　长乐学生与亲兵之冲突
　　学堂教员又辞席
　　长乐械斗之凶残
大清光绪三十一年乙巳五月初十日　公历一千九百零五年六月十二号　　/ 344
　　岭东学务委员
　　练习员准补入师范馆学习
　　禀控赚骗石灰案
大清光绪三十一年乙巳五月十一日　公历一千九百零五年六月十三号　　/ 345
　　汕商亦筹议抵制美禁华工
　　大埔高陂兴学
　　示禁讪笑学生
　　留学生演说
　　长乐兴办保安乡团防局
　　僧人得意
　　扇业改良
大清光绪三十一年乙巳五月十二日　公历一千九百零五年六月十四号　　/ 347
　　委员果为毁学劣绅回护耶
　　松口禀设学务公所
　　松口巨劫

梅州商业之困惫
大清光绪三十一年乙巳五月十三日　公历一千九百零五年六月十五号　　/ 348
　　催缴铁路赔款
　　哨官获贼
　　丰顺筹办学堂
　　汇兑庄改良章程
大清光绪三十一年乙巳五月十四日　公历一千九百零五年六月十六号　　/ 348
　　汕头美货有二大宗
　　热心学务
　　滋闹蒙塾罚金了事
　　嘉应烟叶不佳
大清光绪三十一年乙巳五月十五日　公历一千九百零五年六月十七号　　/ 349
　　岭东商会学界将开抵制禁约议会
大清光绪三十一年乙巳五月十七日　公历一千九百零五年六月十九号　　/ 350
　　同文学堂抵制美约之实行
　　媚外乃竟尔乎
大清光绪三十一年乙巳五月十八日　公历一千九百零五年六月二十号　　/ 350
　　务本学堂亦不购用美货
　　产溪兴学之阻力
　　兴宁巫风盛行
大清光绪三十一年乙巳五月十九日　公历一千九百零五年六月二十一号　　/ 351
　　同文学堂学生为抵制美约致各会馆公函
大清光绪三十一年乙巳五月廿一日　公历一千九百零五年六月二十三号　　/ 352
　　办理全潮学务员抵汕
　　潮汕铁路购地近述
　　蓬辣黎氏学堂演说
　　秦州牧岂纵虎为患耶
　　赌商□欲为害
大清光绪三十一年乙巳五月廿二日　公历一千九百零五年六月二十四号　　/ 353
　　岭东抵制美约之踊跃
　　务本学堂请招充庙款助学
　　邱氏家族学堂奖励
　　嘉字营勇行凶
　　查封产业抵债
　　兴宁办团不善

046

大清光绪三十一年乙巳五月廿四日　　公历一千九百零五年六月二十六号　　　/ 354
　　汕头绅商会议抵制美禁工约之详情
　　邱工部督办惠潮嘉学务
　　电饬派员查办兴宁学堂案
大清光绪三十一年乙巳五月廿五日　　公历一千九百零五年六月二十七号　　　/ 356
　　潮州学堂会议不用美货以抵制美约
　　汕头美教士自谓禁约之不公
　　兴民学堂批准作为公立
大清光绪三十一年乙巳五月廿六日　　公历一千零九百五年六月二十八号　　　/ 357
　　纪汕埠八属会馆开会议争美约详情
　　详纪潮州各学堂会议抵制美约事
　　大埔小学堂又将解散
　　大埔举办团练
　　刘碧珊纵勇扰民
大清光绪三十一年乙巳五月廿七日　　公历一千九百零五年六月二十九号　　　/ 359
　　岑督于潮汕铁路之批词
　　教员游历
　　长乐学堂挽留教员
大清光绪三十一年乙巳五月廿八日　　公历一千九百零五年六月三十号　　　/ 360
　　汕埠实行抵制美约之先声
　　嘉应会馆会议抵制美约
大清光绪三十一年乙巳五月廿九日　　公历一千九百零五年七月一号　　　/ 361
　　岑督照会张京堂文
　　督抚覆汕埠绅商电
　　潮汕开抵制美约议会汇纪
　　何必藉赌兴学
　　富绅助学之可风
　　嘉应举行平粜
大清光绪三十一年乙巳六月初一日　　公历一千九百零五年七月三号　　　/ 363
　　秦州牧亲自收呈
　　米捐助学之不准
　　镇平邱氏兴办植业会
　　松口又闻盗劫
　　大埔烟叶获利
大清光绪三十一年乙巳六月初二日　　公历一千九百零五年七月四号　　　/ 364

汕埠绅商开第二次抵约议会详记
　　大埔乐群学堂会议抵制美约之办法
　　务本学堂给放暑假
大清光绪三十一年乙巳六月初三日　公历一千九百零五年七月五号　　　／365
　　山票不准在嘉应州属开设
　　嘉属投考高等学生之踊跃
　　长乐宜立学堂之筹款
大清光绪三十一年乙巳六月初四日　公历一千九百零五年七月六号　　　／366
　　汕商抵制美约第三次会议
大清光绪三十一年乙巳六月初五日　公历一千九百零五年七月七号　　　／367
　　禀请酌改路线
　　兴民学堂准借学宫
　　严查拐带
大清光绪三十一年乙巳六月初六日　公历一千九百零五年七月八号　　　／368
　　嘉应学务公所之现象
　　大埔纸米市滞销之原因
大清光绪三十一年乙巳六月初八日　公历一千九百零五年七月十号　　　／369
　　潮汕铁路公司股东均用代表人之传闻
　　贩卖人口
　　试场办差不得规避
大清光绪三十一年乙巳六月初十日　公历一千九百零五年七月十二号　　／370
　　嘉应员绅选举学务所长之意见
　　出示招充庙祝
　　纪兴宁矿产
　　兴宁卫生会第一次演说
大清光绪三十一年乙巳六月十一日　公历一千九百零五年七月十三号　　／370
　　沈观察于潮汕铁路之批词
　　大埔纸业失利
大清光绪三十一年乙巳六月十二日　公历一千九百零五年七月十四号　　／371
　　大埔水灾
　　学堂禀请禁赌
　　拟提神费助学
大清光绪三十一年乙巳六月十五日　公历一千九百零五年七月十七号　　／371
　　会勘庵埠路线述略
　　留省岭东学生实行抵约主义

学务处批镇平县生员杨业光控邱绍馨阻建由
　　纪乐群学堂总办出洋劝捐与海外绅商助学之踊跃
　　兴宁小学堂倡议不用洋布
　　种棉之有效
　　兴宁收发委员惧罪逃走
大清光绪三十一年乙巳六月十六日　公历一千九百零五年七月十八号　　/ 373
　　会勘潮汕路线详情
　　严拿客栈拐匪
　　嘉应学界力持抵约
　　兴宁学堂近事两志
　　山票被控
　　市面银根之紧绌
大清光绪三十一年乙巳六月十八日　公历一千九百零五年七月二十号　　/ 376
　　王议堂谕告铁路事述略
　　汕埠抵制美约之实行
　　拨务本学堂补助款
大清光绪三十一年乙巳六月十九日　公历一千九百零五年七月二十一号　　/ 377
　　张太仆行程
　　大埔北浦学堂事述闻
大清光绪三十一年乙巳六月二十日　公历一千九百零五年七月二十二号　　/ 377
　　王议堂谕告铁路事
　　汕头商会奉到总商会实行抵约电
　　学务处批嘉应州举人杨青等禀呈雁洋小学堂由
　　大埔小学堂拟招新生
　　大埔烟庄近情
大清光绪三十一年乙巳六月廿二日　公历一千九百零五年七月二十四号　　/ 379
　　续王议堂谕告铁路事
　　沈观察谕饬会议路线地价
　　丰顺自助学堂购地兴筑
　　长乐教员被掳正误
大清光绪三十一年乙巳六月廿六日　公历一千九百零五年七月二十八号　　/ 381
　　海阳令履勘铁路
　　阻筑商务公所
　　庙祝狡禀被斥
大清光绪三十一年乙巳六月廿九日　公历一千九百零五年七月三十一号　　/ 381

学务处批嘉应州学务员绅黄应均等禀书院变价建筑中学堂由
　　海阳令勘路情形
　　三堡学堂之将来
　　记庵埠路线之会议
　　媒婆受给

大清光绪三十一年乙巳七月初一日　公历一千九百零五年八月一号　/ 383
　　学务处照会督办惠潮嘉学务邱工部文
　　是亦禁止械斗之善法
　　嘉应裕隆泰又被查封
　　松口学务公所与练习员冲突事
　　布业与民食之关系

大清光绪三十一年乙巳七月初二日　公历一千九百零五年八月二号　/ 384
　　纪潮绅议复路线善后事宜
　　汕头抵制美约会改期实行
　　传领铁路赔款
　　嘉应隆文堡兴学
　　兴宁官民欢迎教士

大清光绪三十一年乙巳七月初三日　公历一千九百零五年八月三号　/ 386
　　学务处照会督办惠潮嘉学务邱工部文
　　潮嘉学界商界抵约汇纪
　　调查美国糖货
　　嘉应学界之现状
　　嘉应织布公司销路发达

大清光绪三十一年乙巳七月初四日　公历一千九百零五年八月四号　/ 388
　　大埔罚款助学
　　兴宁学务公所之成立

大清光绪三十一年乙巳七月初五日　公历一千九百零五年八月五号　/ 388
　　平远令谕停办学务公所

大清光绪三十一年乙巳七月初七日　公历一千九百零五年八月七号　/ 389
　　移知特派查学专员会同地方官办学事
　　大埔学务公所分期办事
　　大埔初等官小学堂示期招考
　　教士有如此仪仗乎
　　更正隆文兴学一条

大清光绪三十一年乙巳七月初八日　公历一千九百零五年八月八号　/ 390
　　嘉应会议抵制美约详纪

镇平陈氏创办两等家族小学堂

大清光绪三十一年乙巳七月初九日　公历一千九百零五年八月九号　　　/ 392
　　嘉应美国教士惠文赞成不用美货之演说
　　大埔学务公所禀陈分期办事情形

大清光绪三十一年乙巳七月初十日　公历一千九百零五年八月十号　　　/ 393
　　大埔乐群学堂择地建筑
　　富商热心助学
　　嘉应保安局虚设
　　出洋商民几受波累

大清光绪三十一年乙巳七月十一日　公历一千九百零五年八月十一号　　/ 394
　　兴宁开办学务公所
　　兴宁整顿圜法
　　查封寺产为学费
　　小学生投考武备

大清光绪三十一年乙巳七月十二日　公历一千九百零五年八月十二号　　/ 395
　　随员逝世
　　戏伤一命
　　嘉应务本学堂第一学期大考积分榜

大清光绪三十一年乙巳七月十五日　公历一千九百零五年八月十五号　　/ 395
　　汕头废美约会规则
　　丰顺筹抵美约之会议
　　丰顺师范馆开学
　　大埔西岩茶产

大清光绪三十一年乙巳七月十七日　公历一千九百零五年八月十七号　　/ 398
　　丰顺汤田学堂会议抵制美约之广告

大清光绪三十一年乙巳七月十八日　公历一千九百零五年八月十八号　　/ 399
　　北浦学堂近述
　　顽商阻挠劝捐学费

大清光绪三十一年乙巳七月十九日　公历一千九百零五年八月十九号　　/ 399
　　大埔育德学堂拟改良教育

大清光绪三十一年乙巳七月廿一日　公历一千九百零五年八月二十一号　/ 400
　　嘉应师范生之回国
　　请免封屋不准
　　充庙祝款准拨办学堂
　　嘉应官民祷雨

大清光绪三十一年乙巳七月廿二日　公历一千九百零五年八月二十二号　　／ 400
　　秦州牧批李某愿缴学费承充庙祝禀
大清光绪三十一年乙巳七月廿三日　公历一千九百零五年八月二十三号　　／ 401
　　练习员上控学务所长
　　禀请提拨团练公款为学费
　　续纪大埔考选初等官小学堂学生事
　　禀请开矿不准
大清光绪三十一年乙巳七月廿五日　公历一千九百零五年八月二十五号　　／ 402
　　两纪学堂实行抵制美约事
大清光绪三十一年乙巳七月廿八日　公历一千九百零五年八月二十八号　　／ 402
　　学务处批嘉应西阳小学堂校长卢文铎等禀
　　准提祖尝及醮会余款办学
　　研究土碗改良
大清光绪三十一年乙巳七月廿九日　公历一千九百零五年八月二十九号　　／ 403
　　沈观察决议潮汕铁路事宜述略
　　学堂自刊图记不足为实据
　　长乐酒商之失业
大清光绪三十一年乙巳八月初一日　公历一千九百零五年八月三十号　　／ 404
　　委员查办龙田小学堂案
　　查学员将到兴宁
　　学堂生热心抵约之可嘉
　　土匪又大劫岩下墟
　　秦州牧有疾
大清光绪三十一年乙巳八月初二日　公历一千九百零五年八月三十一号　　／ 405
　　劝勿用美货歌之出现
　　宁布拟改由汕运
　　兴宁疫气渐平
　　嘉应城西学堂第一学期大考榜
大清光绪三十一年乙巳八月初三日　公历一千九百零五年九月一号　　／ 406
　　续纪禀请开采煤矿事
　　大埔巡检和释劫盗
　　学堂校长之顽固
　　罗江兴办小学堂
　　镇平拟设两等小学
　　禀请派定局董

洋客被窃
大清光绪三十一年乙巳八月初四日　公历一千九百零五年九月二号　　　/ 408
　　镇平高等小学聘定教员
　　邱氏家族学堂之发达
　　嘉应禀控私开煤矿事
　　嘉应控案延搁
　　管桂香情愿死于州署
大清光绪三十一年乙巳八月初六日　公历一千九百零五年九月四号　　　/ 409
　　批饬停办学务公所
　　健讼之技施于学界
　　吴氏家族学堂候请立案
　　记嘉应东游学生
　　秦州牧欲释管桂香之故
大清光绪三十一年乙巳八月初七日　公历一千九百零五年九月五号　　　/ 410
　　长乐斗案办结
　　长乐觉民学堂之感觉力
　　长乐师范传习所兼高等小学堂第一学期大考榜
大清光绪三十一年乙巳八月初八日　公历一千九百零五年九月六号　　　/ 411
　　嘉应禀设土膏统捐分卡
　　长乐谣传匪警
　　嘉应小押店被罚
　　兴宁抵制次钱之善法
　　兴宁蚕业获利
大清光绪三十一年乙巳八月初九日　公历一千九百零五年九月七号　　　/ 412
　　潮汕铁路公司得注册保护之权利
　　咨聘留学美国毕业生
　　学务处批嘉应州松口廪生温士璠等禀
　　府批大埔绅民禀请严办窃盗案
　　胡大令不准禁革礼钱
　　茶阳学堂之阻力
　　兴宁逸犯拿获
　　泥陂学堂经费之困难
　　长乐函请邱工部办学
　　巫术惑众
大清光绪三十一年乙巳八月初十日　公历一千九百零五年九月八号　　　/ 415

053

嘉应禀办洁净局
　　嘉字营勇何其能干
　　山林之利益
大清光绪三十一年乙巳八月十一日　公历一千九百零五年九月九号　　/ 415
　　汕头土膏统捐设卡之示文
　　大埔会匪蔓延
　　禀请干涉提款兴学事
大清光绪三十一年乙巳八月十三日　公历一千九百零五年九月十一号　/ 416
　　长乐十二都司之怪状
　　会讯营勇为盗案
　　秦州牧不惜商艰
　　兴宁寺亭遭劫
　　奸拐异闻
大清光绪三十一年乙巳八月十四日　公历一千九百零五年九月十二号　/ 418
　　会札各县查办学务
　　邱查学尚未抵州
　　嘉应办团保之批词
　　小学生剪辫
大清光绪三十一年乙巳八月十六日　公历一千九百零五年九月十四号　/ 419
　　行知开办韩山师范学堂之札文
　　窃案两志
大清光绪三十一年乙巳八月十八日　公历一千九百零五年九月十六号　/ 420
　　加派邻县会审管家劫案
　　委员往嘉应讯办杨钟购地案
　　嘉应学界刍言
　　嘉应捕役受贿拿人
　　局绅拜官为义父
大清光绪三十一年乙巳八月二十日　公历一千九百零五年九月十八号　/ 421
　　嘉应差役毁学
　　岐岭报告匪警
　　泥陂小学堂势将解散
　　长乐阴阳学官与仙姑闹事案
大清光绪三十一年乙巳八月二十一日　公历一千九百零五年九月十九号　/ 422
　　委员查长乐案件
　　兴宁令痛恶顶戴

大清光绪三十一年乙巳八月二十二日　公历一千九百零五年九月二十号　／422
　　同文学堂颁到关防及善后章程
　　大埔初等官小学堂添招学生
　　嘉应务本学堂被盗案
　　嘉应获选陆军学生之名数
　　纪自费养学生
　　筹嘉字营勇饷
　　控争山场荒田不准
　　大埔建屋滋事案两起

大清光绪三十一年乙巳八月廿三日　公历一千九百零五年九月二十一号　／424
　　学生留心教育
　　潮州船局之横暴
　　宜大令迁怒胡为者
　　贩卖猪仔看者

大清光绪三十一年乙巳八月廿四日　公历一千九百零五年九月二十二号　／425
　　会审劫案委员到州
　　嘉应绅民开兴学议会
　　华商毋庸声叙洋籍
　　令迁盐场墓
　　大风覆舟
　　嘉应斋庵又遭劫

大清光绪三十一年乙巳八月廿五日　公历一千九百零五年九月二十三号　／426
　　下坝墟会党掳人勒赎

大清光绪三十一年乙巳八月廿七日　公历一千九百零五年九月二十五号　／427
　　电商潮汕铁路购地办法
　　学务处札准嘉应州请变公产案
　　行县调查土产
　　兴宁兴民学堂举行孔圣诞祝典
　　兴宁令实行强迫团练主义
　　嘉应洋商热心兴学
　　大埔大水为灾
　　高陂会匪猖獗与司官之无用
　　接受学堂失赃应提案质讯

大清光绪三十一年乙巳八月廿八日　公历一千九百零五年九月二十六号　／429
　　学堂校长不必再考游学预备科

  禀请自费入陆军中小学堂

  谕饬学堂改用土布及仿造用品

  兴宁泥陂学堂与局绅冲突之恶剧

  振武卒业生返国

  峰市挑夫抵抗盐局事

大清光绪三十一年乙巳八月廿九日 公历一千九百零五年九月二十七号 / 430

  大埔学务公所编撰初等小学教科书

  大埔邱氏家族学堂禀请立案

  兴宁罗族植基学堂第一学期大考积分榜

  兴宁新陂学堂第一学期大考积分榜

大清光绪三十一年乙巳八月三十日 公历一千九百零五年九月二十八号 / 431

  新加坡总领事为大埔商民申请持平办理民教事

  嘉应女学萌芽

  批饬原保速交案犯

大清光绪三十一年乙巳九月初一日 公历一千九百零五年九月二十九号 / 433

  长乐拟设蒙养学堂

  听命于神

大清光绪三十一年乙巳九月初二日 公历一千九百零五年九月三十号 / 433

  长乐学堂禀准立案

  谕发学堂经费

  嘉应催收钱粮

  劫案批候严缉

  请看热心科举者之大失望

  长乐拐案

  嘉应铺票减色

  镇平邱氏家族学堂大考积分榜

  员山创兆学堂学生前十名

大清光绪三十一年乙巳九月初四日 公历一千九百零五年十月二号 / 435

  追取练习员毕业凭照

  嘉应学界举行圣诞祝典

  请奖冬防得力之巡检

  嘉应命案二则

大清光绪三十一年乙巳九月初五日 公历一千九百零五年十月三号 / 436

  宰牛有碍屠捐

大清光绪三十一年乙巳九月初六日 公历一千九百零五年十月四号 / 436

札饬严禁贩卖猪仔
　　召买查封产业
　　是亦筹款办学之一法
　　大埔实行不用美货
　　大埔令勘赈灾区
　　大埔种植失利
　　大埔平沙邱氏学堂第一学期试验榜

大清光绪三十一年乙巳九月初七日　公历一千九百零五年十月五号　　　/ 438
　　岭东同文学堂办理之近情
　　平远县学务公所之解散
　　大埔令勘案忙碌
　　劫番客

大清光绪三十一年乙巳九月初八日　公历一千九百零五年十月六号　　　/ 439
　　嘉应考院未准改设学务公所
　　嘉应兴学既有成议
　　兴宁学堂举行祝典之大会
　　宁城议开沟道
　　大埔匪患

大清光绪三十一年乙巳九月初九日　公历一千九百零五年十月七号　　　/ 440
　　异哉判案以空白纸迫印掌模
　　大埔会匪之为患
　　镇平留学日本之进步
　　嘉应竞设学堂
　　兴宁议办罪犯工艺所
　　兴宁尚有鼠疫
　　嘉应奸拐案

大清光绪三十一年乙巳九月十一日　公历一千九百零五年十月九号　　　/ 441
　　查追王革令欠解公帑
　　大埔匪徒公然拜会
　　局勇过于强暴
　　命案获凶
　　拳馆生事
　　畲坑藉赌办学事

大清光绪三十一年乙巳九月十二日　公历一千九百零五年十月十号　　　/ 442
　　潮绅再控潮汕铁路之批词

两志学堂祝圣纪念会之演说
　　嘉应考院拟请改为中学堂
　　封拘贼窝
大清光绪三十一年乙巳九月十三日　公历一千九百零五年十月十一号　　/ 444
　　长乐延聘师范教习
　　兴筑道路
　　大埔纸货滞销
大清光绪三十一年乙巳九月十四日　公历一千九百零五年十月十二号　　/ 444
　　三堡学堂风潮之已息
　　顶冒都司被控
　　嘉应山票不准开设
　　大埔劫案又见
大清光绪三十一年乙巳九月十五日　公历一千九百零五年十月十三号　　/ 445
　　大埔议办团防
大清光绪三十一年乙巳九月十六日　公历一千九百零五年十月十四号　　/ 446
　　同文学堂之尚武精神
　　嘉应留省学生拟联禀地方文武殃民事
　　大埔水灾请恤
　　大埔学务公所通禀立案
　　诱拐妇女案
　　更正顽商阻挠劝捐事
大清光绪三十一年乙巳九月十八日　公历一千九百零五年十月十六号　　/ 448
　　札饬编辑乡土志
　　嘉应禀办学堂
　　嘉应赌风渐减
大清光绪三十一年乙巳九月十九日　公历一千九百零五年十月十七号　　/ 449
　　办学不得为一堡私计
　　派员勘赈大埔水灾
　　嘉应营勇操场现形
大清光绪三十一年乙巳九月二十日　公历一千九百零五年十月十八号　　/ 450
　　嘉应学务公所大失人望
　　请以营汛地兴建学堂
　　藉学争利被斥
　　案未请验不准照办
　　僧人控案

大清光绪三十一年乙巳九月廿一日　公历一千九百零五年十月十九号　　　／451
　　兴宁兴民学堂添招学生
　　罗浮司学堂将成
　　兴宁游神之浪费

大清光绪三十一年乙巳九月廿二日　公历一千九百零五年十月二十号　　　／452
　　三堡学堂禀请照拨经费
　　请究混冒学生服饰
　　兴宁罗族植基学堂之近情

大清光绪三十一年乙巳九月廿五日　公历一千九百零五年十月二十三号　／452
　　汕头八属会馆议办两等小学堂
　　道批嘉应西阳小学堂禀请立案由
　　会讯杨钟上控案
　　叔侄相残案
　　拐妓

大清光绪三十一年乙巳九月廿六日　公历一千九百零五年十月二十四号　／453
　　鄂督派员查考潮汕铁路办法
　　潮州中学堂之历史
　　请借圣庙文祠立学堂
　　嘉应师范学堂尚未开办之原因
　　请补入军医学堂不准
　　大埔劫盗猖獗
　　续纪大埔会匪掳掠妇女事

大清光绪三十一年乙巳九月廿七日　公历一千九百零五年十月二十五号　／456
　　拟设织布公司

大清光绪三十一年乙巳九月廿九日　公历一千九百零五年十月二十七号　／456
　　一般之案首请看

大清光绪三十一年乙巳十月初一日　公历一千九百零五年十月二十八号　／456
　　桂里学堂请款不准
　　白渡堡禀办公立小学
　　师范卒业生返国
　　委员不以赈灾为事
　　恃教虐佃

大清光绪三十一年乙巳十月初三日　公历一千九百零五年十月三十号　　／457
　　大埔令未准学务公所人员辞职
　　嘉应东山师范学堂将开办

查办龙田学堂委员又到
　　学务处批嘉应山票商人李树芬等禀
　　潮嘉赌商之变动
大清光绪三十一年乙巳十月初四日　公历一千九百零五年十月三十一号　／458
　　汕商竟改用美国电灯乎
　　大埔学务得人
　　大埔人民之大恐慌
　　船户盗卖商货
大清光绪三十一年乙巳十月初五日　公历一千九百零五年十一月一号　／460
　　详纪汕头筹办八属两等小学堂事
　　平沙社学界改良之筹划
　　兴宁竞立学堂
　　兴民学堂添设师范
　　电灯英货之续闻
大清光绪三十一年乙巳十月初六日　公历一千九百零五年十一月二号　／461
　　行知设立优级师范学堂
　　查学员可谓能尽责任
　　汕头拿获拐匪
　　讼案须自行处结
　　演电戏
大清光绪三十一年乙巳十月初七日　公历一千九百零五年十一月三号　／462
　　大埔又闻抢劫
　　高陂学堂筹款之特别
大清光绪三十一年乙巳十月初八日　公历一千九百零五年十一月四号　／463
　　丰顺县请免建习艺所
　　嘉应学务公所迁地
　　扶贵堡学堂禀请立案
　　府审贩卖猪仔匪
　　瞽者亦能贩卖猪仔
　　革书逍遥法外
　　务本学堂盗案了结
　　能除陋俗
大清光绪三十一年乙巳十月十一日　公历一千九百零五年十一月七号　／464
　　八属学堂公举所长
　　丰顺民立自助学堂禀准立案

嘉应土膏捐卡委员到汕
猪仔案既提及洋行家长
嘉应学生不买美货
长乐学堂生有志东游
横陂魏氏议设家族学堂
镇平乡学会议

大清光绪三十一年乙巳十月十二日　公历一千九百零五年十一月八号　　　/ 466
嘉应接到学堂关防铃记
务本学堂体操进步
西阳堡拟设师范传习所
秦州牧赶收钱粮
嘉应收发员署理巡检
洋医生游历内地

大清光绪三十一年乙巳十月十三日　公历一千九百零五年十一月九号　　　/ 467
学务处批乐群学堂总办禀呈捐册由
兴宁令批学务公所查覆学堂与局绅冲突案

大清光绪三十一年乙巳十月十四日　公历一千九百零五年十一月十号　　　/ 468
札提刘宝崑至惠州行辕讯办

大清光绪三十一年乙巳十月十五日　公历一千九百零五年十一月十一号　　/ 468
禀控州官玩视学务
委员查办上控案件
提解刘宝崑到惠讯办之原因
咄咄秦州牧亦有民在目中欤
长乐华阆围魏氏家族学堂禀准立案
兴宁令批局绅黄湘源禀

大清光绪三十一年乙巳十月十七日　公历一千九百零五年十一月十三号　　/ 470
禀控刘宝崑批词
务本学堂请款补助
嘉应兴学两志
捐助游学之可风

大清光绪三十一年乙巳十月十八日　公历一千九百零五年十一月十四号　　/ 471
嘉应学务续志

大清光绪三十一年乙巳十月十九日　公历一千九百零五年十一月十五号　　/ 471
觉民学堂批准照办
详述大埔会匪近事

大埔劫案何多
　　塔中之死人
大清光绪三十一年乙巳十月二十日　公历一千九百零五年十一月十六号　/ 473
　　移拿潮阳凶犯
　　大埔花会之害
　　大坪小学堂将出现
　　乡村禁设烟店
　　兴宁小学堂倡设不做佛事会
　　冬季歉收
大清光绪三十一年乙巳十月廿一日　公历一千九百零五年十一月十七号　/ 474
　　大埔学务公所副所长邱禀复胡大令文（为筹款派绅游历事）
　　示禁差役背章索扰
　　兴宁染布工党联盟罢工
　　变卖养济院为学堂经费
　　刁坊墟之劫匪
　　匪犯正法
大清光绪三十一年乙巳十月廿二日　公历一千九百零五年十一月十八号　/ 476
　　嘉应禀办学堂批词汇录
　　兴宁小学生东游
　　高陂劫匪之猖獗
大清光绪三十一年乙巳十月廿四日　公历一千九百零五年十一月二十号　/ 478
　　汕头追悼夏威之盛会
　　大埔三点会匪又公然拜会
大清光绪三十一年乙巳十月廿五日　公历一千九百零五年十一月二十一号　/ 479
　　兴宁县禀设学务公所
　　平远令玩视学务
大清光绪三十一年乙巳十月廿六日　公历一千九百零五年十一月二十二号　/ 479
　　大埔学务公所驻所员乞退
　　高陂邱氏兴办家族学堂
　　嘉应学堂近事两志
大清光绪三十一年乙巳十月廿七日　公历一千九百零五年十一月二十三号　/ 480
　　嘉应留省学生请办中学堂禀批
　　大埔湖乡议兴学务
　　丰顺县捕匪之出力
　　长乐捕厅之怪象

大清光绪三十一年乙巳十月廿八日　公历一千九百零五年十一月二十四号　／ 482
　　嘉应师范学堂招考规则
　　师范生回堂办事
　　大埔学务公所议定住所员
　　三堡学堂添聘英文教习
　　续纪大埔会匪拜会事
大清光绪三十一年乙巳十月廿九日　公历一千九百零五年十一月二十五号　／ 484
　　私征租项可拨充学费
　　拿获盗匪
　　嘉应禀准勒石讼费章程
大清光绪三十一年乙巳十一月初一日　公历一千九百零五年十一月二十七号　／ 486
　　同文学堂拟扩充学舍
　　嘉应学务公所答无可辞
　　学务所长兼充两等官小学堂校长
　　银溪士绅拟议兴学
大清光绪三十一年乙巳十一月初三日　公历一千九百零五年十一月二十九号　／ 487
　　新州牧知无一官学为莫大之耻
　　州署舞弊人员之自危
　　丙市三堡学堂又起风潮
　　罗岗办学之辘轳
大清光绪三十一年乙巳十一月初四日　公历一千九百零五年十一月三十号　／ 487
　　嘉应筹办商会
　　严究嘉应州虎役
　　汕头邮政局司事被控
　　大埔拿获案匪
　　藉尸索诈之可恶
　　嘉应又苦雨水不足
大清光绪三十一年乙巳十一月二十日　公历一千九百零五年十二月十六号　／ 489
　　嘉应州师范学堂定期招考
　　丙市山票禀准严禁
　　大埔伪委员之败露
　　长乐嵩头兴办学堂
大清光绪三十一年乙巳十二月初一日　公历一千九百零五年十二月二十六号　／ 490
　　革生竟敢阻扰兴学耶
　　呜呼果欲祷神以消灾耶

大清光绪三十一年乙巳十二月初二日　公历一千九百零五年十二月二十七号　／ 490
　　镇平令对于钟家办学冲突事之批词
　　秦前牧预印空白禀
大清光绪三十一年乙巳十二月初三日　公历一千九百零五年十二月二十八号　／ 491
　　西阳小学堂招考简章
　　练勇通奸受惩
大清光绪三十一年乙巳十二月初四日　公历一千九百零五年十二月二十九号　／ 491
　　李太尊请调剂属员办法
　　潮嘉学务汇录
大清光绪三十一年乙巳十二月初五日　公历一千九百零五年十二月三十号　／ 492
　　学务处嘉奖同文教员
　　同文教员之游历南洋
　　密查员再抵嘉应州
　　加抽经费以充勇饷
大清光绪三十一年乙巳十二月初七日　公历一千九百零六年一月一号　／ 493
　　秦州牧记大过一次
　　陈牧伯微行察民事
　　大埔令聘三河局为幕客
　　嘉应东山师范考选学生之问题
大清光绪三十一年乙巳十二月初八日　公历一千九百零六年一月二号　／ 494
　　嘉字营勇拐带妇女之被获
　　劫案又闻
大清光绪三十一年乙巳十二月初九日　公历一千九百零六年一月三号　／ 494
　　民立学堂请自刊钤记不准
　　嘉应患盗
大清光绪三十一年乙巳十二月初十日　公历一千九百零六年一月四号　／ 495
　　务本学堂拟合办中小学
　　潮商请嘉应商会调停账目轇轕事
大清光绪三十一年乙巳十二月十一日　公历一千九百零六年一月五号　／ 495
　　请看嘉应秦牧去任之活剧
　　嘉应东山师范定期揭晓
大清光绪三十一年乙巳十二月十二日　公历一千九百零六年一月六号　／ 495
　　岭东同文学堂拟酌办师范
　　同济善堂拟办两等小学堂
　　嘉应学务公所举定所长

潮郡屠捐局几乎滋事
　　拐匪被惩
大清光绪三十一年乙巳十二月十四日　公历一千九百零六年一月八号　　/ 496
　　岭东同文学堂聘定教员
　　大埔兴学之计划
　　嘉应一般把持公款以阻学之劣绅听者
　　嘉应东山师范榜揭晓
大清光绪三十一年乙巳十二月十五日　公历一千九百零六年一月九号　　/ 497
　　大埔搜拿会匪之近闻
　　日本学务官游历至汕
　　大埔建筑官学
　　嘉应州牧对于学务批词汇录
　　桂里蒙学堂年终大考榜
大清光绪三十一年乙巳十二月十六日　公历一千九百零六年一月十号　　/ 499
　　嘉应商会之成立
　　快快快单提刘宝崑至惠州行营讯办
　　高磜寺寺产悉充平沙公学
　　务本学堂闭校仪式
　　潮嘉学务汇志
　　嘉应林氏拟兴种植之近闻
大清光绪三十一年乙巳十二月十七日　公历一千九百零六年一月十一号　　/ 500
　　纪某分司抽收冬防经费事
　　镇平金沙学堂之兴盛
　　长乐拨充学费之善举
　　觉民学堂教育之资助游学
　　潮属学务汇志
大清光绪三十一年乙巳十二月十八日　公历一千九百零六年一月十二号　　/ 501
　　陈牧伯出示招募巡勇
　　同文学堂拟酌办简易师范已准
　　覆试东山师范生问题
　　兴宁拿获著匪
　　长乐安流火灾之惨状
大清光绪三十一年乙巳十二月十九日　公历一千九百零六年一月十三号　　/ 503
　　请看关吏索贿之丑状
　　岑督对于局绅把持学费之批词

学务处对于大埔学务公所之批词
　　嘉应窃贼何多
大清光绪三十一年乙巳十二月廿一日　公历一千九百零六年一月十五号　　/ 504
　　李太尊又请调剂属员
　　续备军清办大埔会匪之详情
　　大埔游历绅返汕
　　嘉应学务批词汇录
大清光绪乙巳三十一年十二月廿三日　公历一千九百零六年一月十七号　　/ 505
　　东山师范学堂之组织
　　潮嘉学务汇志
　　兴宁常备军之无状
　　嘉应城西小学堂年终大考榜

六、光绪三十二年（1906）

大清光绪三十二年丙午四月十九日　公历一千九百零六年五月十二号　　/ 509
　　张京卿桥梓热心助学
　　半夜学堂定期开学
　　丰顺良乡学堂之成立
　　纪司官之办奸拐案
　　汕头戒烟会序文
大清光绪三十二年丙午五月十五日　公历一千九百零六年七月六号　　/ 510
　　兴宁学务所长引退
　　嘉应饶塘命案之详述
　　虫毒致命
大清光绪三十二年丙午六月十五日　公历一千九百零六年八月四号　　/ 511
　　官场纪事
　　禀设夏期师范讲习馆批词
　　潮镇奉裁绿营详纪
　　焚毙小孩
　　相验命案
　　崧社何氏明德学堂第一学期试验榜
大清光绪三十二年丙午七月初二日　公历一千九百零六年八月二十一号　　/ 513
　　嘉应招考生员考职
　　批饬提醮会之费以办学
　　潮阳令宣示施孤之害
　　汛弁又拿获一匪

争承牛皮之恶剧
　　洋门路劫之详情
大清光绪三十二年丙午九月十六日　公历一千九百零六年十一月二号　　　/ 516
　　潮汕铁路定期开车
　　嘉应实业学堂之先声
　　丰顺劝学所迁地
　　学务公所员绅辞差未准
　　严究丁书索礼
　　饬查镇平米捐
大清光绪三十二年丙午九月十七日　公历一千九百零六年十一月三号　　　/ 518
　　黄会办禀请出洋考查铁路
　　长乐令因办税契不力记过
　　大埔梓里两等小学堂上学期试验榜
大清光绪三十二年丙午十月初七日　公历一千九百零六年十一月二十二号　/ 519
　　潮汕铁路拟添建浮桥
　　兴办实业学堂之先声
　　嘉应考送工业考生
　　嘉应火警
　　传闻之讹
大清光绪三十二年丙午十月十九日　公历一千九百零六年十二月四号　　　/ 520
　　学堂益人于无形
　　金盘堡银场之煤矿将出现
　　更正昨报
大清光绪三十二年丙午十月廿二日　公历一千九百零六年十二月七号　　　/ 520
　　咄咄竟有誓死仇学之蛮人耶
　　茶阳师范馆改办旅小学堂
　　查拿狼狈为奸之劣棍
　　严拘私开山票商人
　　长乐收成稍丰
大清光绪三十二年丙午十月廿三日　公历一千九百零六年十二月八号　　　/ 522
　　禀控纠殴教员之批词
　　山票尚敢违例开设耶
　　兴宁擅开墟场禀批
　　大埔县之警察
　　烟叶涨价

067

张辽轮搭客受伤事已息
　　示谕改良验疫情由
　　铁路与酒楼之关系
大清光绪三十二年丙午十月廿六日　公历一千九百零六年十二月十一号　　/ 523
　　南洋潮商电请保全金山学产
　　嘉应州牧履任
　　札饬严拿会匪首要
　　谕饬选送中学预科生
　　嘉应倡设研究地方公益会
　　抗捐阻学之愚顽
大清光绪三十二年丙午十月廿七日　公历一千九百零六年十二月十二号　　/ 525
　　州人不公认教育会
　　嘉应中学堂添聘体操教员
　　商会已换商董
　　挞欠洋款之办法
大清光绪三十二年丙午十月廿九日　公历一千九百零六年十二月十四号　　/ 526
　　普宁令之言论
　　禀攻学生混考被斥
　　茶阳师范学校监学对于学生之牌示
　　又有承办鱼汁者
　　州绅严禁山票之公启
　　拦途抢劫
大清光绪三十二年丙午十月三十日　公历一千九百零六年十二月十五号　　/ 528
　　学堂招考两志
　　禀控殴辱教员批词汇录
　　大埔禀办巡警之批示
　　谕饬停止设醮
大清光绪三十二年丙午十一月初二日　公历一千九百零六年十二月十七号　　/ 530
　　前长乐令请详核移尸案
　　批饬查封店物变抵洋款
　　嘉应设立体育会
大清光绪三十二年丙午十一月初三日　公历一千九百零六年十二月十八号　　/ 531
　　捕厅之劣状
　　谕饬筹办团防
　　严拿花会匪徒

丰顺县与新州尊会审匪首
大清光绪三十二年丙午十一月初四日　公历一千九百零六年十二月十九号　/ 532
　　大麻社兴办学堂
　　批饬讯追巨款
　　请拨祖尝助学被斥
　　请究冒名背签
　　嘉应匿名揭帖之恶俗
大清光绪三十二年丙午十一月十四日　公历一千九百零六年十二月二十九号　/ 533
　　饬属保护测勘广厦路线人员
　　乐群学堂教员辞席
　　嘉应研究地方公益会之简章
大清光绪三十二年丙午十一月十六日　公历一千九百零六年十二月三十一号　/ 535
　　又演竞争学费之恶剧
　　示办嘉应铺票
　　长乐大嵩之窑业
大清光绪三十二年丙午十二月廿四日　公历一千九百零七年二月六号　/ 535
　　大埔令谕绅办学
　　三河公立学堂禀准立案
　　平远令谕办团练
　　嘉应东山师范学堂招考简易科生规则
　　大埔多盗

七、光绪三十三年（1907）

大清光绪三十三年丁未二月十九日　公历一千九百零七年四月一号　/ 541
　　嘉应绅商举办平粜之踊跃

八、光绪三十四年（1908）

大清光绪三十四年戊申八月廿四日　公历一千九百零八年九月十九号　/ 545
　　衙役包庇花会
　　谕饬僧尼领费示文
　　是否开灯供客
大清光绪三十四年戊申八月廿六日　公历一千九百零八年九月二十一号　/ 546
　　司局处核议兴宁禀办蚕业
　　禀请札禁演戏
大清光绪三十四年戊申八月廿七日　公历一千九百零八年九月二十二号　/ 547
　　批饬办结毁抢商店案
　　嘉应巡警之起色

邹直牧对于互控抢掳案之批词
商业学堂孔诞日运动规则
禀请严禁山票

大清光绪三十四年戊申九月初一日　公历一千九百零八年九月二十五号　　/ 549
通禀查勘埔邑大沙坝情形
请照会总董入所办公之批词
官场消息汇述
学界之蠹
严惩书办容留巫妇
镇平刘大令之新政

大清光绪三十四年戊申九月初二日　公历一千九百零八年九月二十六号　　/ 551
巡长提倡瞽说之可恶
札饬整顿大埔学务
申报考试塾师之批词

大清光绪三十四年戊申九月初四日　公历一千九百零八年九月二十八号　　/ 552
巡警学生禀请差委
缉捕总局札饬严缉劫盗
拐案

大清光绪三十四年戊申九月初五日　公历一千九百零八年九月二十九号　　/ 553
开办潮汕火车货捐近闻
谕饬整顿嘉应官学札文
大埔定议举办宣讲所
招学工艺示文
殴辱巡勇
呈批赶杀毁掠不准

大清光绪三十四年戊申九月初六日　公历一千九百零八年九月三十号　　/ 555
禀请核减火车货捐不准
兴宁令示禁演戏聚赌
查究妖术女巫
家丁违例苛索
官场纪事
提学司批词二则
广东嘉应州属留日学生最近之调查

大清光绪三十四年戊申九月初七日　公历一千九百零八年十月一号　　/ 556
查复长乐令被控各款已禀准免议

东关税馆分厂之苛勒
　　劫匪猖獗
　　状纸违章加价
　　禀控增设赌馆之批词
　　派勇督拆戏台
　　日本学生抵州
　　饬查捕殴案件
大清光绪三十四年戊申九月十三日　公历一千九百零八年十月七号　　　/ 558
　　平远县通报坝头劫案
　　禀请小学立案给钤批
　　批饬有心庇匪者
　　重修青龙庙之侈靡
　　桥梁其宜时修乎
大清光绪三十四年戊申九月廿二日　公历一千九百零八年十月十六号　　/ 559
　　论设立戒烟总会
　　兴宁戒烟会兼办烟膏章程
　　邹直牧筹措中学费
　　兴宁令整饬县署
　　调谑妇女之可恶
　　窃盗枷号游街示众
　　邹牧伯对于指禀刘宝焜之批示
　　呈控迫嫁之批词
大清光绪三十四年戊申九月廿三日　公历一千九百零八年十月十七号　　/ 563
　　不宜反对广潮米商
　　兴宁令对于神权之批示
　　二十日风灾纪闻
　　准派勇追起木排
　　潮阳同日风灾
　　兴宁留东学生北上
　　催拘毙命之正凶
　　兴邑时疫续闻
大清光绪三十四年戊申九月廿六日　公历一千九百零八年十月二十号　　/ 565
　　官场纪事
　　邮部饬潮汕路改用华工师
　　税务司饬查各属禁烟情形

071

饬核窃犯改归习艺
　　查封分赃匪店
大清光绪三十四年戊申九月廿七日　公历一千九百零八年十月二十一号　　／567
　　嘉应晚稻之遇风
　　殴辱司官之禀批
　　平远中学是否腐败
　　提学司批嘉应学案两则
　　为师范学堂催收膏火
大清光绪三十四年戊申九月廿八日　公历一千九百零八年十月二十二号　　／568
　　州牧伯之得民
　　灭匪命案之严批
　　兴宁令查验孤贫
　　严惩左道骗财者
　　是否恨责殴伤
　　是否藏匿妇女
大清光绪三十四年戊申九月廿九日　公历一千九百零八年十月二十三日　　／569
　　陈太尊对于汕头自治研究会禀缴规册之批词
　　汕头自治研究会禀请开幕之批词
　　大埔水患
　　教育会成立
　　兴宁令开卯查比粮役
　　兴宁之代收潮郡山票者
大清光绪三十四年戊申九月三十日　公历一千九百零八年十月二十四号　　／572
　　自治乎不治乎
　　邹牧伯之守正
　　镇平戒烟公所之开幕
　　专利者戒
　　埔邑近事两则
　　洁净须知
　　得毋桥梁不修乎

九、宣统元年（1909）

大清宣统元年己酉正月十二日　公历一千九百零九年二月二号　　／577
　　拒官抗纳之怪剧
　　嘉应卫生洁净局简明章程
　　命案

育婴堂附设女学校
　　东山学堂招考高等小学规则
　　邹牧伯禁龙灯舞狮
　　惩办伪票诈骗者

大清宣统元年己酉正月十三日　公历一千九百零九年二月三号　　　　／ 579
　　税契不准滋扰
　　提解汕头洋务局陋规充公
　　兴宁令筹办立宪之预备
　　续嘉应卫生洁净局简明章程
　　龙田学堂应展期毕业
　　又一女学堂招生
　　兴宁商务两则
　　嘉应邮政局之迁居

大清宣统元年己酉正月十五日　公历一千九百零九年二月五号　　　　／ 581
　　绅士之包揽词讼者看看
　　改良私塾之议案
　　办学确有成效岂患揭帖耶
　　斫木几酿械斗
　　拦获假办男装之逃妇
　　控争田亩应缴契查核

大清宣统元年己酉正月十八日　公历一千九百零九年二月八号　　　　／ 583
　　人和学堂禀开煤矿
　　伍氏学堂之奖励
　　官立中学堂赶筑讲堂
　　又一懿德女学堂招生
　　城西学堂招生
　　请看塾师之布告
　　小冬繁熟之可喜
　　兴宁征收之起色

大清宣统元年己酉正月十九日　公历一千九百零九年二月九号　　　　／ 585
　　有则改之无则加勉
　　嘉应学务批词两则
　　嘉应公立懿德女学堂章程
　　呈控奸拐案
　　争地基田池之呈批

提议禀请学堂具禀不用官纸
　　是否强借不遂
大清宣统元年正月二十日　公历一千九百零九年二月十号　　　　／588
　　复设都戎莅兴
　　塾师竟干涉城西学堂校长
　　劫匪不准保释
　　人命催拘凶犯
　　筹办嘉应卫生事宜条款草议
　　殴伤未验
大清宣统元年正月廿一日　公历一千九百零九年二月十一号　　　／590
　　仍候研讯匪伙
　　藉命讹诈未便详销
　　郭赖之胡闹
　　呈控卷逃之批示
　　埔邑官学员大加更动
　　兴仁学堂之招生
　　师范学堂聘定英文教习
　　请酌分学租之批示
　　挟恨截抢之可恶
大清宣统元年己酉正月廿二日　公历一千九百零九年二月十二号　／591
　　埔邑报告表由学堂自缴
　　兴宁拐逃风之盛
　　严禁窝留妇女之示文
　　控抗赎田亩之呈批
　　志失慎
　　妖尼踞庵之可恶
　　有为年关紧逼而死者
大清宣统元年己酉正月廿三日　公历一千九百零九年二月十三号　／593
　　严惩包粮抗官者
　　澄海戒烟会四言韵示
　　迷信神权酿成斗械
　　借绅惑众之可恶
　　手炉焚毙
大清宣统元年己酉正月廿五日　公历一千九百零九年二月十五号　／594
　　嘉应巡警之得力

城西学堂之风潮
竟有阻抗津贴学费者
桂里学堂又另举校长
控纠匪抢赌之呈批
呈控抗赎之不准
僧徒被殴述闻

大清宣统元年己酉正月廿六日　公历一千九百零九年二月十六号　　　　　/ 595
电饬释放被诬革党马兴顺
萨摩岛招工之示文
志嘉属缉捕经费
查封开灯烟馆毋庸议充学堂
牌示学堂仍遵用狀式纸
私开烟馆揭封
官学聘定校员
匪窝不准领回建造
兴宁令防匪之严密

大清宣统元年己酉正月廿七日　公历一千九百零九年二月十七号　　　　　/ 597
兴宁抗粮之惧罪
懿德女学堂募捐
假公义以泄私愤

大清宣统元年己酉正月廿八日　公历一千九百零九年二月十八号　　　　　/ 598
懿德女学堂募捐（续）
殴辱校长之恶剧
西厢堡又多一小学堂
校长放弃职守
教育会开议定期
拘追欠租之奸佃

大清宣统元年己酉正月廿九日　公历一千九百零九年二月十九号　　　　　/ 599
辞办调查所及各职之禀批
谕办调查事务人员
大埔教育会条议
杨氏学堂改办初等
玉水杨氏学堂开办
世德学堂议建校舍
德济医院施种牛痘

惧内纳宠胡为者
大清宣统元年己酉二月初一日　公历一千九百零九年二月二十号　　/ 601
　　劫案
　　拐案之待查
　　呈控抗粮之批示
　　埔邑学务两志
大清宣统元年己酉二月初三日　公历一千九百零九年二月二十二号　　/ 602
　　志嘉应调查所
　　邹牧伯上禀辞任述闻
　　议定借东官厅为洁净局
　　集议开女学堂事
　　绍德学堂不收学费
　　得毋勇于私斗乎
大清宣统元年己酉二月初四日　公历一千九百零九年二月二十三号　　/ 603
　　寄信往萨摩岛华工者须知
　　示谕当押商人遵用官纸
　　禀控匿白不税批示
　　呈控毁坟之待查
大清宣统元年己酉二月初五日　公历一千九百零九年二月二十四号　　/ 605
　　嘉应选举调查事务所简章
　　邹牧伯给调查所副所长谕
　　嘉善女校兼聘德国女教员
　　黑夜被劫述闻
大清宣统元年己酉二月初六日　公历一千九百零九年二月二十五号　　/ 607
　　开办自研究分会之简章
　　争举东屏局董事
　　定期考选师范生之牌示
大清宣统元年己酉二月初七日　公历一千九百零九年二月二十六号　　/ 609
　　劝学所开春季大会
　　是讵尚武精神乎
　　兴宁令拟减收戳费
　　提释墩犯
　　诣水口相验命案
　　一般扛讼者看看
　　外人重视轮船诞子

大清宣统元年己酉二月初八日　公历一千九百零九年二月二十七号　／ 611
　　嘉应自治研究分会续刊简章
　　布头坝蓝姓之械斗
　　兴宁又有劫案
　　绍德学堂生之多
　　懿德女学堂开学
　　交差之酷滥
　　谕查所举局董应否补充
　　是否强盗抢夺

大清宣统元年己酉二月初十日　公历一千九百零九年二月二十九号　／ 614
　　张督以循吏望邹牧
　　谕绅襄办保安局务
　　劝学所定期会议改良私塾之布告
　　城西学堂校长仍旧
　　考选师范生及高等小学生
　　车捐委员抵汕
　　巡警乃为人帮斗耶
　　蠹书诈骗之伎俩
　　夜盗
　　组织赤十字会之集议

大清宣统元年己酉二月十一日　公历一千九百零九年三月二号　／ 616
　　兴宁令减收戳费牌示文
　　局绅禀可冒递耶
　　自治研究传习之定期
　　议办梅商团体自治会
　　嘉应劝学所刊布化除私塾分别办法
　　展期考选中学生

大清宣统元年己酉二月十二日　公历一千九百零九年三月三号　／ 618
　　长乐令具禀农林试验场之述略
　　族学请提寺租之禀批
　　嘉善女学校开课
　　大埔学务两志
　　何得觊觎产业

大清宣统元年己酉二月十三日　公历一千九百零九年三月四号　／ 619
　　有无为匪情事

拐案两则
　　灭尸案勒限拘办
　　塾师反对劝学所之近闻
　　叶塘公立学堂毕业
　　惩罚私运毛鬃者
　　嘉应缉捕经费公司之布告
　　麦价之昂贵

大清宣统元年己酉二月十四日　公历一千九百零九年三月五号　　／621
　　准师范生陆续报名之牌示
　　私运毛鬃之续闻

大清宣统元年己酉二月十五日　公历一千九百零九年三月六号　　／621
　　奉贴悬赏购缉革党之督示
　　新墟屠捐
　　命案
　　会议修复拱极关
　　控被骗卖之不准
　　墟船失水
　　埔邑商务分会之来函

大清宣统元年己酉二月十七日　公历一千九百零九年三月八号　　／623
　　严禁贩运米谷出境
　　严惩需索之厨役
　　拟辑中国赤十字会章程草案
　　明德学堂扩充校舍
　　乃有劫谷之盗
　　诣石坑勘验

大清宣统元年己酉二月十八日　公历一千九百零九年三月九号　　／624
　　拟辑中国赤十字会章程草案（续昨）
　　批准出示保护女学堂
　　墩犯俟讯明发落
　　殴毙之原因
　　巡勇捉奸
　　呈控窝匪销赃之批示

大清宣统元年己酉二月十九日　公历一千九百零九年三月十号　　／626
　　华暹轮船公司成立
　　嘉应选举调查事务所简章（续初五日）

调查所定期开会
　　松源自治分会之禀批
　　严饬照章备办丁祭
　　图南语学会招生简章
　　议抽教员薪水为劝学所经费
　　埔邑在城公学归并一所
　　邹牧伯由勘场回署

大清宣统年己酉二月二十日　公历一千九百零九年三月十一号　　　／629
　　拟辑中国赤十字会章程草案（再续）
　　商会集议驳船之不可行
　　女学试验题
　　开发潜钞禀牍之冢丁
　　批候饬差查起

大清宣统元年己酉二月廿一日　公历一千九百零九年三月十二号　　　／630
　　嘉应调查所开会志盛
　　拟辑中国赤十字会章程草案（三续）
　　选取嘉应官立中学生榜
　　学堂抽捐亦有不同

大清宣统元年己酉二月廿二日　公历一千九百零九年三月十三号　　　／632
　　嘉应调查所会场规则
　　拟辑中国赤十字会章程草案（四续）
　　嘉应警员述闻
　　图南语学会夜馆缘起之意见书
　　请修拱极关禀

大清宣统元年己酉二月廿四日　公历一千九百零九年三月十五号　　　／635
　　札派鮀江浦司清查华工出洋
　　咨查潮河行轮之利益
　　邹牧伯查勘银矿
　　拟辑中国赤十字会章程草案（五续）
　　户吏浮收杂费

大清宣统元年己酉二月廿五日　公历一千九百零九年三月十六号　　　／637
　　拟辑中国赤十字会章程草案（六续）
　　保释命案干证之不准
　　巨商热心教育
　　泾渭宜分

诣枫山乡勘案
　　告状人应盖用粮戳
　　拿获劫匪
　　大埔学务汇述
　　批饬严拘奸淫妇女之寺僧

大清宣统元年己酉二月廿六日　　公历一千九百零九年三月十七号　　/ 640
　　嘉应选举调查事务所
　　毋得恃妇习健
　　大埔学务三则

大清宣统元年己酉二月廿七日　　公历一千九百零九年三月十八号　　/ 641
　　提讯毁墟亭案
　　沿田又有花会
　　禀请修复拱极关之批词
　　匿白案亲诣勘丈
　　汇纪师范生与塾师事
　　大埔学务事汇
　　曾氏家族学堂之成立
　　因赌轻生

大清宣统元年己酉二月廿八日　　公历一千九百零九年三月十九号　　/ 643
　　轰放鱼雷之交涉
　　西扬黄姓劫案之续闻
　　严禁招摇撞骗之示文
　　逃犯改押羁所
　　讯判因奸耸报案
　　邹牧伯出示保护懿德女学堂

大清宣统元年己酉二月廿九日　　公历一千九百零九年三月二十号　　/ 644
　　太平乡捕获劫盗
　　呈控女被迫毙之批词
　　续邹牧伯出示保护懿德女学堂
　　族立光宗学堂开办
　　晓谕设私塾改良会之示文
　　大埔事汇
　　棍徒知悔悟乎

大清宣统元年己酉闰二月初一日　　公历一千九百零九年三月二十二号　　/ 647
　　大埔士绅拟改增法政员名额

邹牧伯晓谕选举调查之示文

邹牧伯勘案述要

禀文前后不符之被斥

宫市学堂之成立

一尸两验之异闻

禁用不知控由之抱告

大清宣统元年己酉闰二月初二日　公历一千九百零九年三月二十三号　/ 649

邹牧伯履勘银矿事续闻

邹牧伯晓谕选举调查之示文（续）

批饬解散梅商自治会

嘉应私塾改良会章程

禀究抗学费之劣棍

大埔学务汇述

惩责图告不审者

中兰村之夜劫

大清宣统元年己酉闰二月初三日　公历一千九百零九年三月二十四日　/ 652

禀究抗费之续闻

三河公学拟办高等第二班不果

镇平商会开第二次选举之踊跃

邹牧伯查封盐埠铺店房屋

记高陂近事三则

嘉应警局判钱债案

批饬严拘究坐

大清宣统元年己酉闰二月初四日　公历一千九百零九年三月二十五号　/ 654

藉端抢掠之待查

兴宁劝学总董辞差

大埔学务事汇

白宫市学堂之示谕

争收花红之批示

大清宣统元年己酉闰二月初五日　公历一千九百零九年三月二十六号　/ 656

嘉应之调查须知

批饬呈验管业凭据

查封铺屋事续闻

志嘉应师范学堂龃龉事

在押私逃之犯绅

081

大清宣统元年己酉闰二月初八日　公历一千九百零九年三月二十九号　　　/ 658
　　再续嘉应直隶州调查须知
　　邹牧伯开用换颁新印
　　澄海令履勘海坦
　　是否恃学健讼
　　中学堂行开学礼
　　茂芝前乡家族学堂之成立
　　大埔官小学堂之来函
　　乐群教员易人
　　失去一婢一媳

大清宣统元年己酉闰二月初九日　公历一千九百零九年三月三十号　　　/ 661
　　调查所定期开全州大会
　　调查所缩期办事清单
　　自治传习所之成立
　　师范学堂龃龉事续闻
　　西扬劫案呈批
　　懿德女学堂之选生
　　批准再禁私收山票
　　提讯凶犯
　　藉命讹诈其知悔悟乎

大清宣统元年己酉闰二月初十日　公历一千九百零九年三月三十一号　　/ 662
　　毋庸再编纂乡土历史教科书
　　毛捐未准加认学费
　　旅畬商人设立半夜国文讲习所
　　商债纠葛之布告

大清宣统元年己酉三月初七日　公历一千九百零九年四月二十六号　　　/ 663
　　嘉应官立中学堂饬遵学宪简章牌示
　　呈控移尸赖命
　　巡防勇之凶横

大清宣统元年己酉三月初八日　公历一千九百零九年四月二十七号　　　/ 664
　　兴宁冈背钟姓抗粮案之近状
　　续嘉应官立中学堂饬遵学宪简章牌示
　　控妻被拐之呈批
　　呈催严拘偷靛船户案
　　兴宁令诣勘控被巡士冲坏房屋

严办得钱卖放之蠹役
大清宣统元年己酉三月初九日　公历一千九百零九年四月二十八号　　/ 666
　　惩责喊禀者
　　讨巨债者远来汉口
　　松口学堂抽收牛捐纸折捐告示
　　勒令停闭不知教科之私塾
大清宣统元年己酉三月初十日　公历一千九百零九年四月二十九号　　/ 667
　　兴宁商会奉饬解货品至京陈列所之照会
　　兴宁戒烟分会之禁烟不力
　　著匪获案
　　续松口学堂抽收牛捐纸折捐告示
　　兴宁商务之近况
　　控盗砍山场松杉
大清宣统元年己酉三月十一日　公历一千九百零九年四月三十号　　/ 669
　　征取条陈之谕文
　　邹牧伯晓谕调查统计示文
　　严拿私收山票者
　　捆送抢匪讯不认供
　　呈控匿白之诣勘
　　嘉应官场纪事
　　诉控灭骸之呈批
大清宣统元年己酉三月十二日　公历一千九百零九年五月一号　　/ 671
　　嘉应保安总局拟办嘉应统计调查说帖
　　查学堂财政委员抵州
　　调换师范学堂监学监督
　　赤水乡余家劫案续闻
　　票追把持学费者
　　札丰顺司查勘命案
　　事非干己之被斥
　　诉控暴拆店铺之呈批
大清宣统元年己酉三月十五日　公历一千九百零九年五月四号　　/ 674
　　劫匪正法六名
　　自暹回者俱愿搭华暹轮船
　　局绅卖放凶犯之上控
　　解送盗匪六名

幸庆重生
大清宣统元年己酉三月十六日　公历一千九百零九年五月五号　　/ 675
　　　记嘉应师范学堂监督监学
　　　记派查禁烟委员莅兴事
　　　谕饬清理缉捕经费交接饷项文
　　　是否挟讼殴辱
　　　互控挖骸案处息
大清宣统元年己酉三月十七日　公历一千九百零九年五月六号　　/ 676
　　　记大埔预备选举事
　　　催缴每月经费表
　　　斥革师范学生之牌示
　　　仰文闹学已了结
　　　大埔复有花会
大清宣统元年己酉三月十八日　公历一千九百零九年五月七号　　/ 677
　　　兴宁王刘两姓又将械斗
　　　洋务局将收牌费述闻
　　　大埔花会复兴
　　　毕业生争尝致斗
　　　抛挖尸骸之呈批
　　　特派劝学员
　　　嘉应织染传习所简章
　　　髻山产茶之良
　　　兴宁复起核疫症
大清宣统元年己酉三月十九日　公历一千九百零九年五月八号　　/ 680
　　　责革吸烟之巡勇
　　　禀究飞尸之烂匪
　　　示期考验学生
　　　批准免捐松竹
　　　良耶歹耶
　　　拿获挖冢匪
　　　被押上控之呈批
　　　拐匪骗客迫殴毙命之惨闻
大清宣统元年己酉三月廿一日　公历一千九百零九年五月十号　　/ 682
　　　劝同胞捐助卫生社之小启
　　　调查土药之来函

争地挑衅之野蛮
何至平空指奸
□□□□□刁告
宽释诬告掳禁者
提释拐犯
枷责淫徒
不知何故致毙死尸

大清宣统元年己酉三月廿三日　公历一千九百零九年五月十二号　　　　/ 684
续长乐官立小学之禀批
接办缉捕经费委员将来矣
劝学员之冲突
买永山场应有契据
种植官荒山场应候勘明核办
天行痘之盛行
拐案仍俟集讯发落
大河流尸之可骇

大清宣统元年己酉三月廿四日　公历一千九百零九年五月十三号　　　　/ 686
记藉官撞骗事
产土区只潮属饶平等县
控媳私逃之呈批

大清宣统元年己酉三月廿五日　公历一千九百零九年五月十四号　　　　/ 687
长陆廖庄械斗
闻有西人赴厦查矿产者
喊报嫂逼夫弟毙命案
师范学堂请假一星期
挟嫌被殴
案犯复获

大清宣统元年己酉三月廿六日　公历一千九百零九年五月十五号　　　　/ 688
兴宁令勒闭私塾之榜示
殴灭重案三载未结述闻
严惩擅埋死尸之地保
兴宁县卯呈减少之原因
邓谢命案余闻
大埔之劝学所
禀控抗缴学费

焚烧窝藏妇女之店铺
　　　诉控毁拆之呈批
　　大清宣统元年己酉三月廿八日　公历一千九百零九年五月十七号　　　　　/ 690
　　　嘉应调查所会议划区
　　　开辟地利事可照行
　　　诣验命案
　　　条陈甄别塾师之批示
　　　景宪学堂缴回铃记
　　　续控诱拐之呈批
　　大清宣统元年己酉三月廿九日　公历一千九百零九年五月十八号　　　　　/ 691
　　　晓谕洋商得有选举权
　　　是否受贿庇匿
　　　贼匪刺毙线工
　　　警局薄惩小窃
　　　何必指奸为盗

十、宣统二年（1910）

　　大清宣统二年庚戌九月廿六日　公历一千九百一十年十月二十八号　　　　/ 695
　　　种植公司请铃之禀批
　　　纵火焚毙人命
　　　禀请毕业之批回
　　　履勘五星桥案
　　　朋比跟丁挟妓之被斥
　　　互相殴伤之处息

十一、后记　　　　　　　　　　　　　　　　　　　　　　　　　　　　/ 697

一、说明

粤东梅州虽地处山区，却是中国著名侨乡。相关研究表明，梅州侨乡形成和发展的关键时期是清末民初。但因限于资料，学术界对于该时期梅州社会的具体变化了解得并不清晰。

《岭东日报》由梅州人杨源、何士果、温廷敬等1902年5月创办于汕头，是粤东地区最早的报纸，至1911年8月停刊。由于创办人、主笔和撰稿者多为客家人士，故其所涉及内容以客家地区居多，很有地方特色。

《岭东日报》每期8开4页，逢周六停刊。每日的版面，有"论说""上谕""时事要闻""潮嘉新闻""本省新闻""京都新闻""外国新闻""专件"等。其中篇幅较大的是"潮嘉新闻"，专门刊登潮州府〔海阳（今潮安）、澄海、潮阳、揭阳、饶平、汕头、普宁、惠来、大埔、丰顺、南澳〕和嘉应州〔嘉应州本州（今梅县区、梅江区）、兴宁、平远、长乐（今五华）、镇平（今蕉岭）〕各地的来稿，报道地方上的各类新闻。如1903年侨商嘉应州松口人张榕轩等投资建造潮汕铁路，这一惠泽民众的重大工程，从筹备之时起，《岭东日报》就在"潮嘉新闻"栏目中及时报道张榕轩等人的活动。

《岭东日报》办报的宗旨是"主持公论，开通风气"，故该报不仅注重时事新闻，遇有重大事件，则以专题逐日连续刊登。因此对于当时粤东地方社会经济文化等新旧事物的发展变化，如举办新式学校、移风易俗等，多有连续性的报道。这些材料，对于研究清末粤东侨乡社会变迁，具有重要研究价值。

由于时间久远，目前尚无一家收藏机构收藏有完整的《岭东日报》。根据我们调查，现存《岭东日报》原件主要收藏在汕头档案馆、广东省立中山图书馆、中山大学历史系资料室和梅州市剑英图书馆。其中汕头档案馆收藏最多，其次为中山大学历史系资料室，但都不齐全。其中尤以1907—1910年的缺漏最多，1911年的则一份也没有见到。

由于研究需要，我们从汕头档案馆、广东省立中山图书馆、中山大学历史系资料室和梅州市剑英图书馆等公藏机构，影印了现存《岭东日报》的主要内容，并进行了初步的整理和研究。

经过近三年的努力，我们从《岭东日报》"潮嘉新闻"中，选择与华侨有关的客家地区或客家华侨参与的新闻，或者虽不发生在客家地区，但对华侨史研究有重要研究价值的新闻，编成《〈岭东日报·潮嘉新闻〉梅州侨乡史料选编》，共50余万字。除"说明"和"后记"外，全文以传统纪年为单位，每年一章，分为八章。

在编校过程中，对每条史料，先录原文中的年月日，包括传统纪年和公元纪年，再列史料名称和具体内容。为方便阅读，将原文中繁体字改为简体字，并对所录原文进行了标点。对残缺或难以辩认的字，以"□"表示。

本史料选编详细展示了1902—1910年间客家地区侨乡社会的政治、经济、文教、民俗、宗教等方面的具体实态，是了解当时粤东地方社会变迁不可多得的第一手资料，对于认识和理解粤东客家侨乡社会的形成和发展，具有重要的理论和现实意义。

由于水平有限，在抄录和编校过程中难免出现脱漏错误之处，尤其是对传统公文格式把握不准，标点错漏，在所难免。敬请方家学者指正，以便修订完善。

二、光绪二十八年
(1902)

大清光绪廿八年壬寅六月十九日　公历一千九零二年七月二十三日
议建学堂

◇自广雅改设大学堂以来，而省中中小学堂亦有继起者。嘉应设学之事，曾于戊戌年槟榔屿领事谢君梦池慨然捐资五万金，为松口一堡小学堂，业经在州具禀在案，嗣因政变中止。去年黄君钧选游南洋，曾晤领事于槟城，时正大埔戴君独力捐办大埔学堂，义声洋溢。黄君即以吾州学堂为言，谢领事初谓人心难一，继即领之，且谓欲在松口建一所，在河南扶贵堡、蒿湖等处建一所云。似此分一为二，诚不如合二为一之易措办也。

◇近又传平远姚君德盛，有在本县独力捐办学堂之说。姚君，亦南洋巨商也。

大清光绪廿八年壬寅六月二十日　公历一千九零二年七月二十四日
购置新书

◇郡金山藏书楼庋储颇富，然皆经史子集古学等书，于今学之编尚缺如也。迩来风气大开，各译局及私家著述之编成各种新书以发明新理者，不堪偻述，而潮郡人士欲购求西学者，苦无其书。同文堂分教习温廷敬、副贡蔡锡龄、茂才朱乃霖诸君，乃联名在府辕禀请拨款，添购新出图籍。惠太尊以该禀系为兴学起见，许为捐廉购置，不日便当插架云。

大清光绪廿八年壬寅六月廿一日　公历一千九零二年七月二十五日
西医神效

◇嘉应州城西德国耶稣教堂医生维嵩山，原名颠山，即本报前纪治痊杨姓女子奇症者也。五月杪，梁辑五孝廉次子靖丞茂才病烧热，势沉重，粒米不能下咽者六日，间代以蕨粉、绿豆糊，亦旋食旋吐。延维君诊之，谓系肝炎病，大热内郁，血疾行逾常，度肝叶涨大，抵触胃口，致不能容纳食物，令日服药丸三粒，以驱肝热。化验小便，中含血珠，谓热毒侵入膀胱，令间两打钟服药水一勺，以涤肾热。又审视胸腹间作痛处，令涂药油，以引热外泄。数脉息，望颜色，辨舌苔，诊视维谨。越三日，始能啜稀饭。又越旬有三日，而病愈。维君云："此病积久而发，来势极猛，幸速治之，迟则肝家受伤甚，益形棘手矣。"自西医入中国，凡治外伤，奏刀砉然，踌躇满志。论者多谓其偏精外科，乌知疗治内症，审辨脏腑，对病下药，复应手奏效如是耶？世有欲访西医者，幸勿震华佗之妙手，而忽扁鹊之精心也。

◇医生住黄塘约德济医院，成效大著。近因求诊者众，踵履相接，议添建一楹，以便病人栖止。闻楼上楼下，拟定方广，须足住四十位。现在该院附近择定一地，鸠工庀材，不日从事版筑矣。

大清光绪廿八年壬寅六月廿二日　公历一千九零二年七月二十六日

购书公禀

◇前报纪购置新书，仅述其大略，兹将其原禀录登，以供众览。

具禀人澄海县廪贡生兼袭云骑尉朱乃霖，大埔县廪生温廷敬，海阳县副贡蔡庆龄、廪生黄际清、附生柯树蔡、陈炳谟、王仁杰等，为禀请札饬提款买书事：窃潮州金山书院向设有藏书楼一所，所藏经史子集，裨益寒士不少。惟时局日变，实核所藏，多有不切用者，而近日中国经济家论说以及西人著述、东人译编，楼中盖阙如焉。又查外国书楼藏书宏富，每一新书出，或由民捐，或由公置，法良意美。书院有余款，筹拨甚便，都人士知此理者甚多，特恐一二拘谨老成，从而阻挠之，以为用夷变夏。不知学而切用，其学为环球之公学，其书即为环球之公书，诚为今日所不容缓之举。又报章一道，足以开发民智，潮海滨僻处，见闻狭陋，而楼中仅购辑译司局日报一份，未免自隘其规模。除先由贡生朱乃霖先后捐置《御制数理精蕴》一部、《日本新政考》一部、《星轺考辙》一部、《算学集要》一部、《俄史辑译》一部、《英丁前后海战纪》一部、《日本制度提要》一部、《和文汉读法》一部、《军队内务书》一部、《格致新报》一部外，其余应购之书报尚多，势亟开明粘单呈电。伏乞饬金山书院监院许其琛、董理周之柏提款，将后开书目，限一月内买齐，庋之楼中，以便寒士研究，并买价若干，据实禀复。贡生等为开通风气起见，如蒙俞允，实为公便。

大清光绪廿八年壬寅七月初一日　公历一千九百零二年八月四号
批准购书

◇前报纪购书公禀，兹蒙惠府尊批示云：据禀已悉，该生朱乃霖先后捐置多书，殊堪嘉许。先禀请购各种书报，是否皆合时用，候谕金山董理、监院悉心考核，择要购储备阅，仍将支用银数具报查考。单存发。计单所开，皆时务书，合之图报，共八十余种，殊未备也，然以是为起点焉可耳。

大清光绪廿八年壬寅七月初四日　公历一千九百零二年八月七号
匪事余谈

◇兴宁石子岭有陈某者，出洋经商，稍有蓄积。端节后有新陂李某造访，坐谈间，有暴客五六人突如其来，问陈某何在。诘他何来，乃云某大哥向他借银三百制造军械，李某为之关说，舌敝唇焦，始得以九十余圆了事，乃请村中某出首担保，分期兑银。匪出门，复入诘陈某曰："此银尔乐意出否？若非乐意，则不相强，倘漫为答应，旋复赴县禀报，将焚尔屋矣。"陈某唯唯，匪乃始去。陈潜出门窥之，见屋后尚伏廿余匪，稍有枝梧，即肆劫略。被打单之家，不敢禀报，多如此。

◇有友赴县途次，逢樵客二人，询其何来，知为和山岩背人。复问该处安静否，则摇手道云："莫说为佳。"适经过大药坝，有匪数人，向谢家勒钱。询其详细，则嗫嚅于口，目左右顾，恐有人属耳也，余威之震若此。因友人言，忆及春间，有二妇人负薪归，中途相语云："今日人皆畏三点，吾想三点亦同此人耳，何必畏！"有同行客遽云："尔何言？"妇归述前言。客曰："尔尚如此言，将有人割尔口。"妇不悟，絮语如初，客乃抽刀划其口至两耳，妇惊啼，乞命奔逃。盖自是道路以目，敢怒而不敢言。

大清光绪廿八年壬寅七月初五日　公历一千九百零二年八月八号
函商助学

◇嘉应张榕轩观察报捐广东武备学堂八万两，蒙督宪陶、抚宪德附片奏保，与周观察荣曜，一并赏给以四品京堂候补。奉朱批邀准，既见昨报。兹闻同文学堂总教习温慕柳太史曾函致张京卿，续捐助汕中同文学堂并嘉应中学堂。想京卿热心学校，必有所以资伙之也。然岭东巨商，亦必有闻风兴起者，学校如林，其有日矣。

大清光绪廿八年壬寅七月初十日　公历一千九百零二年八月十三号
行达天听

◇大埔戴欣然观察，捐资十万圆创建茶阳小学堂，迭纪前报。顷邑绅何士果、饶梅君两大令，于本月初八日将戴君捐赀兴学，并助宾兴设医局情形，禀请丁观察转详督抚宪，专折奏奖。丁观察见禀，极为慰藉，拟即申详加函致陶方帅幕府，请其迅速奏奖，上达天听。不日又当有温纶下赏矣。

大清光绪廿八年壬寅七月十三日　公历一千九百零二年八月十六号
农家述要

◇嘉应收成，丰歉不一，大约高原歉而下隰丰，平洋歉而涧谷丰，沙田歉而胶土丰。农家求其故而不得，但诿之曰"禾瘟"，盖谓禾亦有传染之证也。其讲农学者，则谓泰西格致家考得本年太阳热力最大，盖十年而一遇，故今年地之旱最远，人之病最多，而田亩之易受热力者，其收亦必歉。盖以受热既深，得雨而莳，而雨皆化为热质，偏阳不生，固其所也。若涧谷、下隰之处，土质本冷，兼披拂以草木，而得大热力以补之，其气适和，故独得丰。有某村某农者，资本颇厚，每年皆多买石灰以粪田，利数倍，而今岁歉收特甚，盖不明因时制宜之道也。业农者其知之。

大清光绪廿八年壬寅七月十五日　公历一千九百零二年八月十八号
宪示照登

◇埔邑戴君欣然捐资兴学，经邑绅何士果大令禀请丁观察，转详都抚宪专折奏奖，已登前报。兹得观察批示云：据禀，戴绅春荣经商外洋，笃念宗邦，慨捐洋银十六万元，以为创建大埔学堂及各项善举，洵属好义急公，不可多得。本道批览之余，良深嘉许。候札大埔县，迅即详候转禀院宪，将戴绅并其子试用知县戴培基，奏请破格奖叙，以资观感。该绅等一面函知戴绅，即将所捐学堂并宾兴医局经费共银一十万五千元，赶紧汇交汕头殷实银行，取单呈缴，以便发县拨款开办，仰即遵照。

大清光绪廿八年壬寅七月廿五日　公历一千九百零二年八月二十八号

志书告竣

◇重修《嘉应州志》，起于光绪庚寅，时钟详吴公俊三为知州，慨然倡修，属温辉珊大令、梁辑五光禄诸公力任筹款之事，而聘梁诗五、饶芙裳两孝廉为分纂，温慕柳太史为总纂。凡十有一年而书成，今年出板。书凡三十二卷，采择详审，体例精当，三百年未见之奇作也。另图二卷，乃钟子超明经与其二三友人所测绘者，亦颇精密云。

大清光绪廿八年壬寅七月廿九日　公历一千九百零二年九月一号

选绅入局

◇汕头保商局经于光绪二十五年，前惠潮嘉道朱观察奉上谕，照福建厦门保商局推广而为之。曾将议办章程禀明大宪，以俟奏咨，奈款项奇绌，章程亦未切实奉行，于今三年，竟成虚设。丁观察莅任后，深以保商为重，欲将现有之局而扩充之，经于廿一日出示晓谕，既登前报。顷闻观察又延潮嘉绅士温慕柳太史、邱仙根水部、萧墀珊太守、梁南轩司马、何士果、黄幼达两大令，陈玉坡孝廉七人入局，联合众商，厘定章程，以保商务。而该局学务，自八月初一日起，即交黄幼达大令接管，以专责成云。

大清光绪廿八年壬寅八月初一日　公历一千九百零二年九月二号

兴学电音

◇廿八日，大埔戴欣然观察公子芷汀大令自京来电本馆，代致埔邑绅，将学堂公件函寄。虽未明言是何公件，谅是在道辕及邑属公禀以及一切章程也。此消息，埔邑之学指日可兴矣。

大清光绪廿八年壬寅八月初二日　公历一千九百零二年九月三号

重译精言

◇大埔何君芾仙，游幕南洋领事署，多历年所，谙外事。本年由南洋至伦敦，西历纽育府至英属坎拿大，复东由日本归国。昨日枉驾本馆，晤谈良久，述其在纽育时与美国政治家某君谈治术。某君云："治中国不外四事：一，遍设报馆，则上下之情通；二，速定商律，则公司之事举；三，学校不必动库款，但优之以出身之途；四则严课吏，以汰冗员而已。此四事则中国治矣。"闻者叹为精言。

大清光绪廿八年壬寅八月初三日　公历一千九百零二年九月四号

团局续闻

◇前报纪嘉应西阳堡纷争局董一节，兹得友人函述详细情形。据云该堡局董悬缺日久，乡人某嘱托房科，乘秦直刺初到任，开列己名，谕为总办。乡人不服，将原谕请保安局缴还，而公举胡君延嵘为总办，并添举坐办二人，其余旧绅为会办。而旧绅某谓如此则旧绅无面，且局内凑赌码六股及各酬薪水，一切糜款，核算时均有窒碍。于是托某绅入衙摆布，设法拟批，并擎李某出首具禀，复背签多人，联名以争局戳，而胡君骏卿以争为耻，具禀力辞。蒙秦直刺批云：乡绅入局办事，贵于同心合德，和衷共济，该绅明于事理，能顾大局。际此时事孔艰，自当尽心竭力，会同诸绅将应办事宜，次第认真振顿，并先遵谕将查匪办团，赶紧举行，以卫地方。至于局戳，李长华不过代为管理，现应由该生掌管，以专责成，着即遵照。所请告退，应毋庸议，原谕仍发。

运米平粜

◇西洋义仓，于光绪二十六年开设，曾禀请周前宪，奉给谕戳办理。董事黄宝善、胡廷嵘、黄宗周、卢文铎、黄占春、赵夒照禀定章程，捐银一百元者，请地方官奖匾。周前宪曾奖三名，曰邱君国光、邱君载馨、邱君仁玉。李前宪曾奖三名，曰吴君翰章、李君捷兴、黄君奕桐。本年义仓采米平粜，自四月开办，陆续接济于贫人，甚有裨益云。

大清光绪廿八年壬寅八月初四日　公历一千九百零二年九月五号

议立小学

◇嘉应城东南为西阳堡，以西阳山得名。马贵与《通考》称西阳山，为一方之望。州于前明为程乡县，三百年中得甲榜者五人，而宅于西阳者三，亦一时之盛也。今年嘉应入大学堂者七人，而西阳得三人；武备招覆嘉应七人，西阳亦得三人。闻近日该乡议创公立小学堂，将以义仓之余力而推广之。按近日管学大臣张治秋尚书奏定学堂章程，一乡之内，若竟无公立之学堂，则官绅应将该乡董议罚。今乡人亟筹及此，可谓争风气之先矣。

大清光绪廿八年壬寅八月初十日　公历一千九百零二年九月十一号

流民贻害

◇嘉应水南堡某甲，南洋巨商也，近年建新居一座，雕饰颇华。上月十七日，突有江西走荒流民数十名，向渠家乞银米，哓哓不休，经二点钟之久。主人不胜其扰，送以银三元，米三斗，始散去。阅三日，复来一人，声称跟随流民担物，于今六年，工赀缺少，不愿随往，闻主人在外洋承开锡矿，愿自卖为奴，从主人出洋佣工。主人怜而许之，既而密告主人曰："尔家铁柜中所存洋银五包，得无恙乎？"主人愕然，骤诘之。答曰："顷见流民辈将银五百元均分，意其所从来者，必主人铁柜中物也。"主人遽启柜视之，包封如故，字迹宛然。拆而验之，光鹰飞去，只化作青蚨数千矣。细询其故，答曰："此辈中有所谓铁算盘者也，曾在州北之悦来墟，谋遁李某之财，未售其术。今验矣，又复思竟行其术于李某云云。"主人闻言，思绝后患，拟诉诸官以追究之，而留工人以为证焉。

大清光绪廿八年壬寅八月廿五日　公历一千九百零二年九月二十六号

远出营工

◇载新客往日里之火轮为泰昌、泰利两艘，约计每月在汕开往一次。本廿一日泰利船到，廿二开行。各客头馆到元兴行报名者，共有一千二百零名之多，照章每只船只许载六百四十名，则此数殊形额溢。故某客店有由香港来汕，欲往日里之妓女，计有六七十名，并无容足之所。闻元绪公愿加船价，而船主尚不许其搭载云。

大清光绪廿八年壬寅八月三十日　公历一千九百零二年十月一号

撞门行劫

◇海邑金石乡沟头洋杨甲，近由南洋回里，颇有归装，然性秘密，其有无多寡，人不得而知也。近日始托中购田数亩，约廿六日将银契两交。乃于廿五晚二点钟时候，突被贼三十余人持械撞门而入，中有数贼面黑如漆，盖以墨涂之者。甲惶恐，大呼捉贼，同室数十人无有应者。甲房中所存田价银六七百元并衣物等件，悉为贼席卷而去。甲遍巡各房门，皆被贼将铅线缚紧，故人虽多而不能御贼。有识者细寻其理，谓此非有近匪为引，贼之消息不能如此神通云。

大清光绪廿八年壬寅九月初一日　公历一千九百零二年十月二号

筹资运米

◇嘉应今夏平粜，多藉各商家并各善堂协力捐助，购米来州以资接济。其商于暹罗者，资欤尤多。乃自七月至今，旱魃如前，晚稻又归乌有矣。刻闻州中绅士函致南洋巨商，筹借资本，运米回州，以惠桑梓，想亦南洋诸公所大愿也。

大清光绪廿八年壬寅九月初八日　公历一千九百零二年十月九号

不学之弊

◇嘉应东厢某甲，素有惧内癖。因艰于嗣息，不得已以百金另购娉婷，密藏别室。春光透漏，为大妇所探知，狮吼之声陡然大作，咀桃骂杏，凌辱不堪。主人翁以娇弱之姿，不堪摧折，挈之东走，驻于距州九十里之松口堡。藏春有坞，避虐有台，数月以来，居然诞子矣。主人翁以宗祀所关，欢欣无量，驰书走告，于某月某日某时甘蔗傍生，弄璋大庆。河东君接书拆阅，醋海翻澜，谓老蚌非不可以重胎，枯杨非不可以生稊，今乃以褓抱中物，凌迫老妪，数月以来，音书阔绝。其所谓夫妇平等之义者若何？弃妻恋妾之罪者若何？高筑台坛，向天诅咒曰：长受欺凌，永甘老独。神灵在上，倘早拔眼中之钉，肉中之刺，不胜感激云云。讵数日以后，复接飞函，目光一照，即急挥侍女曰："速买鞭炮数十包来烧放。"户外邻里不知，疑为接有喜报，咸来问讯，曰："无他，顷接来书，谓妾氏生子于某日某时患痘夭殁。从此彼不得以得意之语，刺贯吾耳矣。"噫嘻！若如人者，其于《遁斋闲览》中所谓延平吴氏姊妹"六虎"者，其相去为何如耶？

大清光绪廿八年壬寅九月初九日　公历一千九百零二年十月十号

邮政先声

◇本年推广内地邮政，潮属县之既经照办者，亦有一二，而嘉属则邮政所未及。兹嘉商自议章程以行信件，业于九月初一日开办矣。其通闻字云：我州水行货物，大半采自潮、汕两埠，但路途遥远，凡货价涨落，必藉信脚快捷，方能消息灵通。查各埠信件，俱如定期，惟潮郡至州城信件往还，诸多迟误。各商拟在潮、嘉各设一收发信件寓所，雇定精健脚夫，潮郡、州城约定期于一四七日发信，二六九日收信，轮流往来，风雨不改，随到随交。兹议定每信一封给信赀银二分，若系包封，请酌量加批信赀。总要有便商人，藉以扩充我州商务为主。诸君寄信者，在潮郡交上东堤分司后巷和丰运馆，在州城请交西街新庙前下片铸锅巷口永昌号，两处汇收，挂于号簿，即照限期到交，预此通闻。一议潮郡、州城信赀，每封银二分，包封加批，如转寄各墟市，信赀另行加批。再潮郡收信，准十点钟启行；州城收信，准九点钟启行；如迟，下帮带送。谨拣九月初一日开办。

大清光绪廿八年壬寅九月初十日　公历一千九百零二年十月十一号

保商旧章

◇汕头保商局加举绅董，重定章程，迭纪前报。然旧日沈观察所定集议试办章程，虽今日情事不能一切照行，而规模亦具矣。兹依文登报，以备订章程者采择焉。

一、本局之设，原以利便商民，兼联官商之情，使无隔阂。官为设局一切事件，不派委员，不用书差，均听商办。局内函禀，须有凭信，应请道宪颁给木戳，文曰"沙汕头中国保商局戳记"，交局内绅董收存。遇有公事，商妥，方准盖用，并先由道宪照会各通商口岸码头，以凭稽察。

一、本局奉道宪沈禀，蒙两院宪批准遵行。遇有创兴大利，随时禀请道宪立案施行，所有局内禀官公件，各大小文武衙门，均不得开支规费，阻滞留难。

一、各商凡有切己之事，到局陈诉者，务须本行财东管事人盖用图章，亲身至局画押，方得与为办理，违者不准。

一、乡人由洋归里，名曰"洋客"。每火船到港，即有上船招客者，硬索引客钱，引艇承载者，欲取引载钱。其行李则任由挑夫任意诈索，漫无限制，实属不堪。兹由本局议定，洋客无论贫富，每人给船子钱二百文；行李无论轻重，每担给挑夫钱四十文；其余概作罢议。倘敢任意索勒，准其来局报明，禀官拘究。

一、凡洋客归里，亲朋类多赠送布匹、洋遮等物，名曰"送顺风"。其行李到岸，例应报关查验。每有棍徒招引报说，勒钱买为速查，不遂所勒，则串通巡役，将其行李扣留刁难，此弊迩来尤甚。此后洋客如被讹诈，准其来局报明，遣丁带同赴关，随时请为查验放行。倘携带有应征税物件，即照例输纳，毋得藉局规避。

一、洋客归里，火船抵港时，多有棍匪藉名接客，乘势抢窃银物，此等弊端，层见叠出，洋客受害，实属无穷。此后由洋客被匪抢窃银物，侦知该匪窝藏住址，准其来局报明，即派局丁驰往追缉，并代禀官究办。

一、船户把持，脚夫刁难，最为商旅之害。何处应设总行，何事应设夫头，听由本局商请地方官竭力维持。（未完）

大清光绪廿八年壬寅九月十二日　公历一千九百零二年十月十三号
保商旧章

◇（续昨）　一、保护商旅，最为现时要务。潮属一带由洋回里者，受害不胜枚举。贫民出洋谋生，焉有巨欠？一经得意归来，公欠私欠及远年不可知之数，捕风捉影。族邻姻戚纷纷借贷，稍不如意，情伪百出。即如一营造也，不以为妨碍风水，即以为强霸侵占。甚至一呈到官，委员行查，票差拘讯，勒完族欠钱粮，附名重情命案，暗无天日，实难发指。致使过洋经商者，转视邦族为畏途，殊堪痛悼。兹议由局函知东西洋会馆首董，其有在外营运回里者，准由该首董电知本局，一面公给文凭，粘贴照像，来局投验，以凭换给道宪护照。其随带行李有税者，自行报纳，不准司巡藉端搜查，勒索留难。其渡俚挑运，概由本局照料，并请道宪将以前受害一切弊端，详请奏明，责成各该管地方官妥为保护。如有以上受害等情，准由受害之人来局禀明，立予查办。

一、汕埠濒临大海，土湿水咸，井皆苦涩，不堪济用。埠中用船载运淡水，诸多不便。前议创一水公司，仿沪上自来水法，以资挹注，实为当急之务。因被附近乡愚借口风水，向前阻挠，遂至中止，致使汕中人饮水不洁，多有受病。每遇不慎，忽召焚如，常值潮退，水龙无从得水，尤觉乏术可施。兹另招集商股重捐开办，如有仍以风水向阻者，由本局禀请道宪查究。

一、汕头交易货物，皆由本埠牙家及二盘代外埠客号采办。凡定货、出货，向有限期。迩来牙家及二盘揽货入手，每有图延至数月不来出货者，垄断居奇，难保无霉蛀朽变之虞，而货主、买客两受其害。此后买定货物，务照定章限期出货。如有藉端宕延，即属市侩，准其货主来局报明，促牙家既代买，即应代出，倘敢再延，禀官究治。

一、近来人心险诈，往往有生理本非亏累，骗赊埠商货物，骗拐债主银项，遽行诈倒侥吞。如该债主查确切实，禀官究追无着，准其来局报明，代将情形请官申理。

一、棍徒在汕开设小店，专以买受盗窃货物，名曰"鸟鼠咬店"，最为生理之害。如该失主查确被窃货物卖在何店，准其来局报明，派丁查起。倘敢抗违，禀官查封拘究。（未完）

大清光绪廿八年壬寅九月十四日　公历一千九百零二年十月十五号

保商旧章

◇（续十二日）　一、汕头埠开设暗场，窝娼设赌，名曰"牌馆"，以诱生理伙伴，误坠其局。而赌败倾家失业者，更仆难数，亟应查禁，以靖地方。然业此者，非文衙差役书办，即武营兵丁。请禁以后，有敢玩抗违者，一经查觉，由局禀请其辖管本官革究。

一、买卖还数期限，向有埠章。近来外埠客号，还数多有不照埠章，久违期限者。此后凡有交易银钱，务须一律照章如期付还。如有违期悬久者，即系有心侥吞，准该号来局报明，禀官追究。

一、商贾贸易，惟凭招牌，此后无论行商坐贾，皆须来局报明字号。其有谐声、象形意存冒混者，准由被混之号报明作伪者姓名、住址，由局请官勒限改易。如敢抗违，立予标封，科罚充公。

一、汕头行店林立，多财善贾，往往株连赔累。推原其故，由于转贩分运，类多借贷微赀，因人成事，托名伙开，或藉亲友声援，遽尔赊取货物，大张门面，其实一遇银根紧逼，不能周转，则左支右绌，遂致倒歇。拟在局设立商贾表，本在十万以上者列一表，五万以上者列一表，一万以上者列一表，一万以下至数百元者统列一表，其不愿列者听。至东家为谁，管事为谁，有无他人附股，各应详细开明，送局注册，听人任便查阅。庶几共见共闻，以便交易往来，而绝朦混之弊。如有被人倒欠，无论何处，准即由局禀请道宪分饬厅县追究。设实在周转不及而歇业者，亦可由局查明情由，分别清理。其未来局声明者，不论人欠、欠人，本局概不与理。

一、凡有本与本埠交涉各口岸，无论中外，其有关市面之电报，如有舛错，均可由本局即将向电报局驳正，免受刁难。如有径电本局者，亦可代为转送，不使泄漏，并可由局转电各处。

一、商人赴关报饷，如无隐匿规避、希图走漏等弊，巡役人等倘敢藉端诈索，准其指名来局报明，以便禀请关宪查究。如系走私被获者，听其照例科罚，本局不敢预知。

一、本埠外埠交易货银，向以万年丰会馆公秤为准。近来外埠还数，其银秤多不补足，致有年积月累而不能清款。此后不论本、外埠，交易货银，务照会馆公秤一律出入，不足者随时照补。如违章不肯补足，准该号来局报明，禀官究追。（此稿未完）

大清光绪廿八年壬寅九月十五日　公历一千九百零二年十月十六号

设法运米

◇近日海米源源而来，汕中某号代嘉应州善堂办米若干石，而梅溪水浅不能上达。现拟由脚夫过驳，抑或由马屿入东陇，至郡始用六逢船装载，以达嘉应，是亦目前变通之法也，然其运费已不赀矣。

保商旧章

◇（续昨）一、商务逐渐扩充，其有议与矿厂工务，需用机器以利制造者，均可随时来局，妥筹创办。惟局章草创，一时未能周密，不无挂一漏万之虞。举凡有利应兴、有弊应除者，尽可随时来局，公同商办，不得各存歧视。（此稿已完）

大清光绪廿八年壬寅九月十六日　公历一千九百零二年十月十七号

风气最开

◇汀州某邑有某生，因闻近来变法，有志之士皆游历外国以增长学识。某生以游外国所费不赀，有难色。闻人言广东风气最开，乃游潮及广。殊某生迷于淫赌，丧其赀斧而归。近在其乡，竟肆为窝娼聚赌之事，友人咸咎之。某生断断然曰："广东现行新政，无过开赌开娼。吾今所行，便是维新。经济得此风气之先，将来必受特科之荐云。"

徒耗金钱

◇嘉应离城六十里之丙村墟，三堡之市镇也。地非丰厚，然演戏建醮之举，时有所闻。庚子冬间，倡建一大醮。大醮云者，醮必七日，建必三年，年耗银圆数千计。今年为大醮第三年，踵事增华，殆又甚焉。闻起醮之期，既定于下月某日矣。继又闻近丙村之某乡，亦同时举玉皇醮，不用僧道，不搭棚厂，念经诵咒，皆系诸生。衣冠环跪，场前尘羽相映，磬钵相和，拟先大醮之前十日起坛。适有一解惑子，远客大西洋、阿拉伯，言旋至汕。闻之骇甚，率成长联，语颇沉痛，意欲届时大书二幅分寄二坛，以为乡愚当头之一棒云。

米价日增

◇嘉应州天时亢旱，米价日增，俨与上春光景相同。上米每元不过九升六七左右，以水浅运艰，故米价陡涨也。

大清光绪廿八年壬寅九月十七日　公历一千九百零二年十月十八号

商船起椗

◇近日梅溪搁浅，往来船只停泊于此者不下四五百号。顷闻嘉应州于十二日得大雨，虽涧水为灌田者所堵截，而大河之水亦为稍涨。石下坝、大埔二河，所涨约多数分。兼之十四、五日月圆潮大，直涨至梅溪以上，两相凑合，船为之浮，故搁浅商船，皆发棹歌起椗而去，而盘艇挑夫顿失其利。

米市行情

◇近日海米运来颇多，而销路亦颇畅，不特潮、嘉各属到汕采米，即惠属之海、陆、丰亦多借汕为之挹注。闻十四日统计，各米商一日之中销至六万石有奇。合六月至今，计之共销至三十万有奇。老于汕者谓今年米市行情，自有汕埠已来所未见云。

志书藏板

◇《嘉应州志》脱板印送毕，将板存育婴堂，以备州人广印。爰定一存板章程如下：

一、存板计共肆大箱，各箱均加封锁。每值四季婴堂算数日，诸绅到堂督令开箱，查看有无鼠咬虫蛀，余日不准私自擅开。

一、翻印必凑足五十部，来堂印刷，不得挪到别处，致有损失。竣工日，请婴堂绅士督令匠手，按照次序收存箱中。

一、每印一部，应缴婴堂公费银五毫，计五十部，共有大边二十五元。以二十元归婴堂公费；以三元设酒席一筵，备绅士到堂督收志板时午餐；以二元分赏堂中执役人。如翻印凑至百部，余五十部，即全数归婴堂公用。

一、现印志书，按章分送，不能发售。惟所绘舆图系由石印，并无存板。除配书送人外，余者亦收存一箱。如翻印之人欲并购舆图者，每部酌收回价银重边二大圆，亦归助婴堂费用。

大清光绪廿八年壬寅九月十九日　公历一千九百零二年十月二十号

梅水操演

◇秦直刺到任数月，举凡求雨、平枭、办匪诸务，身亲劳苦，昕宵不遑。近因考试既竣，校阅街团，为有备无患之举。于月之二日，偕同杜游戎往校场演武亭看操。旌旆飞扬，刀矛焜耀，肩荷毛瑟之枪，响震后镗之炮，威仪严肃，步伐齐整。虽未效洋队之操，亦足见军容之盛矣。

大清光绪廿八年壬寅九月二十日　公历一千九百零二年十月二十一号

关怀梓里

◇嘉应郑君安寿，南洋巨商也，关心桑梓，近数年来，州中旱荒米贵，曾屡出资购米平粜，以济民艰。顷又闻月之十八日在大北墟，电汇银一万元，交某号在汕买米，运州平粜，诚善举也。念嘉应今年早冬两季，收成俱歉，粒食维艰，较前尤甚。杯水车薪，安能普救？所望南洋诸善士解囊佽助，多多益善焉。

拐婢罚金

◇嘉应城西某氏妇畜一婢，年将及笄，一日忽逸去，遍寻不获，几以为黄鹤一去不复返矣。忽前数日贸贸然来寻觅旧主，叩其故，始知婢为某氏拐去，藏匿山间，今既数月，无人过问，拟携卖他处，婢侦知之，乘间逃回。主人即令婢担谷数斗，使往拐处，伪言主人送谷，聊以报收留之德。拐妇不疑，挺然出见。乃某氏素所熟识，善为拐骗生涯者。拟控官究治，拐妇哀求，愿罚八十金，氏允许，领银携女得意而回。或曰"赔了夫人又折兵"之句，可以移赠拐妇矣。

兴阻寻花

◇百花洲，梅州之南，向为妓女所居。近有外来档子班数辈，侨寓其中。纨绔少年征歌选舞乐而忘返者，实繁有徒。近日保安局绅，禀请州宪驱逐，裙钗四散，花月空留。寻春旧侣过其门者，当不禁有崔护重来之感矣。

大清光绪廿八年壬寅九月廿三日　公历一千九百零二年十月二十四号

青柑出口

◇凡华人贫困卖身出洋充当苦工者，昔谓之"猪仔"，亦谓之"青柑"，今则名为招工。近年已来，连岁荒歉，匪事频起，无赖子弟愿佣工者以万计，七八月间汕头一口，既及数千。夫生计日艰，别求衣食之地，亦泰西殖民之策也。独惜汕头出口之货，茶、糖以外，以此为出口货之大宗，良可悼已。近闻德国某埠拟招华工，德领事既照会省宪，既行文道宪移知汕头洋务局矣。惟愿大力官绅等筹巨款兴工艺，保我种类而培植之，待橙黄橘熟，荐之杯盘，以饷众生，顾不美欤？何必以此青青者而弃之，为外人落其实而取其材也。

梅江杂述

◇旱荒米贵，遍处皆然。嘉应月之十二日，得雨尺余，人心稍定。然晚稻就枯，已居太平，秀而得实者无几，米价每元上者仅九升左右。

大清光绪廿八年壬寅九月廿四日　公历一千九百零二年十月二十五号

汕中杂述

◇闻汕头同文学堂总教习温慕柳太史，明年应金山书院山长之聘。而同文学堂明年经费，丁观察意欲筹拨一千金以资欤之。其总教习，则拟聘现年金山掌教何士果大令云。

小学条陈

◇澄海贡生朱乃霖赴道辕呈禀请开设潮属小学堂，已蒙丁观察批示，前报已登。兹将其条陈管见十四则照登列后：

为敬陈管见事：窃潮民喜斗好讼，赛会演戏，种种秕俗，不胜枚举。推其弊，由不识字之人多，不识字由不读书，不读书故不明理，则各乡之宜开小学堂也，乌容缓耶？今者中学堂已有成议矣。小学者，中学堂之辅也。小学不兴，即有中学堂，规模仍隘，今骤而倡是议，则人皆曰经费难筹。夫经费岂真难筹哉？查日本明治二十三年所颁法律，其第二条云：凡一区或数区相合所设之小学校，其设立费及维持费由居寓本区之人、有实业及营业者共负担之，若其区原有公产，则先以公产之所入充之。此法斟酌甚善，简而易行。昔普之皮里达埒、法夏哥士等，亦以小学为最急。生以为潮州而不兴办小学堂则已，潮州而欲兴办小学堂也，其可不取法于日本耶？兹谨即蠡见所及，粗陈一二，以备大人之采择焉。（未完）

大清光绪廿八年壬寅九月廿六日　公历一千九百零二年十月二十七号

小学陈条

◇续昨。一、考师范师者，学生之表率也。三家村夫子之而粗识，便坐拥皋比，谬种流传，贻祸不浅，甚或有五经尚点不成句者。今既兴办小学堂，应请宪台出示招考师范，凡贡监生童俱准应考，列为三等，给予文凭，无文凭者不得受各乡之聘。

一、厚束修。潮州向来延师之束修，亦云薄矣。最厚者三二元百，此未易多得也，其薄者至于三二十金，俯仰不给，不得不旁骛他求。今既兴办小学堂，则束修宜从其厚，应请由宪台酌定，一等束修二百一十两，二等束修一百四十两，三等束修七十两。

一、定课本。外国学堂皆有一定教科书，由学部选定。所有小学堂、中学堂、大学堂均遵照定本，按日授课，法至良也。今既兴办小学堂，请由宪台酌定布告各乡，十岁以下应读何书，十岁以上应读何书，刊为一表，饬所属遵行，庶几不别户分门，自无互相攻击之弊，且一州之学级无或参差。

一、立学长。每县立一人专司教育义务，日日改良，每季必巡行各乡小学，考教习功课之勤惰，据实禀覆，以凭黜陟。惟恐权太重则弊业生，应于选举之始，认真查访，果系人品端正，心性和平，方膺斯任。而府设总学长一人，以稽查各县学长及各乡教习能否称职，修金每年一百四十两，又加送夫价七十两，此项由各县各乡摊派缴官，由官致送。（未完）

大清光绪廿八年壬寅九月廿七日　公历一千九百零二年十月二十八号

小学条陈

◇再续。　一、立劝之法：凡各乡有独力捐一千两以上开小学堂，认常年经费者（惟经费必有的款交殷实行家行息），由宪台通详奏奖；捐一千两以下者，由宪台请给顶戴，以示优异。

一、立惩之法。自出示限三月内将开办情形、经费若干、支销若干及详细章程，由乡长禀复核办，若过限不办者，是自甘于化外。凡其乡一切词讼，官概置不理，或从重议罚。

一、示谕有千人以上之市镇、村落，必须设小学堂一所（多者听），其大镇大乡则划为数区，每千人递增一校，其小村落不足千人者，则合数村共设一校。

一、潮州无论大小市镇村落，每年皆有赛会演戏，此皆耗有用之财尽归于无用也。今骤而禁止，蚩蚩蠢蠢之民必怨声载道，不如因民所欲，听其自便，于演戏赛会时，带抽学校经费，筹款更易。俟人人知学，则此风不禁而自革矣。

一、学堂地方，应通融办理，或暂假其乡之公祠，或附近有庵观，亦准开设，候经费有盈余，始行择地盖建，以垂久远。

一、管理学堂款项，应择乡之公正耆老董之，教习、学长及长官不得干预。

一、学堂准收修金，惟必须极廉，由宪台酌定，不得逾额收取。若贫窭子弟，则豁免之。

一、先立预算表，凡堂中教习修金、一切公费暨现筹的款，俱榜贴通衢，以昭公道。

一、年终刊征信録，将用费开列四柱，除禀官存案外，亦榜贴通衢，示无侵蚀。（未完）

大清光绪廿八年壬寅九月廿八日　公历一千九百零二年十月二十九号

小学条陈

◇三续。　一、民间有私开小学堂，课其子弟戚属者，由官制送匾额以示宠异。至堂中功课，学长不能干预，以分权限。

一、潮州各乡巨族向有书田，所以鼓励族内子弟力学，故一举于庠，多者年可收谷数百石，少者或数十石，于是衣食有赖，不复努力上进，吸烟度日，无所用心，愿以一衿终老。今既兴办小学堂，谕各乡耆老体察情形，将书田入息，分其半以助学堂经费，一半照旧例领受。庶几以一族之公项，作一族之公举，养成一族之人才，其益有难以罄言者。

诚若是，一年之内，学堂林立，而农学、工学、商学，次第举行，自无隔阂，且不动公帑，而风气广开，既养成地方自治之风，亦即强国之起点。生关心桑梓，用敢贡其刍荛，此举为今日最急之义务，是否有当，伏乞钧裁。

梅州米价

◇嘉应友人来函云：目下田禾都归乌有，由汕运来之米，足资接济；而下坝墟等处之米，亦源源而来。其价稍落，每洋银一元可买米一斗，其次者可买一斗一升左右。幸各乡绅富多出资购米，以佐米商之所未逮，而松口一堡，尤踊跃从公。运道已通，则嗷嗷者可无虑矣。

大清光绪廿八年壬寅十月初六日　公历一千九百零二年十一月五号

梅水诗传

◇嘉应山水清奇，人文代出，乡先达著述极多，而张榕轩京卿独搜集其诗书稿，托张仙根明经选而刻之，名曰《梅水诗传》。黄公度京卿为之序，弁其卷端。兹将其序录登。

序曰：语言者，文字之所从出也。语言与文字合，则通文者多；语言与文字离，则通文者少。余于《日本学术志》中曾述其意，识者颇韪其言。五部洲文字，以中国为最古，上下数千年，纵横四万里。语言或积世而变，或随地而变，而文字则亘古至今，一成而不易。父兄之教子弟，等于进象胥而设重译，盖语言文字扞格不相入，无怪乎通文之难也。嘉应一州，占籍者十之九为客人。此客人者，来自河洛，由闽入粤，传世三十，历年七百，而守其语言不少变。有《方言》《广雅》之字，训诂家失其义，而客人犹识古义者。有沈约、刘渊之韵，词章家误其音，而客人犹存古音者。乃至市井诟诋之声、儿女噢咻之语，考其由来，无不可笔之于书。余闻陈兰甫先生谓："客人语言，证之周德清《中原音韵》，无不合。"余尝以为客人者，中原之旧族，三代之遗民。盖考之于语言文字，益自信其不诬也。里人张榕轩观察，少读书，喜为诗，钞存先辈诗甚富。近出其稿，托仙根明经广为搜辑，重加编订。余受而读之，中如芷湾、绣子两太史，固卓然名家，其他亦驯雅可诵。嘉、道之间，文物最盛，几于人人能为诗，置之吴、越、齐、鲁之间，实无愧色。岂非语言与文字合，易于通文之明效大验乎？自物竞天择、优胜劣败之说行，种族之存亡，关系益大。凡亚细亚洲，古所称声明文物之邦，均为他族所逼处，微特蒙古族、鲜卑族、突厥族，萎然不振。即轰轰然以文化著于五洲，如吾辈华夏之族，亦叹式微矣。文章小技，于道未尊，是不足以争胜。凡我客人，诚念我祖若宗，悉出于神明之胄，当益骛其远者大者，以恢我先绪，以保我邦族，此则愿与吾党共勉之者也。

大清光绪廿八年壬寅十月十八日　公历一千九百零二年十一月十七号

条陈利弊

◇七续。 一曰开铁路以浚利源。汕头为通商口岸，货物充盈，潮州粟米不敷，须藉海米以接济。近来梅溪水浅，舟楫难通，虽有浚河局日日去沙，然潮州地势低洼，一遇洪流，上流之水即挟泥沙以俱来，梅溪之淤塞如故。去年汕头海米山积，因船不能运郡城，斗米几至千钱，人心以寒，商务以败，侏儒饱欲死，臣朔饥欲死，古今有同慨焉。潮州出口之货，以糖为一大宗，糖不能往，米不能来。议者谓宜浚河道，然千夫之努力，不敌一水之怒奔。盖此水由嘉应地面而来，嘉应产杉，伐木开山，山崩土裂，春水暴涨，泥沙即顺流而下，虽日日浚河，于事仍属无济。生谓似宜开筑铁路，人货自得流通，不必动库银，不必借洋债，设立公司，售卖股票，以股商总理其成。且今日本国不开，后来必有外人开之者，坐使无穷之利益，拱手而让之他人，虽悔曷追也。然则浚河之说，非欤曰否，水陆分驰，事固并行而不悖。澄属玉井乡外面有海坪焉，地势辽阔，可创成一巨镇。今日沧海，安知他年不桑田？若以梅溪之沙填玉井之海，一举两得，莫妙于斯，然亦非售卖股票，不能成事。

大清光绪廿八年壬寅十一月十一日　公历一千九百零二年十二月十号

团体兴学

◇昭信股票准奖实官，限至癸卯年正月三十日止。嘉应谢益卿封翁、梦池方伯父子，张榕轩京卿、耀轩太守兄弟，及温君紫祺、文垣两司马，捐入岭东同文学堂之昭票，计张三千，谢二千，温一千，共陆千两，已由萧琼珊部郎在京售去，价四成七。现邱雪亭太令又捐五百两之昭票，由学堂设法寄京。惠潮嘉道丁衡甫观察以诸君热心教育，已拟援例请奖。查此项股票，嘉应各属尚多，现限期已迫，辗转寄售，托人不易，逾限则又成废纸。若能捐由学堂径寄，诚为名实兼收，想好义之士，必能慷慨为之也。

岭东吏才

◇同文沪报云：江西九江保商局张曾诏大令，近奉上台委署鄱阳县缺，遣差委州同黄州司马锡铨署理云云。张君号觐卿，黄君号钧选，皆嘉应人。

张君在江省，久以干练著声，今得大邑，尤足以见所长。黄君向曾充出使日本随员，美日秘参赞官，任纽约领事。今年始到省，在课吏馆考课，屡列第一，见知大宪，委以农工商总局文案差，未久又委此局。在馆时曾解释中英商约万余言，洞中利弊，尤为柯中丞、刘廉访所激赏云。

大清光绪廿八年壬寅十一月三十日　公历一千九百零二年十二月二十九号
筹资阅报

◇嘉应一州，丛山障之，大地文明，常难输灌。自一二魁材硕儒，倦游海外，提倡新学，风及梓里，少年思潮，陡生反动，力争优胜。年来各口新书新报流入于岭东一道者，增率甚速，其分饷潮属志士者固多，而梅城雪夜，三五同群，闭户而手读一卷，亦实繁有徒。假以时日，学界进步，着着可观无疑矣。近闻州东四十里之丙村三堡，各绅士思有以启发民智，因先谋设一阅报所，备购中外有用报纸，便人翻阅，参仿州城、松口已行章程以为之。初有雁洋堡邱绅燮亭太守，许捐用款，而远商南洋，邮汇未返。旋由金盘堡廖生敬庭上舍、林生玉铭茂才等，与三堡绅士商议，另筹出贷，先为拨用。暂借丙村墟之神农宫为公所，一俟各报购齐，即行开办，拟举温君某生为驻所董事云。按：丙村三堡，读书应试，素不乏人，而知新力学者不数数觏。今能如此，苟扩而充之，群而治之，则梅东之东，居然自立一帜矣。彼都人士，其有意乎？

大清光绪廿八年壬寅十二月初四日　公历一千九百零三年一月二号
报效加成

◇张弼士观察报效矿路局开设学堂经费银二十万两，矿路大臣拟奏闻请赏三品京堂，加头品顶戴。该款刻已汇至京中。惟系京平路矿局，以事关奏案，须用库平，现由高子谷副郎尔嘉前往天津，与经手人说知，寄信来粤，令其补足。

大清光绪廿八年壬寅十二月初五日　公历一千九百零三年一月三号

剿匪近事

◇嘉属平远大柘堡姚君德盛，南洋商人也，雄于财。其母坟之骸前为匪劫去，屡寻不获，控之官；为之四访，亦无踪。前月闲其家，用计请其乡三点会中之黠者，以酒宴待之，纵之豪饮。有一匪大醉，口喃喃向主人言曰：汝意诚厚，吾不忍不告汝母骸处。因备述其始末及劫骸之人。主人闻言，一面与之周旋，一面报官起骸及拿匪。如其言，尽得之，骸无恙，而匪亦拿获八九名。登堂鞫之，尽得窜匪所在。适吴统领所带之勇亦至，遂将匪屋纵火焚之。而现驻扎于大柘乡，闻近日搜匪，又搜获五六名，其中有何、温匪首云，未知确否。

大清光绪廿八年壬寅十二月初八日　公历一千九百零三年一月六号

学堂起点

◇嘉应为三省要冲，然僻处万山，素非通商之所，故士人之欲学东西文者，颇难得其师。近日黄墨村茂才于州城内创一学堂，教习西语，请德国某牧师为之教习，学生现既有二三十人。闻已送关聘矣，定于明春开学云。

大清光绪廿八年壬寅十二月十四日　公历一千九百零三年一月十二号

兴学公函

◇嘉应学堂起点，既志前报。兹得友人来函云：居今日欲固国家之础基，莫以教育为先，而教育尤以教习为要。今者德教士马谟鼎、凌廷梅暨维医生嵩山，发大慈之心，安大苦之事，以开化民智为任，劝吾州各绅倡设中西学堂，自愿不受修金，专教英文、地理、万国史记、笔算、格物一切西学，意甚美，事最善也。弟等钦佩伊心志之公，特邀同志数人，劝助美举，刻已送关聘矣，公议准癸卯年二月初一开学。现已交银愿来学者三十人，每人酌出二十元，以为堂中一切购书置器杂费之用。然此举虽无关于大局，亦吾州设西学堂之一原因。将来能结果否，是又望诸翁鼎力维持之耳。现章程说略，已付石印，不日可成册云。

三、光绪二十九年
（1903）

大清光绪廿九年癸卯二月初一日　公历一千九百零三年二月二十七号

定期开学

◇岭东同文学堂自创办以来，日形进步。本年又蒙丁观察筹定的款，得以添聘教习，重扩规模。日前广刊告白，招集学生，已纪前报。现经定于二月初旬开学，有志之士闻此消息，纷纷向学堂报名，倍形热闹。今年学堂又必放一番文明异彩矣。盖风气已开，人知向学，岭东文明之进步，其赖学堂诸生为之起点也夫！

◇又总教习何士果大令，学兼中西，乃何钦使如璋之喆嗣也。幼随节游学东洋，与日前相伊藤同学，讲贯颇久。去年主讲金山，智育多士。今作岭东师范，则受其裁成者为弥广矣。闻何教习不日来汕开学。

大清光绪廿九年癸卯二月初六日　公历一千九百零三年三月四号

通融办理

◇汕头南商因洋行突增水脚，各商不服，因联合公司自租快船，以运转南洋货物，已纪前报。兹闻昨初四日，各洋行闻此消息，公同到南商公所，和衷共议，拟就从前旧价，不加分毫。该公司董理因其交易已久，不忍过卻，遂公同允许。刻下已发电申江，暂停租轮一事，并一面通知各行家，照常配运货物矣。

大清光绪廿九年癸卯二月初七日　公历一千九百零三年三月五号

章程续登

◇昨报纪南商公司暂停租轮，照各洋行轮船配货一事，因该公司众情颇固，章程綦严，于三日中即集股份共一千股，每股五百金，共五十万金。又于初三日在公所开堂演说，行商到会者百余家，其演说大旨勉以同心协力，终始维持，为地方收回地权，为自己振兴商务，毋为人用，勿堕己功，故各洋行闻之，自不得不委曲调停也。今将其章程五则照录于下，以见吾华商未尝无合群力焉。

一、南商南郊团结一气，以成南洋合群之大商会，名曰"汕头南洋商会公司"，嗣后若有应酬改良商务，由两班董理共送知单，订期会议，各号应期即至，勿过钟点。如逾钟点，则唯大众议定之章程是遵，共维大局而救商艰。

一、南商南郊有事，则相助为理，毋稍歧视，庶免利权外溢，而商务可以振兴矣。

一、朝廷与各国立约通商，利益均沾，原无歧异，然有时水脚之价值不匀，人情之厚薄不等，则须听其所愿，吾行吾法，无稍强求，所谓行路则择其近，买卖则就其平也。

一、每次公派知单，开堂会议之商务，人数既多，意见不一，究之三人行，须从二人之言，所议之意以多主者从，少主者止，不得以成见自封，庶保和平而昭公允。

一、议罚章程各款，所以保公理而定准绳，诸号幸勿误犯，偶有差背者，照章缴纳，以昭大信而免效尤。

大清光绪廿九年癸卯二月十一日　公历一千九百零三年三月九号

玉峡苦况

◇潮属玉峡乡素称饶裕，去年苦旱，该乡尤甚，因玉峡地属平原，赖有来水，以资灌溉。去年亢旱，来源断绝，所有前后田园四十余里，咸皆失收。近闻该乡远近居民，女子济为乞丐，男子卖身出洋，或混迹贼盗者，更仆难数。噫！昔为安乐窝，今作零丁洋，嗟彼小民，何以堪此！

因赌自戕

◇嘉应龙牙堡赖某，素有盘龙之癖，因输去银百余元，愤不欲生。众博徒悯之，共敛得银三十元，劝之往洋，已启行矣。无如至半途，故态复萌，囊空而归。自计外无以对朋友，内无以对室人，遂服毒药，行至李某摊馆门前而僵。李某以人命事重，愿以银百五元为其葬费，赖姓允之。不料为地保教唆，遂讼之官，现白捕厅已到龙牙勘验矣。

大清光绪廿九年癸卯二月十三日　公历一千九百零三年三月十一号

捐助院产

◇嘉应崇实书院经费无多，张榕轩京卿昆仲爱士情殷，特捐赀加奖，以为鼓励。复将旧岁所拔前列佳文，分编四卷，付之枣梨，以为士林劝，诚盛举也。闻近复捐助多金，以为院中产业云。

大清光绪廿九年癸卯二月十六日　公历一千九百零三年三月十四号

学堂纪事

◇汕头同文学堂总教习何士果大令、分教习温丹铭上舍，俱昨午到汕。堂中算学教习，昨日以关聘大埔刘蔼士君家驹。闻刘君现寓潮郡，亦日间可到。十八日开学之期，决不再改矣。

格言两则

◇兴宁伍君汝霖，近撰《格言分类》一书。刊成，贻送本馆。读之，其词浅，最便训蒙，独惜思想尚囿于一隅也。然其中亦有可采者二条，一曰《戒赌》，一曰《戒洋烟》，照登于下，以醒众生。

其《戒赌》曰：赌博场中，人心最恶。赌症一沾，终身落拓。有些钱赢，因沾赌症。一味好赌，家业荡尽。因好赌博，衣衫褴褛。天热大寒，体面没有。因好赌博，粮食不存。家人怨叹，苦不忍闻。因好赌博，鬻妻卖子。只影单身，将来绝嗣。因好赌博，作事黑天。穿墙挖壁，偷窃人钱。因好赌博，实在大胆。拦途劫抢，杀人也敢。因好赌博，就当江湖。沿途把戏，羞愧全无。因好赌博，图赖他人。吵吵闹闹，打伤尔身。因好赌博，忧郁实多。轻生短计，服毒投河。赌博郎君，快快回头。不沾赌症，潇洒无忧。

其《戒洋烟》曰：为何思想，食鸦片烟？荒功废业，又费银钱。原夫鸦片，传自外洋。洋人不食，我何其狂？有富贵人，本来安乐。因食洋烟，黄疲瘦弱。贫贱人家，本来俭约。因食洋烟，更加萧索。读书君子，本来有志。误食洋烟，功名无意。在市场中，生理好做。误食洋烟，时时怠惰。百般手艺，多人相信。误食洋烟，就嫌歪症。田间乐事，尽力耕耘。误食洋烟，终日昏昏。无事在家，关照门户。床上吹烟，他何能顾？出门作客，收拾行装。烟瘾一发，何暇提防？缘何一心，纷乱如麻？烟魔困我，所想皆差。缘何一身，寸步难移？烟魔困我，竟至如斯。缘何无病，七孔来水？烟魔困我，不生不死。缘何焦躁，食睡不能？烟魔困我，寂守孤灯。缘何终日，坐卧不安？烟魔困我，忽热忽寒。嗟乎洋烟，为害已极！苦劝世人，断断莫食。又况洋烟，年贵一年。不如戒了，免受孽缠。

大清光绪廿九年癸卯二月十八日　公历一千九百零三年三月十六号

备文游学

◇岭东同文学堂学生兴宁刘君继□、饶君景□、何君天炯，皆拟赴日本东京游学，已由学堂总理邱蛰仙工部备文，带投钦差日本监督汪伯唐京卿，不日乘轮东渡。刘、饶二君拟入日本成城学校，何君则拟入清华学校。何年较长，刘、饶皆附生，年仅弱冠。刘君于东文，已能自译书云。

镇邑免捐

◇三成亩捐，通省一律，今岁起征，已详前报。惟嘉应州镇平县，素号瘠区，兼之连年遇灾，至今未复元气。邑中绅耆，去岁纷纷叩禀方邑侯，详请豁免。兹访得某乡禀稿一件，照登如下：

具禀某某为□恳详免以延残喘事：窃维嘉应一州所属四邑，著名瘠壤，无逾镇区。幅员细甚，不敌大县一乡；赋税无多，几等富家十产。鸡肋尝而食原无味，蝇营狭而利待他图。残喘须延，□黎忍诉。□值鼠牛之二岁，突遭狼犬之千群。窃寇巢渊蹂躏者半岁，居民锋镝惊窜者四方。兵燹余生，疾疫逾甚。听鸣雁于江皋，荆榛塞巷；索枯鱼于涸辙，骼体成邱。于是上宪悯之，颁发帑项，购耕牛，给谷种。十二乡之啼号未已，三十载之雕弊难言。无何人祸频加，天灾又作，洪水之患，辛未遭之，己丑又遭之。梁山倾于晋地，宋石陨乎商邱。瓠子之河，决而再决；李公之堰，修如未修。濒河居者，室庐有类于龙宫；场泽渔乎，田畴半没于蛟窟。幸而赈恤之金，赐自官府；完堤之费，助自善堂。乃冯夷肆虐，叠见作噩阉茂之年；而旱魃为妖，复遇著雍屠维之岁。孑遗之咏，云汉同悲。所以王前宪遐龄，有绝粒之嗟，悬梁早惊殒命；邹贤主兆麟，有义仓之设，滴水暂救燃眉。顷亩捐令下，薄海同遭，捐顶踵于何辞，卖妻孥而罔恤。司农仰屋，罗雀曾吁；氓庶倾囊，瞻乌谁止？指爪可剪，但虑伤肤；医疮须剜，惟忧见骨。凡兹举事直书之词，敢作冈上行私之举。稽其成案，岂等謷言。江河浩荡，坠露难添；山岳□高，轻尘不益。吁青天以上告，再造衔恩；通赤子之隐情，万人戴德云云。

又闻镇邑侯方壁如大令得禀后，即于去岁据情转详，现已蒙上宪批准矣。

大清光绪廿九年癸卯二月廿一日　公历一千九百零三年三月十九号
梅州夜盗
◇二月初一夜，嘉应州下市某店一点钟时被盗，失去货物百余元，天明方觉。细查盗所从入，则店后石窗为盗铁牛角剜脱，以示此乃穿窬之所为者，闻店东现已报官云。又下市迩来夜盗颇多。传说自去岁以来，贼巢多在船，每以敝船泊在湾僻之处，令人不觉至欲往何处。入夜方移棹，就近得赃，则满载顺流而下。故去年下市张姓某家失去大猪十八只，卒至无踪可跟。而水车大龙局练勇，则捉获贼船一只，舱面仅挂破帐一项，而搜其舱中，则有大猪一只，鸡百余只云。传闻如是，恐未尽确也。

大清光绪廿九年癸卯二月廿五日　公历一千九百零三年三月二十三号
变通蒙学
◇同文学堂总教习何君新年在家，与乡父老演说兴学，议于各代祖尝内筹出数百元，设一崧社蒙学书塾。顷先由众中筹出百元，在沪购各种蒙学书。其蒙塾章程，亦已由何君手行订定，俟抄得再登。

大清光绪廿九年癸卯二月廿八日　公历一千九百零三年三月二十六号
分设邮局
◇汕头中国邮政局，拟渐次推广。刻闻嘉应州既分设三子局，一为州城，一为松口，一为畲坑墟，既于近日开办，而潮之大埔、嘉之兴宁，亦拟逐渐分设云。

天南雁足
◇嘉应西洋黄某，弱冠授室，不告父母，私往外洋，杳无音信，已经数年。有客自外洋归者，是同里人。黄之父母往询其子消息，客曰："你子得奇疾，医院医师投药百方，竟无一效，已为羽化，且被医师剖背而验之矣。"某父母闻言大悲，归而延僧招魂追荐。不数月，妻亦改适。黄父母痛念数年，以为无复望矣。不意今春，忽得其子之信，云在某埠营工，囊橐已充，将作归计，先寄回银百余元。黄父母悲喜交集，以为死者复生。然则远涉重洋，消息隔绝，客言所述，不过人云亦云而已。敬告南洋客，家书抵万金，双鱼尺素，曷可忽诸！

大清光绪廿九年癸卯二月三十日　公历一千九百零三年三月二十八号

茶商赴闽

◇潮郡茶商，每值二月，则联合商帮，往福建武彝办茶。其所办之茶，一为莲心，专销售暹罗、安南等处，约值五六十万；一为功夫茶，如名称奇种，及种合之类，则销售本地，约值二三十万。本年茶商之赴闽者，近已陆续前去。又业此者，以饶平和园乡人为最多，郡中如成记、亿春、泰春等商号皆是。惟闻近年以关税过重，茶价昂贵，成本已厚，入息亦薄，生意不复如前日之佳。然则主持商务者，有不能辞其责矣。

严禁诱骗

◇汕头为华洋通商口岸，各国招工赴洋佣植者，每由客馆取招设客铺者，先由洋行担保据结，方准开创。凡人甘愿过洋为佣者，由洋行垫出川资，但须该人亲属送交，而洋行为之保结，然后前往。立限若干年，佣资抵清川资，则任由别作生涯，或仍佣工，此向例也。近年世风日变，无赖强匪烂崽等辈，俱可开设客馆，□集歹辈，每见路中行人似由乡村来者，用计诱骗至店，不问愿否，强迫出洋，甚至妇女，亦可诱引。一朝出门，长为异域之鬼，此等奸谋，深堪痛恨。澄邑董明府莅任以来，悉此恶俗，甚为悯恻，特出示严禁。略云：如无洋行担保据结，不准开设客馆；如无亲属交贷，不许过洋。并悬红购缉，如能确知有被诱骗之人，连人拿获，报知审实，即给花红银一百元；知机报信，差勇带拿者，即给花红银五十元。一面劝谕乡民子弟，各安正业。至于愿赴洋之人，应自备川资，不致中歹人之计云云。

青柑又熟

◇访得迩年来本埠所开一种洋行，专贩人出洋者。凡该经手之人，必致巨富。该人自称曰"洋行买办"，然时人多称为"卖猪头"。老潮人某甲，年七十矣，□寓洋行，充当贩人经手，卓卓有名，遂攫多金而去。甲归家后，当天矢誓，谓从此不再贩人，□亦自悔其择术之不慎也。殆近见所谋生理，未有如贩客之利者，刻又来汕，重张旗鼓，且招洋人某主之，而甲自为经手。闻日前经请某领事官移交澄署，请准买人赴某国为佣，但未卜董明府能允准否，访确续登。

大清光绪廿九年癸卯三月初二日　公历一千九百零三年三月三十号

记联益公司

◇大埔有何乐园者，香港参茸行万信和家长，久于其地，熟悉商务，日间邀集行商数十家，创开联益互保火险及洋面水险有限公司。其章程系由各商自行认股若干，认保若干，大致仿保险公司规例办理，惟寻常系代保。此则联合各商，自行互保，利权不外溢，而意外祸害又可悉绝，实为保险公司之别开生面，而得特别利益者。何君殆于商务界中，具有革命思想欤？然亦非合大群，集大货本，必不能有成也。

州牧牌示

◇嘉应州正堂秦，为务本中西学堂开学伊始，出示悬贴学堂门首，晓谕人民等不得挤扰。谨将告示照录于下：中西学堂，开学在即。公所重地，理宜严肃。观看人等，毋得拥入。如敢故违，拘拿究责。

天不漏奸

◇嘉应有一孽棍李光昭，无恶不作，犯案累累。经其族老联名禀请，永远羁禁，已监押一十余年。近因其妻往奉西教，央求牧师亲往保释。秦牧伯重于情面，不得不从。惟当保释时，牧伯见李光昭诡谲异常，料知不能改悔，曾严加训诫，笞责二百。自保释后，州人深以为忧。讵甫释十日，该犯竟在大坪堡地方，假装营勇，勒索乡民，又被巡勇拿获送官。秦牧伯先提鞭责五百，然后收禁。该犯竟毫无痛苦，不出哭声，诚为怪事。现牧师自知滥保非人，恐干众怒。州人士亦幸天不漏奸，竟能再获云。

梅州米市

◇嘉应友人来函云：州中之麦，大势颇佳，为数年来所仅见。至米价，每洋银一元可买一斗三升，以各善士平粜，米存底尚多也。然州境连年荒歉，各富户存米绝少。至三月，又将往各处探办米石矣。据商家言，州城米市，每日可售米二千元，则其市面亦颇不小也。

大清光绪廿九年癸卯三月初四日　公历一千九百零三年四月一号

招工告示

◇前报纪德属萨摩岛招工一事，已由董仲容明府、梁南轩司马与德领事磨磋定议，大致系照梁南轩司马前订巴布亚章程办理。凡工人一切饮食、起居、贸易，均各有自主自由之权。今访得董明府简明告示一则录登：

德属萨摩一岛，现为种植招工。人数订明四百，地在新金山东。由汕专轮直往，海程三礼拜中。港轮绕道雪梨，四五礼拜行踪。章程照巴布亚，一十二款从同。照会往复商订，四款稍有变通。住屋伙食医药，均由公司备供。工银至少六元，不折不扣为公。在岛往来自由，凶险苦工不充。家书银信任寄，妥交不至落空。德国国家承认，必无虐待奴佣。案奉大宪核准，自愿往者听从。勿被诱拐招致，预告家属父兄。盘费务须自备，禁用赊单欺蒙。诸弊一体查拿，严办不稍宽容。为此明白晓示，尔等各宜懔遵！

大清光绪廿九年癸卯三月初五日　公历一千九百零三年四月二号

新报风行

◇崧里为大埔一僻乡，而购阅《新民丛报》者有五份；购阅《新小报》者有三份。其余《选报》《外交报》《政艺通报》《新世界学报》，及各种日报，无不购阅齐全。风气之开，直遍山陬，民智之进步，可拭目俟矣。

番客纷来

◇潮民之出洋者，人皆称为番客。二三十年前，"番客"二字，为极不美之名词，今则奉为至尊至荣之敬□矣。番客行伙伴，言本年汕埠之番客，出口尤多。自正月至今，番客之出洋者，已不下万人，较上年实增一倍有余。推求其故，皆以今日百物昂贵，谋生日艰，故群思外出以糊口云。案：潮地滨海，交通便易，内地植产宏富，矿产之利，亦取用不竭，而乃穷尽如是，非商务不能振兴之过欤？有地方之责者，尚其念诸。

委员购地

◇总办粤汉南干铁路广东购地局事宜张弼士观察振勋，因公晋京，所遗购地局总办专务，经盛大臣以郑陶斋观察官应熟悉粤省情形，即派委其代办，并饬张观察赴京事毕，赶即回粤，如前购地矣。

大清光绪廿九年癸卯三月初六日　公历一千九百零三年四月三号

关心桑梓

◇平远姚观察俊修，由南洋回里，于本月十六日抵州，与诸绅会商，慨然有振兴桑梓之心，遂捐助六千金，为州公用。以二千金帮助中西学堂费用，以二千金为广济善堂费用，以二千金为兵需。噫！假使吾州得如姚翁数十辈，则吾州善举，可拭目而睹也。

热心教育

◇嘉应黄君钧选，学贯中西，夙具培育人才之志，现为江西商务局总办。近闻本州建设中西学堂，特寄回二十金以助学费，并函达南洋，劝诸商绅捐助巨金，以资经费。孔子云："君子成人之美。"若黄君者，殆庶几焉。

大清光绪廿九年癸卯三月初七日　公历一千九百零三年四月四号

青柑出口

◇潮人某甲见青柑又熟，刻来汕，重施采摘手段。日前移文澄署，请准买华人赴洋。董明府闻甲前年所买多人，未闻一名回者，刻又移请买人，不知所买之人，究归何处，因力与某领事磋磨。奈甲请之洋人，事已先在督宪禀准，故前天明府函示，准其试办，一船约四百人。昨该轮抵汕，是日贩人扬帆矣。闻是日之船，共买三百余人，多由香港买来，其就汕买者约百名，系客人及外属。本埠客馆，未敢染手，恐被亲属根究也。某甲每人仅卖半价，可入利万元云。

大清光绪廿九年癸卯三月十一日　公历一千九百零三年四月八号

明火夜劫

◇庵埠开濠乡郑姓有一富室，于本月初二夜三更时，被明火劫盗五六十人闯入室内，劫去银四千八百余元、黄金六十余两及银器衣饰等物，约值万余元，劫掠一空。访得行劫时情形甚奇，俟明日补登。

大清光绪廿九年癸卯三月十二日　公历一千九百零三年四月九号

行劫补志

◇昨报庵埠开濠乡郑姓被劫一案，郑某素在越南经商，家业稍康，本身已故。遗一妻，今年五十许。二男一女：长男弱冠，已娶媳；次男及女近十余龄。家中藏镪颇多，为匪人侦悉。月之初二夜十一打钟时分，忽有贼匪六七十人明火持械，逾过祠堂门楼，破锁开门。适祠堂房有守夜者二三人及妇之子在内，贼将数人锁在房中，云："尔若吼救，必用火将尔等烧死。"诸人亦无可如何。贼用大石撞破内门及厅房数所，妇等一家数人，皆被掠为一处，任其搜括劫掠一空。计被劫去洋银四十余元、金器六十余两，衣服首饰，绸料布匹，不计其数，计被劫共一万余元之多。所劫银物，各将洋布打成包袱，远飏而去。当贼入门时，谓妇曰："尔某时购有六响银枪，二枝付我，不则加以白刃。"妇骇甚，取出交他。其金器藏于大柜，作双重底，贮于暗格之内，上而贮以棉被什物。贼将棉被搬开，柜底毁破而取之矣。非左近有匪徒作线，贼断不能如是之明悉。盖六七十人中，有潮阳音语者，有本地声音者，亦有涂乌面者。数辈邻右，虽有知者，贼众数十人，甚为凶悍，故不敢出为救援，致饱其所欲而去。闻已控之庵埠汛及粮捕分府，并至县报案。分府及汛官即日前来勘验，悬红缉拿，不知能否破获，追庄究办。噫！盗贼横行，明目张胆，有地方之责者如不认真究办，间阎之受害，非浅鲜矣。

赴沪游学

◇嘉应黄京卿之哲嗣伯元茂才，于昨日抵汕，挈一弟一子，将赴上海，入爱国学校肄业。而伯元茂才自己，则拟入新设震旦学校习拉丁文。游学群兴，不禁为嘉属人士额手称庆矣。

大清光绪廿九年癸卯三月十三日　公历一千九百零三年四月十号

盗窃汇志

◇嘉应平远姚观察之母坟，又为会匪发掘，并骸罐劫去。倏有来报者二人，云有钱可赎。观察即将二人送州收押，现秦牧已派勇到县查拿矣。

粤邑石茂才，巨室也。去年随石统领四处清乡，匪徒恨之。近来茂才兄弟二人，忽为匪徒掳去，勒赎千余元，方得释回。又失去少妇四人，寻访并无踪迹。

州城西街颜都督之宅，有一少妇独居一室。夜中然灯而寝，盗入其室，搜括几尽，并及床上布帐、帐屏，妇身上首饰、手钏，尚不之觉，而盗心犹未厌也，因将妇所拥之衾，顺手拖去。妇方惊觉号呼，盗拔刀厉声呵之，妇始战栗噤声，任盗恣意捆载而去。

崧社大福酬神演剧募捐缘簿序

◇今日言政治学者，莫不以地方自治为立国之要素。盖必人人具有自治之机能，而后可谋公益，增幸福，晏然措地方于盘石之安。余考泰西各国，地方制度之发达完备，未有过于英国者。英人富于自治自由之精神，兼有独立不羁之气象，故不待政府诱掖，而已有邻保相团，自营公私庶务之习矣。此其所以冠绝各国，臻于发达完全之域者也。

中国二千余年，有中央集权制度，无地方自治制度。然观于各处人民之相保相恤，不倚官吏，固已隐然具有自治之规模。试以吾乡大福演剧之一事征之。

吾乡每岁于重阳前，必演剧四台，以酬神祈福，久已习为故常。而演剧之资，出于公酾，与西国人民各担地方之租税，无以异也。任其事者，有总理三人，推一乡之身家殷实、兼孚众望者充之。其推择之法，必于大小房中，酌其户口之多寡，而公开其名，与西国地方之选举议员、制定选举区，无以异也。至一切费用，尤有实数可稽，无浮冒，无耗滥，与西人事前之预算，事后之决算，无以异也。故每年虽消用巨款，咸解囊乐输，从无捍格，以人人皆有担认之义务也。抑余细察其酬神祈福之初意，则以一年之中，手胼足胝，各营生计，藉此农功隙暇，与一乡之人，含哺鼓腹，以谋欢乐而慰劬劳，于以酿太和敦古处。上有神明，以监临之；下有父兄，以董率之。神与人同，福有攸归。视西人之团集群体以谋公益而增幸福者，其用心岂有殊哉？然则目论之士，谓今日中国必不可仿行泰西地方自治之制度者，观于一乡，而可知其言之谬矣。

今因值年总理，将发簿募捐，问序于余，谨书此以弁其端。（案：此篇系双髻山人稿，以议论有关地方，特为录登。）

大清光绪廿九年癸卯三月十四日　公历一千九百零三年四月十一号

知难而退

◇此次院试经古场后，即有某邑文童，结束行李，买舟旋里。有遇之者，问其何以早返。童曰："此次学台所出题目，如阿美利加洲、南非洲等名目，吾做童生三十年，向未之闻已矣，不必考矣。"或曰："此皆见各报纸。"童曰："已矣，报纸亦可出题目！予发种种，不复于此讨生活矣。当广告后生，速购报纸阅之。"如该童者，可谓知难而退，犹胜于强不知以为知者矣。

大清光绪廿九年癸卯三月十六日　公历一千九百零三年四月十三号

劝捐助学

◇嘉应雁洋堡蓬辣乡人赖君耀南、赖君开亮，皆游南洋，以商起家。兹耀南君以昭信股票二百两，捐入岭东同文学堂；开亮君以股票一百两，捐入学堂，以助学费。闻系梁子彬千戎劝捐之力，其好义急公，皆可嘉也。

寿联再志

◇黄公度京卿为现在文界之雄、诗界之雄，已久为海内外所同认。兹得其寿邱潜斋先生联云："家聚德星无惭太邱长，身生乐国不忘毗舍耶。"按：台湾为古毗舍耶国，先生生长是邦，今已内渡，故云。

大清光绪廿九年癸卯三月十七日　公历一千九百零三年四月十四号

学堂演说

◇嘉应务本中西学堂于二月初一日开学，学生四十余人毕集，鸣钟升堂，观者如堵。各学生向教习行礼毕，循序列坐，静听马教习谟鼎演说。据书记生陈柳堂笔述录登，以公众览。曰：今日开设务本中西学堂，列友是中国人，吾与维医生嵩山、凌牧师廷梅，是泰西德国人。今到此吴氏祠讲习西学，贵州牧伯及各绅俱甚欣悦。闻有人多方诽议，以为吾中国人，安用外国学。殊不知这中西学堂，为汝州讲西学之起点，亦为汝州文明之中心点。盖不习西学之人，惟知中国为文物之邦、礼仪之国；不知英、德、俄、法、美，皆文物之邦、礼仪之国。彼且误认中国为天下，不知中国为天下五大洲中之一国。而天下万国，若俄、英，土地广于中国；德、法、美，土地亦甚广；其余各国，不能悉数。间尝有人与吾坐谈者，问我国有开科取士，及作文章策论否？孰知我欧洲各国，不惟男子能文，即女子亦多能者。且彼闻吾说，我国有俾士麦、克虏伯，彼不知俾士麦为吾国维新之名宰相，克虏伯为吾国造天下所用第一大炮之名人。（中略）此无他，彼只观中国历史，不曾观万国史记也。不特此也，人若不明格物，即不知何为而风，何为而雨，何为而云，何为而雷，以及霜雪冰雹之结成，日月星辰之照临，禽兽草木之蕃生，皆莫知其所以然。

大清光绪廿九年癸卯三月十八日　公历一千九百零三年四月十五号

追回逃妇

◇嘉属丙村有某姓妇者，略有姿首，浓于情欲，一夫不足快其意，与邻人某乙有染，海誓山盟，固如胶漆。自忖一对野鸳鸯，未能双宿双飞，终形缺憾，谋效红拂私奔故事，觅海外桃源，庶从此地久天长，欢乐无极。上月初，妇与某乙约期而逃，认作夫妇，到汕寓居。某客栈人以为真，不之觉察，已于某日坐某轮，偕同出洋矣。现为本夫踪知，禀洋务局移文南洋华民政务司，为之追讨。闻该妇已扣留于新嘉坡，须本夫亲自领回云。

演说续登

◇且汝中国人，多不知月在地与日之中，即成日蚀；地在日与月之中，即成月蚀。（中略）至与言亚细亚、欧罗巴、亚美利加、阿非利加、澳大利亚，则茫无所知。若太平洋、大西洋、印度洋、南北冰洋，虽知其名，亦莫辨其所在。然则地理又乌可不讲？夫我泰西诸国之考试，必试以数国语言文字。列友欲广学识，必须习各国言文字，而后能读各国新出之书，而取其所长；能阅各国新闻之报，而悉其近事；能知各国新民之政治，而法其美善；有时游历，可以此为东道之主人，则英文、德文其要也。由此观之，则西学顾可以为无足轻重而屏弃之哉？今吴先生翰藻、黄先生文彬（现俱为学堂总办），俱热心为国倡设务本中西学堂。吾与维医生、凌牧师，分教万国史记、英文格物、体操；刘先生节根、罗先生子铭，分教笔算、地理。列友诚专心向学，获益良多。（中略）虽然，西学亦未易言矣，我德国教科有数十款，今仅讲习数款者，以吾等一时不能兼教多款，故择其尤要者先之。俟一二年后，稍有余功，自晓次第讲习。惟吾有要语，奉劝列友：凡学一切西学，第一要纯心，第二要耐心。盖学业之有成，必专心致志于前，乃能获效于后。列友苟能纯心、耐心学习西学，将来无论为官、为士、为商、为工、为农，必大有益。（中略）诚如是也，不特为列友之幸福，亦汝州之幸福，抑亦汝中国最大之幸福也，列友其勉之。演说毕，教习下堂，各学生鸣钟退班。

大清光绪廿九年癸卯三月廿三日　公历一千九百零三年四月二十号

寿联三志

◇镇平邱潜斋先生，八旬开一荣寿，岭东士夫以联语祝者，本报已两志，兹又得同文总教习何君所撰一联录登：

阿将军志愿，福处士精神，有子不凡，昔主张民权，今开辟学界；（阿圭拿度，前菲律宾大将军，曾举义旗，以抗美人者。福泽论吉，日本维新志士，其所设庆应义塾，为私立学校之冠冕。）陆放翁山居，邵康节老境，惟公多寿，有剑南诗卷，寄安乐行窝。（潜斋先生娴吟咏，诗篇盈篋。所撰庚子春联，有"陆放翁山居自遣，邵康节老境差同"等句。）

案：上联指哲嗣工部在台岛时及创设岭东同文学堂事，下联则藉潜斋先生所自撰语以为寿者也。

大清光绪廿九年癸卯三月廿四日　公历一千九百零三年四月二十一号

问答述略

◇前日有东亚同文会员原口闻一君，自香港到汕考察商务，访同文总教何君于学堂，笔谈三时之久。本馆将其问答数纸，摘要录登，以供众览。

原口问：黄京卿大人现在嘉应否？闻北京有复用之意，是否？

何君答：黄大人在家，以著述自娱。大员屡有推荐出山者，若朝廷不能以大权相畀，俾得径行其志，京卿未必肯再问世。

（问答数千字，择其有关潮嘉者录登。）

大清光绪廿九年癸卯三月廿六日　公历一千九百零三年四月二十三号

地球将通

◇嘉应梁介南广文偕其仲梁辑五直刺，来汕一游，与本馆主人偶谈。谓前据一德国教士言，现于西南角测出一星，其距离日球轨道远近及寒暑程度，皆与吾人所居地球无异，意其中必有人物滋长。闻德国已有一富室，出重价募人乘气球往探之，尚未有应募者。他日如有哥伦布其人，得偿所愿，则球与球又将开辟交通世界矣。

大清光绪廿九年癸卯四月初三日　公历一千九百零三年四月二十九号

梅学将兴

◇嘉应州旧有书院三区，一为培风书院，一为崇实书院，一为东山书院，皆经费未充，地亦不甚宽敞。惟东山书院地据东厢堡之状元桥，背负东山，面瞰大河，而周溪环之，颇占胜概，离城约三里之遥。州人士议于书院暂改为公办高等小学校，谢绅梦池观察慨然倡捐，先以一千五百元为改建学舍之资。黄绅公度京卿爰草创章程八条，经于三月间集议，大约额设学生七十二名，而以三十六名为捐助诸君子弟之额，以三十六名为考选学生之额，其堂中周年经费大约以四千元为率云。又李广文倬汉在琼假旋，劝办学堂，现已由南洋筹款。想州中人士热心教育，当亦踊跃以从者也。

大清光绪廿九年癸卯四月初六日　公历一千九百零三年五月二号

学校章程节略

◇嘉应州东山书院拟改为公办高等小学校，已略登昨报。兹将黄公度京卿所拟，节略八条登览：

一、学生额数，约以七十二名为额，内三十六名系捐赀开校之子弟，余三十六名则招考聪敏通文之子弟。

一、学生年纪，至幼者十二三岁，长者十六七岁。

一、在学期限，四年或五年。

一、教师，聘有学识通时务者作总教习一人，又日本教师一人，英文教师一人，习东西文外兼习各科学。

一、课程，专用东西洋普通课之书，参以改正科举各项章程。

一、费用，每岁约以四千元为则，约以三千元为延师之费，余充杂用。

一、基本金，约以四万元为则，弟辈在本州岛捐一万元，拟在海外捐三万元。其海外所捐者，在南洋等处或购产，或生息，但将息银付回应用，作为周岁一分。

一、捐集法，无独力任此之人，只持捐集。凡捐一千元，永远有一子弟在校肄业；捐四百元，许其子弟四次入校；（入校以四年卒业，一人卒业作为一次）捐二百元，许其子弟一次入校。

所有创办此举、捐赀集事之人，或奏请奖励。其捐二千元以上，或于院中三楼上设禄位；其捐一千元者，或于门旁树碑题名。俟事定，会众妥议。

大清光绪廿九年癸卯四月廿二日　公历一千九百零三年五月十八号

兴筑学校

◇嘉应黄公度京卿与各绅士议改城东东山书院为高等小学校，迭纪前报。该书院旧有黄孝廉骥仙倡捐修复之三堂，其左右皆荒地，刻拟扩充改建，务大其规模，文其程度，州人士咸相率以助其发达，已于本月十九日兴工修造矣。

捐助平粜

◇嘉应谢梦池方伯关心桑梓，连年饥歉，由槟榔屿汇银二千圆，函托温慕柳太史转寄州城义仓，以助平粜，现已兑交本埠郭协丰号购米运州，辘轳周转，源源接济。查州地山多田少，民食不敷，收成稍歉，即现饥象，虽有义仓平粜藉资补救，而储积未丰，时虞竭蹶。今得谢公慨捐巨资，维持仓务，即所以安奠民生，州人士闻之，均感颂不置云。

大清光绪廿九年癸卯四月廿五日　公历一千九百零三年五月二十一号

　　梅州米市

　　◇梅州前数日米价奇昂，斗米需银一元有余，州人病之。近因汕中海米源源而来，每石已减去二元。

大清光绪廿九年癸卯五月初一日　公历一千九百零三年五月二十七号

　　大违禅律

　　◇嘉应州有某氏妇者，其长子经商吧城，家已小康。室有三媳，俱寡。姑媳素好奉佛，朝夕诵经，凡遇寺僧化缘者，以及神佛会诞，必踊跃捐助，挥金如土。且并领簿，沿门代募，不辞劳瘁，一毫不私。而平日作事，则有不可解者。凡邻里贷银者，以产业作质，卷利盘算，年限逾期，则赎还无日矣。其尤奇者，于某日窥邻家无人，围墙内堆有散砖数千片，妇乃率众媳破扉而入，将砖尽运归其家。及主人觉之，投诉迩邻。邻人色然，骇曰："彼姑媳何其厚于僧而薄于邻也？"噫！禅律戒贪，妇其知之。

大清光绪廿九年癸卯五月初七日　公历一千九百零三年六月二日

　　襄办平籴

　　◇嘉应山多田少，米食不敷，岁虽中收，犹仰于外。近数年来，五谷不登，人心浮动。然幸不至于饥馑者，义仓及各善堂平粜之力居多也。仓米向多采办于潮汕，而汕头经埋（编者按：原文如此，应为"理"）其事者，为郭君庆初，踊跃赴公，多历年所。近日，伊司事因办仓米，到米行采择，突遭豆包坠下，人不及避，因折其股。抬回店中，乃请西医调治，订明痊愈后，酬谢洋蚨五十枚。州中绅士念事出办公，因遭此伤，理当由公俸给医费，郭君力辞不受，自行垫出。且履因办公，多受劳怨，迄今犹力任厥职，志不少衰云。

大清光绪廿九年癸卯五月初八日　公历一千九百零三年六月三号

　　青蚨飞去

　　◇嘉应有某妇者，以洋巾裹银多枚，袖之入市，将到某磁店购物。不意已入戎贝巨眼，乘妇到店时人杂，即将银窃去。妇觉之，呼人拿获，遍搜其身，无一银。严诘之，贼云："吾适丢在店檐前水沟中。"妇亲往寻觅，见沟亦浅狭清净，并无一物。多方究问，竟不能得银所在，妇不胜其忿，令人鞭贼数十，释放之。贼之攫银手段，亦可谓巧矣。

大清光绪廿九年癸卯五月十一日　公历一千九百零三年六月六号

开办学堂

◇前报大埔县查大令热心教育，提倡兴学。兹悉已定期于本月初八日招考，其学生名额拟暂设二十名。俟经费稍足，再行扩充。目下拟将前任府宪筹防局提拨之款，先为开办之费。又缉捕经费局，每年认缴学堂三百元。不敷者，则向殷实商户捐助云。

◇案：近日振兴学务，惟以筹款为难。然就各地方上年中赛会、建醮及一切鬼神仙佛之事，动费巨万金，无丝毫之益，略移以兴学，即大有可观，是在上之人，有以鼓舞之耳。

大清光绪廿九年癸卯五月十四日　公历一千九百零三年六月九号

花会猖獗

◇埔邑花会之害，屡纪前报。兹又得友人函述：离县城六七十里之南山村，为地方官势力所不能到。乡中皆张姓聚族，二千余人。二十年来，民情顽梗，赌风亦日盛。其中如张白端、张皆立、张阿河等，皆以局赌家致小康。一时相习成风，尤而效之者不绝。各处花会厂犹有断续，惟南山花会，则二十余年并未停止。初犹有一二族绅，倡言申禁者，奈为阿堵物、鸦片土所饷，即寂然无闻。及后某绅士亡，其族中之继起而为绅士者，实当时之赌匪也，故益猖獗无忌。邻近四乡受其害，以倾资丧命者，不可胜计。当其旺时，一日至收钱六七十千。偶遇县官下乡收粮，则移厂于山僻处。即有差役觅至，亦仅以些小钱文了事，无如何也。噫！值此米珠薪桂之秋，而竟容此赌匪之诱骗朘削，民之壮者几何不流而为盗？老弱者几何而不转死沟壑也？有地方之责者，其尚加意于斯。

好行其德

◇平远大柘乡，素称殷沃。近几迭遭荒歉，十室九空，遍野哀鸿，嗷嗷待哺。乡人姚峻修观察，南洋巨商也。今春锦衣旋里，恻然念之，即倡设义仓，散谷千余石，以资乡之贫民。复自捐银千余两，买米办赈，于五月初一日设厂赈济。是日，乡人到厂报名领米者，不下三千人。类皆菜色相形，凄凉共话。观察乃将仁浆义粟，倾倒而出之。一时欢声雷动，莫不行歌饱德云。

是恶姻缘

◇李某者，嘉应之折田人也，久业工于外洋，颇有积蓄，思还乡觅一佳偶，遂捆载其余资返。抵家后，穷耳目之力以求之，得洋门某姓之女。闻其美而艳，遣媒动以重利，某父母诞其多金，欣然婿之。纳采后，方知李某年高貌寝，非女郎匹也。懊恨不已，然无可如何。女知之，郁郁不乐，逼于父母命，亦无可如何。而李某则已涓吉，行亲迎礼。届期，女竟怀毒药登车，将至婿门而服之。下车时气息奄奄，众妇掖至洞房。交拜之礼未成，而新人已故云。

大清光绪廿九年癸卯五月十五日　公历一千九百零三年六月十号

匪踪汇纪

◇嘉应水南叶姓，家素封，独居一室。于月前廿六夜，为盗所劫。闻劫盗共有三十余人，缘竹梯而入，以石条撞开某妇房门。妇欲鸣锣呼救，盗以洋枪吓之，曰："汝不要命耶？"妇遂噤声伏于案下，任其搜刮而去，约失赃千余元。诘日，有人往报，云是夜盗将赃物运至头塘渡口，一舟候于水际，是预为载赃物者。群盗踊跃登舟，顺流鼓棹而去。叶姓已于廿八日禀官矣。

又闻诸梅溪渡之渡夫云，是夜陆续驾舟南渡者，每船约三四人，统计三十余人，多操某邑土音，咸不解某邑人，何南渡之多也。迨叶姓劫案事发，始悟盗贼行踪之诡秘云。

又闻本月初一夜，有劫盗四十余人，手持枪械，至西街十甲钟广与新居。伪为室人夜归者，赚门开，一拥而入。幸室中男妇数十人，将器物乱掷，大声呼救。一时街邻毕集，盗始散去。有屠夫早行者，遇此股劫盗于古塘坪鸡麻园。屠夫急躲于茶亭，由窗隙窥之，见群盗皆由南口大路西去。

大清光绪廿九年癸卯五月十八日　公历一千九百零三年六月十三号

学堂章程

◇埔邑经查大令兴办学堂，考选学生已登前报，兹将学堂章程登览。

一、学堂近照西例，凡七日即放假一天；清明、端午、中秋、重阳、冬至、孔子诞、万寿日，放假一天；暑假（六月廿起，七月廿止）、年假一月（封印日起，开印日止）。

一、总理一人，择邑中绅富捐巨款者，延充此席。每月薪水银二十元，伙食、油灯、茶水银十元。不住堂者，只送薪水。

一、稽察课程董事四人，分作两班，每月一轮，每月每人给伙食、茶水、油灯银五元，无薪水。

一、中学教习一人，兼舆地科，每月薪水银十六元，伙食、油灯、茶水八元。

一、英文教习一人，兼西算科，每月薪水四十元，膏伙银十元。

一、账房一人，专管钱银，及监察学堂内外事务，每月薪水八元，伙食四元。

一、外账房一人，每月薪水六元，伙食四元。

一、考取学生二十人，每月每名伙食银三元，灯油银一元。

一、长随二人，每名每月工资二元，又伙食三元。

一、司厨二人，每名每月工资伙食四元。

一、门房一人，工资伙食四元。

一、学堂护勇二名，每月每名给工资伙食四元。

除修整学堂各项外，每月应发薪水、伙食、灯油、茶水银三百五十六元正。初办学堂款项未齐，从简着想，一俟办有成效，再当扩充。

大清光绪廿九年癸卯五月廿四日　公历一千九百零三年六月十九号

新督礼贤

◇新任督宪岑云帅，于近日抵省。闻云帅带来幕府二十余人，皆开通明达之士。又风闻云帅此次务延嘉应黄公度京卿出山，以资襄办粤省新政。惟京卿方杜门著述，山水自娱。迭经前督李文忠公、今抚李中丞，以礼为罗，亦婉言谢却。然斯人不出，其奈苍生何！不知云帅到省，应若何礼币，以贲临人境庐中也。

大清光绪廿九年癸卯五月廿七日　公历一千九百零三年六月二十二号
延揽人材

◇丰顺丁叔雅主政惠康，为雨生中丞哲嗣。去年张管学大臣曾保荐应经济特科，近风闻新督岑云帅有延聘入幕府之说。又闻丁主政现方游日本，未知能应聘否也。

大清光绪廿九年癸卯闰五月初一日　公历一千九百零三年六月二十五号
劝捐助学

◇大埔开办学堂，筹款维艰。前经查大令示谕县属捐助，以充经费。兹将其示文补登众览：

为录案晓谕事：案奉府宪札行前经院宪接准户部咨，案本部议覆山西巡抚岑奏，嗣后捐助学堂经费及独立倡设蒙小学堂者，请按例定银数，奖给衔封等项。附片一件，光绪廿八年七月初一具奏，本日奉旨："依议，钦此。"□刊录原奏，飞咨各直省督抚查照行司，转饬各属钦遵等因，计粘原奏一纸，内开：户部片奏，再据山西巡抚岑春煊奏称，晋省各州县中小学，若全恃官为倡率，深恐缓不济急。查定例，绅民捐修城工，皆准给予加级纪录；捐助赈需，亦准请奖贡监衔翎封典。今学堂为育才之本，较修城为重，与赈需轻重无殊。刻下学务草创，建堂购书，延聘教习，在在需款。仰恳天恩，俯念兴学为重，饬部议定，嗣后捐助学堂经费及独力倡设蒙小学堂者，准由地方官随时详报，按季由司详咨部，查照银数，核给封典、虚衔、翎枝，以示鼓励等因。附片一件，于光绪二十八年五月初七奉朱批："户部议奏，钦此。"遵由内阁抄出，到部臣等。伏□各省官绅士民，或捐修城工，或捐助赈款，奉旨交部议叙者，由臣部按照例定十成银数，给予加级纪录衔封等项，历经办理在案。今山西巡抚岑春煊奏称，自后捐助学堂经费，查照银数，核给封典、虚衔、翎枝等因，自为创办学堂，藉资鼓励起见。且原奏拟奖虚衔与实官，捐输不同银数，统按十成，亦较赈捐加倍，拟请嗣后凡有捐助学堂经费者，准按例定十成银数，奖给衔封贡监翎枝等项。由本省先发实收，再行造册，咨部请奖。如蒙俞允，即由臣部通行各省，遵照办理云云。合就札饬，札县即便钦遵查照办理，毋违等因到县。奉此，查开办学堂一案，迭奉大宪札饬催行各处，均已次第兴举。惟埔邑地僻处边徼，文风虽盛，然士林肄业，向无□比以合群，已失会友辅仁之旨。目今朝廷庶政迭兴，力求自强，西政西学，日新不已。吾民若再囿于旧习，不思变迁，则士林声气，终于闭塞不通。且小学为启迪嚆矢，一县之人才消长系焉，兴作岂容稍缓？本县承乏斯土，倡兴教化，责有攸归，尤当敬业乐群，转移风气。故下车伊始，即悬焉以此事为当务急图，商诸儒学，拟筹巨款，于城中创设小学。昨经设立公局，会绅筹议，择定城东张绅所建育婴旧舍，改作学堂，一面晓谕合属，定期招考。第念经费浩大，筹措维艰，本县□俸有限，地方又乏公款储蓄，不得不资富绅捐助，各姓解囊，合行晓谕。为此示，谕合属绅商士庶人等知悉：尔等倘能踊跃输将，集成盛举，则事成之后，定必胪列姓名，按照捐输银数，报部请奖，以旌其义。尚望互相劝励，勉力图成。大宪按□酬□，断不至没其异数也，各宜勉旃毋违！特示。

大清光绪廿九年癸卯闰五月初三日　公历一千九百零三年六月二十七号

教会规章

◇昨有友送来教会刊章十五则，特录登案览，亦可为民、教相安之一助也。

一、教堂之设，原为宣传福音真道，劝人悔改，信靠耶稣。生前得为善良，死后得享天堂永福。

二、凡人来堂听道，须有向善之心。若因有讼事或与人口角，或别有私事欲求教会帮助，并非为道而来，教会概不合干预其事。

三、有人初到堂听道，教堂原无私索钱银规例。惟是请传道先生、教书先生及各等堂费，则入教之人均宜乐捐，共成美举。至听教者乐捐，亦听之。

四、浸信会议事之定规，如收人入教，革人出教，建堂会收捐费，请任职各等事，惟已领浸礼者主理之。

五、人欲入教，必宜先结善果，以符悔改心灵，有重生凭据，然后方可领浸入会。

六、凡听教、入教之人，应顺国法，遵官长，纳税输租。若乡党中有何善举，亦宜乐为襄助，万不可因听教入教而违国法，逆官长，匿税吞租。惟系迎神赛会，演戏烧香，及凡与耶稣真道不合等费，皆免出钱资助，以符朝廷约章。

七、教堂原为敬拜真神、传道救人之所，理宜时常清洁，不许各人堆积家私杂物，豢养六畜，违者即严行赶逐。（未完）

大清光绪廿九年癸卯闰五月初五日　公历一千九百零三年六月二十九号

聘请出山

◇前报督宪岑云帅务延嘉应黄公度京卿，襄办粤省新政。昨接省友来函云：办理督辕总文案之张观察鸣岐，尚未来省，云帅盼望甚切，已聘请京卿出山，以资襄办一切。未知京卿果肯应聘否也。

续教会规章

◇八、凡听教、入教之人，必宜诚心全守，安息圣日，不可停止。各堂聚集礼拜，或祈祷会，均有一定时刻，各应预备齐赴。亦当每日在家祈祷，学习圣书。

九、教会聚集礼拜之时，适逢有朋友来堂听道，必须肃静敬听，不可东瞻西望，交谈接语，以免扰混听道者之心。

十、入教之人，宜和乡族，睦亲邻。若遇有为道受窘迫之事，宜先行设法和平，或尚不能了结，即可向牧师先生参详如何妥理。若果会友理非，则不能袒庇。

十一、入教之人，但以无争讼为美。若有私事以致构讼，具呈禀到官，宜照常例，万不可冒用教堂之名，及牧师先生之名，亦不可用"教民"字样。

十二、若听教、入教之人，有藉教势或牧师先生之名，在外包揽事讼，受人贿赂，一经查确，入教者则革逐出会，听教者则报官究治。

十三、或听教、入教之人与人构讼，欲强传道先生私行帮助，传道先生万不可循情俯纳，更不可受人之贿。如有故违者，一经查出，定即革职斥逐。若果是为道，致受窘迫，自可向牧师先生商量如何。

十四、若有人入教之后，尚暗拜偶像，或赌博、吸鸦片，以及行不合道理等事，当先劝其悔改，设善法拯救之；如若怙恶不悛，则革逐出会。如听教者有此非为等事，亦应切劝其悔改，设法救之。若不受劝，不准到堂，沾辱教会。

十五、若教会兄弟得罪兄弟，宜如救主在《圣经》云"自往责悟之"。如弗听，则招一二人同往；又不听，则告于会。切不可向教外人伸论长短，致启人毁谤教会，获罪真神。

大清光绪廿九年癸卯闰五月初七日　公历一千九百零三年七月一号

爱番客启

◇有友人来函，自署"爱番客生"，其言曰：数十年来，我潮民往外洋谋生计者踵相接。无论为工为商，其捆载归来也，俗皆以"番客"称之。潮、揭、普三邑之民，由汕回梓，必坐某小轮船。每见船上办事人遇此番客，必索加箱头钱，每箱大钱一百文。予辄讶异之，以为番客既照例买船票矣，又加索箱头钱，此非公理也。况查环球轮舟载客之例，一经买船票，而行李多少，无不听客之便。胡为某小轮舟，竟有加索番客箱头钱之举？想该船商董，定无立此条目，必系船上办事人私自为利，而船主不之知也。夫番客跋涉重洋以谋生计，其艰难不可言状。薄有所积，始得归故里，洋轮虐之，关卡剥之，已不堪矣。内港之船，意在利世济人，岂忍任办事人亦额外需索耶？予每见之，辄欲白之，爱登报端，敬告船主，宜听番客之便焉可。

大清光绪廿九年癸卯闰五月初八日　公历一千九百零三年七月二号

失票受罚

◇饶邑隆都前陇乡林甲商于暹，赀累巨万。月前旋梓，道从前埔乡堤畔起船，仓皇间遗失会丰银票三千余元。适前埔乡许乙往该船挑货，于路拾获。乙本不识丁，持以问人，众告以会丰银票，遂狂喜，奔往万成批馆收取。讵该批馆知乙在路拾获，欲令减收银一百六十元，乙不肯。为甲所闻，驰往恳乙，愿具谢仪赎回，乙欲以四百元归甲，甲以所得无几，踌躇未决。其族人某学究闻而涎之，语甲与伊赎回公分，甲笑而颔之。某学究遂赴隆都汛官，控称甲在暹旋梓，船从前埔乡经过，为某乙抢夺。乙惶恐不知所计，遂请四乡许姓族众，会商其事。众咸不平，谓甲遗失银票，乙拾获银票，远近皆知，何得诬告抢夺？咸欲罚甲，甲乃请某公亲出为调处，议以银四百元归甲，仍罚甲演戏三台以谢乙，始获了事云。

大清光绪廿九年癸卯闰五月十四日　公历一千九百零三年七月八号

乐助同文

◇大埔戴欣然封翁，曾拟捐十五万金，为埔邑学堂及他义学者也。昨令嗣芷汀大令出南洋回，将赴闽省。过汕，特以封翁高谊，捐助岭东同文学堂一千元，为拓充学舍之用，已即将该项亲交学堂。使吾潮富而好义者皆如封翁父子，岭东教育，其蒸蒸日上乎！

◇又闻海邑侯徐大令，亦以学堂近日成效可观，拟捐廉数百金为扩充之助云。

学堂纪闻

◇埔邑小学堂，已经查大令考选学生，然地方贫瘠，仍无的款可作为常年经费。初拟将城东育善堂权作学舍者，嗣因张族不允，乃欲将大成殿庑，及附近地方，从新修葺，故开学尚遥遥无期。其中西各教习亦未聘定，闻中教习，有即聘儒学关老师之说。现大令已谕请邑绅会议一切，想稍有教育思想者，当有以助大令之成也。

暹事客谈

◇有客自暹罗归者，云暹罗介居英属缅甸、法属安南。闻其王以能变法维新，亲游欧美，并派王子入欧美各学堂。故国虽小弱，在亚洲除日本外，亦为能不失自主权之一独立国。其人口约五百万，华人居其半。华人中，又潮人居其十之八。以佛教为国教，其主教僧乃嘉应松源人也。当中国乾隆时，暹屡与缅交兵，乾隆三十六年，暹为缅灭。暹之遗民群推郑昭为主，起兵尽恢复故封，遂为暹罗国王，时盖在乾隆四十三年。郑昭者，潮之澄海人也。乾隆四十六年，始航海入□，昭卒，子华立。乾隆五十一年，诏封郑华为暹罗国王。计昭父子为暹罗王者二十余年。华卒，王位乃复归暹人，为之至今。或谓乃华女之子孙云。

大清光绪廿九年癸卯闰五月十九日　公历一千九百零三年七月十三日

拐匪可恶

◇嘉应黄玉发，于去年三月由家往暹罗，依兄营生。路经汕头，被拐匪廖甲串同汕中某号，卖之出洋。其兄在暹久候，不见发来，即函托汕友查访。后查得为廖甲于去年五月廿八，由泰昌火船卖往日里。汕友即以此信函复其兄。然其兄鸿利，闻系法国籍民，即请法领事照会惠潮嘉道宪。旋于本年五月十三日亲自暹回华，诣澄海县禀控。后复由海阳拿获廖甲，即扭送海阳县署。徐大令坐堂审问，甲直认不讳，即于十五日解回澄海，归案究办云。

大清光绪廿九年癸卯闰五月廿二日　公历一千九百零三年七月十六号

此老何为

◇大埔某乡有一老人某甲，年近古稀，往岁曾历充江、浙、湖、广、川、陕等处抽丰人员，人呼之为"牛角虱"。近旋梓里，然不二年而破屋荒田，概行荡尽。有某显者，自南洋归，甲遂借端向之抽丰，得洋蚨十二枚，欣然而归。讵料蜂蝶痴情，老而弥笃。一日，携洋蚨八枚，调戏道旁某少妇。妇以其老也，置而不顾。甲乃探囊出洋蚨示之，并云前有某某二妇，极钟情于余，余不之顾，今特念子色香寡俦，愿以此相赠。妇心不为动，径行回家。密邀所云钟情之二妇，备述其言。二妇深恨之，使人侦觅甲。一日得之，拽之在地，以几加其颈，以履击其嘴，声得得然，凡百数十，始释之去。旁观为之揶揄曰："老牛气喘舌吐，恐牛角虱无藏身之地矣。"众皆绝倒。

大清光绪廿九年癸卯闰五月廿三日　公历一千九百零三年七月十七号

烟叶之利

◇嘉应烟叶有大熟之象，其早叶现已上薄，曝干可以出售，但烟价尚昂，虽有过问者，商难成议云。此嘉应黄烟之行情也。

◇各处销售之条丝烟，向以闽汀出产为大宗。今年大埔之白侯所种烟叶，色香俱不让福建，故日渐畅销。现闻上庄售价三十余元，次庄二十余元，下庄十余元，百侯有十余家做此生意者，均获厚利，亦可见种烟之日起有功矣。

姑息养奸

◇嘉应太沙柯树冈江某，有一子一媳，夫妇均视如掌珠。媳汤氏已及笄，而子外出。媳恃翁姑之爱，又欺其懦，遂匿于外家作荡妇，肆行无忌，江夫妇无如之何。迩来又萌改嫁之念，乃潜归，而以甘言餂翁姑曰："吾知改过矣！"翁姑信以为然。不意日将家中衣物米粟，阴搬至外家，且窃去多金。翁姑大怒，遂将汤氏捆缚，闭诸室中。该氏之母闻之，大率娘子军一队，毁门而入，将汤氏牵出，施以绞刑，意欲毙之，以图赖焉，幸室人抢救获苏。外氏无计可施，遂将汤氏抢回。适姑杨氏自外归，遇诸途，竟相率扛殴，带伤甚重，为邻右救而免。目下江之族亲均谓以媳殴姑，大逆不道，劝江某讼诸官。而和事老人则谓有转圜之望，不知如何了之。夫家政之内务外交，不特关一家之荣誉，实聚一方之风俗。吾民多不知讲求此道，非失于压制，即失于愚懦，故不能享内外和睦、健康之幸福。呜呼！家政之良，其必由学乎？

清光绪廿九年癸卯闰五月廿四日　公历一千九百零三年七月十八号

添聘教习

◇郡中学无西教习，堂中功课缺外国语言、文字及器操各门，已纪前报。兹闻宪府尊于前月会商总教习温太史，议定聘请嘉应李君鑫祥专主斯席。遂于初一日入馆授徒，分为三班。李君号济岩，由北洋官学生出身，香港招商局委员廖司马子珊之婿也。深于英文，而本省广、潮各种话俱通，以故训学生，而学生不以西文为苦。近日暑假，李君已来汕避暑矣。

大清光绪廿九年癸卯闰五月廿七日　公历一千九百零三年七月二十一号

竞争航业

◇汕头南记洋行，原有之轮船数艘，往返汕、暹载客及货。此船系由暹罗德商某公司所调来者，行驶多年，获利颇厚，人艳羡之。近闻暹中有商人某甲，现集成巨资，并自制轮船数艘，欲与南记竞争航业，托汕头福麟洋行代为经理。现经调轮来汕，不日即与南记之轮可同抵汕，并争客货。刻下，水脚、船票，两俱减价矣。后事如何，容后续报。

大清光绪廿九年癸卯闰五月廿九日　公历一千九百零三年七月二十三号

踵兴学堂

◇嘉应振兴学务，叠登前报。其高等小学及务本中西各学堂外，近又于东门外建立自强中西学堂，皆少年志士团力而成者。将来教育普及，可为梅州新学界增一特色矣。

野蛮世界

◇嘉应某乡某姓丁口仅百人，有洋客妇妯娌同处一新居，家小康而均孀守，长曰宋氏，幼曰谢氏。去岁冬，其族中无赖辈因向二妇借贷不遂，挟恨焉。竟肆然将宋、谢房内箱箧、服物、银数，搜括一空，约值千余金。谢投诉族人，族人但摇首，无如之何。谢因忿激，挈幼子往洋。宋独居，含恨饮泣，匝月而亡。宋子外出营生，剩一媳邹氏，青年独处。邻右共怜其孤弱，讵无赖辈长恶不悛，因节届囊空，复视妇家为奇货。于五月某日白昼率恶少数人，强将邹氏缚住，抄掠家赀及畜彘。邻右闻之，为之咋舌云。

大清光绪廿九年癸卯六月初一日　公历一千九百零三年七月二十四号

竞争航业续闻

◇昨报竞争航业一则，兹续闻南记、福麟两家往暹之轮，于六月初二三日即可开驶。惟搭客及配货者，因彼此均减价相招，尚未定所□。刻南记行愿照日前与□最时争客货例，仍作一成收费。未审福麟公司若何减价也。

◇又闻公益栈是各洋行所公立者，其客长以两相竞争，终无底止，欲出而调停之。谅必试赛一番，始肯持和平主义也。

纪梅州平粜

◇嘉应广济善堂因平粜太少，州人啧有烦言，已纪前报。近来善堂转向义仓借陈谷二千石平粜，以惠穷黎，但办理不善，男女混杂，拥挤殊甚。小手混入其中，致有失去首饰者，有失去米掸与谷袋者。且出入艰难，籴谷者须穷一日之力，人咸苦之。噫，救荒无善策，岂虚善哉！

◇又闻义仓司事者云某仓所屯之谷额七百五十石，至量出时，仅五百石，不知何以耗蚀若是。岂旧谷积久，其鼠耗必多，理固然乎？

大清光绪廿九年癸卯六月初五日　公历一千九百零三年七月二十八号

竞争航业再续

◇昨报竞争航业，既续纪矣。兹闻南记、福麟两洋行，因竞争之力，各发贴告白，招受客货。而南记竟愿将客货减存一成，仍将一成补经手人为茶金。又嘱客店之人为经手，往各属招受。各属闻知来汕赴遄者，现以万计。初四日，南记鲁肃轮及福麟英厘力马士轮，各自发单，落客约计二千，其余□然。各客行中，几于无可驻足。及闻南记尚预别轮一艘，欲待初六日放行，乃数千人不约而同齐至南记买单。然该行以招帖登明，别行无船，不肯减价，须照常价，每客十二元，而买单之客都为减价而来，哓哓不已，良久始散云。凡竞争商业，而大减价者须知之。

嘉应彭孝廉炜瑛涉趣园诗钞序

◇诗有唐音，此世所谓难能者也。同年彭少颖孝廉诗乃有之，可贵已！虽然，世界进化公理，每变愈上，今不如古，则必其不变而退化者也，诗界亦然。昔岁己丑与黄公度京卿同出都，小住沪渎，相与倡为诗界之变革。不十年，而其说乃大行中国。少年之治诗者，群然起而鼓其风潮，其变未知所届。庚子，复晤公度梅州。世界之变，方听之天演，而无可如何，惟诗界则尚思以人治胜天行。斜阳老屋，倡予和尔，甚相慰也。于时始闻少颖能诗，且力追唐人，惜不得一见。今年乃承远寄其《涉趣园诗》于潮，乞为之序。取而卒读，渊渊乎，泚泚乎，则信乎其有唐音已。诗固不能以唐限，世界之变已极，有文字以来所未有，其影响之及于诗界者甚大。匪惟唐，即上而汉魏六朝，下而宋元明，守而不变，皆在退化之列。少颖已为今诗人，其诗且与世变俱进，而未有已。涉趣园与人境庐吟声相闻，他日过梅，固当有以证吾言者已。癸卯闰月，丘逢甲序。

大清光绪廿九年癸卯六月初六日　公历一千九百零三年七月二十九号

志士捐书

◇嘉应人之在日本东京留学者，已有六人。现王君国梁、钟君铣，与前由岭东同文学堂咨送之刘君维□、饶君景华，以内地得洋文书籍较难，乃相与节学费，购东书七十种，捐入岭东同文学堂，以饷同志，译而读之。昨由王君亲带汕，送到堂内。王君号伯谟，年仅弱冠，兼通英文、东文，现在早稻田大学校习政治专科，现以暑假归，七月初，即行东渡。告堂中同志云，如潮嘉同人，有愿游学东京者，幸早束装，在汕相待。俟七月初同往，彼能照料一切云。兹将所捐各书目录附于后：

历史门：《万国大年表》《万国政治年鉴》《西洋史纲》《西洋伦理学史》《东洋史要》《新撰历史》《澳大利亚史》《近时外交史》《近时政治史》《世界近世史》《露西亚之国会》《露西亚史》《寻常中学西洋历史》《世界史要》《汉史蠡海》《传记门》《世界十二女杰》《人物短评》。

地理门：《中地理学》《新撰万国地理》《东洋历史地图》《大清疆国分图》《汉文万国地图》《地质学》《山水丛书》。

政法门：《独逸行政法》《民法五百题》《罗马法》《国际公法论纲》《行政法》《民法总论》《民法》。

教育门：《根氏教授论》《小学校管理法附录本》《教育革新论》《游戏委理及实际》《实际的儿童学》《世界读本》《中等教育》。

文学门：《文艺俱乐部》《言海》。

算术门：《中等几何学》。

财政门：《财政学》《经济原论》。

卫生门：《女子生理的训练法》《实用解剖学》《中学生理书》。

农学门：《园艺全书》。

博物门：《博物学》。

物理门：《物理易解》。

科学门：《中等教育西洋历史》《新体西洋历史教科书》《中等教育》《东洋史略》《算术教科书》《中等算术教科书》《化学教科书》《中等植物教科书》《植物学教科书》《生理学教科书》《中等教育动物学教科书》

《物理学新教科书》《物理教科书》《商业簿记教科书》。

杂类门：《新社会》《修养录》《妇人问题》《新小说》《早稻田学报》《政治经济科讲义》《外国地名人名辞典》。

以上七十余种，岭东学生将分门择要译之云。

竞争航业三续

◇昨报再续竞争航业一则，南记尚预别轮一艘，不肯减价。兹闻数千无从位置之客，犹涌到南记，哓哓不休。该行不得已，将所预别轮亦照减价，再发单落客。众客乃雀跃而去云。

大清光绪廿九年癸卯六月初七日　公历一千九百零三年七月三十号

竞争航业四续

◇昨报三续竞争航业一节，南记洋行与福麟洋行两轮，于初五日开行后，本埠尚存无位置之客数千，哓哓不已。南记乃将所预初六日开行之星岛轮，亦减价发单落客。兹探确此轮本拟别行，无轮与争，应照所贴声明告白每客须十二元。因各客皆为减价而来，不免望洋而叹。南记见此情形，遂以不应减价者，亦格外减成，作大愿船载之去。盖此举出于竞争之热力，非不得已而为此云。

大清光绪廿九年癸卯六月初九日　公历一千九百零三年八月一号

拟筑潮汕铁路

◇自汕头达嘉应州一路，虽有山路可寻，然行者辛苦，水路又诸多不便。现有洋商某某与该地绅士商议，拟自汕头抵潮州，姑就方军门曜所筑之堤，修筑铁路。至由潮州抵嘉应，则须绕山，未免所费甚巨耳。闻已电致南洋各潮嘉洋商，筹画此款云。

请奖捐绅

◇平远县绅士花翎二品衔姚观察克明，倡设义仓，并先后两次捐助义仓银五千二百余元。前由该县拔贡生姚宗舜联禀平远县转禀大宪，奏请奖励，经批行藩宪核议详办云。

大清光绪廿九年癸卯六月廿一日　公历一千九百零三年八月十三号
保护出洋华商示文

◇钦加同知衔、赏戴花翎、署理澄海县事、龙门县正堂加十级记录十次董，抄奉头品顶戴、署理两广总督部堂德，头品顶戴、署理广东巡抚部院李，恭录出示晓谕事：光绪二十九年二月二十七日，钦奉电传二月二十三日上谕：南洋各埠，多有华商出洋贸易，熟悉中外情形，尤深明于君国身家互相维系之义，虽侨居海外，心恒不忘故土，其虑爱悃忱，朝廷深为嘉尚。迭经谕令沿海各省，于流寓华商回籍时，依法保护。现在振兴庶政，讲求商务，一切应办事宜，全在得人，尤应体恤商情，加意护惜。各埠华商人等因事回华者，其身家财产，均着责成该督抚，严饬地方切实保护。即行妥定章程，奏明办理。倘有关津丁役、地方胥吏及乡里莠民藉端讹索，即予按律严惩，决不宽贷。着即由沿海督抚及商务大臣、出使大臣剀切晓谕，宣布朝廷德意，俾众咸知。钦此。

查粤省出洋回籍华民，先经奏明，设立保商总局，妥筹保护，并据该局拟具详细章程，经咨会陶前部堂，咨请出使各国大臣转饬各埠领事官，嗣后凡有华商回籍，即由该处领事开明该商姓名、年貌、籍贯、住址禀报，以凭转饬该商原籍地方官妥为保护各在案。兹钦奉前因，□通行各属遵照，遇有外洋各埠华商人等因事回籍，务须切实保护。倘有关津丁役、地方胥吏及乡里莠民藉端讹索情事，立即按律严惩外，合就恭录，出示晓谕。为此示，谕阖省军民及出洋回籍华商人等知悉：尔等须知朝廷德意，优恤出洋回籍华商，所有身家财产，无不加意保护。倘有关津丁役、地方胥吏、乡里莠民藉端讹索，准其随时控告，立即按律严行究办不贷，各宜凛遵毋违！特示。

大清光绪廿九年癸卯六月廿五日　公历一千九百零三年八月十七号
故镜重圆

◇海邑龟□乡有某甲者，与某乙之家相距仅数里。十余年前，甲服买外洋，乙在外与之结交，遂伙合作小生意。甲有母在堂，岁时均有旅金寄回其家，以为仰事之用。甲母老而健，积铢累寸，得百金有奇，乃决意为子娶妇。乙自远适异国，重利轻离，天雁河鱼，渺无消息，而乙妻空房独守，年复一年，疑乙为物故，方寸俱乱。适有冰人，以甲娶事说之，乙妇喜，遂为甲妇焉。乃妇入宫不见，独宿无聊。甲母姑慰之，即促甲速归完娶。甲接母信，即刻治装，邀乙同归，乙意游移不决，甲强之再四，乃买舟结伴回梓。比至甲家，邀乙入座，乙妻在厨下窃听，其声若素识其人也者。遂从户牖窃窥，乃乙夫也，且忿且怒，恐事破绽，密以实告甲母。甲母呼甲入，而告之故，甲仓皇失措，计无所出。乙见甲家人彷徨，乃径辞去。甲乃从容挽留曰："薄其酒肴，愿少安毋躁也。"俄翠杯大酌，妻直趋前席，数乙薄幸之罪，乙语塞，不能置辩。甲乃力为调停，谓此日旧镜重圆，是人生最乐事，劝其释前恨，随乙归家，再谐琴瑟之乐。乙向甲谢过，挈妻还里。而妇家尝收甲聘礼若干，乙如数还之。甲于是另娶某姓女为妇。而一乡之人，皆感甲之高谊云。

洋客述言

◇暹友回汕者述云：暹中向例，凡寓暹之客，三年一次至皇家报名纳税，名曰"系码"，凡作工者每名二元七角，店东则每名四元之度。刻下暹中系码之期，系限自华三月起，至华三十年三月止。此次码期，无论寓暹赴暹，俱宜照例纳税，方许在暹任事。迩来汕中因暹轮减价，趋之若鹜，多有未谙其例而往者。登岸时，其不及备带系码费之客，皆被皇家带入工艺局，佣工两个月，抵清税码，方许别觅生涯云。

航业冲突

◇访得本埠自南记、怡德两洋行竞争航业，暹轮减价，而往叻之轮，搭客亦稀。嗣查悉往叻之客多赴暹转叻，可省川资。各洋行见此情形，深恐叻轮利源为暹轮所夺，乃于廿三下午会商公益栈，设法挽回。特议将赴叻客货，从六月廿五日起减价，照常折收五成。较之由暹轮转叻者，仍得利便，始得收回利权，惟其事现未成议云。

大清光绪廿九年癸卯六月廿六日　公历一千九百零三年八月十八号

船户之弊

◇兴宁商贾，多在香港采办洋纱，由汕雇船载回兴邑，以织省庄布，故六篷船来汕运货，亦以此为大宗。日前汕中某号雇李甲船一只，载洋纱若干，并平粜米石若干。驶至潮、嘉交界之蓬辣滩，天色已晚，船中水手乃欲上滩始歇，殊行未及半，该船坐礁，洋纱米石都归乌有。人或谓沿河两岸上下船只，不免有乘机抢掠之事。而该行查确李甲船中人等，有暗卖洋纱八箱情弊，业已据情禀明海阳署，由徐大令饬差拿获该船人犯三名矣。想此等船户必从严澈究，尽法惩办，庶足以警奸伪也。

古梅涉趣园来稿

◇寄中国游学日本诸君四首：

海客淡瀛事有无，读书真个到蓬壶。此邦画界多高手，好绘扶桑濯足图。
外患频仍与内讧，支那大势水趋东。诸君若要回天力，尚武精神印脑中。
异国图书传日本，琳琅珍秘集奇观。此行眼界增多少，胜入嫏嬛福地看。
学海波澜异域开，艰难时局正须才。他时还国谈经济，拍手东瀛毕业来。

又涉趣园主人寿邱封翁潜斋联云：

天下方发奋维新，最难得教子成才，合古今中外政治学问诸家，咸推巨手；先生乃从容内渡，算不负栽花娱晚，领风月湖山咏歌陶写之乐，永享大年。

大清光绪廿九年癸卯六月廿九日　公历一千九百零三年八月二十一号

记三公司

◇汕中怡记、福麟、南记三公司，从前赴叻轮船所有客货，各自竞争，各自减价，争之日久，不免亏损。后三公司联合商酌，共设一公益栈，立合约，议定客货水力，划定价目。所有三公司客单，俱交公益栈代售，其所得利息，三公司均分。历今十有一年，计公益获利，不下七十余万。近因南记、怡德遄轮争减水力，而叻轮之利亦为所夺。日前南记行东议将往叻客单，再行减收，而别行之议不一，后遂罢议。近闻三公司合议将往叻客单归已行自办，而将公益栈拆股，未知确否。

大清光绪廿九年癸卯六月三十日　公历一千九百零三年八月二十二号

枪毋轻放

◇嘉应水南堡某甲，南洋巨商也，坐拥厚货，惧遭劫害，故每夜令人持械于屋前后巡警数周。有一夜，家人持洋枪出门四望，隐见围墙下似有人踪，疑为夜盗，家人不及叫呼，乃然枪轰之，应手而倒。追举火烛之，则甲家中孀守之家妇也。弹子穿胸，因而毙命，举家之人悔恨无已，然无及矣。

大清光绪廿九年癸卯七月初二日　公历一千九百零三年八月二十四号
教妇拜师
◇凡崇奉西教者，不许拜神。顷闻嘉应有某教妇，系扶贵人，性情乖僻。自闰五月后，每次敬神，必杀一鸡。计一月中，共杀鸡二十余只。某日，携红片纸十余张到书房，求蒙师写酬神单数十样，蒙师窃笑之。事为神父所闻，至礼拜日面斥云："神系木偶塑成的，尔终日拜祷，欲以此邀福，何愚之甚！"妇不悦，反唇相稽曰："尔十字架亦系木头，又无三牲香烛以祀奉之，但在壁间悬一座位，就云是天主耶稣，实与木偶何异？"神父闻言大怒，谓："尔平日行为若此，今又毁谤我教，非吾徒也，请从此逐出门墙。"邑人谓此妇阳奉阴违，其心叵测云。

大清光绪廿九年癸卯七月初三日　公历一千九百零三年八月二十五号
更正前报
◇昨报嘉应水南某姓妇人，为洋枪伤毙。兹探确所伤实重，然未致命，现已延医调治，颇有暂痊之势。然则弹子穿胸之说，实讹传也。

大清光绪廿九年癸卯七月初六日　公历一千九百零三年八月二十八号
小窃宜惩
◇汕头每年于石叻、暹罗、安南等处回华之客，名曰"番客"。匪类视为鱼肉，每乘火船入港之时，藉充接客，混登轮船，窥窃行李，择肥而噬，非伊朝夕。夫富者犹可不深计也，设被窃者为佣工之人，出洋一二十年，铢积寸累，始得百数十金，从今归家赡养妻儿，一日被窃，孑无长物，其苦何堪言状！朝廷屡下明诏，着地方官保护出洋商民，而商民回华乃复遇颠苦之状，奚以宣德旨乎？闻近来每船到岸，失窃颇多。愿地方官绅力除其害，以恤商人，则幸甚。

游学汇纪

◇友人来函云：厦门东亚书院肄业生张君维岳等七人往东京游学，已纪前报。兹又有惠来林君墨卿，亦同肄业东亚书院者也，于昨日搭财生轮往上海，拟即遄往东京与张君等同学云。又东亚书院现在暑假之期将满，潮州有志之士，纷纷前往。除旧学生林君翼东、方君少峰、吴君敏智、卓君举然、杨君卓翘外，尚有海阳王君者师、张君荣福、澄海杜君兰、朱君乃樵、普宁方君尔舟，均为初四下午附海口轮船往厦。入春以来，游学之风日新月盛，岭海士风为之一振，有志之士当亦奋袂兴起，而以株守乡间为深耻矣。此与昨日所登游学东亚条，言各有当，故复记之。

大清光绪廿九年癸卯七月初九日　公历一千九百零三年八月三十一号

纪茶阳磁碗

◇大埔高陂市土产，向以碗、竹二者为大宗。竹则专运至潮发售，碗则有省庄、洋庄之分。然洋庄之碗，虽运往外洋，而所用者仍是华人，外国人罕有问津者。推原其故，皆由所销洋庄类多低下之品，且式样呆拙，拘泥古法，不能仿外人式样，投其嗜好。如能将工料各件考求精细，摹仿外洋水盂、菜碟、杯盘之类，精制而广售之，则价平而工廉，洵足为茶阳开一利源也。

挑妇行凶

◇嘉应妇女俗不裹足，凡劳苦之事皆妇人为之，故往往夫也不良而自行佣工，抑或肩挑以之赡家人者。上月念九日，城西某甲由外洋回来，泊船于大榕阁，叫其侄妇某氏到船，自挑行李。有一城东卜氏妇，专以肩挑为业者也，见某氏到船，摈而出之，不许其担行李。某甲喝言："余行李已自雇人担矣，汝欲何为？"而卜氏哓哓不已，怨某氏，遂于船板内将某氏一推，登时跌落水中，随波而逝。某甲痛恨，登即出花红，着人捞救，一而将卜氏妇缚住，送官究办。现某氏尸首已经捞起，经牧伯亲往勘验，但未知其若何判结也。

大清光绪廿九年癸卯七月初十日　公历一千九百零三年九月一号

种植之利

◇埔友来函云：近来材木踊贵，其可为器具之植物勿论也，即惟薪一项，往年每元可买十四石者，刻下仅买九石左右，盖涨价三分之一矣。而近河一带，脚力较省者，获利尤丰。若沿河之竹，每亩所入岁值百元余，亦足见种植厚利，一亩之入，即可供数口之家云。

全无心肝

◇嘉应某乡某甲，少随父出洋，性残酷而无子。归里后，因立一外省人子为嗣，年约八九岁，甲每虐之。闻其待子也，哭则缝其眼，啼则缝其唇，拈食物则斩其食指，遗矢则缝其粪门。种种刻酷，不堪言状，见者哀之。其乡人某乙思以五十金买之为奴，使离苦海，甲不肯。一日逼其子荷锄登山，欲命自掘坎而埋焉。某丙见之，力阻得免。后闻此子，卒因小事为甲所埋。嗟夫！若某甲者，禽兽之弗若矣。

大清光绪廿九年癸卯七月十二日　公历一千九百零三年九月三号

蕉阳茶市

◇镇邑包子茶以二两为一包，值银五仙，来自闽中者，十之七八；产于本土者，十之二三。其性浓厚，且不畏泄气变味，故昔年贩运南洋者，络绎不绝。当茶市膨胀时，茶行五六间，每年赢息二十余万元。今则业此者，寥寥数家，仅得年息五万元。推其颓败之由，盖以茶商贪利作伪，或杂石粉以假色，或杂凄子叶以假味，甚或搀石膏末以重斤两，以致饮此茶者，致生腹疾。茶商因而却步，其衰败也固宜。惟愿此后，我商人立大公司，购新机器，日求制焙新法，必使色香味俱佳，而力袪其伪杂诸弊，则梅州茶务庶可复望起色，亦足为商务中增一利源也。

大清光绪廿九年癸卯七月十三日　公历一千九百零三年九月四号

示禁贩匪

◇嘉应近时有著名烂匪，专以作猪仔头为业，凡有不愿出洋者，百计引诱之，实为地方之害，为州人所呈禀。秦直刺特出示严禁，示文如下：

现据禀，贡生候选训导张鸣皋等禀称，近有不法匪徒林阿荣（即著名贩匪林三奶之子）、叶阿增（即著名贩匪叶赖氏之子）、陈阿顺、谢鸿嫂、吴本嫂等，各以拐贩为业，勾结南雄、潮州、赣州各处贩商，通门拐骗，网利鬻卖。妇孺无知，误为所惑，或携之出洋，贩卖充工；或转售饶州磁商，杀以祭窑，以致绝世丧身。兴言及此，可为寒心，禀乞示禁、拘究等情到州。据此，除批揭示，并饬差严拘外，合行示禁。为此示，谕拐贩匪徒知悉：你等须知拐卖人口，首犯例应绞候，从犯亦拟满流。倘致死被拐之人，则律应斩候。如拐卖之人出洋，其人非情甘出口，按照新章，即应立予就地正法。例章何等綦严，奚可轻为于法。经此次示谕之后，务宜革面洗心，亟图正业。倘敢仍蹈前辙，则是冥顽不灵。一经访闻，或被人告发，本州言出法随，决不稍予宽贷，定即严拘到案，其各凛遵毋违！特示。

言之丑也

◇丰顺某乡某甲，经商外洋，数年不返。其妻嫌于无偶也，与邻乡同族某甲通，有"岂不尔思，室是远而"之感。今岁夏，甲直携至家，公然作鸳鸯对舞矣。有抽丰客某乙，亦同族也，往诘之。甲曰："汝勿多言，本姓之妇，归之本姓，亦有何嫌？"乙恨之，遍投族中，大发问题。乙大惧，贿赂四出，尚未了事，未知如何归结也。

大清光绪廿九年癸卯七月十四日　公历一千九百零三年九月五号

齐昌教士

◇教士不得干预词讼，和约订明，原期民、教相安之义。查自庚子后，遵守者固不乏人，违背者亦所在皆有。访得兴宁县地方，向有天主、耶稣两教，教士驻之。其耶教尚安本分，惟闻天主教近年其势益张，设一公所为理词讼，一遇教民兴讼，教士若不亲会官长嘱托，则时特派教友帮扶，平民被害者多敢怒而不敢言云。

大清光绪廿九年癸卯七月十九日　公历一千九百零三年九月十号

讹索述闻

◇水南梁姓因遇盗发枪误伤家妇，曾纪前报。兹闻家妇姓邹氏，医药罔效，近日毙命。邹母闻讣，往视殓埋，已无异。适邹姓某闻知，自认为氏至亲，向梁勒索。不遂，捏词呈控。州牧烛破奸谋，立将邹某笞责五百，将呈掷还。

大清光绪廿九年癸卯七月二十日　公历一千九百零三年九月十一号

茶阳学堂筹款之艰

◇埔友来函云：查大令近以创办学堂需费孔亟，故前月于各乡各甲均发捐簿一本，欲冀殷户提倡，以资臂助，乃将及一月，寂然无闻。大令日夜焦思，无所为计，大有息肩之意。然则学堂之举，又将归于无何有之乡矣。不知邑中志士，能一为设施否也？记者案：南洋巨商戴欣然观察，捐助埔邑学堂巨款，迭纪去年本报，未知其事何以中止？欣然一诺，岂止千金，谅观察不轻失信于人也。

挑妇行凶续纪

◇前报挑妇行凶，纪某洋客立将首凶卜姓妇扭送州署。秦牧伯开堂讯明，妇认在场下手有邱姓妇二人、谢姓妇二人、张李妇各一人，共六名云云。牧伯核与所呈相符，将尸验明，迅饬签差分别拘拿，未知若何究办也。

大清光绪廿九年癸卯七月廿一日　公历一千九百零三年九月十二号

齐昌近事函述

◇访函云：迩来各处土匪远窜内地，安静如常。由邑上至江西之路，货物往来均通行无阻。而龙川县属之上坪墟乃通江西大路，上日土匪滋扰，近亦安堵。龙川县官带勇，亲往拿匪。凡兴宁人之在其地经商者，未免为匪之声名所累，太半搬回家中。

◇邑中生意，以布、扇两行为大宗。省庄布号三十余家，寓居佛山，将布销出广西。此次西匪未静，邑中布号生意日微。各乡织布之人因布少价低，多有停杼而往南洋者。

◇扇庄销路，以湖南汉口、福建、江西赣州各处为大门。今年扇庄比之往年，其势稍旺。惟本省扇庄，至今尚不见起色，皆西事为之阻力也。

◇邑中早稻，收成略佳。近日雨水调匀，米市日顺，计每元可买米一斗九升余，人心稍定。

◇邑侯郭大令怠于公事，多信邑中各劣绅之言，故常有未明之案。

大清光绪廿九年癸卯七月廿四日　公历一千九百零三年九月十五号

夜盗猖獗

◇梅州城东二里许有塔下唐姓者，聚族而居，仅数百人，壮丁又多外出营生，家居者仅老少而已。是月初五六，连夜被盗。第一夜盗去谷数担，不饱所欲。至第二夜，硬用条石撞门。比族明觉，鸣锣呼救，族众各操械以御之。贼旋退，并力互赶，隐见十余盗鱼贯而走。穷追之，乃叠开洋炮数响，以之拒捕。越日禀明保安局，派勇每夜巡逻之。

◇又十一夜，白土堡之飞龙宫，住有斋妇，被十余盗各持利械，破庵门而入，将该妇捆缚，把房内衣服首饰席卷一空。现已呈报州署。又闻盗党近以船为窝薮，日则潜聚众舟中，夜则驶下游蓬蒿间，待藏赃物，故出没难查。然梅江一水，非同汊港纷岐之地之难于追缉者，愿有捕快之责者，其留意焉可。

大清光绪廿九年癸卯七月廿五日　公历一千九百零三年九月十六号

叻轮减价

◇本埠南记与怡德竞争航业及公益栈拆股事，迭纪前报。兹访得南记自公益栈拆股后，凡有轮赴叻者，其客货均各争减价，至今日久，斗兴愈高。昨福麟丰茂轮抵汕，拟廿三日往叻。适南记黄盖轮，亦廿三赴叻。福麟乃暗将客单每位减去若干，而南记闻悉，恐客为彼夺去，亦愿减去若干，以相抵制。较之往时，十份中盖减去七八分。闻近来因船价便宜，赴叻之客颇形拥挤云。

阔哉秀才

◇近日槐黄期迫，而潮嘉人士之赴省者，水陆辐凑，行色匆皇。廿四日，海龙轮船由厦门泊汕，然后驶往香港。而是日搭客，计赴举者十之七八，该轮头等客位为之售罄，大形挤拥。此亦足为寒唆士人放一异彩也，阔哉！

大清光绪廿九年癸卯七月廿七日　公历一千九百零三年九月十八号

梅事杂述

◇嘉应友人来汕者述云，秦直刺前患泻症，其势颇恶，近日始愈。所有堂判，皆假手于门丁，而门丁视此为利薮。

◇又闻近日秦直刺因州人好讼，所讼都非要案，多谕绅调处，人□嘉应一州，颇有自治□象，但绅士尚无新思想也。

◇又闻近日于大沙河口，该乡局勇拿获盗船一艘，内有数响洋枪及铁牛角及各项锁匙多枝，明是窝盗之船。既由局绅解州署，并将船内五人扭送。秦直刺判将船充公，而扭送之五名，因其不认供，改取保也。

茶阳小学

◇埔邑小学堂并无基址，近已暂借崇圣祠为之。本月十六日为开学之期，查大令及各绅士率各学生十七人谒圣，观者如云。惟崇圣祠年久未修，异常破陋，所有住房，现均未从新修葺，无可为学生安□诵者。开学后皆已返家，然则在堂肄业之期，又当俟诸异日矣。

大清光绪廿九年癸卯七月廿八日　公历一千九百零三年九月十九号

持赠新法

◇泰西文明，半由于报馆之盛。故虽佣夫俗子，皆日手一报，而销数至百数千万。此伦敦《泰晤士报》收一日之报赀，为其女制装奁，所以传为美谈也。至中国报馆，尚在幼稚时代，获利者寥寥数家。盖由阅报之人少，而能阅报之人每计较其报费也。嘉应邱君燮廷，特设一输进文明之法，凡其赠戚友饿寒赆□，皆贻以新书新报。近日人多效之。苟一州一邑得如邱君一二十人，则报界之扩充，文明之增长，有不倍其速力者，吾不信也。同志诸君，其以开风气为责任者，盍图之？

不减水脚

◇昨报本埠三公司叻轮客货各自减价一事，兹访得确情。该三公司适逢叻轮多艘，同日开行，所争减价者，惟系客单而已，而货载水力，仍照常交易，不肯卸减分文。

大清光绪廿九年癸卯九月廿一日　公历一千九百零三年十一月九号

学堂影响

◇埔邑戴忻然观察，南洋巨商也，前拟以十万金为邑中开办学堂经费，其友力赞成之。即驰书邑中缙绅先生言其事，并登诸报牍，播扬海内。于是邑人士以及举国官绅闻之，莫不交口称誉，以为戴君此举盛德也。不意迟迟至今，未将该款交出，公举妥人，兴办此事，邑人士又窃窃疑之。闻秋闱末场，岑帅发问题五道，时邑中诸生，皆以戴君此举条对。想云帅见之，必谕行举办，并为之请奖，以励其余。有谓戴君以兹事重大，欲饬其子芷汀大令回邑筹办者。想邑中士商闻之，当又欣然色喜，拭目以观学堂之成也。

幸逢救星

◇昨闻有嘉应叶氏女，年方二八，颇有姿首，被拐匪掠卖本埠花馆。鸨欲强其易服改装，随诸妓至牌馆，作卖笑生涯，女誓死不从。始加詈骂，继施棰楚，至绝饮食者数日，终不易志。后鸨将女转当于某甲家。甲隔邻，是嘉应某君寓所。女日夕嘤嘤，啜泣怨叹，抑似客人口音者。某君眷属，令仆媪询知其来历。女并云泗隆叶某即其叔父，请通知，令速援救。为甲所闻，又将女匿于老福隆客栈。仆媪告知泗隆叶某，令人往视，果其侄女也。当经告知洋务委员，请吊放，并谓该客栈，若女有他虞，即惟彼是问云。适洋务委员现办公他出，不日回汕，想叶氏女必能作文姬归汉也。谓女倘非遇某君眷属救星，欲脱樊笼，恐非易事。

大清光绪廿九年癸卯九月廿二日　公历一千九百零三年十一月十号

押追拐卖

◇汕头客馆之贩卖人口往南洋充当苦工者，曰猪仔行。夫以同类之人为猪，而贩卖之，其心之穷凶极恶，不言可知。彼拐得一客，即可得利数十金。其卖于险恶之地者，所得且一二百金。业此数年，即成富室。虽明知被拐者之家散嗣绝，亦无暇为之计及矣。此风自昔已盛，十余年前，经方军门耀严办，查封各馆，正法数人，风乃稍戢。自方军门故后，日久玩生，匪徒无所忌惮，近来拐卖之事，时有所闻。日前有澄属鮀浦乡民陈财意，具禀鮀浦司署，谓兄亡嫂寡，孤侄朝喜来汕探亲，忽无踪影。其嫂因子失嗣绝，孀守无益，屡求自尽。探悉系仁和街广和号客馆之赵六、姚抛拐卖出洋，求为追究。潘少尹得禀，饬差向该馆拘得赵六一名，于二十日审讯，六认陈朝喜被其卖与新加坡两成号作工不讳，但谓系朝喜自愿，并非拐骗。潘少尹大怒，将六管押，勒令即向新加坡将朝喜赎回，且拟从严究办云。

客子奇闻

◇某甲者，澄之某乡人也，因家贫寻活暹罗，历数载不名一钱，并鱼雁亦杳。一母一妻在家，惟相与作针黹度活，而目前米珠薪桂，虽食贫作苦，不免冻馁。其母暗自思维，日终难度，因谓其媳曰："俺澄有再招婿之俗，盍苟从之？不然游子天涯，日暮不返，我两人其死于饿乡矣。"媳不得已从之，自此乐新相知，已忘却有他乡之客。时未久而甲忽至，家人大相错愕，而妇之后夫一闻甲还，绝迹不敢再往。而妇则不知此身之何属，彷徨终日，靡所适从。母乃为之调停，以妇留家中仍为姑媳，而令甲别娶以传嗣续，甲亦从之。迨后妻入门，初尚循循执妇道，久之虑甲与前妻合，乃谋离间之，甲亦知之，而未遽发也。后妻以为得计，日逞其谮诉之术。甲于是愈思旧而厌新，旧合新离，日闻诟谇。甲以二者不可得兼，乃舍其新而惟旧是谋云。

中西食醋

◇本埠妓馆分中西两门，接西人称为"咸水妹"，接中者则有江西堂子、上海班、闽汀、粤澳、本地诸妓女。自来接西人者不接中人，接中人者不接西人，中西嫖界，各分畛域。近有流娼小翠凤者，即昨报所载哄某布商剃须者也。彼以春风秋月，阅尽繁华，又见中国近来事事步武西人，讲求新法，自叹卖笑此间，中人风味，业已备尝，惟西人自十九世纪以来，讲求诸务，精益求精，于男女交媾新理，必然别有妙法，倘得身亲领略，不负此生矣。适于月初，当夕阳西下时，倚楼凝盼，忽见一西人皮靴橐橐，大踏步过其下，该妓咳唾一声，西人仰顾，妓目眺手招，西人心动，旋登妓楼，各手语意会，大畅所欲。自兹以后，该妓喜西人膨胀强权力远驾中法之上，遂鄙中人之陈陈相因，惟知守旧，为不足道也。因此某商过访，渐以冷眼相加。商犹以人情冷暖，娼妓常态，未甚措意。昨宵酒后偶至妓所，正西人与该妓禅参欢喜，零云断雨之声，入耳不堪。某商酸风陡起，意欲发标。鸨告以老番，某商闻之，遂掉头而归。明日告知友人，友人笑曰："方今争竞世界，舍旧谋新，诚为急务；图强厌弱，是在变通。该妓可谓通达时务，能改良进步者。子以弱种旧学，欲与西人挈短论长，亦大不度德量力矣。"某商闻之，哑口无言，惟捻胡髭而笑。

大清光绪廿九年癸卯九月廿四日　公历一千九百零三年十一月十二号

准控粮差

◇潮阳粮差之权力，不亚于官，而士商农工，皆不敢与之龃龉，恐其以亡户虚粮飞□故也。闻其最甚者，莫如萧娘得与史鸡屎，每逢洋客回籍，即藉端勒索，经傅大令屡申诰诫，置若不闻。月前惩办萧娘得，威诸差以刑也，而诸差仍毫无忌惮。乃出示，准阖邑士民指名呈控，其示略云：照得县属城乡各路粮差，往往从中舞弊，移甲作乙，苛索骚扰，业经裴前县出示严禁在案。兹访闻在城及各站粮差，每遇外洋回籍客商，即假同姓欠粮及亡绝之户，藉端飞□，向其勒索，实属玩法已极。为此示，仰阖属诸色人等及出洋回籍商民，嗣后如有粮差向尔等藉端勒索，准其指名具呈，本县定行提讯究办，决不姑宽云。

妇为劫盗

◇徐张氏，饶平人，其弟张某，日前自南洋捆载旋梓。氏闻之喜，即往探之。午后别弟而归，赠以衣物布匹，并洋蚨十枚，实诸竹筐。闻行经山麓，为两樵妇所害，曳尸密林中，攫其银物，弃筐于路而去。旋一过客经此处，拾而挑之。氏夫徐某以妻日暮不返，循途往迎，与过客遇见，见其竹筐乃己物，究问之，客直陈不讳。徐将客扣留，集人同诣该处检探，果得妇尸，即将客捉送官里去。后访得其实，乃缉获两凶妇讯究，按之以法云。

大清光绪廿九年癸卯九月廿五日　公历一千九百零三年十一月十三号

潮州之人头税

◇潮州蔡家围关，于抽收上下百货税则外，有所谓人头税者，独为回籍洋客而起。凡船过其下，验视洋客，必须纳人头税钱七百文，始得过关，无贫富不能幸免。此与民船至东关，必纳陋规一毫，始得过湘桥，同一不可思议之税则也。迩年来田有粮捐，屋有房捐，肉有屠捐，酒有甑捐，赌博有缉捕经费，货物有报效名词，其它琐屑之捐，若厘若税者，不胜枚举。可谓于士农工商，自踵至顶，由口达腹，算无遗策矣。然皆曰填赔款也，济饷需也，应向平民筹出者也。独人头税之起原，人多未解者。或曰亦取食毛践土之义，其信然欤？孟子曰："古之为关也，将以御暴；今之为关也，将以为暴。"

竞争航业续闻

◇前报所纪竞争航业各节，闻两家均以此亏本银数十万。顷南记中人，向吗柯公司恳息此争。所有青波轮六艘，并永远无行此港。至前此吃亏之本，一概在内，计共赔垫吗柯公司银四百余万元。该轮半打本，亦三百余万元。闻是日马超轮所收水脚，已照从前旧价矣，未知确否。

大清光绪廿九年癸卯九月廿六日　公历一千九百零三年十一月十四号

巨商报效近闻

◇嘉应巨商张煜南氏，前以商部初立，库款支绌，与谢荣光氏各报效银一万两。经政府请旨，从优奖赏，尝纪之于报。兹闻张裕南氏于初旬召见后，有暂行留京、会议商部一切办法之信，并闻将来拟派往南洋一带劝商、设立公司等事云。

创办西学堂

◇潮州私立学校，自汕头创开同文学堂后，风气虽开，而继起者寥若晨星。近来金君耀枢、林君凤超、魏君琦、石君渠、陈君韶馨、黄君农、王君仁杰、蔡君健等，纠合同志，创设西学堂于郡垣镇平会馆。聘英人吕兰些先生，专教习英文及算学各种，于本月廿八开馆。闻同学者，已有三十余人云。

粮差玩法

◇潮阳人民苦于粮差勒索，经傅大令出示，准其指名呈控。而粮差置若不闻，刻又勒索自洋回籍之姚姓某甲乙若干元。甲乙二人，已于□三期呈控，不知如何惩办之。

大清光绪廿九年癸卯十月十九日　公历一千九百零三年十二月七号

准办潮汕铁路

◇汕头至潮州府城铁路，自曾观察时议办，至今迄无头绪。兹闻嘉应张京卿煜南已赴商部禀请，准与承办矣。又闻此路成后，即接办由潮达嘉应之铁道，将来往返便易，各处商场必有另外一番气象也。

大清光绪廿九年癸卯十月二十日　公历一千九百零三年十二月八号

松口蒙学之起点

◇嘉应松口梁茂才鑫前会集同志，拟在本堡设立蒙学馆，嗣以筹费维艰，迄未成立。值张、谢二富绅回梓，乃以此举告之，且劝其先捐款若干，以为之倡，二人慨然允诺。茂才即择本十三日筵请众绅商筹议，以期此举必须创成云云。闻蒙学馆欲假前义仓之改名梅东书院者，先行开办，俟有巨款，再行扩充。

拐卖述闻

◇昨有嘉应某乡某甲，偕其族妇三人至松口，逢人哭诉。据称三妇之子，其一现年二十余岁，其二年仅弱冠，俱在家业农。月之初旬，三子同赴城中买物，一去不回，访之并无踪绪。后始探悉，为著名之猪仔头曾甲拐往汕头，卖出外洋作工。今欲偕同至汕追究云云。言罢，三妇大哭，泪如贯珠，众皆为之慨叹。又见其身无长物，行李渺然，各惟衣一破衣而已，可怜哉！不知其子能追回否？彼曾甲亦穷凶极恶，罪不容赦者矣。

换帖还灰

◇南洋友人来函云：官场积习，每喜换帖。纨绔子弟，亦多从而学之。其实交情浅深，原不在此一帖。有甲、乙两纨绔，日相与征逐于花天酒地，遂成莫逆。乃为换帖之举，甲兄乙弟，相得甚欢，盖已年余矣。一日乙往访甲，不知因何，互相口角，甲乃出乙帖，扯碎掷还之。且曰："汝亦当还帖也。"乙即返家，遍觅甲帖不得。盖所换之帖既多，漫无收拾，不知误置于何所矣。默念渠既还我，我恶可无以报之，而帖既失落，还无可还。不胜懊丧，一转念间，思得一计。觅得旧全帖一，取火焚之，另取白纸包其灰，遣仆持往与甲。且曰："汝碎我帖，我亦焚汝帖以报尔。"盖帖已被焚，则字迹灭绝，无从辨其是否也。乙之计，狡矣哉！闻者曰："吾闻挑鸦片烟有还灰之说，不图换帖也要还灰也。"

画图新咏

◇邱仙根水部《寄题独立山人香海填词图》：

真成无地泛鸱夷，目断黄龙上大旗。六十年间多少事，东风吹泪写新词。

南宋国衰词自盛，各抛心力斗清新。零丁洋畔行吟地，又见江山坐付人。

太息东南纷割地，年来见惯已相忘。重吟整顿河山句，谁更雄心似鄂王？

大清光绪廿九年癸卯十月廿一日　公历一千九百零三年十二月九号

青年顽固之特质

◇嘉应松口某书馆有甲乙二徒，俱年二十余，鄙俚不文，而性尤顽固。每见人阅报，辄嗤以鼻曰："是欲学番人者。"故侪辈多憎恶之，几不以人齿。一日其师外出，二徒睹案头有《新民丛报》一册，乃读封面之"叢"字为"聚"字，又指醒狮图为豸虎。及展卷，见法兰西之学说例篇，相与讶曰："不料师亦学番学也，吾等休矣。宜早作归计，免沾一种番习。"正说间，其师适至，二徒盛气问曰："老师阅此《新民聚报》，胡为者？"师闻怒曰："汝等字尚不识，敢作妄悖之言，真形同聋聩，无见无闻者矣。"二徒曰："究竟阅此等报有何裨益？"师曰："裨益之处，难以枚举，今试略言一二。扩人见闻，增人智识，振发人之聋聩，激动人之心志，无非藉阅报章。况能助有司之耳目，以兴利除弊；饱学者之心思，以组织鸿文而邀名誉乎。居今日风气开通之际，报章实为文明之基础，去旧之方针。纵览欧美富强，无不起点于报章，亦无不模范于报章。是报章之为用，其裨益岂有涯哉！"二徒闻言，殊不了了，犹倔强置辩。其师大怒，立把界版欲作当头一棒，二徒急抱头鼠窜而去。时同窗之友，亦在旁窃听，适睹斯状，乃齐声呼曰"惜乎击之不中"，相与大笑。

大清光绪二十九年癸卯十月廿三日　公历一千九百零三年十二月十一号

巨商两纪

◇潮嘉人近为南洋巨商者，皆以报效为当道所重，如张弼士侍郎、张榕轩京卿，其尤著者也。闻部尚书振贝子，本拟请张榕轩京卿在北京开办银行，嗣因京卿承办汕潮铁路，急须赴汕，故银行之举，尚拟缓办。

◇岑督宪日前方邀张弼士侍郎总办两粤商务，兹闻张侍郎复荐嘉应谢梦池观察帮同办理，昨已由岑帅电致黄公度京卿代为劝驾云。

大清光绪廿九年癸卯十一月初一日　公历一千九百零三年十二月十九号

羊城尺素

◇大埔张弼士侍郎，现奉岑督宪委，赴桂省查察矿务及垦务，以兴自然之利。

◇嘉应黄钧选观察前奉柯中丞委驻粤东，劝办饷赈捐输，兼采军火。现因柯中丞有要件面商，电召观察回桂。已赴各衙门禀知，即日就道矣。

大清光绪廿九年癸卯十一月初三日　公历一千九百零三年十二月二十一号

茶阳邮政近闻

◇埔邑开办邮政分局，已经数月。每月来往九次，逢一、四、七日，则由埔送往三河，二、五、八日则由三河递上埔邑。但地非冲要，利益不见大兴。又须由嘉应松口转递三河，始得达埔，所以内地各行家邮传事件者，均不甚踊跃云。

大清光绪廿九年癸卯十一月初七日　公历一千九百零三年十二月二十五号

潮汕铁路述闻

◇潮汕铁路经张京卿煜南认办，已纪前报。闻已择日出京，不久可到汕矣。兹将其奏请出京折略如下：

奏为奉派出洋招集商股，承修广东潮汕铁路，并集资议办银号等事，择日出京，仰祈圣鉴事：窃臣前承恩命，以四品京堂候补，于九月初五日由南洋到京，趋诣阙廷，叩谢天恩。仰蒙召见垂询，训诲周详。复以臣捐助两粤赈款，经署两广总督岑春煊奏请奖励，复蒙赏给头品顶戴。恩纶迭沛，图报弥殷。兹先后奉财政处暨商部行知奏派臣出洋招徕华商集股，兴办广东潮汕铁路暨议办银号各事，奉旨："知道了，钦此。"臣遵即束装出京，航海回南，竭力招徕筹办，以期振兴商务，稍酬高厚于万一云云。

观此，又兼办银行矣。

◇又闻京卿既于上月廿七日出京，拟到汕后即派工程师测量线路。将来火车头，或设在回澜桥外，或在岐岭，则审视利便而行之，现尚无成就也。

大清光绪廿九年癸卯十一月初十日　公历一千九百零三年十二月二十八号

暹罗提犯

◇昨闻有德国领事官由暹到汕，会同汕头洋务局梁委员，同诣德国轮船，拿获暹罗逃犯阿李即孟栾、温马夫、阿唛妇人的吗等三名。旋由暹罗派来之巡捕官那恒，持文凭领解回暹云。

讼争妹婿

◇嘉应有刘某，自檀香山回，蓄资甚厚。因中馈无人，有劝其娶妇为留守计者，刘然之。适有某姓甲、乙二茂才闻知，皆涎其面有数十万资本，争夺其妹而再醮之。艳炽高张，各夸其美。刘某以二茂才素豪行乡里，恐得此而失彼，又本系狐绥之徒，欲兼收之，两全其好，遂涓吉先迎甲妹。讵过门后，宠擅专房，不许有人再分余润。刘不能自主，乙妹之议遂罢。乙疑甲以此术授其妹也，愤甚，遂以挟嫌阻婚为词，控之州牧。甲亦控诉。秦牧伯以事不关痛痒，概斥之，批云：以妹争妻，千古罕闻，然其中必有隐情，仰松源局绅调处，毋再兴讼，致失族谊云云。呜呼！黄金世界，廉耻全无。虽刘果金圭，亦无妨作婿。然堂堂二茂才，顾可以其妹作钱树子耶？如此士风，真羞天下矣。

大清光绪廿九年癸卯十一月十三日　公历一千九百零三年十二月三十一号

潮汕铁路总办至沪述闻

◇总办潮汕铁路张京卿榕轩于上月廿七出京，于卅日至沪，闻不日至汕头。又闻有先晋省谒督抚各宪，熟商一切外，然后再来汕相地之说。又闻与张弼士侍郎拟同至汕，以张侍郎前曾购地数百亩，在荣隆街对面，欲借其地为火车之起点，可由厦岭渡直走大井也。

大清光绪廿九年癸卯十一月十五日　公历一千九百零四年一月二号

东游者众

◇中国志士游学外国者,以日本为最多。潮嘉住东同人,近又组织岭东学会,以招内地之士,故有志东游者接踵而起。昨有潮阳林君铁夫、马君练仙、萧君穆庵,已在汕起程。现有数君行期未定者,不日即当东渡云。

大清光绪廿九年癸卯十一月十八日　公历一千九百零四年一月五号

请办矿务

◇前报纪大埔张弼士侍郎奉岑督宪委赴广西,查察矿务、垦务,以兴地利一节。兹闻广西容县三山产有金银矿质,经侍郎鸠工勘地采购,而获利无几。现大令拟请侍郎注意专办,以收全效。侍郎已于月之十二日,亲履该处察勘一切云。

大清光绪廿九年癸卯十一月廿二日　公历一千九百零四年一月九号

函述游美情形

◇顷接美洲金山埠函云:金埠天气温和,虽岁寒,亦穿薄绵衣既足。渡美留学,须预习英文二三年,文法通顺,始得进高等学校,若普通学完备,可径入大学。渡美时,到上海或日本,先电知驻美中国钦使,言明何日起程,何日到埠,请钦使预电告海关及金山埠中国领事代为招呼,否则不免被海关拦阻,不得上岸。以上渡美留学之大略情形也。我国人在美国者约十余万,各省留学生数人外,余皆广东人,内嘉应州属人数百。在金山埠者百余人,俱操手工,内有留学生二人,即熊君崇志、王君弼也。熊君肆业卜忌利大学,明年卒业;王君本年七月间西渡,预备西历一月进高等学校,携美钞三百元挺身而来,诚可谓有冒险性质者也。美人苛待华人,惨酷至极,华人往街,常无故被殴。又回国欲再往者,必向美海关写证书一纸。写证书时,用量身机器量体格高低、骨骼长短,另纸记明,备日后查验。美例,凡犯无故毙狗及虐待驴马等,重则监禁,轻则罚银。而我国人之无端被殴者,巡捕见之,置之不理,是我国人曾狗马之不若矣。嗟乎!祖国衰微,故至于此。凡我邦人,可不速图自保之策哉?

按：强国与弱国相遇，有权力无道理。我国人一被逐于美，再被逐于澳，近且见逐于菲律宾矣。倘不速谋自保，不出三十年，华人将无立足之地。凡我中等社会，盍三思三思！

牡鸡作新郎

◇嘉应邱某，自幼即在外洋操手工业，其姊恐其老而鳏也，屡函促之归。某以工务纠缠，未暇分身，日前寄回照片一纸，令其姊持以择偶。谓如愿，即托水客挈之来云云。姊遂以百金，在松市买一再醮妇携归。是晚亦洞其房，花其烛，若为交拜行礼者。然人以为俗不可失也，最后乃捉大牡鸡一头代邱某，与妇共寝。当入室时，使人祝之以吉祥语，祝毕，遂置床中，反扃其扉而去。闻者以人畜同梦，咸咄咄哗怪事。不知其有取于"鸡鸣戒旦"之意欤？抑有特别之思想也？愚俗之愚，真不可解。

大清光绪廿九年癸卯十一月廿八日　公历一千九百零四年一月十五号

松口蒙学堂之建设

◇松口拟办蒙学堂，既纪前报。兹闻由饶孝廉集蓉、温明经士璠、梁上舍鑫、李茂才均等，禀请州牧示谕，将梅东书院改造楼房为松口蒙学学舍。既蒙批准给谕，并札饬丰顺分司督造矣。

拟设埔邑流通兼积贮银行章程

◇埔邑土产，如竹木、柴炭、瓷器、竹器、烟叶等项，以及由外输入百货，每岁生意，统计约百余万。此外应兴未兴商务，更自不少。惟银根短缺，移汇不便，故一切生意未能畅旺。贴单息日，常逾两分。且每帮由潮汕寄上埔峰银员，常至每船数千，由埔峰寄下潮汕者亦多。果有银行以为流通，不惟此项汇兑及贴单获利不少，且各项应兴商务尤可次第举办，其为公私利益，实非浅鲜。现经邱少白上舍拟定所有章程，分为四纲，具录于后：一建设、二用人、三存放、四扩充。（明日续登）

大清光绪廿九年癸卯十一月廿九日　公历一千九百零四年一月十六号

续闻松口蒙学之建设

◇昨报纪松口蒙学堂建设一节，兹复闻该款系由张榕轩京卿昆仲、谢观察梦池，各先捐金五千元为建造诸费。嘉属富商不少，果如张、谢三翁勇于先务，民智何患不开耶！

拟设埠邑流通兼积贮银行章程（续昨）

◇银行建设之条款

一、资本拟先集十万元为开办始基，计分二千股，每股龙银五十元。听人认股多少，每股应发股票一纸，暂作无限公司。俟公费充足，再设限制。

一、总局拟驻汕头。至潮郡、高陂、三河、大埔、峯市五处，各设分局，暂寄各行殷实铺户，以节靡费。嗣后各埠，须加设分局事宜，再行酌办。

一、银票拟先造三千一百张，计五元票一千张，十元票一千张，二十元票五百张，五十元票五百张，一百元票一百张，共六万元。

一、股票、银票，拟在日本制就。惟银票须三连式，以备核对。

用人之条款

一、总局设总巡一人、司理一人、副司理一人、管银一人、探事二人。各分局应设司理、管银、探事各一人。其余伙伴，届时酌办。

一、上开各级人员，皆由各股东选举。其薪资，视事之繁简为差。

一、股东须认定股票在四十分以上，始得有选举之权，惟应负担保被选人之责任。

一、总巡以稽查各局人员能否为职，须随时报告，以进退之。至总副司理，不受总巡之节制，然亦有稽查告发之权。

一、每年逢五月、十一月开一该判会，招各股东会议各事宜。（未完）

大清光绪廿九年癸卯十二月初二日　公历一千九百零四年一月十八号

电召能者函述

◇厦友函云：嘉应黄幼达司马遵楷前驻厦门，襄办鼓浪屿公地界务，与都人士交涉公务，颇称熟悉，当时舆论归之。近经黎观察禀调来厦办理商政，乃行旌甫卸，即奉督宪李勉帅来电，以省垣警务需员孔亟，仍饬黄司马速即回省云。

大清光绪廿九年癸卯十二月初四日　公历一千九百零四年一月二十号

拟设埔邑流通兼积贮银行章程（再续廿九）

◇银行存放之条款：

一、各埠字号表为大众所信，则本银行当可信与银两。

一、各客商有实业（田土、店铺）各项，如有红契作按，本银行可估照时价，揭与银两。惟不得过十分之六（如值千元，许揭六百元以内），且须有一定之限期。

一、各商有货物各项，确能指定实数及妥实行家能确认期限者，将其货单期票携至本银行，可揭与以适当之银额。

一、凡士农工商人等，有银员放存，无论多少，本银行俱可代为积贮。如当在本行出入交易者，其利子按照市情，出入一体，以示优异。如未在本行交易，先在本行揭款者，亦与以公平之利息，以广招徕。

一、本银行当创设伊始，各股票每年暂作周息五厘公派。俟五年后，再酌行加派。

一、各股东入股以后，不许拆股，亦不得将股票在本银行内按揭。倘有志图别业，将股票在他人处售按，则听其便。

扩充之条款：

一、本银行以劝业为目的，开办之始，暂以银币为基。一切应行开浚利源，如兴种植、购机器、良工艺、办矿务诸事，俟后另集股东会议开办。（已完）

惨葬火坑

◇梅城东大墓侧，有刘姓老妇，年七十余，子媳均外洋作经纪。上月某夜，因天气严寒，置火笼于床。睡熟失慎，房中服物，均遭一炬。该妇尚在梦中，不觉也。迨同屋人赴救，视之，已葬火坑，亦惨矣哉！

大清光绪廿九年癸卯十二月初五日　公历一千九百零四年一月二十一号

拟办嘉应开明蒙学堂章程稿

◇嘉应近来极力振兴教育，昨又得友人函寄《拟办开明蒙学堂章程稿》，爰照登于下，亦可为有志兴学者之观感也。

识字多则民智，民智则国强；识字少则民愚，民愚则国弱。其密切之关系，已为有识者所同认矣。中国号称四万万人，而识字者不及十之三，民安得不愚？国安得不弱？虽然，有原因焉，其过不在于无学，而在教之无其法。何以言之？不征诸远，请征之近。州属七八龄童子，几无有不就学者，与东西诸文明国例相同。及其成就，则有上天下地之别。东西诸国之学童，就学数年，于通常之学问，已无所不知。而州属之学童，往往就学十年，求其能通文理作家书者，寥寥无几。岂人之智愚相越如此其远哉？教法之善不善之所由判也。东西诸国之教法，有修身、伦理，以植其基础；有物理、图算种种科学，以浚其智慧；有体操、歌唱，以导养其血气。其完全美备，以视州属除读书写字外一无所知者，虽谓之无教焉可也。近年以来，朝野上下，如醉初醒，如梦初觉，莫不汲汲以教育为今日之先务矣。然筹款维艰，鞭长莫及，欲求普及，戛戛其难。我同人有志于斯，苦无其力，就最小部分所得为者而为之，亦蚁驮一粒、马负千钧之意也。诸君子其有同心乎？吾愿观其成焉，章程如后。（未完）

娘子军战之悍俗

◇埔邑大麻甲廖姓与各姓争山樵采事，互讼公庭，尚未结局。日前闻彼此又各率娘子军一队，奋身野战。所谓绅士者，大约亦作壁上观也。两家互有受伤，始悻悻而罢。已请三河司临场弹压，不知能否为和事老云。

大清光绪廿九年癸卯十二月初六日　公历一千九百零四年一月二十二号

潮汕铁路总办抵省

◇总办潮汕铁路张京卿煜南，已于日前抵省，谒见各宪。闻勾留数日，即来汕办理此事。

拟办嘉应开明蒙学堂章程稿（续昨）

◇第一章　办法

一、事属创始，建筑无力，拟就附近租借地方一所，或学堂，或祠宇，暂行开办，以省经费。

一、拟先就附近殷实之家，捐款百金，为制台凳、书籍及预备堂中一切器具。

一、拟招选学童六十人，年纪以满六岁以上为合格。

一、公举总办一人，管理堂内外一切事务。

一、聘请深通教育学者三人，分任各科教育。

一、教习留堂用膳，则雇膳夫一名办理伙食，兼充整理洒扫等役。

一、银钱出入，公举殷实商号数家，轮班管理。

第二章　教科

一、遵循钦定章程，兼采仿欧美、日本通行教科。欧美、日本有寻常小学校，有高等小学校，划一整齐，有条不紊。中国今日为教育幼稚时代，骤难臻此，不得不通融办理。今就学童之年龄强分为二班，甲为未识字者，乙为已识字者。甲班课目：修身、读本、初浅算术、文法、地理、历史、理科、国语、写字、图画、体操、唱歌。

第三章　经费预算

一、聘教习三员，年约薪俸一百元。

一、学童六十人，台凳约备三十张，每张约二元六十角。

一、书籍、图书、哑铃，并教科应用一切器具，约一百元。

一、膳夫一人，月约工银一元，年十一元。

一、堂租、餐膳、油灯，一切杂费，年约一百五十元。

合计四百二十三元。

草率拟就，挂误不免。其余处校规则、堂内外规则，以及一切详细章程，均俟开办时再行拟定。

大清光绪廿九年癸卯十二月初七日　公历一千九百零四年一月二十三号

捐金修路

◇松口上流十里许，水势湍急，河岸崩溜，危险异常。凡牵缆之船夫，必经是处，设一不慎，即坠溺其下，不可捞救。年来相继问诸水滨者，凡数人矣，以故船户视为畏途。该乡绅耆怒焉忧之，以张榕轩京卿素慷慨好义，且谊关桑梓，乃签名函致京卿，恳其先捐款若干，以为之倡。京卿慨然允诺，谓此区区小事，无须他募，某请自任之。且嘱凡上下游沿岸之稍颓破有不便于行人者，亦当修筑完备，需项不患无着，总期以底于成云云。于是立汇千金回来。该乡绅耆刻日兴工筑砌，其坚固平坦，洵极利便，现已一带竣工，乡里咸颂美不置，而船户之往来者，尤额手称庆云。

大清光绪廿九年癸卯十二月初九日　公历一千九百零四年一月二十五号
女童慕学之特色

◇嘉应松口黄沙乡某甲，向游幕羊城，娶某宦室女，好学多才。月前挈眷回家，氏深慨州属女界之无学，每与族中妇女谈论，俱援引古先哲之遗训以导之。又常于祖祠中多方演说，证以当今中外女史之倡兴女学，海内人士，喁然向风等语。听者殊不了了，辄嗤以鼻曰："吾州中妇女，只知若者侍奉丈夫，若者生男育女，若者耕耘，若者樵采而已，其他义务，诚非所言也。"时有某女童，年仅十三，闻之甚不谓然，欲向众置辩，自忖以寡不敌众，乃挽氏私至其室，告之曰："吾观族中人，其顽固之病已入膏肓，虽有卢□，亦不可□□矣，正所谓濠淘复濠淘也。以吾姊之才，何往不可，岂必斤斤注意于若辈乎？况一人之舌有限，而众口之辩无穷。不若每夜间请临敝室中，俾小侄女得拜门墙，多冀高才之教诲，何如？"氏亟加叹羡，遂夜一往，授以六经及女学各报，口讲指画，剀切详明。女童性最慧，过目成诵。如是者半月，族中啧有烦言，咸于其父母前极力诋毁，以为女子一读书识字，贻害良多。女父母颇惑其言，遂以他故而绝氏之来。女童于是愁闷无聊，乃私自投氏之室，津津讲学，常通宵达旦。父母不能禁，现已听其自由矣。人谓使该女童之父母果能始终如一，悉听某氏妇循循善诱，其将来之文明程度，亦可为州属女界中放一绝大异彩也。

大清光绪廿九年癸卯十二月初十日　公历一千九百零四年一月二十六号
嘉应请办蒙学堂禀批

◇州中振兴教育，叠详前报。日前黄贰尹腾章，又以创办蒙学事具禀州宪，禀略如下：

为禀知事：案奉宪谕筹办学堂，各就地方情形切实妥筹开办等因，奉此，具见宪台作育人材至意。职员商之同人，皆以为大学、中学、小学由蒙学而升，蒙学为学堂之基础，拟于在城就近地方先设蒙学堂，以为阶进。无如附城人烟稠密，现无隙地可建校舍，即借用公地以及民房祠庙，亦非容易。兹暂赁得城东李家祠一处，地方稍阔，可容学生六十名，座位一切，尚称合用。酌议延请教习三人，堂中功课俱遵钦定章程教法，费用各款援集就近绅商捐资开办，银钱出入交殷实商号轮流管理。所有试办缘由，合应先行禀知。其中详细条目，如教习名氏、学生实在人数、管理是何商号及功课分时，俟明春择吉开堂时，再行禀报。再此系创办之初，暂借李家祠为校舍，购买课本、图画以及桌几、仪具费用，概系由就近地方绅商捐集。至如何扩充，建堂添设，购书置器，一切应行之事，容俟随时禀请宪台察核，伏乞训示施行云云。

奉批：据禀既悉。该职现拟商之同人筹办蒙小学堂，以为造就童蒙之基础，已赁得城东李家祠一所，可容学生六十人，定于明春开学。足见留心时事，志切兴学，深堪嘉尚。仍着将试办章程录禀察核，以凭汇禀大宪立案可也。

大清光绪廿九年癸卯十二月十一日　公历一千九百零四年一月二十七号

铁路总办至汕

◇铁路总办张京卿榕轩，初九日已由港抵汕，寓公于德记洋楼。初八日到华洋各衙门，及各商家处拜会。拟十一日晋郡，谒道镇宪及各官场。至其铁路线，或随电杆，或由河堤，或由揭之大窖，俟勘明后，再行定议开办云。

◇又京卿对人言，晋省谒督抚宪数次，均以潮汕铁路宜早日开办，地方官宜切实保护，以为粤汉铁路东枝之起点云。

大清光绪廿九年癸卯十二月十三日　公历一千九百零四年一月二十九号

务本中学堂近闻

◇嘉应吴茂才翰藻等，日前禀请州宪将岑督宪批办务本中学堂，并改聘中西教习事由，再行出示鼓励，俾州人士咸知向学宗旨，踊跃争先。秦牧伯已于初三日据禀出示晓谕矣。

◇又闻甲辰年，中文教习已聘定黎辰若君元庄，英文教习聘定钟显廷君远扬。钟君系生长美洲，在大学校卒业者。

大清光绪廿九年癸卯十二月十六日　公历一千九百零四年二月一号

禀设游学公会之批词

◇嘉应黄茂才遵庚以创设游学公会事，赴督辕具禀。奉岑制府批示，谓：国家兴学，首重师资。三代盛时，官师合一，蔚为齐一之政教。自后世国学就湮，在下师儒，创立师说，以教育英才为己任，而有责无权，诸子百家得以争鸣异说，学界庞杂，不可究诘。泰西各国教育家法，德育、智育、体育，有不易之搏节法制，以变化气质，涵养性情，造就全国之人格为宗旨，师范之关系甚大。师范学堂之设，诚属当务之急，已由学务处妥议筹办。据禀设游学公会，亦不为无见。惟所列条款内开各节，派学、卒业年分必须明定。科级挑选学生，以何等程度为合格，"品学兼优"四字以笼统其词，殊欠切实。经费自应官绅合筹，所称指拟公款，地方究有何项公款可以指拨，均未能明言其故。该生果有真知确见，应即详细开列条陈，呈由学务处核遵可也，仰即知照。

禀拟筹办学堂之批词

◇又黄遵庚赴学务处，禀拟官立中小学堂并筹款择地各情形。随奉批云：所陈筹款、择地、游学各节，具有条理，足见热心兴学，深堪嘉尚。仰候札饬嘉应州查照禀覆，再行核办，仰即知照。

同人东游

◇本馆同人沈君友士，有志游学日本。前行抵天津，游历京畿一带。旋欲东渡，以事不果，而初愿未少辍也。适留学吴君楚碧年假回梓，十四日至汕，以同行相邀。沈君壮往之志，不待终日，即于是晚同吴君买轮东渡矣。沈君已具此热心热力，惟愿始终乎此。则是行也，不独为岭东之前途望，并为中国之前途望也。

大清光绪廿九年癸卯十二月十七日　公历一千九百零四年二月二号

群学社简明章程并序

◇嘉应松源堡王君庆嵩、温君煌于其乡创设群学社，已志十月初二日报。兹得其函，寄章程并序言，录供众览。其序云：

荀子曰："人之所以异于禽兽者，以其能群也。"孔子曰："鸟兽不可与同群。"尝考环球万国，能群则治，不能群则乱；能群则兴，不能群则灭；能群则强，不能群则弱。群之为义，盖大矣哉！顾群则群矣，而群之中有道德焉，有法律焉，有智识焉，有精神焉，固必不可缺乏者也。使世之合群者能于道德上、法律上、智识上、精神上，研究其原因结果，则必有以善其群；使世之合群者不能于道德上、法律上、智识上、精神上，研究其原因结果，则必至于败其群。此又天演之公例，必不可逃者也。呜呼，吾观中国之群而心感矣，吾观中国之群而心伤矣。以中国为无群乎？人口四万万，圆颅方趾，且布满于寰区也；以中国为有群乎？举国之人如散沙，然无所集合，无所附历。任外人之蹂躏而莫之痛，任外人之侵凌而莫之恤也。呜呼！以中国如此之民族，虽处于老死不相往来之世，其内界之群治亦必退化败坏，不可收拾。况值二十世纪竞争最剧之期，惊风怒涛，澎湃而至，枪林弹雨，杂沓而来，其不为外界所刺激，乌可得哉！乌可得哉！虽然，孟子有言"人必自侮，而后人侮之；国必自伐，而后人伐之"，今试问中国四万万人，其所以致此者，何也？曰无学故也。故吾谓今日欲合群以团体，必先合群以讲学，讲学者，即团体之机关也。且夫合群讲学，岂惟是空谈，无补已哉？盖将以养一群之道德，守一群之法律，开一群之知识，振一群之精神，以为异日社会之基础，国家之要素者也。匪独此也，学之事已日进，而日上群之事，亦必愈改而愈良。将来联合已成，群志类聚，由小群而为大群，由什百之群，而为千万之群，内力已充，外力自扩。而中国四万万为奴之苦，其庶有瘳乎？呜呼！此非吾所逆睹已。（未完）

大清光绪廿九年癸卯十二月十八日　公历一千九百零四年二月三号

群学社简明章程（续昨）

◇一、此社以尊奉孔教，合群讲学，开通风气，融注新理想、组织真精神为主，不得蹈顽固陋劣之习。

一、社中经费，系由同人公捐，每份酌先捐洋银五元。凡欲入社者，须先到董事处报名，以便登记。

一、社中公捐之款，俱以之购买书报及社中应用之物，并不作别用，以省縻费。

一、社中所购书报，拟择一适中之地，以为藏贮之所。并公举一人，代为司理。凡有社友借观，须向司理人挂号，阅毕后随即送回，不得耽延岁月。遗失者，责令赔偿。

一、社中拟于每月初三、十六为集会之期，各友须如期而至。倘所阅书报有不剖析，可向各友问难质疑，以收彼此渐摩之益。

一、社中章程有未备者，诸君如有所见，可于会日书明，交众核议，补入册中。

一、社中当守"群而不党"之义，不得互相攻讦，亦不得吸食洋烟及为种种无益之事，犯者公屏出会。

一、中西藏书，例有捐钱捐书之举。如有好善乐助者，无论多少，概行领受。即将其人姓名及所捐书款数目，张挂公所；其书籍则于原书面标明"某年某月某某所捐"字样，以志盛举。（完）

大清光绪廿九年癸卯十二月十九日　公历一千九百零四年二月四号

耕牛出口

◇近日省城牛商来潮收买耕牛，配往吕宋烹宰者，获利甚厚。闻该商于桂省未乱之前，耕牛已为收买殆尽。今在广西不能为计，竟尔来潮，计两月已来，配出口者，已约六百头。若长长如此，则潮属耕牛，岂不转瞬净尽乎？夫中国耕牛，农家赖力甚大。无耕牛，能使田地荒芜，米谷珠贵，粒食无所，其害不可胜言，是又与地方大有关系，不仅农家已也。乃事经两月之久，出口六百之多，曾不闻有司悬禁，岂亦输纳正饷耶？抑亦私输规费耶？噫！

大清光绪廿九年癸卯十二月廿一日　公历一千九百零四年二月六号

禀请提款兴学之牌示

◇嘉应州廪生梁鑫等赴学务处，禀借宁丰寺添修梅东书院等由，奉牌示云：据禀已悉。不入祀典之庙宇，曾经明奉谕旨，准其酌改学堂。该州宁丰寺是否不载祀典？向来香火何如？住持僧人多少？改建学堂有无窒碍难行之处？禀内又称，距寺二里许尚有宝盖寺，拟将寺僧及神像迁入宝盖，租谷亦并拨归。究竟宁丰寺租谷共有若干？有无别项产业？并归宝盖，是否可行？学堂为育才急务，苟可酌量改作，即宜照不入祀典庙宇之例，借给学堂，不得瞻顾拘牵，致碍学务。仰候札州查明，分别办理可也。

保护潮汕铁路之示谕

◇钦加三品衔、潮州府正堂惠为出示晓谕事：现奉两广总督部堂岑、广东巡抚部院张会札开，光绪二十九年十一月二十日准兵部火票递到军机大臣字，寄光绪二十九年十月二十四日奉上谕："商部奏'粤绅承办潮汕铁路，请予立案，并饬保护'一折。广东汕头一埠，为潮州咽喉。现经候补京堂张煜南呈请招集华商股份，于该处创办铁路，自应官为保护，以期广开风气，逐渐扩充。着岑春煊、张人骏饬令该处地方官出示，晓谕居民，俾知为兴商便民之举。所有该绅办理勘路购地、运料兴工，一切事宜，妥为照料，毋得稍存膜视。钦此。"遵旨寄信前来等因到本部堂院承。准此，即转行钦遵查照，出示晓谕，妥为照料保护等因到府。奉此，除行海阳、澄海两县钦遵查照外，合行出示晓谕。为此示，谕属内绅民人等知悉：须知潮汕商务日益繁盛，创办铁路，转输物产，所以开通风气，保持利权。张京堂现已集股来潮，一应购地、运料、兴工，均经议有定章，毋虞毋诈。自示之后，凡勘路购地及雇用小工价值，务各听候铁路公司公平办理。如有土豪势棍，托名风水，把持阻挠，甚或滋生事端，不顾大局，地方官吏责在保护，不能稍存膜视，定必严拘到案究办，决不姑宽，各宜凛遵毋违！特示。光绪二十九年十二月□日示。

梅州米价之涨

◇嘉应数月来，米价甚平。闻近日忽然涨贵，前此每银一元可买斗半二斗者，竟减至斗一二。现下米商得此消息，纷纷由汕运往者，络绎不绝云。

四、光绪三十年（1904）

大清光绪三十年甲辰正月初五日　公历一千九百零四年二月二十号

潮漳铁路近闻

◇潮州至汕头铁路，已由候补四品京堂张煜南氏包办，迭见本报。近有台绅陈日翔氏来省，拟与法商魏池氏合股谋办潮漳铁路，由漳分一干线与潮相接，再由漳自造长线直达泉州，由泉州而兴化，而福州，延长至延平、建宁等处，与浙界交通，颇有成议。近忽有某国出向京师外务部阻止，缘某国指福建系其势力之所范围。未知成局如何，探确续报。

大清光绪三十年甲辰正月初九日　公历一千九百零四年二月二十四号

埔邑乐群学堂开办大略事宜

◇大埔张六士诸君创设乐群学堂，既志前报。兹访得其《开办大略事宜》，登出以公众览。其事宜云：

时局艰难，至今日达于极点矣。力图挽救，舍培才无他术。而培才之道必归于学堂，盖广购图书报章，精聘中西各学教习，扩新知以求实用，胥于是焉在。吾邑僻处山陬，风气未开，虽文名夙著，而于新学尚少深求，亟宜多设乡学堂，以基进化。兹事体大，非合群力不能成，经费尚须广筹，而事势不容刻缓。诸同人感念綦切，特先行竭力捐资，倡办乐群学堂，开堂集款，同时并举。事关大局，谊切同胞，当不为大仁人君子之所遐弃，群相扶助，乐与有成，是所厚幸。凡青年志士不分乡邑，均可来堂肄业，共鼓热诚，交研新理，务使学成有用，共济时艰。强种族而昌宗教，大著乐群之效而后已。举全国之民，实倚赖焉，岂特桑梓光荣而已哉？开办大略事宜列后，伏乞垂鉴。（未完）

戒烟新法

◇梅州来函云：鸦片之流毒中国，自京而省，自省而府，而州县，以及各城市乡僻，几于无地不烟馆，无家不吃烟，其害莫甚于此者。嘉应近来有善戒鸦片者，姓刘名凰初。自八月到州至今，凡延请设坛起，戒洋烟者，三日内瘾即消除。视其秘术，不过诵经降茶，令戒者一饮，数刻间，口吐烟沫，瘾遂立解，现环城断瘾者二百余人。刘系生长平远坝头，年七十余岁，自称得廖祖真传，凡到来求戒烟者，不计贫富，一体厚待，并不妄取人财。

故戒者愈殷，效者愈速。较张景山之流，奚啻天渊之别乎！

本馆案：戒烟有"林文忠方"，每奏奇效。此外有用酒者，有用丸者，有用饼者，有用米者，断瘾不知凡几，而必藉诵经降茶以神其术，固本馆所不取也。苟州人士从而崇拜之，此亦一张景山矣。

大清光绪三十年甲辰正月初十日　公历一千九百零四年二月二十五号

续埔邑乐群学堂开办大略事宜

◇一，学堂议定暂租城内张家祠开办。

一、本堂准于甲辰岁二月初一日开学。

一、本堂设监督一人，总办一人，会办一人，俱热心教育，不支薪水。监督张韶卿，总办张六士（此缺必才优德备、力量宏厚者，方胜其任。本堂开办伊始，暂由张六士代理，俟后访有高贤堪当此任者，再行聘充），会办彭荫香、饶箬荪、张俞人、邹海滨。

一、本堂聘请中文教习二位（一课经史、词章、法律等学；一课算法、天文、舆地等学），洋文教习一位（课洋文兼体操学）。现延定中文经史算法等学教习张竹似先生、□□□先生，洋文教习访择待聘。

一、本堂总办张六士兼帮中文教习，并课正音，不支束修。

一、学生应贴回本学堂束修银十六大元。实在家贫者，贴回银十二大元（此因现在经费未充，不得不酌中津贴，日后经费充足，自当酌减，以惠向学。然即依此津贴亦不过，仍前从一师之费，而可得数师之益，当为有志者所共谅也）。

一、青年自十三岁以上，均可来学。

一、□年向学，有因家事不能住学者，可附呈札记评点，酌贴束修银四大元。

一、来学及乐助者，请到张家祠本堂总办处报名登册（现总办尚未来堂，暂由崇圣祠右侧邹海滨处代理）。

一、伙食、茶、灯，由来学人自备。居近者回家用膳，可随自便。

其余详细章程，另有学堂牌册列明，请到总办处查阅。（完）

大清光绪三十年甲辰正月十八日　公历一千九百零四年三月四号

学务处保护务本学堂之牌示

◇嘉应州生员吴翰藻等，禀为挟私阻挠，乞保护以成学校事，札州遵照由：禀折、粘抄均悉。该生创设务本学堂前，于光绪二十九年八月间禀经督部堂岑批示在案。嗣于十二月廿日禀到本处，查阅所呈章程，与钦定颁行之章，尚无违异。当以该生等热心兴学，嘉其志趣。所请借用北冈文昌祠及先农坛等地方，因先经该州生员黄遵庚禀请官学筹地等情，所称即有文昌祠在内。本处以官立民立同是兴学，借用公地不能不斟酌情形，以揆其缓急先后之宜，当经饬州覆查核夺在案。兹据来禀，该生等因开学期近，先将书物等件移入祠内，原无不可。乃举人□□□等胆敢阻挠学务，率众行私，以致器具书物多所损失。如果属实，亟应严办。仰候札州澈究，以为抗旨阻学者戒。现在开学期近，文昌祠地方准暂借用，将来官立学堂如有成议，如何量为迁移之处，届时并禀请核夺。该生等务宜奋勉自爱，砥砺兴学，毋负本处保护维持之意，是所企盼。除行知嘉应州外，仰即遵照。

大清光绪三十年甲辰正月廿一日　公历一千九百零四年三月七号

嘉应建设学堂之影响

◇去年腊月下旬，秦牧伯接到学务处催改书院为学堂公文，异常焦急。即日到培风踏看，计三书院每年常款仅九百余元之则。若将培风改建学堂，估工项六千元。现尚筹措未定，想秦牧伯不日即将绘图禀覆矣。

◇又西洋堡朱、胡、杨各志士，近议于白宫市立蒙学一所。现正筹措款项，妥拟章程云。

西坑闹案述略

◇嘉应西坑煤矿滋闹一案，既经数载，褫革多绅，屡控上宪，案悬未结。兹闻又有委员来州，严拘凶犯，澈底究办之意。果尔，则数年宿案，或可清结矣。

埔属火抢纪闻

◇埔邑湖市宝源号于除夕失慎，计延烧四间，而相连数店，有被人乘机抢掠一空者，所失颇巨。翼日，各商家联盖图章，欲禀官究办。闻旋有和事老出为转圜，拟将抢夺之物由各店认赎了事。按：该处营汛隔市场里许，失火时想未闻警出而弹压，致有抢夺之举，然亦可谓野蛮极矣。

大清光绪三十年甲辰正月廿二日　公历一千九百零四年三月八号
闹新房之恶风潮

◇揭邑元宵，有闹新房之俗。是晚，有至郭乙家闹房者，被差勇捉将官里去，房屋亦悉行查封。闻郭之新娶妇为许甲女，年十八，艳名噪甚。未归郭时，其母视为奇货，不肯轻许人。去岁，郭乙自外洋旋里，年已五十七。思得女，托媒以六百金唊其母，其母许焉。亲迎之日，女知乙年近六秩，涕泣不肯出阁。其母再三慰劝之。时有好事者以屈大均所著《扬州女儿行》赠之，其词云："贫家有女即银树，一朵琼花人竞取。女儿嫌老不登车，泣向双亲泪如雨。阿姐好语慰妖娆，秘戏欢娱得几朝。此翁早赴黄泉去，更向豪家渡鹊桥。青春不误都由汝，即使生儿何用举。桃花不惜傍枯杨，为展春图师素女。由来鬼伯在扬州，催命家家红粉楼。少年尚可迎桃叶，老大休教买莫愁。"闻者绝倒。乙以女不肯出阁，遣人语之曰："若肯相从，愿以千金充私囊。"女利其多金，乃就道。初婚之夕，女即向乙索金，乙约以来宵。至夜再索，乙答之如昨。女知其绐己也，笑置之。明晚，先藏刀于床，乙不之觉。拂须而入，女即持刀指之曰："前约千金相与，竟不名一钱，此夕当与尔血战矣。"乙股慄，哀求息怒，急取洋蚨二百五十枚，布之床上。女趋视之，满床皆白金，乃弃刀谓乙曰："前言戏之耳，幸勿怪。"邑人已耳此女之美，又有此一段异事，至元宵相率往闹。不料乙不从俗，且以恶言相辱。登门者愤不能平，遂动武。乙大怒，鸣于官。虞大令即派差勇严拿，当获黄丙一名。凡与乙滋事者，房屋皆被封，现尚未了案云。

大清光绪三十年甲辰正月廿五日　公历一千九百零四年三月十一号
学务处之于同文学堂

◇福建候补县丞周维纲等，禀岭东同文学堂杨鲁等因利伤义案由，奉学务处牌示云：禀及粘抄均悉。邱绅创办学堂，其功固不可没。惟此案前据何天翰、李毓藩、黄玉锵等先后禀诉，情词各执，当饬委员查覆。据称邱绅曾自定总理薪水每月六百元,以该学堂区区岁费,一总理之薪水多至如此,其何能支?且又自定,安得不授人以口实?以责备贤者之义律之,无怪其生冲突也。惟现在该学堂已展转变成土客交讧之现象,前事均不足计,目下惟以保全学堂为急,已详请督部堂札饬惠潮嘉道体察情形,妥筹办理。无论土客,俱为中国百姓,如有土人排客,或客籍自以为捐款较多排土者,查明均一体严办,以祛畛域而重学务。仰即听候惠潮嘉道酌办可也。

此稿由省友传抄,内有"总理薪水每月六百元",以本馆所闻,无此之多,"月"字或为"年"字之误,亦未可知。

嘉应永清局之内容

◇嘉应来函云:四扬堡之永清团局,闻自乙未开办以来,局中办事诸公,分为两党:一则稍秉公正,而动辄掣肘,名虽在局,于一切事实不与闻。一则顽固腐败,几达极点。有事则吓诈乡愚,包揽词讼;无事则饮食征逐,藉销公款。对于学堂、阅报所各美举,不啻仇敌。间有堡内志士出而提倡,亦必百其方以阻挠,务使事无一成而后快。诚不知所谓局,所谓绅者,果为何也。

又闻该局于去腊底曾被盗扭开局门,盗去洋枪五枝,大炮一尊,以及号衣、旗帜,零星杂物无数。噫!团局所以卫民者,乃竟不自保,其局事可知矣。

大清光绪三十年甲辰正月廿六日　公历一千九百零四年三月十二号

嘉应教育会之出现

◇嘉应四扬堡黎君辰若、黄君访箕、何君伯澄,近合同志,倡设一教育会,每月演说二次,以改良蒙学及振兴工艺、种植诸事为目的。已于客腊初一日开第一次演说会,闻赴会者日益众多。现又定期于二月初一日开演。

又闻教育会同志在文祠内设一阅报所,其□悉由保甲局拨□。初为顽绅所阻,后经同志据理力争,援前李中丞谕各处宜阅报之言以对,事始克成。现已购报数十种云。

大清光绪三十年甲辰正月廿八日　公历一千九百零四年三月十四号

同文学堂公件

◇同文学堂总理邱仙根工部，日前向褚观察自行告退。经观察允准，即咨学务处派人接办，一面谕饬万年丰会馆绅董会同澄海县，遵照办理。兹将谕文照录于下：

为饬遵事：光绪三十年正月二十二日接岭东同文学堂总理邱咨呈，内开：兹将光绪二十九年岭东同文学堂官拨常年经费及绅商捐题拓充学舍进支各款，照原簿核实，造具四柱清册两本，呈送贵道宪察核。至二十八年以前，所有绅商捐款、学生学费开销，一切均非总理经手。二十六年，系杨鲁、林梁任管理；二十七年，林梁任一人管理；二十八年，商黄寿山等诸人管理，并未造册具报。应请饬历年经手各人，赶紧具报备案，实为公便。另□清册呈咨两广学务处外，相应备文咨呈，察核备案，计足送二十九年官拨常款四柱清册一本，绅商题捐拓充学舍清册一本。又接邱总理咨呈，内开：窃去冬十一月，曾将岭东同文学堂请归官办缘由，备文咨呈贵道宪，面辞总理一席。兹因要公，不能更留所有，岭东同文学堂总理一席，应请贵道宪速选贤能接办。除将账房陈文澜经手账簿六本，并核节账目簿一本缴案察核备查外，相应备文咨呈，计送呈账房户陈文澜经手账簿六本，又核算账目簿一本各等由。准此，除学堂总理、总教习二席已移请学务处速选贤能前来接办外，查以上咨文两件、清册两本，系邱总理亲自送到，所有陈文澜账簿共七本同缴。即经面议，应由邱总理将账簿送交澄海县查收核办，除札澄海县会绅查讯核办具报外，合就饬遵。谕到该绅董，即便遵照，会同澄海县查办禀报。二月系开学之期，切勿迟延。特谕。

官场消息

◇探得澄邑侯杜鹤笙大令来汕，实奉褚观察命，来料理汕头同文学堂开学并汕商报效之事。

大令东游

◇同文学堂去年总教习何士果大令，业于日昨来汕。闻得驻日杨星使奏调大令到东管理留学学务，本日即东行矣。

梅州商况

◇嘉应函云：曩昔梅市景况，自元宵以后，各开店门，竞营生意。今年情形忽然改观，元宵后三四日，各店门仍复紧闭，照旧贸易者不过十之二三，生意亦陡形冷落。推厥原因，迩年以来，百物腾贵，而风俗奢靡。又加以赌馆林立，铺票月开，梅人之元气大伤。近来山票又将开矣，吾恐自兹以后，市面之情形更有不堪言状者矣。

梅州得雨

◇又函云：自去冬以来，雨泽稀少，河水干涸，米价亦因之腾贵，而所种粢麦日形枯萎，农家者流莫不愁眉蹙额。昨十七晚，忽阴云四合，大雨骤至，连绵数天。陇亩之间，已芃芃然，异常葱郁矣。观此，则麦秋时节，定能慰厥劳形也。

大清光绪三十年甲辰正月廿九日　公历一千九百零四年三月十五号

东游续纪

◇昨报志何士果大令即日东渡，兹悉因轮船尚未抵埠，须迟一二日方能东行。询悉杨星使续调大令前往，系充使署随员兼襄理学务云。同行有何君枚士、何君訚嗣、何君达甫三人，均系自备赆斧，赴日本游学者。按：潮属人士，去岁赴东游学者络绎不绝，惟大埔寂然。今得三君前往，尚其猛着祖鞭，为一邑人士之先导也。

嘉应歉收

◇嘉应州属，去岁禾造收成歉薄，以致米价昂贵。现该处绅士赴省具禀当道，请饬买米平价，以苏民困。经大宪札饬惠潮嘉道查明荒歉情形，如须购米平粜，即就近商之绅士妥筹办理云。

嘉应女学之萌芽

◇高等学堂学生黄君鹏汉、黎君启英，嘉之四扬人。闻在省时，二人以乡俗改良之难，皆由女子无学，故誓振兴之。黄有女弟三：菊英、莲英、富英，均入蒙学堂读书。菊英则自己亥就傅读，现十三岁，每与兄谈中国大局，辄悲不自胜。黄君已令其教族中妇女有志读书者云。黎君自客腊假回，举家妇女均教之读，以为乡族倡。尚有非笑之者，然黎君置不论也。按：嘉应妇女，识字者甚鲜，故迷信之俗较各地尤甚。黄、黎二君欲开化之，以为改革之助，可谓知所先务矣。若能鼓其热心，组织女学堂，使教育普及，岂不伟欤？

潮郡游神杂志

◇郡函云：神游之锣鼓会，文武官员会衔严禁，已志前报矣。后因青龙神在祀典之列，而潮人迷信甚深，见此示文，嚣嚣不已，故各官为神弛禁，多派差勇弹压，使会党不敢滋事，是得毋民之所好好之乎？

大清光绪三十年甲辰二月初一日　公历一千九百零四年三月十七号

梅州派习师范生

◇嘉应松口之蒙学堂，由张榕轩京卿、谢梦池观察及各绅商捐金建设，尝纪闻前报。其校舍由梅东书院，地殊狭隘，议将邻右之宁丰寺迁改，始适于用，闻有从中阻挠者，至今尚未妥协。惟现在公认提款若干，拟派梁君少慎、饶君逸梅二人前往日本习速成师范，迨卒业后授以教习之任。闻梅、饶二君，不日即束装东渡矣。

◇又闻梅州城，亦拟派师范生三人东渡，其款由黄京卿公度先行挪出云。

学务处判同文学堂事之失实

◇《时敏报》云：日前学务处□□嘉应绅士周维钢禀由，内称岭东同文学堂总理丘绅自定每月薪水六百元一节，为予人借口，致生冲突，以此责备邱绅。乃本报顷接嘉应"公愤子"一函，则云邱绅并无自定月薪六百元之事。自庚子创办时，邱绅为名誉职，迄去岁由秦前署道手定，乃每年送总理薪水六百元，有关聘为凭，抑非自定。况该堂常年经费，仅二千一百四十两。若使邱绅月支至六百元，则周年统计应为七千二百元。举全堂之经费以供总理一人之薪水，犹且不给，尚何有余款以招待教员乎？此为对造捏禀之词，而学务处诸公毅然信之，录诸批语，关系于邱绅个人名誉不细。故嘱本报援照登来函之例，表而出之，则全堂幸甚云云。

《时敏报》记者评曰：余与岭东学堂同人向无杯酒之欢，而于该堂去年冲突事由，已累登数起，均据来函所述，亦间尝旁搜舆论。问及该堂当年经费，则莫不以二千余金对。众喙同词，似非虚语。至所云邱绅自支月薪六百元一事，则始终固未尝闻之。乃日前翻阅学务处牌批，竟以此事判邱绅之不直。窃恨告者欺我，深贻耳目不确之惭。继念该堂一区区之小学堂，所收经费曾有几何，何若总理一人之岁修已至七千二百元，是非有数万金之常年费不办。反复疑闷，正在无以自明，顷诵来函，乃恍然释矣。邱绅邱绅，其毋怨毋怒，毋悔毋沮。凡豪杰作事，须经百折不摇，苟自信勉任其难，而目前不经之谤，过情之毁，窃谓均可以不计也。高明以为何如？

大清光绪三十年甲辰二月初三日　公历一千九百零四年三月十九号

茶阳学务杂述

◇埔函云：邑中小学堂今年添聘饶俊士上舍为教习，其余照旧。私立乐群学堂，现各乡就学者已有五六十人之多。涂君珊史等现在大埔、上杭、永定三邑交界之处组织一学堂，名曰"强立"，不日即当开办。百侯杨君育人等倡办蒙学堂，闻亦将成立。崧里何族亦于日前议设蒙学，业经何士果大令订定章程，现在筹款开办，并拟由祖尝内先行拨款，派人往日本学习速成师范，以任教习之职云。

大清光绪三十年甲辰二月初五日　公历一千九百零四年三月二十一号

学务处委员记过述闻

◇岭东同文学堂初经学务处札派虞大令前来查办，大令遽以邱比部曾自定总理薪水，每月六百员，详覆学务处，遂遽详督宪，札饬惠潮嘉道察酌办理。现闻学务处备悉，该学堂总共各项捐款仅九千余两，报明有案。如果总办月支六百员，试问该学从何开办？显系大令查案不实，拟请将大令记过一次云。

强立学堂之成立

◇大埔涂君珊史等，于闽、粤接壤组织强立学堂，已略志昨报。兹探悉该学堂以范君振芳为总办，陈君毓春为监督，暂借长治甲之富文书院开办。其经费一切，皆由诸君担认，并由学生量力津贴。聘定徐君省斋为总教习，林君翰卿为分教习，邹君荫之为英文教习，涂君小峨为算数教习，已于昨初二日开学。堂中章程，亦极完善云。

大清光绪三十年甲辰二月初六日　公历一千九百零四年三月二十二号

中西学堂之示谕

◇德国教会在嘉应创设乐育中西学堂，经驻汕贝领事官示谕保护，已录昨报。兹贝领事又函请秦州牧，将该学堂再行示谕，俾人周知。秦牧伯业已出示晓谕，其文略云：

现准德国贝领事官函称：兹将嘉应州本国教会所设学堂章程一本，送上贵州察阅。查该学堂与传教无涉，专为培植人才，课以中西各种学问，预备他日入国家大学堂肄业而设。敢请贵州将该学堂出示晓谕，使属内人等，得以周知。并谕绅耆知照，便中仍祈移玉到堂，以示关切之意，本署领事，尤为深感也。附送《乐育中西学堂章程》一本等由过州。准此，查德国教会所设乐育中西学堂，系为培植人材起见。且章程声明，中学课程，俟教习聘定后，遵照钦定章程办理，并准领事官函称，该学堂与传教无涉，自与中国民立学堂无异，应即出示晓谕。除谕局知照外，合行出示晓谕。为此示，谕阖属军民人等知悉：德国教会凌君高超等所设乐育中西学堂，定于二月初一日开学，尔等如有子弟欲就学者，即先期赴该学堂主理凌教士处报名，届时入堂肄业。闲杂人等，不许入堂滋扰。如各学生父兄欲观教法，亦宜静坐听受，毋稍喧哗云云。

松江女学

◇嘉应松口向无女子读书，近以海内女学大兴，各乡多有送其女童入塾者，而南北两岸之家，此风尤盛。本年各塾中之读书女子，可占十之二三云。

屠捐闹案近述

◇嘉应松口安良局因抽屠捐酿祸一事，闻该局绅等，近反诬控泰昌店东廖某，前因鸣罗罢市，率众抗捐，而某乙之死，乃殴局丁，反遭自毙云云。街众闻之，咸大抱不平，昨已联名具诉。现秦牧伯以当日行凶之局丁共有六人，今仅押到二人，已谕该绅等如数解往，以凭讯究。无如四局丁早已鸿飞冥冥，无从捉获，不知该绅等将何以抵塞也。

嘉应盗贼之横行

◇州城东旺巷口张少圃大令之家，于前月廿七夜被盗，失赃二百余元。闻大令家门户甚固，贼登屋揭瓦而入，房内妇人，熟睡不及觉，遂至搜括一空。

又廿八夜，打鱼巷钟姓新居被盗，挖开狗窦，乘之而入，失赃百余元。是夜，扳桂坊黄姓祖屋亦有盗入室，幸不至失物云。

大清光绪三十年甲辰二月初七日　公历一千九百零四年三月二十三号

开办潮汕铁路章程述略

◇潮汕铁路闻经张榕轩京卿推出，与吴君理卿、谢君梦池、林君丽生及内地商人、洋籍商人合股联办，但以京卿总其成，已议定开办章程十七条。其一为公司命名之大意；二、股本集合法；三、股本之限制；四、筹不足之款；五、分息；六、购地办法；七、选举总理及用人行事则例；八、沿途之保护；九、工程之职事；十、招募巡丁；十一、巡丁之职守；十二、办事规律。其余各条，大概亦建设时之防备与建设后之扩充各事宜云。容得其详细，再行续录。

创设香港源盛银行章程

◇嘉应张榕轩京堂、谢梦池观察等，合汕头、厦门、省港、南洋、安南各埠实绅商集股本一百二十万元，在香港创办源盛银行，已订章程，行将开办。兹得其章程，录于左：

一、本公司名曰明源盛汇兑附揭积聚货仓有限公司。

二、本公司总局设在香港域多利亚。

三、本公司股本一百廿万元，分作一万二千股，每股本银一百元，先科银五十元。认股时先交银五元，发股票时再交银四十五元，其余五十元，由各股东自存。俟生意扩充，再行集议。

四、本公司议派周息一分算，各股东先来银先计息，由交银之日起算，以昭画一。

五、本公司所派老本息及均分溢利等项，系凭息折到本公司领取。

六、本公司收齐股本后，应如何发放安置，由总理公同议夺。

大清光绪三十年甲辰二月初八日　公历一千九百零四年三月二十四号

创设香港源盛银行章程（续昨）

◇七、本公司汇兑先做汕头、安南、新架坡、省城等埠，或设分局，或由本局总理人承办，或托殷实大字号代理。到开办时，酌量举行。余别埠，俟以上各埠开办后，乃再集议举行。

八、凡各埠或分局，或代理，倘有代本公司收有积聚银两或汇单长款，必要按照时价计回利息，归本公司，以昭平允。

九、本公司办理汇兑附揭事宜，悉照香港各银号规例。至按揭货仓章程，另刊附览。

十、本公司积聚一款，备有格式，利息照时价酌夺。

十一、本公司凡各客积聚银两，按揭物业及出入仓货物，本公司无分时刻，可以随时将就，以资便捷。

十二、本公司拟备货仓以收仓租之利，或置地自行建造，或与人批租。到时总理人公同议夺，务要有益于公司，方可举行。

十三、本公司所有进支数目，照银号事例，每年汇结两次，总结一次，造折呈各总理股东察阅。

十四、本公司管理出入银两，最宜慎重，必选身家殷实者，以克充其任。

十五、本公司每年溢利多少，存储至四十万元，然后集众公议，分派各股东，以沾利益。

十六、本公司所进之款，除支股本息一切费用与总理、总司理各伴花红外，其余所溢之利，尽储入盈余积项。

十七、后遇有生意于本公司有裨益者，随时集众公议开办，为扩充权利起见。（完）

大清光绪三十年甲辰二月初九日　公历一千九百零四年三月二十五号

松江风气之渐开

◇嘉应松口已有学堂、阅报所之建设。近李上舍宗海谓，当今风气大开，其最足以发达人群之思想者，莫如新书新报。爰邀同志数人，联合股份，创设书局一所，在世德新街，专售各种新书史，并代派各埠报章，俾附近之人易于购阅。刻已遣人特往上洋备办，大约二月间即行开张矣。

大清光绪三十年甲辰二月十二日　公历一千九百零四年三月二十八号

纪务本学堂开学之演说

◇嘉应务本中学堂，前经两广学务处牌示，准借文祠开学。兹悉已于本月初二日，在北冈文昌祠行开学礼。大小学生七十余人，礼毕，鸣钟上堂，列坐台位。教习黎君辰若，乃登堂演说曰：昔朱子守南康军，陆子来游。朱子率僚属及诸生至白鹿书院，乞其一言以警学者。陆子遂有"君子喻义，小人喻利"之讲义，此即今日演说之滥觞。而三代以上，庠序之间，养老乞言之遗意也。陆子以为人之所喻，由其所习，所习由其所志。学者首当辨志，科举取士已久，汩没于此，不能自拔。则终日从事者，虽曰圣贤之书，要其志之所向，则有相背而驰者。从事其间，更历之多，讲习之熟，安得不有所喻？顾恐不在于义耳。因戒学者，当深思是身，不可使之为小人之归于利欲之习，怛然为之，痛心疾首，以专志乎义而日勉焉。此陆子深痛科举时文之积习，有以误人背义而逐利，故其言之痛切如此。当时学者闻之，至为下泪。今天子深观世变，洞悉民隐，慨然下诏，废时文，罢科举，期与海内承学之士，一变积习，以济时艰。是则今日诸友来学于斯，宜无陆子向者之所虑乎？顾鄙人犹引陆子之言，以开其端者，则以科举之习千数百年，锢蔽已深，转移匪易，诚恐天子以学堂之名求之，而学者仍以科举之心应之，则虽日从事于国文、舆地、历史、象数、格致诸科，安见异日卒业之后果，有异于向之所云耶？窃本陆子辨志之义，深思之言，而引伸其说，敬告诸友相与勉之。（未完）

大清光绪三十年甲辰二月十三日　公历一千九百零四年三月二十九号

学务处商请总办述闻

◇同文学堂请由学务处选派总理教习事，昨得省中访友来函云：学务处颇属意温柳介太史，曾饬道商请主持办理云云。询之郡友，则皆谓未闻其说，究竟如何，容访确再报。

纪务本学堂开学之演说（续昨）

◇其一曰：危亡之由。昔楚庄以春秋大国，犹日讨国人而申儆之，以民生之不易，祸至之无日，戒惧之不可以息。今中国自甲午高丽之争，庚子联军之役，弱肉强食，竞言瓜分。以林林亿兆之人，而不能合群以御外侮，以堂堂天府之国，而不能设险以争自存。论者以为中国之危，由于"上下交征利"一言（见《中东战记》）。此孟子开宗明义第一篇，中国人无不童而习之者也。兹何以明知之，而故蹈之也，此不可不深思者一。

其二曰：人己之界。仁者爱人，利者私己。喻义者多为人之心，喻利者多私己之事。故孔门之学，首重求仁，而孟子之书，最严为我。去利怀仁义以相接者，无不兴；去仁义怀利以相接者，无不亡。其言喻义喻利之分，至为深切。此西哲所以谓入世以后，己轻群重也。此之为说，吾国之人岂不知之？顾何以所言皆去利怀仁义之言，而所行则多去仁义怀利之事？即以学堂言之，各省所立，无论官私，鲜不冲突。彼其所争，义乎？利乎？此不可不深思者二。

其三曰：家国之分。吾人无不爱家，顾罕能爱国。支那人无爱国心，此非独外国人鄙夷之言，即吾国之人，亦讼言其短而无庸深讳者也。夫国尔忘家，公尔忘私，此昔人颂美贤相之言，岂其心独远于人情哉！栋折榱崩，侨将覆压；四海皆秋，一室难春。真能为家者，为国即所以为家；真知为私者，为公即所以为私。故西哲竟谓利他之心，为变相之利己心也。人人以爱国为心，则上下交而其志同；人人以爱家为心，则上下交征利而国危矣。是喻义喻利之分，即国家兴亡之辨也。此不可不深思者三。

挽梁直刺

◇嘉应梁辑五直刺，性慷慨，有大志，尤笃友于之爱。兄弟数人，一家数十口，食指虽繁，怡怡自乐。届暮年，犹不忍分□，里党以此益钦之。日前兄介南为六一寿辰，并迁新居，贺客盈廷，而直刺忽于翼日遘疾卒，吊者哭之恸。

黄公度京卿挽以联云：赤眉盗党，频岁弄兵，相对每绸缪，从今细雨檐花，公谊私衷向谁说；白头弟兄，同居共灶，新迁方颂祷，何言明朝薤露，哀辞吉语竟齐来。

又邱仙根工部挽以联云：韩江话雨，曾井评泉，旧约尚重寻，双鲤迢迢，何意尺书成绝笔；桂水传烽，辽河闻警，故人谁共舞，荒鸡喔喔，空挥雄泪满征衣。

大清光绪三十年甲辰二月十四日　公历一千九百零四年三月三十号
纪务本学堂开学之演说（再续昨稿）

◇其四曰：存亡之争。优胜劣败，物争自存。此□先哲倡言之，海内公认之，天演之事，不易之定理也。《易》曰："其亡其亡，系于苞桑。"孔子曰："清斯濯缨，浊斯濯足，自取之也。"子思曰："栽者培之，倾者覆之。"天之生物，因材而笃，皆此义也。不知者以为存亡之争，当争之以庙堂之上、疆场之间；其知者以为存亡之争，当争之于一心之内、念虑之微。无他，即此义利之辨，一心之所独喻而已。十年以来，叠遭奇变，吾国之濒于危亡极矣。海内志士，念我同胞载胥及溺其苦，日危言大声疾呼于报章之上、笔舌之间者，奚啻痛哭流涕而道之乎！即鄙人于壬寅《岭东之报》为自存之篇，亦尝言今日自存之难，其争之之道，当争之于上，争之于下，争之于家，而首当先争之于其心。顾吾观士大夫相与语及世变，非曰无可如何，则曰不可救药。数语之后，其朝夕之所营营者，仍一己之私而已。甚且筹款立学，而昌言先私后公；联会讲学，而昌言不如求利。如赵孟之□，不谋朝夕；如鸡鹜之争，但顾口腹。无他，喻在是故也。夫以人为自营之虫，如是云云，亦何足怪？故孔子亦曰："富如可求，吾为执鞭。"所可痛者，转瞬之间为人牛马，即求为守财奴，亦不可得而已，是并求为喻利之小人而不能也。此不可不深思者四。

诸友诸友，往事已矣，不必复言。今者以东三省之争，俄日业已开仗，无论孰为胜负，东三省皆非我有矣。东三省已亡，十八行省独可保乎？瓜分在即，印度、波兰，过此以往，何堪设想！孟子曰："夫人必自侮，然后人侮之；家必自毁，然后人毁之；国必自伐，然后人伐之。"自取之也，自取之者何？即此自利之心是也。故陆子曰："当深思其其不可，怛然为之，痛心疾首。彼甘于为喻利之小人者，坐不深思而已，不深思其不可而已。"为学之道，首严宗旨。陆子辨志之说，即今日开学第一义也。敬告诸友思之，幸勿河汉其言，等诸飘风之过耳也。（完）

大清光绪三十年甲辰二月十五日　公历一千九百零四年三月卅一号

请设学务公所之批词

◇嘉应黄茂才遵庚日前具禀州署，请设嘉应学务公所。即奉秦牧伯批云：据禀及章程均悉。查本省书院，昨奉大宪奏，奉谕旨一律改为学堂，并奉督办学务处宪札饬，各书院一律停课，节存经费，速办学堂等因，业经出示晓谕，并□保安局绅速筹禀办在案。现禀以保安局事务殷繁，不□兼顾，请另设学务公所，遴选热心兴学绅士主持其事，多设议员分任其责，以期速成而免推诿，不为无见，应准照办。候即谕饬保安局绅，公举总办学务、绅董及应设议员，并将开办一切章程，刻日妥议禀覆，以凭给戳开办可也。

嘉应州城厢劫贼之横行

◇本月初六夜，嘉应州城西上市十甲尾之红杏坊钟姓被劫贼伤事主二人。该坊虽人家丛密，而劫贼十余猛，竟敢于二更时分，执械入钟姓之屋，驱妇女，闭之空房，尽情搜掠。其家男子二人，方往天后宫看烧烟火。及返至门，见家内汹汹，知有异事，乃持棍而进，而贼已捆载将去矣。相遇之下，贼且斗且行，及追之急，贼首遂开六响洋枪。闻事主二人皆中伤，其一人枪子仅伤皮肤，其一人肚旁肘下枪子洞入，登时晕倒。迨贼去已远，坊人始集，乃相将入室，为之延医。据医生云，恐有性命之虞。又闻其家内，则自银钱衣服以及可携带之物，皆为之搜括一空。夫以该坊近在城厢，劫贼尚如此横行，从此州人将夜不得安寝矣，地方官宜早图之。

大清光绪三十年甲辰二月十六日　公历一千九百零四年四月一号

请饬办米平粜之禀批

◇兴宁县承文童李承牧，日前赴省具禀督宪，请饬买米平价，以苏民困，经岑云帅札饬惠潮嘉道查明办理，略纪前报。兹将其禀稿录于下，禀略云：

敬禀者：窃惟未雨绸缪，先贤之格言；运米平粜，救时之至计。文童挑灯读史，每至"积聚烧而万众互解，饷馈竭而强国土崩"，不禁流连，太息咨嗟。诚以国以民为本，民以食为天，自古然矣。查嘉应州五属，自光绪二十五年以来，水火、旱疫、盗贼，灾害并至，斗米千钱，而地方尚称安靖者，本州全赖出洋，如星架波、大叻吡、庇能、日里、吧城等埠贸易。佣工人众，藉资弥补，而兴、长、平、镇，寥寥也。兴宁一县，织布日盛。青白布件，运售省、佛等处，亦为土货大宗。但洋纱购自香港，胶靛购自潮州，上青靛购自北流。虽机杼之声比屋皆然，藉资挹注者，仅区区工资耳。而长乐寥寥，平、镇无有也。若夫折扇，亦为兴宁土货一宗，然所出无多，工资更微，姑不具论。去年夏冬二熟，稍获有秋，农家者流额手相庆，人心为之大安。乃打稻之声甫歇，而米价又渐渐昂贵矣。假令春雨无愆，岂非地方之幸。不料冬月以来，雨泽愆期，节逾雨水，尚未渥沛甘霖。市上米价，日贵一日；人心惶惶，日甚一日。一年之计在于春，万一亢旱为日方长，地方何堪设想！文童关切桑梓，目击时艰，为地方大局起见，为曲突徙薪起见，拟请电饬惠潮嘉道，迅速照会嘉应州富绅张京卿煜南、谢道荣光等筹款，迅赴暹罗、安南、芜湖等处，运米回汕，转运嘉应五属平粜。该绅等生长梓乡，起家南洋，急公好义，卓著岭表，百万之资，咄嗟立办，电报转瞬，米船指日。一旦得聆宪谕，有不踊跃从事者，决无是理也；而米价有不即平者，亦决无是理也。人事补天，病急治标，计不逾此。前读宪示，至"凡无害公益之事，事无大小，皆乐为之主持"等谕，不禁手舞足蹈，五体投地。去年五月间，曾条陈潮嘉善后事宜四款，由时敏学堂绅董汇呈在案。伏读钧示，钦感莫名。明知一介草茅，何敢屡渎宪听？惟欣逢宪台言路大开，仰观天时，俯察人事，知而不言，言而不尽，则罪戾尤深，用敢不避忌讳，而效野人献曝之愚焉。是否有当，伏乞钧鉴训示云云。

当奉岑督宪批：据禀，嘉应州属米价昂贵，仰惠潮嘉道查明情形，如须购米平价，即就近商之张、谢二绅，妥筹办理。副禀、保领并发。

土神得妻

◇州城东下市萧某者,好意钱之戏,而屡战屡北,无计可施。一日,往谒红桥头土神,俗名"练满伯公"者,见其独居无偶,因祝曰:"伯公佑我战胜,吾必为伯公娶妻。"祝后,到摊馆连战数日,果大胜,得银六七百元。萧大喜,以为果有神助,遂塑一伯婆像,将鼓乐送入神祠。且邀集同志,各整衣冠,备仪致祝。观者如堵墙,咸叹伯公之有灵。萧之陡然发财,亦由妙想天开也。不意数日后,恃有神力,欲致巨富,苦战不休,竟至一败涂地,囊空如洗。人皆谓神已得妻,于愿已足,而萧犹不知足,其丧败也固宜。

大清光绪三十年甲辰二月十七日　公历一千九百零四年四月二号

嘉应拟建女学会

◇西洋堡黎君辰若等,创设教育会、阅报所于堡内。近以黎君应务本学堂之聘,同志何君复馆于白土堡,其余在场演说诸君,亦寥寥无几,几有解散之势。乃另立一学会,以黎君为会长,而演说、阅报会即附属之。其序文已登昨日报端。黎君等谓男子有学会而妇女无之,亦一缺点,议续立一女学会,以智妇女,众皆踊跃赞成。闻章程已定,俟抄得续报。

娘子军之横暴

◇松口巨族某甲之女,再醮于横山村林乙为妻。日前偶因细故,为夫所诟,妇即负气投河而死。甲妻闻耗,遂组织娘子军一队,相衔相逐至林乙家,大兴问罪之师。乙乃挽族中老成数人,出与理论。讵娘子军立拥上前,撮其鬓,揪其辫,凶恶猛鸷,莫可名言。老成人大惧,哀乞良久,始免。旋即联队拥入祠中,欲得林乙而甘心。幸乙先已逃匿,未由搜获。乃将乙室内器具等,毁灭无遗,然后齐唱凯歌而返。其军队所经之处,余焰尚咄咄逼人云。

清光绪三十年甲辰二月十九日　公历一千九百零四年四月四号

师范学堂之希望

◇褚观察现已决意改韩山书院为师范学堂。闻日昨亲诣中学堂,与总教习温太史面商办法,拟聘请太史主持师范学堂一切学务。闻温太史现任中学教习，未能舍此就彼。观察则以太史学品足以楷模后学，决意恳请，已与惠太尊议可而行。现各属士子得兹消息，均云集韩山书院，该学舍已为之满云。

议抽条丝

◇汀州等处出产条丝烟，亦商货一大宗也。褚观察以条丝销路极畅，必由潮桥经过。议令烟商每篓报效洋银四角，以充地方经费。观察之善于理财，于此可见。

大清光绪三十年甲辰二月廿二日　公历一千九百零四年四月七号

潮汕铁路要闻

◇潮汕铁路章程，已登初二日报中。闻其章程中尚有一二须酌议者，刻铁路公司既电催张京卿榕轩，赴香港面商。京卿已于昨日到汕，即坐轮赴港矣。

师范教习已定

◇郡函云：韩山书院改为师范学堂，探闻总教习已聘温柳介太史。其章程由道宪手定，绅士若蔡根云明经□□□□□□□□□故受特别之优待云。

按：温太史为中学堂总教习，已经开学。日前有学务处函，饬褚观察商请太史主持同文学堂之说。今观察又聘为师范学堂之总教习，太史能舍彼就此与否未可知，而观察之属意，可谓厚矣。

大清光绪三十年甲辰二月廿三日　公历一千九百零四年四月八号

纪中学堂

◇潮郡中学堂总教习温慕柳太史，闻褚观察决意延为师范学堂总教。而学生等窃疑之，谓观察不顾已成之学堂，但谋未定之师范也。闻温太史亦辞之颇力云。

办理学务述函

◇大埔何士果大令寿朋奉驻日杨星使续调赴东，曾志前报。兹得京友函述驻日钦使杨枢氏日前来文云：现在赴日留学华生日多一日，必须另派专员监督一切。现已派江西候补知县何寿朋、举人徐熊韬办理学务，以专责成云云。

争山上控之批词

◇嘉应州民古、廖等各姓，均巨族也。比邻而居，互争村旁山场，缠讼不休，屡月经年，几酿巨祸。经前任直刺谕局查处，秉公讯结，俾息讼藤。讵案结未久，该州职员古宗荣等意图翻案，以局绅偏处为词，联名上控。昨奉臬宪程廉访批云：查所争之山场，该前州断令廖、古等八姓合禁，系为息事宁人起见。现在复又争控，州批谓保安局董所禀查处情形，本极平允，两造有意缠讼，即经饬传讯断。该职等辄以局绅偏处为词，首先联名上控，并以前州所断有"无奈具遵"之语，殊属逞刁健讼。据呈前情，仰嘉应州即勒集两造人等到案，秉公讯断结报，毋任延讼。再词称"合禁五山，断归于廖，威势逼勒，不由不遵"，似此案业经复讯断结，查粘抄，未据将堂判录呈，意在朦混，并饬查明。如已讯断，该职等亦经具遵，即录案详覆核夺云云。

嗜赌自误

◇嘉应红杏坊有彭某者，负某甲债数百元，甲讼诸官，秦牧伯断令陆续还清。彭允之，无如家贫，不能如愿。甲催差押交，彭闻之惧甚，因变产，得百余元，办土货，欲往南洋一行。已登舟，将解缆矣，忽望见岸上赌馆闹热异常，彭素有赌癖，因上岸登场一战。不意承差四人伺其旁，立将彭扭住，捉将官里去。彭始悔因赌自误，然已无及矣。

大清光绪三十年甲辰二月廿六日　公历一千九百零四年四月十一号

办理同文学堂之特派委员抵汕

◇岭东同文学堂冲突事，现两广学务处特委陈太守、刘大令二员前来措办，十二、十四日抵汕。下午命驾至学堂，查询一切。旋发贴谕文一道，兹照录于下：

两广学务处委员补用知府陈、广西知县刘为谕饬事：照得本委员奉两广学务处宪札开，现邱绅既已引嫌自行辞退，林梁任亦在查办之列，亦应先饬退出学堂，听候查办，乃得两造之平等因。奉此，合行谕饬。为此谕，仰该学堂值理林梁任遵照，立即退出学堂，听候查办，毋违！特谕。光绪三十年二月廿四日。

埔属劫案

◇袁姓者，大埔县属之渡头乡人也，商于南洋，积赀甚巨。去岁置良田，建华厦，有颐养暮年之志。月之某夜，忽闻敲门声甚厉，一龙钟老母出应。门甫辟，乃二十余匪，一拥而进。其母欲号，一匪提其耳几断，捽诸地。众匪分投各房，将家人悉锁闭之，任意搜括，饱欲后呼啸而去。闻被劫去二千余金。时家人皆股慄不能声，有叫号者，乡之人亦罔闻知也。现已禀官查拿，不知能为之破获否？

大清光绪三十年甲辰二月廿七日　公历一千九百零四年四月十二号

续纪办理同文学堂之特派员

◇学务处特委陈太守、刘大令二员查办同文学堂事，已志前报。兹闻廿四日命驾至学堂时，传全堂学生出见，询问一切。旋谕各学生公开总办名字，以凭选举。回寓后，汕中各绅商均往拜会，并禀明一切。想二委员于此事已洞烛无遗，必能体学务处维持学务之心，持平办理矣。

议撤练勇

◇梅州旧有练勇百名，縻费不赀，于地方上绝无裨益。秦牧伯拟于去任时，尽行裁撤。然养勇非易，而散勇尤难。盖应募者多游闲之徒，一旦无业可资，流于盗贼，势所必至。粤西匪乱，其明鉴也。若遣散时收其兵械，外来者给以资斧，押遣回籍，似亦一善策。想秦牧伯必有以善其后也。

议设女学

◇埔邑崧里乡，经何士果大令极力提倡，风气渐开。士民皆知兴学为当务之急，日前创办蒙学堂，已有端绪。兹复有同志数人，拟捐资开设女学堂，即请何大令妹弟为女学教习。俟捐款稍集，即行开办。诚以女学尤为今日之要点，凡热心教育者，想必踊跃赞成也。

投水疑案

◇李何氏者，嘉应西洋李某之媳也。夫外出，李素无赖。一日何归宁，数日不归，李因疑之。及归，又闻其拾得一巾，有邻王某名，因谓其与王某通，欲执之。何惧，因投水死。外家来视，疑其推置水中也。王某故洋客，有余资。李因言"吾必破尔家",王惧,先控诸官。李继之,何又继之。捕厅往验,见妇头颈之皮已烂,两眼无珠,诘其故。李曰:"死期是初七日,故至朽腐。"捕厅勃然曰:"尔报案云十一日,何相歧若是?吾惟从实上禀耳。"李丧气而退。是案也,闻王某花去勘费九百余元,当场阍役,咸洋洋得意而归。

大清光绪三十年甲辰二月廿八日　公历一千九百零四年四月十三号

商办同文学堂

◇总办岭东同文学堂事,学务处颇属意温慕柳太史。日前曾函致褚观察,商请主持一切,而观察但注意师范学堂,于此事未遑兼顾,已志昨报。兹探闻学务处派来二委员,已函请温太史来汕,会同办理,约本日可以抵汕云。

埔属劫盗之横行

◇昨报所志大埔县属之渡头乡袁姓被盗伙劫一节,兹悉本月十二夜事也。十九日,该处又有萧氏妇,采樵晚归,中途突遇强盗,金银首饰悉为抢去。

◇二十一夜,高陂张连盛家,有盗七八十人往劫,鸣枪举火,长驱而入。幸该乡有团练壮丁,闻警齐出,盗见势不敌,始散去。闻此伙劫盗,均以红巾裹头,口操土音,近似兴、长产云。

巾帼英雄

◇嘉应何茂才劝喜新学,每以提倡风气为己任,客春试得一等,应食饩。旋丁母艰,当挨次及何。时其父曰:"汝得等第于春季,丁艰于秋初,从权补缺,亦可以告无罪于汝母矣。"何欲遵父命,其妻邱氏卒然曰:恶!是何为哉?君平日言新学,妾所望君者,望君多一年,则高一层学业也。妾岂望君多一年,则高一层顽固顶子耶?何壮其言,乃报丁忧。呜乎!今之热心功名,惟恐求之不得者,有愧此巾帼多矣。又闻其未归何时,其母以何地僻为嫌。然迟至三年,凡来议婚者,皆不愿,盖早属意于何也。母知其意,卒许何云。

豺虎为患

◇埔邑崧里附近各乡,自去冬迄今,多有豺、虎并出为害,咬伤耕牛六畜，以数十计。目下居民惴惴，无计可以除之。当此无物不抽、百货腾贵之日，又加以异类之骚扰，人民亦不聊生矣。

大清光绪三十年甲辰二月廿九日　公历一千九百零四年四月十四号
纪岭东留学议同文学堂事

◇顷接日本东京函云：近日岭东留学诸君，因开新年会，提议汕头同文学堂事，以为此系岭东学界一脉所系，不可任其破坏。爰议公致一书于同文干事诸君，再公致一书，请张京卿榕轩、陈封翁雨亭二君，出为调处，冀得平和了结。闻已专函来汕矣。现经岑督及学务处，各派委员来汕办理此事，不日当可就绪。然亦足见吾岭东留学生之惓惓于吾岭东学务不置也。

学务处收考游学之牌示

◇为牌示事：岭东同文学堂总理邱，函送考选出洋学生黄干、杨日新、张仁经、郭镇章等四名到处。当查该生等，既经各在同文学堂肄业，并由学堂总理加具考语。所取保结，亦属合格，自应收考，准为注册。届期来处，听候考试可也。除函复外，合就牌示。为此示，仰该生等即便遵照，取具相片到处，以凭点验收考，毋违！特示。

龙牙堡春笋之发达

◇嘉应龙牙堡向产竹纸，颇适州人之用，故其地植竹甚多，极目皆是。年来纸价日昂，皆春间发笋稀少、竹丛不茂之故。近以新雨初晴，又值和风暖日，丛中新笋，怒苗如林，值竹之家挑往松口墟贩卖者，无不利市三倍，继因卖者日多，每斤只值青蚨数枚，犹复获利无算。论者谓本年纸料之发达可以预决矣。

大清光绪三十年甲辰二月三十日　公历一千九百零四年四月十五号
同文学堂定期开学

◇汕头同文学堂经陈、刘两委员协同澄海县杜大令，定期三月初一日开学。昨日手谕，新旧账房当面结算数目，不知是何原因，又起龃龉。然两委员善于调停，谅不至功在垂成，而坐令败坏也。

大清光绪三十年甲辰三月初一日　公历一千九百零四年四月十六号

手谕照登

◇两广学务处委员分省知府陈、广西知县刘为示谕事：照得本月廿九日定更后，岭东同文学堂潮属学生约廿余人，强其蒙学教习张谦率同来见，众口沸腾，猝不可办。当经本委员询以因何事来，来系何意？既授之坐，复以官音不习，谕其中举一代表者作笔谈。据称萧载予于本日晚饭后，被客生殴打。客学生等野蛮之手段，已可概见。如此冲突，学生等不敢复再住堂，此不得已退学之苦衷，尚乞原谅等语。当本委员声言，趁此面试。于是一轰而散者十余人，谕之不能，止之不听，只余学生六人。分写姓名，略书籍贯。复谕以退学仅为萧载予事，抑尚有别情。复据称为萧载予，非有胁制。又谕以萧载予事，是非曲直，自应审明办理。诸生为此退学，颇为无因，无乃有意挟制。又据称萧某既可打，潮学生岂不可打？生须回家，告之父母。又谕以从前聚处，未闻被打。况初一日即开学，有总理管束，可无过虑。学生仍入学读书，方为孝道。又据云，去年客土之界，本开于客音，学生倚赖总理、总教习为客音人而起。今年客学生人数太多，安保再无旧见？大人欲命生等再入学堂，尚望妥筹善后之策，以平此等土客界限。及回家告之父兄，方能应命。又谕以为聘总理，请副办，尚拟推广额数，再定界限，皆与绅商合筹善后之策。生等何必借父兄为推宕之词？且生等必如何始入学堂？可明告我。仍复坚执回告父兄之言，并称未见善后明文，不敢应命。又云生等刻有要事，敬此告辞。

总阅各词，借萧载予事出学，借归告父兄不入学，无非仇视客族，及抗三月初一日开学之谕。查各学生，一闻面试，几散其群。其留者，所答所书文字，亦俱有限。不惟退学不足惜，且亦无入学之资格，此就程度言之也。萧载予之事，即真被打，与学生何关？况经本委员今日查明，亦无被打之事。该学生借此生风，无理取闹，即不自退学，既在应行斥退之列，此据本案言之也。学界风潮，习成退学，相沿风气，惟此尤属不情。复查新定学务章程，学生未毕业，不准无故自行退学。又斥退学生，概不准更名改籍，另投别处学堂。如此次学生所为，法所当惩，并应悬为厉禁。不惟自行退学，既犯新章，当不准再入学堂，以为后儆，此望以后改良言之也。

以上数端，系为此案正办。且创办学堂之美意，原期培就人才，以潮州九属地方，岂无续来之佳子弟，亦何赖此少不安分者动扰学堂。且既名属岭东，即极言之潮属无学生，而他属岂无学生？查原定章程，并无界划，不惟岭东以内者可入学，即岭东以外别府、别道、别省，皆可照章程而来。是所虑无完善之学堂，何患无驻堂之学生？则该学生等群退出堂，与学堂何损？况本委员到汕以来，遵学务处宪聘请温慕柳先生，业经到此。又会同澄海县正堂杜兼与绅商协议，复延定副办三名。所幸开诚布公，均无成见，定期开学，事在必行。岂容因小事退学，忽尔中止！是则开学之外，各学生退学一事，应归正办，无用赘言。本委员区区之心有不忍，不再示宽容，为该学生之父兄告者。查来见者廿余人，幼者居三分之一。此中底蕴，难保非幼者为长者所愚，弱者为强者所愚，鲁者为谲者所愚。遂至借事生风，不惜以破群者，显为挟制。抑且布虚成阵，并甘为肤愬者，硬作证人。行径既近野蛮，心术亦邻欺骗，小时且如此，大将若何？在学且如此，出学将奈何？幼学且如此，学幸而有成，更将奈何？在该父兄，送学殷殷，岂料智识未增，学业未进，而已习成蛮野，结成徒党，仇雠同学，轻口长官，外贻破坏公益之羞，内负父兄期望之意，非惟不为各父兄之光，恐他日将为各父兄之累。所望该学生各父兄，力为诰戒，痛与责惩。如果能愧悔自新，本委员亦未尝必守成见，从违两道，任自择之，切切！此谕。光绪三十年二月三十日，实贴岭东同文学堂。

大清光绪三十年甲辰三月初三日　公历一千九百零四年四月十八号

纪同文学堂开学

◇汕头同文学堂于初一日开学。陈、刘两委员协同澄海县杜大令，聘请温慕柳太史为总办，陈玉坡、萧墀珊两太守为会办。是日开学，衣冠济济，惟已退学之学生各父兄四出招集，逾时始齐，实不赴开学云。

又闻陈、刘两委员手谕十分严峻，大张中堂，到门一望，怵目惊心，土学生因此欲进复退云。纷传不一，候探确续报。

又闻此次土学生退学原因，起于廿九日账房核数据，甲谓乙殴之，据丁谓乙实无殴。两委员欲开学后始究问，而土学生愿究问后始开学。委员置之，而土学生一轰而散。两委员遂有卅日发贴学堂之手谕。

又闻两委员发帖手谕后，旋致书堂中分教习庄君，略谓：今日谕单，仓猝写成，其时不知潮属学生尚有丰顺、大埔两县者，在堂未经分别，自愧疏失。烦转致该两县学生，好自用功，优者自优，鄙人不一笔抹煞云。

大清光绪三十年甲辰三月初五日　公历一千九百零四年四月二十号

大风潮来了

◇同文学堂开学，曾纪前报。兹访得有最新的新闻二条：一为陈、刘两委员自认有"十罪"，一为潮人自谓有"三不平"。诸君试暗地猜猜，委员这么有"十罪"，潮人这么有"三不平"呢？

大清光绪三十年甲辰三月十日　公历一千九百零四年四月二十五号

同文学堂之调停

◇闻岭东同文学堂汕商意主分办学务处，已电陈刘、两委员及澄邑侯体察情形，酌核办理。委员、邑侯俱以分办颇难措手兼之，择地筹款亦非易易。澄邑侯经于初八日亲诣万年丰会馆，力劝汕绅商子弟仍旧合办，酌添章程，汕绅商子弟颇有转圜之意。

阻止兴学之野蛮

◇嘉属松口黄沙乡，居民约千有余家，颇称富庶，而风气则闭塞实甚。近有志士数人，拟设立蒙学以提倡之。日前柬邀各绅耆会议于某氏书室，拟将该乡之安山寺改为蒙养学堂，所有寺内租业，悉充经费，而各神像则移往阴那山安置云云。该绅耆等，初不知所议为何，及闻此言，须发倒竖，力以此议为非，声势汹汹，如欲用武。数志士睹此恶状，知难以理喻，乃相率叹息而去。

恶少害命

◇兴宁城北之官田，有李氏妇，日前归宁，中途为恶少吴某谋害，妇有乳哺儿，亦阅月而毙。经和事老从中调处，拟执凶送官，以四百元了事。旋有暗持其事者，卒不果，又闻因执送者非真凶也。

纪火警

◇兴宁西城门外盐铺街顺记潮行，因前月廿九夜祝融起□，火□乱飞，幸水龙赴救，即行扑灭，不致成灾。

大清光绪三十年甲辰三月十一日　公历一千九百零四年四月二十六号

兴民学堂纪略

◇兴宁县绅商禀请上宪创办邑中小学堂，已经开办，名曰兴民学堂。堂中章程，悉照钦定格式，斟酌而变通之。常年经费，由上宪酌拨地方公款外，再由绅商募捐并酌收学生束修，以为补助。学生不定名额，凡有志向学，有妥实担保者，不分畛域，概予延纳。堂中设总监督、值理各一员，常用住堂，综理学务。所聘定中文、东文、算学各教习，均于前月朔到堂开学。现任在学生，已一律改制服装，色尚白，领上均线织"兴民"二字，以示区别而昭画一云。

大清光绪三十年甲辰三月十三日　公历一千九百零四年四月二十八号

开办潮汕铁路消息

◇刻接香港来函云：张京卿于前月廿三日抵港，会议铁路、银号两事。经营数日，业将铁路一切应用货料、筑道建站及各工程等事，已经商妥购定，料理周全，工程师亦抵汕头，俟京卿容日回汕，即可择吉开局，兴工勘测矣。至银号所有条例章程，亦酌议定夺，拟开办云。

埔事述函

◇埔友函云：大埔山多田少，崎岖硗埆。三河以下之阴那、古野、高陂三乡，有前宋时吴苍贻公布施开元寺僧之田税，经本朝观察楼公拨转正项之用，余归藩库收存。此田下下，俗所称"鼠雀之田"。雍正五年，奉列大宪孙、李等牌文，酌按时价，每石谷折银三钱五分征收，内纳僧继兴丁粮一百五十四两九钱零七厘二毫，闰银四两零二分六厘二毫；征本色米一十九石三斗二升三合，征折色省米二十七石二斗四升七合。粮从税出，有税有粮，载之志乘，彰彰可考。迩因上宪有官田变价之说，而一班劣棍土豪，遂借此从中窥觎，私图肥己，蛊惑查大令出示，委司办理，与官田一律变鬻。

邑民哗然，谓安居乐业，历数百年，供纳粮税，悉遵宪典，使一旦夺去，瞻乌哀鸿，在所不免。查邑志，大埔小县，有官田二十六顷二十一亩两分零九毫，今乃冒千余石之粮税田混入官田，指鹿为马。想牧民者，终不忍出此，以结民怨，蓄众怒，且失各大宪爱民之至意也云云。

需索勘费之骇闻

◇大埔属之渡头乡袁姓，于前月被盗伙劫，已纪前报。兹闻悉经事主赴县报案，而衙门中人视为财神下降，勒索夫马费五十元，始为之勘验。事主以惨遭盗劫，家业已荡，再三求免，不获允许。事主不敢复请，但付之太息痛恨而已。地方上有如此安坐衙斋，非钱不行之官吏，而欲使盗贼敛迹，闾阎谧安，奚可得哉！

送德国瑞牧师回国序

◇兴宁坪塘教堂教士瑞□多牧师处事和平，邑人安之。兹逢返国，其邑绅罗明经鼎金为文以赠，意在告承其后者。序如下：

德耶稣教堂，在兴邑东十里之坪塘，距吾乡二里许。始己丑迄庚子，邑人奉耶稣教者渐多。时余在馆，习孔氏学，日不暇给，未尝一过问。辛丑八月，土匪聚众扑城，道经坪塘，将教堂付之一炬。德乃命瑞牧师，仍其旧址修葺而增广之。岁癸卯，规模略备，折柬邀余过饮。而落成之时，土寇初平，地方无事，遂慨然往观。即席絮谈，始悉其入中国久，人情土俗，莫不晓然于心，凡以非理干谒者，终不应。故所到之处，与贤士大夫游，皆得尽款洽欢。溯自中外大通，五洲各国，竞以势力胜。衅启小嫌，战争不已，生民之祸烈矣。倘能守之以正，处之以和，如瑞牧师者，则海疆虽远，何忧构怨？今年春，将有返国之役，故备述其行，兼以告承其后者，矩步绳趋，即为大方幸福。纵宗教不同，而畛域既忘，亦将归于大同也。

大清光绪三十年甲辰三月十四日　公历一千九百零四年四月二十九号

同文学堂风潮已息

◇同文学堂风潮，已历数月。昨日陈、刘两委员，允准和平办理。澄海县杜鹤泉大令特到万年丰会馆，召集土学生，亲送到堂肄业。土学生现到堂者，约三十人。陈、刘两委员手谕奖慰，娓娓动听。闻不日拟章，禀学务处核夺。刘委员须奉公到嘉应云。

纪梅州游学生

◇梅州人士今年赴日本游学者，已有温君静侯、梁君少慎、谢君良牧、饶君一梅，日昨由汕东渡。兹悉尚有杨君徽五、黄君簉孙、黄君幼岑、李君竹琴等十余人，不日束装前往。黄、杨三君，为黄公度京卿拨款派遣，余皆自备资斧云。

梅州农事

◇梅州现值分秧之候，而天久不雨。高亢之田，不能插莳。卑下者，有陂塘灌溉，目下秧已遍插矣。

破镜重圆

◇嘉应松口有李某甲者，曾祖曾作吏西川，果断廉明，性尤慷慨。抵任年余，适是邑久旱大饥，因捐廉惠济，居民赖以活。邑之人称颂不衰，然身后萧条，至甲尤甚。甲现年六十余，为人谨厚朴讷，家无担石，兼抱伯道之忧。自分宗绪殆绝，顾影自怜，日形嗟叹。近乃告贷亲友，得十余金，在市中作小贩谋生活焉。日前忽一老妪，偕三十余岁之男子，径踵甲家，询甲在否。时甲赴市未返，族人诘其何来。妪曰："某即甲之结发妻，此豚儿，甲之遗种也。"众愕然，因遣人唤甲返。及门，妪遽抱之而跪，大哭不已。甲熟视良久，始知确是其妻。盖当发匪蹂躏梅州时，妪年仅二十，被掳去。迨发匪歼灭，为湖南某将弁所获，挈之回籍。不数月，遂生一子。每忆及故夫，辄堕泪不已，思乘间脱逃，卒以荏弱不果。后某弁死，始以颠末告子。子遂变其产业，黑夜偕母俱去。及至上洋，苦无问津之处。适同旅有贾客二人，口操客音。妪闻之，即向询清贯，答云世居松口。妪知是同乡，遂备陈所以，且告之故。二客乃将抵里程途，详列一单与之，即附轮西向。及抵汕头，又值一帮洋客挈眷回松，因附舟同返。于是偕甲至舟，搬运行李。又一十余龄童子，自舟中出，呼祖母，唤阿父。甲大错愕，妪笑曰："此若孙也。"盖其子在湘娶室有年，已生二子，其一尚幼，因依母归宁未回，妪此行并不之知也。旋令人挑行李至家，箱箧累累。甲不禁悲喜交加，恍如梦境。现命其子驰函至湘，安慰其妻子。观者莫不羡甲之境遇，谓为祖德之余绪，及一生谨厚朴讷使然。然非妪之耿耿深情，老而弥笃，亦不能致此云。

大清光绪三十年甲辰三月十五日　公历一千九百零四年四月三十号

学务处委员之手谕

◇同文学堂风潮已息，澄海县杜大令于十三日亲送土学生入堂肄业，已纪昨报。兹将陈、刘两委员是日手谕各学生文，录供众览：

各学生今日之重入堂也，是智识有增长也，是各父兄家庭教育之有明验也，是地方官绅商家谕户晓之效也。本委员与于斯，不胜欣幸！本委员特过客耳，其相亲相爱，相观而善，不终赖尔土客学生之敬业乐群，以增荣誉于岭东一道哉！其相友相助于扶持，不又终赖于土客各绅商之同德同心，以维系于永久哉！诚能如是，域见可化，团体可厚，规则可改良，学堂可扩充，皆于此起点矣。抑本员更有为各学生勉者，人人有服从教育之性质，人人有光显父兄之希望，人人有自治之能力，人人有合群之公德，人人有竞长争高之学问，则将来人人可尽爱国爱民之责任，是则本委员所馨香祝而朝暮颂者也。学务处员委员陈开炽、刘士骥谨启。

大清光绪三十年甲辰三月十七日　公历一千九百零四年五月二号

嘉应兴学会议所之章程

◇黄公度京卿等创设兴学会议所，以振兴州属学务。经于本月初四日开会，集会者甚众。公举会员四十人，并举黄京卿为会长，主持一切事宜。兹将其章程照录于下：

第一条、本会所名为兴学会，所系专为预备兴学筹商办法而设。

第二条、凡有关系兴办本州公立学堂事务，本会所均可与闻其事。

第三条、所有兴办学务，除遵照迭次上谕及钦定章程外，或奉管学大臣通饬公文，或奉本省地方官长札令举办，虽或为时势所限，或因物力不足，未能一时举行，亦必斟酌时宜，以期循序渐进，择要施行。

第四条、本会所公举会长一人，一切事务咸归总理。

第五条、设会员约三四十人，遇有兴办要事，均邀请会议，准从众公例，以多寡定从违。其有议论两歧，未归划一者，由会长裁决。

第六条、本会所于会员中，举三四名为干事。凡事经会员会长议定后，所有禀牍函启，即用干事之名为本会所代表人（此项干事，拟每年更换，更换后仍充本会所会员）。

大清光绪三十年甲辰三月十八日　公历一千九百零四年五月三号

嘉应试期

◇州中今年岁试定于四月十八日举行，秦牧伯现已出示通知矣。

嘉应兴学会议所之章程（续昨）

◇第七条、将来兴办各事，或择地，或筹款，或延聘师范，或购买各项教科书及各科学仪器，再由会长商请干事，分任其事。现在兴办之初，由各干事会同办理，暂不分任。

第八条、凡我州人，或游学在外，或经商远出，有热心兴学、愿襄助本会所事务者，如经函告，应列为本会所名誉□成员。

第九条、本会所设书记生一名，月支津贴银五元。所有函牍起草及银钱簿记等事，交伊管理。设杂务生一名，月支津贴三元，以便襄办一切杂务。

第十条、本会所设文稿簿一本，凡有发出函牍，应将已定之清稿录入簿内，经会长干事标阅后，再行誊发。设办事簿一本，将所办各事随时札记，以便稽查。又设记数簿一本，将支用各款，逐款登记，以便会长、干事、会员各位查阅。

第十一条、本会所用丁役二名，以供送稿、请人一切奔走趋使之用。

第十二条、本会所暂用上年阅报所所用公款，该款由保安局代收，交本所支用。

第十三条、现在暂借南门外黄荣禄第铺店为会议所。一俟所请官地拨出后，再行搬迁。

第十四条、本会所开办之初，所有章程暂举大略，以后逐渐扩充。此项章程，即可随时更改。

续纪梅州游学生

◇昨报所纪黄公度京卿派赴日本游学生杨君徽五、黄君簋孙、黄君由甫及自费生李君坚仲，均于昨日抵汕，候轮东渡。

禀揭窝匪

◇嘉应松源堡盗贼猖獗，经屏围局绅王际熙等禀于州。奉秦牧伯批示云：据禀已悉。王贵、城五既系著名窝主，专以窝匪销赃为事，屡经事主投诉，自应严拿究办，以靖地方。仰即移营签差，严拘该匪，务获，并将住屋及所开庆丰伙店，一律查封，传同事主王亿亨到案讯究可也。

劫坟匪犯解省

◇嘉应平远县姚德盛之母坟被劫一案，又获匪犯姚丁章五一名，日前解省听候覆讯。闻该犯本系读书人，因姚在外洋积资数十万，旋里广置田宅，该犯屡向借贷，未见应允。该犯遂起不良，纠集族中无赖多人，于夜后登山，将姚之母坟挖开，将骨盗去。经官严缉，获其同党，将该犯供开。该犯遂逃往福建地方藏匿，后由其所亲将该犯拿获。经地方官讯明，解省覆审定谳云。

三河巡检之怪象

◇友人函云：大埔现任三河巡检张某，小有才，颇谙刑名，为邑侯查大令所倚任，凡批判案牍，多假其手。以此舞弄法而鱼肉民，牙角者悉苞苴之，其门如市。尤工于牟利，交结劣弁滥绅，庇纵花会，朘削良民，几于无孔不入。日前，且有偕李千戎某来汕，承办赌饷之说。目下民怨沸腾，而官若木偶，此亦今日官吏中有数者也。

大清光绪三十年甲辰三月二十日　公历一千九百零四年五月五号

关卡之勒索

◇埔邑销售鱼货，多由潮郡贩运。其在三河以下，如大麻等处商人所办者，由桃花关报明纳税，每大筐纳税钱六十三文，每小筐三十二文。其在三河以上各商，则有由三河关报税者，已纳于桃花关，则三河关不得再抽，向例然也。闻大麻墟某号，素业鱼货生意，日前因本处滞销，转运至县城发售。行经三河关，该关司事以为走私，将船扣留，必罚逾常额十倍。该商人以桃花关已经抽税，至此复欲抽收，是格外勒索也，与之理论，卒不得直，各商家皆为之不平云。

以教欺教

◇嘉应天主教民唐某甲，有殴毙同姓某乙一事，经控诸官，而甲尚逍遥法外。闻得近又使其族人某丙诬控某乙之子挖骸盗卖，赂差将某乙子拘押，舆论哗然。某乙子则耶稣教民也，牧师大为不平，谓父冤未伸，而子又被押，殊属惨无天日。即见秦牧伯，为之伸诉，立即保释。

梅江喜雨

◇州中自二月十八以后苦旱，三农望雨甚切。迄本月初十夜，甘霖如注，诘旦始止。人情欢忻，从此高原下堤，皆可分秧矣。

大清光绪三十年甲辰三月廿一日　公历一千九百零四年五月六号

照拨同文学堂官款

◇惠潮嘉道褚观察照会岭东同文学堂总理温柳介太史云：

为照发事：光绪三十年三月初四日准贵总理照会，内开：窃敝总理昨承两广学务处委员陈、刘交到两广学务处督办张关聘一纸，旋准委员照会，移送总理岭东同文学堂钤记一颗，既于三月初一日开学，即日启用钤记。查光绪二十九年学堂用款，不敷八百余两。据前总理邱结簿，二十九年份官拨常款项下韩山南畔洲下季租银七百七十两，未蒙发给。既在绅商捐题拓充学舍存款项下先行借出。现在开学伊始，需用浩繁，所有南畔洲项下旧岁未拨之款，伏乞早日发给，以济急需，实为公便。计附领结一纸等由到道。准此，相应照会，为此照会贵总理烦为查照，希将发去光绪二十五年份官拨韩山南畔洲下季加租银七百七十两正，如数查收。仍将收到银两日期照复，备案施行。须至照会者。计发光绪二十九年韩山南畔洲下季加租银七百七十两正。光绪三十年三月十八日。

大清光绪三十年甲辰三月廿二日　公历一千九百零四年五月七号

纪巨商之报效

◇潮属巨商某观察，去年报效二十万，得保京卿。其事由时楚卿宝璋为之道地，后托高某、张某从中说项，时得两三万。高、张亦各得巨金，并赠巨公及宫门费，大约又共用二十万。而朝中贵人，欲望无厌。又□朝廷除令报效外，别无倚任之处，某怏怏赴申。已而商部建立，并丞、参亦无位置。某遂往南洋，尽以京中情形告南洋商家，且言中国万不可为云云。今闻政府复欲召彼至京，然恐必不来矣。

船户奸拐

◇嘉应某氏妇,近失所天,不能安其室。因其夫向经商于汕,尚存银数百元,欲背收此银,跟人逃去,潜搭船至汕。妇之姑素稔其行,闻其往汕也,急携一孙到汕,嘱店伙,此银不许经妇手。妇计穷,复随船户还梅。不意舟泊南门时,其姑已托人禀于局,将船户带住,与妇一并送官,指为奸拐,船亦充公。堂讯时,妇尚抗辩不服。州牧以妇逞刁,立掌嘴三百云。

大清光绪三十年甲辰三月廿五日 公历一千九百零四年五月十号

请赌津贴学费

◇大埔县小学堂,自去年开办至今,常年经费原无的款,目下极力减省,而不敷尚多,各教习、学生几有解散之势。闻查大令苦于无款可筹,拟将邑中缉捕经费请归官办,每年除缴饷并文武衙门津贴外,酌拨一千二百元,以补助学费,已通禀省垣总局,不知准如所请否。昨报所纪三河司巡检张某及李千戎来汕承办赌饷,即为此事云。

水龙局之宜整顿

◇兴宁县治自设水龙以来,各处火警赖以无患。所设水龙,一在万盛街,一在治安局。闻安放治安局之水龙,多有破坏者,且各店闻警赴救,亦不画一。有心地方者,当为之明定章程,大加整顿也。

秃鹙之行窃

◇嘉应某兰若,有住持僧某,十方供奉,名噪于时,以故私积甚富,倨傲异常。昨初十日,身披纺绸袈裟,携仆从二人,往某肆购买时表。肆主人极意逢迎,延之内座,出时表数枚,任其拣择。僧略寓目,谓俱非上品。主人乃登楼再觅,讵僧即揭其柜,将所贮洋蚨二封,窃诸袖内。时主人适已下楼,瞥睹斯状,遂呼店伙捆之,拟送官惩治。僧立跪下,合掌哀鸣,愿缴番佛百尊赎罪。旋唤二仆回寺,果如数奉来。于是主人始释其缚,纵之去。道旁观者,莫不唾骂云。

大清光绪三十年甲辰三月廿六日　公历一千九百零四年五月十一号

梅州函述

◇闻嘉应州各店，近接惠州商人来信云：白芒花土匪蠢动，欲将驻扎平远之武毅军二百名，调至惠州防堵。此当臆度之词。

约束营勇告示

◇嘉应杜游府，近出示约束营勇，大意以为前有遍贴红贴，谓嘉字营勇不守营规，昼则网鱼打鸟，夜则行劫，开城而入，大抵勇流于盗诸语。自此以后，如有营勇不着号衣，游行街市，不守营规等情，任人捆送来辕，定当按以军法，但不可挟嫌诬指云云。

差役行凶

◇嘉应州差近为某案至龙牙堡，欲望无厌，复向该处各赌场勒索多金。某甲乞减之，差不允，大肆咆哮。以甲之敢拂其意也，即出所带洋枪向该店轰击，不料误中卖茶之某客，奄奄垂毙。市人哗然，闻已将该差扣留矣。

少妇毙贼

◇嘉应松口溪南乡有叶氏妇，年二十余，其夫客外，妇独处一室，常以胆力自豪。昨十二夜，忽有梅巷口之著匪李阿坤往妇室，撬门行窃。妇闻觉急起，觅刀伏伺。俄见匪手已穴孔伸入，妇即极力斩之，匪手断。旋闻该匪在门外口出恶声，妇不语，犹立窗畔以伺。良久，该匪以六响洋炮向穴中轰入。妇大呼捉贼，始踉仓奔去。翌日就西医郑怀深店，恳其敷治。郑以该匪扰害乡间，为恶已极，弗肯授以刀圭。及视断处，又适当筋脉，遂决以死，果于十七日毙命，闻者无不称快。又谓该妇之毙贼，为巾帼中所罕有云。

大清光绪三十年甲辰三月廿七日　公历一千九百零四年五月十二号

通饬兴学之札文

◇钦加三品衔潮州府正堂惠为札饬事：现奉惠潮嘉道褚札开，光绪三十年正月十一日准督办两广学务处特用道张移开，光绪三十年正月十八日奉抚宪张案验，光绪三十年正月初八日准总理学务大臣咨，光绪二十九年十一月二十六日内阁奉上谕："方今时事多艰，兴学育才实为当务之急。前经谕令张之洞会同管学大臣将学堂章程悉心厘订，妥议具奏。前据会奏胪陈各折片，条分缕晰，立法尚属周备，着即次第推行，其有应行斟酌损益之处，仍着该管学大臣会同张之洞，随时详核议奏。至所称递减科举，及将来毕业学生由督抚学政，并简放考官考试一节，使学堂、科学合为一途，系为士皆实学、学皆实用起见。着自丙午科为始，将乡会试中额及各省学额，按照所陈逐科递减，俟各省学堂一律办齐，确著成效，再将科举学额分别停止，以后均为学堂考取，届时候旨遵行。即着各该督抚赶紧饬各府厅州县建设学堂，并善为劝导地方，逐渐推广。无论官立、民立，皆恪遵列圣训士子之规，谨守范围，端正趋向，不准沾染习气，误入奇邪。一切课程，尤在认真讲求，毋得徒事皮毛，有名无实。务期教习相长，成德达材，体用兼赅，以备国家任使，有厚望焉。将此通谕知之，钦此。"相应恭录咨行，一体钦遵可也等因到本部院。准此，合就檄行。为此案，仰该处照依准咨内奉上谕事理，即便移行，一体钦遵查照，毋违！须至案者等因。奉此，查本案前奉督抚札行，业经分别咨行在案，奉行前因，合就移会过道，请烦查照，并希一体转饬钦遵，查照施行等由到道。准此，合就札饬，札府即便转饬所属，一体钦遵查照，毋违等因到府。奉此，合就札饬，札到该县，即便一体钦遵查照，毋违！特札。光绪三十年三月廿一日。

大清光绪三十年甲辰三月廿八日　公历一千九百零四年五月十三号

潮汕铁路之总办

◇奏办潮汕铁路张京堂于廿一日开局，已纪前报。兹闻于廿五日特照会萧墀珊观察为总办，帮同京堂筹划庶务云。

兴宁近事汇述

◇兴宁妇女喜建醮，备极繁华。自旧岁西河背西林堂始，无论半菽不饱之家，黄金布施，不为稀罕。女学不兴，其迷信有如此者。

◇近日猪捐之议起，各屠户闻之，咸踧踖不安，啧有烦言云。

◇叶塘刘、廖二屋间有隙地，为往来之路。刘姓砌石已非一日，近忽为廖姓毁去，认为己地。然羌无故实，乃议自行修复，可谓无事自扰也。

◇兴宁西厢马路下瘟疫益甚，死于是者，有四五十人之多。

大清光绪三十年甲辰三月廿九日　公历一千九百零四年五月十四号

请总办潮汕铁路之照会

◇奏办督办潮汕铁路事务、头品顶戴、候补四品京堂张为照会事：照得本京堂去冬为拟开筑潮汕铁路，禀蒙商部奏奉俞允，准予集股承办，并谕"饬本省督抚、地方官实力保护，毋得膜视等因，钦此"，钦遵在案。现本公司已择于二十一日开局，创办伊始，事绪纷繁，所有购地一切章程，在在需贤佐理，而尤非名望素隆、才识兼优之巨绅出为襄助，不足以资表率而化群情。本京堂素仰贵道器局闳远，事理明通，凡事顾全大局，力为其难，实深心折。兹请贵道为本公司之总办，帮同本京堂筹划庶务，嗣后公司中应办事宜，悉资经理。如有实在紧要之事，与本京堂商酌办理。务希贵道俯念铁路一事，原为利商便民而设，目今不为，必为外人之所觊觎。贵道与本京堂桑梓谊关，义无可诿，尤望不辞嫌怨，勉匡不逮，以底于成，本京堂有厚望焉。须至照会者。右照会钦加三品衔花翎湖北前先补用道萧。光绪三十年三月廿五日。

兴宁函述

◇何君公博，同文学堂之翘楚也。学成，总办欲聘为蒙学教习。邑人士以所办兴民学堂，尚缺东文、体操教习，难得其人，函请何君充当。业于日前自汕返邑，邑人士甚欢迎之。

大清光绪三十年甲辰四月初二日　公历一千九百零四年五月十六号

务本学堂之风潮已息

◇嘉应务本学堂委员刘铭伯大令士骧到州，极力保护。以为已成之学堂，得借公地，不便令其他徙。而黄孝廉应均等所开之学堂，亦许另借公地，不必拘一文祠。此案已结。刻刘大令于三月廿九日已由州到汕，于四月初一日又奉公到澄海，闻系办沙田某案云。

潮汕铁路之组织

◇潮汕铁路开局之后，连日跻堂拜贺者甚众。闻得张京卿拟于四月初六日宴各国领事，初七日宴各官场，初八日宴各绅商，以联声气，以集广益云。

◇又闻设局于第一津，其地稍隘。萧墀珊观察拟自借府第，以为办公之所，其规模颇为宏敞云。

大清光绪三十年甲辰四月初三日　公历一千九百零四年五月十七号

保护务本学堂告示述略

◇嘉应务本学堂经刘委员至州办理妥善，已录昨报。兹探得刘委员曾会同秦牧伯出示保护，略谓：城外北冈文昌祠借设务本学堂，系遵奉钦定学堂章程办理，并历奉两广督部堂岑、两广学务处督办张批准在案。本州亦叠奉宪檄饬，随时保护，毋任藉端滋事。本委员奉札前来，经赴该学堂调查两次，堂规尚属整肃。乃竟有不法之徒，肆行滋闹，种种所为，于学务前途，大有关碍。本县本委员拟即严拿惩治，以示儆戒。但念此辈多属无知，不教而诛，于心弗忍。为此示，仰城厢内外人等知悉：尔等须知务本学堂是教诲州人子弟，实为地方公益，但能和衷协济，他日人才蔚起，确有可期。况该学堂经奉督宪批示嘉奖，学务处宪准予维持。但有改良，但有扩充，万不容有破坏之理。此邦人杰，早为薄海仰瞻，若任无意识之伦，借端阻挠，不独遗先达之羞，亦无解抗朝旨之咎，断不能为尔等宽也云云。

埔邑又议碗捐

◇高陂碗捐，因去年各窑户合群抵抗，业已暂行停止。前月省中大宪，特委专员到埔查办，究竟各商人出名承办，有无从中渔利。查大令复请某绅诣陂，与各行家熟商办法，劝令递年缴出二千元为小学堂经费。各行家惧遭殃及，咸有戒心，无人出场承领，现某绅已将近情详告□□□□□□如何措办也。

大清光绪三十年甲辰四月初四日　公历一千九百零四年五月十八号

铁路局之宴会期

◇潮汕铁路总局定期筵宴各官绅，以联声气，曾录昨报。兹悉已更期于初六日宴各官场，初七日宴各国领事，初八日宴各绅商，因初八礼拜日前一晚本为洋人宴乐之期，趁此宴之，尤能畅叙云。

官场之怪现象

◇埔邑渡头黄坑乡袁姓被劫，衙门中人索贿不勘，已纪前报。兹闻悉查大令自任一门签朱某,听其所为,无论案情大小,非贿不行,邑中竟暗无天日。当袁姓被劫时,查大令适在高陂办案,经事主拦舆叫冤,大令着其赴县呈报。及至署,朱某勒索五十元不遂,于递呈时令家人指为虚伪,从旁喝打,大令亦即命打,事主大惊,不敢递呈而出。近日由邻县同族袁茂才帮同出力,在留隍市拿获赃盗二名,即行送县。朱某复索费至百元之多,始肯为之收押。送盗者与之辩,则诿之曰"敝东敝东"云云。噫嘻!劫案如此,其他可知,此方之民,何堪其苦耶!

嘉应雁洋某村凶犯陈阿石,前因枪毙人命,监禁多年,嗣贿役以八百金解脱。自此如纵虎归山,凶横更甚。月初,复拐带妇女二口,拟携往潮汕发卖。正在丙市落船,为逻者所获,双双解案。不料州署官吏近存五日京兆之见,听群下所为。门阍范某索传呈礼六十元,差又多方恐吓。而事主贫甚,无力措办。陈石之父兄急以二百余金,贡入差阍,遂串同拦阻。事主乃垂头丧气,含泪而还。

续纪兴宁局绅

◇前报纪兴宁叶塘局绅之腐败一则,兹又据友人来函云:查叶塘之局,所有公款悉归萧绅主持。罗绅非惟无侵蚀公款之理,且驻局向来不领薪水,枵腹从公,实人所难云云。按:此与前所闻异辞,合并纪之,俟探确再志。

改良私塾

◇埔邑大麻甲郭茂才镇章,去岁曾赴道辕,禀请兴学,颇有端绪。后为某令所阻,卒未成立。今在文昌庙集甲中青年十余人,设一私塾,聘开通教习,以小学教科分日课授。现在风气暂开,热诚向学者,实繁有徒云。

查封尼庵

◇嘉应近古塘坪之镇江寺,住女尼三四人,色相并佳妙。因不守清规,为人所恶。日前遍贴单条,疏其秽行,且控诸官。秦牧伯现已饬差查封矣。闻者无不称快。

大清光绪三十年甲辰四月初五日　公历一千九百零四年五月十九号

乐群学堂近述

◇大埔乐群学堂为诸志士所创办,闻现年学生六十余人,颇勇于向学。

堂中规则及一切书籍、仪器，均极整齐。开学以来，甚有可观。埔邑文明之发达，当以此为先导也。

◇又闻该学堂以经费不充，暂借张氏祠开办，甚不适当。现张君六十，拟自往南洋劝捐巨款，为另筑校舍及扩充之费。南洋一带巨商颇多，未必不踊跃赞助也。

大清光绪三十年甲辰四月初六日　公历一千九百零四年五月二十号

东游佳话

◇兴宁刘君立群，年仅弱冠，有大志，家富于资。前在同文学堂肄业二年。于癸卯春，与同邑何君晓柳、饶君希野游日本学武备。其时，刘君适娶罗氏女，新婚才五日，遽尔远别，而刘君慨然就道，亦足见其向学之笃矣。抵东后，暂入清华学校肄业，迨杨钦使莅任，始保送振武学校。刘君既学普通各学，故班次颇优，今春来书，既列第四班矣。近刘君之父以刘君卒业之期尚远，新妇年少，可以就学。闻邻郡嘉应梁诗五孝廉为使署随员，大埔何士果大令为留学生监督，俱携眷东渡，即欲托挈刘君妻一同赴东就学，以为本邑女学倡。同志闻此言，无不乐赞其成。若刘君者，其父子夫妇间智识之开通，诚有令人钦佩不置者矣。

大清光绪三十年甲辰四月初七日　公历一千九百零四年五月二十一号

札复清办潮州盗匪

◇新架坡潮商以潮州去年已来，剧盗横行，商民交困，而地方官吏未闻有力谋治安者，心焉忧之，因联名禀请领事府转禀省宪饬属严办，以弭盗患而慰商情，业经领事府申行到省。兹得岑督宪札复如下：

为札复事：光绪三十年二月初十日，据该领事凤道仪申称，案据潮州职员陈景仁等佥禀云云等因到本部堂。据此，查潮属盗风素炽，迭经严饬该管地方文武，实力查缉，并举办团练清乡事宜各在案。兹据申称潮州各属盗匪猖獗异常，且被劫之家多属南洋商众。查粘单内开，自上年六月至十二月，无月不有劫案，甚至一月四五起之多，该管地方文武，平日漫不经心，事后无觉察，玩愒因循，实堪痛恨！即责成该镇道等督饬府县，实力清办，以靖地方。除札饬该管地方镇道督饬府县，将单开潮州各属劫案，克日查明，悬赏购线，勒限严缉赃贼，务获究报，并实力办理清乡，将盗匪严行搜捕净尽，以戢盗风而安商众，毋稍纵延，致干未便。仍将办理情形具报外，据申前情，合亟札复。为此札，仰该领事转饬该职商陈景仁等知照，毋违！此札。三月初一日。

附录领事府通禀及潮商禀稿：

为申请事案：据潮州职员陈景仁等佥禀称窃维云云等情，据此，职道窃查潮郡盗风向来素炽，商民受害已非一日，而劣差蠹役只知勒案陋规，未能出力缉捕，致匪胆益张，日久愈难收拾。该职商等身在外洋，情关桑梓，谁无家属，岂甘坐受凌夷？设不认真缉惩流弊，伊于胡底？理合据情申请宪台，札饬潮州府县严办，俾盗氛日靖，商情克安。除申请出使英国大臣张、广东巡抚部院张外，合即具文申请宪台察核，办理施行。须至申者。

具禀潮州职商陈景仁等为剧盗横行，商民交困，恳恩转禀上宪札饬严办，以弭盗患而慰商情事：窃维潮郡民风素称强悍，盗贼蜂起，日有所闻。然自方军门惩办之后，各处鲜萑苻之患者二三十年。乃近来缉捕日疏，盗风日炽，劫掠之案，甚至无日无之。且也被劫之家，多属南洋商众，积数十年经营之血本，一日尽饱盗囊。殆至呼捕鸣官，而差役需索，陋规非数百金不能满其意。内逼强盗，外困蠹差，无法无天，末由告诉，使小民畏惧差役，犹之畏惧盗贼。似此陋习，不特无以弭盗氛，而反有以张匪胆。自兹以往，盗匪必至蔓延，□西匪乱经年，其势亦由于积重，若不严行搜捕，则养痈贻患，积火燎原，后患何堪设想。职等经商万里，叠接家乡警报，几于废寝忘餐，不安其业。伏思朝廷轸念商艰，上谕煌煌，尤以保商为亟。设乡里之盗患不靖，则旅洋商众更视内地为畏途，不敢挟资回国，为丛敲雀，为渊杀鱼，关系不綦重哉！职等忧深桑梓，焦急万分，不得已沥陈被劫惨状，粘抄盗起清单，禀恳崇辕俯垂怜恤，恩准转禀粤督抚宪，札饬地方官严行搜捕，从重惩办，庶匪徒知儆，旅民获安，地方幸甚，商等幸甚！计粘抄盗起清单一纸。

源盛银行之成立

◇督办潮汕铁路张榕轩京堂，自客岁承财政处暨户部奏准，集股创办银号。出京后，业与香港各华商筹议，已集股本百余万元，拟就香港、汕头先行开办，陆续展拓南洋各埠岸，俟有成效，再推广各直省，斟酌代财政处、户部行用纸币。其初拟章程各节，曾登二月初旬本报。日前张京卿到港，复提议此事，将章程商改定夺，订立合同，择吉在港开办，名曰香港小吕宋源盛汇理营业有限公司。现设总局于香港域多利亚，设副总局于小吕宋，专做香港、小吕宋两埠汇兑。次及汕头、上海、安南、新架坡、渣华等埠，或设分局，或由本局总理人承办，或托殷实字号代理，临时酌夺举办云。

大清光绪三十年甲辰四月初九日　公历一千九百零四年五月二十三号

银行成立之余闻

◇张榕轩京堂等集商股，在香港创办源盛银行，已经成立，详纪昨报。兹探悉财政处、户部初欲拨款合办，而京卿深恐难任艰巨。故现在所有资本，只就商家集股开办，而北京银行逊谢不敏云。

勘地述闻

◇月之初二日，潮汕铁路总局工程师曾携其学生三人，随同潮州绅士由汕到郡，一路先行探视，勘得由汕直上一带平坦，其直线间有庐墓，俱可从旁绕越。业于初四日到郡，既由工程师绘一简明地图，详审定后，工程师即随路标旗，以便测量云。

◇又据工程师云，□路由河堤，太为迂曲，殊不便，不如循山麓而行云云。然则当走电杆路矣。

潮嘉商人之巨劫

◇前月廿五日，有徐芳船由惠州开行，载有绸缎杂货，计值约七八万两。廿八日，泊舟派尾湾，其地距惠州约百里。是夜，被土盗抢掠一空，计潮州帮失货约值五万余两，嘉属兴宁帮失货约值六千余两。其余情形，尚未查悉云。

僧尼之狼狈

◇自□宪饬属将寺庙产业提充学费，地方官绅未见一律奉行，而僧尼闻此消息，极形恐慌。埔邑各寺观现恐差役、烂崽乘机抄抢，预先纷纷迁徙，大有无所依归之象。查邑中各寺庙，惟盘湖庵、赤蕨寺、高砌寺等处，各有租息数十石余，皆寥寥无几，且年湮代远，往往有不肖僧徒私行背卖，佃户转相顶替，移丘换段，在所不免。然苟能从此实力奉行，认真举办，未始不可化无用为有用也。

茶阳之洪水患

◇埔邑春夏间，沿河一带居民多遭水患，近城内外被其害者尤甚。店铺人家，常有一月而遭四五次及七八次者。凡小资本家，一遇洪水，无所得食，其情状有不可言喻云。

家庭怪象两则

◇嘉应某茂才有一胞侄，素无赖。霸踞某市尝店，短其租，不照纳。茂才以此与众议，欲逐之出店。侄恨之刺骨，一日某茂才家烹物方熟，忽家人哗有毒物。茂才惊试之，良确，知为侄所为，据情讼诸官。秦牧伯大怒，出签严拘。其侄赂承差百余元，竟获免。闻不日将传集堂讯云。

又某氏妇，生一子，娶媳某氏。方未娶时，子已有痼疾，至是更剧，而妇反怨媳之不利于其子也。妇迷信神权，遍祷群祀，携媳与俱，必令百拜。媳疲甚，辞以足软，妇谓为诈，深恨之。一日持毒酒一壶，谓之曰："此风软药酒也，饮此可愈足疾。"媳以为然，一饮而毙。媳外氏闻之，大怒，将讼诸官。幸有和事老劝处，罚银千元，免报案云。

大清光绪三十年甲辰四月十一日　公历一千九百零四年五月二十五号

保护勘地之示谕

◇潮汕铁路经工程师等沿路勘量，插旗标识，已纪昨报。张榕轩京堂恐乡愚无知，致滋疑虑，函请澄海县杜大令为之出示晓谕，兹录其示如下：

为出示晓谕事：现准督办潮汕铁路事务、头品顶戴、四品京堂张函开：现在开筑潮汕铁路，已饬工程司等溯流而上，一路相度地势有无室碍庐墓，应如何绕越之处，预为计算，方可择地购买，兴造工作。但勘明之后，必须先插旗号，以为标记，庶几高低曲折，可以测量改换。恐无知乡愚，见有插标志记等事，不知作何举动，致滋疑讶，或阻挠不准插旗，或插后随时拔去，不可不先为之防。函请出示晓谕，嗣后凡工程司经过地方，如有勘地插旗之事，万勿拔去，致生龃龉等由到县。准此，查开筑潮汕铁路事宜，先奉大宪行札，钦奉上谕，饬即妥为照料，并颁发告示晓谕在案。兹准前由，除谕该乡绅耆约束外，合行出示晓谕。为此示，谕属内军民人等知悉：尔等须知潮汕铁路系奉旨开办，原为兴商便民起见，现在勘路伊始，如工程司经过地方，谕不准阻挠，滋事端定即严拘惩办，决不姑宽，各宜凛遵毋违！特示。光绪三十年四月初六日示。

纪铁路总局之宴会

◇本月初六至初九等日，为潮汕铁路总局筵宴官商绅士之期。假座萧总办之荣禄第，连日冠盖往来，觥筹交错，极一时之盛。初七日宴会，西宾在座者，为英、德各国领事官暨洋关税务司抬和各洋行行东等，合计中西官绅不下五十人。饮至数巡，英国领事官首先起立致颂云："地方开筑铁路，本为商务最要之着，不但利民，兼可裕国，故数十年来欧西各国建造铁路，无不争先恐后。今贵京堂有鉴于此，毅然为潮汕开建铁路，独力承办，尤倡中国未有之局，至急公好义，力顾桑梓之情，本领事尤深钦佩。将来路工告成营运，一切瞬间可达，固属事事称便，而我西人侨居于此，或资贸迁，或骋游历，有如此之风驰电掣，岂不大畅胸怀，托庇无穷乎？吾知商务必因之日盛，地方富强，即此可为基础之兆。今日之会，吾敬为贵京堂贺，吾更当为中国国家贺也。"言毕，各鼓掌欢呼，举杯相庆。有顷，张京堂亦起立答词曰："辱荷奖词，感谢无似！吾中国比年以来，各处虽兴造铁路，而风气尚未大开，愚民多所顾忌。朝廷已三令五申振兴商务，而此事实为强弱关键，不可再蹈因循之误。本京堂才识短浅，历练尚疏。此次承办潮汕铁路，上怀国是，下顾梓乡，公义私情，两无可诿，用敢勉竭愚诚，集资兴办。现在创始之际，百绪繁兴，规模一切，未臻妥洽，务望贵领事暨列位大领事，遇事周全，不分畛域。倘日后工竣事成，商务起色，皆出自贵领事等匡助之力居多，在地绅商，益当何如铭感耶！今夕之会，请诸君子畅饮一杯，永敦友好。"言已，各拍掌如初，欢声雷动。直至钟鸣两下，始各欢散。

大清光绪三十年甲辰四月十二日　公历一千九百零四年五月二十六号

兴民学堂演说

◇兴宁县兴民学堂添聘邱仙根工部为总办，于初二日到堂，初三日演说，大旨谓学生以立品为先，知行并进为要，不可为科举之学所纷心，不可以秀才、举人、进士为事业，不可以乡党自好为圣贤。有尚武之精神，方能任国家之大事，而国家之大事，实无一非学生之责任也云云。演毕，各学生大有感激思愤之志。

◇又西文教习戴君耀华，于前月廿九日到县，初一日进堂授课。

◇又牌示学生等，于初十日释奠先师孔子云。

长乐县拟兴学堂

◇长乐近倡设学堂，函取兴民学堂之章程规则，欲仿照开办。邱总办即于初五日肩舆前往，为详办法云。

兴宁学务之振兴

◇兴宁山僻之邑，风气闭塞。自本年县城创设兴民学堂以来，邑人士多以兴学为务。叶塘墟萧惠长茂才与同族雨若志士，复倡设开明蒙学一所，暂借文昌祠为学舍，招集学生三十余人，聘本乡岳朋刘君、赐玉萧君为教习，已于日前开学云。

大清光绪三十年甲辰四月十四日　公历一千九百零四年五月二十八号

潮汕铁路分局

◇潮汕铁路督办张京卿，拟于一二日间晋郡，在郡设一分局。闻欲照会中学堂教习温慕柳太史为总办。

大清光绪三十年甲辰四月十六日　公历一千九百零四年五月三十号

平远赴东之师范生

◇平远县近拟兴办学堂，有林君菊秋、林君石豪自备资斧，往日本学习师范。二君已于本十四日，由汕东渡矣。

嘉应蠹役之利害

◇罗衣堡叶姓与长沙墟胡姓以事互按于州，一日承差李、彭二役奉票到叶家，因讹索不遂，立提三人去，诬以殴差碎票。秦牧伯大怒，即将三人堂讯，内有一人实案外而被拿者，抗辩不服，掌嘴二百。现叶姓已于初八日递呈讼冤，缴回原票，不知秦牧伯何以处之也。

大清光绪三十年甲辰四月十七日　公历一千九百零四年五月三十一号

函述槟榔屿中华学校开学之盛

◇嘉应梁君璧如现为槟榔屿领事官，合闽、粤诸志士，于该处创办中华学校，以教育同乡子弟，已于四月初一日开学。兹接友人函，纪其开学之盛云：大清光绪三十年甲辰夏四月朔日己酉，本屿中华学校开办速成夜课。是日下午钟鸣六点，闽、粤两省各大总理恭亲到校者数十人，闽、粤学生来校受业者计五十余人，济济跄跄，雍雍穆穆，诚开埠以来，吾华人第一美事也。鸣钟三次，教习陈允叔、何惠荃、谢兆珊、韦敬齐、罗愿庵、张星伯、林笠樵诸君等，登堂举行开学盛典。礼毕，将学校钦遵《京师大学堂钦定章程》，参以日本大同学校规则，合本校注重在国民之宗旨，一一演说，随由槟城领事官梁公璧如讲贯大义。时环堂观听者数百人，宣讲之余，咸欣欣然拍掌举手，和声鸣盛。钟鸣九点，照例退学，诸生鱼贯而散。自此每晚以六点半钟入学，九点钟放学云。

嘉应练勇之行径

◇州局练勇叶某，于初六日纠伙四人，身穿玉字号衣，到白叶余姓家讹索吓诈，得银十余元，余姓恨之。有识者曰："此玉字营勇，明是假冒。若游戎在潮，勇何以得至此？"遂禀诸杜游戎。游戎立将叶某送州堂讯，茹刑不吐。秦牧伯将加以趱笼之刑，乃供出实情，并党三人。现三人已逃，立责哨长缉交云。

水利启争

◇嘉应折田胡、叶、池三姓，有公共山塘一口，溉田甚广。昔年曾合议，此塘永久不能改变，致妨水利。迩来池某忽将塘填塞为田，胡、叶二姓往阻，不听，遂致角口互殴。胡、叶出其娘子军，锐不可当，池某受伤而归，现已传呈请验云。

大清光绪三十年甲辰四月十八日　公历一千九百零四年六月一号

潮汕铁路之关防

◇潮汕铁路在汕头设局开办各节，迭纪昨报。兹探闻督办张榕轩京卿日昨已将开办事宜禀报省宪，并禀明将商部所发关防开用云。

咨请办理银行

◇大埔张侍郎振勋以南洋巨商，极为当道所重。目前华奥议设通商银行一事，现闻大宪以官办则弊多利少，不如改为商办，日昨特咨请张侍郎集股妥筹办理云。

潮嘉商人之巨劫续闻

◇前月廿五日，惠州派尾湾徐芳船被劫，潮州、嘉应、兴宁各商共失赃银数万两，已纪昨报。兹探悉事主均已在惠州府及归善县禀报。是月初五日，经陆路提督李军门亲统营兵三百余名，凭线前往横历应头村，围获贼匪三十八名，解交惠州府讯办。内有林姓三十一名，并搜出原赃生绸数匹，玉器二小件，余赃尚未缉获云。

大清光绪三十年甲辰四月十九日　公历一千九百零四年六月二号

丙村之改良教育会

◇嘉应丙村墟为锦洲、金盘、雁洋三堡通商之市场，颇称繁盛，而教育界则黑暗如故，鲜有讲求者。近日邱燮亭、谢鲁清、江柏坚、李梅阶、廖晓湘诸君乃倡设一改良教育会，以振兴新学及工艺种植为目的。既于本月初五日开会演说，入会者二百余人，环演坛而观听者如堵。即用投票选举法，以实秋李君得票数最多，为正会长；寿南林君、舜卿陈君为副会长，众皆悦服。是日并筹划兴办学堂事宜及一切经费，得陈君镜衡、廖君劲亭、温君尹甫极力赞成。现已就绪，不日即赴学务处禀请开办云。

智群社会之组织

◇埔邑民立乐群学堂开办已来，颇能振作。兹闻教习、学生等复组织一智群社，以谋智识之普及。有愿入社者，不拘年格，皆准延纳，惟必遵守宗旨。凡有关学务及地方公益等事务，各尽责任，竭方筹办。每月开一小会，一年开两大会，以讨论办理各务。每年由各社员捐洋数角，以为购买书籍及各种报章之费。既经立定章程，报名入册者，既有六七十人。社中拟月出《文话通俗报》一册，内容一切，务极完全，亦已组有成绪，大约端阳前后即可出版云。

大清光绪三十年甲辰四月二十日　公历一千九百零四年六月三号

潮汕铁路勘地

◇昨闻督办铁路张京堂择定于本月廿二日派华洋两工程师，及照会道宪札派委员，海阳、澄海两县差役协同当地绅董等，先行由汕至潮，勘采地基，插标志记，以便陆续购买地段云。

议筑大丰永三邑码头

◇汕头为闽汀、潮、嘉各郡邑人出洋航海必经之地，往来帆船，万艘麕集，往往因争泊船位纷起争端。顷大埔绅商蔡君浩卿等议，合丰顺、永定三邑，共筑一码头，以便过客，已于行台后之河岸划定地址若干，以便兴筑。其工费一切，拟发簿募捐。想三邑士商，当无不乐赞成斯举也。

大清光绪三十年甲辰四月廿一日　公历一千九百零四年六月四号

禀请保护学塾

◇埔邑大麻甲郭茂才镇章改良学塾一节，已纪前报。闻近有某某等颇不满意，百其端以煽惑，冀塾中学生听从解散。现郭茂才以此等顽固举动，于学界前途大有关碍，已极力维持，并禀请查大令给示保护矣。

乡人谋自卫

◇前月石下镇妓船被劫，经多人沿河尾追至大麻，求援于郭族。各出枪械，始将贼轰散，原赃获还。今闻该盗扬言将行报复，郭族大为戒严，枪声隆隆，日夜不绝。族中绅士亦议集巨款，加办军装，以为自卫之资云。

潮嘉商人之劫案破获

◇潮嘉商人在惠州被劫，两纪前报。兹悉潮商蔡全茂等由省贩运绸缎布匹、玉器货物，约有一百余箱，计值八万余两，于前月廿八晚由惠经过，船泊归善县派尾村沙湾河边。二鼓时，被匪百余人驾艇十数只到船伙劫，并击伤蔡全茂头脑、肩背、左手。当经事主禀由地方官追赃购匪，嗣查悉该匪首系博罗县岌头村同德堂药材店东陈留欣、陈钟晚等窝藏。陆路提督李军门遂亲率李营弁勇队前诣该处，拿获陈留欣等卅余名，并起出原赃，押解回城讯办。

大清光绪三十年甲辰四月廿三日　公历一千九百零四年六月六号

保护铁路勘工示

◇澄海县正堂杜为出示晓谕事：照得现准督办潮汕铁路、头品顶戴四品京堂张函开：敝处所用日本工程司，已于昨日到汕，计共二十三人。现准于月之二十二日兴工开办，先行采择地基，插旗志记，一俟绘图贴记，然后定地议购。惟沿途经过地方，逐段勘度，即须逐段驻扎。日间工作，夜间住宿，经营伊始，为日方长。深恐乡愚无知，少见多怪，彼此疑讶，聚众环观，致碍工作，应请出示晓谕。首先，毋许滋生事端。现在该工程司等相度地势，必须先插旗号，以为标记。如有踏伤禾苗暨各样种植，应由本公司之监路委员随时估价补偿，但不准□□□□□□□□□□□□□□□□□□□□□□□□□。查铁路本有益地方之举，不但商贾营运，货物流通，旅客往来，事事称便。日后雇用工役，无非就地取人，小民糊口有资，亦属闾阎之益。现在潮汕铁路公司聘用日本工程司，本县职应保护，为此剀切晓谕，仰尔等居民人等一体知悉：嗣后凡日本工程司等经过各路，遇有插旗勘路等事，不必疑讶，不准阻挠拔旗，亦毋许聚众喧哗，有碍工作。踏伤禾黍，自有监路委员给价补偿，亦不容藉端婪索。尔等仍各安业，勿稍滋扰。各自懔遵毋违，切切！特示。

◇闻工程师已于廿二日由汕起勘，起点于汕之对河厦岭矣。

同文教习补志

◇岭东同文学堂教习经总办、副办陆续聘定，均已到堂授课。东文教习仍旧外，其国文、历史、地舆各科教习三位，为邱少白上舍、温丹铭上舍、马夒友上舍；算学教习一位，为刘蔼士茂才；蒙学教习二位，为庄一梧茂才、林伯骥茂才；其西文官音两教习，现在选聘，尚未得其人云。

大清光绪三十年甲辰四月廿五日　公历一千九百零四年六月八号

兴民学堂近述

◇兴邑兴民学堂于初十日释奠孔子，邑侯郭大令暨典史、都府城守各官俱在堂观礼，跄跄济济，极众宾之欢。邱总办当堂演说，略谓兴民学堂为兴宁学堂之中点，从此更为广东一省学堂之中点，更为中国廿一行省学堂之中点，更为世界学堂之中点，可预祝也，但宜保守学堂之名誉为更要云云。环学堂而观听者如堵，咸谓为一时盛事。

兴宁近事汇闻

◇东厢三圳口刘屋近有自外洋回者，匪侦知，于初九夜破门而入，劫掠一空。

◇龙田龙马桥畔近建有神宫一座，极宏敞，为愚妇女苦心所经营，众欲毁之。罗鹿香上舍以为巾帼中具此手段，即可利用之，以兴女学。闻者无不赞助，想不日当改观矣。

大清光绪三十年甲辰四月廿六日　公历一千九百零四年六月九号

兴邑兴民学堂招课英文学生序例

◇环球之语言文字最占多数者，莫如英文。英文者，西学必由之门径，世界必用之喉舌也。当务之急，夫何待言！然地处荒陬，欲学末由，游学异域，所费甚巨，不独为吾邑志士之缺憾，抑亦本学堂所引为缺点者也。现本堂聘定香港王家学堂卒业生长乐戴君为英文教习，专课英文。戴君通客语，识中文，讲授必易领受。但本堂斋舍狭窄，不能多容学生，拟择就近地方，另设专课英文馆，以慰邑中志士求学之望。邦人诸友，不甘囿于一隅者，尚其踊跃从事可也。爰拟章程列左：

一、此科学生为本学堂英文专课生，无论其于中文既通未通者，概予延纳，惟本堂不任教授中文之责。

一、学生不拘士商，若无烟赌及一切嗜好者，取具保认，均可报名。□入以十四岁起，三十岁止，额限四十名，踰额不收。本年四月初五报名开填，四月底止截，如迟不候。

一、学生每名每月限收学费二大元，全年十大元。以年计者，开学时先缴学费一半，至八月一律缴清。以月计者，亦须于报名时声明月数，预缴一半，其余按以每月望日缴足。

一、无论城乡学生，住堂与否，其饮食均系自己料理。每日按时到堂学习，不得迟误，如有事故不能到堂者，须先声明教习，以便稽查。

一、堂中备办桌凳，为学生习业之用。其余各项杂费，学生自理。

一、英文一科，学生均未学习，现时暂不分班。至学业稍有进步，由教习面试，分班课授。

一、本堂拟设值理一员，稽查各学生功课以及一切行为，凡学生到堂时，须遵守堂规。即退堂后，亦必自习自治。若有放纵不法之行，查出记过。屡戒不悛者，革退后仍向保认人追缴全数学费。

一、以上各条，是初办章程，其有未完善者，随时改良，以期扩充。若堂中功课以及一切规律，开学时再行发告。

一、每日英文专课外，另增算学一门。

大清光绪三十年甲辰四月廿七日　公历一千九百零四年六月十号

改良教育会之演说

◇嘉应丙村设立改良教育会，已于初五日开会演说，曾志昨报。兹悉是日西洋堡学会诸君，均赴会所。何茂才伯澄，登坛演说曰：自戊戌政变后，以嘉应三十六堡之风气开通论，则以松口为首屈一指。其余则寂寂无闻，寥寥罕睹，欲求一亚于松口者而邈不可得。无已，其惟我西洋乎？我西洋于旧岁冬创教育会，旋于今年春改作学会。入会者日众，定每月晦日演说一次，乃不转瞬，而贵堡遂有改良教育会之设。合三堡之志士而登场演说，极力提倡。其大风潮起于松口，涌于我西洋，而接踵而兴，直以后来驾乎两堡之上者，端推贵堡。贵堡不弃，使鄙人滥厕其间，敢不贡其刍荛之言？贵堡之会，以"改良教育"命名，自应以开学堂及一切实业为办法，何俟鄙人混渎？鄙人所以言者，愿贵堡协力实行。其始，联结各堡之已立会者为一大群；其终也，鼓舞各堡中之老年志士、少年志士，不遗余力，不惮劳苦，亦令其各自立会，以期联结三十六堡为一大群。然后以一纸书递四县之志士，又联结全嘉五属为一大群。夫如是也，而嘉属何利不可兴，何弊不可除哉？由此而推之一省一国，亦无难渐次联结为一大群。夫如是也，而中国何利不可兴，何弊不可除哉？而中国何患不富哉？而中国何患不强哉？而中国何患不雄长于地球上哉？诸君，诸君！诸君毋谓今日教育会为区区三堡之会，将来联结三十六堡为一大群者，必起点于贵堡教育会；将来联结全嘉五属为一大群者，必起点于贵堡教育会；将来联结一省一国为一大群者，必起点于贵堡教育会；将来为中国兴利者，必起点于贵堡教育会；将来为中国除弊者，必起点于贵堡教育会；将来富中国者，必起点于贵堡教育会；将来强中国者，必起点于贵堡教育会；将来使中国雄长于地球上者，必起点于贵堡教育会。诸君乎，诸君乎！诸君勿以三堡自域，勿以三堡自私，勿以三堡自利。诸君乎，诸君乎！诸君勿笑一抔之土，积之将为万仞山；勿笑一勺之水，积之将为千寻渊。扩之充之，继长之，增高之，发扬而光昌之，兼容而并包之，是在诸君！是在诸君！

大清光绪三十年甲辰四月廿八日　公历一千九百零四年六月十一号

同文学堂咨送联系员

◇学务处练习所行将开办，现同文学堂大埔学生邱明经光涛、萧上舍之桢、郭茂才镇章等均拟自备学费，入教习所学习，已经温总理备文咨送，日内即启程前往矣。

大清光绪三十年甲辰四月三十日　公历一千九百零四年六月十三号

潮汕铁路述要

◇潮汕铁路已经华洋工程师勘地至郡，督办张京卿亦于廿四日抵郡。现假镇平会馆为铁路分局，闻沿途插旗之地，民皆安之，且到处为各绅士所欢迎，尤觉众情协洽，踊跃赞助，然则亦吾潮民智开通之见端也。

又闻张榕轩京卿去年奏办潮汕铁路，本声明不凑洋股，后因为闽人吴理卿所播弄，援引林丽生凑洋股若干。闻已踊铁路章程，许凑洋股十分之四之数。未知京卿于商部若何立案，商部若何覆准也。事关重大，风传如此，特略志之，余情候探详续报。

禀请保护学塾之批词

◇前纪埔邑郭茂才镇章以改良学塾，多有从中摇动者，禀请查大令给示保护。兹蒙批示如下：据禀，于大麻墟文昌庙改良私塾，仿照学堂规模，实为育才之根本，开风气之先声，具见热心教育，良深嘉许，准应出示保护，俾众咸知趋向。将来筹有款项，更当逐渐扩充，期达目的，该生等其尚勉之，以副厚望。

大清光绪三十年甲辰五月初一日　公历一千九百零四年六月十四号

拟筹款兴学兴工之批词

◇兴宁县增生李倬堃等，日前赴学务处禀陈拟筹兴学兴工四策，奉处宪批示：据禀，拟筹兴学兴工四策，尚有可采，足见该生等热心兴学，惟禀乐育堂公款助送文武庠印金一款，查武科已停，武庠印金自可全数提充学堂经费。文试科举亦已奉行分科裁减，文庠印金亦可提拨四成或六成。应由该县查明，妥议禀覆。其所称印金仿各外县之规，按上中下户派捐一节，究竟捐自何人，如何派捐，是否不至骚扰，与其按户捐派印金何如；劝捐学费，兴邑乐育堂公款是否官项，每年入款共有若干，除支过文武印金之外，有无别项支销，一并详查禀覆。又现禀该县墨池、文峰书院等项经费一款，究竟该县墨池、文峰两书院，及养正堂文武学田、学署，宾兴尚义祠、报晖祠、育婴堂、武庠、大忠祠等处，某处每年岁有入款若干，向来如何支用，能否酌量多提，拨充学费？其墨池、文峰两书院，向在何处，地址宽广若何，能否足敷改建学堂之用？并由该县查明禀覆。至现禀拟抽赌规以兴工艺，酌移教场以建馆舍二节，查振兴工艺，亦系要举，惟工艺亦须由学而兴，本处现在筹办实业学堂，即为振兴工艺之本。该县民间向来习何工艺，现拟如何兴办，禀内未据议及。其蔡令光岱每年捐赌规七百两，究系何项赌规，如何抽收？并即分别查覆。除札兴宁县遵照，逐一查议禀覆外，仰即知照。

封斋庵充学费

◇嘉应州属，向有斋庵窝藏青年女流，颇滋物议。现该州绅谢逢辰等以斯事控诸大宪，请为查封等情。云帅据禀，以淫犯本干例禁，妇女杂众，大为风化所关，此等斋庵，应即封禁，以充学费。业已批仰嘉应州迅即查明禀办，并申报各上司暨学务处查考云。

大清光绪三十年甲辰五月初二日　公历一千九百零四年六月十五号

潮汕铁路近述

◇铁路分局开设于郡城镇平会馆，已纪昨报。兹闻督办张榕轩京卿，于昨廿七日开局，贺者盈门，极形欢洽。又闻现在由汕至郡所勘路线，间有关碍庐墓者，虽经勘定，亦可设法绕越，以期与民相安云。

举行平粜

◇近来州中米价昂贵，民艰于食。广济善堂绅董因出米平粜，已经十余日，而米价涨率，犹未大跌。州中各绅，又议将义仓之米平粜，以惠穷黎。秦牧伯现已出示，布告各乡矣。

大清光绪三十年甲辰五月初三日　公历一千九百零四年六月十六号

迷信风水之构讼

◇嘉应松口饶姓与谢姓，望衡对宇而居，素不相能。谢姓有祖伯叔坟在饶姓屋后者，饶姓近惑于风水之说，纠集族众，将屋后山填土使高，以作后屏。谢大不喜，以碍眼往阻，不听。益愤，无计可施，乃于近山之饶姓祖坟背上挖一深湖以报之。因此又起一大讼籨，现秦牧伯将亲往勘验矣。

大清光绪三十年甲辰五月初九日　公历一千九百零四年六月二十二号

铁路勘地之函商

◇四月下旬，潮汕铁路员绅与日本工程师到湖头市、庵埠、内洋一带勘测路线。各乡庐墓，间有在路线标识中者，心颇为不安。多向各委绅处，言其不可。各绅多以目下路线标识如是，如有庐墓，京卿必设法绕越。京卿矢志如此，前日示文已言之矣。乡人不之信，乃恳庵埠陈绅寿吾内翰函商。京卿复函，允为设法迂绕，并嘱广告乡民，俾咸悉此意云。

猪仔乎青柑乎

◇汕头海墘一带，客馆林立，惟德里街为最多，拐卖之匪，匿迹其间。日前，忽来香港客头数人，专贩日里。客以赌徒为线引来，关禁密室。昨有海南人，不识本音者十余头，将骗下船，往行过号领票。中一人颇识票字，见票有"日里某某"字样，坚不肯往，遂被众伙毒打，哭声达于大街衢，并无一人敢直言其非者。噫！昔之做猪仔者，以犯重禁，尚畏人言，而讳之曰"猪仔"，曰"青柑"，今则直曰"招工"而已。西人每诮我中国人为鸭卵所生，甚言为之父母官长者，不甚爱惜也，以此观之，良然。

大清光绪三十年甲辰五月初十日　公历一千九百零四年六月二十三号

务本学堂春季积分榜

◇嘉应务本学堂自二月初二开学以来，认真顿整。每日八点钟上堂授课，每一星期当堂试验各科功课，颇为严密。兹总教习与英文教习将春季试验积分，分科榜示，照录于下：

伦理科甲班：吴骏声、宋时亮、吴颂声、何卓英、张我权、黄越环、吴达邦、黄秉均、黎启明、陈国用。

国文科甲班：吴骏生、吴颂声、何卓英、陈国用、张我权、宋时亮、黄越环、张时中、黄秉均、黄铁汉。

算法科甲班：吴颂声、张我权、吴骏声、何卓英、黎启明、宋时亮、黄越环、陈国用、吴达邦、黄铁汉。

格致科甲班：吴骏声、吴颂声、黄铁汉、张我权、宋时亮、何卓英、黄越环、黎启明、吴达邦、黄秉均。

地理科甲班：吴颂声、吴骏声、宋时亮、黎启明、陈国用、何卓英、黄越环、黄铁汉、吴达邦、张我权。

历史科甲班：吴颂声、吴骏声、何卓英、宋时亮、张我权、黄铁汉、黄越环、吴达邦、陈国用、黎启明。

英文科甲班：吴骏声、吴凤声、何卓英、吴颂声、陈绍渊、陈权昌、黄铁汉、邱棣华、陈国用、黄越环。

乙班：吴展声、张时中、吴达邦、黎启明、宋时亮、黄震欧、卢任贵、邱华锡、何畏、萧作栋。

余不备录。

大清光绪三十年甲辰五月十一日　公历一千九百零四年六月二十四号

纸商近情

◇埔邑各纸行所办之纸，除本地销售外，其大包中包各项杂纸，皆运往潮城发售。近因洋纸入口日多，郡城销路大形阻滞。目下各行家均随买随卖，不敢居奇，将来新槽出后，纸价定必大减色也。

大清光绪三十年甲辰五月十四日　公历一千九百零四年六月二十七号

潮汕铁路工程之预告

◇探闻督办潮汕铁路张榕轩京卿，日昨函致京师某侍郎云：潮汕铁路现已动工，大约九月间可以竣工。目下一切需用之款，暂行筹垫，将来股分招足后，再行拨还，以免耽延时日云云。

◇又闻近日汕中风传此铁路洋股甚多，本报已为述及。兹探悉京卿闻言，即将与日本工程师所立包工合同移送褚观察阅看。其中只有包工等词，工完后并无干预之事云。

大清光绪三十年甲辰五月十五日　公历一千九百零四年六月二十八号

嘉应选派练习员

◇学务处开设之练习所，各府州县多派人前往练习，迭纪本报。嘉应一州，现经黄公度京卿保送二人，为张茂才慎三、李茂才叔范，均由秦牧伯发给川资，约本月望后即启程前往矣。

嘉应州之花会匪

◇潮州花会之害，以大埔为甚，屡纪前报。近则毒流于嘉应之饶塘，有赌商张、钟二人，大开花会，男女老幼，奔走若狂，每日出入银钱以数千计，且贿通松源分署与丰顺司蠹役，为之保护。该处绅士竟不敢过问云。

大清光绪三十年甲辰五月十六日　公历一千九百零四年六月二十九号

大埔小学堂之近状

◇埔邑小学堂常年经费，本不充裕。去岁查大令迫于考成，勉强开办。考取学生二十名，每名月给以膏伙，延聘教习三位，堂中规模尚不甚完备，而经费已形支绌。今年将该学生膏伙及堂中各费大加裁减，不敷尚多。查大令于讼狱罚款以外，别无筹措之策。各学生毫无意味，早有相率解散之势。值府试在即，皆趁此散去，现在从学者，不外二三人。各教习虚拥皋比，亦不自安。不知查大令若何维持之也。

大清光绪三十年甲辰五月十七日　公历一千九百零四年六月三十号

咄咄藉端阻学之怪事

◇嘉应松口蒙学堂，前经饶孝廉集蓉联名禀请州牧给示晓谕，并札司督勇保护，既于四月廿四日鸠工建造。迨本月某日，竟有该堡一种腐败不可思议之李某、谢某、黄某三人，假辞该祖祠来龙，悍然勒令工人停工。工者以未得总理命，却之乃退。夫兴学为育才要务，名为松口蒙学堂，其利益非有私于一家一族。彼三人者，既不为公益计，独不为子孙计耶？何作此等无意识之举耶？

大清光绪三十年甲辰五月十八日　公历一千九百零四年七月一号

嘉应学务所之会议

◇秦州牧近欲兴办梅州中学堂，苦于无款可筹。拟将培风书院招人拍卖，以培风卑狭，不合学堂规模故也。因谕学务所，会议此事。会所于初三日下午三点开会，议员至者数十人，黄京卿公度佥询议员，议久不决。近拟各议员退归私室，筹思善法条陈，然后决择施行云。

◇目下学务所编刻各等学堂钦定章程，分送议员与三十六堡之局绅，以资开通风气。而松口定刻者有八十部之多，已出版散布矣。

嘉应州试榜

◇州中岁试已经开考，于三场后始发榜。其前列十名：李植、李光济、李凤年、黄际泰、梁维嵩、黄震欧、古仲威、潘锡銮、谢纶恩、叶占魁。初十日四场题：泰西各国工艺专利论、泰西诸国富强优劣论。

误毒十三命之离奇

◇平远姚观察与同族某有深怨。日前，观察登山省墓归，因天气酷热，独在凉亭小憩。忽有一卖茶妪欢迎，献茶、饼，意甚恭。观察饮不适，口吐之，并不在意。片刻间，一群采薪妇息肩而入，大有饥甘食、渴甘饮之状。观察怜之，因谓之曰："任尔等饱啖，不须尔等分文。"薪妇大喜，饮啖尽量，而茶妪色陡变，不敢言。未几，薪妇即相继倒地。观察大惊异，细察之，方知中毒，计共毙十二人，内有一孕妇。观察严诘妪："谁下此毒手？"妪毅然曰："姚姓一族，实使我为此举。"观察怒甚。闻现已将此妪捆送，不知如何究办也。

兴宁患疫之近情

◇兴宁疫症，近蔓延城厢内外，以南厢为最甚。闻此症发生极速，忽然起核，或头脑疼痛，或胸膈热痛，呼号跳跃，即至不起。间有用药救治者，恐其传染，但以长竹筒远探而饮之，其无效可知。死于是者，亲属不敢探视，甚至有倒毙数日，而人不知者。现郑岗堡等处仓皇异常，佥议建设善堂，谓讲善书可以消弭。即于本村仁寿庵乡局所改作善堂，公举一班善士，谆谆讲劝，并任本村排难解纷之责云。案鼠疫发生，大抵起居饮食之不洁，为一大原因，故设洁净局，以清理积秽，乃地方上切要之举。否则，设法捕鼠，亦防传染之一道。徒以善书为消弭法门，此与潮州人之迷信神权等。吾知虽百善堂，亦劳而无功耳。中国人每多务虚不务实，抑何可笑！

兴民学堂日前传说亦患鼠疫，各学生已纷纷告退。其实学堂中并无此症，因节假散学，仅留三两位教习在堂，节后又济济一堂矣。

兴宁农工业述略

◇兴宁山多田少，土甚宜茶，山居之民，往往试种。倘能推广，可为土产之一大宗。花生近年来少种，以其收成极少之故。旧岁则稍为多出，而其种不同，盖花生仁较之往年为大，而出油较少。

◇兴宁工业，绝无进步。如织工之织手巾也，曰高丽巾；扇工之办折扇也，曰日本扇，颇可获利，然日出日粗，去仿造之始远甚。即不摹仿他人，而出自心裁者，曰马冈机，曰马冈毡，花门边幅，亦数十年一辙。而求速求工，更无论矣，是亦工学不兴之过也。

大清光绪三十年甲辰五月十九日　公历一千九百零四年七月二号

保护学塾之示文

◇前纪埔邑大麻甲郭茂才镇章等，因兴学被阻，赴县禀请保护。日昨经查大令出示保护矣。其示略云：

为出示保护事：现据大麻甲生员郭镇章等禀称，生等大麻甲地方颇广，后学青年，各乡多有，已不能径设蒙小学，以造就将来。乃于万无可办之中，寓一彼善于此之意。以学堂规模，提倡私塾，借大麻通江流之文昌庙，聘明通教习一员，择中学粗有根柢子弟，分学科以课授，严规律以齐一。学生应用之件，则各生自备；堂中公用之件，则各生共捐。俟风气稍开，有款可拨，再行扩充改良。此不过为过渡时代之引线，开通风气之先河，即不能造育多才，亦庶不致贻误来者。合无仰恳宪恩，给示保护，俾众咸知，以销阻挠。则各学生幸甚，一甲幸甚，不胜感激待命之至等情到县。据此，除批示外，合行出示晓谕。为此示，谕该甲内民人等知悉：尔等须知，大麻圩文昌庙内仿照学堂规模，倡立私塾，为育才之根本，开风气之先声，应准出示保护，俾众咸知。倘有土棍痞烂把持滋扰，一经访闻，或被告发，定必拘拿，带赴本县，以凭讯明，从重惩办，决不宽贷云云。

大清光绪三十年甲辰五月廿四日　公历一千九百零四年七月七号

埔邑废寺兴学之希望

◇废寺院为学堂，诚为有益地方之政。自揭阳倡行后，各属多有仿办者，独大埔寂然。闻近有志士某生等，拟将西竺庵改为师范学堂。刻已联合同志，酌议章程，筹措经费。一俟规模立定，即禀请邑宰批准施行。且闻该志士等，以现立之小学堂内容狭隘，不惬邑人之望。拟于建设学堂外，兼宽筹巨款，将义学旧址建筑校舍，并将相连之万寿宫一并圈入，俾得一容百二十名学生之学堂，然后满其愿望。其万寿宫，则拟以慈渡庵改建，以崇体制云。按西竺庵在城西，上下两堂，左右从屋，二左边仍有孔地八九丈，可加盖造庵。后有废楼五间，系饶姓废址，可以购置扩充。以此为学堂，容师范生数十名，绰有余裕。义学旧址，亦在城内西麓，道光初邑人建正蒙义学于此。该址纵横一二十丈，与万寿宫相连。若合二地而熔铸之，且仿照郡金山形式，因山布置，回环建筑，则欲成就容百余人之校舍，确可踌躇满志。查万寿宫地颇宏敞，惟荒凉湫隘，不堪卒睹。正殿满放神佛，仅设一万岁牌于案南，榱栋剥落，洞无门户，旁舍则破墙围绕，蓬蒿没人，诚不如慈渡庵之堂皇壮丽也。志士诚具宏愿，但未知达其目的否耳。

大清光绪三十年甲辰五月廿五日　公历一千九百零四年七月八号

埔邑废寺兴学续闻

◇大埔某志士拟废西竺、慈渡二庵，以兴学务，已纪昨报。续闻此议一倡，竟激刺多数热心之士，群起而研究此种问题，且欲联一兴学会，划分部分，各任调查。谓凡逼近村乡之寺院，合作蒙学堂者，即竭力改办。如小靖之龙泉庵、漳溪之龙寿寺、三沙之佛顶山寺、同仁之盘湖寺、圳下寺、双林寺、长教之佛祖凹寺、莒村之灵寿寺、松山之松山寺，皆与人家切近，统在废改之列。又拟各行设法耸劝乡人，于祖尝及各公款内，抽提十之二三，津贴学费。公款归公，族款归族，暂分界限，冀以杀私情者之阻力云。

在押同文学堂账房之自缢

◇岭东同文学堂账房陈伯澄，去年因侵蚀款项，大起风波。经监督邱仙根水部送交澄海县发捕衙管押，迄今尚未释放。昨廿二晚，忽然悬梁自缢。捕厅差人来汕，函告杜大令，大令即于廿三日回署相验云。

拟推广社仓

◇社仓之设，郡邑多有之，大抵有名无实。近闻兴宁有拟推广之者，其法使一乡一族，各有社仓，公共积谷。社仓愈多，则积谷亦愈多。岁稍丰稔，即行之云。

大清光绪三十年甲辰五月廿六日　公历一千九百零四年七月九号

纪嘉应游学生

◇日本东京友人来函云：嘉应黄君簣孙、杨君徽五、张君觉生、黄君由甫、李君竹琴五人，均已到东。黄、杨、李四君入弘文学院，惟张君觉生入清华学校云。

镇平学务

◇镇邑学务，上年迫于上峰之命，虽经官绅倡办，仅将旧有书院易一学堂之名而已。近日邱仙根工部出为提倡，拟将旧有书院款项并某局公款，悉数提出，为改办学堂经费，业已就绪。现公派钟幼樵上舍、陈佩衡茂才赴学务处练习，以资开办云。

丰顺县学堂之兴办

◇ 丰邑万大令及绅耆吴孝廉其翰等，近议将鹏湖书院改办学堂，已于昨廿二日鸠工兴筑，其经费拟就地募捐三万元。书院中膏伙出息及汕头溜隍、潮郡等处铺业，亦拟增加租息，以裕经费。现选派练习员二人赴学务处练习，一为吴茂才伯谷，一为李茂才唐云。

铁路工程之溺毙

◇ 闻得包办潮汕铁路日本工程师某君，日昨在厦岭渡地方乘小舟济河，驶至中流，忽为风浪所覆，竟致溺毙。溺沉一日夜，始浮出水面，为人捞起。闻舟子亦同时溺下，但颇谙水性，尚不致死。然以所载者为工程师之故，已逃去无踪矣。现在工程师有无报官验看，尚未探悉。

毒毙九命

◇ 前报五月十八日纪误毒十三命之事，兹复据访函云：平邑姚鸿泰者，著名匪首也，积案甚多。前年清乡时，官购之急，因逃往长宁山僻地方，开店作小生意，颇有余资。伊弟鸿泰八闻而往访之，鸿泰给资，遣之归。途遇一妇人，素识者，盖鸿泰之外妇也。素与鸿泰妻相恶，见鸿泰八知伊兄尚存，甚喜，延归妇家留餐。告归时，妇馈以毒药米粄一砖，布袋包裹甚固，嘱曰："此以贻尔嫂。"去后数百步，妇又呼曰："尚有米粄一砖，与尔途中点心，此是才熟的，性软，与尔点心更妙。"泰八在途中食而甘之，归至家已无余剩。至家时，嫂已归宁，同族儿童咸来聚观，争索果饵。泰八因以袋中之物分甘，当时食者，立即倒地，共十三人，方知中毒。族人大哗，急屠数羊以血灌之，犹毙九人。族人缚之送案，县主堂讯，呼冤，且言其故，现已移文长宁，拿某妇矣。此事由姚姓人言之确实，则前所云，与姚观察干涉事，当是子虚之谈也。

丰顺花会之为害

◇ 丰顺县属花会盛行，去岁经道宪严行查拿后，旋止旋起。朱前令在任，并不在意，其焰益张。兹查悉北胜社有廖创大、廖自希等，于火烧炉地方大开场面。杨阿锡等，在于鹤坑村尾亦然。一社之小，已如此盛设，其它可知，贻害小民，何堪设想！不知宰斯邑者，何以漠然无所动于中也。噫！

埔邑女尼之大运动

◇埔邑近拟废寺兴学,各情迭纪前报。兹闻庵堂女尼得此消息,日夜密筹所以对待之术,谓莫如潜将产业先行抽卖,其次则乞钱护法,运动衙门为之解脱。现已分头布置,极形忙碌云。

大清光绪三十年甲辰五月廿八日　公历一千九百零四年七月十一号

电阻潮汕铁路工程述要

◇潮汕铁路业经工程师沿途勘测路线,近闻政府忽致电本省,令将潮汕铁路公司工程合同暂缓签字,不知何因。闻该公司早于香港既先立合同画押矣。

嘉应学务所之决议

◇学务所会议兴办中学堂学务,议久不决,已纪昨报。兹悉廿二日复开议会,会长黄公度京卿议将培风书院拍卖,得款后以北冈义仓、先农坛为改建中学堂之基址。众议员皆以为然,不日即照议举行矣。盖以培风地方浅狭,不合学堂规模,故拍卖之也。

愚妇轻生

◇嘉应灵坑口张杨氏,夫外出,抚一螟蛉子,奉姑在堂。一日与同室妇人小嫌角口,不胜其忿,姑媳皆欲拼命。族人苦挽之不听,竟奔至溪边深处,媳踊身入,姑亦随之。族人急使善泅者往救,得姑而出,而媳已与水仙游矣。愚妇轻生,可叹亦可悯。

大清光绪三十年甲辰五月廿九日　公历一千九百零四年七月十二号

兴办族学之提议

◇嘉应官坪乡余姓聚族千余人,余荟生上舍近以科举将废,学堂日兴,拟兴办蒙学堂,以教育族人子弟,将旧有乡课奖赏,及津贴科举各尝款,悉数提充经费。日前集诸父老会商,而以为是者,十不得一二。乃议提此款项,先行购书购报,藏之公地,以备族人观览,众情允洽,即照行矣。记者谓,兴蒙学为今日最要之举,特患无款可筹耳。苟可资以成立,又何所瞻顾而不赞成之也?

在押毙命之相验

◇昨报纪同文学堂账房陈伯澄在押缢死一事，经澄邑侯由汕赶回相验。但例载案关通禀者，其人犯在押死，则必禀由上司札饬邻封，为之相验。故海邑侯王大令有常当于廿五日奉饬来澄，即于廿六早验毕回郡云。

汤坑暴党之剧斗

◇闻丰顺属汤坑乡有红白旗会党，如陆丰之红黑旗，日以自相残杀为事。此党之兴起，因徐、陈二姓构衅，各结党援，以为保卫。久之，竟联合百数十姓，彼此反对，遂结成一不可解之仇。近来杀伐相寻，尤其剧烈，不知地方官能为之解散否也。

嘉应木商之被劫

◇近有贩木客商往松口收账归，囊银二百余元。途中竟有三人尾之行者，客不之虞。是日宿于西洋墟，诘日即起身，遄归州城。行经龙坑桥边，四无人迹，忽丛薄间有匪三人持刀跃出，大呼"留下银子，饶尔狗命"，客正遑遽间，手已受伤，昏而倒地，任被搜括一空，四散而逃。夫以离城十里之地，且往来孔道，而劫贼披猖至此，亦骇闻也。

大清光绪三十年甲辰六月初三日　公历一千九百零四年七月十五号

电阻潮汕铁路工程续闻

◇昨报所纪政府电致本省，令将潮汕铁路公司工程合同暂缓签字一节，是由上海传来消息。现据该公司中人云，合同早已画押，并无政府电阻之事，此或传闻之伪也。

大清光绪三十年甲辰六月初六日　公历一千九百零四年七月十八号

嘉应务本学堂之改良

◇顷闻务本学堂数月以来，各董事颇认真整顿，堂中学规，亦一律改良。近因董事黄墨村茂才赴学务处练习，已添聘黎柏庵茂才为助教。现依原定章程，补入图书、教育、博物、国音等科，功课颇为完密。

大清光绪三十年甲辰六月初七日　公历一千九百零四年七月十九号

纪嘉字营勇

◇嘉应嘉字营勇二百名，乃前年防土匪时所举办者，其款悉由商家月捐。自去年来，嘉属盗风颇炽，虽养此营勇，毫无补于捕务，商家不免缺望，且某处劫案，闻系嘉字营勇，亦在其中。州人因此大哗，而管带刘碧山置若罔闻。刻闻州中商家联名盖戳，请撤嘉字营勇，前月底已递禀州署矣。

◇又闻岑云帅闻嘉应近城盗风颇甚，且有人言刘管带不能约束勇丁，特于前月派员密查。该员到州日，查得颇有头绪。闻近日已买舟来汕，由汕晋省消差矣。

巨商之热心教育

◇嘉应巨商张耀轩观察，为张榕轩京卿之同怀弟，性慷慨好施。凡有公益之事，恒尽心力为之。日前槟榔屿闽、广诸巨绅议设中华学校，以教育子弟。观察闻信之下，即电请张弼士侍郎代题五千金，供给经费，急公好义，可见一斑。现观察为倡办中华学校大总理，近日特自日丽埠至槟榔屿，与闽、广诸巨绅会商学务一切事宜云。

大清光绪三十年甲辰六月初八日　公历一千九百零四年七月二十号

骗婚奇闻

◇嘉应某甲者，父为商，兼办捐局，以此家道小康。一叔祖为某邑宰，甲往省之，又获厚利归，遂萌纳宠之念，然迄无当意者。近见某氏女，艳之，恐其不肯为人箕帚妾也。乃托言为其叔祖之孙更娶一妻，遣蠹役某乙往，且唆以厚利。某氏以甲为孙少爷也，欣然诺之。于归时，鼓乐盈耳，灯彩塞途，女家甚以为荣。不意入门后，草草行礼，不交拜，不庙见，室人皆呼为妾。女愤甚，而无可如何。女母闻之大怒，往寻媒某乙，欲痛詈之以泄愤。乙固虎而翼者，见女母至，即作当头之棒喝。女母大骇却走，而头颅已流血矣，因至甲父处哭且诉。甲父慰以好言，且以番佛若干尊解之，其事乃寝。

大清光绪三十年甲辰六月初九日　公历一千九百零四年七月二十一号

务本学堂之试验

◇嘉应州试大榜，已录昨报。第一名黄震欧，第九名吴作新，皆务本学堂学生也。闻当时黎教习力戒学生勿纷心州试，故考试之日，堂中仍依常课授。而此二人者，跃跃欲试，不可遏抑，且谓藉此为试验场，倘稍有效，方好劝人注意学堂，勿疑学堂功课，遂与科举之学大相反也云云。呜乎！今日各处之学堂，固犹是科举之制造厂乎？为学生者，固藉学堂为科举之终南径乎？以此观之中国学界之前途，可想见矣。

华奥银行之总理

◇大埔巨商张弼士侍郎顷自南洋内渡，闻因京中大老又电促其进京之故。又闻省中议办华奥银行一事，商部已有电致张侍郎，改归商办，请其总理一切云。

大清光绪三十年甲辰六月初十日　公历一千九百零四年七月二十二号

新书新报之畅销

◇嘉应松口李上舍宗海，前拟在市中创设书局，曾亲往上洋购回各种新书、新报甚夥。适届州试，乃运至梅城，寄居华英试馆，先行发售，大为学界诸君所欢迎，未匝月，已售去十之八九。现闻上舍又欲加增股份，拟在汕头开设矣。

大清光绪三十年甲辰六月十一日　公历一千九百零四年七月二十三号

谕饬研究土货

◇六月初四日，澄海县杜大令谕汕头保商局绅董云：

为谕饬查复事：光绪三十年五月廿四日奉广东海防兼善后局、广东等处承宣布政使司、广东商务总局宪札开，现奉督宪札开，光绪三十年四月初五日承准商部咨开：光绪三十年三月十一日本部具奏"整顿土货，以广出口"一折，奉旨："依议，钦此。"相应恭录谕旨，刷印原奏，咨行钦遵，转饬切实办理可也等因到本部堂承。准此，合就檄行，札局即便会同布政司、商务局，照依部咨原奏奉旨事理，通行各属钦遵，切实办理，务期商务振兴，收挽利权,是为至要。仍饬将遵办情形,具报查核,毋违!计粘抄等因到府。奉此,除分别移行外,合就抄单札饬,札到该县,即便遵照办理,仍将办理情形禀报督宪及本商务局查考,毋违,切切!计粘单一纸等因到县。奉此,除将遵札谕查情形禀报外,合行谕饬,谕到该绅董等,即便遵照谕饬。粘单事理,邀集各行商董,将县属出口土货实力研究,总期一律精美,收挽利权,是为至要。仍将筹议改良情形,禀复赴县,以凭禀报,毋稍泄延,切切!特谕。计粘单一纸。

大清光绪三十年甲辰六月十三日　公历一千九百零四年七月二十五号

岭东学会议潮汕铁路事

◇昨接日本来函云:潮汕铁路纷传有利权外失之说。岭东留学生特于前月廿四日开会,会议以为果如所闻,不独关系于岭东,实关系全省。现拟具禀督宪并致函张榕轩京卿及张弼士侍郎、谢梦池观察,布告利害,并约于下礼拜再开两广留学生议会,讨论此事云。

又探闻股份二百万,由京卿认五十万,谢观察认五十万,吴理卿五十万,林丽生三十万,暹罗客张某二十万,并无洋股,未知确否。

大清光绪三十年甲辰六月十四日　公历一千九百零四年七月二十六号

谕饬研究土货粘单

◇昨报纪澄海县杜大令谕饬汕头保商局研究土货,兹将其粘单一纸录供众览:

谨奏为整顿土货以广出口而挽利权,恭折仰祈圣鉴事:窃近年各国商务日异月新,有进无已,实萃全国之心思才力,胥注意于出口土货,至进口货物,则非其国之所需者,莫不多方以抑制之,绝不使利权外溢。臣等忝膺商政,日切勤求,视他人之所长,益觉华商之不逮。亟举我原有之土货,原有之质料,力为考求整顿,勉图补救于目前。查丝、茶两项,向为出口之大宗,华商不知合力并营联为公司,以致近数年间价值高下,几无不受制于洋商,而尤以茶、丝之亏折为更重。按《海关贸易册》,光绪初年间出口之丝在十万担上下,而商利较厚,近则出口之数倍于从前,而商利未能起色。盖一由于磅价之前后悬殊,一由于进口之绸绒繁重,故似盈而实见短绌,似旺而实难抵制也。至茶则从前出口在二百万担上下,输入价金岁约三千四百余万,乃年逊一年,至近来出口仅一百五十万担,输入价金岁只二十万左右,是不计磅亏,前后相较,已减千余万金之巨数。若再不为整顿,恐日本之丝、印度锡兰之茶骎骎驾我而上,而我所恃为出口大宗者,行将渐失其利源。此外如各色绸匹,各项彩绣,华工制作,未尝不精,特以色泽片段不事变通,固难尽投其所好,不善摹仿,亦未能适合其所需。至于骨角毛羽之属,洋商购自内地,贩运出洋,以供其制造之精,组织之美,一转瞬间又进口而易我金银以去。凡此得失之故,所关于中国利权者,实非浅鲜。应请饬下各省督抚,晓谕各商董迅速筹办商会,将出口土货切实考究,以期化散为聚,改窳为良。其产茶省分尤应请求焙制之法,严禁搀杂之弊。产丝省分亦应于外洋养蚕缫丝诸法,实力研究,或兴办蚕务学堂,广为传授。总期所出土货一律精美,庶销畅无滞,收挽利权。并请饬出使各国大臣,就中国所有之质料,足以制物织物,程工较易者,即于各该国名厂,访其造法,究其成本,绘图贴说,咨报臣部,以便随时招商劝办,择要以图。所有酌拟整顿出口土货缘由,是否有当,谨恭折具奏,伏乞皇太后、皇上圣鉴。谨奏。

拟设万国商会

◇昨报纪大埔张弼士侍郎屡奉政府电,招其进京,已自南洋内渡。兹闻日前岑督宪有电告商部,谓英人现拟采广州黄埔地方开作商场,张以该处距省垣只十里数,系中外交通之要口,特向南洋各华商醵资千百万,与洋商联络,设一万国商会。现正在各处布置,不能即到北京云。

查办控案之待质

◇嘉应州绅士,日前以差役舞弊勒索等情,具禀道辕。褚观察据禀,即委员到州查办,计共案件二十七起。闻秦牧伯以所控情节多有不实,难保非挟嫌之人背签诬控,现已谕传各绅赴案质证云。

又探得此次所控之案多半处结者。然细询舆论,则有郑、李、杨、张、刘、萧、卢、陈、古数姓蠹役,尚事鱼肉乡民,其暴横之状,实无与比。各绅因抱公愤,联名上控。所以伸平民之气,杀虎役之威,亦未可知也。

办汤坑械斗

◇丰顺县之汤坑徐、陈械斗颇剧，吴军门奉制军命，特拨谢营带派续备兵百人，到汤坑查办，已纪前报。兹闻褚观察亦由郡拨续备军二哨前往会办，其哨官为林子荣、林鹏飞，方甲三千戎，业于初五日到汤坑，丰顺县万大令，亦于初八日到该处。闻徐、陈二姓自开衅以来，斗死人命，多未报官，计不下百数云。呜呼惨矣！

大清光绪三十年甲辰六月十五日　公历一千九百零四年七月二十七号

纪拣派出洋之武备生

◇省垣武备学堂拟于本年七八月间卒业后，择尤派遣出洋游学。顷因练兵处奏准于十八行省中拣派满、汉生一百名留学日本振武学校，咨行来粤，饬在武备学堂选派学生六名到京考验。业经罗总办选定六名，日间出发，嘉应之杨君少穆、黄君梦松均以学级最优获选。呜呼！以潮嘉之广，学于武备学堂者，仅嘉应二人，而二人即膺最优之选，亦可谓岭东之特色矣。

推广商业制艺学堂

◇闽人王君琴仙，去岁由南洋邀同许君雪秋返粤，创办商业制艺学堂。业经禀奉督宪暨学务处批准，今春在省、澳各处陆续开办。现王君来潮，又拟于汕头添设学堂一所，以期公益普及。已有海阳陈君染浓、许君少虞等十余人联合同志，筹集巨资，议择地建设。陈君等名望素著，具此热心，共襄美举，想不日即可以观厥成矣。

埔邑米市近情

◇大埔米市，因日前闽汀禁米出口，宫前峰市各处之米不敷接济，而金峰下洋一带，复来邑采办。照常每墟期仅销百余石，近此数墟，已多至四五倍矣。然现届收获之期，各米商皆随买随卖，不敢垄断居奇云。

梅江水溢

◇月初以来，大雨连日，江水溢至数尺。初五夜天后宫门首浮桥被水冲断，流至上南门外，将某树厂木排冲散，随流而下至西洋，为人取去。某厂向之赎回，约花去银百余元云。

大清光绪三十年甲辰六月十六日　公历一千九百零四年七月二十八号

留学生之与潮汕铁路

◇闻得岭东日本留学生，近因阅《警钟报》所登"披发生"来函，谓张京卿所办潮汕铁路，与林、吴合股为合洋股，大开会议，刻已致书于京卿。谓其事出子虚，则执事之利，桑梓之福；使其事出确凿也，是固执事之忧、桑梓之祸。洋洋数千言，颇为切挚。末又云，事果风谣，敢请执事将此次订立合约、集股章程、开办方法，尽情布告，免致人心携贰，亦切而婉矣。又有布告潮人调查铁路事宜，书既登本日来函。记者案：集股章程，既登正月专件。吾意将合同布告，亦办路政之第一要义，京卿谅弗之秘也。

大清光绪三十年甲辰六月十七日　公历一千九百零四年七月二十九号

嶂下乡兴办蒙学

◇嘉应西洋堡之嶂下乡，有学童七八十人，绝无完全教育。近经磐安局绅耆等筹措款项，设立蒙学堂一所，以资造就。业已赁定梁氏房屋开办，其章程一切，悉照城东桂里蒙学堂办理。日前禀请秦牧伯立案，并出示保护矣。

派员密查利弊

◇嘉应来函云：近闻省宪派员到州密查官场利弊，不动声色，稽查甚力。现在各衙门得此消息，极形恐慌云。

大埔官绅之与花会匪

◇潮州花会之害，言者已舌敝唇焦，而地方官并不稍除其害。探得大埔近来此风之猖獗，贻害之惨烈，尤不可名状。在清远一都，如百侯、湖寮、莒村、崧里、南坑、弓州、高陂各处，已不下十余厂，皆开设于乡村市镇中。有以日者，有以夜者，倾人身家，丧人性命，不知凡几。官吏营弁，大概为规礼计，不得不如泥塑，如木雕。而所谓绅士与地方有密切关系者，但有一二元入其私囊，亦如三日不食之于陵仲子，耳无闻，目无见云。呜乎！此等官绅，真可谓一方之魔障矣。哀彼小民，何不幸而生此花会世界也。

大清光绪三十年甲辰六月十八日　公历一千九百零四年七月三十号

岭东留东学生述函

◇接日本来函云：现中国来东游学者约千五六百人，岭东数十人而已。除学速成师范外，学普通学者居其多数。而学普通学者，又入宏文学院为多。现潮州杜、黄、沈、张、许诸君，皆同入宏文学普通科。又有合嘉应八九人，入其豫备班者。此外诸君，则入清华各学校云。

示嶂下乡兴办蒙学

◇嘉应西洋堡之嶂下乡兴办蒙学，禀请秦牧伯立案出示，已纪昨报。兹将其示文录如下：

为出示晓谕事：现据西洋堡嶂下乡磐安局绅耆等禀称，案奉宪台谕饬保安总局，传谕各堡绅耆，速将蒙小学堂各就地方情形切实筹办等因，经由总局函知职等因，邀集本乡绅耆筹议。查本乡各姓学童，共有六七十人，设立蒙学，尚为合式。议于乡内择地兴设，旋赁得梁姓房屋一所，讲堂坐号，均堪敷用。至延请教习、置设书器，概由本乡自行筹措。惟兴学伊始，办理情节，皆未熟悉。查城东设立桂里蒙学堂，办有成效，系由黄绅腾章倡设，经职等函商，黄绅极力赞成。所有兴办一切事宜，悉照桂里蒙学堂办理，除俟开学后，再将详细章程禀报。为此联请立案，出示晓谕，俾众周知，实为公便等情到州。据此当批：据禀已悉。该职等现赁得本乡梁姓房屋开设蒙学，教育本乡童蒙，一切悉照桂里蒙学堂章程办理，足见热心兴学，开通风气，殊堪嘉尚。准如请立案，并出示晓谕，俾资保护而杜阻挠。仍着将开学日期及详细章程，禀报察核可也。在禀除揭示并立案外，合行出示晓谕。为此示，谕该乡绅民人等知悉：须知该乡设立蒙学，系属遵旨兴办，为地方造就人才起见。如有子弟，务即送赴学堂肄业，勿稍观望，并不准藉端阻挠，毋得故违干咎，其各凛遵，切切！特示。光绪三十年五月廿八日示。

藉教为护符

◇丰顺北胜社地方户口数万，风俗清纯，向无信仰外教者。近闻有某甲包揽词讼，无利不渔。又尝募集千余金，建一吕祖庙，自署衔为"纯阳后学居然善士"，实则假此为营私之兔窟。以此自知为众所不容，乃投入天主教籍，以为护符云。

大清光绪三十年甲辰六月廿三日　公历一千九百零四年八月四号

学会拟设小学堂

◇嘉应西洋堡诸志士所立学会，已于月前公派何君伯澄、黎君伯冉，赴省垣学务处练习。随拟组织一小学堂，以教育子弟，颇有成绪。准于明年春，择适用之地开办云。

妇女轻生

◇松口溪南乡李氏妇，有嗣子某甲，年已二十，状若痴呆，而妇爱护，不啻掌上珠。数日前，偶为族人某乙所侮弄，并诋以恶言。妇闻之，怒欲与较论，而乙已摩拳擦掌，飞奔而前。妇大惧，哀号入室，愤不欲生，即欲悬带。自经姒娣辈力劝之，弗听。至晚，乘众防闲稍疏，竟潜出河干，投水毕命。妇之外氏闻耗，立兴问罪之师，拟拘乙送官究治，以偿妇命。乙大窘，乃延和事老出而调停，以二百金寝其事云。

又初十日，有妇尸二具，身首相并，随流至松口河畔。迨捞起，则二十许丽人，而以红绳同系一臂者也，观者诧异不已。已而寻访者亦至，云是丙村某氏妇，因于某日相与归宁，被某恶少诱去，逗遛数天。比反，其夫遂以闭门羹相待，初不料其投河而死云云。

大清光绪三十年甲辰六月廿四日　公历一千九百零四年八月五号

铁路局购地之办法

◇潮汕铁路其虚线，早已测完。兹口本工程师已测定实线，不日可到郡。闻到郡后，即将实线绘图，案图购地。现已由总局移请地方官谕绅，将田塘地亩，案上、中、下三则，估一公平之价，禀覆照购云。

大清光绪三十年甲辰六月廿五日　公历一千九百零四年八月六号

大埔官场之剥民

◇埔邑自查大令莅任后，用一亲戚朱某为门签，把持一切，无论案情大小，非贿不行。差役等探得乡民可以鱼肉者，往往私贿朱某，纵之四出，如虎噬人，为害乡里，甚至坟山、田土各讼事，有尚未堂讯，已花费千余金者。到处人民，恨朱如切骨，而大令极重用之。又有一三河司张某与朱朋比为奸，凡奉委查勘案件，皆视贿赂之多寡，以为是非。近如古源甲某甲乙争讼屋基案，公然需索，谓有若干茶仪者，即为之加意详禀，其显然索赃不讳。大抵如是。该邑民甚苦之，未知果有其事否也。

兴商之巨劫

◇兴宁饶谦记开设土栈，于龙川县属之岩下地方。本月初旬，被一贼匪拦入店内。随后即无数匪党，持械守住前后店门，劫去洋烟土数百箱，计值约五六千两，又抢去现银数百，携赃而逸。闻事后查得系著匪黄闰华纠党所为云。

革神会兴蒙学之提议

◇嘉应松口洋坑村李姓，聚族而居，不下千家。向有某神会，积款甚巨，每届六月为神诞之期，必招集梨园大演数日，以娱神听。本年李则禹上舍、李崇轩茂才以为此等无益之举，耗费如许金钱，不若将该款项全数提出，建一蒙学堂，可以培成无限子弟。遂集诸父老倡议，期以必行。而诸父老迷而不悟者甚多，争执数月，迄无成议。后二君极力争辩，且多方劝喻，始洽众情。现届演剧之期，已无再事此举者矣。

分水凹强盗抢劫

◇本月初八日，有嘉属妇女十人，由峰市挑货回松口者，行至分水凹凉亭。突有强盗八九人走出，将各妇捆缚，剥其首饰银物而去。惟所担货物，则弃置不顾。时尚有二男子由松口过峰市者，行至该处，亦被抢去时表一只、银数十元云。

大埔之水患

◇埔邑地处低下，夏秋之交，迭遭水患，且河流涨落无常。如汀河水溢，大约涨至十二点钟止。永定河溢，则不外六点钟。惟小靖河、漳溪河，涨落极速，常有一点钟而涨至四五尺，退至四五尺者，以致居民迁避不及，往往罹害。计月初至今，已患十数次矣。各处早稻已收获，及熟而未收获者，均有生芽之虞。且农家多于此时种植番薯，以为粮食，现在淫雨泥泞，竟不得种植云。

大清光绪三十年甲辰六月廿八日　公历一千九百零四年八月九号

务本学堂请助学费

嘉应务本学堂常年经费不敷，需筹款补助。该州生员宋维松等，昨赴省具禀大宪，拟抽山票，及提城隍庙香资，及惠真等庵田产，以助学费。

奉督宪批示，谓：该州务本学堂常年经费不敷，筹款补助，诚当务之急。惟基铺山票，自去冬换商加饷，凡地方兴学筹防修堤公用及一切捐款，准其免派，系善后局详定章程，断不能因该州兴学而置定章于不顾。连州铺票准抽学费事，在未经换商加饷以前，现难援照办理。至提城隍庙香资、惠真等庵田产是否可行，仰两广学务处饬嘉应州体察情形，禀覆核办云。

嘉应州灾黎之惨诉

◇潮嘉十六日水灾，曾纪之昨报。兹探悉，嘉属锦洲堡小都约一带，灾黎无可栖止，无所得食，惨不可言。业经该堡绅耆钟宝铭等，以被灾情形，禀请州牧勘验赈恤。其禀略云：

为妖水为灾，田庐倾塌，业荡一空，联名佥叩勘验，垂怜援救赈恤事：缘职等各姓，世居锦洲堡小都约，计二十余里。村内居民傍山筑室，大小约百余座，田地约数千亩。中有小河一道，水通东溪外乡，直至丙村墟大河，合汇有数十里之遥，约计内外村有田数千亩，聚族而居，各安耕凿。适六月十六早，天雨淫淋。六点钟候，突山崩地裂，横遭妖水为灾。霎时间忽洪水汹涌，竟涨高五六丈，居民纷纷登山逃避。至八点后，望洋而叹，闻各乡之被害者，指不胜屈。即如本小都约内，职等社下及黄竹头凹、下西坑、粮头凹、坡角、溪背、大湖、洋墩头、塘背、罗经、丘湾、裹甲、坑口等处，所冲塌大小民房祠屋住居二十余处，一切田地、契业、执照、服物、银饰、器具、簿券及牛猪六畜，倾荡无存。幸时在白日，村中淹毙者仅数口。闻村外人口，溺毙较多。只缘乡中大小木石桥梁、道路、坡圳数十处，概被冲断。即村间田亩，多被沙泥壅塞，即田变成潭者，十居二三。举目凄凉，不堪言状。刻今灾黎，屋被冲塌，无家可归。寄宿于茶亭宫庙者，更甚可怜。现各被灾之乡，桥道尽废，信息难通。除各约另行续报，并职等约内所冲失契券，容查明号段，补列清单，恳给执照管业外，只得绕道来辕，联名绘图列单，奔报崇阶。伏乞恩怜勘验，俯念灾黎流离失所，酌加体恤。赈抚之处，仰候鸿施云云。

大清光绪三十年甲辰六月廿九日　公历一千九百零四年八月十号

务本学堂暑假大考

◇嘉应务本学堂于本月初放暑假，前月廿三、四、五、六等日，各教习分科出题，当堂试验，随由各教习评定甲乙。榜示如下：

伦理科甲班：吴骏声、何卓英、宋时亮、张我权、吴颂声、黄越环、黄新国、黎启明、黄铁汉、吴达邦。

乙班：陈绍渊、陈权昌、吴尚志、吴凤声、黎启睿。

国文科甲班：吴骏声、吴颂声、黄铁汉、黄越环、宋时亮、黄新国、张时中、黎启明、张我权、吴达邦。

乙班：陈权昌、黎启睿、吴尚志、邱棣华、萧作栋。

算学科甲班：黎启明、张我权、吴骏声、黄铁汉、吴颂声、何卓英、黄越环、黄新国、黎启睿、陈绍渊。

乙班：宋时亮、吴达邦、吴展声、张时中、何畏。

格致科甲班：宋时亮、吴颂声、黎启明、吴骏声、黄铁汉、何卓英、黄新国、张时中、黄越环、张我权。

乙班：陈权昌、陈绍渊、邱棣华、黎启睿、吴凤声。

地理历史科甲班：宋时亮、张我权、黎启明、何卓英、张时中、吴骏声、吴颂声、吴达邦、黄越环、黄铁汉。

地理科乙班：陈绍渊、陈权昌、吴尚志、邱棣华、黎启睿。

历史科乙班：吴尚志、邱棣华、黎启睿、吴凤声、陈权昌。

英文科甲班：吴骏声、吴颂声、黄铁汉、陈绍渊、吴凤声、邱棣华、黄越环、黄新国、张我权、陈权昌。

乙班：宋时亮、黎启明、吴邦达、吴展声、卢壬贵、黄树发、黎启睿、何畏、黄绍祺、林赓元。

余不备录。

州署之家丁逃走

◇嘉应州署家丁范秀庭与孙某等狼狈为奸，为州人士所痛恶。近因省委到州查明劣迹，大惧获罪，已于日昨私自逃走矣。

丰顺水灾之惨状

◇本月十六日大水，潮嘉各属被灾，迭纪昨报。兹查悉，丰顺属之沙田墟店铺，已荡然无存。此外冲塌民房，计紫金围乡三十余座，下南洋乡廿余座，墩头乡五十余座，小趾乡十余座。邻近淹毙人口一百一十四人，尚有食宿于店者数十人。其田园均变为潭窟，为山岭，数十里内无一可耕种者。灾黎悲苦，不可言状。现万大令拟由汤坑驰往沙田墟等处查勘，想必有所以安集之矣。

大清光绪三十年甲辰七月初一日　公历一千九百零四年八月十一号

收发处犹勒索传呈

◇嘉应州署自改门签为收发，而传呈买票等弊，为害益甚。已经绅士李镜蓉等禀奉岑督宪批行，嘉应州立即严革并查明讹索等情，择尤禀办。兹闻悉日前有四扬堡邱、胡二姓争讼坟山者，收发处孙某窥两造情急，犹勒索邱性传呈规银二十元，又勒索胡姓传呈规银二十八元。秦牧伯竟褒如充耳云。

大清光绪三十年甲辰七月初二日　公历一千九百零四年八月十二号

铁路实线之测定

◇潮汕铁路实线，昨由工程师测定，已至郡西关外西湖地方，闻拟择西湖七圣庙前之平原为停车场云。

禀请禁醮兴学之批词

◇嘉应松源堡与闽汀接壤，风气闭塞。去年王君庆嵩、温君煌曾创立群学社，以开通风气、兴办学堂为己任。近有一二乡愚，倡行建醮，踵事增华，极其踊跃。群学社同人以此举不独劳民伤财，且滋事端，乃联名禀请秦牧伯出示严禁。随奉批云：究竟何衡等因何建醮，此项醵赀须用若干，是否向有生息产业，抑由各户签题？该生等拟办学堂，是否议有章程，文课田租实有若干？候备移分州，就近传集各生，并传集何姓绅耆，逐一查询明确，据实牒复核办云。

兴民学堂近述

◇兴宁县兴民学堂，自本年二月开学以来，各学生进步颇速。暑假前因算学教习以传染病卒，各学生不敢留堂，纷纷请假。旋总理、各教习等，亦以暑假旋梓，停课至今。现在教习、学生已渐次回堂，拟于本月初旬复行开学矣。

李族议办蒙学堂

◇嘉应松口李族，向设有月课，以奖励族中子弟，每年的款有数百金。廪生李宗海、李均等，刻议提此款为设蒙学堂之费，以始祖祠为学舍，商诸父老，皆然其说。拟禀请学务处批准，于明年春开办云。

命案之累

◇埔邑妇女不智，动辄轻生，岂知因一命案，每致倾家荡产。日前同仁甲某氏妇，不知因何毙命，尸亲控官请验。查大令即派差十余名先往查验。嗣经公亲出为调楚，事主特请其房户禀县息讼。查大令大发雷霆，谓私和人命，大干例禁，当将房户收押。事主惴惴，乃请出孔方兄向内署关说，闻共花去洋蚨五百枚，始得寝息。吁！有此长官，蚩蚩之民，岂犹不怕死乎？

松口盗风之稍戢

◇嘉应松口一堡，自本年正月以来，盗风猖獗。抢劫之案已有数起，寻常盗窃者，指不胜屈。各乡因设立乡团，防护备至，且议拿获一贼，即赏以重金，乡人莫不奋勇。如黄沙、铜盘等乡，先后拿获数匪，解案究办。目下匪党，已为之稍敛迹云。

大清光绪三十年甲辰七月初三日　公历一千九百零四年八月十三号

禀办兴民学堂之批示

◇兴宁县兴民学堂董事王灵岐等，以创办兴民学堂各情具禀学务处。昨奉批示如下：

禀及章程均悉。该绅等创办学堂，筹画议拟，具有条理，所订各种规则及分年功课，亦均妥帖可行，本处深为嘉许。据称本年二月业已开校，应将职员衔名、履历及学生姓名、年岁，分别造具清册，呈缴本处，再予立案。所请给予钤记，应准照给，仰候饬匠工刊刻，牌示给领。学堂办事，必须酌核名实，划定权限，遇事方无掣肘推诿之嫌。东洋学堂设有校长，以总理全学事务。查钦定颁发章程，皆设总理，而无校长之名。诚以两者事权不相差异，所办之事大致相同，即宜仿照定章，改为总理，不必更立校长。如事过繁，可设副办以副之。至监督之事，亦可由总理兼任。定章，寄宿舍在堂外者，亦可另设监督。该学堂已赁两祠，又有附设小学，势分则管理不易，另设监督，亦无不可。再办理学堂，自以筹款为急务，亦须体察情形，无致纷扰。所拟筹款各节是否可行，候札县会同该绅妥议举办。倘有见义勇为，力捐巨款，准由县禀请给奖。其顽固把持公项及或违抗阻挠，亦准禀本处严加惩处，以维学务，以警刁风。绅士议办学堂，苦心经营，殊属可贵，地方有司亦须随时保护，以副绅力之不及。而课其勤惰之不齐，毋得袖手旁观，视同秦越。除札县饬遵外，为此示，仰该绅知照。章程存。

务本学堂请给钤记

◇嘉应州务本学堂董事吴瀚藻等，昨以遵批造册，呈缴立案，恳给钤记等情具禀学务处。奉批云：禀及另册均悉。前因该学堂迭次控争，曾派本处委员刘令士骥前往查办。现经该委查明禀覆到处，应候核明详结，另案饬遵。所呈改良章程，大致妥协，可以照行，应准予立案，照准刊发钤记，以资信守，候刊就再行发州转交收领启用。册列基铺票一款，应否照准酌拨，并候查明核示。仰即知照。册存。

大清光绪三十年甲辰七月初五日　公历一千九百零四年八月十五号

贼肆有由

◇嘉应州为江、广、福三省毗连之地，匪类引以为逋逃薮。数年前惠属永安会匪蠢动，每与兴宁等会匪勾结，频为地方患。及大兵一到，散无踪迹，而首领更难缉获。近闻州属地方，又有匪党结盟拜会，肆行无忌，以为到处皆有窝主可恃，纵被告发，无不可以贿免。以致盗案丛叠，居民苦之。然控官无益，不若不控，可免后祸，故乡人皆隐忍不敢发云。据此情形，则日久或生不测，未可知也。官斯土者其知之。

西岩山产茶

◇大埔西岩山，为邑之名胜，毗连饶平。闻此山土脉，最宜种茶。数年前有饶邑某君，由武彝购得茶本数千株，到山培植，并请有茶师多名，教习焙制各法。闻所出产茶叶，色味俱佳，足与武彝名岩比美。将来种植日广，洵莫大利源也。

平沙之烟利

◇埔邑产烟之地，以大靖、梅林坝二处为最，每年所产，不下十余万元。近闻平沙所产烟皮，色味极佳。永定坎头、藤溪各处烟厂，均往采买，作为头庄之料。每斤售价，比之永定可省十余元，获利甚丰。但所出无几，故买烟各户，争先恐后云。

纪汕商捐赈嘉应水灾

◇嘉属丙村各处水灾，已纪昨报。兹闻汕埠郭协丰庆初翁，念切梓桑，悯斯苍赤，向汕埠各行商捐题赈济。现将已捐之银数百元，先行买米，于昨日雇船载往丙村等处散赈。然杯水车薪，恐难普遍。所望好善诸君，广为捐助，多多益善，庶免灾黎失所也。

大清光绪三十年甲辰七月初六日　公历一千九百零四年八月十六号

赈灾小记

◇数日间小都一带村民，多至嘉应州报灾。秦牧伯即请善堂邓、古各绅，与黄子潜贰尹先往勘验。而牧伯则于廿四日，亲往踏勘。廿五日，即往嶂下一带，踏勘水灾情形，转由白宫市归署云。闻十六日水灾，嶂下一带田亩桥梁多被冲坏，人口屋庐，尚觉平安。而小溪一带，大受其害，田园多变沙丘，而房屋则冲去七八十座。社下钟姓有一大厦，住房约百余间，冲去七八十间。而东溪湖、梅子墩二处，数十家尽为平地。男女老幼，皆露处沙坦之间，衣衫褴褛，见外人辄环跪求赈。目下州中好善者，共捐银二千元，遣善堂绅董往赈云。

劫匪见获

◇水车墟张联桂者，平素交结匪徒。近来寓居下市东桥，以持枪打鸟为名，实则往来山僻间，窥探人家之强弱贫富，而施盗劫之术者也。前时劫黄坑余姓之匪，今已见获。堂讯，供张为同党引线之人。秦牧伯立饬差勇拿获，搜其箱箧，有刀一把，丸码甚多，立即羁押。闻余姓被劫之后，也有童子于路拾得折扇一枝，柄上书"张联桂"三字，而不知为何人。至今日败露，方悟张实劫盗之伙云。

埔邑商情二则

◇埔邑大靖各处烟叶，端节前后，新烟上市。永定坎头湖、雷藤溪向来采办，烟价遂陡然涨起。上庄沽银三十余元，中庄沽银三十元，下庄沽银二十余元。目下少人过问，种烟之家因银根紧迫，争相出售。每庄烟皮百斤，遂沽少三四元云。

宫市地虽一隅，然滨临大河，为往来孔道。又前因汀郡禁米出口，永定、坎头各乡，同来宫市采办。本地之米不敷接济，三河埔邑各处米市，遂为之一空。故五六月间，各店做此生意者，咸利市三倍云。

健讼至此

◇埔邑黄沙乡陈、余二姓，因田产事涉讼公庭。经查大令堂讯数次，谓两造均有虚伪，将田充公，拨归学堂以为经费。后陈姓托出某绅向学堂备价购回，已隔年余。余姓以因赎田事竟被充公，不服于心，复使其妇赴府上控。闻惠太守现已札县覆讯，秉公核断云。

大清光绪三十年甲辰七月初七日　公历一千九百零四年八月十七号

潮汕铁路认招领股合约

◇潮汕铁路华洋股份多少，外人纷纷聚讼。兹由本馆访得，去年十二月认招领股份一纸，照登于左，以供众览：

同立合约字人张煜南、吴理卿、林丽生、谢荣光。今因张煜南经禀准政府，承办潮州至汕头铁路，兹愿将铁路作为合股有限公司。张煜南、谢荣光同认招领股额银一百万元，吴理卿、林丽生同认招领股额银一百万元，合共科银二百万元，以作股本，办此铁路之需。张煜南为倡建首总理，吴理卿、林丽生、谢荣光为倡建总理，合股后各须遵照所定章程施行。所有选举总董以及用人行事，公同商办，以绵久远。恐口无凭，同立合约四纸分执存照。

场见：钟符阶、张浩龙、温灏、何仁阶、张栋南

　　　　　光绪二十九年十二月日　张煜南、吴理卿、林丽生、谢荣光

长桥可惜

◇嘉应丙市之东有小溪，离市约一里余，有大石桥横跨溪上，势甚雄壮，为松、丙往来之冲，俗呼为九眼桥。倡建者，李公九香也。旧时往来者多唤渡，然值溪流涨急之时，渡夫必恣意婪索，行者苦之。李公目击情形，慨然与好善之士合议倡建此桥。自动工以至落成，捐款有不数者，李君独任之。李君之功，行者称道弗衰。不意本月小都一带山水为灾，将桥冲毁大半。行者莫不太息，且谓急公好义如李公者，诚恐不复再观也。

食鼠奇闻

◇前数月兴、长一带，有因核疫至命者，今则嘉应之瑶上堡，亦间有之。罗上舍者家口，丧去七八人。因罗妻见鼠数只伏而不动，乃遂割烹，与家人共食之，遂至染疫。罗门首为往来孔道，目今行者，皆以过其门为戒，而改避他道云。

试士被劫

◇兴宁庐坑地方与嘉应毗连，近日有州试回家士子三人，携包袱经过此地。突有匪徒数人，持械拦劫，将包袱夺去。又将三人衣裳脱剥尽，仅掷还敞裤一条，以蔽下体。故应试者俱有戒心，多改由水道回梓云。

乩仙尚可信耶

◇兴邑本年疫症流行，统计城厢罹此死者不下二千人，而罗姓为最恨。乡民不知卫生之道，徒知媚神以求免，故建醮乩笔之事，随在皆有。近日龙田某乩生乩云："天灾流行，善者死，恶者亦死，其不死者，风水八字之胜人者也。"噫！平日执降祥降殃之说以警人，犹是借神道以行劝善惩恶之心，乃近□见死者不尽恶人，竟遁词于风水八字。是耶非耶？神耶人耶？

又某绅在某寺乩笔，既焚表矣，而神犹未降。乩者命再祝，于是某绅祈祷再三，神终不应乩者。乃告某绅须大声虔祷，神乃可听。某绅知其伪也，遂辞之而退。然则听之而弗闻，固鬼神之为德也，中庸之言犹信。

大清光绪三十年甲辰七月十四日　公历一千九百零四年八月二十四号

捐地兴学之美举

◇大埔邑绅张龙云等民立之乐群学堂，现租邑中张家祠开办。虽堂舍颇宽而地属私祠，势难久假。又且岁防盛涨，屋久失修，殊非适宜之所。闻张绅近于附城各乡偏觅基地，志切建堂，而合用已难，尤多阻议。近日在城甲松山乡（去县治西七里有余）之绅士谢烜等八人，以其乡之水口土名钓梨坪者，有东灵寺一区，系前明谢君等远祖所合建。向无寺产，寺后一带有山坡并附寺旷土，纵横都二十余丈，俱确系本乡公地。其前亭左铺亦系公建，并计在内，并无坟墓要碍。寺本闲廊，无人住持，久为无赖所居，为患乡间，不一而足。而该地通衢近邑，负山瞰河，颇具形势，于建造学堂，实为适合。谢君等谋诸合乡暨各族绅耆，愿将该寺并山坡旷地概行捐出，为乐群学堂基址。遂于日前知会张绅，亲往踏看，称为尽善。当将捐据交付收执，谢君等即联许、张、陈、谢诸绅耆八名，佥在联署存案，并乞颁严示，先将该寺无赖驱禁矣。

◇又查大令当经批云：东灵寺果系前明合乡所捐建，寺前后一带纵横二十余丈，均属该乡公地。有此闲旷之区，与其废为无赖栖止，不若充作乐群学堂始基。应即如禀立案，并给示谕禁可也。

京卿对付学务之演说

◇上月廿三日午后，嘉应黄京卿与各议员会于学务所，到坐者十余人。京卿当众演说曰："目下教育急务，惟多设学堂哉！然学堂之设，必以蒙学为始基。登高自卑，行远自迩，不易之理也。然蒙学易设，师范难求，有蒙学而无师范，谬种流传，难期效果。不敏本年派数人到东洋学速成师范，正虑此也。迨明年后，师范生回来，东山改造之学堂亦已竣工。从此先开师范学堂，可容百余师范学生。迨年半后，则师范济济，吾梅五属，不患无师，而蒙学可多设矣。但教科书之善本，则尚费搜寻耳。"众皆拍掌。

求铺票之怪象

◇迩来嘉应小围姓铺票，颇觉盛行，凡妇人女子，多有嗜好之者。有松口潭头渡某氏妇，半老徐娘，酷嗜买票，每月必耗数元，以博一售，然卒无效。乃制竹签百二十枚，倩人将各字轨逐书其上，日具牲醴酒帛，往社坛神庙，匍匐乞灵。近以所祈不验，转用祷花会法以行之。乃向古冢新坟叩头捣蒜，忙碌异常。昨初三晚鱼更二跃，手执签筒出而不返，家人四出寻觅，杳无踪迹。翌早始在某岗僻处之丛冢见之，则已满面泥污状，若痴呆矣。乃扶之而归，间问其所遇，语多怪诞。闻者咸嗤笑之，以为铺票迷人，等诸鸽票、花会云。

大清光绪三十年甲辰七月十五日　公历一千九百零四年八月二十五号

盐卡被劫

◇大埔石上甲毗连五里许，有半山卡一所，为闽、粤往来大道。潮盐到石后，起存盐仓，由仓户招人用竹篓分贮，每只约重三十六七斤，所用挑脚，每人手执一签，到卡按名收回，以防偷漏，并派有更委员在卡监察。前月某晚，鱼更初跃后，忽有匪徒十余名，手执枪炮，将卡门肆力拆毁，勒令各巡丁闭诸一室，将委员衣物箱箧抢掠一空，并失去洋□数十元。闻数日前因挑脚偷盐，被巡丁搜出，将挑脚极力鞭挞，故为此报复之举。然匪徒如此猖獗，地方官吏不为整顿，其后患恐有不堪设想者矣。

丙市夜盗之披猖

◇嘉应函云：今日丙村、金盘各堡盗风极盛，查皆出没于镇平河流一带，而由以白渡前悦来墟附近山中为巢薮。盗得牛猪及一切家畜，即公然卖于该墟市中，莫或以贼赃为言也。事主报官，官亦若罔闻知也者，故盗益无所忌惮。闻日昨金盘堡林式好堂连夜被盗，失物颇多，搜掠之余，竟将该堂用以收租之谷袋数十条亦一并取去。现该堂知报官无益，亦只悬红缉拿云。论者谓今日之官，但能保守荷包，何恤于民？然盗风如此，其何以堪！计惟各乡绅士谋所以自卫，其或稍戢也乎？

大清光绪三十年甲辰七月十七日　公历一千九百零四年八月二十七号

捐修助学

◇兴宁郭明府刑席沈君逸，关心学务，知兴民小学堂学费未充，愿将所受经费局月修十元概捐之学堂，以助学费。自本年四月起，按月缴清，于学界公益不无小补云。

纪埔邑张家之命案

◇大埔永兴甲张、彭二姓，壤地相错，往往因睚眦小事，辄起竞争。近日，又闹一命案。闻其起衅之由，系因彭甲在田畴中扶犁叱犊，顾盼自雄。

适张姓有少妇，年方二八，风度嫣然。二人猝遇于途，即行歌互答，此唱彼和，其乐无极。忽被张乙撞见，谓其如此无礼，即招集同族少年数十人，要截于路，欲得甲而甘心焉，乃相持未久，张乙竟因伤殒命，后遂诣县报案。未及票拘，彭即投案自首。其因何受伤毙命，不得而知。现闻两家请出孔方兄，代为息事云。

记沈氏婢

◇沈甲者，澄之城内人也，服贾南洋，颇有余积。十余年前挈眷前往，其妻养一丫鬟，颇聪慧。甲钟爱之，逾于所生。到南洋后，使就学英文馆，程度颇高。去年甲逝世，家人扶榇归，婢亦偕来。未几，甲妻又沾沉痼，婢亲侍汤药，寝食几废。家人以婢年已待字矣，为之择东床。婢辞曰："奴志在读书，誓不适人。主母若不讳，百日之后，我仍搭轮南下，游学各学堂，使业有成，此长策也。去年主翁在时，尝给我千金，奴敬却之。奴自思身不适人，何用此阿堵物？为此足以明我志矣。"自后家人，不敢复向婢谈婚事。君子谓此沈婢身虽奴隶，而性则独立，是亦女界中之杰出者矣。

大清光绪三十年甲辰七月廿二日　公历一千九百零四年九月一号

大埔郭茂才上查邑侯书

◇埔邑赌盗风行，为害甚烈，官绅颇不在意，迭纪前报。兹得该邑留省练习员郭茂才镇章上查邑侯一书，言颇痛切。爰照登于下，其书云：

父师大人左右：前邓君来省，得稔政体无恙，履祉如常，以颂以慰。敬禀者，前礼拜接敝处大麻绅士来函，水盗交集，花会遍地，穷民塞途，暗无天日。接读之下，怆然欲绝。据云前月廿六夜，恭州上村刘春荣之家被贼劫一空，较去年更甚，欲求伸诉，恐徒费银钱。自六月以来，无日不尔，几疑太阳厌世，致大麻、银溪有前十六日之水灾。约辰、巳间，忽大水十余丈，自溪尾至溪口，崩去屋宇二百余□，两岸田地，俱被冲坏，无一存者。禾稻未收一粒，遭难之人无衣无食。生理家柴竹树炭，概付诸水滨，失去银元不下百余万。即往龙市之大路，亦变为石壁难行。询该处之人，或寄宿于庙宇；或逃往于亲戚朋友之家；或架茅而居；或用毛兰，寄寓于大树之下。天晴则以毛兰为床席，天雨则以毛兰为屋顶。官斯土者，应如何议蠲议赈，方为民之父母。

同时嘉属白宫下至西洋一水、丙村下片东溪湖至九板桥一水、丰顺占头至沙田墟一水，均遭巨劫。秦州牧及丰顺万大令当时闻之，即行诣勘，捐廉赈济，极力安抚，惟吾邑则岑寂无声。前日地保到县报灾，且责"绅士不来，难以准信"等语。不知当时无路可行，所谓绅士者，亦同在被难之中。即间有未重伤者，亦就地捐米施粥，安置各家居止为先。大麻甲至县仅数十里之遥，如此滔天浩劫，岂真有不闻也者！

花会为扰民之端，乃县差则视为取利之途。闻每月三至，至则取金十元而去。故恭州刘应金、何良亨等，公然在街方店内开设。白沙坑何文庆、郭娘带等，则在刘姓屋内开设。筱留仓前地方，受厂更惨于正厂。批脚走后，不能打正厂者，受厂无论早晚，亦可收正厂，无金钱不能赌，受厂则无论金、次钱亦可收。当此时势，花会劫于内，盗贼劫于外；洪水劫于天行，吏役劫于人事。哀哀生民，奚罹此毒！某等想阁下亦大麻甲一分子也，悯此奇灾，同有义务，请即条陈大宪，以救一方倒悬。并寄各报馆主笔先生，恳同伸公理等语。（以上均来函原稿）

生自端节后来省，当时花会已渐蔓延。顷得公函，言各样巨劫，凿凿可数，谅无虚饰。惟称父师置若罔闻，则生未敢凭信，以劫案水灾，生民大患，花会赌博，立置重典，督示固煌煌也。召杜如我父师，岂有不措意者乎？乡士夫责以条陈大宪，以救一方倒悬。生意大宪不外爱民，父师即大宪之代表，亦不外爱民而已。哀叩父师，即不啻条陈大宪也。惟望自今以后，略加认真，劫案则购线严拿，水灾则极力抚恤，花会则根除净尽。发一念之慈悲，作一方之保障，是所厚幸，是所切祷。倘因此而变本加厉乎？子舆氏曰："所谓有不忍人之心者，今人乍见孺子将入井，皆有怵惕恻隐之心，非所以要誉于乡党朋友也。"生惟有发不忍人之心，牺牲一己，沥控于列大宪之庭。佛云"我不入地狱，谁入地狱"，倘亦若此乎？但贤明如父师，又何忍迫生为此已甚也。疮痍未起，盼望仁风，书不尽意，临颖神驰。肃此，敬请勋安！诸惟德照，不备。治附生郭镇军顿首。七月十六日。

大清光绪三十年甲辰七月廿三日　公历一千九百零四年九月二号

师范学堂之腐败

◇郡函云：今日中国各处学堂，莫不具形式而乏精神。今潮州师范学堂无论精神，并形式而亦无之。该堂开学历时已久，仅有分教二名，然其实住堂者仍只一人。堂中课程亦不完不备，师范生仅盼领每月三元之膏伙而已。其监督则除奔走趋承之外，更无余事。查该堂前做书院时，每年常款不下数千金，今移作该学堂经费。以堂内每年一切用款总计之，此项颇多溢款。倘能认真整顿，未必成效之仅仅若此也。

兴民学堂禀陈筹款之批词

◇兴宁兴民学堂董事王灵歧等，赴县禀陈筹款各情。奉批云：学堂为当今急务，兴办不容稍缓。第开办之始，延师难，筹款尤甚，无任烦劳，嗟深仰屋。乃该贡生等竟能不辞劳瘁，不避艰辛，踊跃从事，克底于成，实属有志兴学，深堪嘉尚。察核来禀，所拟筹款劝捐各章程，有条不紊，斟酌尽善，尤见苦心孤诣，极费经营，自应如请办理，候即通禀立案，一面出示晓谕。惟赌捐、戤捐二事，俟奉准宪批，再行开办。至船捐，闻既由省包办，能否酌抽，亦应俟奉批后核夺。册存。

妖民惑众

◇兴宁函云：城内老街祀有玄天上帝，平日香火甚稀，近因时疫流行，妖民多乘机煽惑。本月初，间有长乐妖民，猝然入玄帝庙，神装鬼服，喃喃作吃语云："我是玄帝神灵之代表，因兴邑劫数屡遭，特从潮州来救此一方民，将于某日出行，并发护身符，以逐邪魔。"一时无知愚民诚惶诚恐，奔走膜拜，遂向各店铺酬金，择初十日奉生玄帝出行，一二百金，□嗟立办。甚矣，神权之怖人也！届期，四方来观者填街塞巷，一时炮声雷震，鼓声喧天。于人山人海中，独为万人视线所注射者，则见有穿□背心、裹红头巾、手摇红旗、足穿红裤，花面怪形坐于刀轿之中者，所谓现身救民之玄天上帝也。自巳至申，妖驾乃返。不料于下轿入庙时，伪帝足为刀所破，血流注地。伪玄帝大呼真玄帝，取冷水来以止血。旁观稍有识者既知其妄，欲作当头一棒，以破群疑。适治安局绅某闻之，遂召在事诸人申饬并悬赏购拿，而该妖竟敢复于是夜在庙中降童，遂为商民所仆，饱以老拳，冷水浇背，其狼狼不可名状。论者谓玄帝司水之神也，今被妖民所假托，既以水浇足之伤，又以水浇背之痛，殆所谓以水济水，玄之又玄云。

大清光绪三十年甲辰七月廿四日　公历一千九百零四年九月三号

严禁瞒骗轮船水脚

◇近来汕埠开往暹罗等处轮船，每有搭客不买船票，潜行落船，希瞒水脚。现经德领事官照会鮀浦司主出示严禁，示文如下：

为出示严禁事：现准德国领事官道照会，内开：现据德国船务公司，即来往暹罗、汕头等处德国轮船代理人太古行商禀称，近来德国轮船开行，每每查得无票华人搭客，每水有六七名至十一二名不等。此等搭客不独瞒骗德国船务公司水脚，而且因其未经医生查验，诚恐中途患病，轮船或被扣留，受累不浅，请为核夺办理各等情前来。据此，相应照会查照，请即出示晓谕，俾知凡有搭客不买船票，潜行落船，希瞒水脚者，一经查出，定即拘拿送官，严行究治等由。准此，合行出示晓谕。为此示，仰诸色人等知悉：尔等此后附搭轮船，务须买定船票，方可落船。自示之后，倘敢仍前不买船票，潜行落船，希瞒水脚者，一经查觉，或被拿获，本厅定必从严解办，决不姑宽，各宜凛遵毋违！特示。光绪三十年七月□日示。

得赐宝星

◇榕轩张京卿侨寓南洋，历有年所，前为日里领事，善政颇多，荷人颂之。闻昨日接外洋来电，近得荷兰王特赐第一号宝星，乃弟耀轩观察亦得二号宝星云。

张京卿捐款赈济

◇嘉应水灾，州人士关心桑梓者，皆踊跃募捐赈济，迭纪前报。兹闻张榕轩京卿与乃弟耀轩观察及铁路公司捐银，由汕办米一船，载往丙村，交局绅散赈。京卿见义必为，于此略见一斑。虽然，潮嘉此次水灾，为从来未有之惨，而并不闻守此土者之一议捐赈，抑独何欤？

大清光绪三十年甲辰七月廿六日　公历一千九百零四年九月五号

村氓拒教

◇嘉应东溪湖水灾之惨，已纪前报。州中善堂，方议赈恤，而某国牧师闻之，遽尔携银数百元亲至其地，外以赈恤为名，实欲图地基以造教堂也。村人闻洋人至，围视者甚众，牧师宣言曰："吾来此地，不特为赈济一事，亦欲借贵地倡建教堂，不知有合宜之地可以相让否？"众人闻知，骇然相顾，一哄而散，牧师失意而返。迨善堂绅董往赈，村人亦疑忌不前，领赈者甚少，然赈费亦用去千余元云。

漏匪猖獗

◇何于古、潘阿新，漏网之匪首也。目下伏匿于罗塘下坝墟山僻处，夜则招人入会，昼则拦途行劫，嘉属商人，多被其害。罗塘现驻官兵一哨，不时往捕，然一启行，则鼓角喧天，旌旗耀日，卒不能见匪之面而返。

大清光绪三十年甲辰七月廿七日　公历一千九百零四年九月六号

嘉应又被水灾

◇嘉应州自七月中旬起，又连日大雨。十七、八日，河水徒涨数丈。城内外一望汪洋，都成泽国，低处屋宇，俱被灌顶，至高之处，亦浸数尺。冬禾才莳，被浸之后，不复能生，荒歉之势已成。闻上流兴宁，下流松口、丙村各处，俱水大异常。被灾情形，探确续登。

大清光绪三十年甲辰七月廿八日　公历一千九百零四年九月七号

松江之水患

◇嘉应水灾，略纪昨报。兹接松江友人来函云：州属自十五日以来，霪霖倾注，连绵数天，河水骤涨丈余。十七日午后，松口沿河两岸，一派汪洋。十八日，雨犹未歇，河水又增数尺。附近乡民，纷纷搬徙，忙碌异常，而松市各店铺，均被浸至二三层楼。迨十九日黄昏，水才退出。各项货物之没于巨浸中，或遭淹坏者，不计其数，皆由水势浩急，搬运不及。各船户又高抬其价，计每雇一艘，至减亦需七八十金云。此次松口之巨浸，盖三十年来所未有也。

又函云：廿一日，松市梁、李二姓麇集男妇多人，在墟背械斗一场，彼此互有损伤。缘十八洪水浸时，梁姓店铺倾塌多间，旋拟鸠工修葺。李姓闻之，以为有碍其祖坟，出而阻挠，彼此争执，遂至称干比戈。嗣查梁姓被刀斫伤者二人，俱年逾六十，其一负伤颇重，恐有性命之虞，登即抬赴丰顺司署相验。是午，两造均已赶程赴州控告矣。又探悉，松口大布乡有某氏夫妇，俱年逾三十，于十八日巨浸时，妇以搬运什物失足坠水。其夫见之，急往救援，亦被漂没。

大清光绪三十年甲辰七月廿九日　公历一千九百零四年九月八号

函述松口土匪

◇嘉应松口来函云：圳头有土匪古有亮、石拐四、古国二者勾引外匪，打家劫舍，无所不至。三月间，米墟背罗家夜劫一空，兹闻亦系该匪一党，奈罗族单寒，不敢指控。又前年桑梓全叶姓毙命一案，亦因该匪劫妇起衅，致酿巨祸，嗣以重贿得免，遂逍遥案外，肆行无忌。现在砻钩钵、老茶亭等处，大受该匪骚扰不堪，非掳妇女逃匿，即拦抢妇女首饰，诚为一方巨患。有地方之责者，若不严行拘办，恐害伊胡底矣。

又函云：数日前，有松口某甲乙二人，各携银数十，往大埔贩牛。行经埔松交界之山谷内，突遇数匪要之，拔枪指吓，搜其囊中之银而逸。时某乙伪以忽失此银，匪特难以取信店东，且恐终无生路，再三哀恳。匪即拔刀斫其臂，血流如注，叱之曰："今有是据，可以取信汝东人矣。"旋又欲斫甲，甲大惊，哀乞乃已。吁！匪徒之凶恶如此，所谓盗亦有道，岂可求之今日耶！

大清光绪三十年甲辰八月初一日　公历一千九百零四年九月十号

上控学官之劣迹

◇目前平远刘瀚源等，以该邑学官藉端勒索事，具禀督辕。兹奉批示谓：平远教谕汪心鉴，身膺司铎，不能敦品励学，矜式士林。若如所禀劣迹，殊属有辜职守。惟该职等事非涉己，擅告学官，是否所控皆实，有无受人嗾使，亦须一并澈究。仰广东布政司饬平远县，将汪教谕被控各款及刘瀚源等上控缘由，刻日详细查明，据实禀复核办云。

大清光绪三十年甲辰八月初三日　公历一千九百零四年九月十二号

兴民学堂拟行醮捐

◇兴民学堂前拟筹款章程八则，一公捐，一义捐，一堡捐，一醮捐，一船捐，一赌捐，一寺捐，一戳捐，既禀请邑侯批准。惟船捐、戳捐、赌捐，须俟再详上宪核夺，遵照施行。现董理等及近城绅士，以近日城乡因疾疫之故，倡建太平醮，请郭邑侯主持其事。佥议先行醮捐，较为易办，且此次之醮，郭邑侯为之主，则自此办起，他日各厢建醮者，可以援例照行云云。

嘉应水灾详述

◇嘉应前月中旬又被水灾，已纪前报。兹探悉，十六、七大雨，十八日辰刻，水即灌城，环城低下屋宇，淹没殆尽，居民皆栖城上。有走报保安总局者，局董高卧楼中，置若罔闻也。旋有人进署，面禀秦牧伯设法拯救。秦牧伯于是日下午，在南城门楼设牲致祭，并派勇丁雇船五只，四处拯溺，赖以生全者颇多。至十九下午，水势始退。查悉，乌廖沙地方，淹毙男女十余口，上、下市，溺毙老年男妇三口，城乡市镇损失货物，计值不下廿余万金，以油米杂货居多。此次大水，小于甲子年三尺，然出于意外，皆猝不及防云。

◇又是日下市，驿前街黄和昌纸店已半没于水中，忽楼上失慎，火焰冲天，与水势争烈。秦牧伯立饬练勇拼命赴救，幸免延烧，而该店已成灰烬。

怪哉上控差役之绅士

◇嘉应绅士上控差役一案，经上宪委员到州查办，已纪前报。兹闻州绅无敢质证者，即出首指控之举人杨青、饶集蓉，亦递禀不认。现秦牧伯与委员，已概不究问矣。又闻秦牧伯有面谕总局绅妥议差役规费，使之永远遵守，以杜弊端云。

兴宁疫气渐平

◇兴邑近届秋凉，城厢疫症已渐见减少，不致如前此之甚。

大清光绪三十年甲辰八月初四日　公历一千九百零四年九月十三号

禀办乐群学堂之牌示

◇大埔县创设民立乐群学堂，日前经绅士张龙云等以开办章程禀请学务处存案，给发钤纪，并请发给护照，游历南洋各埠，亲自劝捐。昨奉处宪牌示云：大埔县绅士张龙云等禀办民立学堂，由禀悉，该绅等创设民立乐群学堂，暂假张氏祠为校舍，据称案于二月初二日开学。查阅章程，布画整齐，条理毕具，各种规则亦均明妥，所订功过格以人伦道德为重，尤合德育之旨，足征该绅等原究教育兴学，具有热诚，非率尔从事者。国家之强弱，人民之智愚，恒视教育广狭之量以为变迁。欲教育溥及，必须专设学堂；欲学校林立，须多开私塾。盖官办既限于财力而迁移升调，贤有司亦不可得，全在各地方贤人志士倡导于前，而慷慨好义者踵起其后。值此时势艰危之际，欲为改良社会之谋，舍兴学固别无善政也。人惟不学，故不能自立；不自立，故不能自治。积不自治之人而成国家，群治之弊，实由于此。该绅所办学堂于普通学之外，尤注意工商实业，所云"大可经世，小亦足以自营"，诚为握要之言。该绅等所定学科阶级，秩然有序。所定卒业年限，甲班及师范生拟以三年、乙、丙班一年半，蒙学或二三年、四五年不等，综计不过七八年间。照现在通行章程，七八年中只能毕业高等小学，今欲于卒业后，送入各高等学堂，中间尚越中学一级，且所订功课过高，恐此七八年中未易研求功课，于学生年岁有相当之程度，乃为有益，万不可徒骛高远，致或躐等，宜再详细斟酌。或即定为高等、寻常两级小学堂，亦无不可。至课程内列掌故、财计二门，亦与钦定章程不合，并宜酌改，此则必须妥议者也。第三章第二节于学生每人拟取膳费若干，须约计注明。第六章第二节考校之法，宜查照近译学堂，教授、实验、各书为多门考试法，但以论说、策问、经义为主。第六章仪节甲、乙两条，宜改照通行规则。又功过格，记功第一条云，大伦无阙、克守宗教者，不准以一月内计，此似不能限之以月；记大过一次，第二条内有云，包揽词讼、武断乡里各层，似此非可仅予记过，此则尚须修改者也。所请给发钤记之处，应即照准，候该绅等将学堂等级定明，禀覆之后，再行刊发。至因经费不足，张绅龙云拟往南洋各埠劝捐，请给护照。该绅声望素孚，向为华商信重，此次前往，仍宜委曲劝导，以期事可早成。仰候详请督部堂给发护照，转发收执，以便遄行。学堂现已择定地基，宜将构造形式绘其图章，并将教习、职员、学生等年岁、籍贯、履历造具清册，及此次饬改章程各节，妥速议定，呈缴察核，再予立案，仰即知照。章程付。

嘉应屠户罢市

◇州中屠捐，已经开办。闻各屠户以抽剥太重，于前月廿六日相率罢市，不知何以善其后也。

犯禁贩米之差役

◇六月间大水，潮嘉等处地方多有歉收，米价昂贵。惟兴宁地居上游，水患稍轻，收获亦较上年略丰，故近日兴宁之米多贩往嘉应州，而兴宁各乡绅鉴于前数年旱荒，恐难为继，禀请县宪饬治安局练勇查禁。适有某贩知宪禁綦严，恐被截拦，乃假冒水口司旗号，连樯而下，载米百数十石，利市三倍。旋为局勇所闻，思彻底根究之。七月十八、九，适县宪因公下水口，预饬差封船。差役乘机罔利，各购米石，暗藏舱底，以为偷度阴平之计。事为市民所知，密以告局勇，局勇禀知局绅，径往南济桥拦截。是夜，宪县扬帆而下，将近南济桥，忽见局勇穿号衣，持洋枪在桥上大呼"留船盘查禁物"。县宪疑为土匪要劫，而局勇亦不知县宪之在船也。至睹面始悉确是官船，遂禀船内载米甚多，奉命搜查，非有他意。县宪立命开舱起米，乃知为差役所蔽，现不知如何发落云。

大清光绪三十年甲辰八月初五日　公历一千九百零四年九月十四号

禀报水灾之异闻

◇大埔六月间大水，银溪各处被灾，惨状与嘉应、丰顺等，曾纪前报。地方官以为寻常水患，绝不在意。闻日前经上宪札询情形，限期禀覆，查大令始着急，商之刑席陶某，由陶某凭空拟稿，仓卒通禀。大略谓，某处仅冲坏荒埠若干，某处倒塌荒屋数间，某处损失人民。满纸胡诌，以冀粉饰了事，末且有"捐廉赈恤"等语。通禀后，始得三河司将亲往勘验情形，禀报到县。查大令愕然，举以示陶某，陶某亦瞠目不能答。

◇又闻七月中旬大水，县署、百侯、湖寮等处，损坏田园屋宇，不计其数。银溪一带，前此所未被灾者，此次则扫荡无余矣。

大清光绪三十年甲辰八月初六日　公历一千九百零四年九月十五号

潮汕铁路之建筑期

◇潮汕铁路业经工程师勘定路线，现该公司已定期于月之初七日兴工建筑。闻其车站起于汕对岸之厦岭云。

大清光绪三十年甲辰八月初七日　公历一千九百零四年九月十六号

州牧勘灾

◇嘉应七月十八日洪水，丙村松口一带田地多被冲坏，二堡皆来州报灾，秦牧伯已于廿九日亲往□勘矣。

猪屠开市

◇嘉应各屠户因捐罢市，已纪前报。现经屠捐局与各屠户议定抽数，不加苛勒，各屠户始行遵抽，已于前月廿八日开市云。

大清光绪三十年甲辰八月初八日　公历一千九百零四年九月十七号

批饬严禁花会

◇大埔县绅士杨兴谨等，昨以县属花会贻害等情具禀督辕，旋奉岑制府批示：花会赌博，潮州所属为最盛，晨夕两厂，举国若狂，其败俗伤风，实与白鸽票害同名异。大埔贫瘠之地，士女耕读，绝少素封，何堪赌祸流行，再行朘削？巡检、劣痞、绅棍如有得规包庇，应即从严分别撤参拿办，方免养痈贻害。仰广东按察司即饬潮州府出示通饬，泐石悬为厉禁，并饬大埔县认真查禁究办。如有一处私开，不行举发，即惟该县是问。至词开弓州刘姓等劫掳各案，曾否赴县具报，亦饬查勘侦缉，毋稍疏纵云。

纪乐群学堂劝捐

◇大埔绅士张龙云等创办民立乐群学堂，已将开办章程禀请学务处存案，并请给发护照，亲往南洋各埠劝捐经费，经学务处批准，已录昨报。现张君已于日昨由汕赴省，请领护照前往。闻张君此行兼注意游历各埠，考察学务，其捐款拟劝张弼士侍郎独任建堂之费，此外，常年经费再向各绅商捐助云。近来海外绅商，多具热诚捐赀助学，不一而足，张君已发此热心。吾知各绅商，必有以助张君之成，以副该邑人士之望也。

大清光绪三十年甲辰八月初十日　公历一千九百零四年九月十九号

官绅之权不及妇女

◇埔邑明达绅士日前有倡破除神权，改废寺庙之议，而顽绅愚妇已闻而哗然。迨邑侯查大令将万寿宫诸神偶像毁去，满城妇女如丧考妣，有为之下泪者，亟思立专庙以崇祀之。乃发簿募捐，倩邑某绅为之序，谄媚百端，娓娓可听。于是富者献金，贫者出力，顷刻集事，即于万寿宫后兴工建筑，不日可竣。官绅知之，不敢过问，且有某绅者以前时拟建小学堂，购买灰料甚多，现已无力兴筑，只合建庙之用，请于查大令估价与之，大令即准如所请云。呜乎！官欲废之，绅欲废之，而彼独兴之，妇女之权力不其大乎其大也。其愚也，即其所以贱而轻也。

大清光绪三十年甲辰八月十四日　公历一千九百零四年九月二十三号

潮汕铁路购地之价值

◇潮汕铁路应用地段，前经铁路公司张京堂拟定四等价值，按乡购买，上等价每亩银一百四十元，次每亩一百元，又次七十五元，下等每亩五十元，咨请褚观察饬属出示晓谕。褚观察分札各县督绅查复，旋由海阳县据七都绅士以京堂所定价值有过有不及，应请通融措置等情申复。现在张京堂亦以地价高低不齐，拟临时按亩估价，上上者酌增，下下者酌减，庶可通行无弊，已将此意函请褚观察，饬属出示晓谕。褚观察已分札各县明白晓谕，俾众周知矣。

赈恤丰顺县灾黎

◇丰顺县沙田墟占头、上下南洋等处，于六月内惨被水灾。经万大令与留隍司主勘验通禀，前月廿二日省宪复委宋委员诣勘议赈，旋札行潮州府，给发银二千两，运往赈济。惠太守已于廿八日委顾委员运银前往，会同万大令散赈矣。又万大令捐廉一百元。此外，尚有留隍各绅商捐金，助赈者颇踊跃云。

资遣旅客回籍

◇日前琼州海口人王登丰，被人拐骗来汕，卖与祥兴猪仔行，将运至日里，以图厚利。王登丰抵死不愿登轮，祥兴行主大怒，用刑毒打，遍体鳞伤，随将王登丰抛弃海滨，奄奄欲毙，见者咸不平。旋为绅商查知，将祥兴行主人捆送杜明府惩治，将王登丰交医局调医，曾略登前报。现王登丰医治痊愈，杜明府已札鮀浦司交同济善堂，资遣回籍云。

大清光绪三十年甲辰八月十五日　公历一千九百零四年九月二十四号

铁路局招勇咨文

◇现闻潮汕铁路总公司勘路已竣，建筑在即，督办铁路张京堂恐工程重大，非设兵弹压不足以资保卫，因援照商部奏定新章，请本省督抚派兵一百名，分驻建路处，藉以绥靖地方，诚要举也。闻昨接惠潮嘉道褚观察咨覆张京堂文，内开：光绪三十年七月初九日奉署理两广总督部堂岑批，据本道具禀，准贵京堂函请转禀募勇一百名一案，据情禀请察核示遵由。奉批：具禀潮汕铁路总公司开办筑路，兴工在即，仍恐乡愚无知，阻挠滋事，拟援照《商部咨行铁路章程》，雇募勇丁百名，藉资弹压而期保护，请准立案等情，自应照章办理。仰该道即转咨潮汕铁路总公司遵照，暨候抚部院批示缴等因，印发到道。奉此，相应咨会。为此合咨贵京堂，请烦查照施行云云。

◇刻又闻张京堂，已将护勇一百名扼地分派矣。

褚观察之铁路购地示文

◇惠潮嘉道褚为出示晓谕事：照得潮汕铁路，系由张京堂报经商部奏奉谕旨饬行，自应钦遵办理。所有该公司一切购地办法，曾经本道与张京堂当面酌定，会商各绅董，体察舆情，和平办理。查该铁路经过海阳、澄海两县属，应需地基，业经委派员绅偕同洋工程司人等查勘测量，插标圈购。兹据工程司将轨道所需之地绘图呈阅，张京堂择于八月十九日在七都公所设立购地局，遴派委员，会同绅士，督率弓役人等，查传业户到场，眼同丈量田亩。先将量过亩数、业户姓名报明，听候核定公平价值，以便各业户赴局写契领价。如有民房、店铺、池塘，及果树、瓜菜、禾苗各植物，即由官绅估定价值发给，持平交易，断不使民间稍受亏损，合行出示晓谕。为此示，仰潮州府海阳、澄海两县属各业户人等知悉：尔等须知，铁路为兴利便商要务，一经插定标记，指地购买之时，断不得藉词阻扰，致旷要工。自示以后，倘敢故违，定饬拿究，决不姑宽，其各凛遵毋违！特示。

兴宁开办夜学堂

◇兴宁萧惠长茂才，既于其乡设立开明蒙学，复设夜学堂一所，招集工商三四十人，日于下午六点钟上堂，十点钟散学，聘萧君晚香为教习，已经开学。其教法，仿蒙学课程而稍变通之。每晚于课授字法、文法后，复演说现今世界竞争之状，工商发达之原，激励生徒不可仍蹈前时锢习，当以个人权利、国家公益二者并重，以期社会之进化云云。各学生颇能奋勉，暂有阅报以通晓时事者，不可谓非学界之一小助也。

大清光绪三十年甲辰八月十八日　公历一千九百零四年九月二十七号

官商因赌规构衅

◇长乐县赌商张秀琴等，以长乐吴巡检（陈汛弁继子），纵役擅收经费，抢毁摊馆等情具禀督辕。制府据禀，以所呈如果属实，固属不知检束，惟各摊馆登时扭解到局，该商善言理论，何致反触其怒，搥碎印示核词？语涉支离，显有遁饰。此事官商因规构衅，业已控州饬究，乃不候县办理，率行来辕越渎，恐有恃商恣横情弊，仰广东缉捕经费局，饬长乐县查明官商肇衅缘起，分别曲直，据实核办，毋稍模棱云。

查大令勘灾

◇大埔六七月两次大水，枫朗、百侯、湖乡及银溪各处被灾甚重，淹没田园、屋宇、人畜不计其数。日前，查大令接奉省宪及道府宪札饬勘验，乃于本月初一日，带同差房人等，亲往查勘云。

嘉应卫生会之开会

◇嘉应卫生会既于前月廿八日开会，来会者约有百三四十人，陈君次修及韦医生、凌牧师三人轮流演说鸦片之利害，听者莫不感动。演说毕，投票公举陈君次修接理该会事务，并分三次摄影，以为开会纪念。摄影毕，始散会。当是日开会时，入会者复有百余人，今尚源源不绝，行见吸食鸦片者脱离苦海，超登彼岸，斯会诸君之功也，诸君其勉之！

兴宁匪警

◇嘉属兴宁,惠属龙川,与江右之长宁为邻。其地万山丛杂,自昔为土匪啸聚之所,若兴宁之赤石渡,龙川之上坪、细凹仔,长宁之黄乡、公平,皆盗薮也。上年镇兵分房,兴宁穷搜岩穴,土匪稍为敛迹,近因防军调回原营,匪焰复炽。昨罗岗局绅飞函报告城中治安局董,据云,赤石渡、黄乡、细凹仔等处三合会党,日椎牛饷众,打单劫屋,厚集粮食,大有揭竿而起之势。治安局董闻此警报,即□原函往谒郭大令,请速为备。郭大令素镇静,闻此不知如何措施也。

大清光绪三十年甲辰八月二十日　公历一千九百零四年九月二十九号

电催汕商报效

◇昨闻褚观察致汕头新关沈委员电云,接藩台铣电:潮商本年报效十五万,已详明拨还洋款,请速催解济急,勿迟为盼等因。祈即转催万年丰暨众绅商刻日禀办,万勿再延。闻沈委员接电后,于昨日既依文转催万年丰绅商矣。未知如何禀办,探确续报。

购地价值之示谕

◇钦加同知衔、赏戴花翎、特授澄海县正堂加十级记录十次杜为出示晓谕事:现奉惠潮嘉道褚札开,光绪三十年七月二十四日准潮汕铁路公司四品京堂张函开:日前为铁路经过各处基址,拟酌价值一节,蒙饬属谕绅详查。近闻七都总局各绅董业经禀复在案,第思地有肥瘠,价有高下。统而查之,地肥者其价之高不一,地瘠者其价之低不齐,断难执一而定。必须先议一得中定章为之准绳,至临时按亩估价之际,通融办理,上上者酌增,下下者酌减,方可通行无弊,洽服舆情。管见所及,尊意谅亦如是也。现在敝处所定四等价数,皆系按定时价,不即不离。各绅士亦谓如此办法,甚属公允,尚希卓识察核施行,并恳饬属出示晓谕,俾众周知,庶得早日开办等由到道。准此,查此事先于本年五月间准铁路公司张京堂咨开:铁路应用地段,现将田亩分出一、二、三、四等价值,以定购买。计顶上之价,每亩银一百四十元,次每亩银一百元,又次每亩银七十五元,下等每亩五十元。所议各价请分饬海阳、揭阳、澄海各县,出示晓谕等由。查来文,现定四等亩价,与潮属时价是否相同，有无参差，当经分札各县督绅确查禀复，嗣按函催，又经札催去后，兹据海阳县申称，据七都局绅李森然等以各乡地有肥瘠，价有低昂。依张京堂所定价值而论，过者有之，不及者有之，将来应请通融措置，因地酌裁，去有余以补不足，不至有损于民，亦不至高抬其价，庶乎其可等情，申复前来。正在核办间，适接张京堂函称地价高低不齐，上上酌增，下下减之等由，核与海阳县申复各绅所议办法，均相符合。应饬各县出示晓谕，俾众周知。除函复及分札饬遵外，合就札饬，札到该县，即便遵照，指出情节，明白声叙，刻日出示晓谕，毋稍违延。仍将查办情形，禀覆察核，切切等因到县。奉此，查澄邑地价，前奉札查，尚经谕饬保商等局绅董查复，以铁路公司所定四等价值，较之粤汉铁路购地现章，诚属有盈无绌，具见张京堂情殷桑梓，宽厚为怀，惟各乡情形不同，即一乡之中，邻近之处，亦有高下低昂之判势，未能区分等级，划定价值等情禀复前来，合行出示晓谕。为此示，仰县署业户人等知悉：尔等须知潮汕铁路公司原定地价，已较粤汉铁路购地章程有盈无绌。并准张京堂来函，现在公司酌议地价，详查情形，业允通融办理，价值格外从优。自示以后，尔等毋得再事争执，婪索抬价，致干重究，各宜懔遵毋违！特示。光绪三十年□月□日。

汕头商会之总董

◇汕头设立商会，曾登前报。兹闻大宪特委湖北候补道萧观察永声为汕头商会总董，广西试用知县李绅祖庚为会办。

大清光绪三十年甲辰八月廿二日　公历一千九百零四年十月一号

糖业颇旺

◇汕中糖市，数年来颓败特甚，几于不振。乃自六月来，销路大畅，价为骤涨，业此者俱获厚利。盖以日俄之战，日本糖业渐缺，皆恃中国为来源，故尔畅销获利。

柴商减色

◇埔邑山利颇丰，上年所有做柴炭生意各家，颇获微利。现因潮、汕二处，极其滞销，此项生意，大为减色。

三河水患

◇大埔三河甲上月十八日大水，其高楼店铺皆浸至二棚，而上大街，共崩去楼铺七间，并压毙十余岁小孩一口。

大清光绪三十年甲辰八月廿四日　公历一千九百零四年十月三号

举办汕头商会之照会

◇汕中现奉省城商务总局八月十七日颁到照会二件，一为万年丰会馆，一为同济善堂，兹据善堂照会稿照登：

广东全省酒务总局督办、头品顶戴、广东布政使□胡，督办、二品衔、署理广东督粮道王，总办、奏留四川补用道罗，为照会事：案奉督宪札饬，以粤东商务败坏，其故由于商情涣散，团体未联，以致官商上下，愈形隔阂。特饬设立全省商务总局，固为振兴商业，挽回利权起见，尤以通达商情，力除商害为先。当经拟订章程，详奉两院宪核准批行，并即照会省城各善堂、各商董，及谕饬各行商集议，先行设立省城总商会公所，暨筹办一切事宜各在案。嗣奉商部通饬举办商会，应即遵照办理。查振兴商务，实为现时第一要政，然必提倡于上，合群于下，官商互相维系，庶足以谋公益而挽利权。粤东通商最早，商务向称繁盛，第以商情涣散，商智未开，以故百业寝衰，利权外溢。此固由于在上者未尽保护维持之责，亦未尝不由于众商势力之未合，心志之不齐也。汕头一埠，为本省之中外通商口岸，其商业之繁盛，实与省垣相埒。亟宜联合众商，设立商会，讲求工商各业，与省城商会相辅而行，联为一气，以期商业日兴，彼此交益。除饬潮州府就近督率董劝，并照会万年丰会馆各商董会商筹办外，合就照会，随发《章程》一百本。为此照会贵善堂各商董，请即查照来文事理及《章程》内一切办法，赶速联合同志，公举商情熟悉、众望素孚者一二十员，或二三十员，充该处商会董，一面筹设商会公所，以期团体结而后百事兴。尤望各布公诚，和衷共济，倘或各存意见，甚则怀挟私心，则公益未见，门户先成，殊非本局所望于众商之本意也。其应如何办法，及所举商董姓名，希先见复，以便核明办理为盼，切切！须至照会者。

委员散赈灾区

◇埔邑查大令，因某乡被灾甚巨，报县请勘。大令不信，即札某巡检代为勘验。某巡检到去，大索供应夫马，各姓绅耆无有应者。某巡检遂避重就轻，报得无甚大害。及闻省中及府委将到，大令仓皇失措，惧遭上谴云。

齐昌夜劫

◇兴邑本年五月间，盗劫之事，日有所闻，入秋以来，匪势更盛。有何某者，家本小康，其家在蕉坑，离邑城三十余里。八月初，突有匪徒数十人围其居，冲门而入，时既深夜，邻里不及知。何某家人暗中索得械，与贼斗甚力，卒以众寡不敌，悉为贼所刃，贼遂掠其资财牲畜，饱所欲而去。

大清光绪三十年甲辰八月廿五日　公历一千九百零四年十月四号

梅州试事余谈

◇自梅州新案榜发，枪替居多，兴邑各童闻之大恐，因会议四城门悬红禁枪，言定获枪一名者，到乐育堂公所领赏若干，且会集三百余人到城隍庙拈香咒誓，遇枪不捉者不吉。各廪生闻之大怒，咸谓学宪不禁枪，尔等童生反禁我保枪，我即保枪，尔等亦无如我何也。十四日，各童进场后遍搜枪手，捉得七八名，拳脚相加，且以锥刺之，至有流血满裤者，扭禀学宪，立交提调羁押。十五日学使悬牌，将正派保之保枪者斥革七八名，永远不许开复。中秋试长、平二邑，场规为之肃然。

◇嘉应有高、邹二生，年已七十矣，文品素迂拙，人皆轻之。届本科岁试，壮心未已，册上年岁加至八十余，冀此番入泮，则三科后例得钦赐副贡也。进场时具禀提堂，学宪悯其老，皆允之。揭晓，皆获隽，士人赠一绝句云："二老心偏壮，红□□坐堂。冯唐虽白首，金顶自辉煌。"盖嘲之也。

斥革玩役

◇嘉应州差前奉上宪委员查办一案，现经秦牧伯会同委员，革去玩役李亮、何福、郑标三名，已写定革条，惟未发贴。

梅州水患之惨

◇六月十六日，东溪湖、嶂下等处同遭水患，当经秦牧伯勘明通禀上宪。七月廿九日，州中又奉督辕委员，偕同牧伯复往查勘，此六月之水患也。又七月十八日梅江水患，水南及附城一带受害最甚，现田被沙壅而未搬开者，十居八九，此七月之水患也。两月之间，梅人叠遭水患二次，亦云惨矣。

大清光绪三十年甲辰八月廿六日　公历一千九百零四年十月五号

议延京卿为教习

◇金山总教习温慕柳太史逝世后，郡中绅士以斯席关系全潮学界，责任匪轻，群议明年延聘黄京卿公度为总教习，特佥商道府。闻褚观察即于昨日函致京卿矣。以京卿经济文章，久为中外人士所钦佩，苟得延之以主教务，则岭东学界，必焕然可观也。

嘉应创立犹兴会

◇近日新学萌芽，年少者可以入学堂，其年纪长大者，于新学不免有向隅之叹。嘉应黄京卿公度近创一犹兴会，专结集年纪长大者，与会其中，分科研究。现立章程十二条，愿入会者，限十月底在兴学会议所报名汇齐，其经费由会友公摊云。

大清光绪三十年甲辰八月廿七日　公历一千九百零四年十月六号

派铁路学生学习路工

◇潮汕铁路总办张京卿，以铁路工程繁要，需才正多，而中国此学不兴，借才异地，终非持久之道，乃拣选子弟之质体强壮、心思灵敏者卅人，派赴日本学习路工。闻额已选齐，由潮汕铁路工程师禀请领事，咨送日本铁路局学习，以一年半卒业，回汕即充当潮汕路工。闻每名每月，现由汕局筹垫经费银十元云。

大清光绪三十年甲辰八月廿八日　公历一千九百零四年十月七号

嘉应犹兴会章程

◇嘉应黄京卿公度创一犹兴会，既志前报。兹将其章程并小序，照登如左：

鄙人兴学之意，专重普及小学校，业已缮启公告。惟念我同志诸友，年既长成，不复能循序渐进，以求普通之学。负笈远游，固未易言，而商量兴学，难得良师，补习各科，亦无余暇，玩时废业，良亦可惜。现拟设一讲习会，以期有志诸君，互收良友切磋之益。所有章程，分条具左，乞共商之。

第一、此会名曰犹兴会，以时务期知今，以新学求切用，以专门定趋向，以分科求速效，以自治为精神，以合群求公益。

第二、拟分各科，一曰政治（兼法律），二曰修身（兼伦理），三曰卫生（兼身体），四曰生计（兼实业），五曰教育（兼管理学校法），六曰历史（兼地理），七曰算术，八曰格致（兼动物、植物、力学、汽学等类）。

第三、以上各科，拟购齐应用各书，以备阅看。每人自占一科或二科，编定功课，自行评点。

第四、每人设一札记，于评点之余，自记所见，或引伸，或攻驳，或有疑义，随时札录，以便汇请名师评议。如一时无良师，暂以鄙人承乏，亦愿诸君子赏奇析疑，冀收教学相长之益。

第五、设一听讲所，每日定以一二时，由专科学友演说所习，以告于众。其余各科，环坐听讲，将本会各科，轮流演说，周而复始。

第六、赁一馆公同食宿。本会并未延师，无须束修，惟食宿各费，应由会友自备。

第七、本会设有规条，一切起居饮食，均有定则，务须整齐敬肃，不能随意自便。

第八、本会既有规条，于众友中公举二人为监课，公举二人为监仪，会中诸友，应听其稽察。有不合者，先密为谏止，如不悛改，即公告于众，应责令出会。

第九、此项监仪、监课，应轮流选举，每半月即行更易。如再经众友公推，亦可接办。

第十、有愿入此会者，祈将名姓、籍贯、年岁、住址开具，函送兴学会议所，务于本年十月底送到，以便酌度人数，租赁地方及购办一切器具。

第十一、本会应用书籍，由会友自备，一切灯烛杂费，由会友公摊。

第十二、本会尚拟聘一师，教习英文，兼教体操，大约每年束修，约费五百元。如各友愿习此二项者，请于开名入会之函中声明，以便汇计人数，照数分摊。譬如入会者有五十人愿习此二项，每人应分摊十元，多寡准此。

兴学会议所会长黄遵宪谨启

大清光绪三十年甲辰九月初四日　公历一千九百零四年十月十二号

纪铁路工

◇潮汕铁路由厦岭起工，既纪前报。兹访得由厦岭量地，既至月浦，即一面购地，一面筑路云。

兴宁之械斗已息

◇兴宁岗背钟族械斗一案，于初二、三、四等日，各持械交哄，后复于十三、四日，两家各出队鸣枪以斗，互有损伤。郭大令闻报后，登即咨会治安局绅，协同局勇、营勇，于十五日驰往弹压。经将二家炮台拆毁，复亲到两家劝息，二家均愿和平了结。大令遂将二家军械提出，饬令该质库不能竖造如前时之高大，有碍该房祖坟。闻二家已递结遵依，大令即于廿二晚回署矣。

议兴蒙学

◇嘉应松口黄沙乡廖煜光氏，自幼经商南洋，获利颇巨。月前来省贩货，便道抵里，见族中儿童所读之书，多半增广杂字等类，以为鄙俚不文，且阻儿童之进化，遂往省城购回诸种蒙学书各数百部，分送合族子弟，令为师者，按其程度之高下以授之。又议联合左右邻，创建蒙学堂一所。嗣以该乡无款可筹，现已致意各绅耆，拟由外洋同乡各富商签捐，而己则力总其成云云。廖君刻已起行矣，未审何日方能达其目的也。

大清光绪三十年甲辰九月初五日　公历一千九百零四年十月十三号

拨款赈济灾区

◇大埔水灾，已纪前报。现经省委宋委员会同郡委关委员前往勘验禀覆后，已由郡库拨银二千元，仍由关委员运往散赈矣。

拳师脱险

◇兴宁某甲自江右归，同行者悉技击师也。伏路贼窥其旅囊颇厚，于长宁细凹仔伺之，甲至，贼党数十人自丛林中突出抢掠，甲与同伙大奋老拳，互相扑击至数点钟之久，匪势不敌，始行散去。如某甲者，信能以空拳冒白刃矣。然行李往来被劫者众，地方有司当如何严缉，以清伏莽也？

大清光绪三十年甲辰九月初六日　公历一千九百零四年十月十四号

婚姻自由

◇距松口三十里之深凹乡有沈氏女，年已及笄，姿首妍丽，每听族人言论欧美诸国女子婚姻自由，辄艳慕不已。近以其兄娶室，宴客盈庭，有中表亲某乙在座，仪容秀雅，倾吐风流，女知其未婚也，以为年已相若，貌亦相同，大有愿托终身之想。某乙亦时于帘外窥见之，颇注意焉。未几，乙即遣媒来商诸女父母，而父母辄以有中表之嫌为辞，实则鄙乙家之贫乏也。女闻之，怏怏不乐。嗣问名者踵至，女父欲许蓬辣坑某巨室之子，女知之，即怀刃泣告其母曰："如欲择佳婿，则必表亲某乙其人也。今若不从儿志，即死于是刃之下。"母大惊，奔告其父，父大怒，置弗理。女即倩人书其甲子，遣媒媪亲送乙家，婚姻之礼遂定，已于前月廿二日于归云。

梅州米价

◇目下梅州米价渐平，每银一元可买上米斗五六，若下坝墟之粗米则有二斗云。

大清光绪三十年甲辰九月初七日　公历一千九百零四年十月十五号

学务处批侵吞公款

◇兴宁县监生王廷芳等，禀为抽勒巨款，向无着落，金叩饬委清查，以资设学，经批县查办由。批：禀及粘单均悉。该县坭坡市团防局每年抽收□成铺租及牛猪各项岁入约有□千余金，又勒令匪亲所出养勇费，及勒捐平民之费，亦积有六千余两。乃局中养勇不过五名，所入巨款，概归浪费，且设局十余年，从未清算款目。据禀，董理曾銮高侵蚀横行，弊窦不可胜言，如果属实，自应澈底查究，以期公款不至妄费。仰兴宁县即照所禀各情，调取坭坡局历年进支各簿，切实核夺，毋任隐匿亏空。倘该局入款确系充足，而团防又无实际，应即提款，妥择正绅经理，商议开办学堂，期以地方之财，为地方有益之举。该董理曾銮高等，如确系有侵吞作弊等情，即算明责令赔缴，切勿瞻徇延玩，并将办理情形具报察核。禀抄发，粘单、保领附。

书办浮收被控

◇日前嘉应州谢国恩等，以书办浮收害民事具禀督辕，兹奉批示谓：

该州户吏吴荣耀即两三屡被指控,并谓前曾犯案勒缉,现变名复充,如果情真,实为官衙之蠹,由是而论,粘单所列各种劣迹,尚非尽出无因。至州县司阍,久经饬改收发,何以又有门阍莫耀堂等与之串蔽分肥?且该州日坐堂皇,何以毫无觉察,岂竟明知故纵耶?仰广东布政司饬嘉应州,即日据实禀覆,一面行提阍书澈究,并将该书吴荣耀斥革留押,逐款讯追按办,毋稍徇纵欺饰。粘抄、保领及粮价新闻纸均发。

大清光绪三十年甲辰九月初九日　公历一千九百零四年十月十七号

营兵窝匪被控

◇嘉应州绅黄守文等,以妖孽恃符事具禀督辕。兹奉批示谓:据禀,营兵翁丙营窝匪消赃,奸匿妇女,致令自尽,如果尽实,亟应拿办。惟各案均未据州禀报,有无砌饰?仰广东按察司即饬嘉应州,赶紧按款密查,据实禀覆核夺,勿稍徇纵云。

掘坟盗骨之服刑

◇前有平远县贼犯姚得章五(即仰鑫),经讯认发掘姚克明之母林氏坟冢,盗取骸罐,勒赎未得财一案,将该犯姚得章五(即仰鑫)审,拟斩罪,留禁省监。月之初三,奉准刑部咨,奉旨着即处斩。随即会同营弁,监提该犯,绑赴市曹处决,以昭炯戒焉。

大清光绪三十年甲辰九月初十日　公历一千九百零四年十月十八号

兴宁醮捐之举行

◇兴宁县兴民学堂董事,前禀准督宪及学务处宪,举行醮捐,以充学费,蒙札饬郭大令核办。适八月廿六日为城内宝城寺醮期,商民特请郭大令主醮,以重其事。郭大令遂出示晓谕,凡城乡醮会,均按成数,以七成提充学费,并谕宝城寺醮会总理如数照捐。间有无知愚民,尚欲抗不缴者,经各董绅极力开导,均已翕然遵从云。

平远会匪述闻

◇近闻平远下坝墟会匪,连日于是处竖旗聚党,其详确情形,再探悉续报。

斗案了结

◇兴宁冈背钟姓因迷信风水事，械斗一月，伤毙多命。前经郭大令谕治安局绅调处不决，亲往弹压，亦不息斗。近日刘上舍质吾，乃与某绅极力和解，始各言归于好云。

大清光绪三十年甲辰九月十一日　公历一千九百零四年十月十九号

有志兴医

◇中国医学，素不讲求。操是术者，既无学堂以专精其业，又无学会以研穷其道，往往一知半解，遗误人世。兹闻大埔何君叔夷者，素精岐黄，游历南洋，曾为星嘉坡同济大医院医士多年，心悯中国医学之衰，求学者又苦于门径难得，前月回国，特备购中外古今医书多种，拟公诸众览，广开医术风气，闻现寓广信昌客栈。此心此举，吾甚为何君勉之。

大清光绪三十年甲辰九月十三日　公历一千九百零四年十月二十一号

梅勇缺额述闻

◇梅州练勇，向分两哨，左哨统于李实廷，右哨统于刘碧山。左哨勇饷由州署发给，右哨勇饷由保安局发给，而此项勇饷，皆由近城各店家月捐，期藉此可以保卫地方。闻近年以来，缺额殊甚，两哨合计不满五十人，而店家之月捐无丝毫减少，不知作何开销。况近来下坝、龙川匪警频闻，亦非此数十名游惰之勇丁足以捍卫。竭商民之膏血，适以饱官绅之私囊，良可慨叹！

李氏祠广购书报

◇嘉应松口李氏大宗祠尝产甚富，派下丁口亦繁盛。近该族某某茂才等，拟拨尝款，购办书报多种，以饷族人，藉以开通风气。闻已于日前筵邀诸父老集祠会议，悉以为然，现已托人由上洋购办矣。

嘉应盗匪之披猖

◇嘉应丙市某首饰店，于前数晚，突遭劫匪十余人破扉直入，掠劫一空。街邻闻警，以匪势凶猛，莫敢往援。闻失脏颇巨，刻已报案追捕云。

又闻有雁洋堡李姓甲、乙二人自外归，忽见数匪在破屋内宰猪二头，就前视之，匪即拔枪指吓，李等急奔告村人往捕。至则数匪各挑肉一肩，其行如飞，追之不及。有疾驰上前者，则举枪相向，竟任其扬长而逸。嗣悉被宰之猪，即李甲、乙家所畜者也。匪徒之猖獗如此。

大清光绪三十年甲辰九月十四日　公历一千九百零四年十月二十二号

禀控长乐县令之批词

◇长乐县绅李树勋等，胪列该县令劣迹，具禀督宪。昨奉批示，谓：州县亲民之官，时世艰难，闾阎困苦。即使日勤案牍，躬巡陇亩，犹恐讼狱尚有濡滞，民隐未能上达。况深居简出，不事其事，而又继之以贪酷，阘茸治道，曷臻上理？惟现呈所指"六弊"，不无锻炼罗织，官吏固自谋利禄，绅民亦不乏刁诬。究竟赵令委署长乐以来，有无前项劣迹，仰广东按察司饬嘉应州按款详查，禀覆再夺。

平远创设义仓

◇嘉应州属平远县大柘乡，向设太平义仓一所，藉储仓谷，以备荒歉。惟当时草草营建，尚未设立仓屋。该乡绅以仓谷现已买备一千六百余石，暂借民仓存储，殊非经久。又以乡中办公，向来均系假借神庙，或租赁铺屋，权作公局。兹拟筹款建造义仓公局，由乡绅姚克明倡捐洋银一万元，又将契买店宇一所，及自置地亩数丈，概行捐出，以为建造基址；其余各绅商，共已凑捐一千余元。拟即建造义仓，并就仓内合办保甲团练及勷办地方公务，已据绅商联名，禀县立案，并出示晓谕。

批斥局绅

◇嘉应白渡堡局绅谢某，嗜利无耻，常藉局包揽讼事，受州牧批斥，不以为意。日前与其叔某争尝产，又讼叔于州。秦牧伯批斥之曰：尔辈一捐职监，即为局绅，地方公事，毫不关心。兹忽恃局讼叔，抑何荒谬乃尔！朝廷三尺具在，本州断不以局绅恕也云云。

大清光绪三十年甲辰九月十六日　公历一千九百零四年十月二十四号

禀承嘉应煤矿

◇集益公司职商温志兴等，赴善后局禀请承办嘉应州长滩、背山等处山场煤矿各节，现局据禀批示：候札饬嘉应州，前往覆勘明确，如与矿章相符，无碍田园庐墓情事，取结禀覆，再饬遵章呈缴，照费详请开办，该职一面赴州禀候引勘云。

壮哉东游

◇近年以来，志士游学者莫不联翩东渡，而我潮嘉之有志者，亦闻风兴起，故游学日本，前仅十余人，今则一跃而至四十余人。然大率皆学习师范、政治者为多。兹有嘉应黄君幹甫，年十六，有大志，在同文学堂肄业者二年，悯中国实业之不兴，思有以振救之。拟往日本，先入普通学校，卒业后即学实业，已于前数日鼓轮东渡矣。

要犯逃去

◇前月道宪行提嘉应劣弁刘宝坤、拐匪罗善祥等，赴辕讯办，经秦州牧亲押至郡，曾纪前报。兹悉道宪已将刘宝坤交海阳县押候讯办，罗善祥一名仍交秦牧伯亲自带回严办。初四日自郡登舟，初六日舟泊松口小黄沙，该匪竟于初七日早，泅水而逃。移时，各差勇始发惊怪之声，四处搜捕，已无踪影。秦牧伯大怒，抵署后立将解差曾某收押，至该匪放胆逃脱情形，非押解者不能知云。

嘉应劫案纪闻

◇前月廿八夜，丙市杂货店被匪徒持械劫去多赃。本月初五夜，城北五里亭陈姓，又被劫一空。初六夜，则距州十余里之古田村黄姓被劫。黄姓因将嫁女。置办妆奁甚夥。二更后，忽有二十余匪面皆涂墨，快枪利刃，破门而入，尽情搜括。同室有男子四人、妇女十余口，俱畏贼凶锋，噤不敢声，任其捆载而去。现已报案，不知秦牧伯如何处置也。

大清光绪三十年甲辰九月十七日　公历一千九百零四年十月二十五号

学官之需索

◇平远林茂才某，于本年三月间自费游学东洋。前月，学使按临嘉应，经伊父某甲循例到学报明，并请免予岁考。学官汪某需索至十余金，始为请免，甲固长者，已愿照纳，而学官又谓非二十金，似难允准云。

◇又学使巡试潮州时，亦有因留学日本报请免考者，府县学官，均需索至十余金，可谓同一鼻孔出气！

挽温太史

◇潮州中学堂总教习温慕柳太史逝世，已纪前报。兹有友人述黄公度京卿挽以联云：少年同辈，卅载故交，寥落数晨星，伤哉梁木才颓，又弱一个；旧学商量，新知培养，评论公月旦，算到松江名德，犹胜二何。

又同文学堂分教习温丹铭上舍联云：名师赵天水，硕学郑康成，问海滨乐育几人同，那堪北斗空瞻，银汉苍茫成永诀；五载景韩楼，两年同文校，算门下受恩惟我最，太息西州重过，金山咫尺有余哀。

东文教习日本熊泽纯君联云：硕德归道山，名世无惭真汉学；国殇忆辽海，秋风同哭大和魂。

分教习邱少白上舍联云：殿本朝经师后劲，开岭东新学先声，道艺贯中西，听乡间月旦评衡，惇史倘重编，屈指儒林应续传；忆金山三载从游，忝同文分门助教，追随疑昨梦，望天末风云惨淡，哲人真委化，感怀身世不胜悲。

巨商倒闭

◇嘉应某杂货店，为有名巨商，因欠账过多，于初三日倒闭。闻者皆为诧异。洋客闻之，更有痛哭者。闻洋客信银汇票，有四万之数，现纷至其家索偿，几于户限为穿。某商不堪其扰，已举家迁避云。

大清光绪三十年甲辰九月十八日　公历一千九百零四年十月二十六号

秦州牧购匪之赏格

◇嘉应州秦牧伯以劫匪李阿崑等在逃未获，日前特悬赏购之。略云：现探得滑贼李阿崑、邱阿广、细罗子、毛罗子四名，逃窜大埔、上杭交界地方，结党骚扰，贻害匪轻。如有能将该匪等擒解到案，每名赏给花红银三十大元；或知匪等踪迹，协同差勇拿获者，每名赏给花红银二十大元。银封存库，犯到即给云云。

民之讹言

◇近日嘉应松口忽风传丙村等处，有洋人入境作扰，专诱拐幼童，将肝、脑、肾囊剖去制药。闻者互相告警，民间大为影响。刻下各乡之禁锢子弟他出者异常严密云，其愚不可及如此。

◇又闻数日前，丙村有一人形迹颇异，途中与一小童语，为村众所见，疑为剖肝者，共执而殴之。搜其身畔，有药末一包，并盐一裹，乃扭送公局询究。局董以其语涉支离，命笞数十，且拟解州究办。嗣悉其人即邻乡某乙，素患疯狂者也，乃群笑而释之。

教中之败类

◇嘉应天主教民某甲，向藉教出入衙署，包揽词讼，靡恶不作，州人嫉之甚。近日又奸其堂姪妇某氏，其堂姪故营兵，侦知所为，即纠集十余人，将奸夫妇双双拘住，送官惩治，闻者为之大快。然某甲哀求某神甫，出为保领，不数日，即行释放云。

松江米价

◇迩来松口米价颇平，每银一元可购三十勺左右，较之比年以来，约减三分之一。刻下各乡晚稻，亦硕大异常，结黍累累，大有丰收之望。

大清光绪三十年甲辰九月十九日　公历一千九百零四年十月二十七号

公祭温太史

◇岭东大儒温柳介先生于八月间逝世，已纪前报。兹闻潮属人士之隶先生门下者，拟于十月初一日在金山中学堂设位而哭。其门弟子温丹铭上舍知先生最深，因属为祭文一通。本馆先钞得其稿，登之报端。欲知先生学行者，当必以早睹为快也。文曰：

呜乎先生，与世长辞！岭东学界，赖公维持。天胡不吊，俾不愁遗？后生小子，号啕以悲。先生经学，力追许郑。覃精入微，息争止竞。三礼大师，郁如后劲。先生义理，直探程朱。躬行实践，经世远谟。不入元渺，不为迂拘。吾粤名儒，首推东塾。沟通汉宋，心平气肃。微言大义，其曰可读。先生师之，益张厥军。百川纷歧，海汇其门。群言淆乱，圣纳其根。折衷既得，众理斯伸。三十年前，欧学来东。士夫冒昧，訾謷以攻。先生不然，潜心会通。取长弃短，由异证同。甲午以来，时局益异。先生来潮，主持风气。商量旧学，发挥新智。至今潮士，先生之赐。风潮日迫，新学争鸣。摭拾皮毛，以相斗矜。诋诃先圣，委弃六经。先生忧之，国粹是争。人或疑公，先后异辙。岂知大教，因时而设。砥柱中流，斯曰明哲。先生论政，以经为原。欧西政治，多合圣言。先生论艺，以算为始。凡百科学，非算莫致。潮学初辟，由屯入蒙。草创未备，情意难通。英文算学，入门之功。豫备游学，实得其宗。蚍蜉撼树，谁谅苦衷？岭东三哲，曰温邱黄。同世并出，为桑梓光。若论朴学，孰与颉顽？韩山苍苍，韩水茫茫。昌黎不作，公复云亡。潮士慕公，山高水长。魂兮来游，鉴此中肠。呜乎哀哉，尚飨！

爱久泽技师来汕

◇包办潮汕铁路日本技师爱久泽直哉，由福建漳□局挈同翻译王乾生，于昨十三日乘坐海□轮船来汕头，商议铁路事件。闻拟在日本天长节以前，仍当赶回厦门云。

嘉应庄倒闭之关系

◇羊城报云，佛山近日倒塌一嘉应庄某号，共欠账二十余万。凡佛山银号三万余，绸绫绒线号四万余，此外十余万，则省、港两埠为多。似此一倒数十万，于佛山商务，不免稍有牵动云。

堪舆家之骗术

◇嘉应函云：松口黄沙许甲，近营构新居，延一堪舆某乙至家，供奉优厚，订明新居落成后，酬以白金五百元。甫数月，已被支去六百有奇。日前忽向甲讠为言："吾观此宅来龙备极飞舞，局面亦佳，日后科甲财丁，决然继起，但觉为期甚缓，惜东人弗及见耳。"甲因问有转移之术否，乙答云："倘再予我五百金，某当竭其术，俾令郎辈不出三年间即获高第，且添丁数口，以报大德。"甲尚未深信，乙即书券为据，甲欣然如数与之。越数日，乙已化鹤飞去。甲大惊，方知受骗，急遣人四出侦探，杳无踪迹云。世之迷信风水者，其鉴之哉！

大清光绪三十年甲辰九月二十日　公历一千九百零四年十月二十八号

兴宁县议设学务公所

◇日前学务处宪札饬各属，设立学务公所。兴宁县郭大令奉到札文，即谕饬兴民学堂绅董，照章举办。然以此为一邑学务总汇之区，规模必备，设立良难。现赁定兴民学堂前胡屋一所，拟暂以此地筹办学务，从中再议创设公所云。

兴宁屠捐之难办

◇兴邑屠捐，先经各屠户于七月内联名，赴县禀请承办。及嘉应某商在郡认缴饷八千元，承充嘉应全属，而兴宁在内。前月随同邓委员至该县，开局抽收，计兴宁一属，应认缴银三千四百元。各屠户以该局按派不均，甚不帖服。且据定章"本行无人承办，方许外人承办"之说，与之力争。该局绝不在意，一面开办。各屠户遂相率闭户歇业。现在尚相持不下，不知将来若何结局也。

要犯果死于水耶

◇本月初，嘉应秦州牧亲自在郡解犯回署，至松口小黄沙逃脱要匪罗善祥一名，已纪昨报。兹闻十二日，某舟子在松口捞获男尸一具，周身绾锁，报告丰顺司莅验，谓即在逃之匪犯罗善祥，实自行投水毕命，已将此情申报秦牧伯矣。然该匪于初七早逃去无踪，果死于是，亦不应至十二日始行浮出。其果为该匪与否，探确续报。

新充嘉属经费子厂述闻

◇闻嘉应缉捕经费子厂欠饷甚巨，屡经汕埠总局催缴，尚未清完。现闻督办委员熊太尊由省回汕，已另招新商承充云。

兴宁种果之获利

◇兴宁北厢一带，多种植桃、李、梨、柿、甘蔗等物，年中负贩行销，获利甚巨。近十余年各项出产，互有盛衰，惟花生一宗，年歉一年，种类几绝，农商家颇受影响。现年此业又复旺盛，一村之中，多有获油数千斤者，业油榨者，重理旧业，乡村气象为之一变。如能改良其法，推广销路，亦生计中之一大利也。

大清光绪三十年甲辰九月廿一日　公历一千九百零四年十月二十九号

嘉应收发处又勒索

◇嘉应传呈之弊，迭次奉宪严禁，而收发处孙委员藉此勒索，有加无已，尝纪前报。近闻丙村堡温谢氏与陈某互控案，孙委员又勒索传呈规费一十八元。又黄某于本月十一日赴署喊禀，亦勒索其传呈银两，当经黄某投告，局绅面斥，始行交回。现总局绅拟将情形面禀秦牧伯，庶不致再听其舞弊云。

新充嘉应经费子厂续闻

◇昨报嘉应州缉捕经费子厂旧商欠饷，迭催未完，由汕总局另招新商承充。兹闻督办熊太尊现已招得新商某甲，接充嘉应缉捕经费子厂，以警各子厂之欠饷不缴者。刻已移咨嘉应州，限于十月初一日，由新商起饷接办云。

一辫之苦

◇嘉应松口廖某甲，素醉心于剪辫易服之说。近阅某报，见有实行此事之消息，不禁狂喜，即将烦恼丝首先削去，为该乡人倡。其妻见之，惊怪怒骂，不可名状。自此旦夕交谪，甲不能堪。闻昨已逃入某寺，居然现身说法云。

灯笼可笑

◇平远八尺有团练局，名曰九安。一晚招妓宴客，有某甲久候不到，遣局勇持灯笼催请。其灯笼书"奉宪团练九安局"字样，妓忽然失笑，各局绅问故。妓曰："妾笑灯笼耳。"局绅曰："如此阔绰灯笼，尔素所未见乎？"曰："非也，妾笑'九安'二字，殊欠妥。以妾之愚，宜除去其六，改九为三，名实较为相副。"局绅曰："尔说得有理，恕尔无罪；若说得无理，则罚尔今晚合之资作我们酒食之费。"妓曰："诺！且听妾一言，勿怪唐突也。自贵局开设以来，沿街抽税，日则开花会、摆摊场，夜则买流娼、嫖妓女。妾谓改为'三'者，即系税局、赌局、嫖局也。"言罢，即唱《满江红》一阕，以解局绅之怒云，满座大笑。

大清光绪三十年甲辰九月廿二日　公历一千九百零四年十月三十号

嘉应剿匪给奖

◇日前兴宁县会匪聚众，竖旗起事，经嘉应州官绅铺商筹集巨款，招募勇丁剿办，即将匪首多名拿获惩办，余匪亦相继扑灭，赴省禀报肃清。大宪以该员绅等剿匪出力，深堪嘉尚，拟曾筹款二百者，赏给五品功牌；一百者，赏六品功牌；并劝捐各员，均皆记功奖赏云。

路劫述闻

◇兴宁、长宁、平远交界地方,有曰蟹湖冈者,为江、广之通衢。本月初十日,有三十余人自江西担货回宁,道经此处,忽闻枪声从山谷中出,有匪徒五六十名持械拦劫。商民大惊,力不能敌,被劫去银六七百元,货物不计其数。

又据江西经商者述,近时罗浮司以上百余里,几无日不劫云。不知该地方有司,曾否闻之?

又石马去兴宁城五十余里,中多山径。本十五早,有自家担布到邑者,道经辣梨岭,亦被匪徒数人劫夺而去。惟所带银两,掷入土坑中,尚得保全。又泥陂到邑之路,近亦不靖,行人大为戒惧云。

大清光绪三十年甲辰九月廿四日　公历一千九百零四年十一月一号

挽词续志

◇温慕柳太史逝世,曾将友人所述挽联,志之前报。兹本馆主人杨季岳大令,亦挽之以联云:

不让古人贤,试参柳下风和,取与何曾轻一介(太史慕柳下惠之为人,故自名仲和,号慕柳,亦号柳介);奈生新世界,尚忆礼堂手写,尊卑详为说三纲。(客岁太史著《三纲说》一篇,自署曰礼堂,登之《岭东日报》)。

又同文学堂蒙学教习林百举茂才联云:

凤城主讲,鲘浦传经,接中西新旧文明,乐育计十年,学界转移公最力;梅野春风,松江化雨,怅兄弟追随函丈,别离倏千古,师门延望我伤心。

僻乡之风气渐开

◇嘉应松口坑尾,有居民百数十家,风气本甚闭塞。近由陈芃仕、隆吉二君常集祠中,向族众演说,专以破除陋俗为宗旨,感觉颇多。现年以来,凡神权、风水、延僧礼忏各俗,已渐行革去。现二君又将该族神会款项,悉数提出,作为每年购阅新书新报之费云。

匪徒被获

◇闻嘉应丙市,近来人家男女,多所失落。或于山僻间迹得之,下体均被割去。远近骇疑,相戒防卫。日前丙市演戏,有兄弟偕观者,兄年已弱冠，弟仅成童，忽见其兄随一匪徒走，大呼不应，若为其所迷者。因号于众，立将匪徒拿住，拳脚交加，问以籍贯，坚不承认。现已解送州署云。　又松口甘露亭，昨有一过客与小童偶语，为某甲、乙等瞥见，疑为匪类，亦执而缚之亭柱，迫令供认。越半日许，有某邻翁过，始解其缚，释之使去。

大清光绪三十年甲辰九月廿五日　公历一千九百零四年十一月二号

长乐疫气已平

◇长乐县自去岁迄今，鼠疫盛行，伤亡人口不计其数。现届秋凉，此症已息，人心大为安靖云。

大清光绪三十年甲辰九月廿六日　公历一千九百零四年十一月三号

勘赈灾区

◇嘉应州秦牧伯于十八日会同委员运银二千元，亲往丙市东溪湖一带勘丈被灾田地，并散赈灾黎。

嘉应练勇之怪现状

◇嘉应保安局右哨练勇为刘碧山所统，原额一百名，现查实额仅四十名，而勇饷尚由各店家照数供给。以四十名之勇，冒领百名之饷，已不厌人心，且该练勇向无纪律，每日除游行、赌博、闹娼、私斗外，无所事事，甚至有流为夜盗者。刘哨弁未尝过问，众甚苦之。业经各店家禀请裁撤，秦牧伯不准，又不稍事整顿，不知其意何居。现各店家复具禀请，将该练勇略仿巡警章程，日夜轮流巡逻街市，以备火烛盗贼，庶不致虚糜饷项云云。不知秦牧伯能允准否？

大清光绪三十年甲辰九月廿七日　公历一千九百零四年十一月四号

秦州牧讲求技术

◇嘉应秦牧伯，素好技击之学，在署稍暇，即讲求而练习之。凡工匠有善拳棒者，亦必令其献技，合意者不吝赏给。近闻命某铁匠造铁锏一副，六角铁棒一枝，亦可谓有心尚武者矣。其余风鉴青乌之术，秦牧伯亦颇有心得云。

石斗之病民

◇嘉应州东仓庑下，向有一石斗，埋置地中，相传颁自藩司者。凡纳屯粮，悉凭石斗，本无畸重畸轻之病，乃日久弊生。不肖胥吏，将斗樑打折，且凿其中使深广，故每石屯粮，须加至一石四，方足完纳。又有所谓斗皮，倘余剩七八斗，即悉数取去。屯丁病之，然皆乡愚，不敢与较，以此各乡耕者得不偿失，咸视屯田为畏途。有欲卖屯田者，买主必与言定粮归卖主完纳，方敢交易，不然弗受也。噫！奸胥蠹民，一至于是，安得良有司悉心考察，别除宿弊，以苏民困也？

大清光绪三十年甲辰九月廿八日　公历一千九百零四年十一月五号

兴宁屠捐尚未行

◇兴邑屠捐因抽款太多，商情不服，已登前报。兹闻自邓委员至县开局催办，将近一月。各屠户尚闭门歇业，未有遵办者，该委员不知作何办法也。

刑讯盗犯

◇前月嘉应丙市银店被劫，获盗一名送州，已登前报。该盗绰号"大只温"，本镇平县人，曾为盗，经官拘禁在狱，遇赦幸免。出狱后复为盗，被获。日昨提出刑讯，供有同党十余人，现已饬差严缉矣。

大清光绪三十年甲辰十月初一日　公历一千九百零四年十一月七号

乐群学堂禀呈改章之批示

◇大埔县乐群学堂前经绅董张龙云等，将开办章程禀奉学务处，批饬改订各节，已登前报。昨绅董等再以改订章程及图册呈缴到处，请予立案，颁发钤记。奉批示云：禀及图册、章程均悉。该绅等禀设民立乐群学堂，前以章程未尽惬，当批饬修改。兹据改呈学科、阶级及修学年限，均遵照奏定章程拟订，其余各种规则亦复条理完密，斟酌悉当，足征实事求是，兴学具有热心，本处深为嘉尚。所拟学堂建造图式，布画井井，朗若列眉，于学校建置之法，确有心得，知非卤莽从事者，宜即筹款兴工，期于早观厥成。至甲班卒业试验之后，拟准保送高等学堂。据称，民立学堂，若拘定名目，恐于学途转多窒碍。现在学堂创办，风气未开，民立学堂尤宜异常鼓舞，自当暂准照行。□一堂而兼中小各学级，事体既繁，秩序或虞凌乱，将来经费稍裕，学徒益众，终以分办为宜。俟二三年后，审度情形，将甲班另立一堂，乙、丙班与蒙学改为高等、初等两级小学，庶事分业专，可无流弊。又实业教育，最为今日切要之图。该绅等既知注意于此，尤宜激荡热诚，力图举办，宏此远谟，本处有厚望焉。准予详请两广总督部堂、广东巡抚部院立案，其钤记俟由本处刊就，再行发县转饬给领，仰即知照。

禀控侵吞赈款

◇兴宁县守备陈元升等，赴学务处禀控李文连侵吞赈款，追充学费，批县查覆各情。奉批：据禀，李文连侵吞赈款，贿蔽不缴，请将短缴之项追拨学费等情。查此案，本处无案可稽，究竟其中如何实情，能否拨充学费，仰兴宁县查案禀覆察夺。禀及粘抄并抄发。

土商雇勇保护

◇近来江、广交通之道，几于无处不劫，无日不劫，商民为之裹足。前月中旬，兴宁土商罗广成由赣州运土四十余担回邑，道经明岭。该处匪徒预先声言，非奉三千买路金，勿想过此。该土商大惧，乃就近雇勇数十名，多备枪械，沿途护送。遇匪力战，败之，始免于劫，惟雇勇破费五六百元云。

请禁神会之阻力

◇嘉应州有所谓华光大帝诞日，各商家捐金庆祝，异常热闹，生意亦因之畅旺，各钱庄尤为获利。现保安局某绅禀请秦牧伯严禁此举，以为靡费数千金演戏□神，不如将此款赈恤灾荒，犹属有益。各钱庄闻而大哗，群起与局绅力争，必不可废云。又闻该局绅因抽钱庄私规不遂，乃禀请禁革，果尔，其不足以压服人心也固宜。

大清光绪三十年甲辰十月初三日　公历一千九百零四年十一月九号

查办铁路之关碍

◇潮汕铁路，必经海阳属龙溪地方，该处绅耆，日前具禀道宪，谓此轨道有碍水源，请仍易辙。褚观察特委海阳县胡禔万大令莅乡查办，闻仅杨绅鼎元往见大令，其余各绅耆均不见面。现大令已将情形回禀观察矣。

◇又闻观察之意，拟札府往办，而惠敬亭太尊犹豫未决云。

潮州中学堂之总教习

◇中学堂总教习自温柳介先生捐馆后，此席虚悬。现闻由谢荔裳大令特荐陶子敬主政，以继总教习之任。惠太尊即行关聘，计此上十月中旬可以抵潮。又闻主政学问甚优，而烟癖亦甚深云。

挽词再志

◇黄钧选观察挽温慕柳太史联云：学综汉宋师承，把臂入儒林，东塾后来增一席；身际贞元运会，仔肩任先觉，明夷待访并千秋。

又同文学堂副办陈玉坡太守联云：为国育英才，居□渚十年，立教允推名士冠；同堂亲道范，怆鮀江一别，彼苍竟萎哲人身。

又同文学堂副办廖雨初孝廉联云：在岭东是最热心教育家，参汉宋博奥，吸欧米文明，十年来士类甄陶，为国储才，圭璧仪型同此慕；念学界有须实行维持事，讵韩水帆归，竟蓉城仙去，中秋后斗星暗淡，问天搔首，湖山管领属何人？

大清光绪三十年甲辰十月初五日　公历一千九百零四年十一月十一号

赈恤灾区续纪

◇嘉应州属水灾，经省宪派委查勘，并饬令该州在应解正款项下拨银二千两，分别抚恤，勘明冲决田亩，其粮税应蠲应缓，禀复核夺。秦牧伯业于前月十八日，会同委员运银亲往勘赈各节，已纪前报。现闻秦牧伯至丙市后，拟同委员再往小都各处勘验，而小都人民不知怀何意见，不愿官委往勘，请局绅极力阻止。秦牧伯睹此情形，遂将赈银交局绅廖某分别赈恤，即同委员返署矣。

兴宁屠捐之办法

◇兴宁县属屠捐，业于前月开办，各屠户纷纷闭歇，不愿遵抽，已纪昨报。兹闻悉经县委谕饬局绅，明白传谕，惟屠户初以非由本行承办，不肯领牌，再三开导，又称恐受苛勒，以别谋生计推诿，藉此要挟。现县委以捐款有关饷需，未便任延，已另招屠户宰卖承饷，不许旧店复开，一面查拿私宰，已有新设数店赴局领牌遵抽矣。

纪火警

◇嘉应下市前月廿二夜,有刘姓住屋不戒于火,因风怒发,势甚猛烈,幸人多赴救,并将附近房屋,拆开火路,狂焰始熄,计仅烧去房屋二间。

大清光绪三十年甲辰十月初六日　公历一千九百零四年十一月十二号

岭东留学日本之调查

◇中国在东留学者现约二千余人,潮嘉人数将达五十。兹将各学生姓名、籍贯、学校调查如下:

何天炯(兴宁)、何寿彭、何超南(大埔)、张仁任、黄超如(嘉应),以上入清华学校;何之桢(大埔)、杨维徽、饶真、黄之骏、梁维岳(嘉应)、林风人、林立(平远),以上入弘文学院习师范,一年卒业;沈秉仁、张维岳、吴扬兰、陈耀邦(海阳)、卢浩川(潮州)、黄际遇、杜兰(澄海)、许抡魁(普宁)、黄遵庚、李任、黄璇泰、黄有则、谢延誉(嘉应),以上入弘文学院习普通,二年卒业;刘维焘、饶景华(兴宁)、杨志澄、黄恩承(嘉应,官费),以上入振武学校;吴湘、王者师(海阳)、方宗鳌(普宁)、李景渊、王劼彬、林贤宗(澄海)、卓冠英(惠来),以上入同文书院;王国梁、邱心荣(嘉应),以上入早稻田学校;林铮(潮阳)入成城学校;萧遵达(潮阳)入经纬学堂习师范;钟铣(嘉应、湖南官费)习政法速成科;林国梁(惠来)习医科。尚有数人,于前月东渡者一黄干(嘉应),余未详。

大清光绪三十年甲辰十月初九日　公历一千九百零四年十一月十五号

同文学堂禀请办法

◇汕头岭东同文学堂常年经费需款六七千元,前蒙丁前观察拨款二千余元,以为官助之款,其余则恃捐款及学费而已。本年官助之款,无分文拨堂。据官场云,其款出于韩山田业之增租,现该租田为省官佃局所提卖,此款遂归乌有,堂中经费颇形支绌之势。总办温慕柳太史既逝世,闻现由各副办通禀学务处,请示明年办法云。

大清光绪三十年甲辰十月初十日　公历一千九百零四年十一月十六号

恭祝万寿

◇初十日为慈禧皇太后万寿，是日汕绅商恭祝于万年丰会馆，衣冠济济，倍形欢忭云。

纪潮汕铁路之庵埠路线

◇潮汕铁路路线，由汕埠对面之厦领起，而过岐山渡月浦，而入庵埠之乌面宫，再由乌面宫入马陇乡，过文里乡，出开豪乡，过华美乡而抵采塘市，然后由金石而浮阳，而达郡西门，此路线之大概也。刻量路购地，既由厦领至月浦矣。日前测实线时，马陇、文里二乡人，以其乡各对坡而居，南北两坡中，铁路即由中经过，以为分其乡为两截，殊多未便，先后在惠潮嘉道具禀，请改别线。褚观察据禀，仰铁路局会商。督办铁路张京卿与工程师再三相度，并亲自诣勘，体察地势，均以除由马陇文里线外，别无可改。即将此情形，照会道台。褚观察得照会后，即先传马陇乡在案有名绅耆一二人在郡开导，既经具遵，余名亦经具结销案。此上月廿七日事也。至廿八日，海阳县胡大令复奉道宪委，至文里乡勘丈，传其绅耆，仅一二人在焉。大令于廿九日上郡，将勘文情形绘图注说，禀覆道台。道台以此路已无碍屋宇坟墓，此乃至善之路线，闻于初七日复饬府札海阳县，再传文里乡绅耆到郡，就中开导，以便销案而畅路线云。

赵大令不谙团体

◇长乐县绅耆，本年倡建财神庙一所。询其宗旨，盖欲假神道以联合团体，振兴商务。今日颜之为财神庙，他日即可为大商局大商国之权舆者，意甚美也。刊簿捐款，簿序为邑茂才张如川谷山先生所作，颇能曲达同人之意。适有某绅将捐簿携至县署，为邑侯赵子援大令所见，大不以为然，朱批申斥，开首有"此等议论，即系康梁民权自主之说"等语，邑中大哄。

嘉应庄倒闭被控

◇嘉应某号倒闭，欠账数十万，已纪前报。兹闻在印度法国支那银行，有该号凭单二万元，尚未到期，先已闭歇。现由该银行禀明法国领事官，照会督宪，请饬属严究。如到期不交，即请将其家产查封备抵云。

大清光绪三十年甲辰十月十二日　公历一千九百零四年十一月十八号

祝万寿纪略

◇督办潮汕铁路张蓉轩京卿,于初十早在局恭祝万寿,于是晚筵宴各国领事官及各官绅,以及铁路工程局之日本人。酒至数巡,各致祝词,三呼万岁,尽醉而归。

嘉应又闻盗劫

◇嘉应一州,近来盗劫频闻,尝纪前报。前月杪,西洋之大深坑何姓,又被贼匪廿余人,劫去洋银三百余元,杂物无数,一老者被贼刃伤,恐有性命之虞。目下,何茂才伯澄已禀州矣。

又闻本月初旬,扶贵林、罗二姓均连夜被劫,林是洋客,闻失赃甚巨云。

又下市较场背邓姓,某晚被盗,牵去耕牛一头。事觉,急率众追捕。贼放枪回击,中伤一人仆地,余且退且号,邻右毕集,贼始释牛而遁。

又松口横山梁甲乙家,于廿八夜失耕牛二头。侦骑四出,侦得数匪在老虎塘妖觋房某家,刚驱牛他往,以其军械利害,不敢追夺。现将此情,控告司主矣。

大清光绪三十年甲辰十月十三日　公历一千九百零四年十一月十九号

铁路学生学习路工之合约

◇潮汕铁路选派学生赴日本铁路局学习行车等事,已纪前报。现该公司已与包办铁路日本爱久泽直哉另订合约,以便照行矣。兹将其合约录供众览:

同另订合约字人爱久泽直哉、潮汕铁路公司,今因爱久泽直哉向潮汕铁路公司包办机器工程,业已多日,不料外间谣言,纷起以"包该工程之举,系夺潮汕铁路公司之主权"等语。但潮汕铁路公司之主权,自是该公司固有之主权,至于包工立约,实无夺去该公司权柄,故立此另约声明,以便彼此安心行事。查其生出谣言之由,是因有人欲争包办工程,不遂其愿,故阴作此惊人耳目之词,不宜为奸谋所惑,以伤和气,以碍大局也。况工程驾驶之事,目前难得其人,不得不借用外人以为之匡助,以致世人视听,甚觉怪异。今睹此情形，故同订招集潮汕少年子弟，教授工程驾驶之技。育成之后，发回与潮汕铁路公司，量材授职。而公司自可将雇用之外人减少，实一举而两得。彼此订议，立此契约如左：

兹将各学生出洋学习铁路行车等事，所有一切章程订立如左：

一、潮汕铁路总公司现拟派赴台湾学生若干名，学习铁路行车驾驶暨一切机器等事。所有该学生等年岁、籍贯，另造清册两分，一交日本三五公司，一存本公司。

一、订定赴学之学生，每名每月，饭食、衣履、馆修等费龙洋一十元。该款即由潮汕铁路公司核计学生名数，每年汇寄三五公司收发，以昭简便。

（未完）

赵大令批长乐县创建庙宇序

◇长乐县绅耆本年创建一财神庙，意欲假神道以联团体，邑茂才张如川先生所作募捐簿序，为赵子援大令所见，大不满意，朱批申斥，已略纪昨报。兹得其函寄序文并批语录之于后：

二十世纪，吾中国必为商务竞争之大舞台，无可疑也。顾必如何而后可以扩充乎内界，以抵撑夫外界？必非徒恃政府干涉之所能为，可断言矣。然则恶恃乎？曰恃乎我国民之自涨力。自涨力何自起乎？则团体而已矣。团体者，积个人而成，合公私两德，以进取夫公私两益之名词也。是故团体小者，其涨力小；团体大者，其涨力自大。吾闻泰西人之辟商界也，必首设商务会议所，其治法如国家然。彼中则有所谓有限公司之制，与托辣斯特之制（公司联盟厚其力者）类，皆厚集其赀本，伸张其势力，务为优胜，毋为劣败，故能以商界之荣誉为国界之荣誉。东印度公司（灭印度，割香港，皆此公司之势力），其代表也。若夫我国民之涣散而无纪极也，匪特商务界然也，而商务界其现象矣；商务界之涣散而无纪极也，匪特吾邑中然也，而吾邑中其现象矣。今试入其国，有商情变幻倒落靡常如吾国者乎？无有也。今试游其市，有商况凄凉辗转无措如吾邑者乎？无有也。呜呼！持此涣散无纪极之商场，而欲自立于竞争最剧最烈之世界，而谓其能自存乎，抑不能自存也？近者海内热诚爱国之士，汗且喘走天下，日以团体倡国民，联合欧美、南洋各岛商群，为开商会，设银行，以收回我国固有之权利。吾窃为此幸，幸夫吾商界放一线之光明也。

吾邑近年来，一二老成人倡议开商务局，复拟设商务会馆，有成议矣，而实事迄未举行。吾为此惧，惧夫我同乡共井之同胞，或自贬损也。今则公议已合，基址亦购定，而宗旨忽变，曰鼎建财帛星君、保生大帝两尊庙宇，则何也？于戏！此有识者所满志而未踌躇，吾濡笔时所惭悚而不知所云者也。虽然，抑何伤也？吾国之以神道设教也久矣，所谓通变之，利用之，虽藉神权以伸商权，可也。他日者，商联盟于此，商会集于此，一切群治中之法律政策皆施于此，则此堂皇轮奂之庙宇，必为吾邑商务会议所之一总原因矣。团体日益固，涨力日益增，商业进步之速率，吾又乌能测其所至也乎！

赵大令批云：此等议论，即系康梁民权自主之说，为害人心，最为炽盛。除传谕该生严加训饬外，仰该绅传谕各商知之。

大清光绪三十年甲辰十月十五日　公历一千九百零四年十一月二十一号

铁路学生学习路工之合约（续昨）

◇一、学生所学功课、程途，自应由三五公司督率管理。年终须造功课册，汇寄本公司查核。学生毕业后，应陆续由三五公司护送回汕，听候本公司差遣。

一、学生中如有资质顽钝，不受范围，不遵约束，万难造就者，应由三五公司声明原由，资遣回籍。

一、各学生既交三五公司管辖，所有一切事宜，应归三五公司尽力保护。

一、现订各学生所学各节，均以年半至两年卒业。各学生除遇万不得已之事外，余皆不得任意请假。

一、学生中如有疾病，应即请医证治。轻者就地调理，重者饬回本籍。

一、各学生学业有成，卒业回汕后，应由本公司按名酬谢三五公司五十元，以昭奖劝。

一、各学生卒业回华，自应先尽本公司差用，不得私向别处谋业。薪工一节，临时由本公司量材酌给，不准居奇。

一、彼此均为造就人才起见，费资劳力出于甘愿。届时须立合约二纸，一由三五公司收执，一由本公司收执，以昭郑重而免异词。

各学生甘结：

立具甘结某某，是某省某府某州某乡人，年岁，身，面，无须，家业，某某现因潮汕铁路总公司招选学生，亲赴台湾学习铁路驾驶、车辆管理、机器起卸、车栈收发货件以及一切应做各事。所有游学资本暨来往川费等项，概由潮汕铁路公司发给。某现奉某之命应招募，某亦自愿赴台湾学习。恐后无凭，立具甘结，各条如左：

一、某系奉某之命，遵应潮汕铁路总公司之招募，自愿出洋学习，日后决无翻悔情事。

一、学成卒业、收到文凭回华后，理应听候潮汕铁路总公司差遣委用。如遇人满辞退，方准向别处谋生，庶无负总公司出资栽植之至意。公司差遣，以六年为期。期满后，去就听其学生自便。

一、出洋后，如遇风涛险阻并疾病生死等事，各听天命，绝不于总公司相涉。

一、出洋后，除有猝遭大故，理应请假回籍，并水土不服，身膺疾病请假外，其余寻常事件，均不得擅自告假。更应恪守学规，不能游嬉滋事，违者自甘惩戒。

具甘结某某　担保人某某

商船验货之苦

◇从前新关验货，各船到汕，由客商写单报新关，即由委员派人到泊船处所查验。验毕，任货上岸，无扰商民。自当关归并海关后，特设一验货厂于万年丰会馆之旁。至近日，又派一洋司事在此验货，不论内港何船，须自驶来请验。而客地六蓬船质本轻脆，又素泊同济桥上，不习风涛，至此次出港验货，颇以为苦。船户有请关到泊所来验者，洋司事即虚声恫吓，谓不驶来，则呼鮀浦差扣留尔船云。

大清光绪三十年甲辰十月十六日　公历一千九百零四年十一月二十二号

潮汕铁路丈量之工程

◇潮汕铁路工程丈量地亩，刻已到浮阳市，一路均无阻碍，不日可到郡西门。惟尚留庵埠之马陇、文里二乡地未丈量，盖以文里乡尚未销案也。闻褚观察再委顾月波贰尹下乡，取具文里乡遵结云。

新关验货续闻

◇新关验货厂于客地六蓬船不便，既纪昨报。兹访闻潮汕八卦渡包载之客货，常以一客货至千数百件，分为十余船装载。梅溪搁浅，每每赶不赴帮，陆续到汕报关。兹自新关设厂查验后，每一货单，必至各船到齐，始能查验，不免耽延时日。闻该船户已联名具禀于税务局。昨日税务司既准如所禀，暂行停查，候再体察情形，妥筹善法云。

拦途打劫之多

◇又东□乡致诚批馆，昨日遣件分批，带银四百余元，行至冠山乡前之园头渡，亦被贼劫夺而去。

假单行骗之案情

◇嘉应松口某杂货店，生意颇旺，东人李某，客于南洋未返。日前忽有一客，年可四十许，衣裳楚楚，执汇单向该店兑收洋银三百五十元。自言镇平许姓，昨由南洋启行时，托贵东汇寄此款。司事某甲以未接东人函件为辞，客请驻店守候。甲又辞之，坚请不已，乃嘱邻店代为安置。邻店许乙以其同宗，而又洋客也，殷勤款接。越日，果有邮寄保家一函，投至该店，即李某所寄汇票并嘱某甲兑与其人者也。甲验之良确，如数兑之去。初，客在许乙店中，曾出一函示乙，谓乃叔某丙托寄者。乙拆视之，有"汇银二十元在某杂货店"等语。李某保家函内，亦确有某丙汇票一纸，当时乙与客俱往取银。后数日，李某忽回，甲具告前事。李大骇愕，谓并无代人汇银之事，出函票视之，始悉其伪。李某以许乙为知情，立扭送丰顺司署。许族绅耆者咸抱不平，现已赶程赴州，传呈控告矣。

大清光绪三十年甲辰十月十七日　公历一千九百零四年十一月二十三号

新关验货续闻

◇闻新关验货新章，既经税务司准暂行停办，现悉如旧法稽查，商民称便。惟前报称洋司事虚声恫吓，谓不驶来则呼鮀浦司差扣留尔船，此系传闻之误。闻洋司事亦在税务司处，具禀申办云。

秦州牧严禁演戏

◇嘉应前月廿八，祝华光神诞，广集梨园，歌唱不已。秦牧伯以州属水荒荐至，盗劫频仍，不宜作此无益之举，出示禁止。各绅商不以为然，请演至本月初五止。其各钱庄，则移往水涵头地方，再行补祝数日。秦牧伯不许，已将地保差役各笞两百，责以不行禀报。旋又出手签，无论何色人等违抗者，即扭之到案云。

追缴学堂捐款之新法

◇长乐县学堂兴办伊始，一切经费由各乡绅耆署名发簿募捐。日前因学务公所用度支绌，各处捐款尚未缴到，赵大令乃调查簿首有名之人，即派差至其家，责成缴款。差役藉此，骚扰不堪，邑人恐受其累，至相戒不敢署名劝捐。目下学务公所益形支绌，势难持久云。

教士冒官被控

◇嘉应教士曹某唆讼奸拐，无恶不作，尝纪前报。近因顶冒都司曹玉春衔名，投入督标，为人告发，已奉督宪批查如下：查都司曹玉春，前据嘉应州申请收标，当经德前部堂，因无奖札呈缴，无凭咨查，札饬暂准收入督标中营效力在案。兹据禀，都司曹玉春，系曹龙章买札顶冒，如果属实，亟应严究。仰广东营务处兼缉捕局，即饬嘉应州迅速严密确查，究竟曹玉春是否曹龙章顶冒，刻日详细禀复核办，勿稍延玩。粘抄、保领并发。

大清光绪三十年甲辰十月十八日　公历一千九百零四年十一月二十四号

纪张京卿之恩赏

◇皇太后万寿，皇上特恩颁赏内外王公大臣及圣眷特隆者。兹闻潮汕铁路督办张京卿煜南，刻接京电，蒙赏御笔用宝长寿字，及织丝五彩花衣及玉如意等件，不日即在汕祇领。

履勘案情述闻

◇丰顺县万大令因驻办汤坑，徐、陈械斗日久，未结词讼，颇多积压。近闻得邑绅某交通内签稿，在龙溪地方通小船处，有私行抽规拦截船道情事。经乡人请官履勘，未奉批示，而捕厅已轻骑减从，履乡查勘，闻颇不洽舆情。不知万大令回署后，如何办理也。

供差船户之狡猾

◇嘉应某船户，狡黠异常。前二月学使自嘉临潮时，该船户供当此差，心自盘算，所得官价有限。至半途夜泊，乃乞怜于学使，谓此次船未给价，某等吃亏太甚，学使大骂秦牧糊涂，立命给银数十两，船户叩谢而出，以为得计。闻学使抵潮，有文到州诘责。秦牧伯大发雷霆，以该船已经给价，乃敢欺罔如此，立饬差拘之。日前该船户载货到州，被差撞见，拿去销差，秦牧伯着枷号示儆。

挽词补志

◇潮阳东山学堂分教习陈秀生上舍挽温慕柳先生联云：高密说礼，紫阳说理，亭林说治，后世鲜兼之，况际学界交通，絜中儒精华，参西哲实测，可谓极意持平，正当教术开新，群仰潮海文明，九邑人才将发达；甲午忧时，戊戌忧君，庚子忧国，先生亦瘁矣，每借医家解慰，疑伤情太过，恐元气受亏，不幸谈言微中，如今师门永诀，我向秋风痛苦，十年心事付苍茫。

又同文学堂分教习马夔友明经联云：入汉儒之室，登宋儒之堂，师法在及门，大道康庄，启我程途，回思五载追随，未忘拾级金山，循谨步趋皆实地；立中学为经，合西学为纬，教科均一线，同文讲贯，助公组织，何意三秋分判，遽尔归魂碧落，抚摩手泽欲呼天。

又嘉应王岳生上舍联云：保存四千年国粹，开拓九万里思潮，是经师，是人师，数遐迩从游，私幸梅州同梓里；栽培廿世纪文明，陶铸五岭东士类，亦独善，亦兼善，怅斗山失仰，我从秋月哭春风。

又饶孝廉芙裳联云：回首故年情，执经入座，问字登楼，虽未曾宣住参门，屈项拜公称祭酒；伤怀今日事，兴学培才，益兵备盗，从此后曹随萧部，哭秦何处索长城。

大清光绪三十年甲辰十月十九日　公历一千九百零四年十一月二十五号

纪巨商议偿债项

◇嘉应巨商某号，日前倒闭，欠人汇兑银两，为数颇巨，纷至其家，守催抵偿。乃于某日，筵邀各债主至酒楼面议，分作三次偿清。如欠单银一千，本年还百五十元，明年还二百五十元，第三年还六百元，订定合约。闻经各债主允许。

大清光绪三十年甲辰十月二十日　公历一千九百零四年十一月二十六号

铁路工程纪闻

◇潮汕铁路由日本工程师丈量地亩，已至郡城，现在西关外一带勘量，并竖旗，以作标示。又闻督办张京卿煜南，已将铁路开工、修筑情形，禀报两院宪矣。

准收米捐充学费

◇长乐县绅士陈焯云等，筹办小学堂，拟于征收粮米，每完一石酌收米捐一钱一分一厘七毫四丝，拨充常年经费，具禀县令。赵明府据禀转详大宪，已核准照办云。

埔邑使才

◇英属槟榔屿副领事署随员何大令晋梯，大埔产也。前年三月，经出使大臣罗逢禄氏派赴坎乃大商埠，晓谕华民，宣扬德意，办理妥协。著有《环球缀述》十余万言，曾续登前年九月报中。本年三月，三年期满，槟榔屿副领事官梁廷芳氏，以大令襄理交涉，因应咸宜，禀请以异常劳续开保。驻英钦使张德彝氏，据情附片请奖，其请奖之词云：仰恳天恩，俯准将同知衔福建候补班前先补用知县何晋梯，以直隶州知州，仍留原省，归候补班前先补用，并加四品衔，以示鼓励云云。于九月二十九日，既奉朱批，著照所请矣。

大清光绪三十年甲辰十月廿二日　公历一千九百零四年十一月二十八号

同文学堂接聘总办消息

◇汕头同文学堂总办温慕柳太史逝世，又兼本年官助经费无着，学堂副办陈主政步銮、廖孝廉云涛，曾将堂中情形，禀明岑督及学务处。兹探得省中消息，学务处拟聘一总办来堂，以资区画。闻总办系陈氏，乃新会县人，其衔名不得详云。

◇又闻新会陈氏，惠太守拟聘为金山中学堂教习，陈氏俱辞不欲就，未知确否。

挽词再志

◇龙门刘铭伯征君以联挽温太史，自序云：柳介太史同年，别十余载矣，音问久疏。去岁读予□廷对策，慨然遗书，谓为言人所不敢言，为本朝二百余年所未有，以司户、黄冈两策相况，深惜予之不遇。今年春，予奉檄来岭东查学，以大吏命延君主持学务，已而往梅州，道经松口，见门榜云："此岗马可走，斯地凤仍栖。"呜呼！十年重见，挥手一别，遽凤去台空耶？句云：慨然千里遗书，司户下第，黄冈大魁，吾宗多直言，忝随海内征车，上策未能补危局；快哉十年重见，登走马岗，憩栖凤地，哲人忽已萎，太息岭东学界，斯文谁与障狂澜？

大清光绪三十年甲辰十月廿三日　公历一千九百零四年十一月二十九号

澄邑侯催办铁路购地示文

◇澄海县杜为出示晓谕事：照得潮汕铁路公司，现经开工筑路。昨准督办铁路张京卿函称，现工程司所勘地基插标之处，即作定为轨道，拟饬委员会同各处绅董等分别购买。惟现在洋工程师催办甚急，诚不容各业户稍有观望，应购各地价值，即由各业户呈验原契，由官绅公断，酌量加增，分等给价，不准居奇违抗，致误要工等因，合即出示晓谕。为此示，仰各业户等知悉：认明插标处所，日后即须筑轨道，尔等即将红契呈缴，到购地委员验明，以便会同当各绅董等，当场书契，给票领价。如有应迁庐墓，亦由委员分别酌给迁徙，毋得藉端阻挠，高抬时价。倘敢故违，则工程紧要，断不能停工以待，惟有照中外铁路章程，将已经勘定丈量插标载明图内应用之地基，一面先行填筑，并将官绅公断之地价，缴县存储。若查有痞棍从中主持，或业主听从唆使阻抗，定当一并从严究办，决不姑宽，勿谓言之不预，宜各懔遵毋违！特示。光绪三十年十月二十日示。

大清光绪三十年甲辰十月廿四日　公历一千九百零四年十一月三十号

同文学堂请示办法之禀词

◇汕头同文学堂以现年经费无着，具禀督宪及学务处，请示办法，曾纪昨报。兹将禀学务处词，照录公览：

奏办岭东同文学堂副办、花翎分省补用知府、员外郎衔、户部主事陈步銮，候选教职、举人廖云涛谨禀大人阁下：敬禀者，窃汕头岭东同文学堂，自光绪二十六年创办，至今五载。从前所有年中费用，均由零星捐集。嗣于光绪二十九年，经前惠潮嘉道丁、秦二观察，先后筹拨韩山南畔洲加租岁款银一千五百四十两，金山东文学堂岁租银六百两。自是而后，学堂经费方有常款，然为数无多，即并年中诸生所缴学费计算，仍属入不敷出。本年四月，陈、刘二委员在汕奉到督宪卦电，内开：堂中经费，每年不敷若干，着即查明，禀候拨款补助，无庸零星捐集等因。岭东人士见大宪兴学育才，虑周意至，一时奔走相告，莫名感颂。当由陈、刘二委员会，同前总理温太史，将全年进出各款详查核定，禀恳拨款补助，并请定章立案。至卑府等，既蒙温总理订为堂中副办，正思各竭驽骀，禀承总理训示，勉襄一切，以期仰慰宪厪。不意温总理因忧劳过度，一病不起，遽于八月十三日辞世。现在综核堂中进款，计惠潮嘉道署应拨本年韩山南畔洲加租银一千五百四十两，催请数次，并未拨出分毫，而潮州府署应拨之金山岁款六百两，亦仅于四月间拨到上季银三百两。卑府等念刻下堂中用度万分支绌，而诸生所缴学费又将用罄，因于日前径赴潮郡，亲到道府二署请领该款。据惠潮嘉道褚观察面称，官田变价一事，系奉大宪来示办理，刻下南畔洲田既变卖，该款应由学堂具文禀请大宪指拨为宜。至潮州府专守则云，澄海诸佃户因闻官田变价之说，所有租项均延玩不缴，而变价又未成，故目下无款可拨。现既饬澄海县，严拘佃户监追，一俟追缴或变价有款，即当照拨云云。观此情形，则道府二款无论变价与否，此刻均难指望，而堂中需款迫切，实有刻难姑待之势。再四思维，无可如何，事关岭东，学务处既不敢听其半途而废，又不能巧为无米之炊，惟有一面禀请宪裁，祗候批示，以便遵行；一面勉竭绵薄，设法筹借，以济燃眉而已。卑府等办理无状，致劳宪虑，俯仰自惟，惭悚何极！除禀督宪行辕外，理合将岭东同文学堂现在经费支绌，恳请筹拨款项情由，专肃具禀。叩请勋安，伏惟垂鉴！

委员协办潮汕铁路

◇潮嘉流域，风气初开，所有路矿善政，多为一种愚悍之民所捍格，故往往商办之事，不能不借官力以维持。顷闻潮汕铁路总公司以铁轨要工，须计日而成，不容稍缓，特移请各大宪遴拨委员来汕，驻局襄办，以资镇慑。闻督抚宪既札委徐太守书祥为潮汕铁路委员。太守是日前奉委来办屠捐，后奉褚观察委兼办报效，本驻汕月余，今奉省宪札兼办铁路，系就地取材云。

纪长乐之演说会

◇长乐来函云：该县中地居偏僻，风气未开，一二有志之士思藉演说以振兴学务，改良社会，乃联合同志，以明伦堂本为宣布风化之地，即假为演坛，每逢朔望，登坛演说，前往观听者，自六月至今，颇不乏人。近为赵大令所闻，甚为骇异，即出示禁止，谓难保不藉兴学之名，以售其惑世诬民之说，为害人心，深为可惧，无论村墟乡镇，均不准私立演说会，以蛊惑愚民云。此示一出，邑人为之哗然，亦可见大令之旧态云。

振兴蒙学

◇兴宁罗姓，拟在其祖祠倡办家族学堂，已纪昨报。现石马绅耆亦拟设学堂一所，以课蒙学，其经费将乡课积款及本墟醵捐提充。既经具禀县宪立案，明春可以开学云。

隆泰复开张

◇嘉应裕隆泰布号，日前以香港裕和太倒闭牵累，债主临门。裕隆太店东自行禀请，将裕隆泰封闭。刻闻有洋款若干，另将产业封抵外，而各债主经公亲劝处，分期清还，各债主既经允许。近闻裕隆泰复于十七日揭封开张，如常交易矣。

大清光绪三十年甲辰十月廿六日　公历一千九百零四年十二月二号

兴民学堂招考学生

◇兴宁县兴民学堂，拟自本年始，学生中有退学者，即行考选足额。其招考章程录于下：

一、本堂系由合邑绅商禀请县宪及督宪、学务处宪，立案开办，准作兴宁县公立小学堂，三年卒业。卒业后，由总办禀请上宪考试，或入省城大学堂肄业，或愿自备资斧往外游学，与官立学堂一体出身。

一、本堂开办之初，未知学生人数多寡，故暂不考选。然于学问普及之义，终觉慊然，故自本年始，所有甲辰年肄业学生，有无力在本堂卒业，及志气荒惰、自愿退学者，其所缺之额，即招合邑人士考选，以实其额。

抑或附近本堂地方仍有可以扩充之处，亦可以原额外多招二三十人，以广教育。

一、招考之例，统限于甲辰年十一月初一日始至十一月廿日止，来堂报名挂号。至十二月初一日，由本堂教习出史论一策问。

一、限初四日缴卷，转送县宪评定甲乙榜示。获选者，再于十二月十五日来堂，由本堂教习出堂面试，核与问答相符，乃禀由县宪取定名额，至乙巳年二月初一来堂肄业。

一、考选学生与留堂学生，现因经费尚未筹定，其学费应照旧章，一律收十五元。其缴期亦于开学时缴一半，暑假前全缴。

一、本堂现年兼设蒙学堂一所。蒙学生无庸考选，有愿来堂肄业者，学费自八岁至十岁收六元，十一岁至十三岁收八元，十四岁以上收十元，亦一律于开学时缴一半，暑假前全缴。

一、无论新旧各学生，其伙食概由堂中另雇厨房包办，不得自行开办，以昭划一。每人每月给伙食费三十毫（十二岁以下廿四毫），与厨房另算，本堂账房概不干预。

一、本堂课程，与甲辰年开学时已经迭次改良。兹先行标出科目及每来复授课时间，庶来学者知所趋向。（伦理二时，历史四时，地理四时，英文五时，东文五时，经学二时，算学五时，格致二时，体操一时）。本学堂最重伦理，凡学生平日言语兴动，皆由教习值理默记积分，以定甲乙。至英文、东文，随学生各占一科，愿兼习者听。

一、所有报名与考各学生，须能恪遵本堂所有章程，始准留学。其有沾染嗜好（如吸烟、酗酒、宿娼、赌博等）、品行不端者，概不收纳，以示界限。

一、肄业学生无论因何事故（或疾病，或违犯堂规），在堂中未住足一年者，其学费均要缴足，不得延久，以重学务。

局绅被扭

◇日前兴宁局绅陈某，偕叔侄十余人至嘉应城东扫墓，是夜宿于树湖祠。适有陈茂才某教读祠中，房舍大半为学生居住，某绅责令迁让。因不合某茂才意，某茂才即捏辞奔报杜游府及保安局，调拨兵勇前往围拿，居然将某叔侄十余人扭至局中，局董见面，知为某绅，固素相识者，大骇，为之解释，咸以某茂才平空突起风波，责罚酒席串炮，以了其事云。

大清光绪三十年甲辰十月廿九日　公历一千九百零四年十二月五号

照会潮汕商会纪略

◇潮汕设立商会，联络商情，公举行号三十一家为商董，迭登前报。兹由商务总局颁发戳记，照会万年丰会馆及同济善堂，略云：务令实力奉行，认真举办，凡一切兴利除弊等事，体察情形，逐渐推广。所拟各商店注册，为考察商业根本，亦速遵部章，妥议筹办云。

纪万年丰会馆之议报效

◇廿七日，开议增加报效事于万年丰会馆。徐委员、杜邑侯邀集汕之员绅于三点钟开议，汕中各行之有商董者商董与议，其无商董者散商与议。初议五万两报效，三年已来，共不及额约二万两，无从弥补。各行商拟请通禀截清，以后改良章程，办及足额，续议增加十万两报效。首及布行，而布行历陈不敢包办各情由，一为估每年报效之数系一万二千两，其额过多；一为布行有华商有洋商，而洋商不在报效之列，此二层实不能包办。次及花纱行，而花纱商极力求减。徐委员、杜邑侯以为时已晚，命随后酌议，或作试办，由商收缴，不必限定额数。即由与会之商，传知众商，再行核夺云。

纪日人之旅汕

◇自汕埠通商以来，外人之旅居汕地者，计洋行、海关，多是英人，德、法诸国，不过十之一二耳。至本年潮汕铁路与日商包工，而日人之来汕日益众，计旅汕之日人约有一百五六十人，故亦设一副领事，驻于崎碌，而育善街亦有日本酒楼一间，名曰"旅馆花家"，以为日人游息之地云。

大清光绪三十年甲辰十一月初一日　公历一千九百零四年十二月七号

路工忙迫

◇潮汕铁路工程，现值收获之后，甚为忙速。由厦领至岐山，每日作工者三四百人，为筑路基。闻作工者，每日每名工资三角三分云。

大清光绪三十年甲辰十一月初二日　公历一千九百零四年十二月八号

同文学堂禀请办法之批示

◇岭东同文学堂由陈、廖二副办，将数月来堂中款项支绌情形，具禀督宪行辕及学务处。昨奉学务处批示云：禀悉。该学堂常年经费关系紧要，官田虽照章变价充饷，第学务所关，必须预先筹定相当之的款，方于学务不至废弛。岭东学堂经奏定开办，既有数年，岂可令款项中绌，致生窒碍？据禀南畔洲租银无着，及澄海县诸佃户延缴租项各情，候分移官田局、惠潮嘉道妥议拨给。暨札府饬县，严催各佃户清缴，务使该堂经费不至虚悬，以重学务，仍候督部堂批示缴。

纪新令尹

◇新任长乐县王大令景沂，已于前月廿四日接篆视事。闻大令未接篆以前，凡垂涎各房科者，即纷纷谋充此缺，有愿出至三千元者，大令悉传令却之，谓接印后当分房考充，不取分文云。中国积弊，胥吏最甚，胥吏之得以滋弊，仍由官上渔利，遂使若辈得售其奸。大令此举，可谓独识治本，深望始终克践其言，且逐渐剔除弊害，为长乐人幸福也。

大清光绪三十年甲辰十一月初六日　公历一千九百零四年十二月十二号

拨兵防盗

◇嘉属劫盗日多，民不安枕，当道颇以为虑，特派熊杰臣统兵一营，至嘉防剿。现已抵州，暂安顿于学宫内，不日即分驻各属，以资捍卫云。

谕斥健讼

◇兴宁县滕大令接篆后，于二十三日开期收呈，纷纷呈递，不下二百余张。滕大令收阅后，即贴出朱谕云：查所陈各词内，皆等于锥刀之末，其值得呈控者，不过十中一二而已。本县办事明决，案无余牍，断不准刁狡之徒多生事端，以警好讼之风云云。果能使民无讼，诚宁民之福也。

长乐县修建节孝祠

◇长乐县阖邑官绅士庶捐筹款项，在该邑修建节孝祠，采访贞洁妇女，汇请旌表，现已通禀省县核办。

大清光绪三十年甲辰十一月初七日　公历一千九百零四年十二月十三号

严催醮捐

◇兴宁县醮捐,经兴民学堂董事禀由前任郭大令饬差催缴,各醮会总理仍抗不认。现董事等复具禀滕大令,蒙批示云:开办学堂,酌捐醮金,业经前县核明通禀,并分别示谕各醮会总理,一体遵照在案。此系移虚縻而归实用,本属至善之举,事在必行,岂容顽梗之徒,抗不认捐。据呈前情,候即签差,严催速缴。倘敢延抗,定即拘案押追,以重学费而杜效尤云。

限期洁净街道

◇兴宁县滕大令下车伊始,即示谕城内各街道,须一律洁净,店铺之攧搉,不准任意抛弃。每日早置诸铺间,责成各街栅夫搬运城外,每店给钱一二文,如有不遵行者,即唯该栅夫是问。既饬差役,高擎牌示,鸣锣晓谕,限五日内,务将城内积秽,搬运净尽云。按街道污秽,最碍卫生,兴宁连年患疫,悉由于此。从此修浚沟渠,扫除积秽,于民生必大有裨益也。

禀控阻挠学务

◇嘉应白渡堡蔡茂才世清,日前联合族中有志之士,拟将祖尝余款六百余元开办蒙学,具禀学务处存案。乃有族人从中阻挠,并先期捏禀茂才侵吞尝款,愿以存款六百余元捐充务本学堂经费。茂才所禀,竟不准行。现茂才等复联名禀请州牧,将实在情形转禀上宪,以杜阻挠而重学务云。

溪西族学之起点

◇松口溪西古姓,聚族而居,颇称富庶。近日古访溪茂才拟设族学,以造就子弟。筵邀诸父老,集祠会议,众皆赞成。即定议以某书室为校舍,拨尝款若干,并由富商某某等认捐数百元,以充学费。刻已派某某二君,往东山学堂学习师范,为充当教习地步云。

赚门行劫

◇嘉应松口梅窖许某家,男子俱客外,仅妇孺在室。上月廿八晚,忽闻叩门声,问之,答云邻村某乙,为许某作寄书邮者。众妇忙起纳之,则盗匪七八人操戈直入。妇骇绝,战慄不能声,室中银物,任其搜括而逸。闻失赃约二百金左右云。

营勇卖放恶少

◇前数日有松口恶少廖某等三人，在横山河畔共掠一妇，多方调戏。妇大声疾呼，适有嘉字营勇，由郡解犯至州，泊舟于此，闻声上岸，一并扭获，拟捉将官里去。廖某等急遣人报诸其家，倩某绅出为缓颊，且献洋蚨三十翼。该勇乃笑容可掬，释之而去。

大清光绪三十年甲辰十一月初八日　公历一千九百零四年十二月十四号

大令观风

◇新任长乐县王大令景沂，于上月廿四日接篆视事后，即行观风。其题如左：

曾子曰"士不可以不弘毅，任重而道远"义；媚于庶人义；二十世纪欧亚大势悬论；法治人治得失论；德育体育智育次第说；警察释义；拟重修长乐县志叙例；拟广设县境蒙学堂议；拟编长乐县农工土产表；问入境问俗，先哲有训，公民代议，通人所美，县令待罪此邦，有怀康济，下车伊始，谘访为先，所属境内，何利当兴，何弊当除，土风民气优劣纯驳之点安在？此皆县令所职司，亦贤士大夫与有责者也，其各抒见闻，匡我不逮，毋隐。以作五艺为完卷，任用何项卷纸，不拘格式，限至本年十二月二十日截止。

路政纪闻

◇潮、嘉交界之铜鼓嶂，六月十六日山水暴发，迭纪前报。闻此次沙田墟一路，房屋田地，荡然无存，曾经上宪派委，拨款赈恤。然沙田墟一路，乃由潮入嘉旱路，刻经灾后，道途颓圮，全不通行。顷经该乡绅士等首倡修理，请嘉应州、丰顺县会发印薄，广为捐资。闻其修路费，在万元以上云。

剐肉医疮之无效

◇嘉应大塘面廖氏妇，有子三人，仲子年廿余岁，患瘰疬症，久医罔效，势甚危，因携往黄塘耶稣教堂就医。医生验病，以为难治。妇素爱怜此子，闻言大惊，哀求不已。医曰："此病须用刀割以母氏肉补之，方效。"妇毅然伸臂。医饮以麻药，三割之，妇忍痛不少呻，若谓以身代子，弗悔也。不意数日后，瘰疬症发，子竟殒命，而臂上刀痕，犹未合也。妇大哭，且詈洋医之欺人，同室者咸咎妇之孟浪。然亦可见医术不精者，误人不浅矣。

歌唱淫词被拿

◇歌唱淫词，最为人心风俗之害，嘉应恶少，以此相习成风，自秦州牧出示严禁后，始稍敛迹。日前松口又有恶少数辈，行歌于鱼子坝一带。丰顺司役上前诘责，反受殴辱。翌日回禀司主，出票往拘，获某甲于市。即由司主审讯，重笞一百。旋命拘乙等，一并送州惩儆。乙等父兄闻之，急倩某绅往署关说，献以洋银八十枚，遂不之问云。

大清光绪三十年甲辰十一月初九日　公历一千九百零四年十二月十五号

请给要籍之批词

◇嘉应在省练习员黎启英等，赴学务处禀请给发要籍，札县缴价，以完公款而资补习等由。随奉批云：据禀已悉。该员等请将本处所发教育丛书，各自领归本籍补习研究，具见讲求教育，不遗余力，志趣殊堪嘉尚。据禀称，各该员等俱由公费送来，自携费用无多，一时难于缴价。拟请札饬各地方官由公款提费补缴，自系实情，本可照准给领，以遂各员等好学之志。惟查明续办初等师范简易科馆，学生额该二百四十人，此项教育丛书，留备师范生之用，碍难散给。各该员等既欲得此书，仰即回籍后筹定公款，汇缴本处，再为赴沪代购多部，发给领用可也。

嘉应学堂之教员

◇嘉应州务本学堂，现聘番禺沈君溥沾为外国文教员，兼教体操。州属之兴宁县兴民学堂，聘定陈君天成为外国文教员，兼教算学。两君皆广雅西学堂毕业生，又为速成师范生，闻定来年正月初吉，由省启程云。

媚妻逆母之怪闻

◇松口某甲妇，素不得其姑欢，诟谇之声，时达户外。数日前，又以小故勃溪，邻右劝之不听。甲固有季常之惧者，睹此情状，反以恶言痛诋其母。母不胜忿恨，即于是晚投缳毙命。翌日其母族闻耗，前往问罪。甲夫妇大惧，逃匿无踪，后竟以孔方兄了事。

大清光绪三十年甲辰十一月初十日　公历一千九百零四年十二月十六号

商部电复潮汕铁路事

◇粤督岑云帅前电达商部，言潮汕铁路事，即经商部电复云：电悉。潮汕路图说，自可照准。此案本部再四审慎，迭经向公司诘问。据电禀复陈，公司实无洋股，断不敢欺蒙取咎云云。昨准尊电，又经严饬，据实电陈。兹据复称并无洋股，亦无别项纠葛等情。除随时饬令妥慎筹集外，仍祈尊处就近查察，倘别有闻见，希即报部察核。余详函。

《上海时报》记者曰：股票、公债□等物，动产也。动产则可以转售于人，似不必问其为内为外者，特视乎我国权监督与管理之法何如矣。其监督管理如善也，虽外资亦何害？其监督管理如不善也，恐内资亦流为外资矣。

大清光绪三十年甲辰十一月十一日　公历一千九百零四年十二月十七号

同文学堂官款之有着

◇岭东同文学堂官拨韩山南畔洲加租银一千五百四十两，及金山东文学堂岁租银六百两，现年官佃局欲以官田变价充饷，此款几于无着，经由学堂副办将情形禀请督宪及学务处批示，迭纪前报。现闻学务处悉心区画，以学堂经费关系紧要，南畔洲各处租业，应照旧拨归同文学堂，未便提卖。闻近日已由学务处督办胡方伯核准照办矣。

差役吓诈平民

◇大埔大麻邱姓控丁姓殴毙人命一案，尝志前报。案悬至今，尚未获凶审办。前经查大令饬差拿到凶犯之父丁阿遂，及卸篆时，即行释放。现由新任胡大令勒差拘凶。该差刘阿定、吴阿盛等，竟听丁阿遂指挥，捉拿无辜，多方吓诈，如捉一叶阿泮，勒去数十金。叶阿泮为丁某之妹夫，与案情毫无关涉。又捉一丁阿进，亦案外之人，且素安分者。而凶犯丁某在前，则熟视若无睹焉。尤可异者，丁族有一弱房老妇，一子一孙俱外出，偕媳家居，勤俭度日；自邱控于丁后，丁阿遂视为鱼肉，差役一到，必引入其家，无论衣服首饰，如取如携，甚至鸡鸭犬猪等物亦掳掠而去。一家哭泣，如遇寇盗，可谓暗无天日矣。

大清光绪三十年甲辰十一月十四日　公历一千九百零四年十二月二十号

观风告示

◇长乐县王义门大令下车后，即行观风，其题已录昨报。兹将示文录后：

为晓谕观风事：照得群治之进退，验于风俗之盛衰，实根民智之通塞。方今宇内，岌岌儳焉，不可终日。圣天子锐意变法，晓然与天下更始，而山陬海澨之氓，局于跬步，狃于性成，方将争胜负于骨肉之际，诩聪明于眉睫之近，忽乎不知矰缴之在后，教化不普及，庸有幸乎？粤东海禁先弛，欧西文化浸润最早，民质强毅，有独立不挠之风，群力固结，各行省罕有伦比，此优胜之赋于天也。

本县待罪兹邑，未尝学问，大惧陨越，为邦人羞。受事伊始，夙夜兢兢。颇闻县民勤稼穑，习劳苦，西成所入，灌注州县，输出酿造之品，流誉海外。比来英髦，读书励学，崇尚新知，昌明教育，此不得谓陋，宜乎俗尚丰厚，日进文明。然而山谷之蒙，不少游惰；私斗之风，未见衰息。或沉迷痼毒，以戕其躯命；或狡黠讦讼，以扰害地方。毋亦实业未兴，不足以培植廉让；常识不具，辄相与放弃责务之所致欤？夫转移风气，导语氓庶，庶地方长吏责无所避，而缙绅缝掖，矜式井闾，抑亦先知先觉之亚也。考风问俗，在昔皆然。自维谫落，窃比斯义，发题十道，载于左方。区区之怀，略具于斯，冀以征文观德，即言考行，庶几不齐兄事之选，藉匡漆雕未信之助。青青子衿，粲粲门子，不我遐弃，请视斯文。毋违！特示。

改练勇为巡警

◇嘉应州旧有练勇，虚縻饷项，无益地方，目下已改行巡警。凡街市、通衢、曲巷，俱有巡勇二名，手执籐鞭，终日站立。故近来剪绺小手及酗酒滋闹之辈，亦稍为敛迹。

劫案类志

◇嘉应黄塘钟仪宾新居，距城三四里。初五夜一点钟时候，突来匪徒数十人，头缠白布，手持枪械，破门而入，室中妇女数人悉惊匿床下，任匪搜括一空。钟家本在楚南仕而兼商者，颇称小康，此次被劫，失赃约三四百元。闻贼皆向南口一带而去，有州人自南口归者，曾遇诸途云。

大埔大麻甲中兰乡刘信记家，于初九夜三更时候，被贼三四十名撞门行劫，罄其所有而逸。该贼行劫时炮声隆隆，不绝于耳。邻右闻之骇极，不敢赴救。次早由事主报明地保，前往勘验，拟即赴县报案云。

又闻中兰乡口之大士堂，时有匪徒聚集于此，明目张胆，开台拜会。前月廿九日，匪首邹满又招集党羽五百余人，宰杀牛豕，欢会竟日。附近盗劫即为此辈所引，亦未可知。然该处距三河不及十数里，而司汛各官于此等隐患，岂竟绝无闻知？抑知而置之不问耶？

花会匪凶横

◇嘉应公塘墟李某私开花会，经乡绅控于官，不但不为敛迹，反以此恨绅，日怀利刃，欲得绅而甘心焉。日前绅遇之，即出刃行凶，绅疾走得免。复到州署以状告，秦牧伯立饬差役往捕。有某役乘轿而往者，大受该匪殴辱，轿及行李亦被击碎，众役狼狈遁归。秦牧伯怒甚，已移请杜游戎带勇往办。

大清光绪三十年甲辰十一月十六日　公历一千九百零四年十二月二十二号

同文学堂近事

◇岭东同文学堂由陈、廖二副办禀请办法，并请上宪选派总理接办各节，迭登前报。日昨有友自练习所卒业回者，据言学务处监督胡方伯因同文学堂为潮嘉人士荟萃之区，总理一席颇难其选，既谕学务处备文，即委陈、廖二副办为总理云云。闻堂中刻既拟定明年办法，将蒙学裁去，而加延博物、理化、图画科教习。现在颁发钦定章程，既定中学堂五年卒业。届期卒业学生，由学政会同考验，分最优、优等、平等，奖给拔贡、优贡、岁贡文凭，送入高等及优级师范高等实业各学堂肄业。各教习现既拟定按照新颁章程，将一切课程颁发，再加改良，务期一律完善云。

兴宁县之舆论

◇卸兴宁县郭大令，于本月初三起程回省，县绅商祖□甚至。盛闻邑人咸谓大令在兴一年有余，清静无为，一切利弊，无所兴革，民间讼事，亦少所断决，盖操守有余而干事不足。然民皆知其居心厚，御众宽，于无事之时，亦不失为贤令尹云。

拐逃少妇被控

◇松口溪南邱某，素无赖，常私一邻妇，日前忽挟之而逃。妇夫某乙，客于南洋，适束装返里，道出新加坡，忽于街上遇邱某偕妇登岸。邱骤云妇思君实甚，特倩某挈彼同来与君相会。乙见妇神色仓皇，又素悉邱某行为，显系饰词耸听者，遂拒而不纳。邱大惧，乃置妇于某旅舍，乙亦弗顾而归。及入门，不见其母，询诸家人，云已往南洋追寻汝妇矣。乙惊愕良久，即告以所遇，因拟束装再往。未几，忽接友函，云其母已病故。乙大悲痛，随将此情投诉邻亲，并赴州控告邱某矣。

大清光绪三十年甲辰十一月十八日　公历一千九百零四年十二月二十四号

潮汕铁路募勇纪闻

◇潮汕铁路公司，前因开工筑路，需勇弹压，经由督办张京堂咨请惠潮嘉道转禀院宪批示，业奉批准。兹已招募勇丁一百名，编为成字勇，派委拔补把总叶凯超为管带云。

兴宁学务暂兴

◇兴邑自本年开办公立兴民学堂以来，都人士暂知兴学为当务之急，故近日石马、龙田及东门罗族已接踵创办蒙学，其余闻风兴起者，尚有数处。现正在筹款，拟明年一律开办云。

匪徒之骗术

◇松口上畲里某甲，赴市贩卖木料，得三十余金。适入匪徒巨眼，殷勤邀至酒肆。甲讶甚，问何处与君谋面。匪笑曰："相别几何，遂尔梦梦。某岁往南洋，曾作李郭同舟者非耶？当日风涛甚恶，非君必大受困顿。每思有以报，不虞猝遇于此也。"遂把盏相对，畅饮尽欢，乃从容作别而去。甲探囊中物，已化为锡饼矣。

大清光绪三十年甲辰十一月二十日　公历一千九百零四年十二月二十六号

同文副办摄行总理事

◇岭东同文学堂前因总理温柳介太史身故，由堂中副办陈绅步銮、廖绅云涛禀报学务处，请其转详督宪，另简贤能来堂接办总理事务，既详前报。

日昨陈、廖二副办接到学务处札饬，因总理全堂学务，一时颇难其选，即派委二副办暂行代摄总理事务，以资熟手。兹将原札照录于下：

两广学务处督办、头品顶戴、广东等处承宣布政使司布政使胡，花翎二品衔、奏调两广差委特用道张，为札饬事：查温总理品端学粹，办理学堂深资得力，一旦溘逝，本处实深轸恤。现在总理无人，又值岁晚之际，所有来年应行布置一切事宜，尤当及早预备，自应另简妥员接充。惟本处遍加遴访，一时未得其人，而该学堂目前事务又属刻不可缓，总理一职未便虚悬无着。查该绅热心教育，且又现居副办之职，于该学堂情形熟悉，应即派委该绅等暂行代摄总理之事。除各分札外，札到该绅等，即便遵照，会同妥为办理，务须和衷协力，以副委任。一俟拣有妥员接充总理，该绅等再行交替销差，仰即知照，切切！此札。光绪三十年十一月十三日。

潮汕铁路总办未到差

◇潮汕铁路由张京堂煜南督办，所有勘地绘图、丈量定线，均已办有头绪。惟张京堂以近潮一带，民情蛮悍，良莠不齐，恐有阻挠滋事之患，禀请督办潮属屠捐兼劝办潮商报效委员、知府徐书祥为潮汕铁路工程购地总办，经奉督宪批准，已纪前报。兹闻徐委员因报效之事，尚未办妥，现与张京堂商议，暂缓到铁路工程总办之差，以免分心云。

委员查案

◇梅州近来命盗各案，多赴省上控，各大宪特派夏别驾午槐到州吊查积卷，业于前月十三抵州，寓公西官厅。凡有案事主，纷纷赴诉，以为委员来州，庶几昭雪有日云。

浸圣会之活剧

◇梅州美国牧师于某日率教民五六人乘舟，驶至百花洲中流浅处，一齐下水，令教民齐声朗诵经咒，名曰"结大欢喜"。诵毕，与教民相依相扶，祝曰"我与尔皆赖耶稣庇佑"，遂一齐沉在水中，即起，登舟换衣相贺，名曰"浸圣会"。州人罕见，观者为之哗然。

大清光绪三十年甲辰十一月廿一日　公历一千九百零四年十二月二十七号

醮捐禀批

◇兴宁醮捐,迭经官绅催缴,而佛子岭三帝宫于十月十六举行建醮,共有三千余金,经兴民学堂董事及治安局绅等前往酌提,多方延抗,亦禀由县宪催缴在案。该醮场董事等,复以无可捐题等情具禀滕大令。随奉批示云:酌提醮金拨充学费,系经前县核明通禀,分别示谕遵办在案。该职等既为慎重学堂起见,理应剀切劝导,首先捐题,以为之倡。乃当日起醮之初,堂董王灵歧等到会酌提,辄敢抗不遵办,及经该董事等禀请追缴,又复辩渎哓哓,始则谓民智未开不肯公认,继则谓醮场既过无可捐题。抗缴于事前,饰卸于事后,岂必待本县严迫而后缴耶?夫开通民智,首在士绅,抗提醮捐,有妨学务,案经催缴,事在必行。应责成该职等,赶将应缴学费一百一十二元,克日扫数清缴,以节虚縻而重实用,如再延宕,定干押追。

局员御匪被杀

◇兴宁大坪墟与龙川境相连,辛丑、壬寅间,龙川会匪攻兴宁,被大坪局董武生罗桥截拿要匪十五名,送县正法,伪军师陈廷山亦与焉。当时龙川会匪衔恨甚深,既有报复之言。本月初九夜猝有龙川匪徒百余人到大坪墟,劫杨姓杂货店一间,干货店一间,共劫去银货数百元,当经局董罗桥率局勇并商民十余人奋勇追捕,以众寡不敌,仅伤贼数人,而罗桥竟被匪当场刺死,该处人心颇为惊扰云。

贼犯营求释放

◇嘉应畬市猾贼李二,前经局绅拿解送州,经州牧问供通详,定以墩禁十年之罪。李在禁公然私开小押,收买盗脏,获利不少,现欲以所积资财夤缘通路,营求释放。畬人闻之,甚以为虑,谓当道果为所愚,则如虎出柙,势必噬人云。

大清光绪三十年甲辰十一月廿三日　公历一千九百零四年十二月二十九号

同文学堂示期放假

◇岭东同文学堂,已由学务处定为中学堂,遵照奏定章程办法,学生五年卒业后,由学政会同考验,给予出身,已纪昨报。现示期于十二月初一日放年假，来年二月初一日开学云。

大清光绪三十年甲辰十一月廿五日　公历一千九百零四年十二月三十一号
长乐拨甑捐助学

◇嘉应州长乐县拟办县学堂，惟经费尚极支绌，除已筹有的款若干外，核计常年尚欠六千余金。前任县令赵明府，以县属商人所承甑捐，仅定一百四十甑为额，曾准其增额，以所得为学堂经费，闻已禀详大宪，请批示遵矣。

大清光绪三十年甲辰十一月廿七日　公历一千九百零五年一月二号
张京卿恭迎恩赏

◇皇太后万寿，潮汕铁路督办张京卿煜南蒙恩颁赏花衣、玉如意等件，昨已颁到。张京卿特排设鼓乐仪仗，亲至轮船码头迎接，并于是日梨觞宴客，以志荣宠云。

勘验劫案

◇大埔中兰刘信记家初九夜被盗械劫，已纪前报。顷闻事主赴县禀报后，即经胡大令饬差查缉，并于二十日亲往该乡勘验。又闻前月杪在该乡口大士堂聚众拜会之邹满，已被差役拿获，解案究办。

丰顺废寺兴学述闻

◇丰顺产溪社之植福寺，有常年租息七十余石，徒供僧徒坐享，无益地方。该社人士久拟改为学堂，顷练习员李茂才唐自省回邑，随往各社调查土产、户口、寺观产业，延访士绅，陈说兴学要务。日前行抵该社，即集绅士，议将此寺改为初等小学堂，众绅士皆赞成之。惟区区此数，尚未敷用，现拟公订章程，暂行开办，一面捐款置产，逐渐扩充，务期臻于完备云。

大清光绪三十年甲辰十一月廿八日　公历一千九百零五年一月三号
同文学堂改订章程

◇岭东同文学堂来年办法，略纪昨报。现闻澄邑侯杜明府奉学务处宪饬，将该学堂章程重行改订，业已拟订禀覆。兹将其原禀章程登览：

第一章（全学纲领）

一、该学堂系经奏准，名岭东同文学堂。

一、该学堂初由潮嘉绅商禀官合办，继由前惠潮嘉道丁岁拨常款，今复由两广总督宪岑饬学务处拨款补助，即应作为官立学堂。

一、该学堂应直接学务处，年终清册应分报惠潮嘉道。

一、该学堂虽直接学务处，地方官仍有保护稽查之责。

一、该学堂前由方军门以围姓罚款拨建为同济医院，本系公地借作学堂。伏查钦定章程，许就地方公地改设。自今以后，应将基址房舍划归学堂，除去从前章程权就权借等名目，藉善堂原地横生阻力，以绝祸根。

一、该学堂前海坦，应由学务处据该学堂总理咨行咨立案，发给印照，归为学堂扩充之地。

一、该学堂应作为中学堂，惟现尚兼小学规制，并附土客蒙学各一所。按学堂窒碍之处，多因等级不齐。从前创办之初，不得不广为招纳，既不限各属额数，致有土客多寡之争；又不限程度年龄，故无考试收入之例。今欲考验，不足中学堂程度者，可借口小学；不足小学堂程度者，可借口蒙学。碍难淘汰，遂致参差。由是教习不齐，学地不足，诸多不合。职此之由，拟自光绪三十一年起，将土客各蒙学停办。

一、该学堂现只能容学生八十人，与钦定章程应得容五百人以上大相悬绝。今姑以八十名额计，或潮属五十，嘉属三十；或潮属海、潮、澄、揭、饶、惠、普七县四十名，潮属大埔、丰顺，嘉属本州兴宁、长乐、平远、镇平四十名，总之额有绌有赢。限开学后十五天，潮属之间不妨借补，如潮、嘉学生均未能足额，准外府外省补充。学舍三十余间，现亦不能分定，学生既到堂后，应由监督副办指定住所，无令广狭不均，一俟扩充，自无争竞。

（未完）

匪徒不法

◇得丰顺友函云：日昨敝邑横坑三点会匪情形，蒙贵报揭登，甚感。但目下匪徒势仍未散，匪首丁姓者仍住布心仔，曾姓者仍住邹屋围，每五日则拜盟一次，党羽日盛一日，乡里骚扰不堪。其所以明目张胆，绝无顾忌之故，实由邹屋围之生员与大塘里之武生为其渊薮，故大有社鼠城狐之势。

丰顺有开学之望

◇又得函云：丰邑学堂筹款本难，今年万大令因办汤坑斗案，张、徐、陈三姓共罚有银三千元，合之各乡所题，当有四万元之多，想来春当可招考开学。惟局中绅士多系顽固迷信鬼神之流，使为总办，虽有巨款，惧亦不能善于管理，不审地方官能择贤而任否？

大清光绪三十年甲辰十一月廿九日　公历一千九百零五年一月四号

同文学堂改订章程（续）

◇一、该学堂学生，今年入学既未照钦定章程考验，如有例应退学者，退之。下年入学，如非经留学及由高等小学堂卒业升入，仍应考验。

一、学生二十岁以下者，应令具志愿书，限以四年或三年卒业。中途废学，须追足四年或三年学费。廿岁以上者，作为附学生，不必限其卒业；惟堂中不敷住宿，须令另觅寄宿舍。如愿具卒业书，亦听。

一、学生报名时，每人应自备相片二张，随学费缴呈，一存该学堂，一由该学堂监督于具册呈报时汇送学务处，以凭核验。

一、该学堂土客异音，易生畛域，一律用官音教授。按改习语言，非旦夕所能奏功。现土客各生，除东文、体操、算学、官音通同教习外，如地理兼历史教习、经学兼国文教习、蒙学教习，皆须土客各延。现惟添官音一科，俟一年已通官音，始改照新章办理。

一、该学堂学费，仍照前定，中学生卅元，须由汕头殷实绅商担保。以故退学及逾期不缴，惟担保是责。

一、学生既限其卒业，即应照新定章程，享有一切出身权利。卒业时，应请学务处详院派员会同监督考验，及格者给予文凭，奏奖出身与官立诸学堂无异，并准其送入京省大学，及择尤派送出洋游学。

一、该学堂每年年终，应将教习及办事人数、学生入学及卒业人数、学生勤惰功过及教习办事人勤惰功过及进支出入，均于年终散学后造册，送学务处办报应报之处。

一、有愿捐资及捐送图书品物入学堂者，由监督咨学务处，照例详请奖劝。

一、改章后，由学务处核准，从前章程即作为废纸。

一、改章后，如再奉钦定章程及学务处颁发规则，仍应随时改良。

第二章

一、功课教法，遵照《钦定中学堂章程》，其缺小学以上功课者，令其自行补习。惟现应加图书、博物、物理、化学科，且外国文止有东文，应再加英文一科。

一、遵照新章程，添设官音一科。先教寻常语言后，即遵用《圣谕直解》。

一、遵照新章，以读经为一科。惟该学堂系中学堂规制，照次第授《书经》《仪礼》《周礼》《周易》。其有未读《诗经》《礼记》《左传》者，应令自行补习，随时考验，以期划一。

一、课程一门，俱遵钦定章程办理。兹但举现在学堂缺点所宜补者，及补略有变通者，余不赘。（完）

禀请兴学之批示

◇日前兴宁县增生李焯堃以兴学兴工，恳速札县立案饬遵等情，具禀学务处。随奉批示云：查前据该生等条陈兴学兴工四策，虽尚可采，并未邃准照行，仅予批候札县查议禀覆，亦无饬遵字样。至六月间一禀续陈筹款五策，当批：兴办学堂为一邑之公事，必须集众集议，若何兴办，若何筹款，询谋佥同，方可见之施行。其或绅力不足，亦可禀官维持保护。然必其人明于学务，品行心术，向为公众所推许，始可假以事权，担荷要务。盖一以防私利之弊于事前，一以杜冲突之端于事后也。该生拟办学堂，备陈筹款五策，无论是否能行，而文气支离，格格不能自达，即断非研究教育，能肩学务之人。且学堂建造，以城市适中之地为宜，所以取便往来。今该生谓城内两书院均不可以改作，欲将近城十里该生祖建书院权借。安知非该生平日授徒于此，因现在议开学堂，恐致失馆，遂借兴学以保其馆谷？此等假公济私之情，出于请办学堂之人，尤堪痛恨，所请应不准行。筹款各节，已由本处另行札县查明禀覆，听候核办矣，此示等因，于六月二十九日牌示，并札县并查覆夺在案。为□已久，尚未据县议复核准，该生辄请批示饬县立案举办，似于前批，尚未及知。惟察来禀，意在急切邀准，词近含混。要知现在兴学，固贵热心图谋，踊跃从事，地方人士苟有所见，原不妨陈候核示。至于应否照办，仍须详查得实，酌乎情势之宜，事理之当，始能见诸施行。未可以一二人之私心，朦词怂恿，以冀速成。应再录批揭示，并仰兴宁县，即速按照迭次批行事理，详查妥议，刻日禀覆，以凭核办，毋再玩延，切切！禀抄发。

行商倒闭之累

◇潮州有所谓兴宁行者，潮人售货与兴商，故以兴宁行名之。近兴商某号倒闭，负债至八九万元之多。潮商数号约二万元左右，有某号已占一半。幸某号东人雄于财，始不致碍及大局云。

蒙学堂定期开学

◇前报所纪松口李族议就大宗祠兴办蒙学堂一节。兹悉该祠宽广，可容百余人。已聘定李君某为教习，准于来年正月二十日开学。刻下报名者，实繁有徒矣。

流氓强索

◇近日，松口到有流氓男妇百余口，日往民家强索银米，稍不如意，即聚众混闹，凶狠之状，莫可名言。或见高楼广厦，则更施其强硬手段，非索数十金不休，以故乡民不堪其扰云。

大清光绪三十年甲辰十二月初一日　公历一千九百零五年一月六号

梅州学堂之组织

◇嘉应秦牧伯禀报，择定北冈地方，堪以建造该州中学堂，及请将培风书院变价缘由。昨奉学务处批示：禀悉。培风书院基址狭隘，据禀转据该县学会员绅等禀称，拟估价召变，即以所变之价，拨充中学建堂之用。如该书院地基实不敷学堂之用，自可变价召买，期于经费充足。中学地址，据称北冈地方最为相宜，拟合文昌祠、先农坛、崇实书院各处，并欲请拨废营废仓等地基，合建一堂。似此则工程浩大，用款自必不赀。应先由该绅等，筹就着实经费，方可下手。文昌祠前已由本处批准，借给务本学堂。该学堂开办已有数年，既已成立，宜为妥筹保护之方。如将中学堂必须建于北冈，即应为该学堂谋一善地。仰即会绅妥议，必须兼筹统顾，毋徒偏注一隅，并将变价筹款各事，迅速拟议办理，禀报察夺，切毋徇延。此缴。

大清光绪三十年甲辰十二月初五日　公历一千九百零五年一月十号

留学生维持潮汕铁路述闻

◇闻得岭东留学日本学生，因潮汕铁路事，现公举某某二君，为岭东代表人，回梓协商。闻二君已于上月杪抵沪，三十日由潮州会馆发出传单，知会潮嘉在沪各绅商，于本月初一日开会妥议云。

禀请废庵兴学

◇大埔智群社员，日前援各州县废庵兴学例，禀请胡大令酌办施行。禀略谓：

埔邑地瘠民贫，兴学经费较诸各地，尤属难筹，而地方又别无公款可以移用，以故官民立学堂，虽有一二，而经费毫无，难期久远。查埔地方庙宇不少，每乡大小不下三四处，所住僧尼多半败类，绝鲜清修。或诱惑乡里，赚取米钱；或卖奸导淫，纳污藏垢，秽声时播，为神人羞。其嗜烟赌博者，寺产任其私卖。女尼买畜幼女，以为徒弟，多寡不等；同为人类，彼独生而无家室之乐，非其本愿，尤勘悯恻。贤侯为民父母，将使托下者各得其所。此等僧尼，固宜剔除之，释放之，以端风化，而纪人伦。矧今者朝廷以兴学为急务，民穷财竭，筹款维艰之时，有此不急之寺庙产业，与其以之养无赖之僧尼，徒为生民之蠹，何如拨充学堂学费，而培有用之人才？拟请通谕城乡各绅士，将所在各乡庵场寺观，及产业多寡，有无僧尼之良歹老少，开具清单，呈请核夺，分别去留，量为裁并。将向所有之产业，可酌提以助经费；无产业者，其寺观亦可酌改小学堂校舍。如此，则每乡至少可设一小学堂而无难。或各处寺产有施主不愿，是在宪台谕之以得失，动之以时势，当无不遵之理。僧尼有霸赖者，驱之；绅士有袒庇者，罪之。其有借兴学为名图吞公产者，从严惩治。似此办理，一转瞬间，将见学堂勃兴，人才蔚起，埔邑幸甚，大局幸甚云云。

当奉邑侯胡大令批谓：提寺产以兴学，改庵寺为学堂，例虽可援，事期弗扰，且兴学重事，而籍寺产充之，若寺产甚丰，可以集事，原无不可。所禀有无窒碍，是否可行，候分谕各甲绅士，就地筹察情形，妥议禀复核夺。

大清光绪三十年甲辰十二月初六日　公历一千九百零五年一月十一号

捐输得奖

◇嘉应自上年兴宁告警以来，募勇保卫各商家，月捐饷需，为款甚巨，商力亦告疲矣。近来大宪轸恤商艰，凡店家月捐至二百元者，奖以五品功牌；一百元者，奖以六品功牌。得奖者共有二十人。现秦牧伯已出示通知，以慰商情矣。

长乐息讼免费

◇长乐递息讼词，向例需纳衙门规费银七元二角，自赵前任门阍杨某勒索至廿余元，人民构讼，至不敢息。现任王大令下车伊始，始纷纷传递息词，初经收发处某委员手，每息词一张亦需索三十余元。日前王大令视事，某甲当堂递息呈，即准其寝事，不费分文，人始知收发处之舞弊。现赵前任未结之案，已由王大令结去大半，凡受讼累者，异常欢忭云。

劫案汇志

◇梅州城北洋门㘭，距城十余里，自梅往镇平、武平者，多取道于此。㘭上有南北茶亭二，北为履泰亭。上月廿七日午后，有三人押货十余担，自武平来州者，方息肩于履泰亭之南，突有劫盗三四十人，各持器械，尾追而来。担夫望风先遁，仅押货者三人奋力格斗，众寡不敌，受伤而仆。失去银千余元，货物亦劫掠无遗，当即至州报官抬验。闻是日贼匪携赃越岭而逸，至谢田地方瓜分赃物，有卖柴自州归者，曾目击之。使当三人抬验时，立派差勇往捕，赃贼可以立获。无奈衙门胥吏，多方需索留难，私礼纳足后，始得相验。明日方派勇往缉，贼已无踪。乃乱拿三人回衙塞责，一为看山人，二为山上卖茶者，由秦牧伯□□□□□□□□□□□□□□□□远之地，白昼行劫，无所顾忌。嗟彼行旅，其何以堪！

西洋直坑钟姓，聚族而居，不下数百家。某夜有贼数十人，明火执仗，欲向某家破门而入。幸家人闻警，鸣锣号救，众人毕集，贼始四散而逸。

黄塘钟仪宾家被劫一案，已由秦牧伯勘验，现遍悬赏格，谓有能获贼或通信者，定予重赏。

丙村菜阳坑某姓，由外洋致富。上月杪某夜，被盗匪围劫，当场枪伤一妇人，势极凶锐。旋因盗伙放火烧其房门，反伤及头额，乃散去。闻该匪系丰顺会匪李某、吴某等统率而往者，现已报官查缉。

大清光绪三十年甲辰十二月初七日　公历一千九百零五年一月十二号

废庵兴学之区画

◇大埔智群社员禀请废庵兴学，已登前报。兹将其公拟处置方法，照录于后：

一、处置寺庙。凡寺庙可容四十人以上者，就其地方兴办小学堂；容三十人以下者，就其地方兴办蒙学堂。其有不足者，或合三寺、五寺作一学堂。合之之法，择其地方可展筑者，作为学堂地基，将其余所合之二寺四寺，卖其地以为展筑之费。留山僻不适用者，以居住年老之僧尼。

一、处置产业。凡有产业之寺庙，有年老僧尼，每年酌留十分之三为其养费，余则充作学堂经费。不许再行收养幼徒，其僧尼死后，仍全行提出之。无产业之寺庙有僧尼者，而其地可兴学堂，即着其老僧尼移往不适兴学地址之寺庙居住；无产业之寺庙又无僧尼者，其寺庙可作学堂者，则作学堂；不可作学堂者，则或合办卖作经费，抑或为年老僧尼居住。

一、处置僧尼。凡僧年在五十以下，尼年在四十以下，概饬令其还俗及择配。僧年在五十以上，尼年在四十以上者，酌以山僻之寺，留为其居住。其有未削发之女尼，原有家可归，可一律令其还家。或有他往，或有在限外，而仍愿还俗及择配者，亦听其便。

大清光绪三十年甲辰十二月初八日　公历一千九百零五年一月十三号

设立治安团练局

◇嘉应松口向有安良局，自去岁因屠捐滋事后，遂成虚设，旋拟改为保商局，不果。现复由各绅商改设治安团练局，公请饶芙裳孝廉为董事，已联名禀准秦牧伯，出示晓谕矣。

大清光绪三十年甲辰十二月初九日　公历一千九百零五年一月十四号

醮场演说

◇大埔保安甲漳溪乡，前月廿一二等日举行建醮，耗资巨万。智群社员痛人民之沉迷不悟，届期特往该乡，大开演坛，演说二日，观感者颇多，非笑者亦不少。演说时并大张地图，绘以颜色，何者为中国全盛时代，何者为中国现在时代，何者为中国已失之地，何者为中国将失之地，亦唤醒国民之一道也。

纪嘉应武备之获选

◇省垣武备学堂招考学生，详纪本报。此次嘉应人士赴考者十余人，逾期始到，合廉、琼二属补考。现悉，已由总办庄观察选定嘉应入彀者六人，而务本学堂学生居其四。闻试手力，以务本学生吴维纲居首；试目力，以张我权为第一。庄总办甚称赏云。

大清光绪三十年甲辰十二月十一日　公历一千九百零五年一月十六号

饬领护照

◇嘉应练习员江秉乾前具禀学务处，请援案转详给发护照，赴南洋劝捐，现已由督宪檄发。昨奉学务处牌示如下：

牌示饬领事：前据练习员嘉应州监生江秉乾具禀，拟赴南洋劝捐，恳请援照大埔县绅士张龙云出洋筹款成案，转详督部堂给发护照，当经据情转详在案。兹于光绪三十年十一月十六日奉批，已据详核给护照檄发，转给收执，仰即遵照，仍候抚部院批示檄等因，并檄发护照，一并下处。奉此，合就牌示。为此牌，仰该生即便来处领取护照，从速起程，并将起程日期，报明本处，以便转报，毋违！特示。

务本学堂改聘教习

嘉应务本学堂中教习黎明经元庄，将应长乐县王义门大令之聘，为来年该县小学堂教习。而务本学堂干事诸君，拟另聘籍绅张简堂大令思敬为来年伦理、经史教习。张大令系癸酉孝廉，昔年在船政局后学堂教习，三年期满，以异常劳绩保举者，为知新前辈，故群推重云。

议设城西蒙学

◇嘉应梁玉邻、蓝钧五两茂才,城西人也,热心兴学,近日议设城西蒙学于大觉寺。现已将创办章程,张贴通衢,容日录登。

嘉应初设水卡

◇嘉应盗匪,近年来多以船为行窝。入夜时群载而来,得赃后群载而去,以至截缉为艰。近日秦牧伯乃用保安局绅议,特设水卡于南门外,置船数艘,拨勇十余名,每夜巡河上下,以资防守云。

拿获少年匪

◇嘉应嵩山堡某番客近日归来,捆载颇富,复有近城银信若干。乃于日前携银来州,分发各号,夜宿于中途某旅店,为匪徒所侦知,乃假作同伴,相与追随。于十二月初三午,行至东厢堡之书坑桥,匪徒三人遂劫夺某番客之包袱。然匪无械,而番客复善拳勇,相角许久。有一匪力掷巨石,适中番客脑后,番客登时晕绝倒地,该匪遂掖包袱而飏。然书坑桥为松丙往来孔道,离城不过八里许,且其地近金盘桥神宫前,亦非幽僻之地可比。当番客与匪相角时,早被乡人望见,以为是乃私斗也,不之救。及见番客倒地,始群趋救之。该匪乃脱包袱于最少之匪身上,远飏而去。乡人乃将少匪拿住,救醒番客。问之,始知为所劫,遂将少匪送官。至晚堂,秦牧伯亲鞫之。少匪供姓潘,南口堡人,年十五岁,系匪强之同行者,抢物时并未动手云云。秦牧伯乃严缉二匪,而立将少匪答之二百,枷号一月示众。

长乐冬稻歉收

◇嘉属长乐,向届收成时候,米价必逐渐低减。现年晚造,则日益涨价。当冬稻初刈时,每银一元可买米一斗九升者。迨收成后,仅买米一斗六升零矣。其故因七月间雨水过多,新秧被浸,到处田禾多秀而不实,故米价大受影响。

大清光绪三十年甲辰十二月十二日　公历一千九百零五年一月十七号

刘委员办理务本学堂冲突禀

◇嘉应务本学堂春间冲突,经学务处委员刘铭伯司马驰往办理,已经就绪,即于四月间具禀销案,外间未得见之。近蒙省中友人惠寄禀稿印本一册，洋洋万余言，其大略云：

窃以此案关键，首在吴翰藻与黄□□等办学堂孰为虚实，次在核原告与被告两造之控词孰为真伪，又其次在考吴翰藻、黄文彬等与邹天骥、张国举等之素行孰为邪正，则此案之孰是孰非，昭然若揭矣。

前后文序及查考吴、黄、邹、张孰虚孰实，孰真孰伪，逐事逐件援据驳诘，最为详晰，而归狱于邹天骥。结又云：总之此案，吴、黄等借文昌祠开设务本学堂，黄□□与□□□□等亦欲借该祠开办蒙学，惟翰藻等禀准在前，□□等禀请在后。翰藻等之务本学堂，已具规模，□□等之蒙学，尚无头绪，自应遵照前日宪处批准之案办理。其左右通连之先农坛，查无干碍祀事。崇实书院，经秦牧批准，亦应一并借给开办，以定校地。其房舍若干，应否修葺，已饬由该生等绘图贴说呈核。黄应均现往会试，黄□□、黄□□等并称不敢阻扰兴学，即□□亦无阻学之心。至如附近乡人之集议请饬搬开，保安局绅之禀覆不许借学，皆为息事安人起见，并非有心阻挠。李鸿基，前年炭山命案实非其罪，此次传询亦不敢固执，相应与热心兴学，并无不合之。吴翰藻、黄文彬暨被背签之，黄鸿翔、李词翰、张德度等概予免议。惟邹天骥身在忧服之中，倒报丁忧，已属咎无可逭，复敢架词耸听，冀破坏学堂，实堪痛恨！应如何予以惩警之处，恭候宪裁。至监生张国举、例贡生李治琴、监生古豪华、职员黄辉光等四人，虽据保安局查无其人，州署差查无住址，然诬控属实，难保非畏罪潜匿，仍请札饬该州确查，如有其人，相应一概详革，以示惩儆云云。闻学务处既准如议办理矣。

十一月初一学务处宪批：禀及附呈各件均悉，此案已经该令逐款查明，分条详覆。据称吴翰藻、黄文彬等实属认真兴学，其平日为人颇敦品谊，且严分国界，不分外人所摇夺，热心定力，尤有足多。所立学堂一切办法，均尚合格，以故来学日众。所聘教习，多有学问之人；就学生徒，半属世家子弟。至堂内一应款目出入，亦各分明，并有单据。各绅捏讦之词，大率凭空捏造，意在倾诬，非属子虚，即属影响。似此情形，该二生之所为，自属难能可贵，应仍照本处前议，力予维持。现已据该二生将学堂改订章程、校舍图式以及经费款目、办事人员职名、学生姓名造册呈缴前来，经予先行批准立案。应再饬州随时查察保护，务令切实照办，力图扩充，毋得稍懈初衷，致贻口实，并不准地方劣绅再事倾轧，藉词指挠。

黄应均等设立蒙学，虽经禀官有案，乃地已湫隘，人亦无多，种种不合，虽有若无。在其始意，不过藉此名目，以为抵制吴、黄之术，并非真心办学。似此办法，殊属非是，今姑从宽，免予深究，饬令该举人于北冈文祠外，另行择地筹款，实心兴办，以观后效。廪生邹天骥身在忧服之中，贿卖廪缺，倒报丁忧，平素又多劣迹。此次破坏学堂，尤以该生为出力，实属缨衿败类，情殊难宽，应并札州移学查取该生入学补廪年分，通详褫革，严加管束，不准再预地方公事。监生张国举、例贡生李治琴、监生古豪华、职员黄辉光四名，虽一时未查出其人，难保非畏罪潜匿，仍由该州随时访查得实，即行一并详革，以儆效尤而维学务，余俱依议办理。除申报暨札该州遵办外，仰即知照。此缴。附呈各件存。

拿获枪匪

◇昨报纪嘉应书坑桥拿获一少匪，其二匪候缉。兹闻秦牧伯特派干役多名，于初四日拿获一匪于石扇堡。该匪姓邓，系与某番客在桥上抢物时对敌者。初五日已经过堂，初不肯认，后经秦牧伯再三研讯，始行承招。匪亦狡矣。

西洋堡之国民警察

◇嘉应近日西洋堡夜盗频起，其乡人乃办乡团，名之曰"国民警察"。此亦乡团中之新意象也。

嘉应地震

◇嘉应州于十二月初四夜三点钟时候地震，飒然有声，室以内，房屋物件为之震动，少顷即止。据格致家言，此乃热气郁结，不能发雷，即成地震云。

大清光绪三十年甲辰十二月十三日　公历一千九百零五年一月十八号

县令被控候查

◇长乐县绅廖慎献等，以该县令纵阍诈赃事具禀督院，旋奉批示谓：据呈长乐赵令各种劣迹，并有赃私过付之人。在任年余，狼藉若此，可谓贪劣之尤著者。惟长乐民气士习，动以控官为得计。此次赃私满纸，是否尽属可凭，仰广东布政司遴派明干廉正之员，会同嘉应州按款详查明确，据实禀复核办云。

松源刘氏蒙学之建设

◇嘉应松源刘氏，近创办蒙学堂一所，已经筹有经费五千余元，以资开办。每年常款，拟就地方上一切规费提拔，学舍亦已定有基础，学生额数现已有四十余人，其章程则照黄公度京卿所定办理。现已托王君蕴山延聘教习三人，以便分科教授云。

贼赃并获

◇前月镇平新墟某店被劫案久未破，近闻匪徒多聚某炭山，各店联名禀县请缉。县主立派差勇往捕，获贼四名、贼妇三名，失赃若干，牛臂枪数枝。中有皮箱，是钟仪宾家所失者，现移文来州，请其家人往认。县主将贼收羁，有二贼是州捕快蓝进福弟子，蓝亲往保释。县主大怒，将蓝一并收押。闻者称快，谓蓝数年纵盗，今日始自投罗网云。

大清光绪三十年甲辰十二月十四日　公历一千九百零五年一月十九号

梅州学务处汇述

◇东山书院改造学堂，将次竣工。黄京卿公度以所派留学日本师范生杨、黄二人，明年冬可以卒业回梅，即于是处开设师范学堂。目下各乡人士愿就学报名者，已有七八十人矣。

梅州各学堂之设，势将日盛，惟正音学堂，尚未有之。近来林仪卿司马与杨君子韶均在城内设馆，专教正音，就学者均有十余人云。

黄京卿热心兴学，而苦于公款支绌。前月在学务所集众会议，将文庙左旁隙地变卖，得款二千元，于学费不无小补云。

梅州府城一带，经志士提倡，风气日新，松口、西洋二堡，亦多开通之士。其余各乡，则锢闭依然，看报纸、志新学者，寥如晨星。黄京卿因派蓝伯高、钟季通二茂才同往各乡演说新理，启迪愚蒙。各乡人士初闻其说，咸相惊怪，久之，始渐有感动者。

告勇反坐

◇嘉应书坑桥抢匪邓某于初四日拿获治罪，已纪前报。兹闻练勇奉票往捕时，不知邓某住址，先到洋客刘礼家往探。刘指示详悉，邓因就擒。不意勇回时，反到刘家滋扰讹索，谓刘为匪党，因索去洋银六元，金时表一只，乡人咸为不平。刘子某乃以该勇抢掠讹索等情，禀控于州。秦牧伯大怒，立将刘子板责二百收羁，将治以诬告反坐罪，闻者哗然。

力挽颓风

◇居丧而建道场，延僧修斋，以求冥福，中国陋习，相沿数百年。吾梅士大夫多知其妄，而莫之能改。近来城东蒙学教习黄梦□茂才，父殁治丧，礼哀兼尽，独不延僧修斋。茂才素靡相尚，耗费□赀。愿吾州之治丧者，群然以茂才为法，则颓风庶几可挽也夫！

大清光绪三十年甲辰十二月十五日　公历一千九百零五年一月二十号

丰顺拟设师范讲习所

◇丰顺县官立小学堂已将鹏湖书院改建，惟一切工程，尚需时日。现拟来年先设一师范讲习所，为各等小学之预备，业经官绅定议，暂借明伦堂开办，惟预算经费，尚属支绌，拟将现有公款先行垫用。现已函托省中选聘师范生为教习，邑侯万大令不日当出示招考矣。

悬赏购匪

◇嘉应杜游戎以洋门劫匪久未弋获，昨特悬赏购缉，谓有能将首要捆送来辕者，立赏花红银二百元，余党以次而降。噫！州中近来抢劫之案层见叠出，今游戎不吝重赏，或能破获，未可知也。

大清光绪三十年甲辰十二月十六日　公历一千九百零五年一月二十一号

嘉应西街小学堂章程

◇嘉应梁玉邻、蓝钧五两茂才议设城西小学堂，已纪前报。兹将其创办章程登录于下：

一、命名。本学堂设于嘉应州之西街，系由西街人公同组织之，故曰"西街小学堂"。

二、宗旨。小学堂之宗旨，在开通童蒙之智识，使知有浅近之理想。

三、择地。本学堂指定西街适中之地，在大觉寺。

四、预算（表略）。计共开办费用约需银三百零五元，常年费用约需银四百三十元，总计约需银七百三十五元。

五、筹款。本学堂之经费以本地之士商担任之，其筹之之法略分三种：一，由本地殷实之户，分上、中、下三级捐题，上户十元以上，中户五元以上，下户三元以上。凡捐题及额皆应公推为本堂名誉赞成员，芳名勒石，以志不忘。 一，征收各学生学费，亦分为二级。学生十岁以下，每年征收银三元；十岁以上，每年征收银五元。其高等学生，则酌量加助。 一，学堂养学之费，除捐题征收外，仍不足者，则非有本地常年之公款酌提之，则不足以充学堂之用。其公款则俟学堂办成后，再由禀官立案核办。

六、存款。本堂筹出学费，现公举西街□□收贮。

七、职任。节录《钦定学堂章程》，高等小学堂宜设校长一人、董事员一人、司事员一人，其正教员与副教员则应计学生班数定之。若经费难筹，教师难觅，则宜仿外国之意，以校长及董事兼充教员之任。本学堂兴办之初，款项未裕，不能不以校长、董事兼充教习，以司事员兼充副教习，其厨役、杂役共用一人。

八、收学。本学堂创立之初，其学生年岁应从宽收入。如年在十八以下、七岁以上，系家世清白，虽西街店户子弟来学者，皆准入学。惟堂内科级，则不视其年岁之大小，而视其学问之浅深。

九、监课。学生功课勤惰，由校长、教习随时登记。月终将学生所习功课核计分数，贴堂一次。年中分四季汇考，其优者则出榜奖助，以示鼓励。

十、习仪。学生平日遇校长、教习，皆执弟子礼。遇其它上等人员，皆一揖致敬。上课时见教习，则立身致敬。惟开学、散学、及每月朔与恭贺节，一切礼仪，则依钦定章程办理。（未完）

大清光绪三十年甲辰十二月十八日　公历一千九百零五年一月二十三号

潮汕铁路之风潮

◇昨闻葫芦市各乡民，不知因何事起衅，将陈顺和住屋毁抢一空，潮汕铁路工厂亦被焚毁，又有殴毙工人二名之事。现督办张蓉轩京卿已电禀上宪。其详细情形，容探确续报。

◇又闻十七日，庵埠全行罢市云。

禀陈兴学之批示

◇嘉应州廪生杨晋基以权宜兴学敬陈管见事，具禀学务处。奉批示云：改私塾为学堂，自属目前简易切要之办法，但改易名目非难，求有实效则非多。派查学员逐处巡行，随时调查，切实考校，不为功。本处久已筹议及此，第以查学员未得其人，姑从缓办。该生所陈，故不为无见，惟多为塾师等谋生计起见，所议之法，亦不尽可行，未便照准，仰即知照。

查办书吏劣迹

◇嘉应州绅士张文华等，以该州书吏案蠹神通事，具禀督院。随奉批示谓：书吏盘踞把持，年满不退，有干例禁。吴荣耀被控屡矣，迭饬该州提究，置而不顾，是否有意袒护？现禀匿册浮收各弊，与前次谢国恩等所列各种劣迹，仰广东布政司即遴派委员，会同嘉应州，调核征簿，查讯确情，如实浮收害民，即行斥革禀办，毋为绅民藉口云。

请办长乐义仓

◇武弁曾翼龄昨以举办义仓事，具禀督院，旋奉批示谓：积谷备荒，本属地方要政，该弁前陈六事，业已行县体察办理。长乐岁收既稔，而邻境丰穰之处，亦所皆有。乘此劝谕绅富，捐助义仓，尚属事半功倍。仰广东布政司饬新任长乐县迅速实力劝办，毋徒视为具文。至粘抄内所叙各处抢劫情形，及嘉应、长乐两属各姓械斗案件，虽系拉杂时见，惟均关地方治乱，未可稍存漠视，并即移会臬司，一体饬查办理，以清隐患云。

嘉应西街小学堂章程（续）

◇十一、学级。本学堂分寻常、高等两级，因来学者学问程度相距太远，故入学之初，必先试验其学问程度之高下，分为科级。程度较优者则入高等科，程度较下者则入寻常科。高等科与寻常科亦各分甲乙两班，甲班人数、乙班人数皆由教习编定，若人数多则再行分班，庶学生能因学级之高下而循序渐进。

十二、学期。（甲）《钦定小学堂章程》，自开学至暑假休学为第一学期，立秋后开学至年假散学为第二学期。今因本处之俗，学期以一年为限，姑依俗定一年为期，每年以二月初一日开学，十二月初十日放学，惟暑假时其课程减半，其余休假日仍遵钦定章程办理。若教习及学生因事休假，则每年不得过三十日。（乙）寻常科之学生与高等科之学生，卒业之期皆以五年为断。

十三、学规。（甲）禁洋烟。学堂之内不准供设烟具，无论何人，皆不得有犯此规。

（乙）禁玩物。玩物及赌具皆所以荒废学务，无论何人，皆不得携带入学。

（丙）禁失礼。学生行动座立、饮食语言，教习必教以一定之程式，毋得哗噪失礼，其出入学堂，教习亦必教以排习步法，不得纷乱。（未完）

嘉应防盗之计划

◇嘉应近来盗风日炽，动辄千百成群，昼伏夜动，四出抢劫，人民大不堪其扰。西洋墟一带，犹不时有劫匪数十人，往来窥伺。居民往诉局绅，局绅置之不理。乃会议，自后店捐不复输局，将此举办团防，以资捍卫。现在将情形具禀秦牧伯，已拨常备军五六十名，分扎西洋、白宫市二处，能否镇慑，未可知也。闻贼匪多系兴宁余匪，及丰顺、沙田各灾民无家可归者。徒事剿洗防御，而不求安插之方，恐亦无济耳。

◇芙贵堡现议联群弭盗，已由泰安公局集众公拟章程十条，容日录登。

夜劫未成

◇嘉应申坑饶某家，临河而居。初八夜，突来劫匪数十人，持械撞门，室人呼救，迄无应者，急鸣锣传警。隔岸梁姓闻之，亦鸣锣集众三四十人，以洋枪遥击，贼始凫水逃去。

会匪见获

◇嘉应著名会匪黄矮古，曾悬重赏购拿，不获。初九下午，有线人报该匪在漆树径烟馆中。杜游戎拨勇往捕，获之，并匪党二人，解州审办。又匪魁何裕古，亦于是日潜在上市游行，伪作地师状，背负罗经。有练勇遇之，不敢捕，急进城呼众勇同往，已无踪影。

大清光绪三十年甲辰十二月十九日　公历一千九百零五年一月二十四号

铁路风潮续志

◇昨报纪潮汕铁路风潮一则，续闻此次起衅，实由日前积不相能。据该处人传说，近日工人又有调戏妇女之事。十六日下午，因插旗争闹，工人开枪恐吓，乡民动怒，愈聚愈众，谓陈顺和借屋与工程师住，迁怒顺和，遂拥至其家。时工程师在内，拨护勇执枪守御，民不敢前，而工程师即带陈顺和眷口出汕。众将铁路工厂付之一炬，各工人散避。至双溪嘴，遇乡民，互相争殴，因毙日工二名。十七早，众又将顺和屋及陈仰明家毁抢。当滋闹时，庵埠汛及海通守驰往弹压，汛弁亦被打伤。闻铁路总局已电禀政府及日本各处，现道宪褚观察已派续备兵，于十七日到庵埠。海、澄两县文武各官，亦督带兵勇，于日昨亲诣该处办理矣。

丰顺族学之起点

◇丰顺练习员吴君伯谷，以该族祖祠敦伦堂旧有文课会款项，年中生息颇多，拟移此创办学堂一区，以教育族中子弟，就该祖祠为校舍。现已定明春开办，拟禀请学务处存案云。

嘉应西街小学堂章程

◇（再续）（丁）禁废学。学生入学之后，非有大事，不得半途废学。即因事请假，亦须由其家属到堂知会，方可准行。

（戊）禁旷功。教习上堂教授，皆有一定之时刻，不得迟至二小时，有旷功课。

（己）禁不洁。学生出入衣履，自宜务求洁净。即学堂应用之地，看守人亦必一律清洁。

（庚）禁损失。堂内公置之图书器具，无论何人，一切不得损失，看守人宜随时照顾。

（辛）禁鞭扑。教授学生，须尽其善诱之方，不宜操切而害其身体，尤须晓以知耻之义，夏楚之事，断不宜施。

（壬）禁犯规。学生不守堂规，管束之员向之禁止。戒饬不服，犯过积至多次者，应予斥退。

（癸）禁损教。学生实在气禀顽劣及身体孱弱，不能上课，有损教务者，均可由教习辞退。

十四、学科。

寻常小学科：

第一，修身（叙述古圣贤豪杰之事迹，以引诱儿童之智趣）；

第二，国文（即认字、写字、作文，教之粗知文字也）；

第三，读本（取浅显之读本教之，使其易以启悟也）；

第四，地理（略分远近，先就本乡、本州之切于耳目者言之，继就五洲、五洋及各国之大略者言之）；

第五，历史（举历代中外兴亡之大事言之）；

第六，算学（举加减乘除之算法使之熟习之）；

第七，诗歌（教之歌唱，所以助其兴趣，使之心志舒畅也）；

第八，体操（使儿童健全身体，俾易于发荣滋长）。

高等小学科：

第一，修身（举古今中外圣贤豪杰之言行平近切实者教之）；

第二，国文（即教之习字、习文及简明之读本，使之普通文字也）；

第三，读经；

第四，地理（举本省本国及各洲各国险要之疆域指示之）；

第五，历史（举古今中外朝廷变迁之大势言之）；

第六，理科（以动植物、矿物等及一切地文、地质与人身生理之学等，启诱儿童之智识）；

第七，算学（教之分数比例开方之术）；

第八，诗歌；

第九，体操。

以上所定章程不过约举大略，其有未妥协之处，当随时增删，以臻完善。（完）

纪长乐之安澜会

◇长乐县城北雷公墩一带河堤，为全城保障，自光绪十八年大水，兹堤冲决，城垣随塌，居民遂罹巨灾。邑绅陈君升永有鉴于此，乃创设安澜会，联合同志，议立章程，集款千余元，置业收租，每岁租银，悉充修堤经费，如是者十余年，赖无水患。近届修堤之期，工人云集，不日竣事，邑人咸颂陈君之功不置云。

大清光绪三十年甲辰十二月二十日　公历一千九百零五年一月二十五号

更正铁路风潮之传闻

◇昨报续志铁路风潮一节，有据该处人传说，近日有工人调戏妇女及开枪恐吓，乡民动怒等语，本馆援有闻必录之例，登之。兹探确，实无调戏妇女及开枪恐吓之事，原系传闻之误，合行更正。

铁路风潮详述

◇潮汕铁路风潮，两志本报。昨与同文学堂教习能泽纯君面谈，于当日滋闹情形，较为详悉。节述其言如左：

今夏工程师来潮，日本总工程师深戒其子弟部下，勿失礼于外人，若有辱及妇女之事，则其人必受本国人之攻击。此次侨寓葫芦市多有携带妻子者，断无调辱妇女之事。

杀日人者不是葫芦市乡人，该乡人对待日人毫无恶意。十六日夜自五点至十点，土民数百人包围工程师寓所，赖葫芦市乡人保护，故日人不致受伤，即眷属亦皆无恙。

杀日人者，大约系某某三乡人，因该乡土人，屡次恫吓日人，日人不顾，遂有此变。

十六日上午，有人告日人云，乡民有不靖之状，须急避。其时工程师等在田中筑路，即于三点钟停工回寓。急遽之间，未遑往告河边日人。河边日人有三人，其二人此日由汕载洋灰至此，其一人则在河边交点洋灰，忽见数十人蜂拥而来，其一人被乡民掷之河中，凫水而逃。乡人追逐甚急，其人以大银数元向乡民掷去，乡民意在抢银，遂得乘隙逃出汕头。其余初到之二人，因不知地理，遂被杀，头骨粉碎，身无完肤。

工程师等之在寓也，乡民数百人包围之，自五点钟迄于九点钟，始散去。铁路公司之华人逃出汕头告急，汕中日人大惊。领事府于十六夜十二点钟动身，十七黎明抵葫芦市，九点钟上郡，其余日人，尚留该处。中国人来告云，乡民有再行攻袭之意，于是日人保护寓葫芦市日人之眷属出汕。

十七日夜，乡人破陈姓之屋，工程师之大写室亦必被破。

松口兴学之踊跃

◇嘉应松口之黄沙乡廖煜光氏，拟在该乡创办蒙学，曾纪本报。现悉廖君已汇回捐款六百金，函嘱某绅等先购定校舍，俟明年返里，再布置一切。

闻其同乡各富商，均踊跃赞助，刻认捐之款，亦不下数百金云。

拨勇防盗

◇嘉应秦牧伯因近来各属萑苻不靖，而兴宁、平远尤甚，特拨常备军五十名分扎二处，兴邑驻三十名，大作墟驻二十名，以资防御云。

州差捉拿无辜

◇嘉应洋门劫案，已纪前报。近有武平巨商王某，因此案尚未破获，邀同伙伴数人到州面禀。武平县主亦移文到州，谓"敝属每岁到州交易，不下百余万元，此案若不速破，恐于商务大有损碍"等语，秦牧伯乃命捕快何福速往访缉。有陈亚镜者，畜鸭为业，平素尚为安分。何福缉匪不获，竟将陈镜拿去塞责，乡人哗然。目下该乡耆老议具禀保领，想必能邀允准也。

兴宁之盗风

◇兴宁天井塘某甲，挑布赴县，行经泥陂之天塘岭，突被盗匪抢劫而去，甲遍体受伤，当即报案验明，由县饬差查缉，此十月初七日事也。至本月十一早，又有三人挑布至县者，亦在泥陂附近被匪拦劫。有二人受伤甚重，即匍匐往河边搭船到县报案，不知能否破获。

大清光绪三十年甲辰十二月廿一日　公历一千九百零五年一月二十六号

办理潮汕铁路闹事之要电

◇铁路工场滋闹一事，探闻省县电致惠潮嘉道饬县，有限十日缉拿凶匪之说。又十九早，褚观察奉到省宪来电，葫芦市事，着即邀同张京卿榕轩来潮襄办云。又褚观察电饬惠州府转吴镇军，请即回潮会办云云。

改建学堂之规模

◇嘉应黄公度京卿议将东山书院改建师范学堂，已纪前报。目下左右旁舍，已经竣工，现拟加造两旁舍，其正面三堂，则将地基升高，以避污湿。其房舍均取宽敞光明，每室可容二人。楼上下共廿二间，以四旁舍计之，有八十余间，可容学生百六七十人云。

嘉应芙贵堡联群弭盗章程

◇嘉应泰安公局绅士，以芙贵堡离城咫尺，尚有多匪肆虐，连夜劫夺，任左近鸣锣呼号，毫无忌惮，反敢手持枪刃，逢人击杀。似此凶横不成世界，推其原因，都缘堡内人心涣散，不能联络防范、互相驱逐之故。乃邀集各族老成，商定联群弭盗善法，藉相保卫，公拟章程十条。录于下：

一、联群。堡内人烟稠密，各屋强壮少年，一经号召，速率可集数百。兹拟各姓父兄，将其屋内在家壮丁自十六岁以上、十六岁以下编立名册。一闻有警，即按名列队，各执军械，齐赴劫夺处所，以助擒拿。

一、备械。盗劫凶徒擒拿，必藉军械。各屋各家，均宜多置，或洋枪或刀棍，由人自便，有事即可协随御敌，方有把握。

一、设柝。夜深睡熟，呼救颇难，惟木柝传声，最为便捷，各屋各家，均宜多备，或木或竹，均可为之，即代以铜锣，亦可。倘遇匪劫等事，便可传击。堡内四约，兹拟车上约有事，则乱柝后接击一声；古塘约有事，则乱柝后接击二声；溪湖约有事，则乱柝后接击三声；大塘约有事，则乱柝后接击四声。令听者方能分别赴救。惟失事之家，则全用乱柝，接击不绝，以便赴救者合齐围剿。

一、燃灯。夜盗□藏，多在黑暗，即经察觉，谁敢向前。兹拟有事时，各宜多备灯照火把，或总路上多燃火堆，令黑夜如同白昼，则鼠辈潜匿不能，逃避不得，即易擒矣。

一、设伏。擒拿夜盗，固在围搜，尤在险要设卡，方无漏网。堡内四约，兹拟车上约闻警，则一面分派人马往助捕擒，一面分派人马在蒿湖及燕子岩一带要路设伏缉捕；溪湖约闻警，则一面分派人马往助捕擒，一面分派人马在乖子渡、乌蓼沙一带要路，设伏缉捕；大塘约闻警，则一面分派人马往助捕擒，一面分派人马在渡江津、锭子桥一带要路，设伏缉捕；古塘约闻警，则一面分派人马往助捕擒，一面分派人马在西山桥、佛子高等处要路，设伏捕缉，则逸贼无从漏网矣。（未完）

拿获劫盗

◇平远县属之差干乡与武平长宁交界，有谢朝象者，家资充裕，本月初九夜，突被匪徒数十人入室劫掠，携赃而逸。附近乡邻闻警，集众追捕，当场获匪三名，初十日解县。县主黄大令因患病，委捕厅审讯。该匪供系江西会昌县人，匪首则为刘姓，直认行劫不讳，想必按法惩办矣。

◇又县属之九乡，十一月有萧姓者，被匪劫掠并掳去幼孩一名，事主不敢报案。盖报案非钱不行，彼家无长物，恐不能厌衙门之欲也。

平远县代书之声势

◇平远县代书某，费数百元充此缺，与收发某委员表里为奸，遇事需索。有富室某姓者，为族棍所控，恐受破家之累，以巨金交欢代书，又将孙女许配该代书之子，为保险计。此亦足见代书揽权纳贿之一斑矣。

私卖盗赃被控

◇上月秒，松口李某甲家生子弥月，设筵宴客，堂中铺陈华丽。是晚，忽被匪徒盗去顾绣缎屏一幅，价值数十金，当时悬赏购缉，迄无影响。前日有甲之戚好某乙在州城，瞥见妖觋房阿三手持此物往某肆求售，当即向之诘问，房三支吾无以对，乃引某乙于僻处贿以十金，恳其勿泄，乙弗许，竟亲诣甲家报知，现甲已将此情赴州控告矣。

大清光绪三十年甲辰十二月廿二日　公历一千九百零五年一月二十七号

部照出洋

◇闽省大吏近派邱笔凯大令上琛，解送部照赴南洋各埠，换给各捐生。大令取道汕头，已于十九日到汕，拟于日间搭便轮南渡。

教士之热心兴学

◇嘉应德教士凌高超所办乐育学堂，来年仍设在杜家祠，改聘杨孝廉选文为中教习。孝廉曾游历南洋，深通英语、英文，兼洞晓时务，该学堂聘为教习，州人咸以为得人。现凌教士又在城内松轩祠开设高等、初等蒙学堂一所，已订立教习三人。城东龙牙祠之蒙学堂，来年则移在黎氏祠开设云。

嘉应芙贵堡联群弭盗章程（续）

◇一、悬赏。有功不赏，谁肯效劳？兹拟擒匪一名者，赏银五十元；擒匪二名者，赏银一百元；有能指报窝家者，由局查确后，则赏银十大元。若有擒匪被伤者，则由该局调治；倘有不测，则由局另帮抚恤银二百大元，以示鼓励。近闻夜匪多从船来，有能确指实系贼船者，赏银十大元；或能将船留住者，赏银二十大元。

一、议罚。有过不罚，人必效尤。兹拟乡内不拘何约，一经传柝，则各屋少壮俱宜列队齐援，互相驱逐，方不失守望相助之谊。倘闻柝不援，又不在要路设卡巡缉，此是不可兴群之人。又或见贼畏缩，知踪不追者，俱议重罚，以重约章。

一、究窝。贼非窝不能藏，故治贼必先究窝。乡内居民，贤愚不一，倘有贪分贼肥，暗为窝薮者，此乃乡曲之公害也。律之国法，贼窝同罪，一经查确，则除由局指名禀究外，并邀同失物之家，将其家产摊赔，以昭重惩。

一、送盗。夜劫凶匪，有格杀勿论之条，故国家定律，例有就地正法之法。我乡内左右，人烟稠密，如有奋勇拿获送案，治以国法者，则由本局代送禀究。

一、筹款。局内存款无几，倘有以上各事需费不敷，未经投局者则自行料理，或由伊屋内尝款帮助。已经投局者，则局代料理，并就各殷户捐题之项，按程催收，以助费用。当用则用，可省则省，合一乡之款，除一乡之害，当局一秉至公，群情自然允协也。

以上十款，俱系公拟联络防范善法，即孟子所云"出入相友、守望相助"之意也。自兹定议后，伏望合乡老成，晓谕各族少壮，情联桑梓，严守约章，互相保卫，互相亲睦，行之久远，自然厐吠无惊，仁风丕著，又岂区区为弭盗已哉！

旧症复发

◇嘉应彭少颖孝廉，少小力学，素有痰迷之疾，时发时愈。本年为南雄中学堂教习，闻因功课劳神，旧疾复发，不知去向。现其家正四处发人寻访云。

又劫斋庵

◇松口溪南之馒头坑，向有斋庵一所，距人家约二三里许。初十日，该庵斋妇托名完福之期，集众敛财，颇形热闹。是晚刚拜佛念经时候，突有匪徒十余人操戈直入，立将各斋妇首饰全数剥去，然后驱闭一室，肆行搜括。时有一妇出门行汲，闻警即驰报，附近居民执械前往。比至，则匪已饱欲远飏矣。闻失赃物约值百余金云。

大清光绪三十年甲辰十二月廿三日　公历一千九百零五年一月二十八号

长乐学堂聘定教习

◇长乐县小学堂，业经聘定嘉应黎君辰若为中教习，邑人戴某为西教习，岁修各七百二十元，定于明春到堂开学。惟闻该学堂建造工程尚未告竣，经费亦待续筹，不知当事者能赶紧成立否也。

五、光绪三十一年
（1905）

大清光绪三十一年乙巳正月初五日　公历一千九百零五年二月八号

潮汕铁路事汇述

◇潮汕铁路去腊在葫芦市滋事被匪戕毙工人一案，商部已电属该公司暂行停工。闻驻汕日本领事照会督抚宪，大旨谓，一要保全已死日工二人之尸首，二要缉拿首从凶匪，三要抚恤已死日工，四要查明损坏物件若干、未损坏物件若干，五要保全房主家小，六要保护已筑路工。已由督抚宪通饬地方官，照款查办。

岑督宪特派温钦甫观察，前来该处查办铁路案件，又派庄允懿大令查勘路线，均于去腊杪到汕。温观察即往庵埠查办，闻本月初一日，已将情形电覆督宪。

潮州镇吴镇军在惠闻警后，先拨常备军二百名，由崔子青太守管带，去腊廿七日乘轮抵汕，廿八日赴庵埠地方驻扎。吴星亭镇军于廿九日到庵埠，即传谕该处绅士捆送要匪，并计划善后之法，拟折回潮、普交界之处，弹压斗案，于本月初二日四下钟返署。

海、澄胡、杜两大令，均奉上宪摘去翎顶，勒限拘凶，连日会同委员在庵埠驻办。胡大令于去腊廿八夜一下钟时候，始行回署。

闻初二日，由海、澄两县大令在庵埠拘得凶匪一名，经悬赏格一千五百元者，至半途，为乡人抢夺而去。初三日又获匪数人，闻即系抢匪之人，是日至公馆探听消息，遂被获。

禀控吞款批词

◇嘉应州贡生周之冕，去腊赴学务处禀控廖睦初吞款一案。奉批云：据禀，廖睦初、昆记等各骗该生山票股本银两，是否属实？其中如何辗转，所请报效该州师范学堂费之处，应否照准？仰嘉应州查明，分别办理。禀抄发。

禀控蠹役

◇嘉应州绅士陈嘉言等，以蠹役肆虐事，具禀督辕。奉批：差役藉案勒索，最为民害，前据举人杨青等具控，当经批道委员前往查办。现禀差役何福等，仍复肆意索扰，已由局绅禀报州委。仰惠潮嘉道即饬嘉应州，迅速确查提讯，从严革办，勿稍徇纵云。

汕头甲辰出口人数

◇《太晤士报》云，西历一千九百零四年从七月至九月，汕头士民之出口者约有二万余人。其中往新加坡者九千人，往暹京盘谷者五千人，往香港者三千五百人，往南洋苏门答腊者约一千人，余则或往安南之西贡及其他各处。此数月中，陆续回归者计二万二千七百十八人，其中从香港归者一万七千九百四十四人，从盘谷归者三千二百五十六人，从他处海口归者一千五百六十人。

大清光绪三十一年乙巳正月初六日　公历一千九百零五年二月九号

汕头甲辰商务述略

◇汕头商务，每年不下数千万，有历年海关贸易册可查。统计甲辰汕头商务，以来源价高，各行无甚获利；其获利者，惟牛庄之糖商，汉口之苎麻商，而牛庄之获利，闻利市加倍云，可谓厚矣。

汕头改易斗量章程

◇汕头贸易，秤式不同，斗量互异，斗工、船户，多从而作弊。去岁，经道宪及澄海县主谕饬万年丰会馆，筹议此事。冬间，各绅商在会馆再四筹商改良之法，议定易斗为磅，以除船户、斗工之弊。凡各色豆及用斗杂粮，概用洋磅折司马秤交易，已酌定章程，禀复存案，一面函通各港，俾照遵行，订定本月初一日起，照章开办。同时米行商亦会议改良，其章程大略相同。兹将米商章程，录登公览：

一议，米、麦两宗，不论申镇、芜汉香、暹南等港，以后交易，概用洋磅折司马秤，每百斤为一担，价钱高低，照时市酌议，均系直平七兑，银元交易。订就乙巳年元月初一日起，照章开办，以昭划一。

一议，米、麦各港来货，多系用洋袋装包，惟带袋过磅，无除皮。其袋价，不论青边双纺、牛乳麻袋等款，每百条开买客袋价七兑银七元。周年定价，不计新旧。

一议，米、麦交易，概就定货之日，看大模应否，即日定夺，越日不准退，盘觔两，就磅脚，彼此较正。交易出门，短欠不准再驳。

一议，交货时，未磅之前，如有疏漏，系货主之事。过磅后，倘有不测，系买客之事，与货主无干。

一议，洋栈出米、麦，逢包头不足，洋行补有零星添头，以及洋行起货唛头繁多，每庄不无搅乱几包。当洋行将他唛抵偿时，彼此较得米色无差，便照交磅，均不得藉言图驳。

一议，每拾包出洋栈脚，并上磅落船，脚银一钱五分。

一议，米价每百担五角，麦价每百担一元。

嘉应蒙学之振兴

◇桂里蒙学系黄君慕周、刘君穆如、李君幼良所倡办，开办以来，颇著成效。去年，赁龙牙李氏祠为学舍；今年，因该祠不肯租赁，改迁附近之黎家祠。现拟添招学生，加聘教习，以广造就，惟常年经费不甚充裕，现商之黄采汀太守，太守力为担任筹款云。

锦屏堡吴君习谨、吴君惕珊等，拟创办吴氏蒙学堂一区。现筹有的款数百元，拟招学生以四十人为度。即延吴君习谨为教员，定于今春开学。现已禀请州尊立案矣。

嘉应税契之踊跃

◇自税契改用新章，虽迭经大宪遍贴示谕，严限投税，而各处民情，尚多观望。兹闻嘉应经州尊出示谆劝后，人民纷纷投税，甚为踊跃云。

长乐学堂工程续闻

◇客岁本报载有长乐学堂工程之腐败一节，谓工程事权操于工匠，并有失去木料之事。兹闻悉，该学堂工程自前年冬开工，由邑中绅士督理，事权亦在绅士之手。督理于此项工程，颇认真稽核，并无失去木料之事，现拟赶紧竣工，以便开办云。

长乐冬防之效果

◇长乐岐岭一市，系通老隆、东江之总埠，去冬，多有盗贼乘夜抢劫；而相距十里之鸦下墟，系龙川所辖，盗贼尤其猖獗，夜劫之事，月十余起。岐市商家，甚为戒严，因集议，分派店伴，彻夜巡查。自是以来，盗贼敛迹，商旅赖以安靖，足见自卫之有益也。

大清光绪三十一年乙巳正月初七日　公历一千九百零五年二月十号

潮汕铁路事续述

◇海阳县胡大令，于初三日到庵埠，候同查办铁路委员温钦甫观察、崔子良太守查勘路线。闻温、崔二委员，于初四早在镇署启节；温钦甫观察，旋于初五日自庵埠来汕；澄海县杜大令，亦于是日来汕会办此事。

◇又闻褚观察、吴镇军，均拟于初六日到庵埠会办。现在庵埠驻扎常备军二百名，以资办理。闻初四日拿获乡人二名后，初五日又拿获一名，未知是否正要。

洋债清还

◇嘉应裕隆泰，去年揭欠香港法商银二万两一案，经法领事照会省中大吏行文追讨。州尊秦牧伯奉到道宪札行后，即将该号新居查封备抵。近来裕隆泰托人调停，割香港店业抵一万两之数，余一万两作三成找清，已有成议，不日可以清结云。

长乐县广兴种植

◇种植为当今要务，去年嘉应已有集股垦荒之举。兹闻长乐学务公所某绅思广兴种植之利，已拨款雇工，于城西河堤一带，栽种竹木数百根，为民劝导，并筵邀附城士庶，申明禁令，广为讲劝。以学务公款兼营种植，可谓树木树人，两得其计矣。

长乐劫案

◇长乐县盗贼充斥，抢劫之案，时有所闻。去冬十一月间，安流渡商店张甲出门办货，行至尖山地方，被盗用枪击毙，夺银而去。又有张乙者，以畜鸭为业，积有数十金，日在某处，亦被盗枪毙，搜掠一空。并鸭数十只，亦笼去无遗。两家均赴县报案，经王大令验确，惟至今尚未破获。

穷途遇救

◇去腊廿三夜，有一人自缢于嘉应州署东辕门，为亲兵撞见，呼众解救，奄奄一息。适孙委员辑五夜归遇见，急命以救缢法救之，始苏。询其故，自言蒙古镶黄旗人，父为都统，身故后，家中落，不能自存。有戚友宦云南，偕二仆往依之，至滇，始知戚友亦物故。惟有粤东将军，为父之旧好，乃挈仆走粤，至广西途中，仆又病亡。子身投粤东将军门，将军

□□□□□□□至梅，去家万里，无所依归，故自寻短计，以了此生云。闻者皆为恻然。当经孙委员，带见州尊。州尊怜之，命权在州署食宿，想必设法资遣回籍矣。

大清光绪三十一年乙巳正月初八日　公历一千九百零五年二月十一号

骗术出奇

◇去腊杪，有某甲至郡中某首饰店，谓店东曰："吾有素识洋客某乙，将找换金条，若能每元许我数分银，吾为汝介绍。至秤头之轻重，由汝主政，彼不能驳正也。"店东许之。翌日果来，乙出赤金四条，付店东权轻重，中有一条色稍逊，店东恐其伪也，剖而视之，实属足金。议明价值，店东告乙曰："四条，共十两有奇。"乙故作惊疑状，请店东再秤。甲在旁，面乙而言曰："该店公平交易，毋庸过虑。"乙如甲言，向店东取银，从容而去。店东大喜，盖四条实十一两左右，而店东作十两计算也。又翌日，有某丙来该店前，盘问昨天有人找金条否，店东曰："有。"丙曰："子误矣，中有三条金光夺目者，皆伪也。"店东大惊，细为考验，果系赝货。丙曰："吾愿为汝作线人，引汝往拿某甲、乙，然当酬我数十金。"店东诺，遂带健儿与丙同往，至则甲、乙俱在竹木门外某客店中，店东声其罪，乙曰："此金条系友人托换，吾实不知其来历也。原银俱在，吾将与君到贵店，取回旧日所找之金条。"甲、乙遂与店东偕来，再将金条下秤，其两数与上日该店所出之单不符，乙遂厉声作色曰："汝故意胡混，不然何前后轻重之不同也，吾将鸣诸官。"店东大惧，又自悔堕其彀中，不得已再以数金啖乙，始得了事。有知其底蕴者，谓某丙亦甲、乙之党云。

嘉应奇花之出产

◇岭南之吊钟花，向以肇庆鼎湖所产为最有价值，每当腊尾年头，人家争购此花，以供玩赏。兹闻嘉应半径之祖山，出产此花，较鼎湖尤胜，花大如指，联缀至八九层，异常鲜艳。当含苞时，附近乡人折取以售，多获巨利。该处又产墨兰一种，叶比兰稍大，其花干高尺余，一花四瓣，开放时，形如鹤，异香闻数里。乡人有闻香而觅得其种，移植园中者，往往极为珍重云。

大清光绪三十一年乙巳正月十二日　公历一千九百零五年二月十五号

潮汕铁路事再志

◇潮汕铁路滋事一节，刻闻澄海、海阳两大令，现已拿获匪徒十余名。闻其中有正匪二名，既供认系下手刺死日本人者，刻已解郡。连日印委各官，均在壶头市踏看铁路线，拟将踏看地方绘图贴说，呈由省中大宪核夺。闻各印委以正匪既获，即拟办赔偿失物云。

张太仆来潮之消息

◇钦差考察商务大臣兼督办闽广农工路矿事宜张弼士太仆，去腊抵省开设农路工矿总公司后，旋赴梧州见岑督，会商一切事宜。现事稍就绪，即拟于灯节前后，来潮州、汕头查察商务，兴办工艺，顺道荣旋珂里云。

记者曰：工艺为当今最切要之政，中国商务不能与外人争胜，皆由于工艺不良，故欲振兴商务，必先广设工艺厂，改良一切制造。今太仆注意于此，其亦知所先务。果能实力兴办，不特潮汕之幸，中国利权亦庶有挽回之一日矣。

嘉应师范学堂派员劝捐

◇东山书院，经黄公度京卿改建师范学堂，现将竣工。惟常年经费，不敷尚巨，拟公派学务公所办事员黄明经东尹出洋劝捐。将来按捐款多寡，酌量酬劳。至现年学务公所事务，拟以李叔范茂才承其乏云。

松口李氏兴学

◇嘉应松口李上舍宗海等，拟提乡课余款创办小学堂，虑常年经费，尚有不敷，再向族中殷富捐题数千金。现计常年经费有五六百金，已拟定章程，延聘教员，准于本月中旬后，在李氏大宗祠开办。现学生报名者，已有六十余人云。

兴宁平远之土膏捐

◇嘉应兴宁、平远两属土膏统捐一差，已由统捐总局札委龙大令绍仪前往开办。龙大令曾官平远，谅能措置裕如云。

大清光绪三十一年乙巳正月十三日　公历一千九百零五年二月十六号

潮汕铁路归商部主持

◎探闻潮汕铁路一切事宜，已由商部奏准。诸事均由商部主持，与盛宫保宣怀、张太仆振勋毫无干涉云。录《时报》。

善堂散赈不实之被控

◎嘉应锦洲堡去岁水灾，曾募捐赈济。闻近有灾民陈腾光等，赴州署禀控广济善堂绅董等，藉锦洲水灾，发簿外洋，捐题有数千金，该善堂仅以数百元发赈，仍存有银数千云云。不知州尊如何批示也。

大清光绪三十一年乙巳正月十四日　公历一千九百零五年二月十七号

学务处补助务本学堂经费之札文

◎嘉应州附生宋维松等，前在督辕禀请酌提城隍庙承充之款，及慧真等三庵产业补助务本学堂经费，随奉批示，已载去岁报中。兹查得学务处宪奉督宪批札饬到州，略谓：

查民立学堂款项不足，官中原有补助维持之义。该务本学堂，前此借地开学，具禀本处，于出入项目，未经详晰声叙。究竟岁入常款若干，现在不敷若干，将来推广办法约计尚需若干？其推广章程必须预先拟定，条理秩然，方不至蹈务广而荒之弊也。地方公款用之办理地方公益，固是情理之正，第民立者不止于一堂，若全数拟归首先禀办之人，则后起者虽有兴学热心，其势已无可设法，亦非教育普及之道。该生等所请城隍庙承充之款，及慧真等三庵酌提产业各情，仰即遵照督宪批示，确实查议。如果事属可行，宜即妥议办理，并饬务本学堂绅董等，将每年出入数目，分别开列清折，酌量补助若干禀明，以凭详覆核办。合就札饬，札到该州，即便遵照云云。

嘉应赴考师范之踊跃

◎学务处此次招考师范简易科，潮嘉人士赴省应考者颇多，尤以嘉应一属，为最踊跃。计陆续来汕者，不下数十人，均于日昨搭轮晋省。

绅商热心助学

◎嘉应务本学堂开办数年，成效颇著。近闻有旅居加拉巴绅商邱君燮亭、潘君立斋、吴君子安、梁君映堂等，各捐银三百元，以助务本学堂经费。年内已先行汇回四百元，余款俟余君春舫劝募收齐后，付回接济。海外绅商如此热心助学，可为嘉应学界之前途贺矣。

善堂拟兴义学

◇嘉应广济善堂经费充裕，每年仅施医药。今年春，该堂董事拟于东门城脚下旅安馆开设义学，以教育贫乏子弟，聘定曾缵臣一人为教习，现已悬帖四城门，招人就学矣。按各属旧有义学，前已由学务处宪札饬，概行改设蒙小学堂。今闻广济善堂开设义学，其堂中功课，及办理一切章程，并未声明，教习又仅聘一人，不知该堂董事，欲敷衍了事乎？抑真热心兴学欤？

西洋捕盗之营勇

◇嘉应西洋堡白宫下，去冬劫盗横行，后经杜游戎带勇前往查拿，而盗既饱飏，无从下手，乃用某甲为线人。甲固虎而冠者，与某乙、丙、丁三人素有嫌隙，即诬指为盗，被送州署监禁十余日，卒破费若干金，始得保释。

◇又闻往西洋捕盗之勇，曾于清晨撞开某姓门，入其房中，将案上首饰各物，全行取去，被扰者不止一家，民甚苦之。想统带营勇者，未必裛如充耳也。

民牧暴躁之举动

◇兴宁县某大令莅任以来，闻每逢卯期收呈或堂讯各案，动辄掌民面颊，虽耆老绅衿，皆受其非理之责。差役奉令稍迟，即将案上器具飞掷而下。去腊某日，以茶盅掷中某役头颅，登时流血，满堂为之咋舌。后复讯刘、李、钱债案，刘狡辩，大令怒不可遏，将案上茶碗向刘掷去，刘额破血流，晕仆于地。大令怒犹未息，刘姓有一头戴蓝顶者，年约七十余，又被摘顶重笞。刘年老，受刑不过，唯唯遵断。其暴动类此，殆亦官场颐指气使之态度欤？

大清光绪三十一年乙巳正月十五日　公历一千九百零五年二月十八号

长乐新桥开设书报所

◇新桥乡距县城二十里，风气闭塞。近日郭茂才宗淑，联合同志，筹集公款，于乡之昭果寺开办书报公所，广购新书新报，备人观览，以资开通风气云。

长乐之求是学堂

◇长乐枚林之求是学堂，系去年德国教士嘉乐天君所设，嘉君即任教习之责，课授德文兼西学各科，在堂学生廿余人，多所获益。现嘉君拟在北京及山东等处游历，已辞退此席，于初五日在枚启程，取道上海。该堂教习，另以德人梁君承其乏云。

大清光绪三十一年乙巳正月十八日　公历一千九百零五年二月二十一号

铁路闹事之交涉

◇闻日本政府以汕头铁路闹事，杀其工人，迫求中国政府：一缉拿凶犯，一为遣使至日谢罪，并有要求权利数端。

汕头验疫之苛扰

◇《安雅报》云，日前惠潮嘉道禀报大宪，言汕头出口轮船搭客，必须洋医验疫，验过给验单一纸，需费五元。否则船到该处，不特不容登岸，且将搭客驱至深山荒岛拘禁，用冰块煨试心坎，候一二礼拜，方许入口，惨酷可怜。其旅榇之由汕出口者，又必将柩开验，非患疫身故者，方准搭载，一具须纳验费四十元，否则抛弃。藉端苛扰，贫苦之辈难堪，请设法照会禁阻云。

示招中西学堂学生

◇德国教士凌高超在嘉应所设乐育中西学堂，改聘教习各情，已纪前报。兹秦牧伯特为出示，略云：德国教士凌高超，禀称"甲辰年在州城东门内杜家祠开设乐育学堂，业蒙州牧于开学及年假散学时，均经亲临，乙巳年仍在杜家祠开学"等语。本州亲查得该学堂章程颇善，教习亦各热心教育。凡尔军民人等，如有子弟愿就学者，须知该学堂仍设在东门内杜家祠，务宜早日到黄塘教堂主理处报名，勿稍延迟观望云云。

桂里蒙学堂近述

◇嘉应桂里蒙学堂本年迁在黎氏祠开学，已纪前报。兹闻堂中章程大加改良，拟招学生一百二十名，无论远近，一体收纳。该堂办事员刘君牧如，仍在龙牙李氏祠，开设速成算学馆，就学者每月修金一元云。

劣绅阻学之不成

◇嘉应兴宁去春设立兴民学校，颇具精神。闻邑中老八股家，夤缘教习一席不得，中有某绅出首递禀，指该校学童十余龄无辫发者，为革命实据。该县令置禀不理云。

善堂被控事续闻

◇嘉应锦洲堡灾民陈腾光等禀控广济善堂匿存赈捐银两一节，已登前报。兹闻广济善堂绅董以锦洲堡水灾，由善堂同人捐资，亲往赈济，并未发簿外洋募捐，陈腾光等具禀各情，甚为骇异。现悬帖表白此事，并欲从中追究，以保全善堂名誉云。

大清光绪三十一年乙巳正月十九日　公历一千九百零五年二月二十二号

办理潮汕铁路之近事

◇此次铁路闹事，经印委各官及差勇数百名到庵埠驻办，前已拿获乡民十余名，中有二名供认正凶，而海阳胡大令以为未足，连日复到庵埠，勒令各绅交凶，乡民纷纷迁避。刻闻已得正凶，胡大令即晋郡审办，而差勇数百名，尚在某家住扎，日责供应，不免受其骚扰，即众情亦以差勇未去，为之不安云。

大清光绪三十一年乙巳正月二十日　公历一千九百零五年二月二十三号

张太仆拟设工艺厂之近闻

◇张弼士太仆，拟于日间来潮州、汕头考察商务，并在汕头创设工艺厂，曾纪前报。现闻太仆拟将从前所购塭地数十亩，以资建筑，其地水陆交通，将来货物出入，均甚利便。又闻太仆返汕部署一切后，随赴福建，与当道晤商农工商矿各要政云。

西扬小学堂之组织

◇嘉应西扬堡小学堂，前由该堡公举卢君耕甫、黎君伯冉二人，赴省练习所练习学务，毕业后回梓，即为小学堂总理兼教习一席。兹闻该学堂添聘钟茂才莲生、朱君玉衡、黄君访箕为教员，分任修身、读经、图书、时歌、历史、体操等教科，其余尚有缺乏者，即以黎君伯冉兼之。现拟暂借新文祠为学舍，毗连之义仓及老文祠为寄宿舍。其学费，初级学生上户酌收五元，中户四元，下户三元；高级学生，上户酌收十元，中户八元，下户五元云。

松口屠行罢市余闻

◇嘉应松口安良局，往岁缘局勇戕毙屠工一案，局遂解散。去岁有某某两绅，禀请州牧，改为治安局，某某两绅各令其子为该局书记兼管账司事，群情不服。至筹款章程，除店捐外，又捐及猪屠，宰猪一只，缴屠捐局饷银三毫外，仍要加捐一毫为局费，屠行愈愤，故于去腊十五日全行罢市，联名禀请州牧示办。后蒙州牧批示"札丰顺司核办，并面谕该局董，屠捐宜众情乐输"等语，该屠行始行开市。闻丰顺司元旦上州贺年时，州牧面谕该司，宜令该局酌减屠捐，仿照州城保安局章程，每宰猪一只，捐铜钱三十文办理，未审该屠行遵办否？

大清光绪三十一年乙巳正月廿一日　公历一千九百零五年二月二十四号

详志潮汕铁路闹事之交涉

◇潮汕铁路闹事戕毙日本工人一案，迭登前报。兹闻粤抚张安帅电致商部，谓系该工程师办理工程不洽舆情，致激民变。铁路督办张煜南京卿，则谓系匪徒戕害，地方官保护不力，彼此各执一词。现商部责成该铁路公司，速议赔偿抚恤，以图了结，一面责成粤抚速缉正凶，免致酿成国际交涉。

又闻日人向铁路公司要求五款。一，自后无论如何，铁路工程永归日人经办，不然须偿费一百九十万金。二，该铁路工程，由日本国派兵保护。其余三款未详。录《时报》。

办理铁路闹事案杂述

◇潮汕铁路滋事一案，刻闻日前所获乡民十余名，中有杨阿会一名。十九日，海阳胡大令再行提讯，已经供认正凶，而陈姓，亦闻有一名供认正凶者。闻胡大令拟于廿日起程往庵埠，随来汕头，会同委员商议一切事宜云。

澄海县杜大令，前在湖头市拿获滋事乡民一名，发押县署。闻该乡民年十九岁，所讯各节，业经供认。杜大令于十六早往湖头市，十六晚回署，十七早复至庵埠，至十八晚二更，特遣差勇回署，将该乡民提解，不知如何发落云。

又闻日前吴镇军到庵，纪律森严，其兵丁并不责乡民供应，乡人德之。今日常备军驻扎庵埠某乡，已将一旬，乡人供应烦苦，而兵丁仍时有需索之事，乡民哀声载道云。

大沙乡兴学

◇嘉应大沙吴姓聚族而居，颇称富庶，惟习俗强悍，动辄斗讼。近闻该族绅耆，提倡教育，拟于今春开设吴氏小学堂一所，已聘定吴明经应銮为读经、历史等科教习，务本学堂学生吴星石，为体操、笔算等科教习。其一切经费，拟向族人在大沙所开石灰窑利源内，酌量提出，常年可得的款□四五百金云。

热心助学

◇嘉应务本学堂，尚无的款，常年经费，殊形支绌。去腊松口李上舍宗海，因倡办族学，来城考察一切学务，得知务本支绌情形，即将前科考列等第应收学谷，概行捐助务本学堂学费，其热心亦足多矣。

嘉应麦秋有望

◇嘉应农家，多于冬令种麦，春季收获，亦为出产一大宗。去冬天气亢旱，麦苗枯稿，农人均大失所望。迨腊月中旬以后，雷雨交作，气候为之一变，各处麦苗，亦勃然畅茂。其早麦虽稍受损害，而迟麦一种，大有丰收可望。州中农家者流，向有"腊月响雷麦揸锤"之谚，至是，竟若有验云。

大埔元宵之风景

◇大埔元宵灯火之盛，不让各属。凡祠堂庙社，均自十三日起，张灯结彩，竞放烟火，或盛设酒筵，飞觞醉月，通宵达旦。至各乡俗，则以灯景为盛。其夸多斗巧者，为崧里一乡。花灯数十架，高可丈许，中分数层，剪彩为花鸟人物，装演古今事迹，惟妙惟肖。每架以数人抬之，随以灯球火把、笙箫鼓乐，历游各处，绵亘数里，灯到处，竞以花炮欢迎。最后集于宗祠前，赛放炮仗及烟景、火箭之类，烟焰蔽空，声震山谷。又有鱼龙灯戏，演舞出奇。龙以竹扎成，蒙以彩帛，长数丈，中烧红烛，光焰夺目，以十余人擎之，凌空飞舞，蜿蜒如生，有不可捉摸之态。鱼用铜丝织成鲤形，罩以红绫，绘以彩色。另扎一龙门，俱用绘帛为之。演此戏者为数童子，头戴花冠，身缠彩帛，手执鲤鱼，作游泳之状。迨叭喇一声，金鼓齐鸣，争向龙门飞跃而上，龙灯则围而绕之，一团灯火，红光烛天。游观士女拍手欢呼曰："鲤化龙矣。"亦奇趣也，然数日耗费，亦不赀矣。

大清光绪三十一年乙巳正月廿二日　公历一千九百零五年二月二十五号

嘉应畲坑兴学

◇嘉应近年来风气甚开，惟上游一带，尚属闭塞。阅新书新报者，不可多觏，无论兴学也。近闻畲坑墟刘上舍清源等，热心教育，倡办畲市小学堂，将本墟团练局每年盈余之款，提为经费。近处绅民，颇多赞成，已于去冬具禀学务处宪批准开办，至堂内章程及一切办法，总俟开学时再行刊布云。

黄京卿之近事

◇嘉应黄公度京卿，屡经当道礼聘不出。闻近日造楼船一只，每逢春秋佳日，风月清时，与二三同志，泛舟遨游各地，以寻山水之乐。时或泊于东山学堂前状元桥下，赋诗遣兴，名卿韵事，不让米家书画船矣。

造簿之新机器

◇嘉应西门外大新街克昌泰纸店，制造簿书，行销颇广。去年该店以人力不如机工之速，召匠仿外洋格式，造一截纸簿之新机器，用铁轮为之，运用极其便利，现思效法者颇多。倘吾民于工艺商业，能事事改良，力求进步，则于工商界中，庶几可以争胜矣。

嘉应女工之精良

◇嘉应女工，向称精巧，惟不甚讲求制造，未见发达。近年来始有刺绣大小花巾，运至省港各处销售者。其所绣花卉，精巧鲜艳，五色缤纷，外人多喜用之，不惜重价以购。去年销流更畅，现业此者，每一女工日可得银数毫云。倘有女工学堂，推广制造，其发达当更有进步也。

和尚不守规戒被逐

◇嘉应书乡约燕山庵主持僧某，坐拥厚资，不守清规，久为人所痛恶，然神通广大，多有劣绅为之护法，故肆行无忌。近闻经朱湖等乡绅民悬帖驱逐，并严禁妇女，不准入该庵烧香，以端风化，此举甚快人意云。

捐例流弊之一端

◇长乐有某甲售卖假功名者,所发实收,摹仿酷肖,报捐者殊难分辨,以此获利不少。日前被某乙识破,几致兴讼,后有人出为调停,罚金若干,其事乃寝云。

大清光绪三十一年乙巳正月廿四日　公历一千九百零五年二月二十七号

潮汕铁路闹事案之交涉续志

◇铁路闹事一案,闻日领事要索六款:

一、中国政府虽已电饬府县,勒限将凶犯缉获严惩,而为日已久,凶犯尚未就获,必应限日拿获,治以严刑。

二、此次酿祸,实由县官不能尽心弹压,实力保护所致。该两县令,除摘去顶戴外,应加究罚。

三、日本所索偿之款项,中国国家须当承认,有旧年湖北之例可据,俟日本将索偿之清单交出后,中国即应照赔。

四、铁路工程所受损害,皆由日本包办工程人受之,与公司无涉,故中国国家当任赔偿之责。

五、葫芦乡乡民陈姓,因将屋租与日人居住,以致家产受损,即与日人受害无异,故亦当由中国国家照数赔偿。

六、中国若不从速出示保护工程及包办工程之日本人,万一若再滋事端,中国国家即不能辞其咎,故应从速出示,使百姓遵守。

◇华官驳复日领事六款:

一、前奉督抚电饬,定限十日严拿凶犯,嗣因兵力不足,故又展限十日。今已限内拿获六犯,俟审有确据,即当按律严办,并请日领事到场,监视行刑。

二、此次地方官固有失于防范之咎,除摘去顶戴外,前已记大过两次。此次该地方官临事前往弹压,事后又竭力缉犯赃,不得谓之不力。查铁路本有护勇,所有一切工程及办工程之日人,本应归其保护,乃此次日本工人由汕头押运物料至葫芦乡,该公司竟不派勇护送,以致日人三人中有二人遇害,此实该公司之咎。即如葫芦乡有护勇十余名在彼,而日本工人即安然无事，即可知此次日本工人被害，其过全在公司。

三、中国国家于此案，止能照章拿犯追赃，至于赔偿一节，则条约并无明文，故中国国家不能承认。

四、查潮汕铁路公司，由商人奉文自办，其与日商所订合同内，已言明此系商务，与国家无涉。此次日本工人被害，中国国家止有照章缉犯之责。至于日商所受亏损，当自向公司理论，如理论不明，可控官求直，中国国家并无赔偿之责。

五、葫芦乡乡民陈姓房屋受损，应令其自行禀请地方官，缉犯追赃。该乡民系中国子民，自应由中国官办理，无庸日本干与。

六、出示保护铁路，亦系地方官应办之事，应由该公司自行禀请，与日本无涉。

镇平家族学堂之建设

◇邱仙根工部，于学界上素有名誉。近以镇平县僻处一隅，风气闭塞，官绅士民，罔知兴学为重要之事，因发热愿，极力提倡，将族中某堂公款提出，建设邱氏家族蒙小学堂两所，以教育邱氏子弟。现闻报名学生，已有百数十人云。

嘉应创办织布公司

◇嘉应周二尹辉浦，关心桑梓，振兴工业。近邀集陈明经次修，在州城倡设织布公司，其织布机器，拟仿日本木机式样。去冬，特派李某赴省纬新织局考察，现已回州，雇工制造，其机有较纬新织局更为灵便者。闻该公司现集有股银数千金，俟织机造就，即行开办云。

嘉应鱼业之受害

◇嘉应自去腊下旬以来，天气寒冻，雨雪霏霏，浃旬不开，至本月上旬尤甚。不特种植各物，多受损害，而塘中所养之鱼，及生活河中者，冻死无数，以养鱼为业者，大为失意，将来鱼价亦必受影响云。

大清光绪三十一年乙巳正月廿五日　公历一千九百零五年二月二十八号

大埔设立种植会

◇大埔陈寿人拔萃，近在三河倡设种植会，招集股本，以兴种植而辟利源。闻附股者，极其踊跃，已就该处公地先行试办。兹将其立会序文并章程，录登公览，序云：

吾人栖息于地球之上，以生以养，凡日用所需，若饮食、衣服，以迄纸笔等日用杂物，其原料无一不取自植物界中，植物于人生之直接关系，可谓大矣。吾邑居万山中，三河一隅，地尤偏瘠，地僻则商业不旺，山多则田畴不广，本地出产，特区区之材木耳。而年来山木萧条，荒山弥望，间有山谷居民留意山业，而种植之学不讲，培养之法不知，增殖保护之道更不备，只任草木之自生自灭，聊供本地樵苏之用，无怪生界日蹙，而内地居民，且十室而九空也。

吾闻计学家有言，地方之富也，非富以金银，而富以出产。盖出产多则利源增，出产少则利源绌，出产无则利源绝。是以富厚之家，贵出其赀材，以为地方兴利之用。然后无旷土，无游民，而公利增，私利亦增，地方受其大益。三河地虽小，然沿河一带，半是荒土，又附近山场，可资以种植者尤多。今拟就地设立种植会，计集股本银若干。先就沿河一带公地，遍植以竹，其附近山场，若茶、若棉、若果木，各视其土之所宜，分别而栽种之。俟有成效，酌以其岁之所入，四成归公，留为地方之用，而会内诸人，亦得均分岁息，利莫大焉。或疑借公地试办种植，似以地方公利，转溢为会中私利者，不知公地一任荒废，公利于何有？以今日地方之情况言之，计非私无以办公，亦非私无以保公。又况每股出银不多，人易附股，而合人人之大私，即成一乡之大公。集众资以举事，则事易成；合众力以护业，则业易大。行见出产日多，工商业因之俱旺，地方之富，自蒸蒸日上也，予拭目俟之矣。

附章程六条：

一、种植先就沿河一带官地试办，此不独为省费起见，盖汀江、化龙溪二大河流，岁月冲刷，岸且崩溃，若遍植以竹，则可以固岸，而沿河阴翳在望，内地居民更深藏而不浅露，是以试办种植，莫先于此。

一、公地以外，添购地基，所有废圃荒园，残山断岭，但可施种植，均不宜弃。其有私业愿送入会内者，酌以其价值入股，如欲领价，亦照给还。

一、所有官地官山，禀呈县主，试办数年，始行升科，并请出示保护。

本会亦宜申明禁约，随时查察，不得瞻徇情面，以私误公。

一、本会之立，系专为地方兴公利、谋公益起见。凡入会者，必投股本，每股出银一元。每人可认多股，庶几事能有成，利可普及。

一、开办之始，股份多少，不能预定，惟期同志极力赞成，多多益善。至股份认定后，汇齐载入会簿，以后凭簿照发股份单，交各会友执据。

一、会内每年公举董理二人，一管理银钱，一查察工人，保护产业。开办之始，款项未充，暂不支薪，以后办有成效，再行提议酌支。

兴宁吏治之腐败

◇兴宁某大令去冬莅任后，大有整顿吏治之意，特悬朱谕一通于头门，谕中有云"寻常一呈批准，票差下乡，无论是非曲直，肆意勒索，家产倾半，本县睹此伤心，断不忍置民瘼于罔闻"等语，邑之人喜色相告。近闻大小案件，不但票差多名，且添派家丁，需索殊甚。有事之家，除纳差礼外，又须供应某大爷茶仪、夫役等费，否则捏词禀覆，以是为非，人民甚怨苦之。某大令其为若辈蒙蔽欤？不然何言与行违若是也！

◇又闻收发处某委员，有暗受贿嘱情事，去腊复收传呈包批准案各规费。尤可异者，无论何案件，差役必备价买票，每差一名，上等案票须银十余元，中等七元二角，下等四元八角，价兑足后，方能领票行案，该差因此到处敲诈云。

广济善堂公举总理

◇嘉应广济善堂总理及一切司事人，原议投筒公举，近年已来，权宜委任，并未照章举行。兹闻已于初九日在善堂举行投稿，以昭大公云。

大清光绪三十一年乙巳正月廿六日　公历一千九百零五年三月一号

大埔三河兴学

◇三河陈寿人拔萃，以埔属各处鲜知兴学，因发热心，极力提倡。现在三河创办初级小学堂一所，其开办经费由陈君担任，常年经费拟就三河屠捐项下提充，并酌收学费。其不敷者，以戴欣然观察前尝认捐该处学堂经费五千元，请其交出。刻已延聘饶君崇汉、曾君梦星、饶君渭滨为教员，借某家祠开办，学生暂以三十人为度，俟经费有着，再行迁地扩充。开办伊始，在堂办事及教员，均愿担任义务。闻拟定一切章程，亦极完善，将来必为大埔学界放一大光明矣。

嘉应示期举行科试

◇州属今年科试，业经秦牧伯于本月十九日示期举行。示略谓：奉朱学院宪牌开，于广府属试竣后，即按临潮、嘉等处考试。为此示，谕阖属廪保及各童生知悉：限于二月初十日，务宜齐集州城，二十二日开考，至考试章程，概遵岁试云云。

大埔纸商之近况

◇埔邑各行所卖之纸，均由福建金峰下洋肩挑而至。近因各家多用洋纸，本地土货，绝少过问，纸价因之锐减。计邑中大小各号廿余家，通盘计算，亏去本银不下二三万元，即各行生理，受其影响者，亦复不少云。

嘉应山利之效果

◇嘉应州属自黄钧选观察刊布兴山利说帖，广为劝导，各处人民，始知山林有莫大之利源，于是已种植者，极力栽培保护，未种植者，亦设法联乡试办。近年州中建屋日多，销木愈广，且去冬松柴昂贵，凡有林木者，均得巨利云。

大清光绪三十一年乙巳正月廿七日　公历一千九百零五年三月二号

同文学堂近事

◇汕头岭东同文学堂，经奉学务处札，委陈、廖二副办兼摄总理，并将章程改良，详记本报。现年东文兼体操、图画教习熊泽纯君，经史舆地教习温丹铭上舍、马夔友上舍，算学教习刘蔼士茂才仍旧外，拟添聘博物、理化各科教习，现已函托友人访聘。其常年官款，光绪三十年上季份南畔洲租项，已于客腊由道署拨出银七百七十两；光绪三十年下季份金山租项，亦于客腊由府署拨出银三百两，给交同文学堂收领。现潮、嘉学生，已经陆续到堂，定于二月初旬开学云。

嘉奖热心助学者

◇嘉应州务本学堂董事吴瀚藻等，日前赴学务处，禀为学堂年假遵章禀报，并禀给匾奖励事。奉批示云：禀册均悉，准即存案备查。至谢学谦、钟远扬两人，各捐学费银一百元，足见热心兴学，慷慨可嘉。候即札饬嘉应州传谕嘉奖。又宋维松等禀请提拨城隍庙承充等项一案，前奉督县批行，业经札行嘉应州查议禀覆在案。究竟此事是否可行，并候催该州妥速议复核办可也。

高陂商情述略

◇大埔高陂商业，以碗为大宗，向来各碗行与兴内山窑户交易，但出银票汇至潮、汕二处兑收，而各窑户，则向大资本家贴出现银，以资周转。从前极贵之时，每百元贴息五元，少则二三元。闻去年腊底，市面现银短绌，贴息竟涨至七八元，凡权子母者，均获利三倍云。

大清光绪三十一年乙巳正月廿八日　公历一千九百零五年三月三号

大埔吏治之一斑

◇大埔县胡大令，莅任以来，地方上事，颇留心听断，惟遇盗劫各案，概以慈惠为主，盖恐严刑峻法，易使无辜受累也。夫办案至拖累无辜，固属不宜，然亦在为民牧者，开诚布公，准情度理而为之耳。若一味姑息，则纵虎归山，养痈贻患，亦非政之善者也。

兴宁私立学堂之振兴

◇兴宁县罗君子铭，热心教育，现年已于山凭堡建设开化学堂，延聘罗君海如、罗君树先二人为教员，学生有卅余人。又于叶塘墟创设开民学堂，聘定教习三人，二为萧君某，一为谢君岳鹏，学生有七十余人。刻又添设半日学堂一所，闻就学者亦有三四十人云。

行窃被拿

◇嘉应下市谢增昌首饰店，十五夜有盗入窃，店东知觉，大呼捉贼。盗惊避匿水缸内，遂被店伙捉住。视该盗，身穿湖绉长衣，并认识系下市某甲，去年由外洋始回者，不知何为作贼。当即捆交保安缉捕总局，送官惩办。又闻老马头增隆号，亦于是夜被盗，幸为人所觉，并未失物。

大清光绪三十一年乙巳正月廿九日　公历一千九百零五年三月四号

张太仆来潮之近闻

◇钦差商务大臣张弼士太仆，来潮州、汕头考察商务，并兴办工艺各事。闻定于二月初二日在省启节,约初四五便可到汕,行辕拟设在育善街云。

大埔教育普及之起点

◇坪砂社练习员邱少青明经,具有热心,去腊自省旋梓后,即谋教育普及之法,闻已赴县见胡大令,面商一切。现在本社集款,先办初级小学堂一所,延聘陈君颂唐、邱君访卿、刘君仲臣为教习,招学生六十余人,暂借邱氏祠为校舍,拟随后筹集经费,再加扩充,现定于二月初一日开办。邱君拟待该学堂开学后,即赴城乡各处,劝办学堂,并改良私塾,以实行其教育普及之志云。

雁洋堡分办小学堂之批词

◇嘉应州举人杨青等以雁洋堡分办小学堂一案,批州查覆等由,具禀学务处。奉批云:本案上年十一月间,甫据贡生李辉丞具禀,拟将雁洋、金盘、锦州三堡,合办一公小学堂,议具章程,呈缴到处,当经本处批准办理,并饬嘉应州查明议筹各款,是否不至滋扰,分别查议妥办在案。李辉丞前禀声称,系与该举人等议定三堡合办,何以经隔一月,该举人又同李辉丞禀将雁洋堡分办,系何缘故?绅办学堂,如果财力充足,自以多设为贵。惟现时风气初开,筹款不易,与其分办而经费不敷,又不若通力合作,先办一完全学堂,再行随时扩充,似较切实。此事无论分办合办,在事各绅,必宜和衷商酌,方系热心兴学之人,不得稍存意见,是为至要。至现禀所称灵光寺左右山场,是否确系寺产,共有地亩若干?拨入学堂,招人栽种,每年可收租息若干?所议将堡内诸寺,招人承充发卖香烛,及将出口炭木,抽取地方公用,是否可行,能否不至滋扰?仰嘉应州分别查明,妥议禀覆察夺,一面传集该举人杨青、贡生李辉丞,询明分办合办宗旨,会商妥协,先行禀报,以免歧异,切切!禀及章程并抄发。

大清光绪三十一年乙巳二月初一日　公历一千九百零五年三月六号

潮汕铁路闹事犯正法

◇铁路闹事一案,前拿获乡民十余名,解郡审讯,中有杨姓、陈姓二名,供认系下手刺死日人。昨日两点钟,省委及地方文武各官,将二犯解至葫头市闹事地方正法。闻温钦甫观察拟于办凶后，必得日本领事认明了事实据，始为该公司禀请开工。一面晋郡，办理铁路善后事宜云。

同文学堂开学期

◇汕头岭东同文学堂，定于二月初八日开学，闻惠潮嘉道褚观察，已委督办屠捐兼办报效委员徐太守，届期到堂，行开学礼。又该学堂现年聘定教员，已纪前报，刻又聘定大埔邱少白上舍、普宁郑翰臣拔萃为经史科教习。现计教员已有六人，尚拟添聘博物理化科教员，未得其人云。

丙村小学堂之组织

◇嘉应丙村三堡小学堂，前由练习员江君秉乾禀请督宪给发护照，至外洋劝捐，以资兴办，闻合巴城、星架坡等埠，共捐有四五千金。现在省购回图书、仪器甚多，拟借丙市育婴堂并八字碑寺，为开学之所，已于堂内布置一切，刻报名学生有三四十人，聘定两广师范毕业生黄君慎权，及温茂才枚、邱明经亮邦，分任各科教员，江君秉乾为校长，另请温上舍任、邱柳宾等，为管理财政各员。一切章程，颇为完密云。

长乐拟抽捐助学

◇长乐开办学堂，经费难筹。近闻各绅董拟于河口设立一卡，将出口物产，如陶瓷、铁器、米谷、猪、酒、木排、山炭等类，按值抽捐，以助学费，不知是否可行也。

长乐借端抄抢之骇闻

◇长乐柯树坑陈姓一族百余人，与龙川葛州钟姓，相距一里许。闻前月初十日，因钟姓一无赖，抱病往陈家乞食，回家后二日卒，钟姓以此归罪于陈，向陈理论。经绅耆处令陈姓出银埋葬，而钟姓不肯干休，旋纠众数百人，拥至该乡，肆行抢劫。乡人如逢大盗，奔避不迭，所有房屋悉被蹂躏，惟三四贫苦者仅存，其余猪牛米谷等物，均被搬运一空。县主王大令闻报，翼日轻骑减从，前往弹压，钟姓犹复鸣锣放炮，以示威武。一时有风传县主被围之说，现不知作何办法。

大清光绪三十一年乙巳二月初二日　公历一千九百零五年三月七号

潮州邮政之推广

◇潮州汕头开设邮政局以来，各处极力推广，惟由潮州达嘉应一路，仅大埔三河，设有分局，来往信件，均须由揭阳转嘉属之畲坑传递，道路稍为迂曲，各商民以为不甚便捷。现在大埔之高陂，丰顺之留隍二处，均已招人代办，二处为临河大市场，潮嘉信件，由此直达，较省周折，从此交通日便，其利益亦不可限量也。

长乐师范学堂将开办

◇长乐县新建小学堂，工程浩大，兼之经费支绌，竣工尚需时日。旧岁练习员回县，以师范尤为急务，拟先行开办师范学堂一所，为小学之预备，借学宫明伦堂为学舍，已有成议，惟尚未刊发章程，及定开学日期，欲就学者，未免怀疑观望。兹闻已在堂内布置一切，想不日可以开学矣。

劫案未破

◇长乐清溪墟何长记杂货店，于去腊廿六夜，被匪徒十余人突入店内，将银钱货物抢劫一空，约值六七百元，已报官查缉，至今尚无破案。闻该店兄弟二人，家颇小康，其弟私积甚丰，年终收获私账，不下四五百元，密存店内，亦被劫去，不敢声张云。

◇又附近清溪有马姓者，亦于旧腊廿七夜被匪行劫，失物不赀云。

差勇发财

◇潮汕铁路闹事，庵埠地方，大受厥累，而前往办案之差勇，则大得其利，除勒索卖放外，闻所抢银物，尚属不赀，不知有父母斯民之责者，闻之当作何感情也。

大埔烟叶之损害

◇埔邑各处所种烟叶，有早迟二种，早烟于冬至前后栽秧分种，大约每株仅留烟叶十三四皮，即杀壅断心，至清明节后收成，以其不妨早造之期也。本年因天气异常冱寒，烟叶多形萎败。据老农家言，今届收烟之期，亦必展缓一月云。

大清光绪三十一年乙巳二月初三日　公历一千九百零五年三月八号

梅州学堂之调查

◇嘉应务本学堂，开办数年，颇著成效，故就学者，日益加多，现年报名学生，已有百余人。下市桂里蒙学堂，亦开办有日，学生亦达百人。今年初办之城西小学堂，设在大觉寺，不数日间，填册报名者，不下七八十人。西阳、丙市、雁洋三处小学堂，亦今年开办，学生各有五六十人。此外有松口李氏、松源刘氏、锦屏堡吴氏，倡办各小学堂，均有学生三四十人云。

大清光绪三十一年乙巳二月初四日　公历一千九百零五年三月九号

会办潮汕路善后

◇铁路闹事一案，业经拿获凶手正法，现议由该公司认赔恤银两了事，闻亦将就绪。昨省委温观察，特电请惠潮嘉道褚观察来汕，会办善后事宜。褚观察已于日昨抵汕，如何办法，探详续报。

家族学堂禀请立案

◇嘉应州绅李以衡等，以遵谕设立小学堂，恳准立案给戳，以资保护，以广教育等情，具禀学务处。奉批云：据禀，该绅等拟设李氏家族小学堂，以初等、高等学科合办，分别学生年龄，分为三级教授等情，足见有志教育子弟，殊可嘉许。查核所议章程，大致尚属明白，应即由地方官核明立案，禀报察核。至李载谟、李廷珍等，捐助学费银两，应如何酌给奖励，并由该州核议，禀候察夺。仰嘉应州即便遵照核明，立案禀□。候该州禀准立案后，再由本处颁发钤记可也，并即知之。禀及章程、图册并抄发。

请示学习日本师范

◇嘉应镇平县增生钟世禧，日前在学务处具禀赴日本习一年师范，恳请批示入何学校等由。奉批云：查前两广总督部堂陶任内，所派学习速成师范学生，系入日本东京弘文学院。该生现拟学习日本一年毕业师范，自以仍入弘文学院为宜。惟查游学定章，凡自费游学者，俱应由本处考验合格，方能转详给咨。仰即于本月廿七日，前赴本处听候考验，再为详请给咨可也。保领付。

嘉应吏治之怪象

◇嘉应州自除门签改收发以来，其弊滋甚。现收发委员某，恃为秦牧伯姻好，揽权纳贿，无所不至，凡有差票，必勒银而后发，名曰"卖差"。计去冬批准拘传词讼，受贿延搁，至今未发者，多至二十余起，名曰"挡票"。至三八期呈，亦延至一月，不见批示。且开印后，久不放告，驱民传呈，因以为利。牧伯亦佯为不知，一若有"怨恶由他，好官我自为之"之意，而果然得邀卓异之荐。噫，亦奇矣！

又闻锦屏堡温凤声，于正月廿二日，禀控许阿发等逞凶殴伤，用去传呈银二十元，始得请验，牧伯批候拘凶究办。盖因开正来，所有验伤案件，一概批传，以致斗殴日多，怨声四播，牧伯耳有所闻，故始有拘办字样云。

平沙办学设局之情形

◇大埔平沙社兴办学堂，已纪前报。兹又据同文学堂分教习邱少白上舍，详述办学情形，□去腊望后抵家，即与族人酌议，就本族始祖祠中，设一平沙邱氏初等小学堂。其经费则于近今十年内，由族中各租尝，暂拨出租谷数十石，以为开办及常年之费。至酌收各学生学费，约分三等，甲班则自七元至十余元，乙班五元，丙班三元。现在统计学生六十余名，所收学费，既有三百余元。自邱氏子弟外，其邻近他族子弟，欲附入读书者，亦不拒。刻既定期本月初一日开学，由校长邱茂才蕊宾，聘定陈上舍讼唐、邱茂才访卿、刘上舍仲臣为教习，其分科教授及管理诸法，均依奏定章程办理，并于其中，附设农工商实业补习夜学堂一所，以便族中子弟有志肄习书算，而日间不能入学者，即于夜间至堂，由诸教习分班教授，约一二小时云。

又上舍因普劝邻近各乡族兴学，而各乡族尚均观望，不甚措意，乃集乡人酌议，设一平沙合乡公益局，亦既办有头绪，其宗旨以筹集公款，广劝兴学兴利除害，及办一切公益之事为目的。闻上舍之弟少青明经，既于日昨将兴学设局大略，而告邑侯胡大令。大令大为嘉许，谓俟该乡族绅董来县具禀，当立刻批准，颁发钤记，并将各章程刊示，着各乡一律照办云。其详细章程，容抄得续登。

大埔北浦兴学

◇同文学堂算学教习大埔刘蔼士君，去腊年假回梓，联合同族绅耆，议就其祖祠兴办初等小学堂，酌提尝产，备购图籍仪器，续俟筹集公款，以资常年经费，众皆赞成，并愿担任义务教育者，颇不乏人。业经公拟章程，具禀县主，随奉批准立案，并出示保护，已于正月十九日开学云。

大清光绪三十一年乙巳二月初五日　公历一千九百零五年三月十号

大埔学界拟大改良

◇埔邑官立小学堂，系前任查大令迫备，学生年龄，亦参差不齐。近闻胡大令与练习员邱少青明经商议改良，意欲趁邑试之便，另行招考十余岁学生数十名，俾之入学，以符定章。其年纪稍大者，则别设一简易师范学堂，以期一律造就，并于邑中设一学务公所，拟派通晓学务，才具明敏者数员，分至各乡，将各处原有蒙馆，劝其合成学堂，大约三蒙馆，即可合成一初等小学堂，第讲教法改良，务去旧日徒读死书之弊，而不必多行更易。其各科教法，可由各馆师分门认定教授，其实不通晓如体操等科，则由查学员为之代教，惟开办经费，约需数十金，则须劝其绅富，妥为筹措。此法简便易行，照此办法，吾料埔邑初等小学，不及一年，殆将遍地皆是矣。

兴宁游学之盛

◇兴宁一属，前有刘君维焘、饶君景华、何君天炯，前往日本留学。今岁该邑青年有志之士，约同游学日本者，又有十数人，既订明本月初旬起程东渡。

兴宁学务近述

◇兴民学堂，开办一年，堂中兼设附属蒙学，现年学生报名者，增至二百余人，校舍狭隘，苦不能容，现已添赁北门城脚武衙侧罗氏祠及相连黎氏祠，为蒙学校舍，以资扩充。今年各城乡绅士所办蒙学，计有数处，一在大龙腾墟，一在叶塘墟，一在新陂去区，一在石马墟；家族学堂有二，一为近□罗氏所设，一为石马陈氏所设。各学堂学生，多者一百名，少亦六十名，兴宁风气渐开，于此可见。

大清光绪三十一年乙巳二月初六日　公历一千九百零五年三月十一号

潮汕铁路善后章程

◇探闻潮汕铁路案，经委员温钦甫观察拟定善后章程六条，禀陈督宪，兹录于后。

（一）公司募捐三百名，专任保护公司工人、工料、工厂，及公司工人寓所之责。凡在工程上做工，及往来内地之公司工人，及载运公司工人、工料之船只，均须由公司酌派护勇，沿途捍卫。至护勇应需之枪械，援照粤汉铁路办法，由省城军械局借拨备用，俟工程告竣时，照数缴还，如有损坏，须照价赔补。护勇应需子码，须由公司备价请领。

（二）凡路线经由之地段，无论有无坟墓房屋，均须与原主商妥，经原主将地价迁坟费房屋价，亲领完毕，方许开工造路，所有地价迁坟费房屋价，不得由旁人包领代领。

（三）凡路线经由之处，所需之地段，业经购妥领价完毕，原主并无异言，惟该处人民以碍水道为词，须由公司多开水眼，藉资宣泄，以不至淤积为止。

（四）所有购地迁坟弹压带勇等委员差使，须派府厅州县人员充当，因职分较崇，随时随事可以与地方官直接往来，所有佐贰及地方绅士，概不派委。

（五）凡路线经由之处，如无碍坟墓房屋，而该处人民以有碍为词，须购地委员会同地方官，亲到勘明，并无妨碍，即由地方官劝谕开导。如实有妨碍，必须改线，以免滋事。

（六）铁路必行之道，必需之地，业主不得抬价居奇，绅民人等，倘敢藉词聚众阻挠，借端生事，应由公司呈请地方官，随时查拿惩办，以儆效尤。

潮汕铁路开工

◇潮汕铁路滋事，将正犯正法后，温钦甫观察既与日领事订得了事证书，铁路亦既于本月初四开工，至赔款办法，尚未得确实消息云。

纪嘉应务本学堂开学

◇嘉应务本学堂，已于二月初一日开学。是日秦牧伯、杜游戎均亲临该学堂，奖励绅董办学认真，并称学生"才具优美，前程远大，实有厚望"等语。随由堂中教员职员率学生诣孔圣前，行三跪九叩礼；次向秦牧伯、杜游戎，行三揖礼；次各学生向教员职员，行三揖礼；次各学生排班对向，行一揖礼。礼毕，鸣钟登堂，各学生循序静坐，教员职员，相继演说。教习张君思敬，首先发明国民主义，务使人人勉为国民，以振兴中国为目的。继董理吴君翰藻，提倡自立合群，总期人人实践，勿从托诸空言。又黄君文彬阐发道德主义，造成国民资格有四大因，一明国耻以养志气，二运精心以习科学，三守节俭以尊人格，四戒外物以保全国粹。历引日本大教育家福泽谕吉自述其道德主义宗旨、山崎闇齐坚设国界各言，勉励诸友。末后，陈君淑陶发挥爱力、热诚二义，以期实行为要素云。

大清光绪三十一年乙巳二月初八日　公历一千九百零五年三月十三号

潮汕铁路赔款述闻

◇探闻铁路闹事案赔偿损失一节，议以廿五万了结，已由潮汕铁路公司与日人爱久泽直哉订立合约，其中有谓庵埠人民应赔偿损失银一十五万元，由潮汕铁路公司控官追讨，如讨不足十万元之额，则由潮汕铁路公司补足云云。又闻原订廿五万，如追偿不足，可以除减五万元，内计抚恤银二万五千元，帮工程工费银二万五千元，赔偿工厂焚失物料银十五万元，外加补水银一万元，共计廿一万元云。

丙村办学禀批

◇嘉应丙村三堡小学堂，由练习员江君秉乾等集款开办，已志前报。日昨岁贡生陈崧暨江秉乾等，禀请州尊立案，并出示保护。奉秦牧伯批示云：据禀及章程均悉。查监生江秉乾，经香港电报局温观察咨送两广学务处练习卒业后，即赴南洋，捐集巨款，购办图书仪器，运载回籍，开办学堂，具见实力兴学，深堪嘉尚。议借丙市育婴堂及八字坡观音庵，以为校舍，事属可行，应准如禀立案，出示保护。惟查育婴堂内，原设有安靖团局，现借作学堂，是否与局无碍？同为地方公事，应与在局各绅会商酌办。又查三堡学务，前据安靖局董陈森及举人杨青等，拟议章程，设立公所，禀请谕饬教职谢汝昌、廪贡李辉丞、廪生廖鸣珂、增生郭海涛等，公同筹办，业经批准示谕，及刊发丙市三堡学务公所钤记，谕饬该绅等妥速开办，并因所拟筹款章程内，有皮费寺产二条，似须再为斟酌，以防弊端而免争竞，批令妥商学务公所黄京卿，覆加厘定，再行禀候核明转详在案。现查职务门内干事各员，不乏前谕有名之人，惟未列有陈森、杨青之名，既属三堡学务，陈、杨二绅，又为原办，及曾赴学务处具禀请办之人，自应会同和衷办理，以维公益，而免两歧。再查前据李绅辉丞等，禀奉学务处宪批行，现缴筹款章程，拟令当店杂店钱庄，每间捐开办费十元至二元，常年月捐三钱至一毫，又绅富上、中户，每户捐银十元、五元不等，是否众情乐输，不至抑勒滋扰？其团防所抽猪、羊、酒、灰各经费，如拟拨充学费，应改为某行认捐若干，以免名目混淆，均应由州查明禀办等因。当经转饬公所员绅查议禀核去后，现阅章程，第称各行货捐，招商承充，并未详列捐数，是否众情乐助，亦未声明，无凭核办，应再由该绅等集众妥议，另行禀候饬遵，仍着遵照宪批，将现办小学堂一切章程，与公所黄京卿妥议商办，以期组织完善，无负上宪期望之意，是为至要。章程附。

讯判山场讼案

◇大埔大麻甲何、廖各姓，去岁因樵采兴讼一案，前任查大令偏于听断，何、邱各姓不服，几酿斗祸。迨胡大令莅任，何、廖两造，复行翻控，业经胡大令集讯勘断，兹录其先后堂判如下：

讯据两造供词，均有不实之处。查山场升科，应照例以亩核计，廖姓当时请恳山场，仅开呈里数，且近十里之遥，而升税仅钱四百文，尤与科则不符。虽经前县委勘，绘图给照在案，一经详报，定干驳查。如以税钱四百文，计亩核算，则山场有限，反蹈匿税侵占之咎。何姓所称向在该处割草，以供炊爨，并检契呈验，亦有山业在该处界内，尚非尽属子虚。至控廖阿环等，将何阿康夫妇掳禁，尚未放回，揆诸情理，谅不致如此蛮横，谅何阿康等，藉掳藏匿亲戚家中，希图案外生枝，着何赓尧迅即查领回家。第该处山场，现应准向来樵采人等，前往割草供炊，惟不准砍伤树苗，及出言讥诮，致生枝节。先着两造分别切戒各子弟妇女，不得另别滋事端，如敢违犯，定将两造具呈人先行详革，一面候示期亲诣履勘，再行核断，呈契均附，供录。覆讯堂判：此案山场界址，业经勘明，廖姓前请升科山场，虽讲某处起至某处止，系指大势界址而言，其中仍有各姓坟地山场，仍归各姓照契管业，尚非存心网占。惟樵采供炊，为乡民必不可少之需，若不明定界址，仍恐互生事端。现为衡情酌断，所有廖姓已请升科山场，山面种植树木，着廖姓照契管业。其山背卤草，任凭何姓暨各姓樵采，以供炊爨。无论大小树木，概不准藉樵砍伐，以保山利。着两造公同妥为议处，另行呈明，以凭出示晓谕，各取遵结，案即详销。供录结附。

大清光绪三十一年乙巳二月初十日　公历一千九百零五年三月十五号

兴宁棉利将兴

◇兴宁童山遍地，向无设法而谋种植之利者。去年冬，兴民学堂诸君倡办种洋棉实业，先调查种植之法，刊刷分送，并代购棉种，分给同人。现闻邑人争购地试办，棉利之兴，或可从此而起矣。

布帮改运之难成

◇兴宁商业，以布为一大宗，向由东江运载省、佛，每年布厘，计抽六万余金。近因东江多匪，各布行拟改成由汕头运往省、港，较为便捷，惟每箱水脚多三四元。闻某号先行试办，到港后查点布件，则失去布数十匹，欲向燕梳公司买保险，该公司以布件并无箱笼包裹，不敢承办。闻此事现尚未决议云。

兴宁沟道之宜通

◇兴宁城内低洼，北门一带尤甚，一遇骤雨，涨满街衢。推原其故，皆由沟道湮塞所致，若不设法疏通，污秽之水，能生戾气，大为卫生障碍。有地方之责者，宜如何筹之？

大清光绪三十一年乙巳二月十一日　公历一千九百零五年三月十六号

潮绅禀请集股自办铁路

◇潮汕铁路闹事后，潮州绅士遂有集股自办之议，现闻已具禀岑督，并指明该公司总理林丽生所认之股，确有洋股在内，愿备足股份五十万元，以为赎回自办之需，不悉岑督如何办理。惟闻各绅持之甚坚，一则愤林所为，一则以原划路线，大碍坟墓，欲改绕别地之故云。

禀控借学倾陷

◇嘉应州监生蔡德昌等，以蔡克明等借学倾陷等情，具禀学务处。奉批示云：查本案前据该生等，以该生员蔡世法等，吞会庇匪等辞，来处具控，并请将租尝余银六百两，捐助本州务本学堂经费，当经批饬该州迅速查覆在案。据禀前情，核与蔡克明等所禀，大相悬殊，究竟孰实孰虚，仰嘉应州遵照先今批饬事理，勒传案内一干集讯明确，分别究追具报。至蔡克明等前禀捐助学费一节，是否可行，并即查复核夺，毋稍偏延，切切！禀抄发。

请禁骗拐出洋

◇揭阳县保全善堂各绅董，具禀上宪，以现时潮属地方各年轻子弟，多被匪人骗拐出洋，请札饬地方各官，出示严禁，并添募勇丁，在各口严密查缉等情。上宪据禀，已札饬惠潮嘉道查覆办理矣。

海外绅商之热心助学

◇嘉应西洋堡创设小学堂，已于上月廿五日开学，学生有百余人之度，惟经费不甚充裕，曾发簿外洋各埠募捐。现闻旅居金山之李君紫铨、林君耀垣等，皆踊跃乐助，已题有款数百金，俟陆续收齐，即为寄回，并闻函致该学堂，有"实力举办，在外诸同乡无不竭力佽助"等语。此亦可见海外绅商具有热心之一斑矣。

女医生之将出现

◇中国医生，向皆男子，而女人罕有业医者，因无医业学堂以教之耳。近闻兴宁萧梅先茂才，有弟妇刁氏，本生长檀香山，粗通中外文字，年近三十，有志医学，决计出外学习西医，伊外氏愿助盘川学费，已于正月首途往上海矣。

◇又闻同时有郑氏女二人偕往，亦欲入西医学堂，习医术，倘能专心考究，毕业归来，亦可为中国女医之提倡，不仅为兴宁女界之特色矣。

排难毙命之奇闻

◇兴宁泥陂墟人某甲，寄放洋伞一把于某店，适该店来往人杂，为人窃去，甲向该店索伞，店中人无物以应，彼此争论，势将格斗。旁有一人代为排解，讵甲反迁怒于排解者处办不公，加以恶语，以致两相激怒，老拳相挥，不料甲盛怒之下，遽持刀刺之，直穿其胸，伤重而亡。噫！排难者反罹难，岂非怪事？

大清光绪三十一年乙巳二月十二日　公历一千九百零五年三月十七号

铁路委员旋省

◇潮汕铁路滋事一案，现已由委员温钦甫观察办理了结，闻温观察偕庄大令允懿，于十一日乘海澄轮船回省。惟崔子良太守，须俟伏波兵轮来汕，始带同常备军二百名，一齐回省云。

杨氏兴办家族学堂

◇镇平县城内杨润谦，近拟修复其从前倒塌之书房，倡办杨氏小学，培育族中青年子弟，特到嘉应购办书籍，并到务本学堂内，调查一切章程、器具，以便返县仿照办理云。

王大令查封屠店

◇长乐向章，每逢春秋二祭（如孔子、文昌、关帝之类），所需猪羊牛只等件，由各屠户认办。去年以开办屠捐，各屠户抗不遵办，谓此项应由屠捐局认办。王大令谕以"开办屠捐，尔等既加多肉价，是捐出之于民，此项办祭，不得推诿"，众屠户始遵，惟钟昌胜以入耶稣教，不祀神，抗不遵办。王大令初用和平手段，传其店东钟阿同，谕之曰："本县饬尔等杀猪羊办祭，并非强尔等祭祀，且孔子、文昌，尔等尚不配致祭，何以借口从教之不得祭祀耶？"钟阿同犹倔强置辩云："若办此祭，牧师将驱我出教。"王大令谕云："尔不操是业，本县即不强尔，既为屠户，自应照章办祭。"钟阿同云："死不敢遵！"王大令即将钟阿同收羁，并将钟昌胜店查封，以为恃教抗官者戒。县中人咸谓王大令此举，殊快人心。

东江布运之危险

◇兴宁布商，近因东江抢劫频闻，咸有戒心，各商集议雇勇三十名，由老隆护送到省，该船顺流而下，幸获无恙。后该勇出省返隆，船行至派尾，有贼匪数百人，阻绝归路，沿岸快枪齐发，船勇亦开枪接战，历三时之久，被匪枪毙两名，匪且用火药包掷入船中，烧伤十余人。船中人知难以取胜，只得任其劫掠而去。

◇又闻前月兴宁有一布船,用小火轮拖带,行至新塘,因管轮者水道不熟,误触礁石,拖带绳断,水浪反激,将布船没入水中,幸该处水不甚深,将布捞起,仅失去数十件,亦幸矣哉!

大清光绪三十一年乙巳二月十三日　公历一千九百零五年三月十八号

书院变价之新法

◇嘉应州中学,拟将北冈废营废仓建筑。学务公所所长黄京卿于二月初三日,集绅会议,谓现已奉到学务处宪札,准将培风书院变价,藉充经费,欲仿省垣菊坡精舍,招售彩票之法,权情变通,拟定每票售银半元,限至学宪按临试毕后截止,即行开彩云,是亦筹款兴学之特别新法也。至限收票若干,尚未探悉。

西阳高等小学堂开学之演说

◇嘉应西阳堡小学开学日期,已纪昨报。兹悉是日由教员登堂演说,其词如下:

今欲振中国之精神,以革中国之陋习;鼓中国之动力,以起中国之积弱;合中国之兆庶,以输中国之文明;孰不千口一辞,同声附和曰:"教育哉!教育哉!"然漠漠神洲,芸芸士庶,其能收教习之实效者,则寥如星辰,仅如硕果。吾观十八行省之学堂,不禁慨然大息矣,或学堂与顽绅而起风潮焉,或学生与教习而起风潮焉,甚至教习与总办而起风潮焉,总办与监督而起风潮焉。即闻有一二学堂,筹款就绪,举措和平,而查其总办教习,类皆腐败不可言,与顽绅土豪相联一气,藉办学堂为名,别开利源为实。堂中章程、科目、规则,悉仍书院之旧。物以类聚,方以群分,故其学生亦卑劣不堪问。以入学堂为学生为荣,借学堂可送考为乐,除觅虚名外无思想,舍读策论外无事功。是以任教习以腐败之文辞,迂谬之理学,拘束之礼节,以愚弄之,以压制之,亦低首下心,伈伈俔俔,唯命是听,报纸连绵,传闻络绎,为外国文明人所窃笑者,不知凡几。呜呼!使中国学界,尽皆如此,前途尚堪设想哉?吾乡僻处嘉应之一隅,风气未开,风潮莫及,故见自封,夜郎自大。年来一二先知先觉之老成,本兴学之热诚,大声疾呼,唤醒多士,而吾始得于黑暗世界之间,见一线光明焉,故去年六月,议派练习员,众论咸孚，而学堂因是而成。呜呼！是固吾乡学界优劣、文明、高下之第一大关键也，能不郑而重之？今日开学，为西阳第一大纪念之期。鄙人不敏，不能辞教员之任，辄不自谅，敢献刍荛，窃愿吾堡同胞，为父老者，为绅士者，为商贾者，为总理者，为教习者，各各扫除积习，立定方针，振作精神，急起直赴。须知为父老者，应有劝学之义务；为绅士者，应有护学之义务；为商贾者，应有助学之义务；为总理者，应有管学之义务；为教习者，应有启学之义务。合全堡同胞，鼓热心，摩热力，互相勉龟，互相摩励，互相辅助，以求堂中教育之完善，以求吾堡文明之进步。此鄙人所馨香以祝、祷祀以求之者，虽极驽钝，敢不汲汲执鞭以从诸君子之后哉！

劣绅阻学之举动

◇嘉应丙村三堡小学堂经练习员江君秉乾等热心倡办，又由南洋绅商慨捐巨款，已禀请州牧，出示保护，纪于前报。兹闻该处素把持公款之某某劣绅，诚恐该学堂办成，公款尽为提去，将大不利于己，故近日在丙市特造谣言，鼓惑商民。闻商家被惑，欲与江秉乾等作大反对者，颇不乏人。昨已联盖图章递禀州牧，极力阻挠，谅秦牧伯深知学务重大，断不至放弃地方责任，听劣绅施其伎俩也。

洋商之热心教育

◇嘉应邱君燊廷，商于南洋荷属之巴城，前在埠中与同志倡办中华学堂，为南洋各埠之倡，其热心教育，久为人所瞻仰，近复命其子女三人往东洋游学。如邱君者，热心教育，真难能可贵矣。

嘉应巡警无望

◇粤省兴办警察，颇著成效，大宪迭次札各府州县，仿照兴办，所以保商卫民也。查嘉应有店捐、月捐、赌捐、膏捐，每年合计万余两，以充练兵费，殊有兵之名，无兵之实。上宪札催一次，则空贴倡办巡警告示一次，藉商民之脂，充官绅之橐，以致离城咫尺，白昼抢劫之案，一月数起，而无一破案。安得关心民瘼者，一为整顿之也。

请提寺产充公费

◇大埔平沙甲邱氏，开办初级小学，并设立公益局，详纪前报。近闻该处绅士，复禀请胡大令，将甲内所有寺庙产业，悉数提出，以资兴学，并办一切公益之费。想胡大令必准如所请也。

大清光绪三十一年乙巳二月十五日　公历一千九百零五年三月二十号

张京堂往日里

◇督办潮汕铁路张榕轩京堂，向在荷兰日里为领事官，告假回梓。现因假期逾限，荷兰王电催，已于十三日首途乘轮往港矣。

常备军回省

◇驻扎庵埠之常备军，已于日昨撤出汕头，随同统领崔于良太尊，于十三日搭轮至港，回省销差。

◇又闻庵埠赔偿款项，杨姓派出一万，陈姓派出一万，月浦乡派出六千，分三次缴清，未识确否。

纪嘉应黎氏之兴学

◇嘉应蓬辣坑黎姓，聚族而居，丁口繁多，经商南洋诸岛者甚众。近闻在吧城之黎子毫、黎仕廷、黎殷辅、尧辅兄弟等，倡捐千有余元，并函达各埠族人，共筹款项，寄回原乡，拟将玉冈馆改设为蒙小学堂，教育族中子弟。并闻其族老成黎祝君诸人，议将乡内山场，兴办种植，将来所获山利，即为学堂常年之经费云。

梅麦有秋

◇嘉应土产，麦粉亦一大宗。去冬久旱，新春久雨，气候偏枯，麦苗虽茂，农家多恐秀而不实。前数日天气晴明，含苞吐颖，可望有秋。前人有《竹枝词》云："阿婆笑指南山下，小麦青青大麦黄。"可为今日梅人咏矣。

船头馆加增充费

◇嘉应船头馆每年充费二百四十元，旧岁已改拨学务公所经费矣。近日会议，拟照原章外，再加六十元，合作三百元云。按嘉应船头馆每年出息实有七八百元，向来各商争承时，必先送有势力之绅士礼银若干，方能承充。此次学务公所集议增加，诚为至善，惜仅加六十元耳。

大清光绪三十一年乙巳二月十六日　公历一千九百零五年三月二十一号

兴民学堂开学

◇兴民学堂已于二月初八开学，是日文武各官及邑绅士，均到堂兴开学礼。

◇又兴民学堂系合邑公立，前经禀请上宪立案，开办年余。闻近忽有改为官立小学堂之说，如何原因，探确续报。

热心游学

◇兴宁今年东渡游学者，共十四人，已纪前报。兹查悉李姓五人、饶姓五人、何姓二人、罗姓一人、刘姓一人，皆系自备学费，定期初十日起程，偕去年回国留学生何君大炯同往日本。闻此十余人多系兴民学堂学生，惟何君公博，则前任兴民学堂东文教习云。

大麻李姓之被劫

◇埔邑大麻甲麻坑口李阿汤家，本月初七晚，三更时候，突被劫盗数十名，破门而入。适拳技师某甲在其家，闻警，裸上体，手持钩镰出御，而盗向甲开放洋枪，甲惧避匿，盗遂将男人困锁一间，任其搜劫。李家有一妇颇肥胖，盗迫取其手钏，不能遽得，竟持刀斩其手。失赃甚巨，已经报县，不知能将盗缉获惩办否？

局绅异闻

◇嘉应松口局绅某甲，自入局以来，诸多苛索，近为屠行诣州指控。奉批森严，且有戒饬之语。昨某甲往谒秦牧伯，不知因何触怒牧伯，在客厅大声斥骂曰："龟蛋，不懂规矩！"当即逐出，某甲鼠窜而去，州人传为异闻。

大清光绪三十一年乙巳二月十七日　公历一千九百零五年三月二十二号

丙村学堂开学

◇嘉应丙市育婴堂改为三堡公立小学堂，已纪前报。兹闻吧城邱君燮亭，由港汇回开办学费一千元，已于二月初九开学，董事教习率诸生五十余人，行开学礼毕，同志登堂演说，一时观者如堵云。

泥陂学堂之创设

◇兴宁泥陂地方，俗尚强悍。近闻该处士绅捐题数百金，借该处文祠，倡设学堂，拟招集学生五六十人，先行试办，其章程如何，探确续登。

禀请开办学务公所

◇大埔蓝茂才俊才等，日前联名禀请胡大令将启元书院开办学务公所，以为振兴学务云。

大清光绪三十一年乙巳二月十八日　公历一千九百零五年三月二十三号

张太仆来汕行程

◇钦差商务大臣张弼士太仆，日昨来电云，准于十五日在省起程赴港，不日当可抵汕矣。

赔款助学

◇探闻庵埠各姓赔偿铁路之款，近有提出四千元，拨为郡中学堂经费之说，未识确否。

镇平开办学务公所

◇镇平偏隅小邑，地瘠民贫，邑人士虽多热心兴学，而筹款维艰，故学堂尚未兴办。自去冬练习员毕业回籍，商请镇邑侯方大令，现已开办学务公所，竭力筹款。学堂之兴，指日可望矣。

东游续述

◇兴宁东渡诸人，于初十日四点钟起程，是日先齐集于兴民学堂，董事教习，登堂演说，勉励诸人。演毕告别，各教习率学生大小二百余人，排队出送至江干，一揖而别。一时观者如堵，咸以为此行无异登仙云。

◇又闻此十余人，皆少年英俊。曾习东文东语者，李君宝粦、饶君书宝，皆是新婚别，与前东渡留学生刘君维焘同，慷慨登程，绝无系恋之色，尤为难得云。

大清光绪三十一年乙巳二月十九日　公历一千九百零五年三月二十四号

同文学堂改良之计划

◇近闻同文学堂，所定科学，合共十余门，东文、算学、国语、体操照旧编课外，其经学、史学、国文、地理四教员，各认一门，合潮、嘉各学生，概以讲义授之，分班授课，具有次第。至所添英文、图画二科，亦已授课，惟博物、理化教员尚未到堂云。

兴宁税契浮收

◇平民置产，改用三联印花，典契每两纳税三分，断契每两六分，典契每张收取银五毛，断契每张取银一元，新章具在，不许额外需索。兴宁去年库房张书办，则每契取多小洋二角；滕大令莅任后访闻此事，即将张书办革退，另行招充，一邑闻之，莫不称快。嗣为黄某接办，未及一月，藉名誊契笔墨费，仍每契照章外，多取二毫，另每契取挂号银一钱，意者滕大令又受其蒙蔽耶？不然，何至今犹眛眛也？噫！

滕大令注意团练

◇兴宁自乙未至今，土匪迭次蠢动，虽经各大宪派兵剿办，而距城较远者，则抢劫频闻。自滕大令莅任后，拿获著匪数名正法，闻匪党始稍有戒心云。现闻大令欲委捕厅徐某，出乡坐办团练，未知确否。

兴宁米价渐平

◇兴宁近来雨水均足，以故米价渐平，约每石白米售银六□六七，较去岁冬则稍平矣。

梅州办案之近闻

◇梅城日昨有兴宁人陈甲，被州署瑶上堡人邓乙等殴伤，赴州请验，据供系被抢殴，并无别□。牧伯当即发签派勇，飞往严拘，及查其故，皆由陈甲素在州城某店佣工，店主为之运动，故有此异常严紧之办法云。

北叻华人之兴学

◇大北叻友人来函云：南洋各岛旅居华人，多迷信神权，而大北叻一埠，嘉应人之经商营工于此者，不下数万。每年二月十六日，为坝罗大伯工出游之期，穷奢极侈，争妍斗巧，耗费万金。胡君子春慨然悯之，因邀同志在神坛演说，其宗旨以为浪耗金钱，无补时艰，不若将此巨款，设立学堂，以教育旅居北叻之青年子弟。当时欧君慕愿、余君彦臣、茂君静齐及同志数十人，俱拍掌称善，遂议停出游，改立学堂，而松山樵客为之著论刊布，广告华人。海外诸君，热心兴学，于此可见一斑矣。

大清光绪三十一年乙巳二月廿二日　公历一千九百零五年三月二十七号

官场消息

◇钦差商务大臣张弼士太仆,于二十日由港乘海门轮船抵汕,行台在育善后街,即于廿一晚起程上潮州矣。

张村教民之兴学

◇长乐县张村教民张新才,在该处倡设初等小学堂,自为总办,堂中章程,颇为完备,除教习各科学外,又聘教习曾国恩教授英文,学生有三十余人云。按钦定章程,小学未许习外国语,以养儿童爱国心。今教民张君热心兴学,另添英文一科,未悉伊能时以爱国精神唤醒儿童,力防欧化之流弊否欤?

大埔商业之近状

◇埔邑所销之公白茶,由汕头贩运;川茶一项,则向由嘉应运来。然本地所销无几,全恃福建平和、龙岩等处,为输出之大市场。近闻此项生意骤减,其原因系漳州、厦门各商店,多往川自办,至汉口付轮直到厦门,信乎轮舶之利,比内地挑运,不可同年而语也。又闻埔邑山多田少,所出米粮不敷甚巨,向赖嘉应属之下坝墟、新铺等处之米,前来接济。近因汕头海米源源而至,且米价较平,故近日上河无米来,而下坝、新铺米商,俱失利云。

设局筹款之龃龉

◇嘉应松口堡新设团练局,因无经费,经局绅某禀请抽收经费,与屠行互控,局绅因而缴还局戳与州牧。闻局绅所禀,每只猪抽收银一毫为局费,而屠行不遵,故致龃龉。牧伯则谕其照州城保安局例,每只猪抽银二分八厘,未知能遵办否?近又闻有委陈幼樵贰尹,前往松口市会同该处绅士开办云。

大清光绪三十一年乙巳二月廿四日　公历一千九百零五年三月二十九号

镇平游学之起点

◇镇平增生钟世禧、廪生钟世祺兄弟二人,赴省应考师范,俱经取录,而世禧有志东游,随赴学务处禀请给发游学日本护照,不日即起程乘轮东渡矣。夫镇平虽地处偏隅,而人多向学,惟东渡者则以钟君始,邑中人士当亦有闻风而继起者矣。

大清光绪三十一年乙巳二月廿五日　公历一千九百零五年三月三十号

东瀛留学生之行程

◇ 去冬回国之日本留学生兴宁何君晓柳，与同邑十四人，镇平一人，于昨日在汕乘轮东渡。

◇ 又闻嘉应松口谢益卿封翁，遣其孙逸桥、文博、楚珩、舜祚四人，留学日本，分门学习，俟卒业回国，振兴实业云。

丙市小学堂之风潮

◇ 嘉应丙市三堡小学堂开办情由，叠纪前报。兹闻该堡阻扰之某绅等，狡禀州牧，另办初等小学，并请练习员张史铭为教员，以图抵制。不意该堂绅董因各学生父兄催开学迫切，突于二月初九日开学。阻挠辈遂变其计划，运动各姓，使陈姓烂辈殴辱稽查员陈茂才乔牧，温姓烂辈殴辱教员温茂才鲁倩，张姓烂辈殴辱校长、练习员江秉乾。于本月十三夜，纠率数十无赖毁拆该堂右横屋及放图书仪器室。又于十四午统率陈姓恶少百十人，到学堂寻殴稽查员陈茂才乔牧，幸陈茂才见机先走，未曾受辱。今该堂绅董等禀请州牧严行究办，未识果能实行否？

贪赃受罚

◇ 澄邑南洋乡商业，以运往外洋之金纸为一大宗，开行店者百余号。乡有陈某甲者，素在许钧记、王祥盛两号领货做工，因家贫，尝私抽其货盗卖于余长成余城记，久之为东人察觉，投绅董追赃，勒限颇严。讵余长成余城记反诬陈以盗窃，绅董挑认期满不还等情，抢先控县，而失主亦即诉呈。邑侯杜大令札司查明，而余长成余城记恃充日本教堂议员，竟不之顾。迨樟林司查覆后，邑侯饬将余长成余城记查封，始托公亲向前，情愿受罚。闻经处罚演戏及酒席云。

大清光绪三十一年乙巳二月廿七日　公历一千九百零五年四月一号

电禀派员查办阻学

◇ 嘉应丙市小学堂风潮，已纪前报。兹闻校长江君秉乾来汕，将阻学毁殴情形，电禀学务处宪，请即速派干员，彻查严究云。

张京堂往日里续闻
◇潮汕铁路总办张榕轩京堂，日昨至省，谒见督、抚两院，陈述潮汕铁路闹事及交涉了结情形，旋即回港，于廿四日，乘轮往日里矣。

黄京卿之噩耗
◇嘉应黄公度京卿，归田以来，组织学务公所，创办东山学堂，备极苦心。现东山学堂已庆落成，不日将开学矣，而京卿一病不起，竟于本月廿三逝世。昊天不吊，竟不遗一老！学界中人，不禁同为惋惜矣。

催缴房捐之示谕
◇嘉应房捐，日昨秦牧出示催缴，其示云：

为出示晓谕赶紧捐缴事：案奉布政使司胡札开，照得房捐一项，详定捐数，按月揆解，较诸别款，尤为紧迫，不容延玩等因，久经遵照办理在案。兹查城厢内外各铺户应捐银两，多延久欠，并掺杂次钱，致难易换银两，短蚀解款，实属有意取巧，合行出示晓谕。为此示，谕各捐户一体遵照：所有本年分应捐银两，应即赶紧捐缴，银元成毛者即缴银毛，如有零数，准以制钱找足，不得再行掺杂次钱，希图取巧，致蚀解款。自示之后，务宜遵照缴纳，不得延欠，致干拘案究追。如有以次钱充数者，准收捐员役一律饬换，均毋违玩，切切！特示。

驱逐南词之示禁
◇嘉应近年有外来之南词班，清歌卖笑，迷惑青年子弟，而猎艳寻香，亦每多滋事。日昨因嘉字营勇，驱南词班在南门外船中歌唱，偶有违忤，大肆殴打，为保安局绅闻知，即面禀州牧，出示严禁，驱逐出境。出示略谓：军民人等知悉，此后如有南词班匿踞州城，卖奸滋事，无论在河在岸，许即赴州密禀，饬差严拿，并将房屋船只，一律查封，决不姑宽云云。

大清光绪三十一年乙巳二月廿九日　公历一千九百零五年四月三号

张太仆举西人格雷为路矿参赞员
◇考察商务大臣兼管闽粤路矿事宜张弼士太仆，现已举西人格雷君为路矿参赞员。

张京卿倩人代庖

◇总办潮汕铁路张榕轩京卿往日里，已志昨报。兹闻其总办一席须人代庖，曾于前日在香港与公司谢、吴各总理会商，函请黄君诏平至港相晤，并同订一契约，欲推黄君为总办，权理各事云。

长乐县王义门大令甄别师范生问题

◇人民纳租税之原理；自由之界说；平等之义于事实上可行不可行；县境之族学其办法若何；半日学堂之宗旨；蒙学堂管理幼儿之法宜宽宜严；教幼儿速解助字以何法为善。

乐群学堂本年之教员

◇大埔乐群学堂，已于本月初五日开学。中学教习系张竹士上舍、饶箸孙二人。英文兼算学教习为永定庐君，闻前年曾在上海爱国学社，中学亦甚好。体操则以学生温君少琦兼任，少琦系客岁同文学堂学生，体操颇为纯熟，以路远费艰之故，改就乐群学堂肄业，该学堂总理因订以教习体操，免其学费云。

王大令对外之手段

◇长乐屠户某甲抗官被拘，已纪前报。兹闻某甲被拘后，有某牧师入署关说，王大令严词诘责，牧师亦愤，欲入差馆将某甲带去，大令不肯，更将某甲镣锁云。

兴宁米食缺乏之原因

◇兴宁地窄人稠，米食常虞缺乏，每年各埠入口米数，约十余万石。调查原因，半因业织布者，用米浆纱所致，每纱一包，用米两升，合计通邑用纱四万余箱，则需米应八九万石。闻前有人改用石粉，以代米浆，而布色不佳，遂仍用米，不知有何别物可以代之否？

兴宁洋纱入口总数

◇兴宁生计，布为大宗，惟织布概用洋纱，而土纱则无。近调查洋纱入口总数，每年各号，约消去四万余箱，每箱以百壹元计算，可值银四五百万元。夫以棉利不兴，坐使利权外溢，可慨实甚焉。

黑板白字之忌惮

◇嘉应某茂才热心新学，改良家塾，栽培后进。一日用白粉条写字于黑板上，教授学生。伊父由外至，见之不胜诧异，突大声痛骂之曰："黑板白字，其兆不祥，父尚未死，汝敢如此，其心可知！"悻悻而去。

丰顺三点会之盛行

◇丰顺三点会匪首邱义山，辖下人数众多，以三坑渡林阿炮家为巢穴，袁阿卯、李杏春、林锦兴、黄阿车、陈阿诰等为羽翼，每到各乡，勒人入会，肆行劫掠；有不入其会者，则率众夜劫其家。哀彼邑民，欲鸣官以追赃物，则报复立至；欲入会以保身家，则官法难容。彼官斯土者，尚其设法严惩，毋使滋蔓而难图也。

大清光绪三十一年乙巳二月三十日　公历一千九百零五年四月四号

喈叻大埔巨商热心助学

◇大埔何君麓粗，去冬往南洋劝捐乐群学堂经费，兹接何君来函，云于本月初六日，在喈叻邀集大埔巨商，剀切劝捐。是日会者二十余人，皆拍掌称善，颇有飙举雷动之概，除茶阳会馆公项认捐八千元外，各商好义者，共捐题有一万元之谱，此皆捐金百元以上者，其捐数不及百元者，另举董理分头续捐，大约二三千元，尚可希望。海外诸公解囊助学，足见乃心祖国矣。其捐题芳名，另登告白。

阻学者看

◇大埔北浦兴学，已纪前报。兹闻该族刘绣裳百计阻扰，被合族联名公禀。蒙胡大令批云：刘绣裳阻学造谣，毁示滋闹，大属顽固不法，候札属谕绅保护出示，严禁抗阻滋事，并饬差传谕刘绣裳，不得再行造言违抗，倘再多事，即行拘解讯办云云。

兴宁开设学务处公所

◇近闻兴宁滕大令以学务应办之事甚多，现与邑绅熟筹办法云。

花会复开

◇大埔花会，自胡大令莅任以来，赌匪敛迹，不敢开设，近闻故态复萌。本月初有某甲在恭洲网山下，暗地开设，投买无多。有某乙闻知，则大张声势，开设花会总厂于白沙坑内，离三河坝大麻市，均不外七八里之遥。两处人往彼投买，异常热闹，日夜不绝云。

大清光绪三十一年乙巳三月初一日　公历一千九百零五年四月五号

照会练习员建设学务公所

◇大埔县胡大令，近日与练习员邱直判光涛等，商议建设学务公所，以便办理全属学务。兹闻于十七日已照会练习员，录其文如左：

为照会事：迭奉谕旨，催令各州县设立学堂，不容延缓，乃县属学堂尚无的款，业经谕令各郡绅士妥筹常年经费，日久未见禀覆，又经再谕催筹在案。查学堂系培植一邑人才，必须官为提倡，民为筹措。又钦奉上谕，饬由绅民自行筹措，但官为劝导，不准借端抽派，应即钦遵办理。查各处均奉行设立学务公所，筹措学费，改良学务，惟本邑尚未设立，以致无从筹办，合行照会。为此照会贵练习员，请烦会商，赶紧设立学务公所，以便会同各绅，迅速妥筹经费，会议学务，以资支柱而培人材，毋致迁延时日，空言无补。须至照会者。

大清光绪三十一年乙巳三月初四日　公历一千九百零五年四月八号

长乐王大令考选师范学生详述

◇长乐王大令莅任后，因现筑之学堂，尚未落成，而急于开学，乃暂借明伦堂，略加修葺，以为师范学堂，准有志者来堂肄业。近因人数太多，明伦堂不能容纳，于是定额五十名，于二月十四日开考，凡来报名者，皆准入考。十五日出榜招覆，按地择取八十名，不分高下；十六日覆试；十七日出榜。正取学生五十名，备取学生二十名，正取内有不来者，以备取之愿来者跻补云。

兴宁寺捐

◇兴宁各乡兴办小学堂，现增至十处，俱以经费支绌，禀县设法筹款。近闻滕大令催办寺捐，与学堂董事等，酌量提寺产七成，捐入学堂，三成归还寺僧。将所提七成之款，除提两成归入邑公小学堂，余概作各乡蒙学堂补助费，谅不日出示晓谕，一律开办矣。

争承乳猪捐之冲突

◇兴宁大龙腾墟，有卖乳猪行，向由黄姓私抽，获利不少。今岁该墟开设蒙小学堂，众议提取乳猪捐为常年的款，业经禀县批准，由该学堂招新商承充，每年报效学堂经费三百元。讵料开办之日，而黄姓积不能平，到县呈控，声称此系黄家世业，他人何得干涉。该学堂欲改批于黄姓，而新商又坚执不肯，恐近日将成冲突云。

兴宁税契之踊跃

◇兴宁滕大令到任后，认真搜查未税之契，许人告讦，加倍勒罚，以故乡民咸有戒心。近闻买纸投税者，甚形踊跃云。又闻大令现欲将所有匿税罚款，拨入义仓及各处学堂，果尔，则不愧为民父母矣。

大清光绪三十一年乙巳三月初六日　公历一千九百零五年四月十号

窝在衙门

◇梅州永和兴白昼失盗，经志前报。近从某故衣店认获失物，据云，向州署班馆买挥赎的，即去问班馆差役，答云："我每日收挥卖挥及接赃物无数，不管来历，那晓得谁是尔物。"永和店主怒曰："然则窝在衙门矣。"答云："是又奈何？"永和欲具禀追究，有友阻之曰："若辈之敢明目张胆，接受赃物者，以牧伯之不究盗耳，控亦何益？徒费钱耳。"控遂止。

炊薪价涨

◇近年梅州柴贵，因伐木烧炭之故。查乡人烧炭，一山之木，不拘大小，概伐净尽。甲山已烧，复烧乙山，虽有萌蘖，而妇孺又樵牧之，是以诸山悉呈不毛之状矣。本春久雨，市柴益少，每□□二百余斤，向来无此贵者。州人若再不谋兴山利，设法培植，将来真有薪贵之叹矣。

大清光绪三十一年乙巳三月初七日　公历一千九百零五年四月十一号

汀纸价值之骤减

◇峰市生理以汀纸为大宗，近因洋纸进口日盛，且价又平，以致汀纸滞销，潮郡各纸行堆积如山，而银根异常紧迫，不得不寄函停办。现节届清明，新槽之纸，又陆续上市，计目下售价，比之去年已三份减一有奇，受此影响，故业纸者咸有戒心云。

广东华侨史文库

《岭东日报·潮嘉新闻》梅州客家侨乡史料选编

下

肖文评 夏远鸣 王濯巾 钟敏丽 宋心梅 编

南方出版传媒 广东人民出版社
·广州·

大清光绪三十一年乙巳三月初八日　公历一千九百零五年四月十二号

长乐教习已到

◇长乐小学堂教习黎君辰若已于前月廿八日抵县，现暂住紫金山新造学堂，俟开学后，再移居明伦堂师范学堂。又闻王大令拟于三月初二日开学云。

嘉应学堂之成立有望

◇嘉应东山学堂经黄公度京卿修整，虽将落成，而学堂经费尚待筹办，京卿遽尔骑鲸，不无遗憾。兹闻其临终遗嘱家事后，并嘱伊弟采汀太守云："州中学堂，办理未就，殊为抱憾！今仍藉弟实心接办，倘钱银不敷，先行支出，总期成立，克承兄志，九原之下，定当心感。"故前月廿八日州人士开会集议，拟聘邱仙根工部为嘉应学务公所长，而东山学堂经费，采汀太守，一力任担，以继京卿未了之志。果尔，则嘉应学务之幸福也。又闻邱工部近接省学务处宪函，请到处办公，未识邱工部果能主此席否？

重犯逃逸

◇嘉应二月廿八夜，州署监中忽逃二犯。一名细罗，是旧岁由潮郡拿获解州之著名会匪头目也；一名蓝四，是从前小刀会内，持刀刺死邹某之凶手也。近年嘉应贼盗如毛，劫杀之案，层出不穷，未闻有一破案者，而监禁要犯，反逃二名，其殆该犯仰体牧伯宽恩而逃之耶？不然，何以如是之疏忽也！

大埔屠捐述闻

◇三河坝因屠捐事捉一屠户，几致罢市，张巡检见此情形，恐激众怒，劝令照常交易，事始少息。闻坝中某某生已被屠商禀县把持，请胡大令移学详革。现屠捐商人复在郡运动，请刘委员诣邑会同胡大令出示催办，闻已于日前到各处招商认捐，则此事势在必行矣。

大清光绪三十一年乙巳三月初九日　公历一千九百零五年四月十三号

禀控闹学之批词

◇嘉应监生江秉乾等赴省学务处禀控闹学事由，蒙批：禀册均悉。本案昨又据监生江秉乾电，称"嘉应丙市三堡小学堂十三夜，左边校舍被毁，十五、十九局绅谢汝昌、廖鸣珂、郭海涛纠喝烂崽陈阿全混闹，毁辱校员，请派员查究"等语,业经电饬嘉应州秦牧,即速亲自前往查勘,如果校舍实已被毁,校员实已被殴,即将在场各绅及各烂崽传案,分别看管收押,禀候惩办在案。此事上年据廪贡生李辉丞等,请将丙市雁洋金盘锦州三堡合办一小学堂;又据举人杨青等,请将雁洋一堡,自行分立一小学堂。本处当时即虑及各绅有争执冲突之事,是以批饬"无论分办合办,在事各绅,必须和衷商酌,不得稍存意见,饬州传集各绅会商妥协,以免歧异",乃批发未久,毁学之事遽起,实堪痛恨。究竟丙市三堡小学堂,是否即因三堡合办之后,前请分办之绅出头毁学?抑系另有别情?该学堂当日如何被毁,校员系何姓名,被何烂匪毁辱?仰嘉应州遵照本处电饬,即日亲自前往查勘明确,据实禀报察夺,一面究拘毁学劣绅恶匪,分别看管收押,禀候惩办,仍将查勘情形,先行电复,毋稍瞻徇延玩,切切!禀抄发。

嘉应倡办种植会

◇嘉应泗杨堡小学堂教习朱君毓衡,素研植物原理,近日倡办种植会,以兴山利,拟先在泗杨堡试办,渐次扩充。其集股章程,不拘远近各乡,均可入股,每股一元,每人准入十股。闻赞成者甚多,章程亦颇完善,容日续登。按嘉应山多田少,不讲种植,故山皆濯濯,柴木日见腾贵。上年黄钧选观察曾著《兴山利说帖》布告,除大立堡试办外,而继起者寥寥。今朱君毓衡发此宏愿,集股倡办种植会,倘能切实行之,梅民山利,其自此兴乎?

大清光绪三十一年乙巳三月初十日　公历一千九百零五年四月十四号

秦牧伯鞭打文童

◇嘉应州试,向例三炮后,待士子进场毕,始封门。本月初三日开考首场,秦牧伯先一日悬牌,五更三点放三炮,而是日牧伯于放二炮后,往学院衙,随即封锁头门,维时尚有四五百文童未入,当即扣门拥入,牧伯震怒,谓犯场规,即饬亲兵拿获文童数人,二姓邹,一姓张,一姓叶,当堂藤鞭数百,出场时带过州署羁押。夫士子迟来,固属自误,然犹未放三炮也,情急扣门,亦可原谅,而藤鞭数百,待士子如盗贼,亦殊不可解也。

争填兴讼

◇埔人迷信风水,深入脑根,地方讼事,除田土外,以此案为多数。近闻同仁甲钟姓与三河张姓买一老冢,索价一千余元,甫定议立契,忽被罗某甲等用强硬手段,将万杰公旧牌竖立,强行占葬,修整坟茔。越数日招集族中耆老,及少年子弟,用鼓乐猪羊祭祀请客,以为挟制之计。钟姓因此不交地价,卖主张某请同姓某绅与罗家理论,罗谓其祖旧坟,复以大言欺压。闻已赴县呈控矣。

丰顺兴学汇志

◇丰顺开设师范馆,曾纪前报。现闻万大令议仿照省城学务处办法,于县属特设练习所,与师范传习馆同时开办,已经万大令招考,选取师范生四十二名,练习生七十名,择日开学云。

◇又闻丰顺开设学务公所,公举拔贡丁君培珊为所长,生员吴伯毅为外董事,生员李唐为内董事,生员张腾汉为支应。已将学务公所章程,由县转达学务处,请发给戳记矣。

◇又吴姓家族学堂,已于前月初十日开学,学生六十人,分甲乙两班,名为汤田两等小学堂。孝廉吴其瀚为总理,贡生吴永霖为提调。教习四人:廪生吴秉渊、生员吴世、拔贡陈倬云、生员吴伯毅。分科教授,章程亦极完备云。

大清光绪三十一年乙巳三月十一日　公历一千九百零五年四月十五号

家庭奇变

◇澄邑四乡陈某素业农,有子甲、乙、丙、丁四人。甲往外洋,上年返里,归囊颇厚;乙、丙、丁在家业农,获利有限,兼吸鸦片,家计益窘。以故某遂爱甲而薄乙、丙、丁,兄弟因以不睦。数日前丁在寮居内霍霍磨刀,众莫解其意。一日甲偶经过,丁忽持刀向前叱之曰:"鸦片二钱来!"甲曰:"索烟常事,何为如此厉声,尔欲杀我乎?"丁曰:"欲杀便杀,何难之有!"遂以刀刺甲咽喉,透穿而死。丁惊,急入内自缢死。丁妻见之,悚惧不知所为,亦欲自缢,幸邻人解救得活。甲妻闻变亦投井,后为邻人救起,不致毙命。吁!家庭之内,顷刻之间,险些致毙四命,真奇事矣。

留学生力除恶俗

◇潮州秕俗不止一端,而丧家之延僧诵经,及吊日宴客,尤宜大加改革者也。张君岫云留学东洋，闻其尊人噩耗，匍匐奔丧回籍，禀请其母，勿做功德。其母素有文明思想，从其所请。而张君之友朱商岩明经、李沐圃上舍、柯乔南茂才倡议吊日勿备酒席，为改良风俗之起点，并作小启附于讣中，大旨谓吊日宴客，虽属糜费无多，第当孝子抢地呼天之际，而饮食征逐，谁无父母，于心安乎云云。语极痛切，同时以此说为然者，盖占多数云。

寺僧藉端造谣可恶

◇嘉应因阴雨累月，致生疫疠。近闻上市蓝姓病毙数人，有一幼童系老庙前蓝美南号之子，在大觉寺小学堂肄业，忽沾恶疾，遽尔逝世。该寺僧人因造谣言，谓童子在寺侮慢神佛，故降之罚，若不将学堂迁徙他处，堂中人等，诸多不吉。无知之辈，闻而悚惧。噫！迷信神权，由来已久，而妖僧藉端造谣，中人所忌，其心亦谲矣。抑知潮州各属，近来毁庵改学，木偶土偶，尽行销毁乎？士气昌则邪淫避，无稽之言勿听。

调查兴宁物产

◇兴宁山多田少，米食仰给外境。查东北厢山林丛密，多产松杉；铁山、马子嶂、官田等处多产铁，而铁山嶂矿质尤佳；黄陂、宝坑、黄渡水、小下蓝，多产煤；岗背、下贡，多产石灰；至环城左右及和山龙田等处，多产桃、李、甘蔗云。

拒缴花红枪伤司勇

◇兴宁黄陂石恩古，著匪也，经冯前令悬赏一百五十元，缉捕在案，嗣于去年冬为治安局勇购线拿获，监禁在县，迄今数月，而花红犹未给领。前数日由该县着局勇挟同差役，向该乡追缴，讵料局勇甫到，而该处匪党竟率百余人，将勇围住，勇知众寡不敌，欲指吓以枪，而匪枪已放，中局勇钟某左胁及手，受伤颇重。幸该处绅耆统率多人，驰往解散，而差勇不致多受伤云。

大清光绪三十一年乙巳三月十三日　公历一千九百零五年四月十七号

潮汕铁路事汇述

◇潮汕铁路督办张京堂往南洋后，举黄拔萃诏平为总办，驻局办事，闻拔萃入新股四十万元。

◇此次滋事赔款二万六千元，陈姓一万元，杨姓一万元，月浦佘姓六千元，分期缴清，现缴头期。闻月浦佘家，叩道辕具禀求免赔款，未卜允准否？

◇刻褚观察、吴镇军将卸任，庵埠陈、杨二家，闻于月半前将恭送牌伞，以志感戴。盖子姓之于父母，杖亦知恩云。

禀请认真清乡之批词

◇兴宁文童李承牧、六品衔选用巡检李彰吉等，以东江善后事宜，须从认真清乡下手等由，上禀岑督宪，经蒙批示，禀稿容日续登。兹先将岑督宪批词照录如下：查东江一带会、斗、盗各匪，叠起互乘，实为地方大患。来禀切实指陈，情词迫切，所称须从认真清乡下手，确有见地。惟应否仿照前潮州清乡章程，抑如何变通办理暨添设舢板之处，仰营务处会同按察司妥筹核办，并分别移行营县查照办理。折发。

邱工部应聘办学

◇梅州人士聘请邱仙根工部为学务公所长，已志前报。兹闻工部先应省学务处聘为省城花埭新建高等小学堂总办，现定初八九先往嘉应，料理一切后，即起程往省，大约月半前后可到汕云。

挽黄京卿联

◇嘉应黄公度京卿逝世，邱仙根工部挽以联云：论文章经济，均足千秋，从今凭吊孤城，落日登楼，岂第骑箕哀铁汉；合公义私情，来申一恸，剩我睠怀祖国，春风酾酒，更同钩党哭林宗。

人和学务之起点

◇嘉应丙市人和约，合七甲为一乡，烟户八百余家，蒙童数百，待教甚殷。里人李任堂、胡省吾、李兢臣等，拟欲创办一公立蒙学堂，以教育乡中子弟。兹先联为学会，业于二月间约士庶会议于永丰义仓公地，其宗旨除遵照钦定章程外，再将学会附设于学堂之内，俾学会人员，得以调处乡中一切公私义务，及办理本乡圳堤水道等件。当时请君选陈翁演说，听者皆欢欣鼓舞，同声认可，不日始将禀请州尊，下谕士绅办理矣。按学堂总办教习，于教科外，不与地方公事。今人和约诸君，欲将学会附入学堂，并办理乡中公私议务及水道事，恐与钦定章程不合，尚望诸君酌而行之。

樟村兴办学堂纪闻

◇长乐张鸣清等在樟村创办觉民小学堂，禀请长乐王大令通禀立案，大令因其有英文教习，与《钦定小学堂章程》不合，未便通禀立案。后经同志改良，复具禀大令，已蒙允准，不日当可出示晓谕矣。其学堂章程大约分为长、幼两班，长班复分甲、乙二班，年纪稍长，国文有根柢者归之，幼班亦分丙、丁二班，八岁以上至十六岁以下者归之。各科学教习已经到堂开学，一切课程亦颇完善，学生共有四十八人云。

兴宁开矿改良

◇兴宁矿产、煤铁为大宗，煤质以黄陂等处为上，铁质以铁山嶂左右为最。近来开采者甚多，惟概用人力搬运，获利无几。近闻有资本家，欲别购新机开采，能否获利，日观后效。

兴宁钱币之怪象

◇向来钱庄找换，概用足铜大钱，今不知何故，忽易用次钱，其薄如纸，向日制钱，不知销归何处。此殆奸商贩运欤？抑私铸者日多欤？是有害于平民生计者不少。

大清光绪三十一年乙巳三月十四日　公历一千九百零五年四月十八号

改良潮汕铁路善后事宜述闻

◇温钦甫观察，前定潮汕铁路善后事宜六条，于购地一节，铁路局虑日后不免有窒碍之处，总办黄拔萃诏平，特晋省与之磋商，并禀请岑云帅酌量改良，以期利便路政，闻云帅既经许可，不日见诸施行。

兴宁水患之宜防

◇兴宁城内低洼，距邑城三里，望江狮大江，高踞上流，测量该处地势，比城中高数丈，倘大雨连旬，河流涨溢，一旦堤岸崩溃，则水势直灌城中，民其鱼矣。有地方之责者，盍一为筹策之也？

大清光绪三十一年乙巳三月十五日　公历一千九百零五年四月十九号

学堂经费之支绌

◇学堂为维新第一要政，近年来各处亦陆续开办，然皆苦于经费不充，故既办者多未完备，而未办者无从筹款，无米之炊，殊难措手。兹闻揭邑自客岁开办榕江学堂，其规模大有可观，各科学生亦有成效，惟常年经费不足，办事诸人，常忧形于色云。

兴宁滕大令开办寺捐之批词

◇酌提寺产以充学费，乃系钦定章程，后奉学务宪核定，通谨遵办，讵容违抗？如果寺僧□敢串同乡棍施主，私自变卖，实属胆玩已极。据禀前情，候先出示，严行禁止。如敢故违，一经查出，定将产业全数充公，并将串同私买私卖之寺僧、庙祝、业主、中证，一并拘案严究，以示惩儆。一面分谕各局绅赶将所辖各乡，共有寺庙几所，产业若干，有无串同私买私卖情弊，秉公查明，据实禀覆，以凭酌定章程，分别提缴，以充学费。

认真清乡禀稿

◇昨报纪督宪认真清乡批词一则，兹将李承牧等禀稿照录如下，禀云：窃维西林尚书督部大人，钦承简命，总督两粤，一切练兵、筹饷、察吏、保商、兴学、剿匪诸大政，莫不次第举行，凡属军民，拍手欢呼。西省肃清，节钺东还，整顿地方，自有权衡。文童等自顾草茅，何敢妄窥万一？然泰山不辞土壤，益见其高；沧海不择细流，愈形其深。□逢言路大开之日，陈刍荛一得之见，不揣冒昧，敬为我尚书督部大人缕晰陈之。查阅日报，广东同乡京官有请实行清乡团练之奏；李侍御灼华有请办广东土贼之奏；潮州绅士范家驹等，以潮乱日亟，清乡难缓告矣；惠州绅士韩锡芬等，以盗匪猖獗，焚劫如麻告矣。杀机遍伏，群盗如毛，语虽过激，情则逼真，倘再不认真剿办，养痈贻患，势渐燎原，安知来日之广东，不为去年之广西乎？广东之莠民有三：曰会匪，曰盗劫，曰械斗。名则相离，实则相因。广东之流域亦有三：曰西江，曰北江，曰东江。文童等东江人也，敬请先言。考东江水道，上下游延袤千有余里，上通赣州，右通嘉应、潮、汀。老隆一埠，实为水陆枢纽，四十年前，百货云集，商贾辐辏，号称极盛。自航路大开，殷商之赴省采办，士子之晋省应考，大都取道汕头，老隆一埠，顿形冷淡。然下水之货，如赣州之纸、木，汀州之纸、烟，潮州之磁碗，兴宁之布、扇，既不能舍东江而飞至省、佛；上水之货，如丝绸，如杂货，如青靛，如药材，亦不能舍东江而飞至潮、汀、嘉、赣。白沙新塘厘厂可调查也。他如惠州又为水道中枢，陆路提督大员驻扎此地，用意良深。咸、同年间，会、盗、斗混成一气，连平州属之忠信墟、七木坳等处（由老隆赴韶州之路），龙川县属之亚下墟等处（由老隆赴潮、嘉之路），兴宁县属之白水寨、黄坡墟等处（兴宁赴赣州之路），皆为盗劫剧烈之地。既故兴宁县武生王扬烈，曾以"五里三炮台，十里九关税"等情，上控大宪。经前广东陆路提督高连升统率大兵，亲历匪乡，毁炮楼，焚匪巢，痛加剿洗，疏通江、广、福往来道路，商旅食其福者数十年。厥后光绪十年，而有归善县属稔山会匪之变；光绪二十一年、二十五年、二十七年，而有长乐、兴宁会匪之变。叠经大兵先后剿捕，杀戮不少，但兵至匪去，兵去匪回，根株总未净绝。倘马王海、戴梅香等，不先后就戮，揭竿扑城之事，早已再见于二十九年之秋矣。（未完）

大清光绪三十一年乙巳三月十六日　公历一千九百零五年四月二十号

州试二三场合考题

◇嘉应秦牧伯三月初九日州试二三场合考，兹将其题目列左。二场题：中国可否行统捐论；刘晏理财论。三场题：居家理故治可以观论。

兴民学堂学科之增设

◇兴宁王明经灵岐、李茂才杖乙，自练习回堂后，将学堂一切，力求完备。本年添设生理、博物、正音、图绘、唱歌各科，由陈君展鹏、陈君天成两教习分任。两等学堂共聘教习一十四人，今开学匝月，俱能悉心教授，深合法度，将来学界进步，必有非常速率者矣。

烟酒捐之将实行

◇兴宁自乙未至今，备历水火盗贼旱疫之惨，民不聊生，各种杂捐，复日加无已，今又将实行烟酒税矣。夫烟捐寓禁于征，多取不为虐。至酒捐一款，前据冯大令通禀各宪，声称兴宁约有酒甑四百余只，以一甑每年抽银二十四两，计应有九千余金。不知该县业酒者，不在城而在乡，酒甑多少，冯大令亦未确知。今欲招人承办，据冯大令九千元之数，欲以六成折算云。

大埔亦多盗耶

◇大埔近日夜盗极其猖獗，查此夜盗，均用一叶扁舟，为逋逃之薮，日则到处侦探虚实，夜则伺隙而动。即被巡街更夫撞见，而彼亦毫不畏忌，或躲匿于偏僻小巷，俟更夫过后，再行动手。或被旁人看见，若辈竟敢鸣枪恐吓，喝令不得出声。似此夜盗横行，地方官不为严办，必致酿出劫案，将来贻祸，有不可救药者矣。

建醮禳灾之无意识

◇嘉应近有时疫，已纪前报。兹闻蓝姓连毙数人，邻近居民，敛资建醮，以禳灾祲，家家击锣打鼓，谓之"安龙"。夫天灾流行，何地不有，而乃迷信神权，延僧祈祷，不返身而修德，任污秽而不治，是真大惑不解者矣。

续志认真清乡稿

◇伏读宪示，东江一带水陆营勇林立：东路续备军四营，已拨归陆路提督统领，专办归、博、东莞三县清乡；其余惠州八属，仍归吴镇专办；又宋守备统带东江水师。但就光绪三十年计之，近日劫潮帮，明日劫赣帮，又明日劫兴宁布帮，失赃或四五千元，或二三万元，或七八万元，杀毙护勇，掳客勒赎，禀报者已不下数十起，其未禀报者，更不知凡几也。正月以来，长乐县城南门外潮行某号，被匪叠劫，失赃不赀矣。归、博所属派尾、蓬亭、横沥等处，截劫上下水货船，又十余次矣。月之初七日，潮帮失赃尤巨，水陆更塞，行旅裹足，商务厘饷，密切关系。搔首东江，杞忧曷极！又查广东成案，同治七年，前督宪瑞奏派署潮州镇方耀，带兵剿办，周历匪乡，清厘积案，先后拿获首要匪犯一千一百余名，尽法惩治，民情大欢，潮属遂为安土。光绪十二年，前督宪张奏派署广东水师提督方耀，办惠潮一路，水陆肃清者十余年，其明验也如此，迨至今日，父老思之益甚。文童等深维辟以止辟，火烈民畏，古有明训，苟行之而有效，何妨试踵其前规。拟请宪台迅派威望素著文武大员，统率大兵，驰往剿办，并仿前水师提督方耀剿办潮州章程，设立约正、约副、族正、族副、房正、房副，责成稽查劝导。沿河东西两岸，分段竖立界石，如某段盗劫，即责成某段约正捆送，否则□□不赦。商民受害深矣，解悬救溺，首在水路。春水方生，兵轮上驶，可至河源，并请宪台先行酌拨一二艘小兵轮，于劫盗最多之处，日夜巡缉游弋，添设舢板，择要梭巡。河道疏通，然后按乡清办，务获首要，勿勒花红，为国家救三省商民，即为尚书销一方隐患，此亦病急治标之一法也。雍正年间，云、贵苗匪蠢动，鄂文端公上疏云："欲保百年无事，非大用兵不可。"文童等则曰："欲保东江十年无事，非认真清乡不可。"文童等才疏知浅，本不应冒昧渎陈，然每读顾亭林先生"天下之大，匹夫与有责焉"之句，不禁三复流连，况伤心匪害，蒿目梓桑，耳闻警报，口缄难安，用敢不避忌讳，缮折沥陈，是否有当，伏乞钧鉴训示，不胜激切悚惶之至。谨呈。

大清光绪三十一年乙巳三月十七日　公历一千九百零五年四月二十一号

滕大令将有丈田之举

◇闻兴宁滕大令认真搜查白契，许人告讦，以二成收赎，加倍勒罚。近又欲出乡丈田，以杜匿税，未知确否。

兴宁气候与民族之关系

◇兴宁地方面积在北纬二十四五度间，气候温和，夏不甚暑，冬不堪寒，故生殖较易。查该县民族，多自国初由中原迁入，至乾、嘉时始渐发达。现调查丁口，共约廿余万。惟地窄人稠，粒食维艰耳。

争承乳猪捐续志

◇昨报纪兴宁争承乳猪捐冲突一则，近闻大龙田学堂新招之商，二月十二日在本墟华龙寺背开设新行抽收，按章缴纳。孰料黄麻疯古等，遽失利权，心殊不服，以孔方兄托某绅为之运动，递禀邑宰，而滕大令竟批准黄姓承充，反责学堂绅董借公为私，而前日之告示拨归学堂招人承充者，概行忘却，且谓既批准黄姓承办，不容朝令夕改。于是黄麻疯古等，即明目张胆，再行开抽，与学堂为难矣。闻学堂绅董欲递呈学务处，未识确否。

弄洋枪误伤人命

◇镇平县新铺墟三月初旬，黄裕泰号司事某甲，戏弄洋枪，忽觉逼码一响，弹丸飞出，误中对面盐厂司事某乙，登即毙命。某乙亲人欲禀官惩办，旋经邻亲再三劝处，谓无心误中，实可原情，办回乙五百元了事云。凡戏无益，而况兵器乎？躁动少年，好弄洋枪者，其当以此为殷鉴。

大清光绪三十一年乙巳三月十八日　公历一千九百零五年四月二十二号

护勇固如是耶

◇铁路工程司因车房筑未完竣，暂向朱姓借起云庵居住，立约为据后，由公司派勇保护。庵西偏两房，为朱雪舟司马及朱衡甫上舍停柩之所，该什长林某筑灶于两房之门外，经朱姓再三开导，劝其徙别处，不从，反向日本医生梁濑三郎捏称朱姓某茂才带同恶匪多名，盗厂中军装，毁公司机器。当为医生驳斥，该什长仍不知悔，大言曰："现在铁路工程，官为保护，我必欲与朱姓为难，难道朱姓不见葫芦市之事乎？"后为温都戎闻知，以该什长任意妄为，污蔑官裔，拟将什长斥革，并令毁灶寝事。闻该什长抗不遵命，或谓有恶弁包庇，未识确否，然军法具在，何难一为澈查耶？

丙村学堂事续志

◇嘉应丙市三堡小学堂风潮，迭纪前报。兹闻前月丙市学务公所坐办教职谢汝昌等，以分别办理而息竞争事，具禀秦牧伯。蒙批示云：前据陈崧等来禀，监生江秉乾由香港电报处温观察灏咨送练习卒业，出洋集成巨款，足见热心兴学，是以批准立案。现称非其会内人员，不得干预学中事权，非其会员子弟，不得附学读书，显有树党营私情弊。候照会学务公所黄京卿派员前往督饬，分别办理，以清学界而杜争端。

又闻牧伯前月曾派委员陈幼樵二尹往查，酌定育婴堂正座为公局，左横为江秉乾公所，右横为谢汝昌公所，未识确否。按此事现已经学务处电饬秦牧伯查办，其是非曲直，谅能秉公核断，俟探确续登。

学务琐记

◇嘉应今年学堂日增，各处书塾亦多改良，而教科各书，及应用图具，州城苦无购买。近日惟启新书局，稍知采卖，闻国文教科书一种，近已销至千余部，有资本家苟能博采出售，获利饷学，不亦两受其益乎？

大清光绪三十一年乙巳三月二十日　公历一千九百零五年四月二十四号

嘉应学堂筹款之述闻

◇嘉应学务公所于本月十一日集议，以州中兴学，筹款维艰，拟仿兴、长二县加抽戳费办学例，于州牧三八期呈戳费四毫外，另加收四毫为学堂常年经费，至传呈则特加收二大元，计每期有百十张呈，统算一年约有二千余金云，未识此议果能行否？

◇又邱工部仙根现已到州料理学务。近日州人又添聘杨孝廉瑛、李学博倬汉为副所长。

查办学堂之委员抵州

◇嘉应丙市小学堂风潮，上宪电委卸任揭阳虞大令汝钧前往查办，已于初八日抵州，暂驻学院侧东官厅，如何办法，探确续登。

◇又闻谢、廖各绅所办之学堂，现已赶办堂中一切器具云。

平远县试纪闻

◇平远县日昨开考科试，黄大令因病不能亲自监视，而又迫于日期，应考文童俱已齐集，不便更改，委坝头司某二尹代为监场云。又闻黄大令拟试事毕后，即行告病辞退云。

囚犯逃逸

◇平远县署前月十九夜，逃去监犯四名，及晓方觉，□派差勇四处搜缉，卒无踪迹，闻内有要犯二名云。

亦一保存国粹之思想

◇嘉应梁君某素以教读为业，且精技击之学，功课之暇，必教授以一二小时。近来有鉴于各学堂体操一科，有形式而无精神，尝有练习数年，并无半点手力足力者，而目力各项更无论矣，于是编成一书，名曰《新中国体操》。见者多非笑之，惟何君某特称许焉，因使其学徒试验，并怂恿其出板，行将流露之于人间世。按各学堂皆有体操，靡不洋其帽，洋其衣，洋其履，沾沾自喜，竟无一人昌言振兴中国体操，使后生小子生爱国之心者。若梁、何二君，亦可谓有保存国粹之思想者矣。

大清光绪三十一年乙巳三月廿一日　公历一千九百零五年四月二十五号

潮汕铁路公司讨应享之权利

◇潮汕铁路合同章程，首经张京堂煜南呈送商部有案，现该公司以近阅广澳铁路合同，内有"凡该路左右两面，各十英里以内，中国政府不准他人或别公司筑造平行同线之铁路"等因。潮汕系华商自办，请援照广澳铁路成案，于章程内添入此条，以免日后路工告竣，旁人觊觎云。

◇又购路一节，经温观察严定章程在案。兹闻该公司办事员订一新章，禀请大宪核准，仿照粤澳铁路办法，所有铁轨必经之地，定一正价，先令业主到领，若仍故意奢索，乃呈官候领，以免辗轹而期速成云。

又用一般之旧局绅

◇兴宁前任郭大令懦于处事，却明于知人，交卸时，与新令尹谈及县局绅，皆评以一字，某曰贪，某曰狡，某曰蛮，某曰烂，惟某某端正不干预公事。滕令领之，爰改谕李晋蕃、李俊臣、胡叔蕃入局办事。三君者皆招之不来，其曰贪、曰狡、曰蛮、曰烂者，则皆麾之不去。滕令皮里自有春秋，薄其为人，偃室无足迹有日矣，近日不知如何又用此一般人矣。

大清光绪三十一年乙巳三月廿二日　公历一千九百零五年四月二十六号

新派潮汕铁路购地委员

◇潮汕铁路总办张榕轩京卿，禀请督抚札派委员监工并理购地事宜各情，已纪前报。现闻岑督已准如所请，昨札委候补知县张泰，前往驻局办理各事，至购地问题，则仍责成惠潮嘉道，严禁业主抬价居奇，免误要工。倘经公司公定价目，逾五十日仍不到领，即任敷设铁轨云。

学堂汇志

◇大埔强立学堂，去年在永清、长治二甲交界处，借富文书院开办。因地势不便，今年二月移在永清甲内蓝紫墩永清书院，改名育德学堂，现已开学。堂中经费，由同志数人担任，不收学费。学生六十余人，分甲乙丙三班，甲班充中学，乙班充高等小学，丙班充初等小学，均由本堂考验合格者。仪器、书报、图表均备，学科悉遵钦定章程。监督范君光史，校长兼中文教员涂君省齐，副教员兼监学刘君向程，副教员兼文案范君晓珍，舆算科教员涂君演凡，教务提调范君豫人，外务员涂君吉人，医师范君信臣。

兴宁叶塘墟，自萧君惠长，创设蒙学，试办一年，颇著成效。今年极力扩充，招足学生一百名，又附设夜学，由各教员担任。开学匝月，规模肃然，为各乡蒙学冠，皆因教习刘君岳朋、李君沦根、萧君楚岚、萧君似玉四人，热心教育，课程完密，故进步较速。惟该学堂现未筹定的款，一切费用系由各董垫出云。

又罗姓设一家族学堂于雪洞罗氏祠。聘教习三人，罗君慕颜、罗君翼群、罗君瑟若，分任各科；管理一席，系罗雅达茂才。俱热心教育，以注重德育体育为宗旨。今开学月余，颇有进步云。

教习赠言

◇平远姚雨平茂才宇龙英年异禀，今岁就学同文学堂。教习温君丹铭极为赏识，赠以诗云："万峰如笋接闽汀，郁郁千年诞俊英。求学远教来鳄浦，能文真不愧桐城。人兼山海优长质，地合东□圣哲灵。双手期君扶世运，区区岂第为科名。"语长心重，溢于楮墨，姚君勉旃，毋负斯言！

教民亦信佛耶

◇兴宁某甲索奉基督教，近日其族某乙向伊赎田，甲以伪借约相抵，另索契价及印金，乙不认，互相滋闹，将兴讼，经乡者调处，劝乙照原契价多出十余金收赎。甲迫于众议许之，将伪约及原契交出。乙审视，借约固伪，而税契印文，为"佛法僧宝"四字，意者教民报税，则到佛堂欤，岂非异事？

大清光绪三十一年乙巳三月廿四日　公历一千九百零五年四月二十八号

督宪批潮汕铁路购地之禀词

◇潮汕铁路总公司，昨以购地事具禀岑督宪，蒙批示云：来牍阅悉。查潮汕铁路购地一事，前由委员温道会同惠潮嘉褚道出示，第二款内路线经由之地段，无论有无坟墓房屋，均须与原主将地价、迁坟费、房屋价亲领完毕后，方许开工造路，不得由旁人包领代领，系为防杜冒混，免滋辖辘起见。第五条并已声明，路线所经，如无碍坟墓房屋，而该处人民以有碍为词，须由购地委员会同地方官亲至勘明，劝谕开导。第六条复有业主不得抬价居奇，绅民人等，倘敢藉词聚众，阻挠生事，应由公司呈请地方官，随时查拿惩办各等语。办法本极持平，兹据禀土人援引示内"原主并无异言"一语，借口避匿。如公司拟购之地，果系路线所必经，自不容借口隐抗，应由该公司呈请地方官，会同购地委员亲往勘明，妥为劝导。倘议给地价已属公允，而业主任意居奇，亦应由地方官秉公判断，传令业主赴案具领。如果业主延不赴领，即将地价暂存地方官衙门，以备原业主亲自赴领。候即札行惠潮嘉道转饬遵照办理，并再出示晓谕。至各属地价不同，所请仿照粤汉铁路办法，购地分上、中、下三等：上等定价一百四十元，中等定价一百元，下等定价七十元一节。是否可行，并候饬道查明核议复夺。此复。

义仓采米

◇嘉应义仓连年筹办平粜，颇称得力。本春淫雨累月，麦秀不实，秧苗又坏，插莳无时，人心颇多惶惑。义仓董事近日会议，先将仓内存银支出数千元，托汕埠郭协丰采米运州存储，以备平粜，是亦有备无患之要举也，未知广济善堂能筹及否？探悉再登。

白日失银

◇铁路工程司住在潮郡西关外蔡家祠，近日忽失去数百元，该东洋人即奔告蔡明经。明经答曰："祠中有护勇，有办事人员，且当白日，何以漫无觉察耶？"然则所失之银，其将谁偿，究竟如何？

大清光绪三十一年乙巳三月廿七日　公历一千九百零五年五月一号

兴宁县试正案榜前列十名，录左：萧赞勋、刘寿璋、罗心源、陈煊藻、刘志挺、王育英、李锡旈、陈阁麟、罗商铭、陈景春。

嘉应州试四场题

◇首题：日本维新，特重武备，其营规悉仿欧西，而尤得其长者，莫如马军仿法，海军仿英，能详言其制欤？次题：泰西工艺，皆本于学，故见理明而成功易，今中国欲扫除此弊，宜如何改良进步欤？

是曰愚孝

◇兴宁叶塘萧某，素喜读《感应篇》诸书，见所载割股医亲一事，颇感动。近适某有病乃亲，割手臂肉各一块，和药而进，闻食后病果愈云。

大清光绪三十一年乙巳三月廿八日　公历一千九百零五年五月二号

同文学堂博物理化教员已到

◇同文学堂聘请博物理化教员东莞王君履康，系由北洋学堂工科卒业，现已到堂授课矣。

兴宁货船触礁沉没

◇廿五夜有兴宁货船一艘，行至海属士溪乡下游地方浮石坑口，触礁沉没，计失去货件及洋银共值一二万元之多，幸船上诸人均免于难，而郡中之兴宁帮，遂大受其影响云。

兴民学堂董事禀请正名之批词

◇兴宁县兴民学堂董事副贡生王灵岐等，赴学务处禀请正名，联恳给领钤记，转详立案，札县遵照以垂久远事。蒙学务处宪批云：查奉行《奏定学堂新章》，各属学堂，应先由地方官设立一所，以为模范等因。该绅议办之兴民学堂，前据该县郭前令禀改为兴宁县小学堂，当以兴民学堂为县立学堂第一区，且该绅等所筹学费，乐育堂、权济社等项，均系地方公款，自应遵章，先作官办学堂，是以批准照办。现禀仍请作为两等公立小学堂等情，学堂为造就人才之地，该绅等所办之兴民学堂，现虽改为官立，仍由该绅等办理，仍是教育兴宁一邑之子弟，于民何损？于官何益？该绅等多属开明之士，亦何必区区争此虚名，转形狭隘耶？想该绅各抱热诚，各具宏愿，若能协力通筹，另设公立小堂一二区，以期教育溥及，是尤为本处之厚望也。仰现任兴宁县转饬遵照。禀抄发，保领附。

志委员查办长乐事

◇长乐去年廪贡生廖慎猷呈控赵大令贪劣一案，二月间上宪特派委员柳大令敖，到乐查办。讵柳大令到乐时，而赵大令已登白简，无可挽回，遂通禀廖某等诬控，请将该生等衣顶先行褫革，再行惩办云。夫县令贤否，舆论难逃，而廖某乃竟首发其事，斯其所以有罪欤？噫！

大清光绪三十一年乙巳三月廿九日　公历一千九百零五年五月三号

大埔学务公所之将开办

◇大埔学务公所，近由胡大令集绅商议，暂借训导署前厅开办，酌定于四月初七日开所，访得议定所长文案会计各员名录下：邱光涛、郭镇章、邹锡祺，其余名誉员尚有十余人云。

川土平沽

◇嘉应膏捐委员现已到州开办，各土庄以膏捐已行，将来川膏价昂不能旺销，做川土生意者，恐难获利，故皆将川土减价平售，为改业计。从前每百两沾二十七八两者，今沾二十三四两云。

大清光绪三十一年乙巳四月初一日　公历一千九百零五年五月四号

条陈潮汕铁路购地善后事宜

◇廿八日，朱商岩明经乃霖以潮汕铁路公司购地，诸多轇轕，条陈善后事宜，赴府辕禀请李太尊转禀督宪核办，以保铁路而安地方，其禀二三千言，洋洋洒洒，颇为恺切云。

嘉应卫生会之发达

◇嘉应卫生会于去年发起，以戒食洋烟为宗旨，不特为已食之者劝，且联和英俊少年，并为未食者预防失足，立意甚觉深远。当开会时，在嘉应之外国医生亦来赴会，近闻德国维医生前月往上海，会集各省洋医师，将会内戒烟宗旨申明，各医师均极嘉奖，拟取章程百十本分给各处，以便仿行云。似此机关，亦可为中国卫生前途一贺云。

禀办育德学堂之批词

◇大埔育德小学堂，既于三月十三日开学，监督范光、史广文等，将强立学堂移改育德学堂，及筹费开学各节，禀请胡大令立案。蒙批云：该教职等移改育德学堂，实属热心造就，深堪嘉许。所有年限、章程各项，着钦遵奉发章程办理，毋致参差。其常年经费，仰传谕二甲绅富，踊跃拨助，以为之继，并准予存案保护，倘有阻抗，禀候严究。

滋事护勇已革

◇铁路护勇林俊滋事各节，已纪本报。兹已由蔡弁俊卿斥革，当斥革时，林俊曰："我并无误公，何以革我？"蔡弁曰："我系哨官，有黜陟之权，且尔造言生事，大犯军律，其斥革也宜。"林俊曰："我必求人保护。"蔡弁曰："我不管，速将军装缴点，以凭交贷新什长高甲。"即将前所筑二灶毁拆，蔡弁已将此情告知朱姓云。

大清光绪三十一年乙巳四月初二日　公历一千九百零五年五月五号

嘉应教育普及之前途

◇嘉应自黄公度京卿提倡学务，与同乡好义诸君首捐巨款，是为嘉应建筑学堂之权舆。去年设立学务公所，公举京卿为所长，以实行普及教育为宗旨。其决议办法，首以建设师范学堂，招考州属各堡及各县学生，先习师范为第一着；派员调查各乡入小学人数，及拣择开学处所，以期普设小学为第二着；于北冈划地建筑中学堂为第三着。其规模之宏远，计划之周密，条理秩然，实事求是，诚为学界中人所推服。现师范学堂已将落成，中学地基亦经测绘，而黄京卿遽返道山，凡我同人，同声一哭，幸继其后者，为邱蛰仙水部。水部为岭东办学之初祖，学识宏通，热心教育，夙与黄京卿、温太史，并负重望，专以输入文明、开通后学为义务。本月初来州，由州牧伯照会水部为所长，所有黄京卿从前议决办法，依议照行。时与共所诸同人，上下其议论，更有以扩充之。现闻公派前往日本学习师范生杨君徽五、黄君簪孙，于本年夏间可以卒业回国，并订聘日本教员一人，均充师范学堂教习，定期本年秋间开学。现各处师范生到公所填册者，极形踊跃，将来师范生散布各乡，嘉属学界，必骤形发达。虽建筑中学工程浩大，用款自必不赀，然海内外同乡诸君，闻水部接任所长，同声称赞，咸愿倾囊，公襄义举，不禁为嘉应学界之前途贺也。

嘉应留学日本武备生之特色

◇嘉应杨君志澄，幼具异禀，髫龄好学，兼习技击术，故臂力过人。迨考选广东武备学堂生，教习亟称赏之，将卒业。京师练兵处咨取各直省武备学堂生数人赴京，由王大臣考验，派往日本留学。广东武备学堂挑选四人以应，杨君其一焉。到日本后，入振武学校肄业，距今年余矣。本年二月为第一次开学之期，汇考分别等级，总办教习取列第一，人多称之，杨君勉乎哉！他日学成归国，前程远大，岂第区区博一时之荣誉乎？

大清光绪三十一年乙巳四月初三日　公历一千九百零五年五月六号

雁洋小学开办

◇雁洋堡酌提寺产开办小学，业经禀学务处宪，蒙批准在案。去冬设学会所，迭次会议，该堡人士，颇为踊跃捐题，俟巨款既集，方建筑校舍，既先借地开校，聘李君实秋、谢君省薇、李君性根，分班教授，李君莲磜，则在堂管理一切，学生有四五十人云。

长乐税契浮收

◇友人函云：长乐税契遵照新章，购买三联契纸投印，甚形踊跃，惟长乐县库吏某甲无论典断，每张契勒加粘契工银四毫，抄契工银四毫，浮收内费银四元八毫，外费银三元六毫等云。果有其事，亦与宪示不许书役人等需索异矣。若辈何无忌惮，而不虞王大令知之耶？

兴宁社会之旧相

◇兴邑民族迁自中原，故风俗与中原相近，士尚廉介而少豪侠，农务勤劳而安故陋，商工心计而乏信义，工守矩矱而少变通，大抵皆保守主义也。若易保守为进取，必自兴学始。

大清光绪三十一年乙巳四月初五日　公历一千九百零五年五月八号

兴宁货船沉没详纪

◇兴宁货船沉没情形，经志本报。兹确探当日货船，银在舱中，货在船上，且系沉没，并非翻覆，而留隍渡乘机作弊，托救生之名，争入水中，将舱中白银倾囊倒箧，尽获而去。嗣后兴宁行商与之理论，始认捞得七千余元有□，仅及原额之半，而商家索回后，每一船各赏银一百三十元，以奖其劳，而旁观则于留隍渡获银情形，不无訾议云。

亦一爱国之思想

◇嘉应务本学堂，开办数年，颇著成效。兹届夏时，各换操衣，集议布用中国人制造的，为最光荣，故于三月二十六星期日，数十人排队往西阳小学堂参观，概穿兴宁所织竹桥机白布。道旁观者，啧啧赞叹，谓该学堂生能具爱国思想云。

又劫批银

◇澄邑山边乡某批馆，月前廿九日，遣伴带银往海属各乡分批，至博士林地方被贼劫抢，失去银二百余元，不知有无禀官追究云。

大清光绪三十一年乙巳四月初七日　公历一千九百零五年五月十号

长乐师范学堂之不善

◇长乐师范学堂,自前岁筹办,迁延至今,经王大令极力提倡,始克开办。堂中规则,及一切图籍、仪器,不甚完备,选取学生程度,亦参差不齐,在堂办事诸员,并无改良之意。教习黎君辰若到堂授课,未及半月,现已辞席而去。

嘉应州试五场榜

◇秦牧伯于三月廿六日考试五场,题为:"君子病无能焉,不病人之不己知也"义。二十九日发榜,共出六图,兹将前十名录下:陈秉鋆、梁升、李植、谢纶恩、萧远扬、黄宝鉴、沈梦松、林萧笃、卢运球、邓庆萱。本月初一日末覆题:"孟子曰:无为其所不为,无欲其所不欲,如此而已也"义。

工部往省

◇邱蛰仙工部前月到嘉应学务公所料理一切后,日昨来汕,因学务处函催数次,已于初六日乘轮往省矣。

纪游学

◇嘉应邱燮亭大令,向在南洋加拉吧经商,家资殷实,去岁在吧城邀集同志,创设学堂,以教旅居南洋子弟。近日复亲携其子三人,女一人,往日本留学云。又谢逸桥昆仲四人及李君云孙往日本留学,日昨至汕,不日乘轮东渡云。

大清光绪三十一年乙巳四月初九日　公历一千九百零五年五月十二号

挽黄京卿

◇嘉应黄公度京卿作古,出使日本随员何士果大令,寄联挽之云:五千年罕觏奇才,著《演孔篇》,是哲学巨儒,创保卫局,是政治大家,至于画策朝鲜,参议琉球,是外交舞台屠龙妙计,此老为硕果仅存,归养故乡,曾筑精庐在人境;一万里遥传噩耗,览公遗书,有《日本国志》,诵公遗草,有《新民诗话》,追忆送客新亭,赌棋别墅,有东晋名士挥麈风流,暮春正樱花齐放,怆怀景物,不堪洒泪向梅州。

又联云：帷幄仗奇才，先大夫早订知交，地府相逢，洒泪话英雄末路；风潮起变政，予小子曾从患难，申江重过，惊心忆党锢当年。

又日本随员梁诗五司马挽以联云：遘病在湘南，遘难在沪北，我曾相恤相怜，往昔凄凉，尚未吞声悲死别；前年哭嗣宗，去年哭太真，公更如泡如影，知交零落，问谁爱国表同情？

又联云：廿世纪政治数名家，奉诏养疴，无限伤心寓诗草；五部洲风潮集故国，感时伤逝，一齐溅泪到樱花。

兴宁城守撤任之原因

◇城守何某于去岁出票捉人一事，经石马局绅陈某到督辕呈控，并将该票缴案。现奉到大宪牌文，将该城守撤任查办，并勒交营兵四人，送县讯究。闻昨日该城守一缺，已委水口□王某代理矣。

嘉属米价陡涨

◇嘉应兴宁各处，因近来叠遭水患，秧苗损害大半，今年插莳较迟，故今日米价陡增，每元仅买一斗二升左右云。

大清光绪三十一年乙巳四月十二日　公历一千九百零五年五月十五号

示禁邮递呈词

◇日前有丰顺县民刘应亨，自称教民，具词控弟，由邮局投递府辕。李太守收阅后，即悬牌示云：

为申明示禁事：照得民间命盗案件以及一切词讼，如地方官办理不力，审断不公，原许具词上诉，然须遵用状式，备具保领，来辕投递，以凭批行查办，如有假冒诬捏，即当提抱究追。前奉院宪通饬，凡绅民呈控案件，率用白禀，外加信封，交邮局递寄，毋论所禀何事，一概不阅不办，迭经遵行示谕在案。兹有丰顺县民刘应亨，控弟刘阿永争夺尝产，率用白纸草写，内具"教民刘应亨"，封面写"丰顺县教民"字样，交邮局递送来府。细阅抄纸内，县批案结多日，毋庸呈催翻控，是已在县结案，本不当来府渎诉。即使果有冤抑，自应详写住址，呈保亲诉，乃竟敢混用信封，写列教民，交邮投递，意图恫吓，实属谬妄不经，有干宪令，应照章不准理办。合就牌示，为此示，仰阖属军民人等知悉：尔等当思本府三八当堂放告，原以询问疾苦，通达民情，但不容狡猾奸徒，诪张为幻。嗣后各处绅民上控案件，除遵用状式来府投递者照旧收阅办理；其条陈地方利弊及绅董贤否，并准用函封，于卯期当堂亲递，可行者准许，不可者亦置之不问。此外如再有干涉词讼，率用白禀白纸，外加信封，交邮局递寄者，毋论何事，一概不阅不批，并须饬属查究。至民、教同系赤子，自当一视同仁。如非关系教务，寻常户婚田产控讼，不得擅列"教民"字样，以杜冒混而期持平，其各懔遵毋违！特示。

州试大案揭晓

◇嘉应州试大案，既于本月初四日揭榜，兹将前十名录左：陈秉鋆、萧远扬、李植、谢纶恩、卢运球、黄宝鉴、梁昇、梁充海、侯海瑞、沈梦松。

严究米船串吞之情弊

◇嘉应米商黄昌记瑞成号被船户串吞洋米百余包，伪报失水，已纪前报。兹悉经昌记等查明实据，将船户送官。秦牧伯以现值米贵之秋，若任其偷漏，将来商户不敢办米，州人无以买籴，关系非浅，立即签差，将各船只扣留追究，以重民食云。

大清光绪三十一年乙巳四月十三日　公历一千九百零五年五月十六号

嘉应学务函述

◇顷接嘉应学务公所来函，云近阅三月廿五日报章，所登嘉应学务汇述，不知何人函寄，实系未悉敝公所内容者。据云，学务公所欲将去年张京卿交出印金二千元，拨为补助前黄京卿派送杨、黄二人往日本游学费。（中略）黄、杨二人是黄京卿私送，非合州公送云云。其实提议印金一事，乃系蓝上舍君五诸人出于公义，欲将此款暂借为办学之用。是日提议此事时，本公所并未与闻，后因志趣各别，此事已作罢论，各上舍对张京卿如何向收，公所无由得悉。杨、黄二人派往日本游学，学成，即充为公立师范学堂教习，此事已于去年七月间，由州尊通禀学务处，案据炳然，何得云私派？黄京卿从前是主持吾州学务之人，派学师范非由京卿主派，将由何人派往者乃为公派？合请更正云云。

州考兴镇二县头场榜

◇秦牧伯本月初二日考试兴宁、镇平二县头场，已于初七日发榜，兹将前列十名录后：

兴宁：刘奉璋、陈阁□、罗锡畴、萧缵勋、张介、黄龙骥、罗宝环、陈宗实、幸凌汉、陈凤书。

镇平：林光标、陈卓英、罗耀宗、谢宝辉、林广全、邱常、谢翘鹏、陈谨怀、黄家瑰、曾振群。

◇初五日开考平远、长乐二县文童首题："为机变之巧者，无所用耻焉"义；"食之以时，用之以礼，财不可胜用也"义。通场次题："博闻强识而让，敦善行而不息，谓之君子"义。

大清光绪三十一年乙巳四月十四日　公历一千九百零五年五月十七号

示禁米商居奇

◇嘉应近因米价□贵，而秦牧伯以为米商居奇，高抬其价，特为出示严禁云。

大清光绪三十一年乙巳四月十五日　公历一千九百零五年五月十八号

州考长平二县文童首场榜

◇秦牧伯初五日考试长乐、平远二县文童，初八日出榜，兹将前列十名录下：

长乐：李诵芳、曾炳奎、张鼎新、吉诒孙、吴家骥、温任槐、魏麟圣、李琼芳、古际成、陈福圻。

平远：陈林善、邱宝璜、凌炯、李重光、姚际唐、杨抡元、萧亮宗、韩逢时、邱照文、刘仰程。

◇初九日初覆兴宁、镇平二县文童题：汉武帝好勤远略论。

松源拟添设半日学堂

◇嘉应松源堡刘氏开设族学堂，已纪前报。兹悉该学堂设于该堡之桥市地方，有学生六十人。教员三人：一为林茂才百举，系去年岭东同文学堂蒙学教习；一为古茂才吉皆；一为赖君用光。尚有刘明经石梧，则以总理兼教员。上月已将章程禀请学务处立案。现该学堂拟添设半日学堂一所，专收失学之人，教以浅近文字、算术等科，不收学费。闻报名就学者甚多，已另觅校舍布置一切云。

兴宁女学之萌芽

◇兴宁自开办小学堂以来,各董事教习皆以女学缺如,拟议兴办,惟风气未开,教习管理两难其人。本年拟在城内先设一馆,教授各董事教习之妻女,以为兴办女学地步,后以乡居者多,未能一律来城,事遂中止。惟初等教员张君花如,家居城内,欲实行家庭教育主义,每日在堂授课外,即告假回家,集家中妇女教授两小时,闻其家妇女向学颇殷,日来已有进步。他日宁江女学之兴,此为先河矣。

禀争学谷被斥

◇嘉应武备学生曾能,去冬应考省城武备,获选入学堂肄业,应收祖遗学谷,同族某生嫉之,力与之争,经曾能父祖培具禀州牧,批准遵照宪章一律向收。某生仍执拗不允,饰词强辩,当奉秦牧伯批斥云:昨据曾祖培具禀伊子曾能已奉武备学堂取录入堂肄业,祖遗学谷援案请准照收等情,当查前据杨恭垣等录奉前督宪批示,此项学田花红,如果在堂肄业听候卒业者,自可照准,若仅经取录,并未入堂及入堂后因事退及斥革者,不作为武备学生,援例藉口等因。是此项学谷,如本生已经取录在堂肄业,并无告退斥革事故,均得收取,故饬照宪批向收,传谕遵照在案。现禀曾能并未在堂毕业,未免有意执拗,殊属非是,仍着遵批办理,毋庸争执。粘抄存。

农业变通

◇嘉应自入春以来,雨多秧坏,插莳失时,农家多改种黄麻一种。闻黄麻颇可获利,且收成后冬季仍可种禾,田亩不致荒芜,此亦变通之一法也。

大清光绪三十一年乙巳四月十六日　公历一千九百零五年五月十九号

长乐学堂教习与学生冲突之原因

◇长乐师范兼小学堂教习黎君辰若,到堂授课未及半月,即辞席而去,已纪前报。嗣查其辞退之原因,厥其数端:

一、邑侯王大令二月间考取师范时,意在普及,卷中注明住址,按各村约分取额数,不计文艺工拙,故有文艺优长而遭摈斥,有文理不通居然入彀者。至于小学,同为一班,其年岁已参差不齐,程度尤高不下一,施教者颇形棘手，黎君极不以为然。此教习不满于学生之原因也。

一、堂中两班学生，虽名之为高等师范、高等小学，实则于寻常至粗浅学级，尚未领会。黎君登堂授课，凡初级科学，解说皆从简略，而不知学生实未了了也。它日环而聚问，黎君不胜其扰，谓口授不如笔谈，于是将诸生所疑者，详书粉板，一一指示，而不知学生于国文仍未了了也。乃学生不自谅其程度之卑劣，反议教习之不善教，互相诽谤。此又学生不满于教习之原因也。

一、黎君虽积学士，而年过半百，心力较逊，粉板书课，间有误字，学生遂挟之以为难。此一分因也。

一、长乐山僻地，士习卑陋，于本县学究，则奉若神明，于异地巨儒，则疑为浪子，崇近而轻远，陋习相沿，牢不可破。此又一分因也。

一、堂中经费未裕，草草开学，而黎君悬价甚高，聘金五百五十元。管理诸公，忧款难筹，而阴利其去，授意学生之事亦有之。此又一总因也。

合此数因，遂于三月二十日，黎君堂课毕，诸生大哄，擎堂中粉板，大书特书曰"可谓良教习矣"，嗣某甲又改"良"为"浪"，某乙又改"浪"为"狼"，黎君闻之恚甚，遂于翌日辞席。识者犹谓其知机，称其明哲云。

兴宁卫生会之推广

◇鸦片一宗，流毒中国，匪一朝夕，中国士夫，莫不痛诋之，而又不能禁绝之。近自嘉应张君某创设卫生会，推效颇广。今兴宁陈君天基，极力推广此会，并拟于鸦片之外，更及其余有妨身体之事，一概禁绝，以符卫生之旨。先刊章程分送，暂借邑公地，定期开会，俟办有成效，即禀宪立案，闻者莫不赞成云。

滕大令清烟馆

◇兴宁滕大令自去年下车以来，拿获匪犯数名，大半在山僻烟馆中。闻近日严行示谕，凡城乡大小烟店，须有人保证，不藏匪窝赃，方准开设，否则一律封闭云。

大清光绪三十一年乙巳四月十七日　公历一千九百零五年五月二十号

纪丙市开教育纪念会

◇嘉应丙市去岁孟夏四日，由江、谢诸君联合三堡同志，倡办改良教育会，三堡学堂，赖以成立，遂于本月四日，特开教育纪念会。是日到者，务本学堂暨西阳高等小学堂教习学生，合共百余人，均穿操衣，恭致祝词，午后合各学堂生会操，观者如堵，颇极一时之盛云。

兴宁开设学务所之筹划

◇滕大令迭催开设学务公所，拟拨文峰、墨池两书院膏火及奖赏款，为常年用费，计每年可得三百元，然设一学务所，豫算每年至少须一千余元，经费既绌，决难持久。现闻大令特谕邑绅李锡纶、张亦畴、王灵岐、李国英、胡锡侯、饶宝鉴、罗鼎金、李文连、陈慕瀛、刘信璋、罗翔云等十余人，为筹办学务所人员。数君众望素孚，想不日当可就绪矣。

大清光绪三十一年乙巳四月十九日　公历一千九百零五年五月二十二号

邱工部之职任未定

◇学务处张观察聘邱工部仙根到省，已志前报。兹闻观察欲以参谋顾问勷理学务等职相待，若遇地方学界要务，亦可照会查学云。按工部学识才干，主于锐进，大刀阔斧之人，断不可任以踽踽职司，使不得展其槃槃大才。又闻工部极表同情于总学会，愿为岭东代表，自去岁离去同文学堂回嘉属，鼓其热诚，其成立有二十三学堂云。

岭东同文学堂三月份总积分榜

◇廖毓桓、陈文焕、钟郁文、童述会、韩柳文、蔡澍云、古锡龄、张文纬、廖毓华、蔡宗濂、黄作霖、梁冠英、吴之杰、廖维邦、孙振新、蔡应龙、蔡嘉谟、陈淑光、方从贤、周颂、方龙骅、温廷炜、何国嵩、高扬、张席珍、陈列、许廷燦、吴汝隽、陈兆堂、廖道元、张国华、吴展翼、何己、周钴尧、刘崇、黄日昇、黄有方、杨锡华。

大清光绪三十一年乙巳四月二十日　公历一千九百零五年五月二十三号

嘉应实行加收戳捐充学费

◇嘉应州学务公所绅董等禀请加收戳捐，以充学费，已纪前报。兹秦州牧于本月十三日出示晓谕，自十三期起，凡民间控诉事件，除命盗案事主新旧呈词，不加戳捐外，其余一切词讼，毋论新旧，每呈一张，加收戳捐银四毫，由代书汇缴公所，以裕学费云。

州考兴、镇二县文童二场榜

◇秦州牧初九日初覆兴宁、镇平二县文童，经于十二日发榜，兹将前列十名录下：

兴宁县：刘奉璋、王培中、萧赞勋、陈泮藻、刁仪冕、张价藩、李树珊、李端志、陈纲、陈凤书。

镇平县：温宗峤、林光标、邱兆甲、陈奉璋、邱震东、吴志慈、曾聘宗、邱常、谢宝辉、陈卓瑛。

十三日二覆兴宁、镇平二县文童题：警察为泰西善政，兆庶赖以治安，中国近亦仿行，未见其效，其利弊得失究竟若何论。

大清光绪三十一年乙巳四月廿二日　公历一千九百零五年五月二十五号

铁路赔款不准酌减

◇潮汕铁路滋事，赔款二万六千元，陈、杨两姓均已按月呈缴，月浦乡余姓六千元，前具禀当道求免。闻温观察昨有电致澄海县，仍请饬依结速缴，免致案悬莫结，如敢刁难，应将具结之绅士，详请上宪斥革。若不追缴，又不详革，则是地方官欲敷衍了事，恐干严处云云。

大清光绪三十一年乙巳四月廿三日　公历一千九百零五年五月二十六号

禀控夺款阻学之批词

◇兴宁争承乳猪捐事，叠见前报。现该县绅罗敬修等，以贿夺公款阻挠学务等情，具禀学务处。奉批云：此事现经该绅罗振勋等禀县，请归廖文经承办，何以该县又复批准黄国桢等承充，殊不可解。查阅粘抄，本年三月初五日禀批，有"饬令黄国桢与廖文经等各禀分半，俾得利益均沾"等语，虽为调停两造起见，而办理□□□□□□□□□□□□□□□□□□□□□□费之有无，该生等所设之公立小学堂，地方官既不能为筹费补助，即此自措已成之款，尚复旋准旋翻，致生阻力，殊非维持学务之道。究竟其中系何实情，仰嘉应州遵照澈底查明，据实禀覆察夺，毋稍徇延。禀及粘抄并抄发，图册存。

嘉应育婴堂之近况

◇嘉应城西育婴堂创设已久，近闻该堂悬贴布告，略谓：本堂自前年养育婴孩六七十名，去年增至八九十名，除添雇乳媪外，查禀章程，凡远处送婴到堂者，每名酌给脚力钱二百文，近者给一百文，于本人毫无破费云云。其办理善举，以期广拯穷婴之意，可谓美善，倘能于堂中附设蒙养院，以讲习保育教导之法，则裨益地方，更不可限量，不知该堂绅董能扩而充之否？

大清光绪三十一年乙巳四月廿四日　公历一千九百零五年五月二十七号

学堂禀批两志

◇嘉应大沙吴明经应銮等，今春倡办吴族小学堂，既纪前报。现禀请州牧转禀学务处存案给戳，奉秦州牧批示：据禀及清折均悉。究竟该副贡现办该学，是否实心教育？所订章程，是否悉臻完善？候谕学务公所，饬派练习员绅前往调查考验，禀覆到日，再行禀请学务处宪立案给戳，以昭慎重。仍着将一切办法，与该练习员悉心商酌，分别改良。另列清折，及将学堂校舍绘具图说，并缴核办可也。折存。

嘉应举人杨瑛等具禀州牧，在大觉寺开设小学堂，请出示保护等情。旋蒙批示：据禀及章程、图册均悉，候出示保护，俾资开办而育人材。粘件附。

奸商骗运芜湖米之关系

◇粤商赴芜湖购米，向系米运到粤，陆续汇银清帐，相安无异，近忽一律现银，彼此诸多牵碍。查因光绪二十九年，有澄海奸商陈秉章，在芜湖米行定米六万余金，同日起运。寻被米行侦得陈志图行骗，立派伙伴，跟踪至汕头，而陈已将米分售各米店。经来伴禀明前澄海县董大令，谕令各米店停止交银，静候裁判。未几，董令卸事，后任置之不理，来伴遂返芜湖，联行改定现银购运新章，米市为之拥塞。嗣为皖抚查悉情形，电请商务局咨行粤省督抚，一面派委吕大令林钟来粤，赍带公事，向两院面陈。闻两院已行司局转札澄海县，追提此案，刻日妥办矣。

货船必须互保

◇嘉应船户由潮汕载运货物，常在中途私行盗卖，到州伪报失水，不止一次，实为商家大害。现因曾、陈、魏、廖各船户，串吞瑞成昌记米石一百五十余包，虽经官押追，而米市已受其阻碍。各州商拟此后运载货物，必须五船互保，方准领载，并拟呈官立案，以杜弊端而维商家业云。

纳金赎罪述闻

◇长乐郑某甲，前被人控告谋害人命，经官拘禁多年，因讯无证据，尚未定罪。而郑家则以其人实系出洋，每逢新旧任交卸，必具词申诉，并愿纳若干金，希图开脱。闻前数任皆以原告屡次呈催，未便为之开脱。近日忽经县主释放，逍遥事外，论者谓郑费去数百金，未知确否。

大清光绪三十一年乙巳四月廿六日　公历一千九百零五年五月二十九号

禀办龙田公小学堂之批词

◇兴宁县附贡生罗振勋等，以开办龙田公小学堂，禀请学务处立案，并请给钤记。奉批云：禀粘及清册、图式均悉。该绅等开办龙田公小学堂，将文祠地方改为学堂永远地址，并将猪条、乳猪两项规费，拨作常年学费，既据禀县出示，应即照办，准予立案。察阅章程，大致尚属完备，惟办法第九节，有学生在堂，自办火食一条，殊属不宜。堂内既设厨役，寄宿之学生，自应出膳费，若归自办，校舍既不能清洁，且恐有碍功课，应即改正。图式地址，尚足敷用，惟缺一会食厅，应在厨房附近之厅房，改设一会食厅，方便管理。后进之寄宿区，与厕所相连，有碍卫生，该堂旁多有空地，应将厕所设法另迁。第一年经费预筹表，尚属明晰，惟教员每年薪水仅四十三两五钱，殊觉太菲。学堂之有无成效，全视教员之能否得人。倘仍取从前训蒙之学究，滥竽其间，岂非虚靡款项，辜负该绅提倡之初心乎？师范之难，随处皆然，该堂系初等小学，教员延聘四人，却不为少。究竟各教员能否胜任？各科如何分认？应由县饬绅查明具覆。至请拨钤记一节，俟编号刊就，札发由县转给，仰兴宁县传谕该绅等知照。禀抄发，粘抄、图表、章程均附。

兴宁河防之提议

◇兴宁沿河，旧有水车百余座，后为邑前令仲振履，将水车一律撤去，以致沙石填积，河道日浅，历年筑提障水，高出地面丈余，向日水由地中行者，今则改从地面矣。故一遇骤雨，河堤横决，淹没屋宇田园无算。闻前数年，邑绅李君锡纶倡办浚河，因事中止。近该邑绅耆又提议此事，妥筹补救之法，然兹事体大，非一朝一夕所能竟其功云。

按：兴宁西北多山，向少种植，地脉不能蓄水，岗陵崩溃，上流即挟沙石俱下，以故河道淤浅，一遇大雨，报告溃堤者，以数十计。今日欲弭水患，盍先设立种植会，以兴山利乎？

大清光绪三十一年乙巳四月廿七日　公历一千九百零五年五月三十号

嘉应又欲加收戳费

◇嘉应词讼每呈一张，例纳盖戳费钱四百文。近因学费难筹，加捐戳费四百文，犹为公益起见。闻州署代书，前期又议再加三十文，以充私囊，是则未必可行也。

大清光绪三十一年乙巳四月廿八日　公历一千九百零五年五月三十一号

兴宁学界之舆论

◇兴宁函云：自开办兴民学堂，谤牍繁兴，近来此风稍息，乃自改官立之札下，士论沸腾，有喜者、惧者、不平者、解嘲者，又有不喜不怒者、不忧不惧者、调停两可者，百喙异声，喧彻耳鼓。派别之可分为七：其喜者，为著名八股家，欲谋一席教员而不能得，一闻官立，鼓掌称快，是曰嫉妒派；惧者，知公立官立之利弊，而又慑官威，不敢与争，是曰畏葸派；不平者，愤学务之将倾，哀时事之多艰，追效贾生，痛哭流涕，是曰伤时派；解嘲者，逆时势难争回，而强为镇静，自命解人，是曰东晋派；不忧不惧者，则查据钦定新章，无改公立为官立之明文，而自信必能争回者也，是曰倔强派；不喜不怒者，则并不知官立公立之名词与学堂之形式，而毫无感觉者也，是曰混沌派；异乎此六派，而别有一持调和主义者，是又为和平派。彼知官场无收回成命之理，欲择一附城稍近，如新陂公小学堂，规模宏整，禀请改为官立，以全官场面目，否则宁忍毋争，致触官怒，以取罪戾，则又可笑之尤者矣。记者据此而断之曰：诚如是，学界前途不可问矣。寄语办学诸公，毋相竞以意气，毋猎取乎浮名，毋畏乎艰危，更坚持此毅力，以支撑此学界之前途，其庶有希望乎？

大清光绪三十一年乙巳四月廿九日　公历一千九百零五年六月一号

西阳学堂禀批

◇嘉应西阳小学堂与缉捕经费局冲突一事，经校长卢文铎赴学务处，禀移缉捕经费总局。奉批：据禀已悉，仰候备移缉捕经费总局，核饬遵办。

兴宁茶市畅销

◇兴宁西厢朱子菜、冬坑尾，东厢石马、鹿子山、官田、水萝塘等处，多产茶，味清而色绿。近来宁人颇知讲求制茶之法，闻今春有嘉应商人，到处采买，拟贩运出洋，以故茶市价值为之骤增。

大清光绪三十一年乙巳四月三十日　公历一千九百零五年六月二号

岭东学界之前途

◇邱仙根工部到省后，学务处已任以参议之职，惟闻工部之意，仍注重岭东学务。现督办亦拟合惠、潮、嘉专设一学务公所，即以工部为所长，以期振兴三属学务，现已议办法，不日当有明文矣。

书院彩票已准照办

◇嘉应学务公所昨具禀秦州牧，拟将培风书院变价，沽票四万号，依次编出"为国储才"四字，每字俱列一万号，每号收票银五毫，照本州铺票过绳签卜之法开彩，头彩得培风书院全座，估作一万三千元，其余七千元，为二三四彩及左右傍彩，及开彩各费，所得培风书院价银，即为北冈建筑中学堂之费等情。当奉批云：据禀，拟将培风书院变价，拟充建筑中学堂之用，并仿照投票办法，拟沽票四万号，每票收银五毫，以期集事较易而得款较多，藉俗经费，应准照办，候即出示晓谕可也。章程、告文、绘图均附。

嘉应学堂汇志

◇嘉应松口一堡，自学务公所开设后，各族家堂皆踊跃筹办。现探得梁氏学堂由其族中映堂君捐金千元为开办费，后又得巨绅锡予君捐金千元，蔚生君捐金五百元，加以各尝项捐，约有四千余金，已由该族老成公举上舍石荪等为办事员，议定章程，禀官立案。邱氏学堂，经州中公所所长邱工部极力提倡后，业既议有头绪。饶、佘、叶、吴各族学堂，亦经提议，不日将一律开办。

兴宁石马墟小学堂，为何君公博、陈君少岳、何君子渊等所倡设，就该墟文祠改建，一切经费，将醮金各项提充，现有学生七十人，聘钟君光海、何君慎其、何君敬熙为教员，何君子渊为管理员，学级教科，颇为完备。离墟半里许，有陈族学堂一区，规模较小，学生四十人，而布置颇善，聘教员林君国治授算术、体操、地理，陈君鼎铭授历史、国文。距城西八里许，曰新陂墟，前此人未知学。自去年练习员李杖乙茂才回邑，与其弟杖铭茂才，倡设初等小学，借该墟文祠为校舍，先出资开办，嗣复禀县指拨该墟乳猪捐为常年的款。现招足学生七十人，聘教员四人，为李君耀堂、李君在中、刘君运枢、李君申发，分授地理、算术、经学各科。近又添设国语、唱歌两科，由兴民学堂教员陈展鹏君往授。闻开学数月，颇有进步。

拿获小手

◇轮船到汕，每多小手乘舢板上轮，攫取物件。昨日暹罗轮船抵汕，经续备军到轮查拿，当下拿获三名，带回惩治。

截抢米船之传闻

◇顷闻昨日有米船由梅溪经过，被匪徒截抢，未识确否，俟探闻续登。

管理员干涉斗案被掳

◇长乐函云：练习员古君绍光，卒业回来后，及在本县小学堂充当管理支应职员。先是，长乐登云乡温姓，与下阳坝邹姓械斗，已经数年，屡结屡翻，去年古君曾办理其事。近日二姓又复结寨树栅，扬旗鏖战，古君素持非攻主义者，复贸贸然往劝二家和释。讵行至下阳村，邹姓父老，谓古君语气袒庇温家，遽令子弟以继缧从事。近闻古君之子已赴县呈请吊放，县主如何办法，尚未闻知。噫！安定学斋，原不违以治事，而鲁连排难，竟入絷于南冠，夫亦可为教员而干涉词讼者鉴矣。

大清光绪三十一年乙巳五月初一日　公历一千九百零五年六月三号

学务处批嘉应加收戳捐禀

◇嘉应学务公所绅董黄遵谟等，以加收戳捐充学费等情，具禀学务处。

奉批示云：据禀，学堂经费不敷，请加收递禀戳费，每张四毫。无论民情是否乐从，断无此政体。前据兴宁县具禀，业奉督县批饬，名目太多，恐涉烦扰，经行处饬州核办在案。现禀称为奉准，殊属有意蒙混。学堂为造就人材之地，虽目前以筹款为急，然亦必斟酌悉当，行之无弊，若如该绅等所请，是直以多讼为生利之端，揆诸兴学之初心，当不若是。嗣后该公所绅董办事，务须按照权责，切实奉行，力挽歧趋，勿蹈恶习，是为至要，仰嘉应州转饬遵照。禀抄发。

禀办家族学堂之批词

◇镇平县绅邱龙章等，以创办家族小学堂由，具禀学务处。奉批示云：禀及章程、图册均悉。各属官立小学堂为数有限，必藉民间广为设立，教育方能普及。然非有深知学务，热心任事之人，办法亦不免参差。镇属地方奇瘠，尚无官立学堂，该绅等蒿目时艰，力图公益，创设创兆家族两等小学堂，分为员山、城东两所。因该经费支出，所有教育事宜，均由族人担任，具见坚苦从事，殊可嘉尚，但以后筹有款项，仍须酌送修膳，方可持久。该学堂系家族办法，并许外姓子弟，一律保送入堂，尤足破寻常畛域之见。校舍图式，限于地，限于财，而布置尚属合法。察核章程细则，于学生之分班，学级之升转，极为周详，余均遵守奏定章程，复体察地方情形，而略加变通，条理秩然，亦完亦协，应准照办。候汇案转详立案，所请颁发钤记，候饬匠刻就，另行札发。仰镇平县传谕奖励，并将该学堂妥为保护，一面督率各绅，实力奉行，勿负创始之苦心，期收效果，是为至要。禀折、册图均存。

截抢米船续闻

◇昨报梅溪截抢米船一事，兹探悉该米船系由汕头运至大埔者，廿八晚泊于梅溪下面之砻勾湾，同行本有载洋客船一只，入贼巨眼，是夜纠合廿余匪，拦河劫掠。不料洋客船已驶至上流停泊，该贼误以米船即载洋客者，即登船行劫，始知非是，仅被播散米数包，并搜得船户银廿余元，呼啸而去。此地离汕四十里，盗贼横行如此，商民将不堪其扰矣。

大清光绪三十一年乙巳五月初三日　公历一千九百零五年六月五号

请变公产批词

◇嘉应学务公所董事举人黄应均等，具禀学务处，请查公产废地，变充学费。奉批：禀、图均悉，该处废地，是否学宫之地，能否变卖，价值是否核实，其中有无别项情弊，仰嘉应州查勘酌办，具复察核。所请立案之处，未便遽准，并饬知之。禀抄发。

学务处照会温观察总董嘉应三堡学堂

◇丙市三堡学堂控案，经学务处派委虞大令汝钧，于前月到州，查明禀覆。现照会温观察灏为该学堂总董，责成筹办一切，务臻妥善，为录照会如下：

为照会事：照得嘉应州丙市三堡学堂江秉乾与谢汝昌等互控阻学一案，经本处派委虞令汝钧，前往查办。现据虞令禀称：窃卑职在潮，于本月初五日准海阳县函奉宪处电谕，以嘉应州丙市三堡学堂江秉乾控谢汝昌等藉学阻学一案，饬速赴州署调查全案，切实禀覆等因。奉此，卑职遵于初七日由汕起程，初十日行抵州署，调齐全案卷宗，切实检查，摘录要目，另折呈鉴。惟案情纷错，自非目见，莫衷一是。当于十三日会同秦牧前往丙市，分别查勘，并经先行电禀在案。伏查此案，以争执公款而起，谢汝昌等痛诉江秉乾，不遗余力，势成两党，各不相下。模棱中立者，又忽而左袒，忽而右袒，推波助澜，风潮乃因以加烈。就目下情形而论，自江秉乾从外洋募捐回州，足以开办经费，而艰于常年经费。谢汝昌等凭藉其向充局绅，凡育婴堂公款，以及议抽各款，皆在其势力范围之下，不忧当年经费，而艰于开办经费。至归宿于学堂本旨，则江秉乾等为已成立之学堂，谢汝昌等为未成立之学堂。江秉乾等所开学堂规模略具，在育婴堂之中座，并两旁厅三处，可容学生四十余人，教员、管理员住室得十间。右偏之旁屋，现仍为绅局。左偏之旁屋，即江秉乾等所指被毁之处。卑职勘得破坏处，皆属旧痕，似系剥落而非毁抢，且泥泞尘秽，不可顷刻，若谓曾置图书仪器于中，谅无此理。就近访问，当时多人哄闹，事则有之，聚众抢殴，殊为失实。盖学堂之器具，仍安置无恙；学堂之学生，仍食息如常。于谢汝昌等，实无凭加以毁学之罪。至谢汝昌等，欲其学堂迁地，则育婴堂之外，只有仲山书院一区，地方浅促，以为学生寄宿舍则可，以为学堂，万不敷分配，此又不必行之数也。（未完）。

松口准设保商团防局

◇嘉应松口堡，前由梁、李二绅请设治安团防局，以保卫地方，因抽收屠捐，舆情不服，遂即辞办。旋由各商家议设保商团防局，拟定章程，禀请秦州牧给戳开办，当奉批云：此事昨据屠商一再具禀，请予免抽局费，兼据治安局以经费不敷，禀请辞局，当以团防为地方要务，松市又距州城较远，不可无局，设局势不能无费，经谕保安局绅董会同委员前往查明劝办去后。据禀，该商户等集众筹议，拟借武庙设立保商团防局，绅商会办，保商兼保地方。援照沈前州任内办法，每墟上铺捐钱五十文，中铺三十文，下铺二十文，以为募勇巡缉之用，并另举职商古光烈等七人为街长，担任筹款事务，另举地方正绅四人为局董，主持局中应办事务，各专归责，议定章程，兼用店章，联请给戳开办前来。察核粘缴章程，尚属妥协，应准先行试办。仰即选举局董，禀候核明给谕，一面刊发戳记，俾得克期举办，以保商业而卫地方。粘件均附。

大清光绪三十一年乙巳五月初四日　公历一千九百零五年六月六号

学务处照会温观察总董嘉应三堡学堂

◇（续昨）总之冲突之原因，在公款抽款。惟有以地方官干涉办理，于既成立之学堂，保护完全；于未成立之学堂，策励开办。因野蛮之争执，引之为文明之物竞。嘉应州丙市三堡之学界，庶有鸠乎？现应如何筹办以臻妥善，伏乞大人裁定，饬州遵办。兹卑职合将奉委查勘情形，连同清折禀缴钧鉴，并恳准予销差，实为公便等由到处，据此查借公地以筹建学堂，提公款以拨充学费，本属地方公益之事，宜如何极力赞成。江秉乾前赴外洋捐募巨款回州，在育婴堂开办三堡小学堂，热心诚有足多，但常年经费支绌，拟将团局公款酌提，本无不合，乃局绅谢汝昌等，恐公款被提，私囊莫饱，遂生出种种冲突，甫行立案，即起争端，另建学堂以图抵制。夫使学堂果能多建，则教育普及，岂不甚善？无如就该堡目下之事势财力论之，只可建一学堂，方能完全，所谓合之则两美，分之则两伤，乃谢汝昌等，必将江秉乾设立之学堂，极力倾挤之而后快，是诚何心？本处有督率兴学□，如谢汝昌等藉办学以阻学，阴为盘踞公款地步，即□□阻抗之罪，严行革斥管押，并勒令将历年侵吞之款□罚缴充公，亦不为过。该绅等其何说之辞，只以人非□石，断不至利令智昏，终无愧悟之一日，用特明以开导，但使学费有着，尚可宽既往而策将来。唯江秉乾与该绅等，既互存意见，所以该堡学堂事务，必须有公正绅士，督率筹办一切，方免隔阂。查有贵绅乡望素著，为两造之所信服，本处访闻江秉乾筹□学费，贵绅捐助开办经费银五百元，既已赞助于始，尤应维持于终。用请贵绅为该学堂总董，调查堂内一切章程，应改者改，应留者留，并调查公局定款，每年实有若干，除开销团费外，核实应剩若干，悉数拨充学费。如有劣绅仍敢把持，即行呈明本处，驱逐出局，另举充当。至江秉乾与谢汝昌等，如有不合之处，亦即呈明，以便分别撤换。似此责有攸归，该处学堂或可不至中辍。除札饬嘉应州遵照办理外，相应照会贵绅，希即查照办理，见覆施行。须至照会者。

大清光绪三十一年乙巳五月初五日　公历一千九百零五年六月七号

汕头开议报效之近情

◇汕头加增报效一事，官场一意责令商家包办。日前沈观察暨督办谢委员、澄海县杜大令先后来汕，经谕饬各商家妥议章程，刻日禀覆，如有窒碍为难之处，亦即具禀。闻各行商连日集议，咸以汕埠华洋杂处，包办为难，其棉纱布匹两行，以洋货为大宗，报效不及洋商，诸多亏损，尤碍难遵办。刻闻棉纱布匹两行商，拟将实在为难情形，禀请委员转禀大宪察核矣。

查办有心阻学者

◇嘉应丙市三堡学堂校长江秉乾以恃符肆行等由，具禀学务处。奉批：本案前据虞令查覆，业经照会温绅灏，总理该堂事务在案。据禀前情，谢汝昌等仍敢摆出烟友古为鉴霸住堂内，并将学堂匾额毁损，似此有心阻学，殊属胆玩已极。仰嘉应州即便查明实情，分别驱逐究办，并将该学堂实力保护，会同温绅妥为筹办，一面照会温绅知照，勿延！禀抄发。

兴宁学务公所将成立

◇兴宁城乡各处已办之学堂，计有七八区，而学务公所，独以经费无着之故，尚未设立。近日兴民学堂董事王君灵岐等，乃拟定开办章程，具禀滕大令，并拟设一师范传习所，造就蒙小学师范，为普及教育之预备，想不日即行开办矣。

兴宁募勇防匪

◇近日龙川各处，土匪猖獗，打单劫屋，所在皆然。铁场为兴宁赴老隆埠之要冲，抢掠尤甚，往来商贩，为之裹足，近更有蔓延兴宁之势。县局绅士，闻此音耗，因商请滕大令，添募局勇数十名，分布城内外，严密侦察，并拟分赴各乡□办团防，以资捍卫云。

大清光绪三十一年乙巳五月初七日　公历一千九百零五年六月九号

兴宁县政事之近述

◇兴宁县某大令，颇有心办事，下车以来，断结之案不下数十起，惟用刑太滥。近日控告匪契之案，层见叠出，某大令不问蓄势，概施以□刑，人民大不堪其苦云。

嘉应官绅之一斑

◇嘉应州绅□有出入衙门包揽讼事者，州人名之曰"携箩格"，谓其终日带人送礼，从中取利也。近有瑶上堡李邱二姓，因争修新旧河道，兴讼公庭，各请一"携箩格"之绅士，向州牧关说，州牧反无以自主，不得已亲往查勘，以凭核办云。

大清光绪三十一年乙巳五月初八日　公历一千九百零五年六月十号

汕商新增报效多言不能包办

◇汕头加增报效事，此次沈亲察偕同谢督办，来汕劝办。上月杪，连日集商，迄无成议。嗣观察回郡，澄海县杜大令会同谢督办，出一知单，遍谕行商，愿包办者，刻日议章具禀，其有窒碍为难者，亦许直陈为难情形。端节前后，各行商纷纷集议，均以包办为难。闻布行棉纱行，已在谢督办处申禀。访得布行禀，沥陈包办为难，有三难四弊：一为布行多洋商，不在报效之列，其窒碍为难一；二为倘归商包办，则华商之上盘，皆仰鼻息于洋商，而自作二盘，而其狡猾者，皆自托于洋商以避报效，不数月将无一家可报效者，其窒息碍为难二；三为潮海关近年进出口之货，除洋商客货外，真正汕头华商，估本不过六十万两，而徐前委宪，定报效额数，为一万二千两，是不啻值百而抽二，其窒碍为难者三；至其四弊，一为规避之弊，二为波累之弊，三为骚扰之弊，四为渊丛之弊，皆指包办而言。然其大旨，皆归宿于布行多洋商，洋商不报效，华商不敢包办，必不获已，请归官办等语。闻棉纱行之禀，则谓汕头报效不能仿办潮郡：一为华洋杂处，不能包办；二为现有英商做洋纱生意，不能包办。归结言华洋一律报效，商等或可包办；华商独任报效，商等自愿官抽云云。又闻南商亦以洋货为言，不能包办，近已具禀矣。

长乐学生与亲兵之冲突

◇前月廿五日，兴宁滕大令奉道宪委往长乐，会同王大令审讯抢案要犯，王大令饬亲兵数名站堂，不准闲人进会审所窥听。适有学堂生三四人往观，为亲兵所格，不得前进，学生以为辱，归诉校员，校员立唤该兵到堂，罚令长跪。讵学生数十人乘其跪下，各执鞋底向该兵乱击，该兵负痛逃归，即纠集同伍兵丁，各执军械，拥至学堂，欲与学生为难。校员学生，奔避一空。旋该校员诉于王大令，大令立提学生张某及李某亲兵吉某审问，如何处置，尚未闻知。

学堂教员又辞席

◇长乐小学堂，办理已属不善，而学生又复嚣张，前次黎君辰若，已因此辞退。近闻陈教员佩衡，又与学生冲突，亦即辞席而去。

长乐械斗之凶残

◇长乐温、邹两姓，近日又复互斗，彼此筑寨对敌，逢人掳掠，日益凶暴。现闻王大令已率驻乐常备军驰往弹压。

大清光绪三十一年乙巳五月初十日　公历一千九百零五年六月十二号

岭东学务委员

◇潮州府李太守，前经禀请大宪派委虞大令汝钧，督办潮州学务，以资振兴。现闻学务处宪，拟派虞大令为潮州府督办学务委员，并派邱仙根工部为惠潮嘉查学委员，已由处宪详请大宪示遵云。

练习员准补入师范馆学习

◇大埔练习员郭茂才镇章，有志学习师范。今年简易科招考学生，茂才适因□病，致误考期。开学后，乃赴省禀请学务处，准予补入。刻闻适有太平府官送学生告退，已准以茂才补其额云。

禀控赚骗石灰案

◇嘉应严甲、黄乙等，伙做石灰生理，日前因洪水横流，将石灰数万斤寄屯刘某店，刘某伪报全行失水，冀坐收其利。严甲等心殊不服，禀请秦州牧追偿。州牧据禀批云：如果尔等寄放刘喜生店内，代卖石灰，当时水将入屋，业与订明雇船搬运，并经严东福等目击，将灰概搬落船，事后何得藉称被水冲失，计图赚骗？既称有船户郭春生及干证严东福等可质，候饬差传集，讯明核追。保状附。

大清光绪三十一年乙巳五月十一日　公历一千九百零五年六月十三号

汕商亦筹议抵制美禁华工

◇自上海闽、粤绅商首倡不用美货，以抵制美禁约，各省埠争起应之，盖不愿同种人之受虐异国，固有血气者之所同也。兹闻汕埠绅商曾君桂圆等，亦拟邀集同志，详筹抵制之法，以与各埠抵制禁约者相助有成，不日将开会议。此一举也，我国民之义务当尔，亦汕头全埠与有声色，乐而书之，以观其后。

大埔高陂兴学

◇高陂各乡绅士，近拟设立学堂一区，就旧有之仰文堂改建，该堂房舍宽敞，颇适于用。其开办即常年经费，拟就本地出产之碗及竹木，酌量抽取，并提拨印金义学各款及绅富捐款，以资挹注，闻已筹有数千金。公举张上舍文华董其事，并选聘教习，妥议章程，一俟该堂修建工竣，即行开学。

示禁讪笑学生

◇长乐学堂学生，近日一律改换西装，无知乡愚，有谓为服从洋人者，有谓为学番教者，百端辱骂，学生大愤，不免与平民角口。现经王大令发出简明告示，严禁讪笑，为录于下：

学堂诸生出外，一律穿着制服。诚恐风气未开，惊骇庸耳俗目。或逢道途讪笑,惹事生风口角。须知万国通行,此中大有斟酌。一使旁人起敬,不致轻藐认错。一则约束学生,不致为非作恶。立意本属深明,岂可混生疑冢?现当世亟需才,学堂必要遍设。凡尔良家子弟,均应考选肄业。本县责任攸归,维持在所必力。如有讥慢之徒,立予查拿究责。学生出入自重,必须恪守规则。为此简明示谕,各宜遵晓毋忽!

留学生演说

◇兴宁留学日本振武学校毕业生刘君立群,近日假旋,道经嘉应,特到务本学堂,堂中董事请为演说。刘君即登堂致词,首述日俄甲辰冬开衅之原因;继述日本进步党政友会化私意联大群之事,及日本孩童妇女捐金助战爱国之热诚,由于明治维新以来教育发达之故;末言学生欲抱热诚以救祖国,又有二事为今日要素者,一自治能力,二合群公心,有此二者,方可以爱国云云。演毕,满堂拍掌称赞。

长乐兴办保安乡团防局

◇长乐西河一带,与兴宁、龙川接壤,近日土匪猖獗,西河居民,大受其害。增生钟藻章、廪生钟作谋、生员郭廷吉、江世藩等,联名赴县,呈请设立西河保乡团防公局,经奉王大令批准在案,随由绅富捐资开办。闻有绅颇不满意,复以从前祥安局章程缴县,呈请照行。当奉王大令批斥云:团练一事,实为弭盗良规,如稍存私见,则贻害无穷,办理不善,则弊端百出。新桥界连龙邑,近日盗风猖獗,该贡生等,如果情殷保卫,公举领袖三数人,查照县属现行章程,实力奉行,自可保公安而杜越劫。至祥安局旧章,系在发匪蹂躏、军务紧急之际,与今日情势判然两途,尤难牵混。着遵照批饬事理,另行呈候核办。

僧人得意

◇兴宁提寺产兴学,迭经滕大令出示晓谕,不日开办,讵自朝廷保护寺产之旨下,官绅皆相顾错愕,付之一叹,而寺僧则欢喜无量。闻近日城厢内外,遍贴长红,系由潮州开元寺发来长寿寺传单,大书"某月日保护寺产上谕"一道,一时秃头胖脑者,莫不合掌曰:"老佛爷有灵,我辈快活之场,从此万劫不坏云。"

扇业改良

◇兴宁制造各式折扇,为出品一大宗,向销售江西、湖南、南京等处,惟株守旧式，未能改良，故销数日绌。闻近来操是业者，颇能改良，摹仿苏杭体制，故今春各处销数及市价，较前大有起色云。

大清光绪三十一年乙巳五月十二日　公历一千九百零五年六月十四号

委员果为毁学劣绅回护耶

◇嘉应丙市三堡小学堂校长江秉乾，以劣绅毁学，狡串委员，瞒禀督县等词，具禀督宪。当奉批示谓：禀粘均悉，该生等在丙市育婴堂内，设立三堡两等公小学堂。如果谢汝昌等把持公款，纠众混殴，殊属可恶。唯案经由处派委查办，何以虞令一味回护，并不分别是非？迨经委员查覆回省，谢汝昌又摆党古为鉴，毁坏匾额，何以该县并不实力弹压？种种情形，殊不可解。仰两广学务处，迅饬嘉应州查讯，分别断结，具报审核，勿任抗阻，切切云。

松口禀设学务公所

◇嘉应松口堡绅士，日前以分设学务公所缘由，具禀秦州牧。奉批云：据禀，该绅等拟设松口学务公所，公举饶举人集蓉为所长，主持合堡学界一切事务，自为实行普及教育起见。察核所议章程，尚属详明，应准给谕开办，并刊发公所钤记，俾资信守，及将分设公所缘由，转禀学务处宪立案可也。章程附。

松口巨劫

◇嘉应松口墟廖联兴土店，四月三十夜，方举箸夕餐，忽有匪徒二人入店，假作买土，司事人正在招待，群匪旋踵而入者二十余人，将店中人悉拦入账房内，俱以刀架其颈，炮指其喉，使不敢呼救，遂将银物劫掠一空，计失赃三千余两。五月初一夜，离松三十余里之隆文墟，又劫一杂货店，用大石撞门而入，抢去银数百元。闻此劫贼，系日前在监逃逸之著匪□□等云。

梅州商业之困惫

◇嘉应进口货物，全恃省港汇兑灵通。自去岁裕隆泰倒闭后，各商汇兑较难，又兼本年正二三月久雨，四月迫于田工，各墟市买卖极少。查进口货物，比之常年减五分之二，惟洋米稍多，故端节各商账目少收，银钱周转，极形困惫云。

大清光绪三十一年乙巳五月十三日　公历一千九百零五年六月十五号

催缴铁路赔款

◇澄海月浦乡余姓，因潮汕铁路闹事，赔款六千元，禀求当道减免，不准。现闻已缴二千元，余四千元，尚未遵缴，昨经杜大令札饬捕衙前往守催。

哨官获贼

◇哨官洪志国，澄海人，随孙军门驻办清乡。昨在澄之横陇乡，拿获贼匪五名，闻内有二名系该乡洋客，当即释放，其余三名，已解赴军营审办。

丰顺筹办学堂

◇丰邑北胜一社学堂，倡议二年，迄未成立。兹练习员李茂才唐，联合□花、箭坪、南溪三乡人士朱明经文光、李明经廷桂、梁上舍百泉、李茂才秉康、彭司马龙翔等五十余人，先组织一兴学会，以资筹办，已借地开设会所，人捐一金以为用度。现拟设立两等公小学堂，准备创办费二千五百元，择定三乡适中之庵地建筑，限今冬竣工开办，已将一切章程，具禀单大令立案，并请出示保护矣。

汇兑庄改良章程

◇汕头汇兑庄，自用银票以来，颇为畅行。惟一届暮年，银票不敷所用，多有用凭单出票者，虽有图章可认，而收票者难无仿佛之虞。近日汇兑公所，恐滋弊□，集议改良，闻已拟定章程三条。其大略：一、此后出票之号，虽届暮年不敷所用，只许通用银票，不准仍出凭单，同人毋得徇情接收；一、每日换纸应遇存欠过数，以及同行汇票交易之项，概不准搀合碎票，惟找票尾则不拘，亦惟准五句钟内交还，如有积收碎票一百元以上者，则五句钟内，任随找换，无出票者并行家，不在此例；一、同行汇票，每千元有一钱二分五厘之退叠，原为成数变通起见，厥后除同行照常交易外，凡行家概宜以二钱五分为界云云。闻以上章程，定于本月十一日，一律照行，违者公共议罚云。

大清光绪三十一年乙巳五月十四日　公历一千九百零五年六月十六号

汕头美货有二大宗

◇会议不销美货，兹查得汕头以星默火水及面粉为大宗，做星默者，汕商有一家，做面粉者有数家，由此言之，汕商会议争约，自易易也。愿我血性男子实行之。又查得海关进口美货，尚有洋布、洋纱、灯、时钟之类，然所销不多，不及火水、面粉之大。

热心学务

◇嘉应邱君燮廷，商于南洋，极有热心，数年前在加拉巴埠，即邀集同志，倡办中华会馆学堂，以教育华商子弟，办法甚善，现就学者不下千余人。州中设立务本学堂及丙市三堡小学，邱君俱慨捐巨金，以助学费。去年又亲挈其二子一女，到日本游学。凡日本学校自幼稚园至各等学堂，悉心考察。现回州后，即到各学堂，讲求体验，以期教育发达。如邱君者，诚商界中不可多得者哉！

滋闹蒙塾罚金了事

◇嘉应黄茂才睿堂，在大浪口开设蒙塾，近因小学生与邻近烂崽吴某甲口角，某甲突到塾中滋闹。黄茂才大怒，施以夏楚之威，立遂之出。某甲亦怒，登即邀集烂崽数人，复到该塾拿获黄茂才，挥拳乱殴，幸友人呼救，始得解散。黄茂才即投诉州儒学，并拟禀控州牧惩办，以为殴辱斯文者戒。甲等惶恐，托人调停，以罚数十金了事。

嘉应烟叶不佳

◇嘉应东厢三坑一带及水南湾下地方，向种植黄烟，每年出息，约数万金。今春久雨，江西各处烟种多死，来路稀少，烟价飞涨至十八九两，本地黄烟亦涨价十四五两。凡种烟者，以为收成略佳，可获大利。闻近日该处烟叶，多形萎毙，业此者颇为失望。

大清光绪三十一年乙巳五月十五日　公历一千九百零五年六月十七号

岭东商会学界将开抵制禁约议会

◇自各省埠力争美禁华工条约，汕埠绅商亦颇激动，已由萧君、饶君等，约期二十三日，邀全埠绅商至万年丰会馆，筹议抵制一切。兹悉岭东同文学堂教习学生诸君，以本学堂为岭东学界开风气之先，此等有关种国名誉之事，学界宜先筹抵制之法，实行勿懈，以为全潮人倡，故已定于十六日在学堂演说，相约不用美货，并函告各处会馆绅董，协力以争，必达目的而后已云。又闻惠、潮、嘉应三属学堂,共二十余家,拟派人赴各乡演说争约之利害,并先杜绝美国货物,因是各商亦有为之感动者,面粉一行,拟先实行抵制之法云。

大清光绪三十一年乙巳五月十七日　公历一千九百零五年六月十九号

同文学堂抵制美约之实行

◇汕埠同文学堂,已于昨日九点钟,会议抵制美约之策,由各教习及学生等,一一演说,言皆娓娓动人,听者无不愤激。其教习温君之演词,累数百言,尤为剀切。毕后,遂决议由学堂先从事实行不用美货,随由各学生同具公函,分致岭东内地各会馆绅董,以期一律实行,并拟成一《华工惨状记》,排印数千份,分送各处,俾内地工商界中人,皆知此事原委,以免再购美货。立意专以实践勿怠为主,使各学堂而皆如同文诸君之力尽义务,则美约不难挽回,而我中国前途之幸福为非浅也。

媚外乃竟尔乎

◇近来媚外之风,普遍各地。闻长乐元坑教堂,有劣庠曾敬堂者,在该堂教读,平生专善阿媚。前月某日,曾某竟怂恿各学生,敛钱为舒教士祝诞、唱诗外,复放爆仗,各生踊跃从事。岂料中有学生一名陈德新者,手放雷公炮,偶不及防,反中颧颊,登即昏仆于地,药毒深入肉中,经苏教士用洋具挑剔,久未涤去。时舒教士适出而致谢,瞥见陈生重伤,乃云:"余本非诞日,何为好事乃尔?"诸生以曾某倡劝对,舒牧师变欢为怒,忤视曾某,众俱羞缩,惟陈生与曾某尤抱惭无地云。噫嘻!有是事否?

大清光绪三十一年乙巳五月十八日　公历一千九百零五年六月二十号

务本学堂亦不购用美货

◇嘉应务本学堂教习学生等,近因各省埠商学界中人争禁用美货以抵制美约,亦议协力抵制。现添设音乐一科,应用乐具,及标本图画等物,初拟购置美货,刻已托人在日本采购,凡美国文具,屏除勿用,以实行抵制云。

产溪兴学之阻力

◇丰顺产溪一社学堂,前经刘绅廷献等,联合多人,议将本社植福寺改为学堂，产业酌提充经费，已禀请前任万大令出示，晓谕该寺住持僧人。行将开办，该僧乃运动一班土豪烂崽，大肆阻力，现加以保护寺产之上谕，僧人尤为得计。该处学堂，因此竟难成立云。

兴宁巫风盛行

◇宁俗迷信神权，而巫风尤为盛行。凡犯病者，必延巫至家，做法祈禳。小则曰禳星辰，曰十二保举；大则曰做觋戏。至做觋戏，则费不赀矣。做觋戏之法：巫人将神像遍挂堂中，奇形怪状，令人可怖，中设香案、法鼓、金铙、□尺、符咒各物事。巫师至，则择小巫年十五六者扮女装，左持铃，右吹角，手舞足蹈。跳舞毕，则大小巫相继歌舞，大半系男女狎习辞，种种丑态，不堪寓目。最后则大小巫相牵入病人房，鼓角齐鸣，口喃喃不知作何语，齐向病人索退病钱。病家倾囊倒箧而与之，无少吝，且从而祝之曰："病果退矣。"觋事毕，而东方已白，巫人乃饱口腹，担银米及神像等件而去，而病者固无少效也。此俗各属多有，专以戏耍骗人财物，然愚夫妇信之特甚，岂不可怪！

大清光绪三十一年乙巳五月十九日　公历一千九百零五年六月二十一号

同文学堂学生为抵制美约致各会馆公函

◇遥启者：自诸国通商以来，洋货入口多而中货出口少，金银流出外洋，多不胜计。犹幸我国出洋佣工人数不少，每岁寄货回华，均匀核算，颇足与此漏卮相抵，否则中国银钱，只有此数，入少出多，市面不敷转动，则中国之涸，可立而待，人人皆将受其大害矣。我辈今日犹得晏然度日，皆拜此亿万出洋工人之赐也。上年美国初招华工，继而美国工党因华工勤俭价廉，相形见绌，恐夺其生计，遂创议禁制华工，其例之苛虐，闻者发指，然因国势积弱，无可如何。今岁当中美换约之期，讵意美国不惟禁工更酷，且并禁及士商，我国梁公使力与争辩，事迄无济。日昨上海总商会闻此消息，因集众创议，谓美国欺我太甚，殊出情理之外。倘各国闻风效尤，则我华工，此后殆将绝迹外洋，并无谋生之所矣。为今之计，我华人宜通国一心，凡美货至中者，一概勿行购用，以相抵制。盖彼货虽办自美商，实成于美工，我不购美货，仍有他货可购，惟彼货既无人过问，不惟美商必至亏折，即美之工党，亦必大受损害。故此次决议不用美货，实为情理上最切要最相当之抵制。议定后，即由总商会电告各省，近日各省府厅州县，所有学堂、会馆、公所，纷纷开议，异口同声，一律照行。学生等念此事关系绝大，诚恐内地同胞，于此中情节或未详悉，现既由本学堂按照事由，成一《华工惨状记》《调查美货表》，俟排印成帙，即分送各处，以代口说。兹先函达贵会馆贵董事，俯鉴诸情，于接此函后，限日发单，传请附近工商绅士，剀切集议，务使人人皆知此事利害切身，人人相戒勿再购用美货，为祷为盼，幸勿误认此事为但属出洋工人之事，于我无关也。临颖神驰，无任愿望，专此布意云云。

大清光绪三十一年乙巳五月廿一日　公历一千九百零五年六月二十三号

办理全潮学务员抵汕

◇潮州师范学堂本年停办，沈观察到任后，即欲再行兴办，禀请岑督派员经理。现学务处委参议员邱仙根工部，办理全潮学部。邱工部已于昨日乘轮抵汕，拟即晋郡办理师范学堂后，再办理各属学务。

潮汕铁路购地近述

◇铁路购地总局，已设于海阳属关爷涵崇正书院，现省委张筱屏明府及文案司事各人，均已到局办事，不日拟从浮洋市丈量起购云。

蓬辣黎氏学堂演说

◇嘉应蓬辣乡黎氏初等小学堂，由黎君祝君倡议，捐款三四千金，暂借玉岗馆地方开办，学生有八十余人，教员五人，分十科教授。现请黎君启英到学堂演说，俾众咸知学堂之有益。黎君演词，累千余言，大旨以中国人向无爱国心、公德心，故不能与各国争强。学堂乃所以养成爱国心、公德心之法，使富者皆能出资兴学，贫苦子弟得受教育，至于无地不学，无人不学，则国必强，而家亦可保云云。

秦州牧岂纵虎为患耶

◇嘉应著匪细罗在监逃逸后，四处抢劫，大埔一属亦受其害，前月杪又劫松口、龙牙二处。闻该匪以松源之宝乡、珠玉乡为往来巢窟，每值麻子坝墟期，公然持毛瑟枪游行街道，有两人为之护卫，人皆侧目。若不严行拿获，尽法惩办，其害不堪设想矣。

赌商□欲为害

◇嘉应地瘠民贫，连年迫于困穷，流入匪徒者，日见日多，迩来抢劫频仍，民不安生，其故悉由经费局及铺票所致。兹闻又有某商具禀州牧，请开山票，想秦州牧未必准如所请也。

大清光绪三十一年乙巳五月廿二日　公历一千九百零五年六月二十四号

岭东抵制美约之踊跃

◇美禁华工条约一事，汕埠商界学界，俱极感愤，已相继会议抵制，迭见前报。现闻本埠八属会馆绅董，亦拟遍发传单，约期廿五日开会，筹议抵制，以表同情。又闻嘉应五属民立学堂二十三家，已立一联盟会，联合一气，实行不用美货，以期达其目的云。

务本学堂请招充庙款助学

◇嘉应务本学堂常年经费不敷，前经宋维松等具禀学务处，请招充城隍庙等款，藉资补助，经学务处札行嘉应州，由秦州牧叠谕学务公所查议，迄未禀覆。现务本学堂董事吴翰藻、黄文彬等，复禀请秦州牧出示招充，即奉批云：此事迭经谕饬学务公所核议禀办，日久未据覆到。现称该庙每年出息不下千余金，有愿出数百元承充庙祝者，如果属实，以庵庙有余之款，补助学堂不足之费，事属可行，候即出示招充可也。

邱氏家族学堂奖励

◇嘉应镇平邱氏，创办两等家族小学堂两所，经禀奉学务处批准立案，并传谕奖励。现闻镇邑侯以该学堂学生，已达二百余人，可称极盛，特通禀岑督宪朱学使，为之请奖。闻两院甚为嘉许，当经岑督奖以"举族文明"匾额，朱学使奖以"忠孝先芬"匾额，俾资鼓励。

嘉字营勇行凶

◇嘉应刘某管带嘉字营勇，毫无纪律，到处骚扰，行同强盗，久为州人所通恶。本月十三四等日，丙市演剧祝关帝诞，异常热闹，嘉字营勇亦联群结队，前往游观。至十六午，有下流社会在市中摆设赌场者，该营勇四五人，向索规礼，稍不如意，竟敢拔刀乱斫，当下有谢某被刀伤垂危。街坊商民大为愤激,鸣锣集拿,当获二人,送交该堡公局,拟即送官严办,以儆凶横。

查封产业抵债

◇嘉应州民古月根在赣经商多年,前因店号闭歇,经债主控告,秦州牧立拘其子,收押在案。现于本月十六日,复将其房屋查封,变价备抵。噫!子弟放荡,以致累及家产者,前有裕隆泰,今又有古月根,亦可为商人失于管束子弟者戒矣。

兴宁办团不善

◇兴宁捕厅为团练督办,自行条陈六则,有"稽查烟馆"一条,尚为中肯,实力奉行,自可弭窝匪之弊,乃勒索烟馆,每店出规银四五员,是有钱则良,无钱则匪也。又面谕各乡堡,要送茶敬数员,诸绅知其非实心办团,皆不答应。噫!中国官场如此,虽善政其如之何哉?

大清光绪三十一年乙巳五月廿四日　公历一千九百零五年六月二十六号

汕头绅商会议抵制美禁工约之详情

◇昨日汕埠绅商遍发传单,邀集同人,于万年丰会馆,会议抵制美约。是日全埠绅商,均极踊跃。下午四点钟开会,列席者不下三四百人,先由邹君笔秋报告开会缘由。次又吴君子寿、曾君杏村、朱君商岩、沈君友士、蔡君秋侬等,先后起而演说。略谓美国禁止华工,大背情理,且因禁工而虐及士商学生,种种惨状,如搜检烦苛,审讯无理,及贮华人以木屋等情,言之痛心。我国民若不乘此续约限满之时,力争废约,将来华人将不齿于全球,美人可以此待我者,各国人焉保不踵而继之?各省埠绅商有鉴于此,故均已开会,详议抵制之策。如美人竟不转圜,禁用美货以与抵制,誓争不废约不休。我汕埠商务,虽比沪上、香港为小,然此事必协力同心,而后有成,亦须集合团体,先电力争,暨与各省埠联络,一面调查美货,预议各项办法,以与各省埠相助有成云云。

朱君商岩,复代香港潮商布告,谓坚持废约,旅港潮商极表同□,惟港例不能开会,请汕商提议,旅港潮商,无不乐从云云。言词慷慨激昂,听者人人感动,均乐赞成其事,是诚我汕埠前此未有之举动也。

其间略示反对者，惟邹君笔秋一人，然大众皆不以为然，力词驳之，足见众志之坚。萧君墀珊、萧君秋南、郭君荔洲等，对于此事，主持尤力，绅商中之难得者也。后以时晚，先议定致商外部督抚暨上海广东商会五电，并举人另发公函至上海省港商会，告以详情，协力抵制，众皆赞成列名。至于一切抵制办法，尚待日后再议，遂由主会人鸣铃散会。致各处电文录后：

致商部电：

商部贝子钧鉴：美禁约苛虐，请坚持废约，以保国体而卫旅民。汕头阖埠绅商公叩！（致外务部王大臣电同）

致督抚电：

督抚宪钧鉴：美禁约苛虐，请电部力争废约，以保国体而卫旅民。汕头合埠绅商公叩！

致上海商会电：

上海商会诸公鉴：争约必争废约，杜绝后患。贵处实行抵制，本埠照行函达外，先电布汕埠绅商公电。（广东省城商会电同）

邱工部督办惠潮嘉学务

◇昨报两广学务处委邱仙根工部办理全潮学务。兹悉工部应聘到处后，先由处宪照会督办惠潮嘉学务。因韩山师范学堂，前道办理未善，沈观察到任后，极意筹款整顿，电请督抚派员办理，督抚宪即照会工部，先会同沈观察办理韩山师范学堂就绪后，再往各属查办。现工部既于廿一日到潮，即会商沈观察办理一切矣。

电饬派员查办兴宁学堂案

◇兴宁县大龙田公小学堂，禀准将该墟乳猪捐，拨为常年经费，已奉县示招罗商承充，嗣滕大令又复批准黄商承办，致大生阻力，经绅董以贿夺公款，阻挠学务等情，禀奉学务处，批行嘉应州澈底查覆各节，迭纪前报。现闻滕大令因此大为生气，日派差勇到学堂，勒令绅董交出罗商治罪。该学堂不堪其扰，逼得电禀学务处，请速遴委查办。现处宪已电致惠潮嘉道沈观察，会同惠潮嘉办学专员邱仙根工部，即日派委前往查办，想必澈底究办矣。

大清光绪三十一年乙巳五月廿五日　公历一千九百零五年六月二十七号

潮州学堂会议不用美货以抵制美约

◇闻潮州大小各学堂，均于廿三日开会，议争美禁工约一事，以各省埠相戒不用美货，极为善策，凡学堂中人，均当先施实行，以为之倡云。其详俟探悉续报。

汕头美教士自谓禁约之不公

◇美国苛待华工，为公理上所不平，尤为我中国之大耻辱。此次议续禁约，遍国之人，均极愤懑，以相戒不用美货为抵制。一唱百和，几于举国皆同，誓不达目的不止。即旅华各埠美人，苟持公道者，亦莫不极力赞成改约。前日寓沪美商，以及苏州、广东各处教士，均联名禀请其本国公使，转圜其事。汕头美国教士耶琳，对于此事，亦极表同情，日昨贻书萧君墀珊，请开会时，对众宣表其意，其书云：敝以为凡国为顾其己国民人之利权，禁止诸他国人民到己国者，亦有其义，惟准收众他国之民，仅拘一国之民，并拘有友谊他国之民，斯则可谓嫉妒不公。敝愿旅美之华民，如敝国民之旅华一例，互蒙优待，并望现行律例，为华更改，并敝甚喜自用权力更改，但不能担保以期必成耳。不过欲使列位知敝教会及美诸人，与中国有友谊之情，将届议时，犹望发善言，出善劝。善言善劝，可望以底于善终之验也云云。观此足见公道自在人心，而我国上下诸人，更不可不坚持到底也。闻萧君复书，其意略谓"贵教士愿自用权力请改禁约，足见高谊，仆等甚为感佩。将来贵政府若能公平办理，使两国人民，彼此往来，均列于平等地位，不第两国商务之前途，当臻繁盛，即两国之友谊邦交，从此必愈加亲睦。深望贵教士将仆等一般意见，转向贵国宣告，使知敝国人此次拟不用美货以相抵制，实出贵国禁待华工之苛虐，未合公理，非敝国人之有意为难也"等语。措辞甚为得体云。

兴民学堂批准作为公立

◇兴宁兴民学堂本系公立，去岁郭大令将交卸时，忽朦禀上宪，改为官立。经该堂董事一再具禀学务处争辩，兹奉处宪最后批示，仍准作为公立。批词照录于下：已据禀，称兴民学堂改作官立，诸多窒碍，应准照旧办理，名为兴民两等公小学堂，请颁钤记。俟编号饬匠刊就，另行札发，仰兴宁县转饬遵照。禀抄发。

大清光绪三十一年乙巳五月廿六日　公历一千零九百五年六月二十八号

纪汕埠八属会馆开会议争美约详情

◇昨日二点钟，由八属会馆分发传单，邀集本埠潮、嘉绅商，在会馆会议抵制美约事，到会者不下百余人。开会时，由张君仲南报告开会事由。次由温君丹铭登台演说。先言今次美约虽未宣示，然据西报所载，中有一条，如华人游历、游学、商人等欲至美国，先由海关给照，如美国查有冒滥等情，即将原人解回，就地正法；其给照官革职，永不叙用，若有受贿证据，并须从严惩办。试思华人何罪，遭此酷例，即使真系华工，亦不过为谋生起见，乃竟欲置之极刑，环球万国，自古及今，未有此等法律，况即非冒滥，美人未尝不可指为冒滥，是直欲使中国人视如畏途，绝往美之路而已。若各国再为效尤，数十年后，环球将无华人之迹云云。

次邱君少白演说。大意分为四层：第一层，勿谓个人无甚关系，须知人三成众之义；第二层，勿谓汕头一隅，无甚关系，须知合各地成一国之义，且汕地近年商务，蒸蒸日上，尤为各口岸所不及；第三层，勿谓此事第属出洋工商之事，与内地士农绅商无涉，须知自通商以后，出口货少，入口货多，全赖出洋工商寄资回华，补此漏卮，内地人人皆拜其赐，若非工商出洋，则中国不可为国矣；第四层，勿谓我等现在并未专做美货生意，须知今日言抵制，最好即是未专办此货，第值购货物时，留心勿购美物，便是不费之惠，若从前专做此项生意，则值此通国禁用美货，必将亏累不堪云云。

次张君威廉、邓君文史相继登台演说，皆痛言美国虐待华工之背理，诸君宜合力抵制，坚持到底，并宜将虐待华工情状，绘图贴说，散布各处，或令各善堂，宣讲此事，务使人人洞悉，人人抵制，方为有益云云。张君生长美洲，身历其境，言之尤为痛切，听者无不感动。

后由各绅商提议事件：（一）须与各省埠联络一气；（二）应布告各商家以后不再购美货，待实行期到，一律禁止售买；（三）须在会诸君，先誓实行，以为各项人倡；（四）须公举代表人办理此事；（五）须将各报已行调查各美货名目，刊印分送行商。众皆同声赞成，毕后，更由邓君文史发议，以后抵制美约办法，须合潮、嘉为一气，庶不至事出纷歧。时在座者，正有潮绅谢君安臣、沈君云阶、沈君友士、吴君子寿、张君惟岳、蔡君秋依等，深韪其说，遂由公众决议，以后会议，由潮、嘉人择一公地，公同筹划。于是八属绅商，即公举邓君籍香、邓君文史二人为代表，主持联络本埠、外埠之事。潮、嘉平时界限甚严，至此可望一扫而空，其意更善。至五点钟散会，其余一切办法，拟于下礼拜，再开潮、嘉合会筹决云。

详纪潮州各学堂会议抵制美约事

◇潮州学堂会议抵制美约，略纪昨日报。兹详悉此次发起人，为郡垣广教育会柯君乔南、李君牧甫等，先由本会遍发传单，邀集各官私学堂人员，于廿三日二打钟，开会于养正学塾，筹议抵制一切。是日与会各学堂代表统八十余人，先由柯君登坛演说，大意谓米禁约不筹所以抵制，恐各国效尤，我华人求学谋生于海外之路将绝。以米非礼相加，国民共愤，不购米货，尽人能为。我潮若放弃此义务，无以对申、湘、闽、粤诸志士云云。继由李君起而演说，大意谓我潮爱群名誉，不宜让各省府埠。不购米货之举，正可合全国团体势力，以与外人争抗。虽或谓学界所用米货有几，此议似无大裨，然由学界以激动商界，由同人以劝告所亲，联络各省府埠，广通声气。使外人畏我公愤众多，转亲爱我固可；即不然，我此举直与决绝，我国民气亦得伸于天下云云。终由林君梓肩演说，滔滔千余言，大意谓此会实为国辱之会，米人待我于犹太、印度黑奴、高丽之不若，无论不买米货，事属易行，即有难于不买米货万倍者，尤不得不行。勿以我潮无人往米，即为与我无关。苟全国人人皆不用米货，米之所损，不下五千万元，彼之工党，必为国人所诟病。米政府遂有词于工党，而约可废。末并论及潮汕铁路，较米约而倍切，潮人不可无权利思想云云。（按廿三日汕埠会馆会议禁约，朱君商岩亦尝演说铁路利害，实皆不切本日问题，故本馆不纪。）

演毕，佥议章程十则，并撮一小影以为纪念，其章程：（一）不用米货为宗旨；（一）以永废禁工条约为目的；（一）对此宗旨目的，有矢诚共行共守之责任；（一）对于家人、戚友、学生，务必以此宗旨目的相激劝，使之共行共守，而收多助之益；（一）自今日始，即实行不购用米货；（一）运动商帮，停办米货；（一）先由各学堂停购米货；（一）当以华人受虐惨状，作浅白歌词，分送城乡各处；（一）调查米货牌号，列表刷印分送；（一）联络各省府埠商界学界，以广声援。

是日佥议各学堂列名如下：

官立：岭东同文学堂、潮州中学堂、潮阳高等小学堂、西关两等小学堂、揭阳榕江高等小学堂；公立：镇署有造两等小学堂、海阳东厢小学堂、初级女学堂、澄海同仁学堂、忠烈学堂、蓬州渝智学堂、锡场乐公学堂、官席学堂；私立：海阳翁氏学塾、养正学堂、广忠学堂、竹石学堂、明新学堂、吴氏学塾、求是学堂、培桂学堂、照畹学塾、揭阳浚智学堂。（"美"字，用"米"字代）。

大埔小学堂又将解散

◇邑城小学堂，前任查大令办理未善，胡大令莅任后，拟大加整顿，终以经费无着，未见实行。现闻各科教员已有辞退之意，全堂学生，因此次府试，纷纷应考，亦有解散之势。

大埔举办团练

◇大埔永兴甲，滨临大河，因近日各处劫案迭出，殷富之家，咸有戒心。现闻富绅戴君升源，为先事预防之计，于十八日，邀同甲内绅士，举办团练，以备不虞。

刘碧珊纵勇扰民

◇嘉应刘碧珊，自管带嘉字营勇，屡纵所部骚扰，不法已极。兹闻日前大立、龙文黄、吴两姓，因斗毙数命案，呈控于官。刘碧珊随同州牧到该乡办理，该勇异常骚扰，事主破费不赀外，与事主无涉之黄官福家，有猪百余斤，亦被该勇抢去。及官福面诉，刘复将官福收押，私通出烂匪刘火五，勒令出银若干，始将官福放回。又以吴某诬告黄鸿大，即到其家吓勒银若干，复到鸿大住屋侧书房，搜去蒙学师黄芬甫之纱长衫一件，时表一只。后碧珊率勇在黄福全屋内住札，又将其屋内屏风、几桌、门板等物搬迁，付之一炬，约值银百余元云。

大清光绪三十一年乙巳五月廿七日　公历一千九百零五年六月二十九号

岑督于潮汕铁路之批词

◇潮绅朱乃霖等，以潮汕铁路公司集股包工，大犯定章等情，具禀岑督。现奉批示云：查潮汕铁路公司，前将章程呈由商部核定，业经切实声明

"均系华商股本，所有股票不准转售外人，及遇有事争执，不得请外人干预各"等语，是该公司全系华商股本，凡购股票者，均应遵守此章办理。如果暗中存有外洋资本，则系购票者自违定章，地方官既有不承认之权，外人亦无从干预。况林丽生既系闽产，纵曾入外国之籍，而现在潮汕铁路公司，已占华人一切利权，即此足见其复弃外籍，仍为华民之据。其在公司股份，从何而来，可以毋庸诘究，将来林丽生果自认为洋人，何难将其股本充公，并治以跨籍之罪？该职等来禀，所虑未免太过，至现称公司所订包工合同，并有包修之约，以及管路权限各等，候据情照会张京卿明白具复，再行核办，仰惠潮嘉道转饬遵照云。按此则林股可无忧其为洋股，岑督此批，不啻予潮人以铁据也。惟包工合同一层，尚未知张京卿如何回覆耳。又闻岑督照会，亦已前日到汕，该公司有遣其文案某到厦，与某日议商一切之说。

教员游历

◇岭东同文学堂教员马君光汉，现值暑假散学，拟乘此假期，游历上海及江浙各都会，考察学务及商务一切事宜，闻昨已坐怡和轮船启行云。

长乐学堂挽留教员

◇教员陈君珮衡，日前因学堂冲突，辞席而去。嗣堂中各教员以陈君和平尽职，实教员中不可多得之人，公请复就。陈君义不容辞，已复行到堂就席云。

大清光绪三十一年乙巳五月廿八日　公历一千九百零五年六月三十号

汕埠实行抵制美约之先声

◇抵制美禁工约一事，本埠绅商在各会馆开议后，即由八属会馆代表人邓君文史、邓君籍香，连日到各行店联盖图章，认定不用美货，并拟调查各行店现存美货多寡，以后即禁用购买，以便届期实行。

嘉应会馆会议抵制美约

◇郡垣嘉应会馆于廿四日，集在潮绅商，会议抵制美禁华工之事，各绅商极形踊跃。闻已议定一切办法，函致各处，俟实行期到，即一律照行云。

大清光绪三十一年乙巳五月廿九日　公历一千九百零五年七月一号

岑督照会张京堂文

◇潮汕铁路洋股问题，经潮绅朱乃霖等具禀督辕，谓其搀合、背章、失权等情，嗣经岑督批示在案（批词见廿七日本报）。又一面按照所禀各节，照会该公司总理张京堂煜南，着将各节逐一详晰禀覆，以凭核办。兹由省友访得其照会底稿，照录如下：

（前略）查潮汕开办铁路，前准商部将贵京堂所呈详细章程，咨行到粤。查核章程，内开：公司资本，实各处华商所集，此项股票，不准转售洋人，遇有争执，不得请外人干预。本公司招集华股，承办此路，除工程、机器二师，目前华人尚未熟习，暂用洋人各等语。核与现禀各节，大相悬殊，究竟该绅朱乃霖等所禀潮汕铁路公司股商林丽生已入日籍，并代日本投资本于公司，及该公司与爱久泽直哉所订包工合同兼有包修之约，修路及驾驶机器两项人员可由爱久泽直哉荐日本人或他国人承理各节，是否属实，有无违碍权限，自应查明核办，合就照会贵京堂，希为查照，按照该绅朱乃霖等所禀公司违章各节，逐一详晰见复，以凭分别办理云云。

不知张京堂如何禀覆，俟复闻至省时，再行探明续报。

督抚覆汕埠绅商电

◇又据省友函云：汕头阖埠绅商，以美禁约苛虐，筹议抵制，并电请督抚宪电部力争等□。刻闻督抚宪已有复电至潮，大意谓前经迭商外部梁使，设法维持，惟国力如斯，空言恐难补救。现沪总商会，力议抵制之法，果能团体日固，根定不挠，使上下内外，同此一心，或有转圜之望，即告该绅商等，共力图之云云。按此事将来之得失，全在我绅商之能坚持与否。今汕埠绅商，既为此奋发之举，宜益持以毅力，筹定切实抵制办法。禁约一日不允永废，抵制一日不休，慎毋有始无终，遣美人以重辱笑我也。我甚望之于各省埠绅商，尤甚望之于汕埠绅商。

潮汕开抵制美约议会汇纪

◇汕埠绅商，日前已开抵约议会，现定期六月初一日下午二句钟，仍假座万年丰会馆，开第二次抵约议会，凡前会提议而未经决定，或决定而未经举行者，均于是日一律决办。现已遍发传单，邀集全埠绅商及各地志士，届期与会，抒发伟论，并将应行选举干事各员，及实行不用美货，布告潮嘉各属一切问题（见本日专件），先行布告，俾众周知矣。

◇澄海同仁学堂蔡君柏青、侯君乙符、陈君□□等，昨集学生在堂演说。略谓美酷虐我华民，实出情理之外，稍有血性者闻之，莫不发指眦裂。夫同属黄种，日本得享平等幸福，独我华民旅美者，美政府则待以惨酷之法律，直欲使二十世纪后美洲之中，无我华人足迹。忍而不争，一国行之，众国效之！我四万万同胞，不惟生路尽绝，亦无颜立于天地间，亟宜大声疾呼，联合团体，以相抵制云云。演毕，蔡君柏青复议集瀹智、宏文、培基、忠烈、培元各学堂为一小团体，彼此联络一气，以鼓舞邑人，实力禁用美货，必持至废约而后已云。

◇郡垣汀龙会馆，亦于廿八日开会，筹议抵制一切。

何必藉赌兴学

◇学务处据嘉应州附生刘书年禀为经费未筹学堂反累由，批：察阅来禀，一似桥市赌饷，不归该族人承充，该学堂即必不能办，是否藉学承赌，然且不与深论。惟试问该州若无赌博，该族人亦议学堂否？兴学是何等美举，承赌是何等坏事，藉资赌饷，虽属万不得已，然有志者且羞，况俨然欲以学堂承赌，抑何甘心自污乃尔！家族学堂，本是极好之事，该生惟当力劝族人，竭力捐助，共襄盛举，毋得孜孜赌饷，是所厚望，仰即知照。

富绅助学之可风

◇嘉应邱燮亭大令，已捐助丙村三堡学堂一千元，又捐助松口溪南邱氏小学堂建筑费五百元，月中亲到镇平邱氏两创兆学堂，见其规模已具，办事人亦均热心，并捐助两学堂购仪器金各一百元。又在所居之长教乡，自建家族学堂一所，除族人共捐四百元外，余均大令一人之力。嘉应出洋致富者，倘均能如邱君，则嘉应学界之助力为不少也。

嘉应举行平粜

◇现届青黄不接之际，嘉应义仓公所已于二十四日举行平粜，限每人籴米一元为度，于吕帝庙发挥，于城内义仓凭挥籴米云。

大清光绪三十一年乙巳六月初一日　公历一千九百零五年七月三号

秦州牧亲自收呈

◇嘉应秦州牧自正月以来，每期呈词，俱用包封递进，民间无所畏惧，讼案日繁，每卯期多至六七十呈。前月十八卯，不知何故，州牧忽亲自坐堂收呈，凡雇抱告者不收，妇女不雇抱告者不收，供词互异者，虽亲递亦不收。论者谓是亦止讼之一法云。

米捐助学之不准

◇长乐随粮捐，赵前任时按三成加捐，计每石浮收银一钱一分八厘七毫四丝。去年经学务公所绅董核算浮收数目，拨为学堂常年经费。长乐粮米，通计有四千余石，以每石拨入学堂捐银一钱一分八厘七毫四丝计之，每年可得学堂常年经费五百两之谱。王大令将此款通禀上宪，现奉上宪批驳不准，大意谓粮米一项，既有随粮捐，今又收学堂捐，未免名目太多云云。当由王大令出示晓谕各粮户，毋庸完纳学堂捐，并饬粮差不得向民收学堂捐款矣。

镇平邱氏兴办植业会

◇镇邑邱氏，族大人众，自邱工部创办创兆家族两学堂，学生已多至二百余人。间有年龄稍长不能入学堂者，复联为一社，名曰"自强社"，每月会课四次，专以讲求学问为宗旨，入社者现已八十余人，进步甚猛。近日社内邱君武、邱权诸君，以邱氏山多地瘠，子弟且多游惰，倡办一植业会，拟集五百股，每股二十元，其入会者，各画定山界，责之种植，限年纳税，其股分银元，则专以采办货物，及家中应用器具盐米各项，以备股分家取给。现已集二百余股，不日即行开办，其章程亦甚周密云。

松口又闻盗劫

◇五月初间，嘉应松市廖姓土店被劫，已登前报。兹闻廿三晚，大乍余、张数姓，又一连被劫，失物甚多。

大埔烟叶获利

◇埔邑所出条丝烟皮，以松山、为霖坝二处为最，然此项烟皮，专待福建湖雷、慕溪贩客取买，可做上庄条丝之用，以其价值颇昂也。本年上庄烟皮，估洋四十余元，二庄三十余元，三庄二十余元，凡种烟各户，均利市三倍云。

大清光绪三十一年乙巳六月初二日　公历一千九百零五年七月四号

汕埠绅商开第二次抵约议会详记

◇昨日在万年丰会馆开第二次抵制美约议会,全埠绅商到会者数百人。先由陈广文寿吾报告此次开会缘由,后谢大令安臣提议选举干事员事件,随当众开票,得票独多者为萧观察墀珊,次曾、沈、邓各君等廿余人。照票举定干事员廿人后,复由谢大令安臣、杨大令季岳等,提议实行抵制之法,先刊单列明事由规则,由各商家联盖图章,认定不购美货,以后不得违背。继由曾君杏村、吴君子寿、邓君文史等,复相继演说美待华人无理,种种惨状,以激动大众,竭劝各商家,应协力抵制,始终勿懈等情。再后更由沈君友士提议,此次被选人员,固所以专办以抵制各事,然此事必经各绅商协情同意,始无参差不齐之患。其商会各绅董会馆暨各行绅董,虽未被举在内者,亦有对于办理此事之义务,宜将以上各项绅董,与此次选举人员,合为一气,更为妥洽云。众皆赞成,因决定于初三日举行干事议会,认定各人职任,并邀集商会会馆各行绅董协定一切实行办法云云。毕后已钟鸣六下,遂鸣铃而散。

大埔乐群学堂会议抵制美约之办法

◇民立乐群学堂为美苛禁华工一事,咸抱公愤,特于日前会议实行抵制之法。由教员饶君箸荪等登堂演说,语极剀切,闻者无不感动。随议定办法,并具公函致汕头保商局绅董。其办法:

甲、在学堂学生教习办事人等,须先认决不用美货,以为倡率。

乙、分任各属演说,运动各市商人,不办美货。

致保商局函:

保商局诸位大绅商公鉴启者:争美约事发,现已逾月,电表同情者有二十余埠之多,而吾汕埠瞠然在后。潮汕人士,神经感觉之迟钝如此,此为国民向导者,当引以为大诟者也。敝校顷已决认照广、沪各埠办法,戒用美货,并担任分头演说利害,运动各乡市商家,不办美货,实行抵制之策,以尽国民之天职。唯内地分销有限,而各种牌默记号,均罕确实可举之件。查内地洋货,以汕头进口者为大宗,如贵局能联合汕埠巨商,实行止办,则源清者流自澄,提纲挈领,胥在乎此。为此恳贵绅发大热力,邀集汕埠绅商,协筹办法，并望将汕头进口美货之各种牌默，分别调查明确，揭示报端，俾得周悉，岭东幸甚，大局幸甚云云。

大埔县民立乐群学堂全体公启

务本学堂给放暑假

◇嘉应务本学堂，已于五月廿六日，给放暑假，惟中学级国文乙班，及小学级，均未停课，每日减少原定时刻，专课国文、算术重要等科，以便补习各科云。

大清光绪三十一年乙巳六月初三日　公历一千九百零五年七月五号

山票不准在嘉应州属开设

◇分办嘉应山票嘉裕丰公司职商李树芬，日前赴州具禀，略谓：去冬裕源总公司，加饷统办全省闱捐基铺山票，经奉善后局宪，给发戳记示谕开办，并通饬行知各属遵照在案。兹商向全省总公司，分批嘉应五属山票，经既缴交按饷银两，妥立批约，祇领善后局宪告示，前来州城开办，所有一切，悉照裕源公司章程办理。除将善后局宪告示张贴外，再恳宪恩出示晓谕，俾众咸知。倘届开彩之期，如有无赖棍徒，藉端滋扰等事，准商随时指名禀究，以重饷需，实为德便云云。奉秦州牧批示：据禀悉。查裕源公司职商周永福，于光绪二十九年十一月二十六日，加饷接办全省基铺山票原案，曾奉督宪批示，向无开设处所，仍不准开，以示限制等因。即三十年十二月初一，该公司兼办闱捐案内，补列有基铺山票章程六条，亦只声明"嗣后查有私开之处，应准由商随时禀明设厂"等语，均先后奉善后局宪粘抄行知各在案。据禀前情，查州属本向无开设山票之处，亦无劣绅土棍勾串私开，未便准予出示开办，仰即知照。

嘉属投考高等学生之踊跃

◇省城高等学堂，定期于六月二十日，招考新班学生五十名，近日有嘉应报考者二十余人，由汕搭轮往省云。又闻兴民学堂学生，有二十余人，决计于堂中放假后，偕英文教习陈君德选晋省，报考高等学堂，闻既托人先到该学堂报名矣。

长乐宜立学堂之筹款

◇长乐县城官立师范及高等小学堂之常年经费，赵前县时，既照准附城某绅等数人呈请出示，将县属宾兴及各公款，尽数拨充，复酌加粮捐，每民米一石，带捐银一钱八分，每期呈一张，加戳捐银二毫，抽收始一年矣，年可得的款银二千元之度。殊赵大令将卸任时，始禀学务处立案，未蒙批准。办学诸绅，熟思无计，而王大令适接篆，遂再四商求大令，照旧抽收，不必复行禀准，且咸云费用未敷，恳出示再加戳捐银四毫，并谓增讼费且可息讼事，多取之不为虐，计无善于此也。闻自开春自今，告状者果日寥寥，大有"虞芮之君不敢质成文王"景象云。

大清光绪三十一年乙巳六月初四日　公历一千九百零五年七月六号

汕商抵制美约第三次会议

◇抵制美约第三次会议，各绅商以初三日有王商丞、沈观察来汕之信，故预商改为初四日。及至初三上午，确知商丞观察非即日可到，故仍用初三日会议于万年丰会馆。初议选举干事人员，从前未与会被举者，若各绅商，若各行董事，多举为评议员，众皆赞成；次议认定职守，其领袖名目为总司事，其次书记四人，其次总理庶务四人，其次调查十人，其次评议员四十六人，以后就在万年丰会馆为办事处云。是日举定各员列后：

总司理一人：萧墀珊。

书记员四人：杨季岳、饶梅荪、沈友士、方雪卢。

总司会场庶务员四人：赖礼园、黄子佩、萧秋南、李佐卿。

调查员十人：许照垣、杜杰峰、曾杏村、邓文史、郭丽州、曾季园、萧琼珊、李少珍、陈竹溪、蔡古愚。

评议员四十六人：邹笔秋、陈寿吾、黄扶东、张仲南、彭略臣、陈占南、王蕴山、林璧臣、林虞笙、倪彪臣、萧蔚南、曾光亮、陈吉六、李采臣、蔡明南、林梅阁、萧菊庄、林邦杰、陈静波、陈酉石、赖棣珊、蔡培松、刘式如、周俊臣、周蕴山、周丹阁、周廷宾、万日峰、秦修文、吴精益、胡伯畴、林少轩、宋雪樵、沈春波、饶献宾、曾映堂、汇全号、谢安臣、韩屏初、吴子寿、蔡秋农、吴楚碧、叶丹孚、邓籍香、李苾孙、李海珊。

大清光绪三十一年乙巳六月初五日　公历一千九百零五年七月七号

禀请酌改路线

◇潮汕铁路洋股问题，前经潮绅朱商岩等禀请岑云帅厘剔，已志前报。初三日，朱君商岩、李君牧甫、柯君翘南等又至道署，禀请迅催详覆，并酌改路线，以免后来贻患。闻观察当堂详加询问，朱君等均历历指陈，不稍隐讳，沈观察深为嘉尚云。兹将其禀稿照录于后：

具禀：兼袭云骑尉廪贡生朱乃霖等，谨禀为潮汕铁路公司丧权违章，遗患无穷，叩乞恩准，迅催详覆，亲勘酌改，以保主权而绝水患事：窃绅等前控潮汕铁路公司违章各节，已蒙督宪批示等因。奉此，惟绅等控其搀入洋股者，一则因潮汕铁路，系吾华商自办，何以台湾总督派员勘测？一则因日人如仅包工，何以日本著名报纸，若东京之《支那杂志》，神户之《日华新报》，将潮汕铁路认为日本势力圈范围之内？一则包工之爱久泽直哉，系东京卒业法律学生，铁道非其素习，何以向该公司包办，而转招大仓公司包办？是爱久泽直哉乃资本家，非工程师明甚。一则该公司既系华商自办，何以不用华人名工程师之詹天佑，而用洋人非工程师之爱久泽？一则林丽生系安溪县举人林鹤年之子，何以林不认祖籍，不认生父，而冒认林维源为叔？种种谬妄，不得不直揭其隐。今奉督宪批示云：将来林丽生果自认为洋人，何难将其股本充公，并治以跨籍之罪？绅等以为将来爱久泽直哉，若敢认为合股，亦请督宪将其股本充公，并治张绅以违章之罪。是洋股一层，奉督宪之剀谕，可以毋庸过虑；所虑者公司包工合同，兼有包修之约，且驾驶等员可由爱久泽直哉代荐，有违原定权限，应请宪天照会公司，刻日见覆，以凭核办。若公司以张绅已往日里照覆稽迟为词，而会办之黄绅景棠、张绅之子步青，在公司总理一切，且为张绅所承认，又与官场直接。潮去汕不远，朝发夕至，三二日之内，不难详析咨覆。若丧权违章，令其即行修改，呈请督宪及宪台察核，以保主权。至于路线不善，众口同声，绅等窃谓碍庐墓之祸小，塞水道之害大。查潮州地势，庵埠一带，居于下游，当未开办铁路时，一遇淫潦，田园常见淹没。今铁道又横亘其间，实非仅多开水眼可以宣泄。宪天有兼管水利之责，应请早日履勘，若果有大淤塞之处，绘图贴说，上禀督宪，饬该公司酌改，免使下游一带居民，尽为鱼鳖，其造福潮州，实不在昌黎下。绅等为大局起见,故敢直陈不讳,如蒙采择,地方幸甚!

兴民学堂准借学宫

◇学务处据兴宁县王灵岐禀拟借学宫由,批:据禀,兴民初等小学堂,原赁祠宇,地址湫隘,拟请暂借学宫等情,系为兴学起见,应准暂借,以后如觅有地址,再行交还。惟目前暂借,只准学宫尊经阁等处动工,其大成殿、崇圣祠,不得动用,以昭诚敬,仰兴宁县转饬遵照。

严查拐带

◇汕埠为通商口岸,客栈林立,近日妇女幼孩住外者,纷纷不一。日昨沈道宪特饬道差来汕,并札行洋务局鮀浦司,如遇有轮船开行时,必须督同道差,亲自登船差点盘诘,妇女幼孩,有无拐带情弊,勿得徇纵云。

大清光绪三十一年乙巳六月初六日　公历一千九百零五年七月八号

嘉应学务公所之现象

◇"隐居放言子"来函云:嘉应学务公所,先时人物黄公度京卿手创者也,章程大备,条理井然,此非一人之私言,实为学界中所公认。当时所组织员绅,多新学后生,倾心学界,无一毫官场习气,且从不出入公门,故每遇与州牧伯面商事件,皆委保安局绅代谈,积日累月,习以为常,保安局遂为学务公所与州署之机关部,但此时公度京卿,尚屹立公所,保安局对学务公所,实无异战场中之通气卒也。自本年公度京卿大去公所,学界中人,失所依傍,自不待言,而公所诸君,尤形狼狈。州署中人,每视学界人物若国仇,非自有大名望之人,及与彼有密切关系者,所有言论,每不对针。而保安局诸公,亦与署中人一鼻孔出气,且有节制公所之意,藐视公所之意,破坏公所之意,层见叠出,竟不为怪。公所诸君亦俯首帖耳,吞声忍气,不敢放言。噫!公所诸君,其热心办学,不以此为辱乎?抑公所诸君,无保安局保护,不能自立乎?或公所诸君,概皆未经事件,不敢向保安局划清权限乎?抑保安局诸公,实欲包揽公所诸事乎?热心忍辱,吾为诸君□;依局成立,吾为诸君羞;少不经事,吾不为诸君耻;事权归人,吾实不能百口为诸君回护矣。诸君诸君,其各认明权限,努力前进,勿负重托,庶几哉黄京卿含笑于九原,而学界幸甚。

大埔纸米市滞销之原因

◎埔邑三四月间，各商号均往汕头办米，每墟不下三四千担，极其畅旺，且福建永定、上杭、及湖雷、慕溪一带，向在宫前采买，偶接济不及，即来埔告籴，因此影响，各米商均获厚利。近日江西开禁，汀郡之米源源而下，埔邑销路因而大减，而汕市米价又复叠涨，故目下埔中米商，各致函到汕停办矣。

大清光绪三十一年乙巳六月初八日　公历一千九百零五年七月十号

潮汕铁路公司股东均用代表人之传闻

◎潮汕铁路公司，自去年滋事后，嗣经各处绅商攻揭其隐，是以各股东均怀观望，不肯将股本清缴，即总办张煜南、谢梦池等，亦怀疑惧，互相退股，（张原认股五十万元，刻已退存三十万元；谢原认股五十万元，刻退存二十五万元。）均归林丽生一己顶受。现不知因何事故，各股东皆拟举他人为代表。闻张榕轩则举徐汉俦为代表，谢梦池则举廖子珊为代表，吴理卿则举冯湘□为代表，张君登则举曾桂园为代表，林历生亦拟举徐清河为代表，惟黄诏平一人，自己愿在公司主任一切，不欲举人自代。传闻如是，不知确否。

贩卖人口

◎汕埠有某媒婆，专以贩卖人口为生涯，凡男女小孩拐来汕者，悉由其诱卖，如一家专利之业。闻该媒婆母子二人，同恶相济，不知有何神通，虽经人告发，官吏并不查究。近来为此，甚觉纵横。

试场办差不得规避

◎嘉应向来文武两考，概由木厂办差，文场归上市各木厂包办，武场归下市各木厂包办。今缘武试停废，武场已免办差，文场理宜合上下市木厂供办，方昭平允，乃下市各木厂取巧规避，近科试场，独不供办。昨上市木商陈丰兴等，具禀秦州牧，即蒙批示云：所禀如实，该下市木厂，殊属取巧规避，候签差传谕，一律照禀办缴，不得藉词推诿，免误要差。

大清光绪三十一年乙巳六月初十日　公历一千九百零五年七月十二号

嘉应员绅选举学务所长之意见

◇嘉应学务公所所长，自黄公度京卿去世后，旋举副所长邱仙根工部继之，用人行事，俱照旧章。近日工部应学务处聘，督办惠潮嘉学务，乃保安局绅，竟擅自与州署中人，拟定某明经为所长，然后分发传单，集各议员认定。不料初三日各议员齐集后，议论哗然，有谓不合格者，有谓人本合格，出于私授不能再认者。一时风起潮涌，左冲右撞，保安局绅，竟至拍案对众怒骂。此刻情形，颇有两不相下之势。

出示招充庙祝

◇嘉应务本学堂，请准招人承充城隍庙祝，以该款补助常年经费，早登前报。兹闻秦州牧已于本月初四日出示：不论军民人等，如有愿充该庙祝者，即将输学费数目，切实呈明本州，以凭汇核，以出款多者为定，给谕承充，所有原供各处一切私规，准于蠲免，由官保护，其各遵照，毋稍观望云。

纪兴宁矿产

◇兴宁铁山嶂铁矿，苗质甚美，向有人在该山附近，开炉铸锅，然资本薄弱，绝无起色。近复有某甲雇土人私挖，挑运至龙田，改由船运，贩与永安铁商，每日不下数百担，闻包揽此事者，亦获利甚厚云。按铁山嶂铁矿，前数年已有外人垂涎，特到该处调查矿质，宁邑多资本家，若不自行设法开采，恐迟之又久，外人将越俎而代谋之矣。

兴宁卫生会第一次演说

◇兴宁陈君少岳倡设卫生会，已志前报。闻陈君于暑假前一夕，假座兴民学堂，开第一次卫生演说。首说个人与家国之关系；次说鸦片流毒中国，为弱种病国之一大原因；终言欲保种保国，必先自戒吸食洋烟始。洋洋数百言，颇足发人深省，是时听者多至二百余人，莫不拍掌云。

大清光绪三十一年乙巳六月十一日　公历一千九百零五年七月十三号

沈观察于潮汕铁路之批词

◇日昨潮州绅士朱商岩明经等，将铁路公司违章丧权各节，上禀道辕，已志前报。兹奉沈观察批示：据禀已悉。已据该绅等呈奉，督宪批谕，候照会铁路公司总办，见覆核夺。

◇又闻潮属绅商与汕头商会全数绅董，因王参议到汕，复联名具禀，请转禀商部，剔退洋股，厘正合同，并请参议会同潮嘉道沈观察，亲行勘阅酌改。未知参议如何办理也。

大埔纸业失利

◇本年埔邑所售各色纸价，异常低贱，因洋纸进口日多，各家所用之纸，均以洋纸为佳，而中包、大包、节包三项，郡城又无销路，不能流通，只得改做三割两割等纸，暂救目前。倘至中秋后，销路再滞，各槽户做此项生意者，必亏损不堪云。

大清光绪三十一年乙巳六月十二日　公历一千九百零五年七月十四号

大埔水灾

◇大埔县城西门外漳溪河，发源于福建平和。前月杪，距城三四十里之泸溪及上湖山一带地方，山水暴发，溪流陡涨，沿岸民房及田禾畜牧等物，悉被冲刷，人民漂没者有百余名，附近县城之龙潭渡、松山、星溪坪等处桥梁，俱被冲去。往来商民，咸病涉焉。

学堂禀请禁赌

◇大埔青溪民立育□学堂监督范君光史等，于前月禀请胡大令，严禁赌匪于该堂附近聚赌。即奉批云：该处已近学堂，向无赌馆，自不容任其开设，准出示永远严禁，以重学务。

拟提神费助学

◇大埔各乡，每届秋冬之期，酬神演戏，所费不赀。近闻平沙甲邱绅某，拟联合同志，竭劝乡人，将每年所耗神费，捐助学堂，并将耗费无益之事，切实演说，俾各乡闻风效法，为开通风气之一助。

大清光绪三十一年乙巳六月十五日　公历一千九百零五年七月十七号

会勘庵埠路线述略

◇王议堂于十三日会沈观察，至庵埠履勘铁路线。铁路局董及海阳士绅，与其事者颇不乏人。闻乡人在勘场递禀求改路线，以为有碍水道。沈观察、王议堂如何办法，外人不得闻知，然沈观察意，似以改路为难云。

留省岭东学生实行抵约主义

◇近日岭东一部学堂商会联络一气，实行抵制美约。在省岭东学生，亦表同情，电达汕头商会，另议成抵制美约传单，并附办法数条，略录如下：

汕商会绅商鉴：合群抵约，钦佩！乞坚持。留省岭东学生启。

抵制美约传单述略：

一、同人以抵制美约为宗旨，务宜坚持此义，始终不渝。

一、已经列名者，一律禁用美货，违者任从同人将物掷碎，并由公众议罚。

一、同人对于家庭有劝导之义务；在各埠有商店者，一律通信禁办美货，禁用美货。

一、电致汕头商会绅商，坚持抵制主义。

一、禁用之美货，除各报纸已经调查者先行采取外，各同人皆有分任调查之义务。

一、传单发表后，如有同志诸君子克表同情，则当逐渐扩充，以期成一大团体。

学务处批镇平县生员杨业光控邱绍馨阻建由

◇据禀，该生杨姓合族自行筹款，在祖遗问字园修建杨氏家族蒙小学堂。邱绍馨等，以干碍伊祠，控争阻建。既经该县诣勘明确，如果相距甚远，并无干碍，何得不为断结，殊不可解。仰嘉应州饬镇平县集质勘讯，核断具报，毋稍徇延。粘抄、保领并发。

纪乐群学堂总办出洋劝捐与海外绅商助学之踊跃

◇大埔乐群学堂总办张君六士，去冬由学务处请岑督发给护照，往南洋各埠，劝捐学费。张君所到各埠，凡大埔绅商，皆踊跃捐题，计集款有二万八千元之谱。其中有非本邑绅商，如闽人胡君子春，亦慨捐巨款，尤为难得。虽由张君之热心大力，为海内外人士所钦仰，易于集事，而各绅商之急公好义，于此可见矣。现张君已于十三日抵汕，拟回邑后，即鸠工建筑乐群学堂校舍，以便足容多生，广及教育。其经费即由南洋捐款，陆续汇回接济云。

◇又闻大埔巨商戴欣然观察，此次仅捐款二千元。该邑人士颇滋疑讶，缘戴观察前曾认捐十万元，为大埔学堂经费，至今实分文不交，而其热心助学之名，已传遍海内外。说者谓观察未必以此事为儿戏，兹所捐二千元，或者为十万元之息，否则必是于十万外加二千元，未可知也。

兴宁小学堂倡议不用洋布

◇兴宁已成立小学堂，共有九区，大小学生约七百余人，服制多用洋布。近日兴民学堂董事、教习等，提议一切衣服，概不用洋布，改用土织三丈庄，价廉而便，且能久穿不敝，堂中学生皆赞成之。拟刊发传单，知会各学堂一律仿行，以为之倡，不日将见诸实行矣。

种棉之有效

◇兴宁小学堂提倡种植棉花，已登前报。闻今年试办植棉者颇多，自春前后下种，不数月已枝干壮茂，高者四尺余，低者亦三尺许，皆含□累累。闻业棉者云，拟将头帮花扫去，以助棉树之发达，则日后取花，必大有起色云。

兴宁收发委员惧罪逃走

◇兴宁县收发委员李某，客冬随滕大令到邑，与某典史某绅狼狈为奸，劣迹昭著。近因大龙田学堂禀控乳猪捐争闹一案，词连该委员受贿摆弄情节，经上宪派委澈底查办，该委员计无所出，乃于前月杪先行辞差逃去。闻到梅江时，尚有函致某典史，嘱将某水圳案欠票二百元，某私宰耕牛案欠票一百元，代收汇省云云。该函失落，为路人拾得，遂表暴于众。所闻如是，未知确否。

◇又闻滕大令已将争承龙田乳猪捐黄某拿获，押候委员究办，如何情形，容俟续闻。

大清光绪三十一年乙巳六月十六日　公历一千九百零五年七月十八号

会勘潮汕路线详情

◇潮汕铁路开办至今，议论纷纷，或禀请剔退洋股，厘正合同，或禀请更正路线，疏通水道。十三日，王参议丹揆与沈观察至庵埠会勘路线时，各处绅耆，纷纷禀见，沈君友士并携带地图前往，遂陈说潮州地理及水道大势，略谓潮州地处嘉应各处下游，庵埠又处海属各处下游，且地势东北高而西南低。今铁路轨道既横于西，桥梁又堵塞于南，其中百数十乡居民，恐成鱼鳖，殊非两全之道云云。嗣又与参议随员诸君，谈及路权各节。因为时不早，参议与沈观察将同至勘路，参议即面嘱沈君友士，十四至行辕谈论。沈君如期往见，陈说数事：

一、表明潮人争路宗旨，系争国界，非争州界；系保全铁路，非破坏铁路。

二、请饬林丽生认定安溪籍贯，并将岑云帅批示禀部立案。

三、请饬该公司将各款合同全数登报，如有包修荐人等事，即请会同岑云帅厘正后，咨部立案，以定人心而绝后患。

四、水道一层，既经沈观察履勘，将来应如何妥为更改，或应如何多开水眼之处，当俟道宪主裁。

王参议遂将公司所有章程合同等件，全行持出，令沈君批阅，并许登报宣布，以息群疑云云。其后汕头商会诸绅董，亦陆续往见，所言大略相似，且谓此事诸人并无意气杂乎其间，不过以铁路关系地方重大，现若不言，将来或别生交涉，更属不美。参议颇以为是，又许作演说以解释此问题云。

严拿客栈拐匪

◇道台沈观察近日示谕云：访闻汕头客栈内，有数家不安正业，辄雇匪徒数十人，无论福建上杭、江西、嘉应兴宁及潮州丰、揭等县，凡有墟埠，即有客栈匪徒四处散布，诱拐人口到汕关禁，贩卖出洋，名曰"卖猪仔"，盖视人口为畜类，而供其肉食。被拐之父兄伯叔，闻信追寻，异地孤客，无能为计，即控告到官，而为时已久，少有起获。此等匪徒，忍心害理，灭绝天良，商民受害，甚于盗贼。且各匪徒兽散窥伺，苟其有利可图，何事不可忍为？言之深堪痛恨！查奸民诱骗愚民，雇与外埠承工，并非本人情甘出口，因被拐卖威逼，致父子兄弟离散者，无论已卖未卖，曾否上船出洋，定例分别首从，斩绞立决，先行正法，功令何等森严，有犯即应重办。除分札各处一体查拿示禁，并札汕头洋务局遵照密查拿解外，合亟出示晓谕。为此示，谕各属军民人等知悉：尔等男妇子女，如非情甘出口，确被拐匪诱骗贩卖者，经过地方，立时叫喊；或该父母兄弟叔伯，闻信追寻，当官指告，由该地方官员、巡警、团练，以及局约绅耆，立即扣留查起。拘获讯实，将拐匪照例惩办，并将该窝匪客栈，查封充公，栈主与拐匪同罪，法不容情，理难曲贷云云。

嘉应学界力持抵约

◇嘉应学界会议实行抵制美约，既登前报。兹闻梅学会中人，诚恐各处同志，未能坚忍持久，故于五月三十日，公举务本学堂教习陈君柳堂，往松市、雁洋、丙市、白宫市、西阳市各学堂，演说不用美货。迨六月初七日，又据西阳高等小学校长黎君伯冉，往镇平、新铺、白渡等处学堂演说，闻多所感动，咸极力赞成此举。

兴宁学堂近事两志

◇兴邑留学日本振武学校毕业生刘君立群回邑后，即来小学堂阅看。是日适为学堂体操期，体操教习陈君请刘君阅操，阅毕，并请刘君演兵操。刘君于是将立射、膝射、伏射诸法，操演一次，观者莫不赞羡。操毕回堂，钟鸣七下，各学生复请刘君演说。刘君始则缕述日本学校之情状，与该学生之勤勉。继论日本立国之基础，与尚武之精神。次论日俄战事，虽日本三尺童子，亦知爱国。最后乃勉励本学堂学生，以爱国之观念，与自治之精神。洋洋数百言，颇动人听闻。

前月廿四日，由兴民学堂发传单，订期廿五日，集各学堂生合演体操。届期各处学生先后到堂，约计三百人。钟五下，各生以次排队出，至城北布坪操场上，统由体操教习陈君发号。先摆作一字队，后化排为二，复变为四行，开演柔软体操，毕，习行步。学生中幼稚者，则另编一队，演游戏体操，操至一点钟，乃毕，后齐唱从军歌。是时来观者约数千人，滕大令与邑绅十余人先后至，莫不赞学生操法大有进步云。

山票被控

◇嘉应山票，系奉上宪饬行，向无开设之处，不准开办，故屡有奸商觊图开设，未蒙允准。兹有侯鸿记在油笼街，代潮郡山票厂私收，每条加邮费二文，日见旺盛。被现在州城开基铺票之陈裕兴，以为有碍铺票饷源，特具禀州牧，查封拘究。即蒙秦州牧批示，如果陈（疑为侯）鸿记私收山票，应即饬差查封，拘究严办云。

市面银根之紧绌

◇近自省、佛各银行倒闭甚多，其影响遂及于各州县。闻宁邑各帮生意，银货转圜，甚为支绌，汇水每百元竟涨至二两七八之度，商界中人，颇为忧闷。

大清光绪三十一年乙巳六月十八日　公历一千九百零五年七月二十号

王议堂谕告铁路事述略

◇王议堂于会勘铁路线后，近日拟出一谕，闻其大旨，系解说路权、路线两层。其路权，略谓商部原奏，曰潮汕铁路，专集华股，即公司核定章程，亦曰专招华股。其第十二条曰"工程机器，暂用洋人经理，一面遴选子弟，出洋肄习，回华任用"等语。其股份姓名册，林丽生亦注明福建省人，并无台湾籍民字样。其与爱久泽所立合同专条，虽有"修路、驾驶人员由爱久泽暂荐任用"一语，而下文声明"经公司查明，另立合同，权为经理。如不安分，由公司随时辞退"等语，是路权确为华商所执，断无疑义。至于路线，略谓原线甚善，铁路之畏惧水患，甚于民居，是以取土填筑轨路，沿路均须开挖濠沟，安放涵洞，以资泄水，水有所归宿，以理度之，附近铁路之乡村，水患当较向时差减，毫无妨碍。路权如彼，路线如此，全赖本地绅商剀切开导云云。闻已令公司将合同股票等件钞交商会，登报布告，一面将勘明实在情形，报明商部矣。

汕埠抵制美约之实行

◇昨日由前举定抵约诸君，会于万年丰，先行捐款，干事人既捐得二百余元，以为经费，拟十九日实行。分不用美货、不办美货两层办法，用长簿知会会内人不用美货，其各商家不办美货，各自盖戳，以为内地倡云。

拨务本学堂补助款

◇嘉应城隍庙庙祝，由秦州牧出示招充，将该款补助务本学堂经费，已纪前报。兹闻初八卯有武生黄云梯，具禀承充。旋蒙州牧批谓：据禀，该武生愿充城隍庙庙祝，每年认缴学费五百元，如果无人加款请承，自可准照。惟此项充规，必须预缴百元，方能给谕；其余之款，亦须年内缴清，并取具殷实店家保结同缴。如有延欠，以凭勒保缴案，以重公款，按期仍缴赴本州，分别转发，不能径缴务本学堂。仰即遵照指饬事理，另行禀候饬遵。

大清光绪三十一年乙巳六月十九日　公历一千九百零五年七月二十一号

张太仆行程

◇张弼士太仆，昨日自大埔坐船到汕，拟于本日即乘轮往省云。

大埔北浦学堂事述闻

◇大埔北布坝学堂，近日有某教习之族叔某甲，在学堂附近自己地方，筑造浴房。某教习谓其脱煞不净，有碍学堂，阻之不听，遂解衣盘辫，持械往拆。二家相拒，观者如堵，复有娘子军在场吵闹，大众恐酿事故，极力相劝，甫得解散。

大清光绪三十一年乙巳六月二十日　公历一千九百零五年七月二十二号

王议堂谕告铁路事

◇王议堂谕告，前已述其大旨。兹访得全文，以为关心铁路者告，其谕云：

潮汕铁路，于光绪廿九年十月间由本部具奏，奉旨特派张京堂集华股筹办。潮郡绅民，初本相安。上年秋冬之间，谣言□起，互相风说，致酿庵埠匪徒越境至胡芦市戕毙日人之案，公司抚恤巨万，始幸了结，而本埠绅民，犹未尽泯嫌隙。本京堂抵汕以来，调查公司卷宗及工程合同、办事章程各件，复于十三日亲莅庵埠等处，会同惠潮嘉道沈观察，勘视路线，用将铁路公司实在形情，详晰剖示，以解潮属绅民之惑。夫潮之所鳃鳃过虑、断断致争者，曰路权，曰路线。查本部原奏，一则曰专集华股，再则曰铁路由华商承办，潮汕实为嚆矢。公司章程第二条曰"专招华股二百五十万元，此项股票，不准转售洋人。遇有争执，不得请外人干预，以杜辘轳"；第十条曰"招集华股承办，除工程机器二司，目前华人尚未习熟，暂用洋人外，其余办事，悉用华人"；第十四条曰"公司资本，实系各处华商所集，与洋商承办铁路不同"；第二十二条曰"工程机器，暂用洋人经理。一面遴选子弟出洋肄习，回华任用"各等语，均经本部核准在案。其股份姓名册与股诸人，籍贯厘然。林君丽生，亦注明福建省人，并无台湾籍民字样，并于股份票上详注华商籍贯，并声明章程第二条所载各语。其与爱久泽所立合同十一条，均主工程立论，于路政无涉，并订立专条，工竣后一切用人行事，尽归公司主权。虽有"修路、驾驶人员，可由爱久泽暂荐任用"一语，而下文声明"公司查明，另立合同，权为经理，如不安分，由公司随时辞退，更换华人谙习者，一律任用。公司选派华童出洋学习，回华任用，听公司自便，爱久泽不得有异言"各等语，亦经本部核准在案。夫办事所执为证据者，曰奏案，曰章程，曰股东册，曰股份票，曰包工合同，其理至明。以上数项，业由本京堂详细考查，是路权碻为华商所执，断无疑义。（未完）

汕头商会奉到总商会实行抵约电

◇北京、营口、山西、烟台、福州、厦门、苏州、宁波、潮州、广东汕头、宜昌、九江、汉口、扬州、嘉兴、南京、镇江、芜湖、绍兴、湖州、杭州、温州、重庆、南昌、安庆、济南、长沙、开封、常州、常熟、淮安商会，十八日本会与各帮议先不定美货，均签允。上海商董曾铸等叩。

学务处批嘉应州举人杨青等禀呈雁洋小学堂由

◇禀及名册、图式均悉。该举人禀请开办之雁洋合堡小学堂，既系与廪生李辉丞等所办金盘、锦洲、雁洋三堡公立小学堂，同力合办，足无异言，应即遵照前批，与该州学务公所所长妥议商办，迭次批行指饬各条，逐一查明，由该州详细禀覆，并特将学堂一切课程规则，遵照奏定章程妥议禀缴，以凭核明详办。何以现禀仅缴雁洋一堡图册，殊不可解。查册内学生，只三十八名，校舍亦复简陋，不敷支配，且未将课程规则附缴，无凭查核立案。现据锦州堡职员张嘉霖等，禀局绅廖鸣珂等，毁抢张姓观音庵内蒙学堂书籍等物，业已另案，批州会同邱主政查办。仰嘉应州转饬该举人遵照，并由州查照批行，分案查明，禀覆核夺。图册存。

大埔小学堂拟招新生

◇埔邑小学堂自开办以来，将届三年，以经费支绌，规模不备，学生年龄亦参差不齐，难期成效。近日庚癸频呼，教习学生，俱有星散之势。胡大令乃将全堂学生，一律具文申应考韩山师范简易科，拟另招新班初等小学生八十名，入堂肄业，不日即当出示招考。其经费如何筹划，俾资久远，尚未闻知。

大埔烟庄近情

◇埔地各处烟叶，因春季阴雨数月，所有脚叶，悉皆萎毙，较之往年，十份中仅得二三成，故端节前各庄烟皮，异常昂贵。后因永定县慕溪黄万斗永隆昌号在湖南开有庄口，倒欠银庄各号不下数十万，受此影响，各票号之款悉数收回。永定办客向来到埔采买烟皮者，遂尔绝迹；即慕溪各烟厂向恃永隆昌为周转者，又皆一律停办。故目下烟皮行情，比端节前，每百斤少售五六元云。

大清光绪三十一年乙巳六月廿二日　公历一千九百零五年七月二十四号

续王议堂谕告铁路事

◇至于路线所经，现在递禀争执者，在湖头市至开濠乡一段，大率以铁路横亘其间，堵截水道为言。本京堂业已会同沈观察及工程师，邀集该处绅耆，详细履勘，铁路经过马陇、竹抱两村之间，恰是平原空旷，并无庐舍坟墓，此段路线，最为适宜。访问该乡土人，多以河高地低，时虞水患，此由地势使然，与铁路何涉？且铁路之畏惧水患，甚于民居，是以取土填筑轨路，沿路均须开挖濠沟，安放涵洞，以资泄水，遇有河道，一律建造桥梁。更于平地多设涵洞，每涵圆径至一尺九寸之巨，使平地之水，由涵洞达诸濠沟，由濠沟达诸河港，脉络贯通，水有归宿。以理度之，附近铁路之乡村，水患当较向时差减。就地势论，海阳为上游，澄海为下游，轨路系南北线，路线左右水道，均可自上而下，逐级倾泻，更属毫无妨碍。若舍此他求，穿越村市，亘贯庐墓，尤为别乡所不允。本京堂详核全路形势，查阅工程师所绘各图，此段路线，实已斟酌妥善，工程师以避绕村落庐墓，不能径取直线，致路工迂远，里数加多，用心亦已良苦。应即准照现定路线建筑，仍沿路深挖濠沟，多开涵洞，以为泄水之用，是路线之无碍水道，亦已彰彰在人耳目。该处绅耆，均无异言，路权如彼，路线如此，潮汕绅商，不乏开敏练达之人，须知天下大势，趋重商务，欲期利便转输，开通风气，尤以铁路为第一要政。乡僻愚民，闇于知识，不免多所惶恐，全赖本地绅商，深明大计，随时剀切开导，合力维持，俾路工及早告成。出入货物，转运便捷，农工各业，亦可暂次振兴，实于地方大有裨益。本部综绾路政，曾将本京堂考查南洋商务，顺道勘视潮汕路工等因，于前年奏明，奉旨允准在案。此次来汕，业已查勘明晰，除将实在情形报明本部核办，并令公司将合同、股票等件钞交商会登报布告外，所有路权、路线两层，不惮开诚布公，逐一剖示。本京堂维持商业之苦心，潮属绅民当共鉴之。经此次宣示之后，如再有妄造谣言滋生事端者，则是故持成见，有意阻挠，本部职司保商，自不得不从严究办，以重路政而肃纪纲，勿谓言之不豫也。此谕。六月十七日。

沈观察谕饬会议路线地价

◇潮汕铁路事，惠潮嘉道沈观察前据潮绅朱乃霖等禀，及庵埠各乡绅民等禀，庵埠绅商所呈路线图，经札潮州府并海阳、澄海二县议覆，昨复谕府城保安局、七都书院、万年丰会馆、庵埠奠安局绅商人等，将路线、地价二事，遵照指饬，悉心会同妥议，禀由该县议复核夺。闻其大旨，谓此等地方公益之事，该公司肩承重任，筹集巨款，固有应享权利，自有应尽义务。如地方官吏，有保护之责，即有顾问之权；各处公正绅耆，有约束开导之责，亦即有会议可否之权。若该绅耆等所议有偏，地方官吏得而正之，似此分清权限，方免街喧巷议之谣，自无抑塞横决之弊云云。

丰顺自助学堂购地兴筑

◇丰邑练习员李唐等，倡办自助两等小学堂，择于黄花、南溪、箭坪三乡适中之涧头角，建筑校舍，业经禀请单大令出示晓谕在案。现单大令以该学堂兴工伊始，应行购地，诚恐该绅等购买基址，有来历界限不清，并各业主高抬价值，藉端阻挠，以致滋生事端，有碍学堂要务，特再为出示晓谕：该学堂所购地方，务以敷用而止，须照时价给值，立明界限，不得短价圈占。各业主亦不得将地高抬价值，藉端阻挠，致碍要工。如敢抗违，定即饬差传案，严究不贷云。

长乐教员被掳正误

◇长乐古芸史茂才绍光，练习员也，邑侯王义门大令，以其为长者，特请其帮办邹、温斗案，深得其力。大令曾赠以三截句云："蓬在麻中生自直，月临浊水不沾尘。朝歌胜母穷山底，眯眼风沙见此人。　齿摇发秃求新理，欧化能从国粹参。绝痛山膏诸学子，危冠高睨语喃喃。　县境二十有八约，弱为螟□强为豺。安得君身化千亿，逢人到处作春雷。"三诗盖重其人之足以敦俗也。前古君诣邹姓劝说时，因夜深，遂宿于其婿家，古姓子弟以茂才往而不返，亦至县呈控，遂有公亲被掳之风说。报前载教员干涉词讼被掳一节，实系传闻之讹也。

大清光绪三十一年乙巳六月廿六日　公历一千九百零五年七月二十八号

海阳令履勘铁路

◇潮汕铁路，经沈观察会同王参议履勘后，现复谕饬海阳县逐段查勘，以资妥办。胡大令奉谕，即于廿四日带同书役人等，按段勘测矣。

阻筑商务公所

◇长乐商人去年议建筑商务公所，发簿募捐，经登本报。嗣因所购地基，附近廖姓以碍伊屋场见阻，事旋中□。本年五月之抄，各街商人，又将所买大河唇地基一块，起工营造，而附近邹姓，又称碍伊屋场，遽将所砌墙址废坏，并以秽物污之。各商不平，禀奉王大令札捕厅勘量，经勘明相距一十余丈，实属无碍。惟如何判断，尚无明示。

庙祝狡禀被斥

◇嘉应务本学堂，禀准招充城隍庙祝，将该款补助经费，迭见前报。现该庙祝李某，以招人承充，恐难久踞把持，于是狡禀秦州牧，请仍旧司祝。旋蒙秦州牧批斥云：查此事，系据宋维松禀奉学务处批行，饬州查办，经谕学务公所查议，久未禀覆。嗣据务本学堂具禀，以该庙香火出息颇丰，请示招充庙祝前来，当以提充庙祝之资，拨为学堂经费，亦属维持公益之举，是以批示照准。据禀前情，难保非藉图把持，应俟有人出资承充，再行酌核办理可也。

大清光绪三十一年乙巳六月廿九日　公历一千九百零五年七月三十一号

学务处批嘉应州学务员绅黄应均等禀书院变价建筑中学堂由

◇据禀缴培风书院变价章程及图均悉。查该书院地基直量十四丈，横量九丈，实不敷改建中学之用。既学务员绅议定变价章程，妥速举办，仰嘉应州转饬遵照，并督饬认真办理。章程、图存。

◇又批嘉应州桥村小学堂刘书年等禀由：此案该生等控奉督宪批示，饬州勒追欠饷，并饬另筹学费，业准缉捕经费局移知，转饬遵照在案，毋庸哓哓辩渎，仰即完欠饷，另筹学费。至商人承饷起止，自有定章，应由州查明，划一办理。仰嘉应州遵照办理，并谕生等知之。

海阳令勘路情形

◇昨报胡大令奉谕履勘铁路一节，兹探得胡大令初拟将全路勘测，讵至乌羊地方（乌羊乡在英乡南，乌羊山东，距城十三里），乡民纷纷求改路线，并陈阻碍情形。大令勘得阻碍是实，即回郡禀明道宪，请示办理矣。

◇又闻当勘路时，有一日本技师向大令面说，此路万不能改。大令无如之何，故即回署。未知确否。

三堡学堂之将来

◇嘉应三堡学堂，暂于丙市育婴堂开办，甫行成立，即起风潮，已见各报；后经学务处照会温道灏，为该堂总董，风潮始息。近日该学堂提倡人邱君燮亭东游回籍，于月之十四日，席邀各乡绅耆，会议建筑校舍。是午众绅麇集，邱君登堂演说，洋洋千言，大旨谓今日之危亡，非新教育普及，难挽回万一。三堡学堂，是我三堡回生丹也。诸君为三堡一份子，愿各尽义务，而造成一完全无缺之学堂，为三堡人士所观感，不特三堡幸，亦中国之幸也云云。众绅咸乐为赞成，鼓掌喝彩之声，达于户外。三堡学堂，庶日光明乎！

记庵埠路线之会议

◇沈观察与王议堂，十三日往庵埠履勘铁路，该地方绅民，纷纷递禀，求改路线，时有面指由斗门桥过河而去者。沈观察回郡后，即谕各处绅士会议禀复，庵埠既于廿七日开议，闻内洋绅士，无与会者。盖斗门桥地方，乃三县数百乡出水之所，苟铁路改线从此，须筑三桥，则其害过于壶庐市之甲线，故不与会。即汕绅商，亦观望不前云。

媒婆受绐

◇澄城内某媒婆，素贩人口，以此饶有资财。昨有一不知姓名之人，穿洋服珠履，居然洋客，至媒婆家，诈称买妾。该媒婆信以为真，留之坐待，即奔往各富贵家搜访。及回，则该客已无踪影，查检室内，凡衣服簪珥之类，皆不翼而飞。

大清光绪三十一年乙巳七月初一日　公历一千九百零五年八月一号

学务处照会督办惠潮嘉学务邱工部文

◇ 为嘉应西阳高等小学堂与赌商冲突事：光绪三十一年五月初三日准缉捕经费总局移开，准本处移开，现据嘉应州西阳高等小学堂校长卢文铎等禀称：窃职等堡内，自同治十一年创设，考文课士，按月分考，其经费由西阳、白宫两市铺店及货摊分等认捐。又每间赌馆，每日认缴银半元，历办无异。自去年合乡签议兴学，乡课停考，拟将原有考课常款，拨归学堂收管充费，赌馆半元，亦在其内。经廷嵘等于《请办西阳学堂筹款章程》内第六节声明，禀报在案。本年文铎等倡设西阳高等小学堂，因经费不足，照禀定章程，每间赌馆每日加收银壹毫。正月开办之初，其时西阳、白宫两市赌饷，系子商李裕兴承充，照章缴足无缺。迨二月，李裕兴子商被承办嘉属缉捕经费之广嘉兴商人梁春荣、陈李杨等勒令退回，由广嘉兴派人来西扬自办，突将向缴之学费包收不缴，向理两旬，分文不肯交出。且在州署横控，讳学费而不言，以职等为土恶，又不写名而写号，希图瞒准会营，拘辱散学。窃思西扬昔以赌规考文课，今移课费办学堂，自办缉捕经费以来，事阅五六年，凡承西扬子商，皆照缴无异。今年酌加每间每日壹毫，计一年所加不过百元，又出自赌馆，于公司正饷无涉，乃奸商竟将新旧学费，一概包收网吞。职等若不争回，则学堂失此六七百元之巨款，势必停废，实为合堡所不愿。夫民立学堂，既无公款拨助，正赖就地设法筹款，若向有之额款，尚被网收，又安望设法新收乎？（未完）

是亦禁止械斗之善法

◇ 粤人性质，勇于私斗，怯于公战。各乡械斗之案，时有所闻，而最剧烈者则不能不首推潮州，盖郡多巨贾，族中祠产丰足，不肖绅耆得以藉斗开销，中饱渔利，良可恨也！现闻惠潮嘉道沈观察传义禀奉大宪批准，嗣后潮属如再有械斗，即将该族尝产分散，以四成为办学经费，以三成为缉拿斗匪花红，其余三成，则留为该族蒸尝之用云。

嘉应裕隆泰又被查封

◇嘉应裕隆泰，去岁倒欠香港某国银号□万两，秦州牧奉上峰行文查封，既登前报。嗣因公亲担认，旋即揭封开张，至欠各号数目，限期还清，经各商允许。上月二十三日，州牧又将裕隆泰查封，闻缘倒欠某国银号，尚未还清，行文查封，以备抵偿云。

松口学务公所与练习员冲突事

◇嘉应松口堡自安良局废后，饶芙裳孝廉议设保商局，举梁君慎之、李君仪阶等为董事，将议筹款于屠行。屠行即请练习员梁上舍石荪为老师，以抵制保商局，从中每抽牧户银三毫，以助讼费。旋设立学务公所，公举饶孝廉为所长，以李君伯文、温君静候等为董事，向梁上舍提抽牧户三毫之款，为学务之费。梁不允、李君伯文等，遂到州呈请，由学务公所盖戳。梁上舍以此深怨饶孝廉，啧有烦言。饶孝廉于上月廿三日，席请各姓绅士，到学务公所会议，并对众宣言，自领学务公所之任。梁石荪时叫告发举人，举人自知其不肖，然果有不可以对地方之事，虽放逐至大冰洋冻死，亦无所悔，不过为学务公所筹款，盖学务公所之戳，被如此横逆加来，愿谢学务责任云云。李君、温君等，俱目怒发冲，谓学务公所被梁一人破坏，殊可痛恨。嗣众议禀留孝廉，想禀中必不能脱却一层是非，而梁上舍既有身为公敌之势云。

布业与民食之关系

◇长乐与兴宁两县人民，全靠织布为生活，其法先以米作浆，煮纱晒干，然后梳清上机。查各布工每织洋纱一小包，须米一升，每四十小包为一大包，则须米四斗。近年以来，由潮州东关运上兴、长等县之纱，每年约二万二千余大包。统计全年，须米八九千，销耗已巨，荒歉亦因之而起。当世化学盛行，谅必有能研究新法，以别种物质代米浆者，拭目俟之。

大清光绪三十一年乙巳七月初二日　公历一千九百零五年八月二号

纪潮绅议复路线善后事宜

◇潮汕铁路线，经沈观察沿途详细履勘，深悉有碍水道，若准照现定路线建筑，恐非保全大局之道。业已谕饬潮郡之保安局、汕头之万年丰会馆，及海属之七都局、奠安局等处绅商，妥议禀复，以便酌办。闻保安局及奠安局，均以甲、乙二线为不可行。现已议照前惠潮嘉道曾观察纪渠所测量路线，沿堤建筑，以为此线妥善，虽道里略迂，而田价较廉，于公司既无损伤，于地方诚有裨益，众情甚叶云云。想不日当可禀复。

汕头抵制美约会改期实行

◇本埠约议会，初拟六月十九日实行不购用美货，嗣因未能一律，遂改定本月初一日为实行之期。昨已由抵约会诸君，传布公启，签名盖印。其启云：

美国禁我华工，浸及于官商游学，视之如牛马，待之如罪囚，酷虐欺凌，惨无人理。其视我中国之衰微，人格之卑下，不如印度、安南、高丽等国，凡属华人，皆当引以为大辱也。况旅美华人，闽、粤甚多，我闽、粤利权，关系尤大。盖自通商以来，洋货入口日多，每年金银流出，难以数计；中国各行省，民穷财尽，而我闽、粤尚不至大困者，则赖旅美工人及南洋、澳洲各岛工商，每年输入之银，略足相抵之故。假使此次不图抵制，则各国群起效尤，十年之后，地球虽大，必无我华人立足之地，而何有于闽、粤，更何有于闽、粤之利权？是以上海商会首倡抵制，沿江沿海应之者二三十处，尚日起而未有已，盖稍明时势者，皆知此举之关系匪轻也。近者洋务中人，亦多有深明大义、奋然热心者，如老晋隆买办某君，则辞美人之职矣；闽人倪君文彩，则却美人之聘矣；洋关邮政局诸君，则群起而图抵制矣；其内地、外洋志士学生，演说劝诫，实行不用美货，比比皆是。遂使美国商界，大为震动，劝彼政府，优待华人，而彼政府之方针，亦将为之一变。吾政府之所不能争者，商民得而争之；公法公理之所不能胜任者，民心民气足以胜之。呜呼！团体之可贵如此，凡我同人，可以兴矣。本会集议，本拟照上海日期，实行停止购用美货，因各处情形，微有不同，未能一律，故改自七月初一日起，至美废约之日止。凡我士绅商旅，具热心表同情者，请盖用图章，签列芳名于左。汕头废美约会同人公启。

传领铁路赔款

◇去年潮汕铁路滋事一案，赔偿损失，计海属之马陇、文里二乡各赔银一万元，澄海之月浦乡赔银六千元，合二万六千元。马陇、文里二乡，既由海阳分期收清，禀请温观察批示分偿。兹闻赔偿铁路工厂等费，既由海阳给领外，尚存银三千三百元，即移交澄海县，合月浦乡之六千元，赔偿陈顺和等赃件。现月浦乡应缴之六千元，已经杜大令陆续催缴在库，即合海阳移到之银三千三百元，饬传陈顺和等给领，以完此案。

嘉应隆文堡兴学

◇隆文一堡僻处山间，人鲜开通，莫知兴学，虽经学务所长黄京卿劝谕，而筹款维艰，辄生阻力。近日邱君燮廷，邀同一二有志之士，始议于本堡适中之地，建设一初级小学堂，名曰"启文"，管理教员及一切经费，均由各人担任义务。现暂假琪花园开办，已有学生四十余人，皆自备学费。

兴宁官民欢迎教士

◇前月十八日，有法总教士来宁，驻赤沙岭三日而后去。去之日，文武各官纷纷拜送，奔走恐后，教民更填街塞巷，马轿百余乘，沿途燃放炮竹，烟尘障天，极形热闹，可谓极尽崇拜外人之道矣。又闻兴宁绅民，近来入教者日多，大半因官府严酷，淫威以逼，虽绅耆亦不免毒打，遂藉教为保身家计。噫嘻！渊鱼丛爵，谁为为之？

大清光绪三十一年乙巳七月初三日　公历一千九百零五年八月三号

学务处照会督办惠潮嘉学务邱工部文

◇（为嘉应西阳高等小学堂与赌商冲突事件，续初一日）

今西阳高等小学堂，已有学生八十五人。创办甫经就绪，正在造册禀报，忽被奸商狡谋自利，公益恐将破坏。势处危迫，除禀请州宪拘追外，逼得据情禀请宪台俯准移会善后局，并乞札州签拘奸商梁春荣、陈李杨等到案押追，以维公益而重学务，实沾德便。计开，三月初一日至廿日被吞去额款共银四十八元，其余按日仍系奸商派勇向收，合并声明等情。据此，查此项学费，系从会课改拨，自开办缉捕经费以来，相沿至今，每日每间赌馆，认缴半元，向无异词。现奸商梁春荣等派人到西阳自办，竟将此项认缴之学费，抗不肯缴，殊属不合。唯所称今年酌加每日壹毫，是否与定章有违，应请严饬嘉应承办西阳赌商，按照向例，认缴学费，每间每日五毫，由三月初一日起算，勿任丝毫短少，以维持学务而遏奸商。其新加每日壹毫之款，应否准收，并希核饬遵照，移局查照见覆等由。准此，查西阳高等小学堂既系移课办学，向章每日每间赌馆认缴银半元，相沿既久，自应仍照旧缴，不准抗延。除谕该商遵照，自三月初一日起照旧送足，暨将新加每日每间壹毫，能否照缴以资学费，另行禀覆核办外，合就移覆，为此备移贵处，希为查照办理施行等因过处。准此，除札饬嘉应州转该学堂知照外，相应照会，为此备文照会贵主政，希为查照施行。须至照会者。

潮嘉学界商界抵约汇纪

◇澄属蓬洲瀹智学堂学生，以前在郡城会议抵制美约办法，有人人劝告其乡人责任，回堂后，又由各教员敦诫此事，须实力奉行。因即合全体学生，拟一公启，抄录多份，分布各乡，俾人人不购美货，以助抵力。

◇嘉应学会实行抵制美约，迭纪前报。上月廿八日为州城卫生会会议之期，城西桂里各小学堂，亦遍发传单，邀集士商，于是日齐到明伦堂，筹议抵制，以尽国民义务。

◇上海潮帮商人，亦于前月二十八日下午□打钟，邀集寓沪潮人，在洋行街潮州会馆开会，共筹抵制之方。

调查美国糖货

◇汕头入口货，有所谓吕宋糖者，此亦美货。其货分三种：曰吕宋青、吕宋赤、吕宋白。吕宋白销路甚少，其吕宋青、赤两种，汕头□外，若天津、牛庄、上海各口，所销甚巨。其青者分三等，曰一号、二号、三号，一号价高而三号价平。其赤者亦分三等，曰十号、九号、八号，十号价高而八号价平。至其装头，青白赤三种，悉用草包，每包司马秤一□斤。近年中国糖业暴落，皆由洋糖入口之故，此亦抵约会诸君所当注意者也。各省调查，均未之及，故补志之。

嘉应学界之现状

◇嘉应学界黑暗，其原因甚复杂，显而可见者，则州牧玩视，局绅把持，故附城自务本学堂发起以来，去年则桂里学堂继之，今年则城西学堂继之，然此皆民立者也。兹查三学堂中，务本学堂之经费，稍可敷衍；桂里学堂，则仅由保安局贴常年款四十两；城西学堂，则无一文公款。闻堂内教员以及办事诸人，概皆枵腹，所以学界中有"务本食饭，桂里食粥，城西食热血"

之笑柄。

嘉应织布公司销路发达

◇周贰尹辉甫、陈明经次修等创织布公司,已登前报。兹闻该公司所出各布甚佳,白色者尤合学生操衣之用,货真价廉,一时群相争购,大有应接不暇之势。惟该公司机器无多,出布甚少,未能供人多购,尚当加雇工人,赶紧制造,以资扩充。

大清光绪三十一年乙巳七月初四日　公历一千九百零五年八月四号

大埔罚款助学

◇胡大令于学堂经费无从筹划,颇为焦急。日前平沙甲邱某与湖山寺换田筑坟一案,即令邱姓报效学堂经费二百元,准将寺田调换。闻此寺田系前邑令伍大令所创置,经已谕绅到田踏看,将调换情形,禀覆核办矣。

◇邑某绅素以刀笔为生涯,因此积赀颇巨,近被人告发,胡大令传之到案,交捕厅看管。现已请出某绅向胡大令缓颊,罚令甲出银一百元,借充学费。

兴宁学务公所之成立

◇前滕大令迭次催设学务公所,宁邑士绅以经费无着,禀县筹拨。现由滕大令垫出银二百元,修整文昌祠为公所。闻既决议请罗孝廉翙云为所长,想不日即行开办矣。

大清光绪三十一年乙巳七月初五日　公历一千九百零五年八月五号

平远令谕停办学务公所

◇平远县学务公所,前由兼理方大令照会刘绅瑛为所长,及练习员林君商翼、曾君照鉴为董事,一面通禀处宪立案。现署理宜大令接篆后,经绅禀报,定于前月十八日开所,并于是日会议办理章程。闻宜大令亲临公所,面谕停办,诸绅哗然,不知何为。

大清光绪三十一年乙巳七月初七日　公历一千九百零五年八月七号

移知特派查学专员会同地方官办学事

◇惠潮嘉道沈观察，前准两广学务处移开：兴学一事，至为切要，亦极繁难，朝旨敦促，瞬经数年，而各属学堂犹未遍立者，良以地方官政务殷繁，即有贤能，亦难专精于学务。若地方绅士阻挠兴学，与藉学牟利者无论矣。有志之士，或以意气凌人，动生冲突；或以力量薄弱，事败半途。其已经成立之学，而教授管理，亦未必悉皆合法，此固全省之通弊。而岭东一道，距省稍远，本处耳目，尤有时而穷。自官特派查学专员，会同所在地方官，董劝检查，维持保护，俾岭东学务，蒸蒸日上。查有邱主政，籍隶嘉应，在汕办理同文学堂有年，于潮、嘉两属情形，均极熟悉。应派邱主政为潮、嘉两属查学专员，往来于该两属，会同各该地方官，于未经成立之学堂即提倡赞成之，于已经成立之学堂则改良保护之，并将实在情形，随时函告本处，以凭查核。每月由潮州府、嘉应州，各致送夫马薪水银一百两，以资办公。除详两院宪并照会移行外行，理合移知，为此合移过道，请烦查照，转饬施行云云。现已由沈观察札饬潮州府、嘉应州即便遵照，并饬各县认真兴办学堂，讲求教育，毋稍粉饰因循，是为至要云。

大埔学务公所分期办事

◇大埔学务公所，业经胡大令照会练习员邱直判光涛各绅，于四月十一日，借明伦堂开办。直判随将应办之事，参照学务处所发略章，斟酌地方财力，分为提倡、实行、整顿、善后四时期，次第举办，并将第□期应行提倡各端，酌议章程，呈请大令核示，并恳代禀学务处核定立案，颁发钤记，以便办理。

大埔初等官小学堂示期招考

◇学务公所所长邱直道判光涛，以公所开办已逾二月，本期预备各事，自应逐渐推行。而初等官小学堂一区，为全境小学之模范，尤为刻不容缓。查有学宫地方，尚敷讲堂、操场一切教授之用，拟招学生六十人。常年经费一项，即以戴绅春荣所捐助在城甲学堂经费五千元息项拨支；开办经费，则由公所筹款补助。当拟定章程，禀请胡大令示期招考。

胡大令据禀，业于前月廿三日出示，定期本月十一日招考。其招考章程十一条：一、年龄在七岁以上，十一岁以下者。二、身家清白者。三、自审志力堪以修业五年者。四、未患疯癫痼疾者。五、未患传染疾病症者。六、住所距离学堂一里以内，回家食宿，决无阻碍本堂教授自习时间者。七、住所距离学堂一里以外，回家食宿向无大碍学堂教授自习时间者。八、不问住所距离学堂远近，本生能有附近亲友，堪以寄食寄宿，不至阻碍学堂教授自习时间者。九、已读书识字者。十、未读书识字者。十一、不问已读书识字、未读书识字，但能确合以上所开格式者。

教士有如此仪仗乎

◇前月廿四日法国梅教士到嘉应州，同行教民，皆品顶朝珠，或载蓝翎及各色顶，光怪陆离，骑马坐轿，不下三四十人，教士则坐八人肩舆，一六品顶戴者，执帖前驱，次列"回避""肃静"牌二对，法国国旗一方，开锣喝道，前呼后拥。衔牌大书"钦命大法国广东总教主"，摆列仪仗，恍同督抚大员。其中更有二十名荷枪奔走为之护卫者，则官场中特拨之嘉字营勇也。

更正隆文兴学一条

◇七月二日，本报嘉应隆文堡兴学条云："近日邱君燮廷，于本堡设一初级小学堂。""邱君燮廷"四字，乃"萧君郁斋"之误，合此更正。

大清光绪三十一年乙巳七月初八日　公历一千九百零五年八月八号

嘉应会议抵制美约详纪

◇六月廿八日，由城西学堂遍发传单，邀集士商，于明伦堂卫生会所，会议抵制美约，是日各绅商及各学堂咸踊跃赴会，约计二千余人，各国教会中人，亦多往观。首先演说者，为陈茂才次修，将开会缘由，及美人虐待华工惨状，一二报告。次为城西学堂董事蓝上舍君五，将禁用美货之利害得失，分层条辩，并谓俾妇女周知美货，莫如将美货各标码形式，陈列一所，任人观览，更易普及，请各商家即日实行停办，最为切要。又次为梁教习绍琴，将抵制实行之善法，合力坚持之责任，慨切言之。又次为乐育学堂钟教习呈初，其演说大意，谓美禁华工，非经济上之竞争，实种界上之竞争，于个人卫生之事，亦甚有关系，弟在德国教会中多年，勿谓教会中人独无爱国心。又次为桂里学堂教习黄茂才慕周，申劝在会诸人，认定宗旨，矢志实行，为众人倡率。最后为美国教士惠文演说，大意谓美禁约之苛虐，独敢施之华人者，由王家无保护之实力；今不用美货，实为抵制禁工良法，愿诸君同心合力，实行此事，教会中亦即共表同情。演毕，皆签名赞成，首先签名者，为保安总局绅董黄大守采汀、李明经伯涛、学务公所绅董杨孝廉亮生、黄孝廉曲堂、梁上舍玉邻，其各商家及各学堂同日签名者，无虑数百人。随拟先调查州中所销之美货，分二层办法：第一层先停办美货，各商家共刊一公函，盖明图章，邮寄省、港、潮汕停办美货，以清其来源；第二层示□禁用美货，将商家现存之美货，及一切实在商品图式，陈列城西古庙议办商会公所中，任来人观，令妇孺皆知辨别，以绝其销路。若仍有采办美货，不遵约章者，则布告省、港、潮汕及内外各埠，停其贸易，公伐其罪云。

◇镇平邱氏员山、城东创兆两学堂，亦于六月廿八星期日，由各教员上堂演说，所以抵制美约演说缘由。学生大小两百余人，无不异常愤激，声泪俱下，有二三学生，登时将所用花旗灯等项，掷为粉碎。即日全堂决议，以后凡我堂中有买一美货者，不认为同学，并立即将本报所登美货记号，抄贴堂中，俾众记认，以便实行不购美货。

镇平陈氏创办两等家族小学堂

◇镇平县廪生陈昶慈等，以设立新文两等家族小学堂，禀请学务处立案，并给钤记。奉处宪批示：禀及图折均悉。该生等现借赉园书院，设立两等家族学堂，因祖尝有限，暂举族中明于教育者，担任义务。所拟章程，斟酌尚属悉当。其中立学规制，拟两等外添设补习、简易两科，体察情形，变通办理，最为切要，应准照办立案。小学之设，以多为贵，尤以家族学堂为能普及。县属地方奇瘠，而风气独开，于创兆学堂之后，复有新文学堂，均属力为其难，艰苦从事，足见深明大义。提倡有人，以视各属之坐拥尝产，只争私利不图公益者，其贤不肖真不可以同日而语。除照会惠潮嘉查学委员查照外，仰镇平县转饬遵照，并由县实力维持，妥为保护。至请颁钤记，俟编号饬匠刊就，另行札发，并饬知照。

大清光绪三十一年乙巳七月初九日　公历一千九百零五年八月九号

嘉应美国教士惠文赞成不用美货之演说

◇嘉应前月廿八日会议抵约，详记昨报。兹得当日美教士惠文演词，为录于下：

昨日吾于途中，瞥见城西学堂布告通州禁用美货之传单，心中甚为感动，故今日特来为诸君演说，以泄吾胸中之不平。吾乃北美洲人，美国教会派来嘉应传教者也。美禁华工，此最为不合公理之事。美国四十二省，无论何国人皆可往，中国人独不能往。日本人到美国营工者，亦多减价求工，美人不之禁，独禁中国，岂非不公平之事乎？前年吾回国时，曾询关吏，日本亦黄种人，何以不禁？他说日本有王家保护，故不敢禁。诸君不用美货之举，实抵制禁工之良法。吾教会中人，亦表同情。不用美货，吾尤望诸君致信各报馆，寄电各督抚，请王家保护出洋之人。吾前年归国时，见中国人在木屋中，十余日不得验看，此皆由领事官不知力争，故美国工党敢行此野蛮禁制，美国工党势力最大，美国人亦多知此举不合公理，特无如工党何。吾愿中国合四万万人，实行抵制，则美工党必不敢复行争执。又吾回国时，在美洲见一华人上船，行步甚缓，船上人即以足尖射之，吾当时甚为不平，谓中国人无王家保护，故尔敢如此，若他国人尔岂敢乎？其人付之一笑。去年吾到汕头角石，有一乡人立在路唇，见外国人来，一时未避，即将此人推之入海。众人询之，则云："他以鬼呼我，我即以鬼道待之。"此亦最不公平之事，中国官吏皆莫之争。近年风气稍开，中国人多知研究公理，诸君热心爱国，不用美货之举，请实行，请实行。现美国各商家，皆反对华工党，吾教会亦必电寄本国，请弛禁约。若美人来传教、设学堂，则为开民智起见，有益无损，非美货比也，断不可议及。

大埔学务公所禀陈分期办事情形

◇学务公所分期办事，略纪昨报。兹探得所长邱直判光涛，日前具禀胡大令，略云：

光绪三十一年二月十七日奉宪台照会开：迭奉谕旨，催令各州县设立学堂，不容延缓，乃县属学堂，向无的款，业经谕令各甲绅士妥筹常年经费，日久未据见覆。查各处均奉行设立学务公所，以筹措学费，改良学务，惟本属向未设立，以致无从筹办，合行照会。为此照会贵练习员绅，请烦会商，赶紧设立学务公所，以便会同各甲绅士迅速妥筹常年经费，聚议学务等因。又于四月初八日奉宪台函开，酌定四月十一日，暂借儒学署斋舍，开办大埔学务公所等因。奉此，绅等遵就于四月十一日，会同各绅，入所筹办一切，□惟公所办事，应定规程，学务改良，□筹普及。案查《两广学务处颁发各属学务公所略章》，第三章第□节"学务公所办事，应参照学务处章程，分期次第兴办"；又第十章第一节"以上各条，不过大略，其详细规则，应由各该属体察地方情形，禀由学务处核定"各等因。伏查大埔一属，土瘠民贫，办理要政，难于筹款，惟民情朴实，向易变通。此次绅等奉宪台再责成办理学务，自应竭力维持，实行劝勉，使邑无不学之户，家无不学之童，稍效涓埃，以光学界。但地方财政所及，公所力量所及，绵薄自知，未遑高论。□揣愚陋，遵照《钦颁学务规程》，确守《宪发公所略章》，斟酌地方财政力量，酌□公所将来办事，约为四期，□资办理：一曰提倡时期，二曰实行时期，三曰整顿时期，四曰善后时期。每期事件繁简不同，□不得逾一年之限。现届第一期，办理提倡之事，所有应行各端，应由绅等酌议章程，禀请核定，以便办理学务，理合将开办学务公所，照章分期酌议第一期章程情形，同章程具呈。伏乞宪台察核，批示立案，如蒙允准，并恳代呈学务处宪察核立案，批示祗遵，实为公便云云。

大清光绪三十一年乙巳七月初十日　公历一千九百零五年八月十号

大埔乐群学堂择地建筑

◇乐群学堂自开办至今，暂租张家祠为学舍，前拟在钧梨坪东灵寺从新展筑，规画略定，尚未动工。现闻张君六士自南洋劝捐回堂，以东灵寺基址狭隘，颇不适用，拟在狮子口、彭家坝一带地方，另行购地兴筑，刻已前往踏勘矣。

富商热心助学

◇大埔平沙甲邱君锡钧，以经商起家，积赀颇厚。近因族绅邱少青直判开办邱氏初等小学堂，锡钧慨然与其同族诸君，题助常年学费租谷数十石。复因开办伊始，需费尤巨，邱君一力肩任，俾学费充裕，不虞匮乏。如邱君者，其热心诚足多矣。

嘉应保安局虚设

◇嘉应保安局，每年抽收膏厘、猪厘、船厘、赌规、商捐，合计不下八九千两，以资办公，逐日常川在局者亦十余人，而名实殊不相符，于地方上事，毫无建白。近日盗贼纵横，及官弁庇勇殃民各案，州人发指，而局中诸公，置若罔闻，故昨有人题其局曰"安眠饱睡局"，其内容可想见矣。

出洋商民几受波累

◇大埔高道庵村蓝姓，多出洋谋生，人皆良善。去岁因盗匪猖獗，曾联络各乡，举办团练，以防扰害，经禀请查前令出示在案。前月丰顺县忽移文至大埔，要在高道庵蓝姓番客，拿匪邱义山一名。胡大令接准移文，即谕差十名往查，查知蓝姓番客何止一家，且村中正在防匪，并无窝匪情节，以此禀复胡大令。大令亦访得确实，回文丰顺县，以是该村民得免波累云。

大清光绪三十一年乙巳七月十一日　公历一千九百零五年八月十一号

兴宁开办学务公所

◇宁邑设立学务所，已纪前报。现闻滕大令以罗翙云孝廉为正所长，练习员王灵岐明经为副所长，张易畴孝廉为内董事，练习员李杖乙茂才为会计，萧整文茂才为查学员。于本月□一日开办，是日官绅齐集公所谒圣，行三跪九叩礼毕，滕大令提议设官立学堂，愿捐廉数百金，以为之倡，一时士绅莫不赞成之。

兴宁整顿圜法

◇宁邑近来所用市钱，概用浮水次钱，贫民吃亏不少。闻近日治安局绅提议改用制钱，并购铜仙，以便周转，现禀请滕大令出示禁用次钱，想不日当可实行矣。

查封寺产为学费

◇大埔平沙甲高磜寺，为著名古刹，租产极其丰厚，徒供寺中住僧，纵情烟赌，逐年侵蚀。近日胡大令接奉上宪公文，饬令清查县中凡不列祀典寺庙，所有租产，一概提入学堂。当即谕甲内绅士，将该寺租谷，悉数封存，以充学费。

小学生投考武备

◇现省垣招考武备小学，闻兴宁兴民学堂有初等小学生八九人，年岁合格，于普通学颇窥门径，自愿投考武备，刻既起身赴省矣。

◇又省垣高等学堂招考，现既发榜，兴宁共取录十名，闻多系兴民学堂学生云。

大清光绪三十一年乙巳七月十二日　公历一千九百零五年八月十二号

随员逝世

◇嘉应黄京卿之长哲嗣，现充日本公使随员，因京卿作古，奔丧旋里，忧郁成疾，于本初四日在家逝世。闻京卿经手东山师范学堂之公款，迄今尚未核算清楚，交出公办；今京卿之子又去世，州人士颇以为憾。

戏伤一命

◇嘉应本月初四午，有洋客雇人扛运粟酒，至上市大觉寺前，忽然酒瓮打破，酒溢满地，附近老幼居人，争往收取。有陈甲者，戏以自来火燃之，一时遍地着火，势颇猛烈，当下烧毙陈家幼媳。女家欲鸣于官，经公亲再三调停，以甲出于无心，罚出偿命银一百余元，事乃寝。

嘉应务本学堂第一学期大考积分榜

◇中学级一十五名：张鼎南、张国纲、温松、吴凤声、陈权昌、陈绍渊、黄耀能、杨江、刘苾芬、萧作栋、萧绍祺、李钟衡、叶儒傅、黄树发、萧有衡。

高等小学十名：侯炳垚、黄震新、邱访儒、邱昌文、吴钦贤、周懋初、杨贤秀、黄展生、梁安国、黄晋明。

初级二名：黄荣祥、吴清摇。

大清光绪三十一年乙巳七月十五日　公历一千九百零五年八月十五号

汕头废美约会规则

◇一、宗旨。此会之起，实由于美人苛禁华工，凌及游宦，兹值十年期满，同胞共愤，议废斯约，无术可争，爰联众商，结大团体，不销美货，以相抵制，必争至废约而后止，此为立会之宗旨。

一、命名。此事本由上海总商会倡之，今汕头与斯会者，于商会外再加组织，须别命名为"汕头废美约会"，至美人废约之日，一律解散。

一、会所。此会开议三次，皆假座于万年丰会馆，此后会所，即借万年丰会馆为之，至其办事住所，现暂借瑞文庄公祠内正厅右房。

一、集项。先就会员中酌量捐资，而后及于埠镇，至有整数，总汇登报，以为征信。

一、干事。现已由选次会议，举定总公司一人，书记四人，总司会场庶务四人，调查十人，评议员四十六人。但干事者各有自己职业，不能常驻会所，兹议限每星期内，至少必到会所二次，其到所时刻，限四点至六点钟为度。

一、办法。

（甲）调查。本会既有调查员，凡汕头所□售之美货，各举所知，到会所口述手书，均无不可，即用函告，亦从其便，若能将各种商标，一一寄样，尤为尽善，但此货出售者，汕中是何字号，共有几家，均须查明登载，以备筹议。

（乙）绘图。美货嘿头，如式绘图，刷印多张，分送远近，系以浅说，以期妇孺周知，相戒不用，抑或用西法映出各货尤善。

（丙）激劝。美待华工各惨状，须□□演出，白话绘图注说，分送各学堂、善堂、村塾等处，托为日日演说以激动之，使人人皆知虐待吾华工者为公敌，而抵制之效广，此可附绘图并行。

（丁）报告。凡会中所有调查，所有纪事，经总司事决行后，即送稿汕中之报馆，速为刊登，以资激发，但必送稿在晚六点钟以内，亦可与报馆议不取资。

（戊）表率。凡会中干事员，宜先相戒不购美货，为众商倡，以示必行之志。见义之勇，则效者必众，即有一二不遵劝谕者，知人人不用美货，则我之购美货售美货，不惟不义，抑且失利，一观感间，美货不禁而自绝矣。

（己）劝谕。虐待华工，惨无人理，今日在美，安之他日不在他国？今日在他国，安知后日不在吾华？履霜坚冰，由来有渐，数年之后，各国皆禁，虽欲抵制而有所不能矣。故此事当认为己事，不当认为他人之事，勖以同胞之谊,作以同仇之气,即今日售美货,明日可获金窖,尚且不为,况逐逐蝇头,其利甚微哉?劝谕苟挚,知售美货之商,必有投袂而起者。

(庚)奖励。凡售美货之商,苟遵劝谕,抑或不劝而从者,定由会中登报嘉奖,以资鼓励。其或另图别业,各会员之有势力者,宜一意维持,使之生意通畅。其有一二不遵劝谕者,会中视为公敌,与美之虐待吾华者等,彼亦何所利焉,此为无形之赏罚也。

一、实行。自七月初一日始,为实行抵制之期,其七月初一以前所办之货,准街市行销,在不禁之列。

一、毅力。此次废约目的,诘之公使,公使其如美何?诘之政府,政府其如美何?所存几希者,只此商人不用美货,足以相制耳。约一日不废,会即一日不散,大抵销流货物,不外三科,一办货,二售货,三用货。故此次禁销美货,初劝其不办,继劝其不售,又劝其不用。至人人指名不用某货,则某货必无可售之理,此商必无不亏之货,而美货之来源绝矣。彼禁吾工,我禁其商,利害孰大?损益孰多?美政府亦非懵然不知计者,愿同志诸君,以毅力持之。

一、优待。凡美国之教士、医生,以及一切寓华美人,我同志宜布告村镇,从优待遇,庶于对付凌虐宗旨,两不相悖。

以上规则,不过草创,若有各埠抵制善法,亦可仿效,其有未尽未善之处,亦可随时删增,以臻美焉。

丰顺筹抵美约之会议

◇美禁华工,全国共愤,各埠绅商,群谋抵制。丰邑山僻,亦经丁君云坡发起,遍传广告,邀集士商,于月之初七日,假座汤田学堂,会议此事,到会者百有余人。由主席吴君穗畴,先登讲台,演说开会宗旨。次由丁君云坡演说,大意在联合团体,实行抵制,洋洋千言,听者莫不感动。次由李君介□、吴君式为、吴君藕汀,以次演说,慷慨激昂,声泪俱下。后由董事吴君蕊秋及主席,筹拟办法数条,凡与会者,自会议之日起,均实行不用美货,违者重罚,同人皆举手赞成。钟鸣二下,乃鸣铃而散。

丰顺师范馆开学

◇丰顺设立师范传习馆,经前万大令考选学生,迭登本报。兹于月之初八日，单大令率同办学员绅及教员学生到堂，行开学礼，定于十一日即行开课。

大埔西岩茶产

◇西岩山为邑中名胜，地极高耸，周围一带，山石崎岖，不下数十里，然土宜种茶。数年前有饶邑某君，招集股本，由武彝山采买茶种，到山栽种，招工仿造。近闻所产之茶，味极甘美，不让乌龙水仙，苟制焙得法，推广种植，诚大可获利也。

大清光绪三十一年乙巳七月十七日　公历一千九百零五年八月十七号

丰顺汤田学堂会议抵制美约之广告

◇悲夫悲夫！吾华人之见逐于美国也；快绝壮绝！吾华人之抵拒美约也。夫华人往美，美实招之，美之铜山金穴，皆我华人之汗血所成。今乃续约而不许我华人游美，兴利则招之来，利成则麾之去，是谓悖人道。始犹禁华工，继乃及于士商之游历。我与彼来，彼不与我往，是谓背公法。今举国士商，以此约与吾国之生计界、留学界有绝大之关系也，群筹抵制之计，始而上海，而北京，而广东，而福建，而苏州，而各行省，继而汕埠，而嘉应，而海阳，而大埔，万夫一胆，千舌一声，佥曰办货者不办美货，用物者不用美物，佣力于码头者，惟美货则不起，买卖于市上者，惟美物则有禁，誓不达其废约之目的不止。轰轰烈烈，殆中国转弱为强之一大机括哉？然非合群力以图之，遍州县以行之，乌能使美人惧而悔，悔而改约？吾邑人之谋生美洲而销用美货也，虽少数而不能绝无，安忍蜷伏坐视，甘守寒蝉？哀哀同胞，诜诜邑人，其共怀悲观，发大愿力，热诚壮往，互相号告，与各省会各商埠各学堂联络一气，实行抵制；毋或自败而败群，以致吾丰民独无心肝，无热血，为外人笑，为邻邑诮，并为全国人羞也。兹议办法数条于左：

一、同人以抵制美约为宗旨，务宜坚持此义，始终不渝。

一、拒绝美货，海内各埠，既经于□月十八日实行，兹拟议于初七日开会演说，既属后时，故自初七日起，既经与会者，一律实行禁用美货。

一、同人对于家庭有劝导之义务，其有商店者，一律通告禁办美货。

一、禁用之美货，既经各报调查登载，同人当先采取列明，告知商家，不致误买。

大清光绪三十一年乙巳七月十八日　公历一千九百零五年八月十八号

北浦学堂近述

◇大埔北浦学堂，开办半年。堂内正教习一人，系刘茂才奎士；官音教习一人，系刘君竹初；助教习二人，系刘君淑愚、刘君景云。课程规则，颇为完善，学生甚有进步。

◇又□月十九日，本报所登北浦学堂事一节。兹闻悉某甲筑房之地，与学堂无碍，且非关某教习一人之事，前所云有碍学堂者者，实系误闻。

顽商阻挠劝捐学费

◇嘉应松口南溪陈族，合上寨、下寨建设陈氏两等小学堂，寄簿于南洋爪哇岛陈姓商家，劝捐学费，现闻所捐之金，已有数千余元。乃有顽劣富商陈海贫、陈炳糖等，力行阻挠，以设学为多事，一切条款章程，概被焚毁，不知是何居心也。

大清光绪三十一年乙巳七月十九日　公历一千九百零五年八月十九号

大埔育德学堂拟改良教育

◇大埔永清甲育德学堂，现年分三班授学，甲班为中学，乙班为高等小学。丙班为初等小学，近拟改为石清公立两等小学堂，其头班生则派为各乡初等师范，另设初级师范传习所，禀请胡大令考选师范生若干名，入所练习若干时期，以备来年各乡初等师范之选。并拟自明年始，实行强迫教育主义，令各乡每数蒙馆，即合为一初等小学，由本堂派员为之设施，并按月派员为之调查考验，以期教育普及，而助学务公所之不逮。又于学界设一教育会，分为四部，各就所近，力任其事：一、管理部，专管一切学堂事务；二、干事部，主筹划运动提议宣布各事，及改良一切；三、稽查部，主稽查各教习学生功课；四、编辑部，主编辑各种乡土适用教科书，及区分时间各事。

大清光绪三十一年乙巳七月廿一日　公历一千九百零五年八月二十一号

嘉应师范生之回国

◇黄公度京卿拟创东山师范学堂，特于去岁派黄君簑孙、杨君徽五二人，至日本习速成师范，现已由日本卒业回国，于昨日抵汕，随即搭民船返嘉应矣。黄、杨二君，皆热心教育之人也，今挟东洋之新文明而归，尤以京卿逝后，当先定学务所长为办事标本云。

请免封屋不准

◇嘉应裕隆泰号，因欠洋债复被查封一节，已登前报。本月初旬，秦州牧复对该号住屋备抵，旋由黄张氏具呈州牧，申诉此番倒欠洋债，系伊夫弟黄雨苍等之事，请免封伊份屋宇。州牧批云：该氏夫弟黄雨苍等，倒欠洋债，氏翁既不速为清理，复不将其交案，一意挨延，迭经饬差勒催，迫奉督宪电札严催，查封生理，产业变抵等因，自应遵照办理，所请碍难照准。

充庙祝款准拨办学堂

◇嘉应城隍庙庙祝，前有武生黄云梯具禀承充，每年愿缴五百元，为务本学堂经费，业经州牧批准，曾纪前报。现又有老庙祝李某，出而请承，复准予承充，并将该款分拨师范学堂三百元，务本学堂二百元云。

嘉应官民祷雨

◇嘉应自五月以来，雨水稀少，早造禾稻，在低处者咸庆丰收，而高原颇多枯稿。现届立秋时候，晚造田禾，急宜插蒔，奈近月以来，日形旱象。州民异常焦急，乃迎请阴那山祖师，结坛求祷，而秦州牧亦连日祈祷龙王，以期大降甘霖，无奈天公竟不做美云。

大清光绪三十一年乙巳七月廿二日　公历一千九百零五年八月二十二号

秦州牧批李某愿缴学费承充庙祝禀

◇昨据武生黄云梯具禀愿缴学费五百元，承充城隍庙庙祝，业经批饬遵照在案。现禀该民亦愿遵示请承，并先缴充规一百元前来。查彼此认缴规费数目相等，该民既为原充之人，又经保安局绅公同保举，应即准予该民承充，藉以清理经手。缴到本年两季充规现银一百元，又票银一百五十元，并丙午全年充规票银五百元，均如数点收，候分拨师范学堂每年银三百元，务本学堂银二百元，以充常年经费。仍应订明期限自本年七月起，至庚戌六月止，五年为期，限内不许他人加款争夺，限外不许该民藉词盘踞。暨候分别示谕保护，并免及一切私规，以示体恤，该民亦不得藉充庙祝别滋讹索，致干革究，仰即遵照。银单五纸存。

大清光绪三十一年乙巳七月廿三日　公历一千九百零五年八月二十三号

练习员上控学务所长

◇嘉应松口练习员梁上舍鑫与学务所长冲突事，曾纪前报。昨梁上舍乃以自惭形秽事，亲赴督辕呈控，当奉批示：该生如无殴所长饶集蓉，何致被其赴县控告？唯本署无案可稽，察核情形，殆因办学冲突，致涉争讼，所禀饶绅劣迹四端，有无虚捏？仰两广学务处，饬嘉应州先行查案禀复，一面传集两造，讯明实情，分别断结具报，毋延云。

禀请提拨团练公款为学费

◇迩年来叠奉上谕敦促兴学，凡在士林，皆知改良教育为当今急务，亟思力筹款项，妥速遍设，以仰副国家培植人材至意。惟大埔一邑，地瘠民贫，筹措非易，即间有一二应提公款，而利于公即不便于私，彼经手官吏绅董，非随同徇隐，即横生阻力，故语及筹款，虽热心兴学之士，亦皆无从措手，经费既绌，成效自必难期。上年查前县勉强开办高等小学一所，近闻款项不继，竟至停课。若非加筹的款，拨足常费，埔邑学堂，殆无成立之一日。现该邑绅士，以学务处札行各厅州县，有饬逐查各项公款，并督责各绅妥速提拨筹办等示。因查大埔县署，前此历由潮州府筹防局，岁拨有埔邑团练经费银一千元，而埔邑城乡设局团练，向由民间筹款自办，未闻领有此款，亦未闻县主将此款拨充他项要举。是此项公款，有团练之名，无团练之实，其中筹防局有无短交，历任县主有无侵蚀入己，绅士既未过问，民间莫得而详。团练既由民间筹款自办，则此每岁局拨一千元之款，实与余款无异，似尽可悉数提出，拨入高等小学，以资接济。闻已禀请学务处，札局饬县，提款改拨，以便兴学而免虚靡。

续纪大埔考选初等官小学堂学生事

◇胡大令示期招考初等官小学生，已登前报。兹闻十一日报名应考者，有二百余人，以保安甲漳溪一乡，最占多数。闻年龄均不及十岁，当场所出问题，多能对答如流。现由胡大令选定名额，即行开办。

禀请开矿不准

◇大埔大麻甲廖、张各绅，拟集股开采银溪煤矿，日昨赴县请示开办，经纪前报。兹闻胡大令恐滋事端，又以此事须由钦派考察商务大臣张京堂，先行派员查验，方得开办，所请各节，未便允准云。

大清光绪三十一年乙巳七月廿五日　公历一千九百零五年八月二十五号

两纪学堂实行抵制美约事

◇嘉应西阳小学堂，于七月初二日，遍发传单，邀集全堡教员学生，于堂中会议抵制美约事。是日赴会者颇□踊跃，首由学堂各教员演说所以开会缘由，及美人虐待华工惨状。演毕，在会数百人，无不大动公愤，声色俱厉。登即签名决议，实行抵约办法，随将报章所载美货记号，抄发同人认楚，以便不再购用。而各教员及学生中之年纪稍长者，则担任演说美约之奇辱，分劝其亲戚友朋，俾咸知抵制。会该学堂学生有七八人应本省陆军小学之考者，随结小团体，协议此次出省，行李衣服，概用土货，所有从前做定之美布操衣，无论新旧，当堂付之焚如，以为实行之起点云。

大清光绪三十一年乙巳七月廿八日　公历一千九百零五年八月二十八号

学务处批嘉应西阳小学堂校长卢文铎等禀

◇此案前准缉捕经费局移知，经该州会委查覆，由局核议，□收之五毫，有碍正饷，应免抽缴。惟加抽之一毫，出自摊□，移处核明，应否准抽，分别办理。当以该州委员禀，于学费收支，未加考究，应饬州会同潮嘉查学专员，查明具覆核办，业经移覆札行在案。据禀前情，应候该州会同邱主政，查明实情，妥议禀办。仰嘉应州遵照先今批行，照会邱主政，从速查办，并饬该校长知照。抄、案并发。

准提祖尝及醮会余款办学

◇大埔县附生郭镇章等，在学务处具禀提款兴学等情。奉批：潮属筹款兴学，自以先提各族祖尝余款，及节省醮会各费，为当务之急。前奉督宪批行道府会禀办理清乡，即有先提祖尝办理学堂之议，其无祖尝者，自当酌提醵会巨款，以助学费，以期教育普及。仰潮州府饬大埔县遵照办理，并谕该生等知之。

研究土碗改良

◇大埔县属高陂墟，制造土碗，为土货工艺一大宗。日前，张弼士太仆来潮汕一带，考察工艺物质，欲利用该处所出碗泥，创设制磁公司。现闻已将泥质寄往外洋，化验是否合用，设法改良云。

大清光绪三十一年乙巳七月廿九日　公历一千九百零五年八月二十九号

沈观察决议潮汕铁路事宜述略

◇潮汕铁路路线地价，沈观察前曾谕公局集议。兹各绅已据议具禀，观察为之决议，其略云：该潮汕铁路甲、乙两线，谕绅查议，今议得乙线之害，重于甲线。自应照公司原定，仍就甲线筑路。如虑其地势过低，则于路身多开涵洞，横竖三尺，以便泄水，自无淹浸之患。至地价议定上田二百二十元，中田一百四十元，下田□十五元。此等三则地价，即可比照邻田业户承受价值，分别增减。至一亩之中，仅用六七分，其余三四分不能耕作者，应由公司酌量并受，以示体恤。自此定议后，不得再有更移云云。闻不日即将出示晓谕矣。

学堂自刊图记不足为实据

◇学务处据大埔县附生郭镇章禀由，批谓：民立各学堂钤记，现已饬刊将竣，候汇发各州县转给。该学堂自刊图记，只可自为信记，不足为本处认可之实据。仰大埔县转饬遵照。

长乐酒商之失业

◇长乐烧酒，运售潮汕，改造各色名酒，销流南洋一带，实为长乐出口货产之一大宗。查计昔年长乐通县造酒之甑，不下五六百甑。每一酒甑，每日约出酒五十斤，每一百斤为一担，年可出酒一百八十担，除去年节并农忙停造不计外，至少可出酒一□担，姑作五百甑计算，每年应出酒五万担。邑人之恃此为业者，实繁有徒。自光绪廿九年创收甑捐，每甑每年捐银十二元，酒商纷纷歇业。现在核计不过二百甑左右，然则酒商之失业者多矣。其与酒商交通，若制酒瓮者、采石炭者、炼酒饼者、佣工于各酒坊者，均大半失业。噫！公家所收甄捐，岁不过二千余元耳，而乌知小民受害，若此其甚哉！

大清光绪三十一年乙巳八月初一日　公历一千九百零五年八月三十号

委员查办龙田小学堂案

◇兴宁龙田小学堂因乳猪捐一事，致起冲突，经学务处宪札饬嘉应州派委查办，嗣秦牧伯派陈贰尹渔，协同长乐县王大令，到宁查办。现闻陈、王两委员先后到宁，十八日陈贰尹先偕学务公所罗孝廉翙云、兴民学堂董事王灵岐明经，亲诣龙田小学堂查判此事，断令新旧两商，不能承办，由学堂另招他人承充。闻该堂董事等亦既首肯，惟滕大令以督宪复派委来宁查办，不日抵宁，俟督宪委员到日，方可了结云。

查学员将到兴宁

◇潮嘉查学专员邱仙根工部日前由潮至嘉应，查察一切，顺道回镇平，拟廿四即往兴宁查学。因往阅创兆两学堂会演体操，偶中暑病。闻俟略愈，即起程前往。

学堂生热心抵约之可嘉

◇兴宁城乡学堂九区协同禁用美货以抵苛约一事，现各学生于暑假后来堂，即议派人分别美货，一律实行不再购用。

◇日前澄海同仁学堂，有小学生数人，买有烟纸数块，携归后，认系美货，即行扯碎，掷之于地，誓不再买。噫！童子尚有热心如此，彼俨然成人，而甘于逐蝇头利，为国民公敌者，真别有肺肠者矣。

土匪又大劫岩下墟

◇近日兴宁各号迭接紧急函报，本十六日，离老隆埠七十里之岩下墟，突被土匪围劫，焚烧店铺十余间。该墟商人以众寡不敌，不能抵御，悉委弃货物而走。至损失多少，尚未探确。

◇又风闻长乐横流渡墟，亦被匪劫，未知确否。近日匪党横行，抢劫之案，日有所闻。不知有地方之责者，将何以治之？

秦州牧有疾

◇嘉应秦牧伯因患湿热，阳穴侧陡发疳疔，颇受苦楚，半月来凡一切重大案件，概不能理。闻请谢医生子春调治，饮药数剂，稍觉平和，近日已能勉强会客云。

大清光绪三十一年乙巳八月初二日　公历一千九百零五年八月三十一号
劝勿用美货歌之出现
◇近日潮州学界同人，公布一劝勿买用美货浅白歌，颇娓娓动听，其歌云：

唉唉唉！欲知华工惨状态，华工惨处实可哀。过洋十万金山客，寄说惨情本国来。说道美国出苛禁，把我华工牛马待。昔因伊开金山矿，雇我华人去开采。又筑东西大铁路，华人作工功极大。金矿开完铁路成，两项工人别谋生。适因金山生意变，工□□□□□。华工□□佥□苦，美工□□□□□。□党首奇亚尼，倡斥华工同结盟。全省美工势汹汹，同声强逼伊朝廷。逼令仍定新禁约，苛禁华工例日增。从此华人大受亏，迢迢万里吞恨声。可怜华人被凌勒，唐人埠头天暗黑。我国向不重工商，呼天不应真惨戚。官吏士商本不禁，往来盘问亦苛刻。过关木屋将人囚，鞭笞糟蹋无理极。烟厂茶楼靴帽店，小商未尝犯格式。强说这个是工人，货不准售账倒息。公司除是财东外，司事人等尽摈斥。到此经商如入牢，每每命丧金山侧。最惨更是檀香山，华人街中我贸易。无端放火烧通街，烧去财物千万亿。啼哭哀号向谁诉？说着惨情了不得。廿年捱苦到如今，到今略有希望心。恰好正值换约期，钦使梁公与争持。伊欲展加十年约，如此金山客就危。光绪十年金山埠，卅万华客是不止。光绪廿年存廿万，至今只存十万几。此十万人有家产，却离不得金山地。若欲回乡家产亡，金山又是好景致。金山生是华人开，华人岂可坐失利？此次伊派证约钦使来北京，十万华客电请王公大臣求抵制。想起通商条约中，伊来我往本常事。伊个商人来我国，我国好待无歹意。我往伊国伊虐待，伊国真真无道理。若是禁约不能废，以后各国亦照例。安南暹罗新加坡，洋客从此定失势。勿谓内地无可忧，如逢水旱田无收。外洋寄来银千万，办米赈济急已周。其余一切诸善举，出洋题捐容易筹。近来内地银根短，年年幸有批银收。今日人人宜知害，不争废约不干休。吾今从何与争持？勿办伊货来抵伊。处处争持如上海，伊国工党命亦危。外埠举行内地应，内外联络方一气。内地固当戒勿办，我辈勿买理更宜。我造此歌来劝世，不是造歌太好事。造歌之人华人士，华人工商依唇齿。咦！咦！同一国人叫同胞，同胞海外大哀号。海外哀号我不管，空说□□□□□□□□□□□□□□□□□□货物，愿阅者诸君，共表同情，同胞额怃。又愿诸君一意守此，勿于此外别生枝节，方不致有碍大局。幸祈 明鉴！

宁布拟改由汕运

◇近因东江一带，抢劫日甚，兴宁布商，咸有戒心。日昨各商集议，决计改由汕轮载往省城，有潮人某资本家欲出而承办此事，并代购保险，以免意外之虞云。

兴宁疫气渐平

◇兴宁地方自入秋后，天气渐爽，故疫症较前已减去十之六七。惟间有一宗单烧之症，一变而为痢疾，杀人颇速云。

嘉应城西学堂第一学期大考榜

◇高等甲班生优等前列六名：蓝光珠、黄运仁、彭楫然、黄掌生、黄国富、蓝成幹。

高等乙班生优等前列六名：黄国诚、陈椿宜、杨开纶、梁和煊、徐森林、梁杏华。

初等甲班优等前列五名：蓝光炎、梁灏熹、梁载烈、黄畅仁、徐桃煊。

初等乙班前列六名：刘淼泉、张有成、陈兆柏、侯凤藻、蓝光孚、梁丙复。

大清光绪三十一年乙巳八月初三日　公历一千九百零五年九月一号

续纪禀请开采煤矿事

◇前报纪大埔绅士张云涛等，在县请示开采银溪煤矿各节。兹闻悉张绅购定矿山，距大河四十里，土名铁炉坑，矿苗极富，且无妨碍田园庐墓之处，拟先行探验苗线，然后招足股本，照章开采。近地绅民亦多踊跃附股，企望办成。日前胡大令据禀，即拟勘明给示，嗣有某人从中阻梗，大令亦以兹事体大，怀疑中止，迄今未蒙批示。闻张绅以此处矿产早为外人所垂涎，及今不采，必致坐失利权，且贻地方之害，现拟再行禀请胡大令查勘，给示探办，以期广辟利源而开风气云。

大埔巡检和释劫盗

◇上月高陂田螺湖廖家被劫一案，经失主拿获贼盗郭某一名，解送蒲田汛，汛署中阒其无人，转解至百侯司署，某巡检力拒不收，众哗然。欲先将该盗殴毙，然后交司办理，一时拳棒交下，声势汹汹。某巡检不得已出堂收问，旋即为之和解，令出百余元赔偿失主，以了其事。闻某巡检亦颇有利益云。

学堂校长之顽固

◇普宁黄都蒙学堂校长某，向充局绅，专以干涉词讼为事，于学务未之问津。三月间，冯大令谕为校长，某见该学堂用度，系出自节省每年迎文昌之浮费，即对众宣言曰"学堂虽宜开创，而文昌帝君断不可不出游"，一时普人传为笑柄。乃某校长竟欲实行其言，近藉名拟改黄都蒙学为高等小学，遍发传单，邀黄都绅士到堂集□□□□□□□□□□□□□□□□□□学堂之款，仍当提出游□，而办高等小学之经费，则另往别筹云云。众闻此言，一哄而散。

罗江兴办小学堂

◇离兴宁七十里曰罗江墟，自袁君展臣游学归，偕刘君小元倡议建设小学，村人莫不赞成之。学堂经费以认捐田种多少，为常年的款，现捐集至十余石种之多。闻既购置书籍器用，及修葺校舍，谅不日尽可开办矣。

镇平拟设两等小学

◇镇平文福乡，自邱氏创设创兆两学堂后，各姓顽固绅耆，咸以为怪。现有徐君绎三者，素讲求新学，热心教育，孜孜以栽培后进为己任。闻昨已大集乡中绅耆，再三提倡，拟设两等小学堂，以造就子弟。现在筹措款项，务底于成云。

禀请派定局董

◇嘉应扶贵堡局董武举陈嘉言于前月逝世，该堡绅耆具禀秦州牧，请以陈明经史台接董局务。奉秦州牧批斥，以陈年老，恐难任事，谕饬保安局绅酌举办理。兹闻该堡绅耆等复公举陈明经清时，承乏斯任，已联名具禀秦州牧，未悉秦州牧如何处置。闻陈明经清时人颇开通，操守端正，素为乡人钦仰，曾拟将局内每年抽收牛墟团练局费，提办扶贵小学堂，以教育该堡青年子弟，此次若充为局董，必能见诸实行云。

洋客被窃

◇嘉应西厢堡黄塘曾某，近由外洋回里，携资颇富，为窃贼侦知。于上月某夜行窃，先将其猛犬毒毙，然后逾入其室，大饱所欲以去。约失赃百有余金，无人觉者，事主亦不欲禀官追究云。

大清光绪三十一年乙巳八月初四日　公历一千九百零五年九月二号

镇平高等小学聘定教员

◇镇平高等小学堂约于月半招考，闻先设传习所，定额学生五十名，其他即以桂岭书院为之。闻其教员既聘定平远游学日本速成师范生林石豪氏、林菊秋氏，及本邑之广东速成师范生陈佩蕙氏，于三君外，闻拟加聘一国文、历史科教员，现未得其人云。

邱氏家族学堂之发达

◇镇平邱氏家族学堂，名曰创兆学堂，其学堂分为二所，一曰员山学堂，一曰城东学堂，盖以其地不相联属而分也。其教习员山八员，城东七员，而其驻堂任教科者各四人，余七人为名誉教员，或日到堂教一二点钟，或间日到堂教一二点钟，分任各科，以广教育。其学生额，城东现年八十七名，员山现年百一十余名，可为家族学堂之巨观。又每年派一驻堂教员游日本，学习速成师范，其经费即以教员束修资款之，俟毕业回华，即以为两堂教员，至三年后，师范有余，始许应他聘。两堂校长俱邱水部蛰仙兼之，其经营学务，可谓至矣。

◇又员山、城东两学堂，其地相距二十里。前月二十日，堂中减课期满，乃择一最适中之地，名乌土溪者，其坪约千丈。于是日会操，两堂学生，当演柔软体操，观者如堵。演毕，两堂齐唱从军歌，大众为之拍掌称赞。

嘉应禀控私开煤矿事

◇嘉应白渡深坑里，出产煤矿，极为旺盛，经蔡姓某甲等用土法开挖三年，获利甚厚。兹秦牧伯据宋士经禀称蔡阿新等私开煤矿，招伊承买等情，当批饬差先将私开煤矿封禁。闻承差竟藉此索贿，大发其财，某绅亦受蔡某孝敬，故蔡某得以仍旧开挖，不致坐失地利。

嘉应控案延搁

◇嘉应大立堡温姓某甲，禀控同族某乙放火图害一案，曾纪前报。闻案经秦州牧批示"如果实属，殊为阴险，候饬差拘集，讯明究办"等语。奉批一月有余，并无饬差拘究。某甲来州查询，莫得究竟，收发处委员令其再行补禀。闻据署中人云，此案延搁之故，亦收发处从中作弊云。

管桂香情愿死于州署

◇嘉应州民管桂香因营勇劫掠一案，被秦州牧两次收押，含冤莫伸。前月廿六日，牧伯复提出当堂劝令回家，管桂香厉声应之曰："我前次由州回家，竟被贼勇掳殴，几致毙命。此日断不敢回，与其死于该勇之手，不若死于宪署云云。"牧伯曰："尔如此说，非委员到来，不能劝尔回去。"时牧伯颇有愧色云。

大清光绪三十一年乙巳八月初六日　公历一千九百零五年九月四号

批饬停办学务公所

◇学务处据嘉应州具禀松口堡分设学务公所，公举所长、任事员绅姓名，及筹办章程，禀缴立案等由。批：禀、折均悉。学堂贵在普及，故多多益善。若学务公所，则以揽一州一县之大纲，于州治设一所足矣。若各乡竞相纷设，势必至争权较势，不惟无益，害且随之。该州松口堡所设学务公所，应饬即行停办。如谓该堡户口繁多，应办之学堂不止一处，必须有一总汇之区，集众绅耆讨论劝勉，仅可立一会社，不必定称为公所也。所请立案之处，应毋庸议，仰即转饬遵照，并照会邱主政查照。此缴。折存。

健讼之技施于学界

◇学务处据嘉应州廪生梁鑫禀由，批：松口学务公所，前已批饬停办，校长举人饶集蓉，又以自行具禀退办。该廪生现禀，摭拾旧条，肆意攻讦，皆与学务不相关涉之事，其为挟嫌无疑。谢锡龄等十名，铺商廖泰昌等十五号，联禀□帮，自系粤中健讼□□之□伎，不□竟行之于学界，其人格志趣，尚足以担任教育重任乎？现据温土璠等及梁际尧等，分禀具控保留前来，业已明白批示。仰嘉应州遵照现行各批，会同邱主政秉公妥筹办理，其不能胜任之绅董，悉行更换，毋稍徇容，并谕该生知照。

吴氏家族学堂候请立案

◇嘉应大沙吴明经应銮等，前以兴办吴氏两等小学堂，具禀秦州牧立案，并恳通详学务处，蒙批"未便遽准，仰学务公所练习员，前往调查是否合法，俟禀覆后，再行通禀"，既纪前报。兹闻经练习员李茂才倬均，查明吴应銮所办敏慎小学堂，酌订改良一切，据情禀覆。旋蒙秦州牧批云：据禀已悉。副贡吴应銮等所办敏慎两等小学堂，既经该员前往调查，规模虽未完善，组织具见热心，殊堪嘉尚，候即转禀学务处宪察核立案，并颁发钤记，俾资开办可也。

◇又批吴应銮等禀云：据禀及改良章程均悉，候即禀请学务处宪立案，一面颁发钤记，俟奉批行饬遵。章程附。

记嘉应东游学生

◇镇平邱冬友氏，汕头岭东同文学堂学生也。本年任创兆学堂教习，于七月杪结伴东游日本，刻已抵汕，同行为温奋立氏、陈湘铭氏，皆愿游学东瀛。适留学生王伯模氏、李问船氏，皆暑假期满回堂。此次□□，实赖王、李二留学为之前导云。

秦州牧欲释管桂香之故

◇昨报嘉应州民管桂香冤押州署，秦牧伯劝令回家，抵死不肯一节。兹闻因嘉应近月天气亢旱，牧伯率属诣神庙祈祷，毫无应验，而道旁多大书"管氏含冤，皇天不雨"八字，牧伯似有所感，故有提管桂香劝令回家之事云。

大清光绪三十一年乙巳八月初七日　公历一千九百零五年九月五号

长乐斗案办结

◇长乐上山一带，斗风甚炽，比年以来，温、邹两姓迭次械斗，尤为剧烈。现经王大令亲到该处，喻以大义，晓以利害，两姓父老及其子弟，咸涕泣感悟，遵从办理。案结后，王大令即强迫兴学，以化愚顽而息争斗云。

长乐觉民学堂之感觉力

◇觉民学堂开学以来，进步颇速，各学生并不纷心科举，县州各试，均无一人应考。此次抵制美约，该学堂自五月起，即定议不用美货，以重公愤。每星期演说均讲美国苛待华工事，慷慨悲酸，使人无不切齿。及暑假回乡，又将此事奔走呼号，鼓动下流社会，使知中国不自强，虽在故乡居住，亦难免各国虐待。故近月风气大开，各父兄及近邻因此赞助学堂者，实繁有徒。此次暑假回堂，邀请众人筹议善后，众各捐银生息，津贴常年经费，并定议各学生体操衣服，一概不用洋布，即托买湖南银灰土布，以备学生购用云。

长乐师范传习所兼高等小学堂第一学期大考榜

◇师范生前列：李锡蕃、李熙、邓文灏、张鸿岳、李道贞、张淑文、张应銮、张伯樑、张如汉、张淑陶。

高等小学生前列：张际康、吉颂清、张际祥、李自箴、钟汝慈、李杰民、谢缵超、张际珍、张应达、邓飘香。

大清光绪三十一年乙巳八月初八日　公历一千九百零五年九月六号

嘉应禀设土膏统捐分卡

◇嘉应土膏统捐，业经龙委员前往设卡开办，并出示晓谕，既登前报。兹秦州牧据委办土膏□捐缉私总卡委员龙文称：奉宪札委前来，开办土膏统捐，业将设卡处所，及开办日期，禀报察核在案。兹查州城为土商荟萃之区，近日贩卖私土者，甚属不少。上年由江西赣州贩下，今则改由潮汕运上，任意偷漏，肆行无忌，若非设立分卡，不分水陆，从严查缉，殊不足以杜倒灌之弊。现拟在州城外择地设卡查缉，除已禀明局宪，并选派司巡，刻日驰往开办外，合将设卡缘由，禀报察核，并乞示谕各商，一体遵照等由。秦州牧当于前月廿八日，再行出示，晓谕各商一体知照：如有贩买烟土，务须据实赴卡报验，照纳章税，毋得任意偷漏，及不报查验，致干咎戾云云。

长乐谣传匪警

◇七月廿八日长乐县城，忽然谣传有大股贼匪，从双头墟来，居民竟有迁徙者。傍晚有归自双头村，又称是日双头谣传长乐县已被贼匪劫抢，亲见该村居民纷纷迁徙云。同时岐岭地方亦谣传大股贼至。一夕数惊,迨官兵至老隆,而民始得安枕。

嘉应小押店被罚

◇前月省委奉札到州,清查未承饷之小押店,其资本丰厚者,饬令领牌承饷,资本薄弱者,即行歇业,并无查封字样。忽料月之下旬,秦州牧忽然大发雷霆,欲将州前街某押店封禁。该小押司事闻之,惊骇备至,力乞邓捕王向秦州牧关说,始允免封,责令罚锾数百金。至因何情节,外人莫得而知。

兴宁抵制次钱之善法

◇兴宁局绅,禁用浮水次钱,一律改用制钱,已录前报。惟现下次钱多而制钱少,苦难周转,不得已将制钱价抬高,次钱价抑低,每银元七钱二,换次钱二千五百文,换制钱则九百文。闻向来贩运次钱者,今又将改贩制钱矣。该邑局绅亦拟提取义仓存款,办制钱入仓,以资周转云。

兴宁蚕业获利

◇宁人向少业蚕桑者,以不相习故也。今年枫树岭莹下李某,颇注意蚕桑实业,种有桑数百株,所出蚕茧,异常洁白,从此扩而充之,于宁江生计,获利不赀矣。

大清光绪三十一年乙巳八月初九日　公历一千九百零五年九月七号

潮汕铁路公司得注册保护之权利

◇商部近年奏定公司注册章程,商人应享保护之利益。日前潮汕铁路公司等十四家,在部注册。现部臣札行广东商务局,略谓"本部奏派商务议员章程,内载商人如有议立公司,无论何项,由部批准注册后,札知商务议员,应任切实保护之责"等语。兹查有潮汕铁路有限公司等十四家,遵章到部,呈请注册,业经本部核准,注册给照在案,合行开列名号,札知该议员,妥为保护可也云云。

咨聘留学美国毕业生

◇嘉应州人熊崇志在美国大学堂毕业,考得学士荣衔。现由出使美国梁大臣,咨行岑督极力推毂。闻云帅拟聘回粤省,在师范学堂充当总教习,经已咨复梁大臣遣送矣。

学务处批嘉应州松口廪生温士璠等禀

◇查松口地方，分设学务公所，前据该州禀报到处，业已批明一州只设一学务公所，如因户口繁多，必须有总汇之区，仅可立一会社，不必定称为公所。批饬将松口学务公所停办，即逆知分设公所，必有畛域之见、挽夺之私，不如统于一所，可收实效也。现禀因饶举人集蓉具禀退办，该董事温士璠等，禀控廪生梁鑫，欲以匕首炸弹，加于饶举人，因而告退，并攻讦梁鑫父子种种恶迹。又据廪生梁际尧等十七名联禀请留，以张、谢诸绅筹捐巨款，皆因信任饶举人所致，在具禀各生欲留饶举人，不免言之过甚。本处批停松口学务公所，原准其自立会社，因公所系详定章程，通省一律，不能该州设立两公所。其在事各绅，兴学之热诚，捐款之义举，岂以有无公所之分设而稍异，此种偏激之词，皆不切于事理。又据廪生梁鑫禀攻前来，以兴学之盛举，竟开攻讦构讼之端，其人格自待何等？殊为各该生惋惜之也。总之松口学务公所，应即遵批停办，应否改定会社，亦统于该州学务公所筹办之处。仰嘉应州会同潮嘉查学专员邱主政，妥议章程，公选正绅，以期维持保护，不可稍涉偏私，仍将办理情形具报。至于松口学务公所，业已批停，自后不得再用钤记，并饬知之。

府批大埔绅民禀请严办窃盗案

◇大埔巨盗酸枣陈，犯案累累，日前捕获后，经胡大令审得供词，既拟详解定罪，尝纪于报。现闻该邑绅民以胡大令柔懦无主，恐轻纵贻害，特在府辕禀请严办。奉李太守批云：窃匪肆行，闾阎何能安枕？仰大埔县查明酸枣陈，果系积窃，着即予锁押，发入习艺所，严定年限，慎毋不忍轻纵，贻害良民。惟仁者能好人，能恶人，该令办事勤慎，声名颇好，必能为地方图久远，不致效煦煦俗吏也。原词并发，粘抄、保领、揭存。

嗣萧其光等又联名具呈。奉批云：酸枣陈一犯，已由该县详解，照积匪猾贼例拟军，据供定罪，尚无不合，应候提犯勘转，现呈着无庸议。联禀、保状均付。

胡大令不准禁革礼钱

◇大埔完粮随带礼钱，同治年经徐邑侯立石禁革。近以户仓需索，至有礼钱多于正供者，贫民不堪其苦，邑绅某近日禀请再申严禁。胡大令得禀，批示四百余言，大意谓礼钱非全邑皆有，该书无甚好处，不能禁革云云。噫！大令之仁慈，为书吏计则得矣，其如贫民何？

茶阳学堂之阻力

◇大埔胡大令良铨，尝对邑绅云，现在上宪督责办学，固不得不应命，然以吾视之，学堂终非能长久，不出三五年，必有废学之举，而通国学堂，亦归乌有云云。不知大令何以仇学若此？

大埔学务公所所长邱光涛氏，以公所需人办公，特荐某绅为外董事员，胡大令许可，闻照会已办。适某绅以禀浮收礼钱，为书吏所反对。胡大令遂收回照会，不用某绅。

大埔学务公所所员邹绅，对某绅云："某学堂习体操，学此洋鬼子式样，可厌孰甚！"学务员亦出此言，学界安得进步哉！

兴宁逸犯拿获

◇兴宁县署监内，有要犯某甲，乘间逸出，行至学宫侧，遇治安局勇某，以其形状可疑，诘之，知为逃犯，当即拿获解署。滕大令闻而怒甚，将治以死罪，后仅贷其一死，将左右脚眼骨，用槌打碎，而监卒则痛打数千，以警其防卫不严之罪云。

泥陂学堂经费之困难

◇兴宁泥陂墟，今年开办小学，先由该处善堂，垫出数百金，为开办费。惟常年的款，尚未定，以故用度困难，日甚一日，教习、学生，每日粝饭菜根，□□□□□□□□□□□□□□□□□□□□纾困难云。

长乐函请邱工部办学

◇长乐学堂现有学生四十余人，教习三人，支应一人，检察两人，表面颇有可观。闻王大令已函请邱仙根工部，来县办理矣。

巫术惑众

◇嘉应大坪吴某甲，年六十余，素以巫术惑众，远近信服者咸称之曰"吴仙人"，故近一二十年来，以此骗钱，居然致富。本年夏秋之交，州城发生疫疠，愚夫妇到吴处祈祷者，户限为穿，较之往年获利加倍。闻州署差役及该堡局绅，多有分润，故吴仙人得以行其惑众之术云，亦一怪事。

大清光绪三十一年乙巳八月初十日　公历一千九百零五年九月八号

嘉应禀办洁净局

◇设立洁净局，为卫生第一要政。州境街道狭仄，而污秽特甚。近闻保安局某绅，拟于明伦堂，协同卫生会内诸董事，开办洁净局，实行清洁街道，已将章程禀请州宪立案，并请出示晓谕云。

嘉字营勇何其能干

◇嘉应劫案，旧岁至今，近城者已有四十余起，从未有一破案者。自管姓拿获嘉字营勇陈、叶二人以后，合营均谋脱罪之计，颇费苦心，始而拿一补鞋匠幸阿六，继拿一罗火祇，均称为行劫管姓之真正贼盗。现又捉得一曾阿禄。三人被获，均先在营内安宿一晚，然后送案，故过堂时，匪极从容，不刑自招，观者罔不骇异。□□从前劫案，一匪不获，此番劫案，独能迭次拿送，且不待刑讯，嘉字营勇何其能干云。

山林之利益

◇山林茂盛之处，泉源必多，此一定理也。嘉应州境各山近多伐木烧炭，以致林木日少，而柴价亦因之日贵，南口墟一带尤甚。有老于农者，谓同一泉也，从前树木茂盛时，此泉虽遇极旱，犹足以资灌溉。自今树木卖与人家烧炭后，现非极旱，而泉已枯竭，足见林木之有利益。方今讲求种植，有志兴山利者，尤当加意于此也。

大清光绪三十一年乙巳八月十一日　公历一千九百零五年九月九号

汕头土膏统捐设卡之示文

◇近日两广土膏统捐局特派一委员龙大令绍仪，来汕设卡稽征，不日开办。现已会同澄海县出示晓谕矣，其示云：

照得两广土膏统捐，先经督抚宪奏准，各属均已一律开办，嗣奉文行，改为八省合办，所有两广征收税捐章程，仍照旧办理，并无更改。本委员先于本年二月间，奉札驰赴嘉应州属平远县地方，扼要设卡开办。兹于本年七月十七日奉两广土膏总局宪电谕，内开：现闻海运报完子口之土，入潮销售，日见增多，该处无卡，膏捐全失。该令应速驰往，与地方官熟筹详考，扼要设卡稽征等因。奉此，本县并准移奉前因在案，查汕头为土商荟萃之区，凡云、贵、四川，由海运贩到土药，均由此入口，分销潮、嘉各路，每年土药行销，甚属不少，自应设卡稽征，以裕饷需。兹择于本月十三日设卡开办，除先行电禀各大宪察核外，合行出示晓谕。为此示，谕各土商人等知悉：自示之后，凡尔等行商坐贾，贩到云、贵、四川及各省土药，务宜遵照粤省定章，每净土一百斤，完纳土税库平银三十两，膏捐银七十两。每饼粘贴印花，填给执照，任其行销通省，毫无滞碍。其已报完子口税之土，免征土税，仍照章征收膏捐库平银七十两，粘贴印花，填给执照，听其行销自便。此外如查无两广印花之土，即系私货，一经查觉起获，除照章充公外，并从重究罚不贷。至各商嗣后贩到之土，如已在宜昌、洪江各局完纳过税捐银两，粘贴有各局印花者，一经入口，应即持照前赴本卡验明，以便放行，其各遵照毋违！特示。

大埔会匪蔓延

◇大埔与丰顺接壤之地，近年以来，多有三点会匪招人入会，极其盛行。大麻、高陂一带，甚至有全乡被迫胁入会者，近更蔓延同仁甲各社村落，到处明目张胆，开台拜会徒者，日盛众多。专以打家劫舍为事，富弱之家，夜不安枕。地方官若不严行查办，窃恐将来为患，有不堪设想者矣。

禀请干涉提款兴学事

◇大埔练习员郭镇章等，拟令县中绅士酌提祖尝、醮会，以设初等小学，禀请学务处檄县维持，并示谕阖邑照办，其批语已录前报。兹闻其禀词，系沥陈埔属各乡族情形，及劣绅阻挠之可恶，谓干涉不力，普及无期，恳请檄县示谕合属，扶良惩□，以期教育普及云云。此外另代禀县城民立乐群学堂，庶事经始，呈催早颁钤记，以资信守等情，均经学务处宪批仰大埔县转饬遵照矣。

大清光绪三十一年乙巳八月十三日　公历一千九百零五年九月十一号

长乐十二都司之怪状

◇长乐十二都司巡检吴某，自到任以来，贪劣各迹，难以枚举。最可怪者，本年新正在司署中开设番摊，招引附近诸劣绅及富豪子弟，日夜聚赌，至二十开印乃止，该巡检共输去银六百余元。又有二女，一年二十二，一年方十八，均未许嫁，均吸洋烟。巡检夫妻二人，烟瘾尤大，每日夫妻子女，对榻偃卧，烟声缭亮，烟气熏腾，直达户外。该巡检除吸烟睡觉外，日以鱼肉乡民为事。前月有利角村李姓者，族内四人构讼，贿摆该巡检到村，由甲及乙，由丙及丁，一连在民房扎住二十八天方回；及回衙时，夫价茶敬各项，由该村民扛猪三头，牛二头，运送至衙，观者无不姗笑。又龙村黄某，冰鉴钟某，俱被人诬告；该巡检到家，夫价未厚，不饱其欲，他日二人赴墟，经过署司门首，即被该巡检酷打押禁，勒补夫价，方肯释放，此是其生平用惯熟技；后二人具呈县主，蒙王大令提县讯放。至被其酷押勒诈、串劣绅贿赂保释者，尤屈指难数云。

会讯营勇为盗案

◇ 嘉应勇匪叶福与陈桂标伙劫被拿，恃官庇纵，释放后辄图仇报。后误传上宪提讯，即惧罪远逃，合营惶急，遍寻日久未获。又恐陈桂标效尤逃避，因暗着数人日夜跟随。近闻督道两大宪俱批仰州合委会讯，无庸提案，叶福亦于前数日寻还。杜游戎闻之，喜形于色云。

秦州牧不惜商艰

◇ 嘉应商民因捐资养勇，反为劫盗，大动公愤，联盖图章，具呈上宪，请改由商民自办巡警等词，已蒙批示嘉许。现值亢旱，秋禾多未插莳，市面极形冷淡，而秦州牧不惜商艰，仍着彭阿然日在街上催缴，贫苦店户，稍有延约，即喝称抗缴。昨日新街有数店面约，稍与辩论，即行扭禀，街众再三排解，而彭阿荣虎威狐假，坚不放手，几致罢市云。

兴宁寺亭遭劫

◇ 兴邑和山岩，名胜地也。前明祝枝山大令、王性之孝廉尝遨游其地，后名其亭曰祝王游院。至今邑士人觞咏于斯者，花朝月夕，无虚日焉。其地多丛山峻岭，窈而深，拗而曲，中有麻石岩，深约数丈，中安古佛一龛，诚天然奇观也。讵料前月某夕三更候，突有匪十余人，自山顶而下，将寺内储积抢掠一空，至今寺僧咸有戒心云。

又距城二十里地，名伯公坳，为往来石马之孔道。中设一茶亭，为近处李姓所建，亭有房四五间，向招陈姓某甲居住，因家焉。闻近日有匪徒十余人，夜间突入亭内，将某甲存积搜括净尽，并将所蓄猪在亭内宰杀，聚众饱餐一顿，始呼啸而去。

奸拐异闻

◎长乐陈姓某氏妇，性淫荡，与族人某甲有外交，情好甚密，匪一朝夕。一日某甲与妇私逃出境，为久假不归计。行未及十里，氏夫闻而尾追之，至兴宁城南地而力已竭，不得已出赏号，招人代为追拿。近城少年，集合十余人，疾追至某处，该奸夫变羞为怒，手提挑杆，反身格斗，妇从旁相助，打伤追者二人。旁观咸抱不平，振臂一呼，四面皆敌，乃将奸夫及妇拿获，由局送县，是时鱼更已三跃。滕大令立即提讯，无如某氏妇狡猾异常，反认奸夫为真夫，指原夫为族人，长舌淆乱，无从辨别。大令将奸夫、原夫及某氏妇，各痛打一番，押差听候。现闻已移交长乐县矣。

大清光绪三十一年乙巳八月十四日　公历一千九百零五年九月十二号

会札各县查办学务

◎潮州府正堂李、潮嘉查学员邱为札饬查复速办事：照得各处学堂，迭奉大宪檄催兴办，乃访查潮属，惟揭阳一县，分设五十余所，此外道谋筑室，成立寥寥。良由地方官治理殷繁，绅董贤否不一，岭东学界，卒未大放光明。本主事查学是间，本府权守兹郡，已办者逐须改良核定，未办者尤当严限速成，断不任长此因循，有思想而无进步。查学务公所，经理一县兴学之事，责分綦严，义务较重，现今已立者整顿一新，禀候核办。如所长未得其人，亦即更换；未立者，速选稍知学务之公正绅士，即议设立。所有该县学务即责成议办，随时通报。又练习各员，多有热心向学，可备任使。自毕业回籍后，或有自行办学，或放弃责任，前经学务处行查，迄未详覆，应即确实咨访，详细开报，以凭委用。除将公所学堂拟定表式，随札饬填外，合就札饬。札到该县，即便查照表式，并札行事理，限一月内，详细办理，分别填缴，均毋错漏稽延，切切！特札。计发表式两表。闻潮阳县董大令，昨已奉到此札矣。

邱查学尚未抵州

◎潮嘉查学员邱仙根工部，前月在郡办理韩山师范就绪后，即买舟到日渡，由陆路抵镇邑。拟于邑中料理稍清，即束装来州，以便办理东山师范及松丙、西阳各学堂与内外界轇轕案,旋往兴、长二邑查学。现邱工部在里患病,未大痊愈,迄今尚未抵州,闻州人士望之甚急云。

嘉应办团保之批词

◇嘉应李森林等,前因团保事宜,呈请以十约分办,恳出示谕。旋蒙秦牧批云:团练保甲,系禁暴除奸良法,只问办理之是否得力,原不在乎分办合办。据禀前情,如果该堡团保事宜,众议十约分办较善,合办为难,自应会订分办联络妥善章程,禀缴察核,以凭饬办。乃现禀既无办法章程,亦仅一社之人出禀,率请示谕,难保非存私见,仍着会集合堡绅耆,妥定章程禀夺,所请未便率准。

小学生剪辫

◇长乐觉民学堂幼班学生,因听星期演说,述外人恒以我国民辫子为侮笑之□,即变羞成愤,于月之下旬,阴约幼班学生自八九岁至十二岁者九人,慨然将辫发剪去。及教习闻知,速往解救,见垂背者已靡有孑遗矣。

大清光绪三十一年乙巳八月十六日　公历一千九百零五年九月十四号

行知开办韩山师范学堂之札文

◇潮阳县董大令昨奉到府尊札文一道,为录如左:

潮州府正堂李为饬遵事:现奉惠潮嘉道沈札开,现准两广学务处督办移开,光绪三十一年五月初九日奉两广总督部堂岑札开,光绪三十一年五月初四日据惠潮嘉道电称:潮州韩山书院,现住学生四十余人,因无教习,荒坐职道,已提倡公款银□千两,拟办师范练习馆,深愧未谙学务,谨请速委王令舟瑶,选带教习二员,暂行来潮开办,并请发应用教科书籍,该价遵缴,候电示遵等由到本部堂。据此,当经会同抚部院电覆遵照在案,所有电稿,合就抄录札饬。为此札,仰该处即便移行遵照,毋违!此札。计连抄电稿一纸等因。奉此,并准道电同前由,先经电复在案,奉札前因,合就抄录电稿,移知过道,请烦查照施行,计粘抄电稿一纸等由到道。准此,查韩山师范学堂,先由褚前道于光绪三十年开办,嗣因费绌停止,诸生坐荒学业。现年四月,本道接任,挪款续办,因原办规模尚欠整顿,兹已商同两广学务处查学专员邱主政另订章程,修葺校舍,定期七月初一日开学。除将章程另文行知外,合就札饬,札府即便转饬所属查照,毋违!计粘抄电稿一纸等因到府。奉此,合就札饬,札到该县,即便查照,毋违!此札。

窃案两志

◇嘉应东厢三坑约萧某由洋回家,携资颇富,于□月初二晚四五更时,被贼入室,盗去大皮箱一只、洋枪一枝,内有洋银六七十元。又有洋装衣服及妇女衣服等件,约值二百金。闻萧某已亲到捕快对役处严勒追寻,并欲禀请秦州牧追究云。

大清光绪三十一年乙巳八月十八日　公历一千九百零五年九月十六号

加派邻县会审管家劫案

◇嘉应秦牧伯庇勇殃民事,事主管氏妇为之含冤,四路遍张冤帖,日抱其幼子沿街拜跪,州人哀之,多捐钱以助其养赡费者。事为省宪所访知,闻于近日准道委会审外,又特派丰顺县单大令为之会审,以防情弊云。

委员往嘉应讯办杨钟购地案

◇嘉应杨认庵廉访,旧有学堂地基一所,因后裔清贫,曾将其地典与本族杨孝廉某,距今五六十年矣。前数年钟某甲向廉访裔孙谋买其地,而某孝廉之子,幕游在外,其侄某侦知其事,向钟理论,竟置不答,将其地建造屋宇。孝廉之子在州屡控,而署中人为孔方运动,亦置不理,案悬数载。近闻孝廉之侄在省控准,已派委员方大令,迅赴嘉应确切严办云。

嘉应学界刍言

◇嘉应为一直隶州,所有学堂□多是公立私立,其官立者并无一所。近日停罢科举之诏下,州人且愧且愤,然官斯土者若罔闻也。窃谓州中宜建中学堂两所,一为高等,一为初等,不惟其款不易筹,即其地亦不易购。培风书院,其地不合,学务处宪既核准矣,然北仓地,亦未为合度。现武试已停,文武须归学堂出身,则何如于东教场地,创建两等中学堂,其地旷而不野,适于体操,此地之最合度者也。至其筹款,当持其大体,不当于琐屑求之。其高等款当合四县公筹,为五属之官立学堂;其初等款,合一州公筹,为一州之官立学堂。官款不足,凑以公捐,事在必成。至其学务公所,宜合五属公认之;其干事,宜合五属公举之。众擎易举,何事不成?若徒委学务一二局绅之手，其责非宜，其事曷济？愿学界诸公察之。

嘉应捕役受贿拿人

◇嘉应东街首甲，有兴宁人陈顺和竹工等店与同族双和等店，挟竞争生意之嫌隙，互在州城捕司二署控告。忽料双和等店贿通捕署阍役，突于本初八上午，出票拿获顺和号内主人一名，私押捕署班馆。后由顺和号花费二十余金作赔，补双和等店讼费及捕署官费，至夜始得释放。

局绅拜官为义父

◇兴宁有等绅士不知义务，惟以献媚官场，鱼肉小民为事，地方多蒙其害，近且有某某局绅拜官为义父者。闻其故有二，一则揽全邑词讼等权，更欲拓充一切势力；一则欲预备为一邑公局绅士，不得不与官吏为狼狈云。

大清光绪三十一年乙巳八月二十日　公历一千九百零五年九月十八号

嘉应差役毁学

◇嘉应张氏蒙学堂在丙市八字坡观音庵开办，前与局绅某某等冲突，经该堂董事张嘉霖禀奉学务处批：仰嘉应州，会同潮嘉查学员邱主政查办。殊秦牧伯袒护局绅，仇视学务，本初十日，纵承差郑胜、古升、古彬、管安四人，带同皂役六人及烂辈十余人，到该堂拘拿教员张月根。董事持处宪批示阻止，该差愈阻愈横，堂中大哄，烂辈乘机咆哮，将该堂图书器具，一掠而空，匾额校门，俱被毁碎。学生惊怖失措，纷纷逃避。现闻该堂董事已上禀列大宪请办，又生一番冲突矣。

岐岭报告匪警

◇龙川土匪现经官兵会剿，多逃往谷钱坝墟，其地当龙川、长乐之交，距兴宁七十五里，距岐岭亦七十里。月之初十日，由岐岭汛发警报至兴宁，谓该处已聚集数千人，将揭竿□事，宜预为之防，以备不虞云云。闻宁邑官绅已会商防备事宜矣。

泥陂小学堂势将解散

◇兴宁泥陂小学堂，发起于善堂董事陈某，未筹常年的款，堂中用费，日见支绌。近处士绅，又不肯担任筹款，闻将有解散之势。

长乐阴阳学官与仙姑闹事案

◇长乐水寨约周黄氏，自称仙姑，假神术以骗人，以此薄有积蓄。约中有自署阴阳学官陈阿惠者，累鱼肉之。一日向借不遂，遂率其阴阳学差二名，责黄氏以貌视本官，将行强迫主义。黄氏预知之，已请得同姓武秀才黄士珍，到家保护。陈阿惠与黄士珍，遂大生龃龉，各出老拳互斗。阴阳学差见势不佳，从旁用烟枪击伤黄士珍额角，黄氏急以头冲陈阿惠，并爪伤其肾囊，流血及履，负痛回署，立饬书办备文，咨请捕厅前来拘办。越日捕差四名，拘黄士珍、黄氏到县，捕主谢实甫贰尹，先行就商县署收发处，乃坐堂提讯，大骂黄士珍不应伤我同官，掷锁练令捕差锁之，捕差虽有多名，却皆烟瘾极深，早被黄士珍一掌打跌，捕主大怒，取冠置案上曰："本厅纱帽不要了！"自持铁链，将黄士珍、黄氏一同锁押。黄士珍遣抱赴县具控，王大令提讯得实，将黄士珍掌责二百，将押羁所；黄氏打嘴二百，交官媒看管。人嗤为官官相护云。

大清光绪三十一年乙巳八月二十一日　公历一千九百零五年九月十九号

委员查长乐案件

◇长乐郑炳发，因其子郑虚光二被控谋杀人命一案，被捕到官，系狱多年。日前王大令以此案情节可疑，准保释放，详纪前报。兹闻原告郑某氏，又赴督辕具控县署差役人等有得贿卖放情事，经岑督批仰嘉应州确查，州尊委候补从九陈渔前往查覆。闻陈委员到县数日，查无实据，既经回州禀覆矣。

兴宁令痛恶顶戴

◇兴宁滕大令，治尚严酷，凡涉讼公庭者，若系文武生监及各色顶戴，尤触其怒，动辄鞭笞数百，邑人至以戴顶为戒。近数月以来，凡有案赴诉者，俱将顶戴暂行搁起，伪为平民，方得免责云。

大清光绪三十一年乙巳八月二十二日　公历一千九百零五年九月二十号

同文学堂颁到关防及善后章程

◇汕头岭东同文学堂于本月十三日奉到学务处札，并颁来关防一颗，文曰：

潮嘉岭东同文学堂关防，其冠以"潮嘉"者，盖志其缘起之意，谓此岭东同文学堂，实由潮嘉人士合力所设也。至昔时堂中所用之铃记，自接到关防后，既由堂中备文，资缴学务处收存矣。又堂中自四月间奉学务处札，附有善后章程，云既详奉大宪批准，将同文学堂作为官办中学堂，卒业出身，俱照奏定章程办理。现堂中既将此奉宪核定新章，排印成帙，呈缴学务处备存，及分送潮嘉各属查览云。

大埔初等官小学堂添招学生

◇初等官小学堂，业经胡大令考取学生六十名，送堂肄业。嗣以此次邑属各甲，距城稍远者，少人应考，难期教育普及，复示期本月十三日，再考取初等小学生六十名。并照会练习员邱直判及邑绅等，将应元书院大堂房舍，一律修整完好，以为讲堂及教员住宿之所。现已鸠工庀材，加工赶筑，俾各甲生徒有志向学者，不致向隅云。

嘉应务本学堂被盗案

◇务本学堂于五月二十九晚被盗，共失去什物价值百余金，案经该学堂董事禀报秦州牧追究，迭蒙秦州牧批捕限追，并拿贼窝重办，于前月底由捕役拿到代贼担物之龙川钟姓一名。随蒙秦州牧提讯，据供系担贼物之人，至务本学堂大时钟等物，于五月三十早，亲送石扇门前墟和隆店收藏等语。闻秦州牧即着捕役拘和隆店廖某到案，研讯究办矣。

嘉应获选陆军学生之名数

◇嘉应务本学堂学生，前由该堂董事具文，申送投考两广陆军学堂，约二十人。兹闻本月初□早发挑选陆军学生榜，两广共出三百六十名，州属获选者六七十人，而务本学生有十四人。查此次陆军挑选各生，以外府论，吾州占其多数，以吾州论，务本学堂占其多数云。

纪自费养学生

◇潮郡西关学堂学生蔡君达材、长乐陈君培琛，均有志游学，刻拟自备资斧，前往东洋留学。陈君业于数日前启程，闻先到江西省亲，然后由沪东渡。

筹嘉字营勇饷

◇嘉应嘉字营勇,前因盗劫管姓,商民积愤,联结不缴勇费,禀请上台改办巡警,以资保卫。兹闻秦牧伯与保安局绅,均未允裁撤营勇,然勇费缺乏,无法可筹。日昨保安局某绅,集议欲将州城赌馆,每间每日加收一元五角,窃恐该数不敷,又拟办别样捐抽,以裕勇费,未悉能否施行云。

控争山场荒田不准

◇嘉应张云官与李姓,前十年互争山场荒田,经沈前州断令封禁及不准开复在案。兹张某甲窥山田价值日昂,欲复图妄作,藉获利益,昨具禀秦州牧。旋奉批云:调查本案,尔等前与李姓相争山场荒田,经沈前州断令将山封禁,两造不许砍伐,李姓亦不准在该处架造,至该荒田即李姓首控尔等霸开处所,实不准开复。原系永杜争执息事宁人起见,查尔等当时虽未遵断,而彼此已相安十年之久,并无争执续控,自应仍旧遵守,何得复图妄作,所请未便准行。至尔等前缴契据,应准给回收执,仰即遵照可也。保状附。

大埔建屋滋事案两起

◇埔人迷信风水,牢不可破。日前大靖维新甲黄姓,因新起屋宇,附近有曾姓孤坟一穴,相距不远,曾姓遂向黄阻止,因此涉讼公堂,经胡大令断令黄姓停工缓筑。乃黄姓不服,续行翻控,胡大令复断令黄家离曾坟八尺外,任从展筑屋宇,曾竟于某晚率其族人,前往毁拆,黄姓见来势汹汹,乃开炮相击。闻曾姓被炮伤三四人,已抬出请官相验,未识如何了结也。

塘腹里汪、邱二姓因筑屋兴讼,嗣经甲内绅妥为处理,已呈请息案矣。乃汪某因不遂所欲,不遵公亲理处,复酿出打架情事,邱姓不得已复控诉胡大令。日前胡大令当堂讯问,谓汪家恃强欺压,将汪姓出首之人收入羁所,断令两造要遵公亲原断,毋得滋事,致干未便云。

大清光绪三十一年乙巳八月廿三日　公历一千九百零五年九月二十一号

学生留心教育

◇嘉应黄东生氏,美国旧金山维新会倡设尚武学堂之学生,今夏返国,抵里后,即到州属各学堂,考察内容。昨连日复到务本学堂,演说中国大势,并看大小学生体操,以觇教法。

潮州船局之横暴

◇船局之设，本为利商便民起见，而潮州之上、下河船局，一昧勒索船户，多方为难。闻下河局有江某、林某二人，朋比为奸，尤为苛暴，遍河船户，无不叫苦，殊失当初立局之美意。董其局务者，盍顾名思义也？

宜大令迁怒胡为者

◇平远县官大令，前面谕停办学务公所，王明经龙兆与之力争，大令甚为不悦。适明经修复旧店，其邻某以霸占诬之，宜大令不问理由，传明经到案，当堂掌责，随交捕衙收押，幽闭密室，有如命盗重犯云。

贩卖猪仔看者

◇本埠泰顺号潘甲，猪仔行之伙伴也，平日拐诱颇称能手。吴镇军来汕，拦与呈控者有数起，镇军特派勇访拿。廿一日下午，适潘甲往日里轮船点客，为勇所侦知，即于船中拿之。拿获后有数家洋行往保，不准，至廿二早，即正法于道台衙后。闻近日澄海妓规尚未议定，各妓匿不敢出，潘甲乘此机会，到处搜妓，现既搜到四五名，居为奇货。各鸨含愤，控之官，官因此拿之，亦足见潘甲之横矣。

大清光绪三十一年乙巳八月廿四日　公历一千九百零五年九月二十二号

会审劫案委员到州

◇嘉应嘉字营勇行劫管姓一案，上峰加派丰顺县单大令到州会讯，已纪昨报。兹悉单大令既于十八早抵州，寓公学院，即午秦州牧特往拜会，将来如何判断，容俟探闻。

嘉应绅民开兴学议会

◇嘉应城内各姓居民，不下千百家，近年上下市均设蒙学小学堂，而城内独寂然无闻。现因初四日上谕停止科举，归重学堂一途。城内黄、黎、杨、李各姓，特于十六日，邀集城内绅者，假学宫内卫生会所，会议兴办小学。闻是日到会者数十人，以筹款一端尚无成议，遂行散会，约期每逢六日再行集议，终冀达其目的云。

华商毋庸声叙洋籍

◇嘉应水车职商温德彰，去岁由暹罗回里，曾隶法籍，近因筑屋，恐附近土豪藉端阻筑，禀请秦州牧出示保护。昨蒙批云：如请准予示禁，以资保护而杜诈扰，至该职虽隶洋籍经商，既系州人，回家置产，奉旨予保护，毋庸声叙洋籍，应着知照，执照发还云。

令迁盐场墓

◇潮阳隆津溪中有浮洲，广数方里，名曰青洲。居民百数十家，出入皆用小艇，有田可耕，有鱼可捕，尤多产盐。县城有陈某甲者，在是处买园筑坟，以葬其亲，已数年于兹。日前盐运分司查勘各处盐地，谓陈所葬墓，系盐埕官地，着令迁移，而陈以为有契可据，实系价买园地，不知能否邀免也。

大风覆舟

◇潮阳海门、达濠两港居民，多以捕鱼为业，初十日之风，两港渔船，各被翻沉数只，溺人颇多。昨廿一二连日大风，各船之出海捕鱼者，咸惧颠覆，颇有戒心。惟廿一日之夜，有商船将往内山，行至龟头地方，忽遭风覆没，闻溺死者五人，某家失资千余金之多。

嘉应斋庵又遭劫

◇嘉应东厢堡周溪约碧峰庵，住有斋妇数人。本十四夜三四更时候，被多盗撞入庵内，将斋妇悉用麻绳束缚，绑于堂柱，并以碎布纸塞其口，所有谷米猪鸡各物，搜掠一空。

大清光绪三十一年乙巳八月廿五日　公历一千九百零五年九月二十三号

下坝墟会党掳人勒赎

◇友人来函云：平远之下坝墟为三点会出没之处，就地有谢姓，族大人多，十有八九入其会者，平日有"满地红"之名。本月十一日，有嘉应张姓在某米行佣工，被匪首谢华山率党多人，掳至信成馆。该馆四通八达，楼以下屯盐，楼以上为匪徒聚会之所。该匪等掳张至馆后，横加榜掠，并勒令该行主出资向赎，始肯放回。张父兄闻知，经迅赴平远县呈请吊放，不知宜大令能否严办也。

大清光绪三十一年乙巳八月廿七日　公历一千九百零五年九月二十五号

电商潮汕铁路购地办法

◇闻商部有密电致两广总督，略谓潮汕铁路，经由应购地段，势甚迟难，可否按照从前粤汉铁路购地办法，先令公司缴足地价，再饬该管地方官，各认地段插标购买，是否可行，希即酌覆云云。

学务处札准嘉应州请变公产案

◇为札遵事：光绪三十一年正月十九日，奉署理两广总督部堂岑批：据该州具禀督同学务公所，筹办学堂经费。现据该所董事古镜清等，禀请清查公产废业，变充学费，已查废地一区，经钟颖阳等缴价承领，照抄单据、绘图，具禀察核，俯准批示立案由。奉批：禀折、单据、绘图均悉，仰两广学务处核明立案饬遵，仍候抚部院批示缴，单据、图折均存等因。奉此，并据该州具禀到处，查此案，既据该州声称，该绅等请清查公产废业，变充学费一节，事属可行。并查明学宫左旁空地一块，系学宫荒废□用之地，业经该州将缴到钟氏祠裔承领废地单图，饬由学务公所董事盖用公所钤记，给予收执，仍令业户钟颖阳等，买备三联契，遵章投税，应即准其立案。奉批前因，合就札饬。札到该州，即便遵照办理，毋违！特札。

行县调查土产

◇大埔县胡大令，日前奉到省中大宪文行，饬将属内所有出产货物，不论生货熟货，详悉查明，造册呈报。现胡大令已派人分往各甲，逐件调查，务要绘图贴说，纤悉无遗，以凭具报云。

兴宁兴民学堂举行孔圣诞祝典

◇五洲各国，凡教主降生之日，皆举行大祝典，以为纪念，提起国民之旧观念，唤起国民之新感情，莫不鼓忭欢呼，郑重从事。我中国以孔子为教主，自应于降生之辰，举行祝典，普天同庆，乃独于此寂寂无闻焉，亦何怪我中国人心涣散，无统一民族思想也。兹届八月廿七日，为孔圣诞辰，兴民学堂遍发传单，邀集各乡学堂职员学生，届期齐到邑城学堂，举行大祝典，行礼毕，各学生一律出操场会操云。

兴宁令实行强迫团练主义

◇宁邑乡团，有名无实，非一日矣。滕大令下车以来，颇注意乡团，特札徐贰尹出乡坐办，无如筹款维艰，而局绅热心办事者，亦落落如晨星，以故不能不以粉饰从事。现闻大令亲到各局查点团丁，实行强迫主义云。

嘉应洋商热心兴学

◇南洋荷埠华商，年来热心兴学，首推吧城李君兴廉，计开中华学堂十八所，生徒三千余人。前经粤督岑嘉奖，不日会同闽督出奏，派员视学，业经登录本报。近又访闻嘉应黎氏经商巴城者，不乏热心爱国之士，有黎殷辅、尧辅两昆仲，发起大愿，就巴劝集义捐六七千金，以族人子豪、世廷、培兰之力为多，特即返国，于原籍蓬辣乡，创办家族学堂，筹备十年用款，禀请学务处保护。尚闻办事人中，有游学日本卒业回者，将来成立，不仅为家族光也。

大埔大水为灾

◇埔邑函云：本月十七晚，因小靖、漳溪二处河流，同时陡涨，城厢内外，平地水深二三丈。经一昼夜，至十八晚始退，且水势异常湍急，商家货物搬运稍迟者，即遭淹没，计损失货物不下万余元，各处田禾受伤害者，不计其数。

又云保安甲河水流出埔邑西门，与大河相合，此次大水冲去店家十余间，损失人口，不计多少。鸭嫲潭铁钓桥，所有桥面栏杆，悉被冲去。闻龙潭渡附近，有赖姓新筑一屋，并门前方池一口，亦被水冲塌，化为乌有。

福建金峰祺岭，与埔邑壤地相接，闻此次亦因山水暴发，冲塌房屋十余间，压毙人口数名。

高陂澄坑，有某客购存木料甚夥，堆积山隈，近遭大雨，悉被山水冲出，随流而去。有二人下水取木者，竟□灭顶，迨经人捞救，已若饮河鼹鼠矣。

高陂会匪猖獗与司官之无用

◇大埔高陂地方，滨临大河，商务日趋繁盛，所有匪类，视各处尤为猖獗。不论睚眦小事，彼辈即纠集多人到场滋闹。日前有三点会匪黄阿仁，因向某典号赎物，强欲令其代用小钱，其典号不允，彼即出其强蛮手段，将店门封闭，铺中司事向前阻止，复被饱以老拳。各人见势汹汹，即请百侯司主诣场弹压，不料曾司主饰词规避，黄益肆无忌惮，复纠集党羽数十人，群用砖石相掷。幸经旁人极力解劝，并代出钱五百文，始行解散。百侯司主竟置之不问，不知所司何事？将来酿成患害，有碍地方治安不浅。

接受学堂失赃应提案质讯

◇嘉应务本学堂被窃失赃一案，已由捕役获犯解案，确供石扇门前墟和隆店接受赃物。现和隆店廖某呈控捕役，希图饰卸，当经秦州牧批云：尔店系据获犯供开接受务本学堂被窃失赃，例应澈究。现诉有无饰卸？应着赴案，以凭提犯质明核办。保状附。

大清光绪三十一年乙巳八月廿八日　公历一千九百零五年九月二十六号

学堂校长不必再考游学预备科

◇嘉应州西阳堡高等小学堂校长黎启英，在学务处禀请报考游学预备科。奉批云：该生现充西阳堡高等小学堂校长，既在义务年限之中，自应尽心教育，不必再考预备游学科，徒形纷扰，仰嘉应州转饬知照。

禀请自费入陆军中小学堂

◇兴宁县绅罗选青具禀学务处请准照外省例，自费入陆军中小学堂学习。奉批云：陆军中小两学堂，均已考取足额，查籍隶外省之人，虽准自费入堂，亦系汇同考选。现禀请自备资斧，援照外省之例，系属误会，应毋庸议。

谕饬学堂改用土布及仿造用品

◇学务处宪前牌示并札饬各属官私各学堂，学生操衣，一律改用土布，如有自出心思，仿造学校用品，并准专利各节，既见前报。嘉应州署于前月奉到公文，昨由秦州牧谕饬州城务本学堂、城西桂里各小学堂，及西阳高等小学堂、丙市三堡小学堂董事等，即便一体遵照。

兴宁泥陂学堂与局绅冲突之恶剧

◇兴宁泥陂学堂，发起于善堂董事陈君德耀，开办未及半载，而款项未充，日形支绌，该堂董事遂请出茂才陈璜、王宝光等到堂筹办。自六月间，学务处提公局余款作学堂经费之札下，学堂董事亲诣泥陂局，与诸绅协商，欲提取该局所收活牛捐为学堂款，每年可得百余金。局中人则谓该堂董事等不孚众望，必另举明达学务之人，始能照拨。善堂董事无如之何，只得自愿退办。后经腾大令谕请张易畴孝廉、张再中上舍、曾昭舞茂才，驻堂接办，是时公局与学堂水火之势既成，所聘三人，亦退缩不前，延宕数月，尚未就绪，而学堂支绌万状，势将解散矣。月之十三日，陈茂才璜乘醉亲到公局，询诘局绅陈茂才书云，口角之间，大生冲突，局中人怒不可遏，饱以老拳，当由该堂董事陈德耀联名到县控告。兹将滕大令批词照录于后：学堂筹款，事烦任重，全赖得人而理，断非卑鄙龌龊之徒，空疏无具之辈，所能胜任。前据该监生陈德耀等二人具禀，及另举公所妥议公举正绅管理，以专责成在案。乃该监生等既以董事自居，又不候核准，辄自关聘陈璜管理，即向局董提取牛行规费，似此迫不及待，惟利是图，显系藉兴学之名，为行私之计，而局董陈书云如因提款挟嫌，始而詈辱，继而用武，甚至率勇持械，到堂搜扰，亦属不知大体。同在衣冠缙绅之列，尚此市井无赖之行，均属无耻之尤。夫学堂为培养人才之地，公局亦乡里矜式之区，绅董名誉，关系綦重，岂容贪夫败类，盘踞其间，致碍公益。究竟现禀是否属实，两造因何起衅，孰是孰非，亟应澈底讯究，候饬转陈书云、陈璜等到案，质讯明确，酌拟禀办，以示惩儆而杜效尤。

振武卒业生返国

◇兴宁饶君希野，前二年东渡，留学振武学校，本年六月卒业回国。闻既于八月初间到家，宁江学界中人，莫不欢迎。又闻东京联队既开，饶君不久又欲往东，以便进入联队云。

峰市挑夫抵抗盐局事

◇峰市离大埔数十里，为闽、粤往来大道，潮盐到石上后，须改用竹篓，由脚夫肩挑过山，盗窃之弊，在所不免。日前官运局特加意防范，如有短少，即将脚价抵扣。各挑夫群起抵抗，会议停挑，并索加运脚，须用足钱申算。局中司事等，见众情团结，遂到汀郡请勇二百名，到场弹压。每日每名挑盐二担。闻已相持数月，未悉将来能否转圜也。

大清光绪三十一年乙巳八月廿九日　公历一千九百零五年九月二十七号

大埔学务公所编撰初等小学教科书

◇学务公所所长邱直判光涛，以定章初等小学第一、二学年历史、地理、格致三科，系讲授乡土历史、地理、格致，此等本属专用教科书，必须本属士绅编撰而成，故此次办理初等官小学堂，遇有余暇，即自行编撰。现已成书，刷印百余份，分发各学生，及分送各士绅校正，并拟筹款排印数百部，将来即由公所分送各乡，以期一律照授云。

大埔邱氏家族学堂禀请立案

◇埔属平沙甲邱姓建设家族学堂，已周第一学期，现由绅士遵章报县，并请核定转详立案。蒙胡大令批云：该绅等创办家族初等小学堂，附设高等小学预备科，各捐尝谷，以资开办。借祖祠以作校舍，现尚集议推广，有各绅之热心提倡，担任义务，更有该绅光涛筹议调度，广家族之教育，即以储国家之才能，隐与嘉应属创兆学堂，异辙同途，实堪嘉许。初等小学已于二月开学，既周第一学期，仰将章程、图折各册，从速缴呈，以凭转禀立案可也。

兴宁罗族植基学堂第一学期大考积分榜

◇乙班：罗佛康、罗耀晋、罗俊祥、罗锦友、罗怀才、罗宏才、罗进梅、罗宏文、罗蔚林、罗佛通。

丙班：罗启清、罗□祺、罗柏兰、罗纪霖、罗焕松、罗梓材、罗清辉、罗桂云、罗成林、罗锦屏。

丁班：罗震森、罗祖香、罗洪芳、罗汝珠、罗翰霖。

兴宁新陂学堂第一学期大考积分榜

◇乙班：李添祥、李颖彬、李焕云、李永茂、李缙钦、李海芳。

丙班：李颖泉、李载坤、李葵华、李其昌、蔡祥祯、李捷龙。

丁班：王祯祥、李恒安、李佛祥、李载清、李安松。

大清光绪三十一年乙巳八月三十日　公历一千九百零五年九月二十八号

新加坡总领事为大埔商民申请持平办理民教事

◇大埔职商邱国勋等，在新加坡总领事署禀称民、教不安等情，恳转申大吏，饬地方官持平办理。现经凤领事申请岑督，札道饬县照办。录其文如后：

布政使衔、即选道新加坡总领事官凤仪为申请事：窃据新加坡、槟榔屿两埠职商邱国勋、刘福海等禀称，原籍系广东大埔县人，该邑山多田少，出洋谋生者十居八九。近接家信，皆谓盗贼滋炽，教势横行，明劫暗欺，二者迭乘，最为地方之害。其盗劫一项，已蒙督宪派提镇大员，按乡清办，并胡县主认真严缉，盗风或可渐息。惟教民则每藉符倚势，欺压良民，地方官傥或稍存偏袒，而民心不服，势必报复寻仇，地方因而多事。现闻惠潮嘉道沈莅任以来，除暴安良，百废具举，民间疾苦，无不周知。独此埔邑教患，未蒙剔除，窃思各国传教，无非劝人为善，其规矩秩然，令人钦敬。乃入教者不体教主之心，专恃教势，鱼肉乡民，甚且欺凌官长，或讹诈钱财，或霸占田地，或强筑屋宇，或毁灭坟墓，或奉官断而抗不遵理，或挽教士而干预词讼，种种不法，罪不容诛。此等恶习，业经前督宪陶奏明在案。凡有民、教争讼，不许教士干预，由地方官讯判曲直，持平结断，例禁何等森严，乃日久玩生，视为具文。职商等诚恐此风不戢，将来必激成交涉巨案，不得不据实直陈，以期去弊于太甚，而防患于未然。用敢具禀，恳求恩准转申等情前来职道。据此，亟应备文申请察照，俯赐札行惠潮嘉道，转饬大埔县主，凡遇民、教案件，遵照奏案，持平办理，不准教士干预，庶民、教自可相安，而弭后患于无穷也。伏乞察核施行，实为公便。须至申者。

嘉应女学萌芽

◇嘉应刘巽昭女士为黄伯玄大令之妻，黄钧选观察之媳，自幼娴习文学，常发愿为女流放一线光明。去年偕伊妹桃英特往省垣女学堂肄业，并考察各处女医院、女学堂，及女工艺厂。本春抵里，亟欲开办女学堂，以开风气，因有别故中阻。近缘务本学堂董事等，接黄钧选观察书，力主持其事，就商于刘女士，始决计试办数月，再行扩充。故于八月二十三日，暂借务本学堂附属小学左边旁屋开学，大小学生有十数人。

批饬原保速交案犯

◇嘉应匪犯李海狗，经官获案，羁禁多年，后由该局族保释，为恶不悛，复被人控告在案。昨该处绅士熊耀离等在州具禀，随奉秦州牧批云：查李海狗经前州访获，羁禁多年，迭据该局族保结，是以交保约束，乃释放后，不知改过，现复被控，自应饬令原保交案，以凭讯究，不能轻纵。现禀不盖局戳，难保非背签饰卸，仍着传谕原保局族，速将该犯交案，未便率准摘除。

大清光绪三十一年乙巳九月初一日　公历一千九百零五年九月二十九号

长乐拟设蒙养学堂

◇长乐城内陈绅颉云、周绅少蘅、曾绅雨村等，近拟设一蒙养学堂，专以教育幼儿，其章程及筹款各节，均经妥议。现已于本月中旬，具呈县主，俟批准后，即行布置一切，定于明年春间开办，其校舍则借训文学舍云。

听命于神

◇大埔人于卫生之学，素不讲求，一遇身沾重病，延请郎中先生服药不验，即向神前焚香礼拜，冀脱病魔。埔邑万寿宫侧崇祀一华陀仙师，香火极盛。每遇夏秋之交，天气不和，灾病丛生，凡诣坛求药者，踵趾交错，大有应救不暇之势，可谓愚矣。

大清光绪三十一年乙巳九月初二日　公历一千九百零五年九月三十号

长乐学堂禀准立案

◇长乐建筑学堂，尚未竣工，本年春间，先借学宫地方，开办师范兼小学两堂，迩来监督王大令将开学日期及一切章程，禀报学务处。奉批示云：禀折均悉。该县现借学宫余地，开办师范传习所，附设高等小学堂，堂工未竣，先期开学，足见力为劝导。而各绅向学之殷，立志之艰，办事之苦，均属不可多得，监督一员，即由该县代办，预算、决算两表，经费不敷甚巨，务即督饬各绅，就地宽筹，以期经久。所拟章程，尚属妥协，师范传习所章程，较为完密。应即如禀立案，准予照办，除照会潮嘉查学员随时体察酌量改良外，仰即遵照办理云云。

谕发学堂经费

◇嘉应城隍庙祝，秦州牧前准耆民李端荣，每年缴学费五百元承充，将款分拨为务本、师范两学堂常年经费，既纪前报。兹秦州牧于上月二十二日经将该庙祝先缴到现银一百元，谕发务本学堂董事兑收，以津贴本年学费，其谕文略云：所有城隍庙祝缴到本年两季充规，现银一百元，应即交该学堂作为津贴本年学费；其单银一百五十元，应即发交公所收存，留充师范学堂经费。至丙午全年充规单银五百元，亦经发交学务公所存。俟按季往收，每年拨送该学堂经费银五十元，计全年共拨银二百元，嗣后著为定章。除谕饬公所董事遵照外，合就谕发，谕到该学堂董事等，即便遵照：将发来后开银元照数兑收，以充本年学费，仍将收到银数日期，具领禀覆备查，毋违！特谕云。

嘉应催收钱粮

◇州属下忙钱粮，向于冬至后征收，现秦州牧忽于中秋前数日，分派委员，催输严紧。本年旱浸交加，兼之贼盗肆害，各处人民，颇不堪命云。

劫案批候严缉

◇嘉应温嘉言被匪曾大只古等劫掠一案，延久未获。昨温嘉言到州呈控，秦州牧批谓：候移营加派勇丁，勒催兵差，暨札催兴宁县一体严缉曾大只古等，务获解究，并谕饬曾步高迅即协同设法，勒令匪亲引拿，以免延案可也。

请看热心科举者之大失望

◇自停废科举之谕下，举国志士，无不庆幸，而顽劣生童，即如丧失魂魄。潮属人士，现年考得案首十名者，尤为皇皇。有某县案之胞兄，经商申江，亦代为着急，特电询某京官，本年广东科试，有无续考。据覆电云，各省科试，以奉上谕日始，一律停止，各省所简放学政，着专司学堂事务云云。又由潮州中学堂学生某，探得府署接有京电，亦以今年科试，已考者勿论，未考者均着停止云云。以是失所希望、痛哭流涕者大不乏人，足见科举之流毒深矣。

长乐拐案

◇长乐某甲，素以拐卖人口为业，赵前令子瑗任内，因此案发，经将其店铺查封示儆。不料去冬赵令卸事，店亦揭封，某甲仍不少悛，重理旧业，获利颇厚。近日大坪周某妻子二人，均被拐卖，现既查确，控之县主，想必从严拘办矣。

嘉应铺票减色

◇嘉应泰兴基铺票，前在井头开设，每次开彩有十余卷。今迁移新街开设，每次开彩仅得四五卷，以忽然减色之故，开票者大为失意。

镇平邱氏家族学堂大考积分榜

◇城东创兆学堂学生前十名：

甲班：邱学英、陈晋中、邱品金、邱永万、邱敬麒、杨家楷、邱祥鳞、邱滨璜、邱启新、邱湛光。

乙班：邱敬睿、邱济仁、邱湘兴、邱永赓、邱永均、邱世能、邱际昌、邱龄九、邱崇淦、邱学传。

丙班：邱晋琰、邱永禄、邱廷玉、邱应烘、邱强发、邱永清、邱准昌、邱祺广、邱福贤、邱志雄。

员山创兆学堂学生前十名

甲班：邱商英、邱琮、邱振明、邱振鹏、邱先武、邱振乾、邱炳、邱文蔚、钟德馨、邱朝英。

乙班：邱德耀、邱麟耀、邱宗武、邱华英、古南云、邱振藻、罗新开、邱士雄、邱煌英、邱振群。

丙班：邱兰英、邱聚雄、邱琦、邱国雄、邱璋英、邱宗耀、邱振惠、邱运泉、邱文亨、邱应逢。

大清光绪三十一年乙巳九月初四日　公历一千九百零五年十月二号

追取练习员毕业凭照

◇嘉应州练习员廪生梁鑫，昨以遵批再陈，乞饬讯实禀办等由，具禀学务处。当奉批云：该廪生迭次控讦饶举人集蓉，均批州会查，讫未禀覆。嗣经本处密访，该廪生实有私受屠行修金，因包庇屠行短交学费不遂，必欲控逐饶举人，不兴学务而后已，显系恃有毕业凭照，罔利营私，复敢逞其恣睢暴戾之气，不恤人言，实为学界之大耻。昨奉督宪批饬，已札州追取凭照在案。现禀指控饶举人旧案，并非该廪生切己之事，且并无确实证据，实与学务无涉，应毋庸议。仰嘉应州遵照前批，即将该廪生毕业凭照，追出缴消，并不许其干预学务，其松口应办学务，仍饬饶举人办理，不必用公所名目，另定名称，妥议禀覆，一面录批照会邱主政知照，勿稍徇延，切切！

嘉应学界举行圣诞祝典

◇八月二十七日为孔子圣诞之期，嘉应务本学堂于是日高悬国旗，及学堂名旗，举行大祝典，以为纪念。行礼毕，由沈教习率各学生齐唱讼圣歌，欢欣鼓舞，颇极一时之盛。又闻城西桂里学堂，及西阳高等小学堂、丙市三堡小学堂，均于是日举行庆祝。惟西阳小学堂，更先期悬帖，招集妇女，准其入堂顶礼膜拜，谓藉以开女流智识，振女界精神云。

请奖冬防得力之巡检

◎巡检邱耀华办理嘉应冬防出力，当经该州牧具禀请奖，给予记功一次。奉督宪批饬营务处核明详覆，现已奉准如详给予记功一次，行司注册列委，转饬遵照矣。

嘉应命案二则

◎丙市有谢姓者，素与邻居曹姓积有讼嫌，累年未了。昨适有谢姓四岁幼孩，在河唇戏耍，失足落河淹毙，谢姓遂指为曹姓推跌落河，报官请验。秦牧伯委捕主勘验，验明淹毙是实，若指为曹姓推跌，则无实在证据云。

又丙市叶姓，与罗姓争铺，涉讼一年，经官断结，乃罗姓不遵照断语，以致彼此纠闹，枪毙叶姓工人一名，现报由秦牧伯亲往检验矣。

大清光绪三十一年乙巳九月初五日　公历一千九百零五年十月三号

宰牛有碍屠捐

◎承办兴宁县属屠捐周殿飏，赴督辕禀称，该处私宰耕牛，有碍屠捐，并有房书串同典史朦贿情事。督宪据禀，以如果属实，亟应澈究。已仰司饬县严密查明，确核办理具报矣。

大清光绪三十一年乙巳九月初六日　公历一千九百零五年十月四号

札饬严禁贩卖猪仔

◎嘉应秦州牧，昨奉到惠潮嘉道宪沈札文，即于八月廿九日遵照出示，晓谕各属军民人等知悉：尔等男妇子女，如非情甘出口，确被拐匪诱骗贩卖者，经过地方，立时叫喊；或该父母兄弟叔伯闻信追寻，当官指告。由该地方官员巡警团练及局约绅耆，立即扣留查起，拘获讯实，将拐匪照例惩办，并将该窝匪客栈查封充公，栈与拐匪同罪。法不容情，理难曲贷，各宜凛遵云云。

召买查封产业

◇嘉应秦州牧,前据江西赣县惠丰号邹簧等,禀控古月根等,骗汇巨款八万余元一案,当经拿获古禄元一名。据供,愿将房屋田产变抵清偿,已亲诣勘明丈量。旋派委将古月根等房屋田亩产业查封插号,交约具领看守,绘图缴核在案。前月廿六日,特出示召买,略谓无论诸色人等,如有愿买前封古月根等房屋及后开田亩者,出价若干,赴案呈明,听候核饬撤封给照领业,毋稍观望迟疑云云。

是亦筹款办学之一法

◇嘉应西阳堡直坑钟某等,热心教育,亟欲开办小学以培成子弟,苦于经费难筹,屡议不就。迩来思得一法,以本乡安龙作福为名,发薄募捐,一时签捐数百金,限日交楚。现闻钟某等已移此款为小学开办费,并束请乡中明通绅耆,筹议常年一切学费云。

大埔实行不用美货

◇乐群学堂总办张君六士等,于前月十八日假座天后宫,演说不用美货以抵苛约事,劝令各商家,宜一律实行,并将各美货默头字号,逐件载明,发单传送,俾远近商人前来购买,有所区别。现在学界商界中人,因此感动,实行不用美货者,大不乏人。

大埔令勘赈灾区

◇大埔八月十八日大水,各处河流同时暴涨,沿河一带民房田亩,冲塌无算,维新甲被灾尤甚。现经胡大令亲诣勘验,并即捐廉百余元,赈抚极贫无依之人,其余各甲亦分别赈恤,以安灾黎。

大埔种植失利

◇永兴甲沿河麻沙湾、七昌坝一带居民,多种包粟,以充果中食品。此项出款,每年不下千余元。闻此次被水淹浸,均已朽坏,业此者大失其利。又小靖一带地方,向来林木茂盛,每年所出合柴,不下三四万元,因此回□靖河水,陡然涨高一二丈许,业此生意者,所买合柴均被大水冲去,化为乌有。

大埔平沙邱氏学堂第一学期试验榜

◇高等小学预备科生:邱公瀛、陈君溉、邱公简、袁世金、邱上典、邱公鼎、邱公震、邱公亮、邱公幹、邱公衡、张翼云、袁世琛、陈君绚、邱公福、邱公应、邱公潜、余士英、邱公武、邱公义、邱公节、邱公万、邱士玗、邱公宴、范应铨、范应试、邱上苾、陈传霖、邱光澍、邱上治、邱公域。

初等小学科生：□光潮、范应彪、邱上珊、余士衡、邱公陆、陈赞勋、张眉云、邱公法、邱上麟、邱公盘、邱公贻、邱公理、罗鼎案、刘鸣凤、邱公溥、邱公博、邱上达、袁□详、范应均、邱晋□、邱公益、邱上□、邱上游、邱上鸾、邱公宇、张翔云、邱公济、邱公廉、邱上国、邱士黼、邱公琬、邱公宏、邱公明、邱公孝。

大清光绪三十一年乙巳九月初七日　公历一千九百零五年十月五号

岭东同文学堂办理之近情

◇同文学堂，自本年奉上宪定为官办中学堂，拟定明年办法，所有旧学生愿卒业者，概令于本冬具志愿书、保证书。此外如有余额，即由潮、嘉两属按照额数招考，限十五岁以上至十八岁止，文理程度合格者，方许收入肄业云。

平远县学务公所之解散

◇嘉应州属之平远县，地颇山僻，风气素称闭塞。邑中志士兴办学堂，辄为豪绅及附城一般之老学究所抑沮。嗣经几许开导，始行议设县属学务公所，办学事渐有端绪。六月间，缮具章程，赴学务处存案，经照批准，方议提集公款开办，讵豪绅盘踞，抗不遵办，对于倡议设立公所之王某，视若仇敌，乘新任宜大令视事，陷以他故，致被羁留，公所遂因之而解散。现闻邑人大动公愤，拟将情形呈请上宪维持云。

大埔令勘案忙碌

◇埔人迷信风水，不亚各属，故坟山案件，十当八九。近日百侯杨姓与南山张姓，控争坟山一案，请官莅勘。胡大令即于廿七日，带同书差，前往履勘，并勘杨、萧一案，又顺道至湖乡勘蓝、陈一案，俱控争坟墓事。闻胡大令屡次下乡勘案，轻车减从，严禁书役需索，事主之家，尚不受累。

劫番客

◇前月廿八日之夜，有番客数人，宿汤坑客店，被盗十余人拥入行劫，数人悉被刀伤，劫去银数百元。闻番客为嘉应人，取道揭阳回梓者，当经赴汤坑汛报案，不知能否缉获。

大清光绪三十一年乙巳九月初八日　公历一千九百零五年十月六号

嘉应考院未准改设学务公所

◇嘉应学务公所前月会议，拟将公所迁入学院署内，昨由该公所董事黄应均等，具禀秦州牧。奉批示云：据禀，拟借学院试署，开设学务公所，如果科举永停，学政裁缺，自可照准。惟据称停止科举谕旨，尚未转行到州，学政考校学堂，是否无须按临，亦未奉有明文。诚恐学宪按临期迩，不特迁移费事，且虑修不及，贻误要差。查城内原有之培风书院，现在尚未变价，似可将公所移置书院，规模既觉宏敞，地方亦极适中，仰即遵照办理可也。

嘉应兴学既有成议

◇嘉应阖城绅士，自六月间即倡议兴学，迄无成就。现在学宫内开兴学议会，组织公立初等、高等各小学堂，到会者踊跃异常，佥认合一团体，事在必成。连日会议一切，既有成议，不日即可开办云。

兴宁学堂举行祝典之大会

◇八月廿七日孔圣诞，宁邑学界中人，齐集兴民学堂，举行祝典，已志前报。兹悉是日谒圣后，各学堂学生、董事、教习，合计七百余人，由兴民学堂招待，先后到堂开茶会。毕，鸣钟，请来宾演说，演辞多以发挥民族、光大孔教为目的。最后则本堂教习罗君又山，演抵制美约事，激昂慷慨，声色俱厉。陈君少岳演卫生会，以戒洋烟为第一义，痛陈利害。闻者变色，一时拍掌之声震瓦屋。演毕，已钟鸣二下矣。午饭后四点钟，排队出城外合操，各学堂自备黄龙旗一幅为记号，到操场，先摆作一字形，复变为长方形，由兴民学堂体操教习发号。合操毕，齐唱颂圣、从军歌。歌声歇，而小学生游戏操作矣，运动各尽其技。操毕，各学堂学生，复整队向兴民学生，行军人脱帽礼，先后出操场告别而去。一时看者约万余人云。

宁城议开沟道

◇兴宁城内沟道湮塞，南北两街尤甚，横污行潦，易生疾疫，邑人苦之。近日治安局绅，提议开沟放水，以除不洁，一时士绅莫不赞成之。现闻选派邑高等小学生，绘图画界，以便着手开办。办法，以每街修沟费，由各街自认。其工程较大，如南北两街，则由众补助，统计约需银千余金，概由局绅罗君意澄担任其事云。

大埔匪患

◇埔邑黄坑、九龙，滨临大河，近因三点会匪猖獗，出没无常，所有上下船只，均不敢在此停泊，往来过客，□惴惴然咸有戒心。

大清光绪三十一年乙巳九月初九日　公历一千九百零五年十月七号

异哉判案以空白纸迫印掌模

◇嘉应管姓被劫，反收羁押一案，迭志报端。兹闻惠潮嘉道委丰顺县令，于八月廿二日在州署会审。秦州牧特用强硬手段，将原获之匪勇一名，置之不问，贿买伪匪之幸阿六，则恐其案内事迹不明，一一预行宣告使知，故幸之所供，即州牧之所述。问毕，即迫管姓领赃具遵，并威吓管张氏、刘氏，责管桂香二百板，皆以空白纸，迫印手模，藉以了案。不知中外衙门，向来曾有此裁判法否？愿严明之大吏，有以处之。《商报》。

大埔会匪之为患

◇埔属三点会匪，日益猖獗。闻胡大令虽有亲自访察，及饬差查拿，而正匪不获，获匪不办，以故势焰日张，抢窃之事，几于无日夜无之。山僻人家，不堪其扰，现在俱纷纷搬至大乡居住，以图安宁。

镇平留学日本之进步

◇昨接东京友函云：镇平钟公任氏中学素有根底，又兼热心兴学，早已条呈筹办学务十则在县，以邑中风气不开，特倡始游学，禀请学务处给照赴东，由速成而普通。今复不安于小成，进就早稻田大学师范科，程度当高出寻常，惟学期较久，其经费尤须多方以筹之。

嘉应竞设学堂

◇西阳堡白宫市李姓，近因停止科举，亟议开办龙冈小学堂，以教育子弟。闻即以本年私塾所聘黄明经虎臣，充当教习，兼管学堂一切事务。又闻西阳堡湖洋尾邱姓，亦倡设家族小学，现将旧日家塾毁拆改造，一面访聘教员，定于明春开学。

兴宁议办罪犯工艺所

◇闻滕大令早欲创设一工艺所，以便犯人习艺，因衙署前后左右，无合度地方可资建设，现正与士绅筹商此事云。

兴宁尚有鼠疫

◇兴邑频年患疫，人颇惨苦。现届秋深，而天气忽寒忽热，城厢内外，尚多死鼠。前数日，城内有一少年胡某行至街上，忽然倒地，人急趋救，已无及矣。

嘉应奸拐案

◇李坑堡李某，向在外洋经商，其邻居伍姓者，亦商于外洋，店复相邻。讵李心怀不良，阳与伍善，阴与伍妇通，并将妇拐逃回州。昨经伍某兄弟探得实情，将奸夫奸妇，一并扭送到官，讯明收押，可谓天不漏奸矣。

大清光绪三十一年乙巳九月十一日　公历一千九百零五年十月九号

查追王革令欠解公帑

◇已革兴宁县王令克鼎，因欠解任内交代银两，经大宪奏参勒追。兹有该令亲属杨起瑞，以怙势作威事，具禀督宪。随奉批示：查王革令克鼎，欠解兴宁县任内交代银米，业经奏参勒追。据禀，该革令之子王瀚，将其父资财，冒名谋充惠潮嘉道缉捕经费商人，故欠正供不解。如果属实，殊属藐玩。至该武生既与王瀚有瓜葛之亲，何以被其诬捏偷窃金表，嘱托巡警局员，拿解救押？其中是何实情，仰广东布政司会同善后局，查明王瀚有无冒充缉捕商人情事，分别饬传到案，追缴公款，一面备移巡警总局，提同该武生质讯明确，秉公究结具报云。

大埔匪徒公然拜会

◇大埔三点会匪蔓延愈众，拜会之事，日有所闻。近闻河腰地方，又有余某、郑某等，在下寨子杨阿草屋内，开台拜会，聚党数十人，杀牛宰猪，欢呼畅饮。闻杨阿草等素不安分，近因别案，经官饬差拘办，差役往拘，贿以数元，遂得逍遥在外。今恃其会党之势，益肆行无忌，附近人家，被扰实甚，不知地方官能为民除害否？

局勇过于强暴

◇嘉应九月初二日，有保安局勇在大街上殴打妇女，皮破血流，众人骇然。及询其故，乃知为局绅某因妇女肩挑便桶，往往不用桶盖，臭秽难闻，殊属有碍行人，饬勇查禁。是日该妇女适犯此禁，致被殴打。夫禁之诚是，而出此横暴手段，众人甚为不服。

命案获凶

◇嘉应坑罗、赖二姓，冰炭已久，前因赖姓被罗姓致毙一案，久未获凶，尸亲于道宪行辕喊禀，即蒙严批，分札秦牧伯、杜游戎及常备军等赶紧协办。昨经差勇拘获第二名凶手罗火龙一名，押候究办。

拳馆生事

◇嘉应东厢堡大浪口，张、林两姓，比邻而居。迩年林姓某甲等邀集各姓少年子弟，开一拳馆，动恃血气之勇，挥拳斗殴。月之初二日，因妇女小事，张、林二姓，又互相扛殴，张姓被伤数人，当晚呈请秦州牧验办，未悉如何结局。

畲坑藉赌办学事

◇嘉应畲坑去年筹办蒙小学堂，因款无从出，佥议将畲坑捕缉经费，每年除缴正饷外，余资提充学费。经该董事，筹备按饷，向总厂承充，拟交镇安局代办。甫经议定，突被营兵攒充，以致互相争讼。后经畲坑汛邱家义调处，着营兵每年帮还学费三百元。以后经费更动，须归学堂承充，兵营不能再行挣夺，即畲坑绅商亦不能私充肥己。当立合同执据，呈明州县立案。兹经费又更换新商，由刘茂才其修以办学为名，认饷承充，而学堂能办与否，尚未可知云。

大清光绪三十一年乙巳九月十二日　公历一千九百零五年十月十号

潮绅再控潮汕铁路之批词

◇潮汕铁路，迭经绅士朱乃霖等控奉云帅批示在案。现朱乃霖等仍以该路附有洋股，具禀督院。奉批谓：此事前据该职等，以林丽生系日本籍民，所入股分系属洋股等情，来辕具禀，业经明白批示。现称"该公司股东名册内，已书明林丽生系福建省人"等语，则非日本籍民，并无洋股可知。若因未注县分，遂疑故留罅隙，谓为将来认作洋籍地步，似属无此情理。至华商路权，自不容外人干预。察阅粘抄，褚前道迭次照覆，于权限辩之甚明，该职等何庸鳃鳃过虑，所请应毋庸议。总之，该公司系商部奏明办理，自不容绅民稍事阻挠，而公司兴筑铁路，尤应与绅民和衷商议。据禀前情，仰惠潮嘉道分别转饬知照云。

两志学堂祝圣纪念会之演说

◇嘉应西阳高等小学堂，于八月廿七日举行孔子诞祝典，预由该学堂揭帖声明，约集合堡各学堂，以及绅商士庶，来堂共祝，是日赴会者，约四五百人，聚观者约三四千人，极形热闹。行庆祝礼后，各学生唱颂圣歌，至十下钟开演说会。先由校长耕圃卢君，登堂开演，以教育普及为宗旨，洋洋数千言，无非为劝合堡广设蒙学，以期造就完全国民之意。次为教习访箕黄君，演说保教之宗旨，大意略谓中国之积弱，实由宗教之不昌明，今欲保种必先保国，保国必先保教。两君慷慨激昂，反复演述，一时听者，莫不感动，其余依次续演。十一下钟，各学堂职员教员演说。十二点钟，合堡绅耆演说，各有见解，有限于时候不及续演者，各以己见书贴供览，演毕午膳。至四下钟，各学生出操场会操，观者如堵。操毕，唱爱国歌及从军歌，会堡内赴考陆军中小学及军医等学，均有入选者，各父兄俱送喜炮到学堂助兴，约烧百余万，爆竹之声，达于数里，直至六下钟始行散会。是晚张灯，因学堂楼阁三层，周围栏杆柱上俱用灯联，计三十六对。西宫两市铺店，多有张灯致敬者。噫！中国宗教黑暗久矣，今西阳学堂，能于孔子降生之辰，举行祝典，极力尊崇，以为纪念，从此学界其日见光明乎？

嘉应考院拟请改为中学堂

◇学务公所，前禀请秦州牧将公所迁移学院，未蒙允准。现公所绅士集议，嘉应官立中学校舍，以学院署改建，最为合度。闻日间再具禀秦州牧，恳转详学务处宪立业，未悉如何批示办理。案科举已停，校舍虚设，江南、广东，已拟将校舍设学堂。今嘉应城中地仄，无足以建学堂者，得此考院，斯其宜矣。

封拘贼窝

◇嘉应务本学堂被盗一案，经禀由秦州牧封拘贼窝究办。兹该贼窝廖和隆，昨又饰词具禀秦州牧。奉批谓：尔店接赃，系据获犯供开，并据务本学堂董事以查访尔店素贩贼赃禀请前来，业经饬差封拘去后，应着随差赴案，以凭提犯质明，分别究追。

大清光绪三十一年乙巳九月十三日　公历一千九百零五年十月十一号

长乐延聘师范教习

◇嘉应东山师范学堂，原定于本年八月开办，公派东洋留学师范生黄、杨二君，亦已抵里。迄今逾期，犹未有头绪，大失州人士望。本初三日，长乐县王大令特派魏君来州，聘请黄君簪孙为师范学堂教习，月奉修金五十金。闻黄君已经应聘，约于日间即往长乐就席。

兴筑道路

◇大埔邑城西门一路，为数十乡往来孔道，地极低下，偶遇大水，则行人裹足。日前漳溪河流盛涨，此处之路，悉被冲塌。近闻张京堂拟在高处另辟一路，需用地段，悉行按照市价购买，已饬人鸠工觅石，从事兴筑，将来此路告成，来往行人，无忧病涉矣。

大埔纸货滞销

◇埔邑各纸行，因郡城洋纸盛行，销路大为减色，目下新槽之纸已陆续上市，而各处采买者仍寥寥无几，自后纸价又必为之低落矣。

大清光绪三十一年乙巳九月十四日　公历一千九百零五年十月十二号

三堡学堂风潮之已息

◇丙市三堡学堂，日前学务处经照会嘉应籍绅温佐才观察，为该堂总董，并请调查一切，见覆施行。刻闻温观察既据实覆陈，其咨呈学务处略云：查得丙市三堡团防局费，每年除使费外，约可存一千余元，均为在局士绅朦混开销，毫无实用，以之提充学费，实为名正言顺。惟函嘱局绅陈森等，将历年收支清帐抄阅，并来港面言一切，该绅等置若罔闻，似属有意把持，阴图阻学，且陈森年老昏聩，谢汝昌、廖鸣珂、郭海涛等，或耽于嗜好，或□于□蒲，或惯弄刀□，均属物议沸□，不堪胜局董之任，应行饬州悉行撤退。丙市三堡团局，向章只用三人，每堡各举一人，其后每有劣绅希图入局，干预公事，遂有襄办、帮办等名目，滥竽充数，流弊滋多。现拟金盘堡举附贡生林义根，锦洲堡举例贡生陈际虞，雁洋堡举附贡生李天球，以此三人均系公正诚实，无闲人言，恳请饬州给谕接办，以重团务。并明定章程，以后局董，永远照用三人，每人限三年，期满另举，以杜日久盘踞之弊。其向收货捐，拟定四成归团局，六成归学堂，并请饬州立案出示，俾商人分别遵缴。至谢汝昌等纠众混闹学堂，古为鉴等毁损学堂匾额，众目昭彰，殊难掩饰，本属咎有应得，姑念谢汝昌等既请撤退局董，古为鉴亦经自行搬迁，失所凭依，自无从再施狡狯伎俩，似可免予深究，以全桑梓之情。江秉乾办理学堂，尚属热心，所订章程，尚有条理，已无不合之处，似应无庸置议云。闻学务处既均准照办，札行嘉应州遵照办理矣。

顶冒都司被控

◇嘉应陈芳照，以陈阿宽顶冒陈俊和都司奖折等情，具禀秦州牧。奉批云：陈俊和因案赴讯，当诘其从军所经之地，茫无以应，是以疑其保案不实。据禀前情，如果陈俊和都司奖札系陈阿宽顶名冒认，大属胆玩，候饬拘陈阿宽带案，追出保札，验讯明确，再行分别究办可也。

嘉应山票不准开设

◇嘉应某商前月极力运动，谋在州开设山票，具禀秦州牧，请示开办，旋蒙秦州牧批斥以"嘉属系向无开设之处，未准开办"等语，既纪前报。兹闻某商又具禀秦州牧，并声明准于九月十二日在州城开办，拟收票一万条，缴学费二十元，为附城各学堂及西阳学堂常年经费，恐秦州牧不允，复重贿某绅向州牧关说。闻经秦州牧面谕利害，并即严行批斥，谓该山票不准在州属开办，如果违禁敢开，定必派差勇严拿究办，勿谓言之不先也云云。

大埔劫案又见

◇大麻甲圳头坑陈阿草家，本月初六晚，被贼多人抢劫，闻所失赃物不计其数，未知有无报案。

大清光绪三十一年乙巳九月十五日　公历一千九百零五年十月十三号

大埔议办团防

◇埔邑自三点会匪首邱义山，因丰顺潭口李姓事发后，单大令立悬重赏，四处购缉。邱惧遭弋获，遂逃至埔属，在黄坑、九龙、石龙、黄桐窠、梅子坑一带山僻小乡，迫人入会，不从者即将其家口牲畜，掳掠一空。闻此数月内，被其诱胁入会者不下数百人，复令其党羽到处扬言，某日劫某乡，某日劫某家。人民惊扰，大不安生。近闻各乡均集众会议举办团练，并购买火药枪炮，以资自卫。

大清光绪三十一年乙巳九月十六日　公历一千九百零五年十月十四号

同文学堂之尚武精神

◇岭东同文学堂体操一科，为日本陆军士官熊泽纯君所授，教法最善。癸卯冬，有友自省垣调查各学堂回者，称同文兵式体操，其严毅肃穆，实为各学堂之冠，其言早为学界所公认。惟自去年以来，学生屡有添换，新到各生，前此或于器械犹未肄习，不能躐等从事，以故全堂一律改教器械体操。迩闻熊泽教习于每次下午五点钟，教授全堂器械体操后，更于学生中挑取工夫纯熟，且娴习东文者十余人，教以兵式体操，其步伐严整，进止有法。虽人数无多，实有军容山立之概。而各学生，又另结一体育会，议有专章，合全堂新旧学生，于每日清晨六点钟候，一律到场，加练柔软体操，以期身手熟习，体魄强壮。每到场时，由算学刘教习为之点名，而总理及各教习，则轮流到场监视。其司法、司令人，均由各学生于每星期，当堂投票公举，有犯规者，辄按章记过，故操场规则，甚为整肃云。

嘉应留省学生拟联禀地方文武殃民事

◇嘉应留学省会人士，昨刊发传单，痛陈官弁闾幕之害，拟联名禀请上宪，严行整饬。兹照录其文如下：

尝谓欲图公益，必除公害，我辈处黑暗时代，而事权不属，不能为世界放光明线，如文明国之自由，固已恝然如捣矣。而有大害地方，人人所认为公敌者，讵可视为已成之痛，无可救药，姑徐徐以待毙乎？夫祸变之来，愚者安之，智者忧焉，非好为忧也。铜山东崩，则洛钟西应。今日亲戚朋友，已受其荼毒；他日身家妻子，安知不受其欺凌也。吾州嘉字营豪弁刘宝崑、权闾范秀亭、何仲孚、收发委员孙辑五、劣幕许某等，五虎同穴，朋比为奸，或纵勇劫掠，或遇案需索，或得赃卧票，或受贿卖批，种种恶剧，殊难缕述。其屡见诸报端及传为口碑者，如黄、杨械斗一案，得赃物一千六百元，遂令私和；薛姓、余姓被劫，认赃于营勇房刘弁手，仅令还赃，不究其勇；王、张互控一案，得赃后即批移营，其尤彰明较著者也。呜呼，该阃弁等之肉，其足食哉！乃事以愈纵而愈肆，案亦愈出而愈奇。去腊南口堡刘姓，白日为该营勇劫掠，指证认禀，反为所押。近管姓拿获行劫之营勇陈桂标、叶福二名送州，亦被押。故近来州人士，有举《汉书》语以为之谣曰："父老苦秦苛法久矣！"盖谓秦州主为该阃弁等所蒙蔽，而至于暴虐黎庶，而民苦之也。呜呼，该阃弁等之肉，其足食哉！惟是前事已矣，来日方长，似此以衙门为利薮，以军营为匪巢，使非禀请上宪严行整饬，后患何堪设想！兹特具传单，敬告同胞，如有确认该阃弁等所为为公害、此举为公益者，请即将姓名投发起人处，以便联名上禀。《传》云"不去庆父，鲁难未已"，诸君子其图之。嘉应留学省会同人公启。

大埔水灾请恤

◇埔属维新甲等处地方，前月十七、八日大水，各乡均受其灾，漳溪河一带，被灾尤甚，当经地方官前往勘赈，现已禀请上宪发给赏恤。

大埔学务公所通禀立案

◇大埔胡大令良铨，以设立学务公所，分期办事等由，通禀各宪。现奉府宪李批：禀及清折均悉。该县地居偏瘠，独能督饬员绅，设立公所，分限刻期，锐意兴学，殊深佩慰。所拟章程，亦均井井有条，注意小学一节，尤为务本，如能循序研究，教育不难普及。仰即速筹经费，以便扩充，以期持久，仍候两广学务处宪批示祗遵，此缴云云。

诱拐妇女案

◇嘉应白叶村余姓，由外洋带回古姓妇一口，在途诈称其妻，路经松口，该妇进银匠店置饰，因与店主李某情投意合，遂背余就李。余姓心甚不甘，赴州呈控，以妻被李拐为词，李不服，即携该妇到案。秦牧伯提讯，该妇供指余姓为拐，并历叙其在途谋害情形，现牧伯已将余姓羁押候办。此九月初九日事也。

更正顽商阻挠劝捐事

◇前报顽商阻挠劝捐学费一节，兹据学务经费公局函云：查陈海平、陈炳棠兄弟，经商南洋廿余年，凡为公益，具有热心，况事关族界，更无阻挠之事。此次陈族兴学筹款事宜，彼兄弟固毅然签名薄首云云。

大清光绪三十一年乙巳九月十八日　公历一千九百零五年十月十六号

札饬编辑乡土志

◇潮阳县昨奉到学务处札文，内开：光绪卅一年六月初二日，奉署两广总督部堂岑案验，光绪卅一年五月廿四日准兵部火票递到总理学务处咨，准编书局监督咨开：查初等小学堂章程，历史、舆地、格致三科，均就乡土编课讲授，用意至为精善。学堂宗旨，以人人爱国为第一要义，欲人人爱国，必自爱其乡始，欲人人爱其乡，必自知其山川人物始。各国中学以上，课目互有异同，惟小学乡土志，则东西一律，盖历经教育家研究，培养爱国心之法，无善于此故也。中国地大物博，撰辑乡土志，欲使其详实无遗，断非本局所能独任。兹谨遵照定章，编成例目，拟恳贵大臣具奏，请旨饬下各省督抚，发交各府厅州县，择士绅中博学能文者，按日考查，依例采录，地近则易详，事分则易举。自奉文日始，限一年成书，由各地方官径将清本，邮寄京师编书局，一面录副详报本省督抚，以免转折，并令各地方官于奉文之日，先将本省通志及府厅州县志，邮寄编书局，以备参考。各处乡土志辑稿送到后，由局员随时删润画一，呈请贵大臣审定，发交各省小学堂授课。所教皆浅近易明，学者自亲切有味，爱国之心，即基于此，以后学问逐渐扩充。凡一切知识技能，皆足资报效国家之用，似于学务裨益匪浅。又各省就次绘送会典馆地图，并需各备一分，邮寄编书局，以备编撰之用，如无印本，可照底稿摹绘寄京等因。当于四月初六日，附片具奏。本日奉旨："知道了，钦此。"相应排印原奏，并附《乡土志例目》，咨行贵督，钦遵查照。将《例目》重印多本，分饬各府厅州县，依限成书，径缴京师编书局，并将本省通志及府厅州县志、本省地图先行邮寄，以资参考，望切等因，计粘原奏，附《乡土志例目》到本部堂。准此，合就檄行。为此案，仰该处照依准咨原奏奉旨事理，即便钦遵查照，将发去《乡土志例目》一本，排印通饬所属府厅县，一体遵照，依限办理，并饬先将志书呈缴该处，分起汇详咨送，毋违！同日奉广东巡抚部院张，案验行同前由各等因，连粘单一纸、

《例目》一本下处。奉此,遵将《乡土志例目》排印分发,除分饬外,合就札发。为此札,仰该县即便遵照,将发去《乡土志例目》分发各属,一体遵照,依限办理,并先将志书呈缴本处,以凭分起汇详咨送,毋违云云。

嘉应禀办学堂

◇嘉应城内绅耆议开小学堂,既纪前报。兹闻本月初席请各姓绅商会议,已经热心商家慨捐开办费二百余元,又保安局团费内允补助一百元,拟借学宫内崇圣祠及明伦堂为校舍,准于明正开课。昨已由举人萧荃等具禀秦州牧,请示办理云。

嘉应赌风渐减

◇州中赌风流行颇炽,近日既渐减少,计泰兴公司承办铺票,数年来月收十余卷,自本春至今,月不过五六卷矣。近地摊馆林立,往岁九月前后,经费局收饷者,每日约有二三十间,现仅十数间左右。其殆民智渐开,知务正业之故欤?果能从此廓而清之,诚一方之幸福也。

大清光绪三十一年乙巳九月十九日　公历一千九百零五年十月十七号

办学不得为一堡私计

◇嘉应州举人杨青等,在学务处具禀学堂分办缘由。奉批:禀及章程均悉。此案迭据李辉丞与该举人等来处具禀,节经批州查覆在案。据禀前情,该举人所办之雁洋小学堂,既系与李辉丞所办之金盘、锦洲、雁洋三堡学堂,分而为二,何以折内所开拟提各款,又与李辉丞原禀请提之款大略相同?无论地方筹款,众情乐输,不至抑勒滋扰,即使尽属可提,三堡学堂禀办在先,自应先尽提用。该举人等此举,显是有意争持,各分门户,藉□□□□□□□□□□□□□□□□□□□□□□□□□司兴学,无不乐予赞成,但学费辏辀,易启冲突之端,此不得不慎重于先,而免贻异日无穷之害。该举人等果系认真办学,应即另筹款项分设,不得但为一堡私计,而碍三堡公益。仰嘉应州即便转饬遵照,并按历次批行,刻日会同查学员邱主政澈查遵办,详细禀覆,限奉批二十日,具禀到处,毋再玩延干咎,凛之!禀及章程均抄发。

派员勘赈大埔水灾

◇大埔八月十八日水灾，西门河一带最甚，小靖河次之。沿河房屋店铺被冲坏者，大小不下千余间，田亩不计其数，淹毙人口共十余人；陂塘、水车、沟圳、桥梁、道路，概被冲毁。其非近河之处，又多因山崩坑溢，损伤亦属不少，实数十年未有之奇灾。当经胡大令履勘，并捐廉三百元，分交各处局绅，赈恤被灾最重之户，立将情形详报上宪。昨经道府宪各捐廉俸数百元，特派委员到埔散赈，并查勘灾情。

嘉应营勇操场现形

◇嘉应嘉字营勇，向由商家月捐勇饷一百名，计左右哨实只有四十名额。本月初八日，由杜游戎率同各营哨弁勇，出较场会操打靶，聚观者人山人海。计算嘉字营勇仅有三十余人，合绿营老将二十余人，共计不满六十人，且步伐纷乱，中靶绝少。杜游戎极形失色，秦州牧闻知，亦大为不悦。一时道路，有传该勇"善于伙劫，不善于伙操"之谣。

大清光绪三十一年乙巳九月二十日　公历一千九百零五年十月十八号

嘉应学务公所大失人望

◇嘉应人士近以科举既停，学堂急宜兴办，而又毫无把握，创始维艰，日望东山书院改设师范学堂，作速开办，以为四方钦式。因到学务公所询开办章程者极多，闻公所仍未拟有章程，大不满人士之望。

请以营汛地兴建学堂

◇嘉应象村傅倬鹏等，拟以该村旧营汛地址，兴建学堂，并公举李其章为董办，昨绘图禀请秦州牧立案。旋蒙批云：据禀，该职等拟将村中旧营汛地基兴筑学堂，教育上下三社蒙童，事属可行。惟该汛地四围共有若干丈尺，建筑学堂，可得校舍若干间。该处是否爽垲适用？前后左右，有无干碍他人庐墓？现图未据绘注明晰，候谕学务公所饬派查学员绅，前往勘明，绘具学堂图形，并确查李其章是否舆论素孚、实心办学之人，据实禀覆，再行分别示谕立案可也。绘图存。

藉学争利被斥

◇嘉应城隍庙祝充规，既由秦州牧核准立案，分拨州城师范、务本两学堂经费，著为定章。兹有黄颋者，藉名兴学，欲争此款，一再具禀秦州牧，当奉州牧批斥云：禀悉。查此项城隍庙庙祝充规，已悉数拨充师范、务本两学堂经费，所请应毋庸议云云。

案未请验不准照办

◇嘉应陈开如昨在州控侄被殴一案，事隔月余，经秦州牧批谓：凡控伤案，例应报官验明，始准立案保辜。据呈前情，查尔侄绍宗于七月二十四日，被陈阿进等因木棍殴伤，迄今月余，已满辜限，照例只科伤罪，况伤未请验，是虚是实，无从悬揣，所请应不准行，呈状发还。

僧人控案

◇嘉应阴那山寺僧庆峰，在州呈控同寺僧殴抢等情。秦州牧批：据呈该僧昔与僧宝华，共居阴那山大寺，因有口角，现被挟嫌殴抢等情，如果属实，不特为戒律所不容，抑且有干法纪，候饬差拘案讯明，分别究追云。

大清光绪三十一年乙巳九月廿一日　公历一千九百零五年十月十九号

兴宁兴民学堂添招学生

◇兴民学堂学生，近因先后到省考选入各学堂者已三十余人，以故缺额待补。现悬帖招足此数，凑成一班，预备月内开学上课云。

罗浮司学堂将成

◇兴宁罗浮司地方，距城百余里，该地殷富甚多，而向学者绝少。本年巫君汝梅，偕兄弟数人来邑小学堂读书，刻励求学，进步甚速。七月间，归而倡办学堂，先谋校地，后筹款项。闻现既集资数千金，为购图籍校具、修葺校舍之用，想不日即可开办矣。

兴宁游神之浪费

◇兴宁连年时疫流行，至今未已，邑人以媚神求佛，为治疫惟一之善法，有所谓光山石古大王诸神，邑人最崇拜者也。九月初八日，奉迎出游，各商捐资浪费，愈形踊跃，较去年多捐数百金，是日鼓乐聒耳，尘埃障天，看者塞途。夫以此等费，移为洁净街道之举，岂不更善，商民何其愚也！

大清光绪三十一年乙巳九月廿二日　公历一千九百零五年十月二十号

三堡学堂禀请照拨经费

◇嘉应丙市三堡小学堂校长江秉乾，日昨具禀秦州牧，请照温观察灏照覆学务处，核定局收货捐，改拨学六局四，撤换局董，并请示谕商人分别遵缴，谕绅接充等由。旋蒙批云：据禀已悉，候即分别示谕，接充照拨，俾裕经费而维公益可也。粘抄附。

请究混冒学生服饰

◇嘉应松口李氏学堂校长李宗海等，日昨具禀秦州牧，略谓：恭读《钦定学务章程》第二十三条，曰"学生衣冠由学堂发给，以归划一"，生等蒙学堂所定服饰，学生袖口牵带片二条，教习袖口三条，为本学堂特别之制。乃前月二十九夜，松市米墟神诞，有穿生学堂服饰者，挤入妇女丛中，多方调戏，视之高且大者，林水祥二也。直至众人呼打，乃始逃避。有学堂伙夫李阿灼目击，查水祥二系吹笛贱工，最不安分，竟敢仿造服饰，混冒学生，调戏妇女，殊伤学堂名誉，且恐酿事端，与生等大有干碍，禀乞饬差拘究云云。当奉批谓：所禀是否属实，候饬拘林水祥二到案，讯明察究。

兴宁罗族植基学堂之近情

◇兴宁城内家族学堂，现年仅有罗姓小九祠一所，堂中学生进步颇速，该学堂发起人为罗君焕君、椒汀、羡滨、文卿、云阶、雨楼、筠岸、浚明、盈三诸绅，而捐款最巨者，亦以此数君为最。惟闻该款现年仅缴四成，余则分年摊缴。刻停止科举之谕下，诸绅又提议全数现缴，有贮生息，方足以维持久远，其既捐未捐者，亦拟大为拓充。若该族者，可谓热心教育矣。

大清光绪三十一年乙巳九月廿五日　公历一千九百零五年十月二十三号

汕头八属会馆议办两等小学堂

◇八属会馆，为嘉应五属，及潮州之大埔、丰顺，福建之永定，各绅商所建。近日各绅商拟在汕设立两等小学堂，俾子弟便于就学，昨集会馆议定一切办法：其校舍暂借会馆及相连之财神宫为之；学生约以八十人为度；开办经费，就汕中绅商捐助；常年经费，酌收学费外，不敷尚多，另行发薄募捐，以充常费，并为将来另建校舍之用。当由发起人及本埠绅商等，倡捐千余元，为开办经费。现既预备一切，准于明春开学。

道批嘉应西阳小学堂禀请立案由

◇嘉应西阳高等小学堂校长卢文铎、黎启英等，以学堂成立，谨将章程、图表、名册，缴请立案等由，具禀惠潮嘉道。奉沈观察批云：禀折、册薄、表图均悉。该州西阳堡高等小学堂现已成立，章程亦尚完善。该校长等，本为两广学务优等练习员，均能热心兴学，实深嘉许，应准立案。惟筹款各条过于苛细，虽称众议佥同，终恐抽捐为难。如有绅富慨捐，以及别项大宗捐款，较有把握。仰嘉应州一体知照，并即核议禀夺。折册图表存。

会讯杨钟上控案

◇嘉应杨姓上控钟姓背买背卖一案，经督宪派委员会讯，曾纪报中。十六日委员传同两造，及当日中证四名质对，均不供认当日行贿情事，各具甘结请查。委员曰："行贿一层，已无其事，应毋庸议。而背买背卖一层，卖主并无到堂，无凭质讯，候限传卖主质讯再夺。"

叔侄相残案

◇嘉应西阳堡钟姓某甲、乙，以叔侄积不相能，屡操同室之戈，昨经兴讼在案。本十六日，叔掳其侄，捆缚手足，抬至州署，加以殴辱尊长之罪。因传呈费不足，收发处不收其呈。由早至晚，缚仍未释，及官知觉，被掳者已气息奄奄，惨同极刑。秦州牧亦不为之究办云。

拐妓

◇嘉应南关河下，有麦姓者在是处设卖淫业，前因被人乘夜拐去妓女一口，遍寻无踪，麦陡失生涯，无可为计，四处悬赏。昨由丰顺县缉获，将男女一并解回嘉应，未知秦牧伯如何处置云。

大清光绪三十一年乙巳九月廿六日　公历一千九百零五年十月二十四号

鄂督派员查考潮汕铁路办法

◇此次收回粤汉铁路一事，多出鄂督之力，该路除粤境一部分已经兴筑行车外，两湖一带，全未兴工，所有办法，千端万绪，非调查清楚，则深虞丛脞。故日前鄂督特派一佐班委员到汕头，查取潮汕铁路章程，并得晤该公司总办黄诏平，详询一切办法，然后返鄂销差，闻将以为两湖兴办之标本云。

潮州中学堂之历史

◇潮州中学堂为旧金山书院改设，先方军门之创建金山书院也。有鉴于各书院官办之弊，故一切事权，皆属诸绅，而官不过受其成。乃办事诸绅，不深维方公之意，积久亦复弊生。当辛、壬之交，诏省府州县，以次遍立学堂。大埔某君曾进议金山院长何士果大令，以宜合诸绅改金山为中学堂，而郡城诸绅皆不以为然，其议寻息。至壬寅年秒，果归官提改，诸绅则噤若寒蝉，一切听官处置。使当时早合力筹改，亦何至易地方公款为官款，学堂任其腐败，绅民不敢过问，而岑督且有欲变卖金山产业之举动耶？然其提改之始，前任惠守属何院长代议章程，何院长更属之某君，其所议因地制宜，于管理教育法，颇为完密。乃已上惠守，复交郡城诸绅斟酌，其紧要处，皆被删改，以致精神尽失，面目全非。惠守于学务固茫无知识，而为监督者复非其人，前总教温太史，屡谋改良，皆不见听，太史逝后，益复堕落。今春李太守履任，惟以搏节为主义，所延某教习，致弄成笑柄。秋后堂中仅余算学教习一人，学生大半散去。此潮州中学堂之情形也。闻壬、癸二年，金山存余之款尚七千余两，寄贮怡和银行，惠守没后，已经清交。当事者拥此巨资，不能为地方谋一完善之学堂，乃至某孝廉请办一单简仪器，费仅三百余元，靳不肯予，诿为无款。然则此七千余两者，将留待何用耶？夫地方公款，自当谋地方公益，岂能任官吏捐扣，以供后日自己之开销，且留罅隙，以为大吏罗掘之地。初不解朝廷方日言立宪及地方自治，而哀哀诸公，其宗旨乃背谬若此！凡在绅民，具有血性，宁忍漠视。现闻某君拟邀合同志，请于李太守，将此存款提出，津贴潮属游学，并谋改良中学之方法，大约在十月间举行云。

请借圣庙文祠立学堂

◇嘉应黄颐具禀秦州牧，请将崇圣祠设立城内兴学会，并借文公祠设小学堂。旋蒙批示云：具禀拟借文北烈公祠开办小学堂，事属可行，至请于崇圣祠设立城内兴学会一节，无论圣庙与寺观公所不同，理应严肃，不宜借作办公之用，且附城已设有学务公所，有事尽可赴公所商议，何必另设学会，殊属无谓，未便准予立案，并饬知照。

后又具禀请以学宫内文昌殿等处，分设高等小学堂，即蒙批云：昨据该生等具禀拟借崇圣祠设立学会，业经明白批饬。现又请以学宫内之文昌殿等处，分设高等小学堂，究竟是否可行，候谕公所员绅，公同核议禀覆，再行分别饬遵。

嘉应师范学堂尚未开办之原因

◇前报所登嘉应东山师范学堂，原定于本年八月开办，公派留东学习师范黄、杨二君，亦以抵里而逾期，犹未议有头绪，大失人望各节。兹闻学务公所以东山学堂，黄、杨二君归里时，本将竣工，刻期开办，因阅教室尚有未尽适合教授之用，及统筹礼堂、会食堂、图书、仪器、阅报、谈话各室，务使支配妥协，尽善尽美，遂不免有从事改良、多费工程之处。现已详定章程，妥筹办法。其各科学仪器，业经由科学会款拨出一千元，汇往东洋购买，校中器具亦经先后制备。一俟查学员邱工部到州，核定章程，即行禀州出示招考。至长乐学堂延聘黄君充当教习一事，叠函商公所同人，因开学伊迩，事务繁多，迭经先后婉言辞谢。嗣王大令特派监学魏君前来延请，拟往该堂改良一切，俟整顿粗定，即行回州。同人等素仰王大令热诚兴学，不便固却，因与商订至十一月，准行回堂，以任东山师范教习之职云。

请补入军医学堂不准

◇兴宁县学生钟郁文、李师权，嘉应州文童钟治平等，均赴将弁学堂具禀，请入校学习。现奉批谓：军医学堂，开校时期已迫，岂能一再任其渎请，茫无限制，所请应毋庸议云。

大埔劫盗猖獗

◇埔属高道庵磜尾何姓，于本月初十夜，被盗匪十数人明火打劫。盗俱红头红腰装束，势极强悍，幸是日到有□□盖者数人，合事主极力抵御，盗始散去。

续纪大埔会匪掳掠妇女事

◇昨报纪大埔会匪掳掠桃花、乌茶、党溪各处妇女一节。续闻该匪邱粲英等，将妇女掳至大黄坑村藏匿。村有魏南阳妇，时往来高陂，偶与乌茶人谈及。乌茶人乃邀同党溪人在百侯司署控告，当经司官带同差役、地保，到该处围拿不获。盖匪预知，先已遁去。该匪以魏家妇透露消息，遂寻伊夫报复，将魏某捆至该匪邱槃英家中，且将以人为牲，拜盟歃血。幸地保与伊同族，及本村绅耆向前解说，纳银数十元，得以保全性命。会匪之横行无忌如此。又高道庵蓝家妇，近以归宁为名，一去不返，家人遍访无踪，闻亦被会匪诱拐而去。

大清光绪三十一年乙巳九月廿七日　公历一千九百零五年十月二十五号

拟设织布公司

◇嘉应谢君逸桥有志倡兴实业，今年特赴日本，研究织布事件。昨既返国，并购回织机多件，拟即在松口堡开设织布公司，从事纺织，以开风气而挽利权。

大清光绪三十一年乙巳九月廿九日　公历一千九百零五年十月二十七号

一般之案首请看

◇潮州府嘉应州童生庄卓颜等，昨禀请岑督补行院试。随奉批示：谓查乡会岁科各试，系钦奉上谕，一律饬停。本年科考，各属院试，虽尚未完，惟既已奉旨停止，自应钦遵办理。学部院牌示，何等明晰，来禀称"所有停止科举事务，恭译谕旨，系自丙午年为始，现届停止科试，并无明文"等语，实属误会。总之现当停罢科举，注重学堂。诏书一下，薄海同心，多士均□时之彦，宜如何研求实学，争自濯磨，为国家有用之才，乃竟恋恋一衿，妄自菲薄，殊非朝廷振兴学务之意。所请补行院试之处，应毋庸议。唯该生等既系府、州、县考列首名，现在科试既停，应否补送入中小学堂，以免向隅之处，仰两广学务处，分饬潮州府、嘉应州，传同该童生考验合格，即予补送各属学堂，如程度实属不合，亦不能徇情滥送，并候咨会学院查照云。

大清光绪三十一年乙巳十月初一日　公历一千九百零五年十月二十八号

桂里学堂请款不准

◇嘉应下市桂里蒙学堂教习黄蕴、刘声、李同等，昨具禀秦州牧，请拨城隍庙充规，以助学费。当奉批谓：查城隍庙充规一项，已悉拨给师范、务本两学堂，应俟续筹有款，再行酌拨补助可也。清折存。

白渡堡禀办公立小学

◇嘉应白渡堡古绅今辉等，拟在其汶水村，设立启新公小学堂，昨禀请州牧立案给钤，并出示保护。奉批示云：据禀，该绅等拟在白渡堡汶水村，开设启新公立小学堂，察核所议章程，尚属明晰，具见热心兴学，应准先行出示保护。仍俟明岁开学后，谕饬学务公所，饬派查学员绅，前往考验该堂学科课程，是否与钦定章程相符，分别改良，并绘具学堂图式，禀覆到日，再行核明，转禀立案给钤开办可也。章程各册均附。

师范卒业生返国

◇大埔留学日本速成师范生何君枚士，于六月间卒业返国，在苏沪勾留数旬，昨既回抵汕头。何君系附四川师范班，在弘文学院卒业者。闻院长嘉纳氏对杨公使言，此次四川速成师范班，系中国师范第十五班，向来所派，以此三班为最优云。

委员不以赈灾为事

◇大埔八月十八日水灾，经胡大令暨梁委员先后到维新甲各处，查勘赈济，并将情形禀报各大宪。闻大宪复拨一黄委员运银往赈，于上月十三日到县，灾民延颈举踵，望若云霓，乃黄委员竟到黄堂地方，观戏数日，始行散赈，以致灾民延候，奔逐不堪。

恃教虐侄

◇嘉应天主教民邱某乙，与其同父异母兄弟，因母丧葬事，兴讼数年，经官断结，又复翻控在案。上月廿三晚，某乙窥其侄某抵州诉呈，竟率同教友多人，到邱氏祠，掳至教堂，多端凌虐。后经公亲再三调处，始得无事。

大清光绪三十一年乙巳十月初三日　公历一千九百零五年十月三十号

大埔令未准学务公所人员辞职

◇大埔学务公所邱光涛直判，昨以自揣才力绵薄，不堪学务重任等由，具禀到县，力□□□□□□□□□□□□□□□□□回籍，兴学事务，较为详明，本县详加访闻，品学亦复兼优，是以照会办理学务公所。数月以来，诸渐就绪，正资倚赖，以维新学，现禀遽萌退志，殊不可解。大凡任事，但求实际，即有浮言，何足介怀，仰仍就副所长各职，将应尽义务，任劳任怨，认真办理。如有狂妄之徒，破坏学务，本县自有权衡，该副所长可毋庸顾虑云云。

嘉应东山师范学堂将开办

◇东山师范学堂，现因开学期迫，公推杨君徽五驻堂，督率改造，以期早日竣工。其堂中应需一切，亦陆续制备。学堂章程，由黄、杨二君会商酌订，业经迭次集议，缮禀呈明州宪在案。一俟查学专员邱工部到州，即行拟定日期，禀请出示招考。克日开学，现报名者，既有百余人之多云。

查办龙田学堂委员又到

◇兴宁龙田学堂因提取乳猪捐致起冲突一事，前经州委陈二尹、长乐县王大令，断令新旧两商不能承办，由该学堂另招人承办，已登前报。兹闻岑督复派委李通判□敉，到邑查办，闻李委员已到数日，与邑绅谈及此事，欲以和平了结之云。如何判断，容后续报。

学务处批嘉应山票商人李树芬等禀

◇山票一项，必须向有，始准开办。嘉应州属如果向有山票，该商等遵章办理，认缴学费，甚属可嘉。惟博罗添设山票，已奉督宪严加通行有案，究竟该州向来有无山票，仰嘉应州查明禀覆，再行移局核办。禀抄发。

潮嘉赌商之变动

◇潮嘉缉捕经费，由已革兴宁县王令克鼎之子王瀚，冒永裕公司商人张瑞兴出名，加饷承充，被人告发在案。现闻王商自接办至今，饷项分文未解，王商复晋省，禀求减饷，否则辞办等情。善后局宪即将王商扣留，并案追办，并电饬经费局委员熊太守，查拿张瑞兴及股内吴坤甫、方龙坡等究追。现在饷项，即由熊委员自行抽收，一面另招商人承办云。

大清光绪三十一年乙巳十月初四日　公历一千九百零五年十月三十一号

汕商竟改用美国电灯乎

◇近闻汕头埠有美商运来电灯多枝，欲运动汕商，将各路街灯，一律改用电灯。月之初一夜，永和街内股增兴行前，已将公众路灯，改换花旗灯，观者甚众。初二日，闻即有某甲向各大行家，商劝改用电灯之事，拟归美商包办，每年数百元，闻将有成议。自数月来，人人相戒不用美货，以抵苛约，团体颇坚。今美国商人，欲利用汕商以行其破坏，不解汕商之议用电灯者，其不知为美货乎？抑明知之而故用之也？

大埔学务得人

◇大埔学务公所，胡大令初意独任邱少青直判光涛为所长，邱以学务责任綦重，非已独力所能胜，极力推荐张六士广文龙云。现由胡大令照会广文为正所长兼外董事，邱君为副所长兼查学，并延饶箸孙明经熙为文案兼会计，张竹士上舍步云、饶俊士上舍荣宗二君为内董事，其前此驻所之邹某、罗某等，俱改为名誉员。并由缉捕经费项下，先拨定□百元，以为常年经费。计现在公所诸君，其才学品望，皆极一时之选，从此埔邑学务，当日渐兴盛，不至如从前之暗然无色矣。又闻该邑高等官小学堂，由胡大令聘定饶君俊士与黄君春华为教习，其初等官小学堂教习，则为范君贞史、童君峙山。一时舆论，皆以为所聘得人云。

大埔人民之大恐慌

◇埔属近因三点会匪愈聚愈众，日益猖獗，人心大为不宁。上月十九、二十等日，百侯、湖寮各乡演戏，忽谣传大股匪至，一时戏为停演，居民纷纷搬避。有一妇人负子而逃，惊惶失措，竟至绷毙。又有一妇人从床上卷其小孩而走者，及惊定解视，亦既气绝。扰乱情形，不可殚述。闻其原因，系有流民百余人，至芳村地方，强借人家物件，村民以为劫匪，惊避一空，邻近乡里，亦惊相走避。及湖寮闻警，即派二百余人，持械往堵，众至某处，见前乡吃惊者，满山遍野而来，误以为匪，仓皇回报，致有如是之纷扰，百侯等乡亦然。后探悉为流民过境，各敛钱米驱之去，人心始安。然现在匪势甚炽，地方官若不设法解散而安辑之，诚恐因此更张其势焰矣。

船户盗卖商货

◇汕埠各商号运载货物到嘉、埔等处销售，屡被船户盗卖，商人赔累不堪。近有某号付高陂船户某甲载货，将至埔邑，又被盗卖，及查觉跟寻，而船户先已远飏。数年来此风层见迭出，该商现已悬赏缉拿，一面鸣官究治，不知能否拿获。

大清光绪三十一年乙巳十月初五日　公历一千九百零五年十一月一号

详纪汕头筹办八属两等小学堂事

◇汕头八属绅商于前月廿三日，在会馆公同集议，创设八属两等公小学堂，其校舍即借八属会馆及相连之财神宫等地为之，操场、讲堂、自习室、招待所、内体操场，均经公同勘定，地势宽敞，足容学生百人，当由各绅商捐助开办费千有余元。复于初一日设筹办小学堂公所于会馆，举定襄办学务员廿余人，以资办公。连日公同商聘教习，议定额设校长一员，教习四员。拟聘韩山师范学生嘉应张君慎谟、留东速成师范生大埔何君枚士、前同文学生钟君瑞良三人，为中文教习；生长美国之嘉应张君威廉，为西文教习。一面广招学生，制备图籍仪器，定于明春开办。

平沙社学界改良之筹划

◇大埔平沙社，户口约六百家，自本岁邱氏家族学堂设立后，各族兴学观念，异常进步。昨学务公所副所长邱直判回社，邀集士绅筹划，拟将社内地段，划为四区，区设初等民小学一所，或一姓独方建设，或数姓合设，均定捐集尝谷为开办经费，划一修缮，为常年经费，借用公地祖祠为校舍，每校约收儿童四十人以上，六十人以下。第一区（上村）邱姓儿童属焉；第二区（下村）丁、巫、张、陈、曾、邹六姓儿童属焉；第三区（圭竹园）邱、梁二姓儿童属焉；第四区（溪口）张、杜、余、郑、官、沈、许、王八姓儿童属焉。除第一区本岁已办外，余均酌定于丙午年后，一律举办。此外定于社内适中之鹿铺□地方，建设平沙公学一区，按照高等小学科目程度办理，即以本岁附设在邱氏初等小学堂之平沙高等公小学预备班，学生三十人升入，应否加招预备班生，至期再行酌议，并声明社内嗣后不准听各塾师自行开馆，仍旧教课，误人子弟云。

兴宁竞立学堂

◇自科举停废，宁邑兴学之声，不绝于耳。近日永和墟、茶塘围两处，各倡设乡学一区，附城甘葛岭陈姓、朝天围饶姓，亦各办家族学堂一区，俱能振刷精神，筹款兴办。至规则形式，悉仿照兴民学堂办法，以免参差云。

兴民学堂添设师范

◇宁邑学堂开办者多，惟教员乏才，不敷分任。近闻邑公立学堂，既于下半期增设师范一科，择高等生年纪稍长、品学优长者，授以师范管理法，以为充当教员地步，闻目下报名者既有三十余人。

电灯英货之续闻

◇昨报汕商竟改用美国电灯一条，嗣经访确，此电灯实系英商永年人寿公司之货，非美商货也，合此更正。

大清光绪三十一年乙巳十月初六日　公历一千九百零五年十一月二号

行知设立优级师范学堂

◇潮阳董明府，日昨奉府宪行知学务处，设立两广师范学堂，即照会高等小学堂，略谓：现奉府宪札开，奉两广总督部堂岑札开：照得前据两广学务处详设立两广优级师范学堂，择地在小北门内地方建造，经札委温道宗尧，督同刘令士骥，监督立案。唯该处地址洼下，既须填筑，地场狭隘，又须购买民房，深恐糜费需时，而师范学堂，关系紧要，万难延缓。现在科举已停，查有贡院地方，规模宏敞，改为优级师范学堂，并附设中小学堂，最为合用。应由温道督同刘令，前往勘估，另绘图式，呈候刻日兴工，限一年内完竣，以便早日开学。其小北门内原勘地方，即留作别□。兹事造端宏大，为两广造就人才之副委任，除咨行外，札府行县，即便遵照，勿延等因，相应照会贵学堂，希为一体遵照云云。

查学员可谓能尽责任

◇潮嘉查学员邱仙根工部，七月时返自潮州，即患热病，以致欲往嘉应亦未果，现病已愈，惟元气尚未完复。邱工部以公事重要，拟俟镇平学堂组织停妥，即首途前往云。

汕头拿获拐匪

◇汕头洋务委员，日昨拿获猪仔头拐匪三名，电禀镇府宪请示。现奉覆电，饬将匪解府，初五早由续备军陈哨弁将该匪押解晋郡。闻该匪系福建人，或云惠来人，俟探确再报。

讼案须自行处结

◇嘉应攀桂坊陈、黄二姓互争地坟一案，讼经三年，经秦牧伯集讯二次，不断不结，两造苦之。昨又复讯，秦牧伯曰："我以为累经三载，早经了结，何仍然争讼乎？"两造曰："彼此均愿求断结，以省一累。"牧伯曰："尔不自行在外处结，我凭何以断？"即唤退堂，两旁观者，为之哗然，曰："好官！好官！"。

演电戏

◇嘉应每年以九月二十八日为上市五显大帝诞期，阖州人民必敛数千金，为演戏费用，在树湖坪搭盖双台，竞争胜负，最为无益。本年有某商人集资凑赞成公司，花费二千余金，在港购电戏机器一副回州，故乘树湖演戏时，特赁树湖侧洪家祠内开演，日俄海陆战图均极详备。分上中下三等坐位，至少每人收看戏金二毫，甚为热闹，观者谓可为开通民智之一助云。

大清光绪三十一年乙巳十月初七日　公历一千九百零五年十一月三号

大埔又闻抢劫

◇湖寮蓝某，在高陂开张振兴字号，前月二十早，携银归娶，为匪党侦知，即伏于红头岗顶，拦途搜劫。蓝某被劫后，意欲折回高陂，禀报司汛缉捕，为匪追胁，只得狼狈回家。后一日，又有一挑担妇人，由陂回湖寮者，行至粪箕沟地方，一贼突出，手执利刃，剥夺该妇首饰银簪等物。妇大声呼救，幸有五六人随后奔至，贼始远遁。又罗车王林门新围，廿一晚有贼三四十人行劫，其家预知风声，加意防守，是夜贼群拥至，不得其门而入。直围至鸡鸣二次，王家意天将曙，始敢鸣枪，贼知有备，乃率众下船而去。现今青碗窑、红头岗、黄坑一带地方，俱被匪踞为巢穴，商民往来者，为之裹足，真有遍地荆棘之势。

高陂学堂筹款之特别

◇大埔高陂拟办学堂，已登□月报。现闻议定先行建筑校舍，以资开办。其开办经费，公同商议，由功名捐助：清贵者捐银四大元，捐大夫、中书科者捐二元。合两社中，约可得银三千元左右。公举张君琨阶、张君渭臣为总理，王君五楼、徐君鹤皋、邱君铭光为副理。至常年经费以及学堂一切章程，仍照前议。现已将仰文堂兴工建筑，约明年春即可开学。

大清光绪三十一年乙巳十月初八日　公历一千九百零五年十一月四号

丰顺县请免建习艺所

◇日前岑大师札司饬属，将习艺警察及修整监羁各条，赶紧举办，复经严催，如仍置不理，详请惩处，何等严厉。现闻丰顺县单大令，以邑内无地无款，犯人又无多，未便遽糜巨资兴建，拟俟清厘后，将释办两难之犯，解寄繁县附学，禀请帅辕察核。然事关要政，自应勉力筹办，若人人以无地无款诿卸，谁任其难？且该县仍属疲难两字中缺，此外州县，尚有更形瘠苦者，又将何如？恐未必能邀准也。

嘉应学务公所迁地

◇嘉应学务公所，前赁黄京卿尝店为开办地，屋宇狭窄，原属权宜之计。今科举停废，学务益繁，非宽敞地方，不足以资办公。前经禀请秦州牧借考院为公所，未蒙批准。后议定以城内学宫兴文祠为所地，既于本月初一日迁往，并闻杨孝廉瑛、彭孝廉炜瑛二人，亦搬入学务公所会办一切。

扶贵堡学堂禀请立案

◇嘉应扶贵堡绅耆筹办学堂，日前既议向局中先支二百金为开办费，公举陈明经清时为校长，准于明春开学。兹闻已由陈明经湘等禀请秦州牧立案，未卜如何批示。

府审贩卖猪仔匪

◇日前洋务局翁委员会同续备军，在本埠拿获猪仔头林兴河、林清泉、陈依亮三人，初五晚解到郡城。初六早，李太尊亲自提讯，据供系某洋行托他招工等语。太尊讯毕，着将三人发县羁禁。闻本埠专做此宗买卖者，不下数十家，大率藉外人势力以济其恶。愿有地方之责者，认真严办，此风或可少息也。

瞽者亦能贩卖猪仔

◇汕头德兴市有瞽者，盲于目不盲于心，往往有目者反为所制，故偏能于光天化日之下，十目所视之场，专以贩卖猪仔为生计，如取如携，任其指挥，若有□以使之然者。□□曾被控差勇□获□□□□□□□□以积有资材，经营店业，居然作富家翁云。

革书逍遥法外

◇海阳革书黄某,素为洋客某乙所倚靠,八月间因包庇邱姓命案,经府尊讯实斥革,交差看管。近日某乙回家娶妻,乞丐诸色人等,知为洋客,多方索赏。某乙不堪其扰,即请黄某到家抵制。众慑黄某之威,始纷纷散去。洋客德之,设席款待,酒方半酣,不料为查馆所闻知,责差卖放,欲禀诸上宪。黄惧,乃托孔方周旋,以寝其事。

务本学堂盗案了结

◇嘉应务本学堂被盗一案,获犯供称廖和隆店为窝,经秦牧伯封拘质讯各节,已纪前报。现闻秦牧伯因和隆店东诉称对役买出仇供等情,特饬役传到该店东,与犯对质,先将该犯藤鞭百十,责其实供,该犯仍坚不吐实。牧伯始传廖某严饬,并令其作速在外赔偿了事,□□□□,否则定必查封拘凶,按办不贷。闻务本学堂□□□□□□□。

能除陋俗

◇嘉应白渡堡宋茂才时亮,前务本学堂学生,现在省两广初级师范学堂肄业。近日其父宋明经维松逝世,奔回治丧,遵其父遗嘱,不延僧道礼忏,族戚循俗,力争不可,宋茂才不听,并力辟其妄。成服之日,大书门联云:"奉儒教弗信佛说,遵圣训勉尽礼仪。"人称茂才能不为俗所移云。

大清光绪三十一年乙巳十月十一日　公历一千九百零五年十一月七号

八属学堂公举所长

◇汕头八属两等小学堂,立公所,聘教习,已纪昨报。兹于初九日合八属绅商,公举铁路总办张京堂榕轩之公子步青部郎为所长,以担任义务。会馆两旁副屋,一为集贤,一为尚友,皆祀当日倡义捐助诸君禄位,现下公所,即设于集贤。昨经众议,会馆学堂,闹静各别,今既议会馆及财神宫地借开学堂,宜划会馆中堂及尚友一带右旁地,暂由学堂布置一切,而集贤一带,则为会馆董事办事之所,倘有大会议及视典,则学堂暂令停课一日,似此较规画一,众议允协。现已兴工修葺,将来公所即移设于财神宫右之药局云。

丰顺民立自助学堂禀准立案

◇丰顺自助学堂建筑将次竣工，现由单大令转禀两广学务处立案。奉批谓：禀及章程□□□□□□□□，组织兴学会，筹定经费二千七百余元，公立自助两等小学堂，现已择地建筑，赶于明春开学，自属力图公益。核所订章程，极为明晰，图式亦颇完备，足征于管理之学，具有心得，良堪嘉许。惟第四章第四节，有"初等小学拟合预备科，以六年毕业，免行暑假"等语。查奏定章程，蒙养与家庭教育合一，自属初等小学之预备。兹所订预备科一年，与家庭教育略同，合之为六年，分之实即四年，未免欲求速化。溽暑放假，本属学堂通例，均应照章办理，不必特自立异，应行改易。其余各节，尚属允妥，准先行立案。所有管理员、教员及学生各籍，应于开校期前，缮具禀缴核夺。仰该县遵照，认真督率办理，并传谕该生等知照。此缴。图册存。

嘉应土膏捐卡委员到汕

◇两广土膏捐总局近委一董委员，办理嘉应土膏捐务，日昨到汕，不日即往嘉应驻办。

猪仔案既提及洋行家长

◇日前洋务局委员同续备军，拿解猪仔头三名并猪仔九名。经府宪李太守堂讯，据供系代某洋行招工，由汕落某火船。闻李太守现提某洋行家长到案质讯，以凭严办。

嘉应学生不买美货

◇嘉应城内州前街某店，开张数月，货窳价昂，几无人过问，近复购办美货甚多，腼然悬卖。日昨有本州某学堂学生到该号买卫生衣及纸卷烟，该号以胡礼垣之卫生衣及美国某号纸卷烟出售，学生认是美货，怒詈而去。

长乐学堂生有志东游

◇长乐学堂开办后，教习黎君伯通、吉君竹楼、李君吉庵，时以游学鼓励各学生，一时游学观念，大为感发，有志出洋者颇不乏人。现闻师范生张君燮侯、曾君晦侯、古君汇川、李君叔元、曾君观海，及小学生张君挺生、李君仲奇、李君畅侯等，拟同赴东洋游学，不日将束装东渡云。

横陂魏氏议设家族学堂

◇长乐横陂约魏姓,不下万余户,迩来该族绅耆会议设立两等小学堂,以教育子弟。现既成议,准于明年春间开学。

镇平乡学会议

◇镇邑桂岭学堂,自设师范传习所,乡间风气渐开,兴学思想,颇为发达。现在慈溪一乡,经两广师范生钟世祺假归劝办,已筹有款千余元为开设两等小学之费,即以社学通昭福宫为校舍,合并左右横屋为寄宿舍。既预备一切,仍拟筹集合乡公费,多设小学,以期教育普及,□春当可以观厥成云。

大清光绪三十一年乙巳十月十二日　公历一千九百零五年十一月八号

嘉应接到学堂关防钤记

◇嘉应秦牧伯,昨接到学务处颁发学务公所及东山师范学堂关防各一颗,务本学堂、西阳高等小学堂、丙市三堡两等小学堂、松口李氏小学堂钤记各一颗,当即转发各该处领用。

务本学堂体操进步

◇嘉应务本学堂体操一科,颇认真教授。本年夏季操衣,一律改用兴宁白竹桥土布;兹值冬令,改用毛乌土布。并雇工制木枪数十枝,教练兵式体操,视前更有进步。

西阳堡拟设师范传习所

◇嘉应西阳堡高等小学堂校长卢君耕甫,近拟在该堡设立师范传习所,以三个月毕业,已由钟广文子超认捐经费数百元,以资开办。昨卢君到州,拟聘东洋留学生杨君徽五为教员,闻杨君因东山师范学堂开办有期,未便应聘。

秦州牧赶收钱粮

◇嘉应现届旺征,秦州牧交卸在即,颇为着急,故自奉文后,连日催收各乡户眼完粮,愈形忙迫。昨又委太平司亲带差役邓三等,前往白渡等市赶紧催收云。

嘉应收发员署理巡检

◇松口丰顺司谢二尹，在任病故，遗缺现由秦州牧委收发委员孙宝瑞前往署理，既于初六日到任。至收发处，则另委邓捕司暂行兼理云。

◇又闻松源堡分州翟别驾，亦于前月在任病故，经秦州牧禀报道宪，请委员署理。

洋医生游历内地

◇汕头唓亨利药房英国医生，偕其妻，于本十一日由汕雇船，往游大埔、峰市各地。夫妇二人共坐一船，厨夫、仆人一船。与船户订明，约二十日往返，每只船赀，每天四元。

大清光绪三十一年乙巳十月十三日　公历一千九百零五年十一月九号

学务处批乐群学堂总办禀呈捐册由

◇大埔县乐群学堂总办张广文龙云，昨在学务处禀呈捐册等由。奉批：禀折均悉。该生亲历各埠，剀切劝捐，力集巨款以襄学务，实为近日所难，本处殊堪嘉慰。所有现行开办、择地、筹款、用人各件，尤冀悉心筹划，以观厥成。近来办学诸绅，非无热心公益之人，但苦无款可筹，或虽有款可筹，又因小有为难，竟致建筑迁延，职务阄冗，毫无成立。该绅以此热诚鼓示同志，其为学界之益，良非浅鲜。据禀，各堂校长之任，准该绅等以名誉职兼摄，凡各堂禀行公件与修订规则，决核疑要之处，即由该绅妥办，以一事权。仰大埔县转饬遵照，并督同该绅等，将建筑、开办各等事宜，照禀办理具报，勿延！禀抄发，册存。

兴宁令批学务公所查覆学堂与局绅冲突案

◇兴宁泥陂小学堂与局绅冲突一案，详纪前报。现由学务公所罗绅翙云据情禀覆，奉滕大令批云：既据查明禀覆，陈书云身为局绅，与陈璜因公挟私，始而忿争，继而肆殴，后复率同房族搜扰学堂，实属不顾大体。而陈德耀等，公举堂董，未经本县批准，辄即关聘陈璜为董事，私向公局提取牛行规费，大肆咆哮，同列缙绅之中，出此龌龊之行，均属无耻之尤。公局为矜式乡里之区，学堂为培养人才之地，绅董名誉，关系綦重，岂容若辈盘踞其间，致碍公益。应即传谕保安局董黄湘源等，着令陈书云刻日退出公局，其陈德耀、陈璜亦即退出学堂，均不准再行盘踞在内，以示儆戒而昭公允。此系为若辈体面起见，如敢抗延，定即饬差驱逐，决不再事姑容。一面查照前谕事理，赶紧邀集泥陂各绅董，秉公妥议，选举正绅管理学堂事宜，禀候本县核明，给谕遵照，以专责成而重学务，是为至要，切切！

大清光绪三十一年乙巳十月十四日　公历一千九百零五年十一月十号

札提刘宝崑至惠州行辕讯办

◇嘉应嘉字营勇管带刘宝崑，连年以来，纵勇伙劫各案，不下三十余起，迭志前报。近因五月底，又伙劫管某，被管桂香拿获一案，州主袒庇，反将管桂香收押，大动绅商公愤，永华丰等曾联名签盖图章，具禀督辕。奉批云：嘉应州嘉字营勇，前据营务处委员查覆，该管带刘宝崑（即璧山），招匪入营，出外抢劫，当经批行将刘弁提道审办。嗣据褚道讯明禀覆，谓并无纵勇抢掠及袒护情事，并称所募巡勇，亦尚得力，请暂缓裁等由，后经批处核办在案。察阅现禀及粘单各节，刘弁之种种黑劣，实属目无军律，何以褚道前讯，均未究出，殊不可解。仰广东营务处，备移惠潮嘉道，确切密查，如果属实，即行提刘宝崑到案，勒令交出各犯勇，按款澈讯，务得确情，禀请按律惩办，勿稍徇延干咎，切切！粘件、保领并发。

又世职杨以忠等，联各绅名，具禀督辕，同日奉批云：此事现据永华丰等具禀，已批行查办，据禀前情，仰广东营务处查照，另批速移惠潮嘉道遵照办理云云。惠潮嘉道沈观察，现准营务处移会札嘉应州云：查本案现据该州铺户永华丰等控奉督宪批行由道查办，自应遵照，惟本道现在驻惠办匪，一时未能回潮，所有本案卷宗人证，应由该直牧提解赴惠，以凭讯究。合就札饬，札州即便遵照，迅将本案被控有名及应质讯人证，并检齐卷宗，钤印封固，刻日派差解赴惠州行营听候审办，毋稍迟延，切切！此札。

大清光绪三十一年乙巳十月十五日　公历一千九百零五年十一月十一号

禀控州官玩视学务

◇嘉应黎启英以州主昏庸事，禀奉督宪。批谓：据禀嘉应州秦牧，玩视学务各情，是否属实，仰广东布政司会同学务处查明具报核办云。

委员查办上控案件

◇嘉应秦州牧卧治嘉应五载,惟持金钱主义,信任阉介,朋比劣绅。计比年劫案百余起,从不缉捕;本年命案二十余起,贿可私和。闻四月西厢曹姓杀古姓妇一案,得曹贿二千余元,任控不票。现经合堡联名上控各大宪,闻已派候补道一员,于前月杪到嘉应,寓公学院署,为查办管姓劫案,及私和人命各案件云。

提解刘宝崑到惠讯办之原因

◇昨纪道台沈观察奉督宪批行,札提嘉应嘉字营管带刘宝崑及一干人证,至惠州行营讯办一节。兹闻悉管姓被劫拿获匪勇一案,虽经秦州牧暨道委丰顺县单大令,勒逼具遵,然愈激州人怨愤。前月经留省各学生,联名递禀大吏,旋又有南洋各岛商民,纷纷电禀督宪,均请提办,以维大局,遂有提道质讯之事。

咄咄秦州牧亦有民在目中欤

◇嘉应秦州牧庇纵弁勇,肆行无忌,而于本年夏,管姓被劫,拿获营勇一案,锻炼成狱,愈激众怒。近闻交卸在即,见群怨沸腾,有不可向迩之势,乃预派义子刘宝崑,选悍勇五十名,护送到汕。吁!亦何苦而甘为民敌,致旁皇于末路哉?

长乐华阁围魏氏家族学堂禀准立案

◇长乐附贡生魏嵩岳等,以创办华阁围魏氏家族学堂等由,在县禀请立案。奉王大令批:据呈该生等,在华阁围地方集资设学,目下开办常年两项经费,均有的款,而公众捐助之池塘树木,尤为□日展拓之需,稳实周详,极深佩慰,应准立案出示,以成美举。附贡生魏嵩狱,慨捐祖屋,并独任开办费,复能预垫明年常款,热心公益,能见其大,尤堪嘉尚,应由本县奖给花红扁额,以为急公好义者劝。至宾兴一款,如该村向有公项,现在科举已停,理应全数拨充学费。神会名目,乡俗民智尚浅,未便悉令拨充,然如文昌、奎星之类,属在科举范围者,应即日悉数提拨,一并充作常年经费,俾财政从容,学务益期完备,有厚望焉。仍将随时筹办情形,暨学堂图式、章程,禀候察核,毋延!粘件附。

兴宁令批局绅黄湘源禀

◇兴宁泥陂学堂与局绅冲突一案，经学务公所禀奉滕大令批饬办理，各绅董刻日退出，已见昨报。现局董黄绅湘源具禀大令，奉批：此案谕学务公所绅董罗翙云等，查明禀覆，两造均咎有应得，业经详悉批示，该董等应即遵批。谕令陈书云刻日出局，以示儆戒而昭公允，切勿徇情回护，致为陈德耀借口。至该处学堂经费，应如何酌量筹拨，及选举正绅管理之处，并即会同学务公所绅董，秉公妥议可也。又批陈书云禀：已于学务公所绅董罗翙云等暨局董黄湘源等禀内分析批示矣，即着遵批，刻日引退出局，以昭公允而杜借口，毋庸饬渎！

大清光绪三十一年乙巳十月十七日　公历一千九百零五年十一月十三号

禀控刘宝崑批词

◇嘉应杨叔颖等以纵勇行劫等由，控奉督宪。批云：管带嘉字营刘宝崑，前据周维纲、永华丰等，分词呈控管氏被劫情形，业经派委员前往会审在案，其余各节，有无砌耸，仰广东营务处备移惠潮嘉道，并入全案，迅速查明，分别提究禀办，毋稍徇延。保领并发。

务本学堂请款补助

◇嘉应务本学堂，开办已经三年，而常年经费，仅有城隍庙充款二百金。现值科举停废，来学者日增，则校舍教员及堂中一切事务，势必扩充改良，方可以臻完善。前月该堂董事等，谨遵学务处札提局费及宾兴等项补助学费谕文，具禀学务处宪请拨。旋蒙批云：务本学堂如果办理已有成效，该州官绅自应统筹兼顾，以尽维持保护之责。所请团练局费及宾兴生息等款，酌提补助，查现在科举已停，宾兴一款，应即全数移充学费。该州各学堂亟宜整顿扩充，俾臻完备，如何酌拨该学堂经费之处，仰嘉应州会同学务公所核议禀办。

嘉应兴学两志

◇嘉应水南堡地，与州城相隔一水，风气素闭，然该堡人烟稠密，殷富亦多。兹闻本地绅商吴子安、刘光熙等，关心桑梓，捐资设学，既拟借本乡之龙王庙、昭忠祠为校舍，公举茂才刘燃藜为校长。昨经叶明经泰藩等，将开办情形，禀奉秦州牧，批示云：据禀已悉。如请该堡龙王庙及毗连之昭忠祠，开设水南两等公小学堂，教育堡内各姓童蒙。察阅章程，大致不差，应准先行立案，俾资筹办。仍俟开学后，派员考验，如果课程办法，悉与钦定章程相符，再行转禀学务处察核立案可也。章程、绘图均附。

嘉应东屏局董张其敬等禀准秦牧，借关帝庙后殿开设两等小学，既登前报。兹于本月初九日，席请该地明达绅士数十人，到武帝庙内会议办法，并由主席张君提议，准于明正开学，现已兴工修葺校舍及预备一切。

捐助游学之可风

◇嘉应黄君屏可、长乐张君丽州有志东游，苦于资斧缺乏。闻留省师范生吴骏声、武备生张我权、高等生黄鹏汉、军医生陈式周，将弁生缪群彩等十余人，特于本月初九日开会演说，筹议捐助，是日已共捐定二百余金，以助黄、张二君东行。

大清光绪三十一年乙巳十月十八日　公历一千九百零五年十一月十四号

嘉应学务续志

◇嘉应学务公所，已于此月初旬迁在学宫内兴文祠，邀集州人士，议将学院衙署禀请改建中学堂。是日到会者数十人，惟张君辉卿演说极为切当，间有迟疑未肯认可者，当场即经驳诘，亦已无词。现闻先由蓝君某等数人递禀州牧，俟奉批后，学务公所及诸绅士再行禀请立案。夫设立学堂，神庙祠宇，尚可借用，校舍改建，理所宜然，况科举既废，热心兴学之士，固宜急筹开办，培育人材也。

◇又闻在省留学生，曾经联名禀学务处，请将学台衙署改建中学堂，并谒新任陈州牧面陈一切云。

◇又城内兴办两等小学堂，闻已捐筹经费，乐助者甚形踊跃，业于上月向东洋购办仪器等件，准明春开学云。

大清光绪三十一年乙巳十月十九日　公历一千九百零五年十一月十五号

觉民学堂批准照办

◇长乐觉民学堂董理增贡生钟毓元等，赴学务处禀请立案颁发钤记。

奉批：禀及章程、图册均悉。该生等在本县开办觉民两等小学堂，教员管理，多半不受薪水，且担任捐派等事；张生鸣清，又愿将屋开办学堂十年，不受房租，均热心公益，克尽义务，深堪嘉许。厥图尚属合式，章程亦极简明，可以照办，惟所收学生，有年在廿岁以上者，年龄过长，殊为非宜。查本处向例，因各处风气未开，而变通定章，高等小学，年在二十以下者，皆准收入，已属格外通融。该学堂应将年龄过长者，应行剔别，另招合格学童补入。再开学以筹款为第一义，该学堂现无常款，办理能否认真？仰长乐县即便查明实在情形，转禀察核，再予立案，所请钤记，俟立案后编号刊发；一面先由县出示，切实保护，并分谕该学堂附近地方正绅，公同妥筹常年经费，以垂永久。现科举已停，士子舍学堂别无出身之路，教育之事，是州县专责，勿得稍存膜视，是为至要。禀抄发，章程、图册存。

详述大埔会匪近事

◇埔俗素称良善，自外匪邱义山等，由丰顺窜入埔属古源、同仁两甲相界之山乡，间有不法之徒，始而为窝，继而为伥，逼勒拜会，拐带妇女，以至劫掠掳禁，时有所闻。乡人大恐，纷纷迁徙者难以数计，风俗为之一变焉。八月间县宪票差至老住垅、石门两处查匪，该匪遂携妇遁往黄桐窠，又恐大兵掩至，星夜由高陂搭舟逃往丰顺境内，及闻无事，复邀匪伙罗矮子（镇平越狱之会匪）及丰顺匪徒三人，潜回黄桐窠、大黄坑、牛角窠、老住垅等处，益肆猖獗。旋因藏匿党溪李家妇及乌茶廖家妇，为大黄坑魏家妇泄漏，廖家邀合拳师十数人，时巡逻该处地方，该匪难以安藏。又风闻吴镇军至饶平清乡，有顺道往办之信，遂传集匪党，先将此妇及贼眷押往州境，其时高道庵蓝家妇亦同被拐去，邱义山、罗矮子及邱萧何等匪，买舟继往，而丰顺匪徒，仍留该处。舟行至松口附近地方，有人家九所，是夜该匪遂于此处行劫，讵知此处临河，时防意外，闻警齐发枪炮，该匪燃炮不着，遂纷纷遁去，而邱粢英恃其胆方殿后，受创最甚，被众追获，拟送松口司。讵该处亦有匪党从中□□，□□□□，越三日，□某等陆续回家，相庆生还，遂邀集丰顺外匪三人及团近匪党，各立名目，夜郎自大。近日于归去来凉亭，及牛角集附近高道庵、眼洋尾、粪箕窠、石笼窠等处，迭行拜会，人心复震。幸高道庵团局已设，炮声不绝，此处人心稍固。适近日有兵勇三数十名沿河而上,曾至高陂及银滩上岸一巡,该匪疑是吴军门办乡之勇,又复仓皇无措。现闻某生等已将情形禀陈胡大令,并请会营按乡搜拿,以靖地方而安人心。不知胡大令能认真清办否?又闻近日由高陂靖安局绅拿获何、余二匪送县,经胡大令刑讯收禁。

大埔劫案何多

◇大埔属党溪三家村,本月初九夜,吴、田二姓,均被匪劫,不知有无伤及事主及禀报地方官查勘。

塔中之死人

◇大埔弓洲村有塔一座,矗立山凹中,向无人居。本月初八日,该村人齐备鼓乐,诣该塔三层楼,迎神出游。至楼中,见有死尸一具,身穿蓝洋布长衫,旁有雨伞一柄,不知何许人,亦不详其姓氏,因何寻此短见。当经村人报由地保检验收埋。

大清光绪三十一年乙巳十月二十日　公历一千九百零五年十一月十六号

移拿潮阳凶犯

◇潮阳平湖乡郑某在星架坡经商,被其族人某乙杀毙,乙逃回潮阳,未获治罪,现由星架坡领事官移行潮阳县拿办。闻于十六日,在潮阳码头,将乙拿获到案,董大令即过堂讯问,乙尚不认供,董大令将乙收禁,着传其家属质讯。

大埔花会之害

◇大埔、永定交界之三层岭地方,常有匪徒在该处开设花会,久为民害。永定饬差往捕,则遁而入埔;埔勇往捕,则又入永。且衙门书差,均按月收受陋规,为通消息,赌匪有恃无恐,益张旗鼓。埔民陷溺其中者不少,地方官若不设法会办,不知其害伊于胡底矣。

大坪小学堂将出现

◇离兴宁城八十里大坪地方罗姓,族大而人多。其地出产,以米粟为大宗,故殷富甲于一邑。近日罗绅济堂,倡设乡学,集款万余金,闻特请罗斧月明经主持其事,集巨款以兴学,□□当首屈一指矣。

乡村禁设烟店

◇兴宁各乡纷纷建设学堂，咸以乡间烟铺为藏垢纳污之所，欲改良社会，必先自禁设烟馆始，故近日西南各堡，凡设立学堂之区，皆禁洋烟铺，不准在乡间开设，并集费购戒烟药品，分给贫而有瘾者。闻所议办法，亦极妥善云。

兴宁小学堂倡设不做佛事会

◇邑俗丧礼，延僧追忏，成为风俗，牢不可破。闻近日该县小学堂，提议丧礼不做佛事，特设一会以为之倡，一时学界中人，多赞成之。

冬季歉收

◇兴宁自七月至今，雨泽稀少，不插莳者十之二三。近届收割时候，南厢一带，地势低湿，得谷较往年为优，余则大为歉收云。

大清光绪三十一年乙巳十月廿一日　公历一千九百零五年十一月十七号

大埔学务公所副所长邱禀复胡大令文（为筹款派绅游历事）

◇为禀复事：窃光涛等，于光绪卅一年九月廿四日接奉宪台照会开，现奉府县札开，转奉两广学务处宪札开：案照本处具详遵批核议，奉发内阁中书杨玉衡呈请饬属缴费派绅出洋游历拟请照准一案，于光绪三十一年六月初九日奉署理两广总督部堂岑批：如详办理，仰即通饬遵照，仍候抚部院批示缴。又先于六月十三日奉广东巡抚部院批：据详及清折均悉，仰候督部堂批示遵照缴，折存各等因。奉此，相应抄录原详暨核定章程，排印通饬，除分饬外，合就札饬，札府即便遵照，详定章程，□□□□□筹速办，仍将办理情形通禀察核，毋违！计发□□□□□本等因到府。奉此，合就札饬，札县即便遵照，粘□□□□程，会督绅耆妥筹速办，仍将办理情形通禀□□□□□粘抄章程一纸等因到县。奉此，合行照会，为此照会贵所，烦为查照粘抄章程，举绅筹款，妥筹速复等因到所。奉此，光涛遵即集同在所员绅，亟议举绅筹款一切，嗣由光涛面商宪台，请示筹款方针，以期速办。当奉宪台面谕：县属筹款，无虑万分艰难，而派绅游学，决不容缓。筹款之法，可将三百两划为六分，每分五十两，由县捐廉担任其一，由所提款担任其三，由选派之绅员自费担任其二，可作速公举贤绅，以期速派等因。光涛自奉面谕后，当即遵照办理，惟是公款六分之三，未易猝行筹办。查有县属印金局印金一项，本届科试已停，本年息款，尚未动支。前经光涛在所集绅酌定，将该款年息，于丙午年后，设立高等小学一区，所有本乙巳年息款，即定为该堂开办经费。现在筹款派绅游学，急不能待。若将该局款本年息款先行垫缴一百五十两，俟公所筹有公共款项，即行拨还该局款所立之学堂为开办经费，尚为可行。当即商同该局款管理人大公当何绅寿昌，请于数日内备款缴县；并知照所有当日捐款各绅后裔，佥称允妥；其仍余六分之二，即遵宪谕，由选派之绅员自费担任。窃念县属保安甲蓝翎五品衔候选教谕张绅龙云，才识明通，热心兴学，光绪三十年内，曾创办乐群学堂，埔学原动，实其朕兆。本年九月间，经由光涛面禀宪台，照会为本属学务公所所长，当蒙宪台照会为学务公所正所长兼理外董事员在案。此次在所接奉宪台照会筹款派绅游学，慨然自任，并愿自备学费一百两，□□□□□□□□□□□□□□□合，光涛平素既深佩张绅才识热心之过人，复经询同众□，佥称此游历东洋之行，非张绅不足当斯重任，理合具□保荐，并将遵谕筹款一切情形，据实禀覆。仍恳谕饬何绅，克日将印金息款一百五十两，呈县核收，实为公便。谨禀。奉批：据禀，挪提印金息款一百五十两，凑为选绅游历费，并陈张所长自愿游学，及备学费一百两缘由均悉。张所长龙云，明通沉细，热心游学，定能考察所长，归饷士林，候照章举送。并即谕大公当总司理，提缴一百五十两，以凭凑集捐廉各款，备文解缴可也。

示禁差役背章索扰

◇嘉应秦州牧前曾同委员具禀，查明举人杨青等上控差役黄湘等背章索扰，暨公议讼费章程，禀乞察核示遵一案。现奉道宪核明，禀奉督宪批行：所议讼费章程，尚属可行，饬州遵照勒名，永远遵守等因，昨经秦州牧出示勒石，嗣后讼费一切，悉遵后开章程取给。胥役人等，均不准格外多索，倘敢故违，许公正局绅据实密禀，以凭严办。民间因事构讼，亦不得贿差朦禀，希冀颠倒是非，如有自忖无理，私行纳贿，陷人于法者，一律科以与受同科之罪云云。

兴宁染布工党联盟罢工

◇宁邑布商所雇染布工，通邑约计千余人，近因有某布号染工，私行偷染，为店东觉察惩责，仍恃蛮拳伤该店司理人，后该店将染工某甲送县惩办，滕大令判枷示三日，此八月间事也。讵意近忽有同盟罢工一事，通邑染工，拟自设一公司，设立雇工规则，以为要挟之计，而各商家积不能平，除禀县查封外，一面严伸厉禁，以杜要挟。闻业此染工之人，皆噪妄无知识之辈，此等举动，想不日当即解散矣。

变卖养济院为学堂经费

◇兴宁城西二里许，有养济院一□□□□□□□□□□□□□□□□□□□□□□□□，后与邑举人陈方杰积嫌构讼，遂不果，至今亭院荒废，为瞽目栖息之所，盖数十年于兹矣。今滕大令创设官立学堂，而艰于筹款，谋及邑绅，佥议以变卖该地，可值数千金，为学堂经费。大令亦以为然，亲偕士绅十余人，诣勘该院，丈量周围，约九十余丈，筑室以外，尚有余地可用。惟此地垂涎者多，官绅集议，欲仿照嘉应变卖培风书院，行投票之法，庶人心平而集款较多云。

刁坊墟之劫匪

◇月之十三日，兴宁刁坊墟某打银铺，于三更候，突有匪十余人冲门而入。幸该店尚未就寝，司理人某甲闻警，遽持刀一跃而出，砍伤匪手，匪遂未敢前进。正相持间，各铺鸣锣传警，匪党乃惧而逸去。

匪犯正法

◇十四日宁邑滕大令提出前在蕉坑劫匪三人，一林一高一刘，定以绞罪，是日押赴校场绞决，观者不下数千人，为之大快。

大清光绪三十一年乙巳十月廿二日　公历一千九百零五年十一月十八号

嘉应禀办学堂批词汇录

◇学务处据嘉应州附生黎全懋等，禀借地立学堂由，批：禀及图折均悉。教育普及，自以多设学堂为贵，筹款尤必众志乐从，方无抑勒扰累之弊。该绅等拟就学宫组织一公立两等小学堂，洵属热心提倡，但章程内筹款一节，极贫之户，亦须捐三元，未甚平允。在上户虽多捐数十元，并不为碍；若极贫之户，自食尚且不给，岂能迫捐学费？虽数百文亦为难，况于三元？目下似无此办法，应由州督同另拟章程，妥为办理。至校舍应否借学宫，并由州就近体察，核办具报，仰嘉应州遵照办理。禀及章程均抄发。

又据雁洋堡蓬辣乡黎应升等，禀办黎氏家族两等小学堂，请立案刊发钤记等由，奉批：禀及章程、图式均悉。该职等创办黎氏家族学校，为阖族图谋公益，热心教育，殊属可嘉。惟核图校室湫溢，实不敷两等之用，为暂时之计则可，规划久远，自应速筹款项，力图扩充。所拟简明章程，大致均妥，可以照行，仍俟延请校长后，妥议详细规则，续缴察核，再予立案。至请札派练习员黎启英充当校长一节，该员现办西阳小学，能否分身前往，应由该职等自与该学堂商酌订定，钤记俟立案后，再行刊发。仰嘉应州转饬遵照。禀抄发，图折存。

又据嘉应州廖鸣珂禀，批：据禀已悉。昨准丙市三堡学堂总董江苏即补道温咨呈，该绅等分设学堂，请由本处派员前往，将学费厘定，并将两堂教习办事人等，斟酌选择等由，当经照会潮嘉查学员邱主政，查酌办理，仰候覆到，再行核夺。控册原卷存。

兴宁小学生东游

◇兴民初等甲班小学生饶君肇清，在堂学习普通各科，进步颇速。近因饶君希野，赴东入联队，一同起程到东留学。是日同堂小学生百余人，一律排队至河干送行。

高陂劫匪之猖獗

◇大埔属白砂塘村，距高陂三十里许，有某甲自南洋寄回银若干元，由高陂某店转交。本月初，家人到陂取银，被匪所见，入夜即结党数十人，直抵甲家，持械破扉而入，将各妇人，缚置一处，尽情搜括，复敢宰杀鸡鸭，恣意饮啖，啖毕，从容携赃而去。闻当时邻人知觉，有追赶者，匪放炮抵拒，遂不敢追。又十七夜，有潮阳药丸客，在高陂剧场游观，身带银钱颇多，被匪探觉，当众拔刀相向，客大怖，急解囊与之，得免伤害。

大清光绪三十一年乙巳十月廿四日　公历一千九百零五年十一月二十号

汕头追悼夏威之盛会

◇廿三日汕头为冯君夏威开追悼会，假座广州会馆，是日发起人余君杜洲、许君照垣、吴君子寿，及干事员陈君弢石、邓君季长、袁君慧波、方君寓齐、邓君文史、邓君乾乾，招待员方君寅父、石君钧如，书记蔡君彦士、方君雪卢等，先后到会。会馆高悬国旗，旁室设冯君照像，堂内外遍贴挽联，花草缤纷，异香满室，来宾男女，均到此行鞠躬礼，由邓君乾乾撰追悼词，徐君子和宣读，方君寅父、许君照垣赞礼。礼毕，退至中堂宣布坛，由余君杜洲，宣布开会事由毕，石君钧如、吴君子寿、李君道闲、沈君弼云、区君少桃等，相继登坛演说，绅商士女列座观听者，不下千数百人。最后同文学堂学生数十人，排队至冯君座前行礼毕，出堂外合演兵式体操，随在冯君座前合影一相，以为纪念，影毕散会，时已五句钟矣。追悼词附录于后：

年月日，潮嘉同人于汕头广州会馆，开追悼之会，谨为文而告冯君夏威之灵魂曰：□□大陆，莽莽时代。人谁不死，君独千载。君生之初，光绪纪元。欧风飒飒，凄然国魂。君生之后，为变愈烈。种族主义，世界铁血。森森美约，哀哀华工。十年不解，国民所恫。爰告社会，亟谋抵制。君乃慷慨，先之以死。君死之志，具在遗书。蹈海仲连，沉湘三闾。君死之地，乃在美署。左縠鸣君，狼瞫死所。君死之龄，方廿四强。佼佼公侠，死不谓殇。君死之时，刚在六月。沉沉天醉，惨不飞雪。呜呼噫嘻，天乎人乎！九死肝胆，一掷头颅。志耻劫盟，行戒暴动。君以尸谏，仡仡大勇。疾首华族，伤心侨民。君以身殉，肫肫大仁。口操□□，身披□□。君以智□，□□不辱。碧血□□，□□不归。君以义杀，形骸可遗。呜呼噫嘻，君先死耳！凡今之人，皆将不起。死者体魄，生者灵魂。愿君有知，降于帝阍。祝史有词，追悼有会。庾岭东来，韩江流汇。粲粲会场，莘莘青年。马屿涛高，申江潮连。君魂苍止，以作民气。匪惟死吊，兼使生愧。呜呼！（挽联容日汇登）

大埔三点会匪又公然拜会

◇大埔会匪日形披猖：本月初二夜，在铁炉宫开台拜会；十二日，匪首邱义山又邀集三百余人，在弓州上村瓜坪拜会；十三夜，又在小横坑拜会。

闻该匪首时常盘踞此间，以小横坑井坪上冠山为巢穴。银溪龙市之烟馆歇店，亦有匪徒往来不绝，并有匪首二人，一伪为堪舆家，一伪为卜者，到处煽惑，无知之辈，多为所诱。各地绅士，畏其势焰，不敢过问。官斯土者，尚其认真清办，幸勿酿成巨患也。

大清光绪三十一年乙巳十月廿五日　公历一千九百零五年十一月二十一号

兴宁县禀设学务公所

◇各处兴学绅士，其热心公益者固多，而假公济私者亦不少，故往往藉端渔利，屡起风潮，互相禀讦，所在多有。兹闻兴宁县滕大令桂森，以县属此弊最多，特设学务公所，拟请立案。嗣后各乡设立学堂，均应先赴公所会议，查明章程，并无流弊，绅董均属公正，由公所禀县核准，转请立案。如有不赴公所妥议者，即非图谋公益之人，未便寄以兴学之任云。

平远令玩视学务

◇平远县宜大令有烟霞癖，懒于办事，尤仇视新学。夏间甫到任，即谕停办学务公所，大动士民公愤，而林、曾二练习员，无可如何，亦相率告退。间有通达士绅入谒，以上峰重视学务为言，恳请设法兴办，大令亦不以为然。现闻经奉上峰严札"限令一月兴办学务，否则参劾不贷"等语，大令始仓皇无措，屡请练习员曾茂才昭鉴，相助为理。自此平远学界，或有一线光明，未可知也。

大清光绪三十一年乙巳十月廿六日　公历一千九百零五年十一月二十二号

大埔学务公所驻所员乞退

◇大埔学务公所，自本年四月开办后，由官绅酌定，以邹绅锡驻所办事，邹绅屡请县饬邱绅等，酌议劝捐建筑款项。邱绅以为官学若不认真整顿，劝捐决不能起色，欲使劝捐起色，必自整顿官学始，故自六月至七月，即行组织初等官小学、高等官小学。顷两等小学，已经招考开办，正在酌议劝捐建筑款项，适有人在郡控告邹绅，邹绅因自行禀县乞退，已于十月初一日出所回家。自邹绅告退后，邱直判光涛，即将自开办日起，至十月初一日止，所有公所内邹绅膳金、书记所役工金，及一切杂费，开具结算清折，禀请胡大令察核批准。当奉胡大令批云：现以本县捐廉之二十九两，及谢姓题款六十七两，为发自本年四月十一日起，至十月初一日止，共支款六十七两一钱七分六厘之用，尚存二十八两八钱二分四厘，留所补用等情，应即照准，仰将该款分别支发存用可也。

高陂邱氏兴办家族学堂

◇ 大埔高陂邱茂才骏台，热心教育，近在富坑筹办家族学堂一区，初拟借祖祠为校舍。因族人多所阻挠，且以地势低洼，不甚适用，遂另行择地兴筑，大约年内可以告成，定于明年开学。现邱君已到韩山师范传习所，练习学务，以资经理一切云。

嘉应学堂近事两志

◇ 嘉应西阳学堂，前与广嘉兴公司争论学费事，由秦州牧会同邓委员廷桢，迭禀"向无此项学费，应免抽收"等语，学务处未遽凭信，仍照会邱主政查覆，已志本报。现闻和益公司新商，于十月初一日，和平议定，仍照向章，每日每馆学费五毫，并新加一毫，又每月局费二十七元，由子商包收缴足，订立合约三张，学堂、团局、公司分执为据云。

蓬辣黎氏家族小学堂，由外洋捐回开办费七千余元，递禀学务处立案，并请札练习员黎君伯庵为校长，而黎君已领韶府师范学堂关聘，不能前往。昨经黎君英甫亲到西阳学堂，聘请卢君耕圃兼充校长，办理全堂学务；各科教员，亦由卢君选聘云。

大清光绪三十一年乙巳十月廿七日　公历一千九百零五年十一月二十三号

嘉应留省学生请办中学堂禀批

◇ 留省嘉应学生以科举既废，州中学堂之设，刻不容缓，现由两广师范传习所毕业生杨叔颖等，具禀督辕及学务处，请提宾兴、一等谷、印金、州试卷资及山票浮收等款，以充兴办中学之费。岑督据禀，以州属铺票一项，有无浮收，是否可提，仰两广学务处会同善后局，饬嘉应州查明，秉公核办覆夺云云。又奉学务处批谓：查定章，直隶州治，应设中学堂一所，以为各属小学堂升进之阶。州属学务，迄今尚无头绪，固由地方官不能认真督饬，亦由于士绅罕有实心赞助，禀内所称"觊觎者藉为网利，顽固者据为口实"，洞见症结之论。现在科举已停，中学之兴，尤属刻不容缓，所拟宾兴、一等谷、印金、州试卷资四项，均系现成的款，应即由州查明，尽数拨充官立中学常年经费；其基票溢款，应如何酌提，亦即由州酌核办理。似此经费已有基础，但得官绅和衷商办，当可力底于成。仰新任嘉应州督同各绅按照禀叙切实筹办，勿得稍涉因循，致干未便，仍将办理情形，随时具报察核。禀抄发。

大埔湖乡议兴学务

◇大埔湖寮一乡，地广人众，至今尚无一学堂，虽经明达之士竭力提倡，而风气锢蔽，阻挠极多，以故迄无成就。近日吴君禹石等，以学堂不容再缓，邀同蓝君小庐、蓝君鹤汀、蓝君秀六、李君谷生、罗君兰阶、黄君良史、陈君芷馨、刘君春梧诸同志，筹款兴办，拟从蒙小学起手，逐渐扩充，业已拟定办法，禀请县宪存案，并出示晓谕，不日即当开办云。

丰顺县捕匪之出力

◇三点会匪首邱义山，自丰顺窜至大埔后，到处扰害，日形猖獗，胡大令不甚在意。闻近日府宪特札丰顺县前往会办，单大令奉札后，即带同某弁，驰至该邑。适胡大令解收发委员方允琛到郡，单大令乃会同三河司督带差勇，直抵老住垅、石门等处搜捕，先遣某弁假装往探。某弁素有胆略，深入该处，既得数匪所在，未及回报，即被匪所觉，放枪拒捕，某弁亦开枪抵敌，当击伤数匪，内有钟富山一名，闻系邱义山之先锋，受伤最重，当场擒获，而邱义山及其余各匪，则以众寡不敌，均被逃脱，及众兵勇闻声驰至，已无踪影。现闻既将钟富山解郡，想必严行究办矣。

长乐捕厅之怪象

◇闻得长乐县捕厅谢某，素性贪劣，惟善于结好上官。自六月到任以来，奉委办案，奔走不遑，该捕厅即藉此勒索，有不如其意者，便妄作威福，颠倒是非，乡民不堪其苦。尤可异者，凡衙门规礼，不过加二随封，而捕厅必索加四，以为门阍跟人及老妈婢女等分润之费。闻邑民为之歌云："人道县官出息好，县官还不若捕了。谢某到任仅三月，得钱已有千五吊（俗呼一千文为一吊）"，足见其善觅钱矣。

大清光绪三十一年乙巳十月廿八日　公历一千九百零五年十一月二十四号

嘉应师范学堂招考规则

◇嘉应开办东山师范学堂，前经学务公所函知各乡堡，并颁发招考章程；现在学堂工程，业将告竣，其章程办法，亦经呈明州宪，通详各大宪在案。兹拟禀请州宪出示考选，其考期准于本年十一月内，限十一月中旬截止报名，现先由学务公所遍布公启，俾众周知，凡有志投考者，务于十一月中旬以前，到公所报名注册。兹将其招考规则照录于左：

第一款（办法）　本堂招考师范生规则，谨遵奏定章程"初级师范学堂考录入学章程"各节，参以地方情形办理。

第二款（区域）　本堂试办一年师范，凡隶本州及所属县者，均得报名誊册投考，惟各省逮外府州县客籍，不在此数。

第三款（资格）　本堂来投考者，不论生童，一并照额选录。

第四款（年龄）　本堂遵照奏定章程，并参酌地方情形，年龄须在二十岁以上，三十岁以下者，方准与考。

第五款（学行）　本堂遵照奏定章程，须取品行端谨，文理优长，身体健全者，方为合格，惟现办速成科，则于文理尤为注重。

第六款（学额）　本堂师范生，额设一百二十名，本州占额九十名，以三十六堡各一名计之，余五十四名为通额，四县共占额三十名，另挑选备取八十名，堂内倘有因事故缺额者，届时得挨次拔补。

第七款（学费）　本堂现办速成科，暂行免收学费。其饭食费，则每人每月三元五角，自入学日起，至出堂日止，俱于月之朔日交事务室。

第八款（退学）　本堂学生，倘有犯规及因事故退学者，必以相当之学费赔偿。

第九款（履历）　本堂凡与考者，必须亲自填册，开列年貌、三代、籍贯，并注明系某堡某乡居住。一经录取，届时由本堂发给履历书一纸，誊清钤印后，由本堂汇缴学务处，咨部注册。

第十款（保证）　凡录取者由本堂发给愿书一纸，听其自行觅公正绅商为保证人，书名钤印。倘日后有不守堂规，及意外事故者，惟保证人是问。

第十一款（考试）　由本堂禀请州宪，会同潮嘉查学员，于适当之地方，择定日期考试，甄别榜示。

第十二款（试期）　本堂考选学生，准于十一月□日，在□□考试，其誊册限于考试前五日截止，届时齐集，勿自贻误。

第十三款（程式）　届时由州宪会同查学员发问□条，试以诸人平日所素习者，如经史大义及教育浅理等，限六十分钟交卷。

第十四款（覆试）　凡既经录取者，即须预备覆试，其程式与十三款同。

第十五款（撮影）　覆试之日，人各拍一小影，存缴本堂，以杜假冒顶替等弊，惟拍影费，则须自备。

第十六（入学）　本堂决于明年二月开学，届时所有取录之学生，准于前一日入校。

师范生回堂办事

◇前报载嘉应留东师范生黄君簧孙，返里后，旋应长乐王大令之聘。兹闻黄君到乐邑后，稍为整顿，因嘉应师范学堂开学期迫，堂中一切事务，皆当预备，叠接公所诸公函催回里，业向王大令婉言辞谢，昨已回堂办事矣。

大埔学务公所议定住所员

◇自胡大令照会张、邱两绅为所长后，两绅即假座官学，集同公所职司酌议一切，当以常川住所一员，必须谙通学务、和平有度之绅员，方足以持久办理。饶绅荣宗、饶绅熙、张绅步云，均极力推邱绅住所，邱直判又极力转推张广文住所，酌议良久，广文即有应允之意，惟乐群建校伊始，且广文又欲东游，因是未定。近闻胡大令之意，决欲使邱住所，已筹有的款津贴，闻已一再面谕邱绅驻所云。

三堡学堂添聘英文教习

◇嘉应三堡学堂，本年春间开办，教科颇称完备，惟英文缺如。兹闻该堂董事，关聘梁君淑言为明年英文教习，以补缺乏。梁君向在星洲学习英文，既至第七号云。

续纪大埔会匪拜会事

◇昨报纪大埔三点会匪在弓州瓜坪拜会之说，兹闻非在瓜坪地方，系属误闻。

大清光绪三十一年乙巳十月廿九日　公历一千九百零五年十一月二十五号

私征租项可拨充学费

◇高陂友人来函云：大埔饶姓，甲科巨族也。明季征粮无度，民苦催科，邑人以饶近治，咸附纳焉，迨后逐年加征，人不堪其苦。张乡贤出，联名通禀大宪，割归各姓完纳。当时有"脱甲归宗"名目，埔人以张有功也，建专祠祀之。惟高陂等处，离治最远，因张惩创后，饶亦予人以方便，故依旧归饶完纳，日久成例，遂称国课为"饶税"，渐次加额征收，名曰"地租"。凡遇民间动作，多方索勒，稍不如意，架词鸣官，民遭讼累，因而倾家丧命者有之，各处皆然，高陂尤甚。筑屋起店，加税固不待言，即开楼窗、翻天顶、黑金厚薄，亦视强弱家不等，高陂人称为"饶天难戴"云。此等无名之钱，起点不过从代民纳税得来，至今其收款不可算数。刻下学堂初开，筹款孔亟，如将此款拨充学费，未始非兴学之一助也。

拿获盗匪

◇大埔县饶平营守府李守戎怀远，日前由埔至饶，商办会匪及裁兵事宜。返埔时，沿途劝谕各乡绅耆举办团练，并查缉会匪及花会赌匪，所过之处，一时稍为敛迹。近日复拿获盗匪罗阿添一名，送县审办。

嘉应禀准勒石讼费章程

◇嘉应《讼费章程》，经州牧禀奉大宪批行，照准出示勒石，已纪昨报。兹将其章程录后：

一、盖戳每月三八六卯，新呈戳费四毫，加保状二毫。如遇新任，旧呈盖戳，仍是四毫，不加保状。新呈加保状二毫，投到保状一毫。

二、喊呈二元，随二毫，四行头杂款三毫四十文。

三、命盗及户婚田土等案，本官下乡，及委司捕勘验，一切夫价，久经革免，不取分毫。惟值堂一元，随一毫，经承五毫，传供五毫，带验四毫，刑杖四毫，铺堂三毫六十文，验尸仵作一元照给。

四、拘票，总役一名，散役一名。不得私带白役，亦不得坐轿，十里来回，每名路费三毫，远者按计。如杀伤命盗堂案，差只四名，不得坐轿，路费每名十里来回三毫，远者按计。每名若折饭食银二元，则不在人家餐饭。

五、传票，总役一名，散役一名。不得私带白役，亦不得坐轿，十里来回,每名路费二毫,远者按计。

六、开票,命盗重案票礼一元,户婚田土等案票礼四毫。此外起票发票,应行公事,不得索取分毫。

七、投到,即俗所谓讲房差,命盗重案房费一元,户婚田土等案房费二元,差费一元六毫。

八、收羁押礼二元,不得多索。

九、交房油费二元,苦者一元。

十、会营案件,每名营兵,照差费一律给发。

十一、差役到人家,既给路费,必投墟市歇宿;如无墟市,则投宿地保家,以杜滋扰。

十二、审费,值堂一元,随一毫,经承五毫,随供五毫,录供五毫,原差带案六毫,铺堂带审一毫六十文,值日二毫,刑杖太平钱一毫,把衙一毫,贫苦者酌减。

十三、保释两元,随两毫。

十四、遵结,两造遵二元,随二毫。

十五、息呈四元,随四毫,戳□二毫,四行头三毫四十文。

十六、司捕奉堂公出差只一名,多则二名,十里来回,每名给路费一毫,远者按计。

十七、各乡公局禀报地方公事及奉谕禀覆处息案件,不得索取分毫,惟未经奉谕,则不得干预地方词讼。

十八、寻常案件,不得率准派勇,诚以差藉勇而济恶,勇又藉差而逞凶,民间往往遭掳掠之惨。勇之凶悍,甚于差役,易滋事端,非实系命盗正凶正犯,不得派勇协拘,庶免民间双受其累。

十九、承差奉票查勘事件,向以得贿之多少,为禀覆之左右袒,更有需索不遂,及受贿捏禀,殴差碎票,谎请添差派勇会营者,种种弊端,难以枚举。嗣后如有此等情弊,准由附近公正局绅,据实密禀,讯明严办,则差役不敢施其伎俩矣。

大清光绪三十一年乙巳十一月初一日　公历一千九百零五年十一月二十七号

同文学堂拟扩充学舍

◇汕头岭东同文学堂，现年就学者甚众，自科举废后，潮嘉人士，到堂报名者益多。现闻旧学生具卒业志愿书者，其数已达九十人，而新报名者，复添至五六十人。苦于无地可容，拟先租房舍，暂为寄宿，一面将堂右体操场，添筑房舍，并布置讲堂，及理化试验堂，约可容八九十人。其建筑费，除存款外，仍须筹措。现在堂学生，以事关公益，有愿先缴明年学费，以资兴筑者，倘得集资赶筑，大约数月可以成功云。

◇又闻该学堂于三月间汇款至学务处，申请代购仪器标本，迄今日久，未见寄到。理化教习王履康君，以仪器未到，亦于月前辞席而去，学生颇有觖望。现专人到上海聘请理化教习，并拟向学务处领回仪器原款，另由上海购用云。

嘉应学务公所咎无可辞

◇嘉应西阳高等小学堂校长练习员黎启英等，以学务公所开办二年，毫无振兴，大失州人士望，日前将官绅玩视学务情形，禀奉学务处。批云：地方学务，固赖有明正之官，尤贵有开通之绅。据禀各节，该州学务公所自属咎无可辞，仰新任嘉应州牧，会同邱主政，一律整顿云。

学务所长兼充两等官小学堂校长

◇大埔初等小学堂，于本年七月廿一日开学；高等官小学堂，于十月十六日开学。昨胡大令接奉学务处宪札发两等小学堂关防一颗，转行照送至堂，复照会学务公所邱直判为两堂校长，略谓：查有贵副所长，才力优长，堪以兼充，为此照会贵副所长，请烦查照兼充两等官小学堂校长之职云云。

银溪士绅拟议兴学

◇埔邑银溪一乡士绅，守旧性质颇深，然亦不乏通人达士。昨学务公所邱副所长调查学务，顺道至该乡，特邀房君哲臣、张君镜清、郭君百注等，假座刘君慎初商店，极陈旧教育之弊、新教育之益、乡学之急宜兴办，并导以办学简明切近方法，加以刘君东生极力赞成，各君俱为动容。闻房、郭二君尤异常兴会，房君拟先组织一家族学堂，再行筹议借乡内永福寺，建设银溪公学，郭君则拟自费至东洋留学云。

大清光绪三十一年乙巳十一月初三日　公历一千九百零五年十一月二十九号

新州牧知无一官学为莫大之耻

◇嘉应新任陈直牧宗万履新后，士绅往贺。州牧首先谈及学务，以学堂为奉旨饬办之事，教育国民，亦系当今第一要务，求其教育普及，势必广设各村小学。若官立学堂，为各乡表率，亦不能不急行筹办。若今州中无一官学，实为地方官莫大之耻云。

州署舞弊人员之自危

◇嘉应□□□□更密派有数员到州，调查各案件，并有守提五□□□□□□□□范秀廷、孙辑五、何仲孚、许师爷等，俱□□□□□□□□□□唐姓者，因卖差事，多经其手，亦栗栗危惧，现已束装潜逃。新任陈州牧，现于该数人，颇严为防察，盖亦恐其闻风逸去云。

丙市三堡学堂又起风潮

◇嘉应丙村开设学堂两所，一在廖家祠，一在育婴堂，前因互争经费一案，业经控奉学务处派员厘定，并批行嘉应州，照会查学员邱主政，体察情形，妥为办理。现闻三堡学堂校长江秉乾，近日到各商店及赌馆摊场，照收学费，各商人极力抗拒，并有持刀执械，鸣锣追逐情事，几酿大祸。经江到州禀请派差勇督收，未奉批准，各商店亦相率到州禀控云。

罗岗办学之轇轕

◇兴宁罗岗小学堂，发起于袁、刘两姓士绅，共捐入学堂的款田种十六石。讵近日因办事人意见不合，有刘姓绅耆，以倡办家族学堂为名，欲提前捐入公立学堂田种三石余，以为经费，无如众口哓哓，执先公后私之说，不肯分文捐拨。闻该小学堂董事禀县请办矣。

大清光绪三十一年乙巳十一月初四日　公历一千九百零五年十一月三十号

嘉应筹办商会

◇嘉应州处岭东上游，为闽、赣两省交通要冲，附城商店三千余间，商业三十余行，日趋繁盛，惟商情散涣，非设法联络鼓舞，商务恐难发达。现商董陈腾芳、李镜湖等，在州城组织一商会，择定上下市适中之地西门外华光古庙，为办理公所，并经举定正董六员，副董六员，具拟章程，联赴商务总局禀请立案，发给钤记开办。奉批：据禀已悉。该商董等因嘉应州城商务，近虽日见繁盛，无如商情过于涣散，以致衰减之象，较各埠为尤甚，爰集各行商店公议，遵照本局定章，在于州城组织商会，以结团体而谋公益，足见该商董等热心商务，亟图振兴，披阅之余，良深忻慰。既据择定该州西门外华光庙为商务会所，拟议章程，尚属允妥，应即照准，候照会各商董等，刻日开办，并编列刊刻戳记，札发嘉应州，转发祗领盖用，以昭信守。粘缴，章程并店单均存。

严究嘉应州虎役

◇嘉应州差役李仁，近经许联升等，赴督辕指控。奉批谓：据禀，州差李仁，设馆窝娼，甚至强奸良家妇女，强殴平民，如果非虚，实属不法已极，仰广东按察司即饬嘉应州，澈底查明，立提该役研讯确情，从严惩办，毋稍徇纵。至各属门丁，早经革除，相验夫马，亦经迭饬严禁。若如所禀，该县每出命案，讼棍、房差、门丁，必令尸亲牵控凶族富者数人，以遂其勒索之计，甚有一案而索至数千元者，迨至力竭，讼棍遂出而劝和，又从而瓜分其贿和之资，甚至教犯诬扳，纵凶远扬，私刑勒诈，种种积弊，尚复成何事体！并饬该州一并查明，认真禁革。如再有棍徒唆摆尸亲，罗织诬控，家丁串同胥役，藉案诈赃，一体从重究惩，毋得瞻徇玩忽，致干未便，仍将查禁情形，并抄录告示稿，禀缴察核云。

汕头邮政局司事被控

◇汕头邮政局司事辜某，被陈指控吞没银信等情，闻税务司现传原告质讯，陈某尚未到案云。

大埔拿获案匪

◇大埔石上汛，前拿获匪首廖金洪之妇廖江氏，被廖金洪率党劫夺一案，经营、县悬赏购缉，□□□一口，并在永定县拿获匪党萧永福一名，均解县审办。

藉尸索诈之可恶

◇大埔同仁甲附近崧里地方，有刘始乾，素不安分，近闻因其幼子病没，将尸移于比邻何某新屋中，希图讹诈。复有蓝姓者，因索诈不遂，乘衅会众，毁拆何某新屋，并逞凶殴伤筑屋工人，以为未足，尚敢纠集附近恶少数十人，持械寻斗，几酿大故。当经何家飞报黎家坪汛勘验弹压，并禀官究办。想地方官必严行拘究，以儆凶横矣。

嘉应又苦雨水不足

◇嘉应自七月至今，雨水稀少，农家田禾，失于插莳者十之五六，附城尤甚。兹届种麦之期，待泽甚殷，而米价以此日见高昂，居民颇以为苦。

大清光绪三十一年乙巳十一月二十日　公历一千九百零五年十二月十六号

嘉应州师范学堂定期招考

◇嘉应东山师范学堂，业经陈牧伯于本月十三日出示招考，略谓：准于十一月二十八日，会同邱主政在学院考试，额取一百二十名。自示之后，阖属士子，如有自忖合格，务宜早日到学务公所报名，毋稍观延致误云云。

丙市山票禀准严禁

◇嘉应丙市局董林义根等，具禀陈州牧，请禁丙市山票，已纪前报。兹蒙批：查州属山票，前据商人李树芬等禀请开办，业经秦前州援案批饬不准开办在案。据禀，丙市三堡地方，向无开设山票，自应照案严禁，以安民生，候即出示晓谕可也。

大埔伪委员之败露

◇埔属黄坑有傅姓者，近娶一妇，闻该妇曾许嫁会党陈某，后知为匪类，遂改适傅姓。而陈某因此怀恨，约同匪徒三四十人，携带枪炮，于本月初五日，掩至黄坑劫杀傅家。适有一自称道委邱德升者，亦至黄坑某甲家，谓来此查拿匪党，并带兵勇二百名在船等语。该乡挂名会籍者甚多，闻此大生惶恐，陈某等匪众，亦惊而散去。次日某甲请团练局长某茂才至家，与邱委员关说。邱云："与我三十金，即代为具保禀复，不然将有巨祸！"言次并出札文，以为凭证。某茂才见札文宪印煌煌，其大几印满半纸，知系假冒，即令人捆起，不料该委员行走如飞，竟被脱身逸去。该处乡民，现以此益加惶惑云。

长乐嵩头兴办学堂

◇长乐嵩头约风气未开，今春乃有曾君纪苍等十余人，先后就学师范，以为兴学地步。现约绅曾君纪元、刘君步云、曾君道根等，倡设两等学堂一所，以教育约中子弟，业既购定校舍基址，定于十二月间兴工建筑，复先租定该约新建书室一座，以备明年春间开学云。

大清光绪三十一年乙巳十二月初一日　公历一千九百零五年十二月二十六号

革生竟敢阻扰兴学耶

◇镇平徐溪乡革生钟某甲，平日武断乡曲，而尤以把持尝会公款为生利不二法门，乡人畏之。近日其族中有在县传习所之师范生某乙，接其乡公函，令暂假归筹办兴学事，因请假旋里，择定地方，为高等小学校舍，既禀县立案，复集议将某某尝会闲款提为常年经费。某甲闻之，竟大肆咆哮，亲率子弟到会议处将师范生某乙恣意殴辱。时会议多人，虽极力救释，然亦屏息不敢斥其非。该师范生登即回传习所诉明监学，禀请方明府办理。闻该堂学生均谓此事于学界前途，大有影响，故联名禀县究办此事矣。

呜呼果欲祷神以消灾耶

◇嘉应近日以来，天时亢旱，城内外秽气熏蒸，感受者多因而暴毙。一时城内居民，纷纷迁避；东门内乐育学堂及各私塾学生，因此亦遽行散学。而州人之迷信神权者，日昨特迎阴那山祖师来州，在城隍庙结坛祈云。呜呼！果欲祷神以消谴耶？抑藉神坛以牟利耶？

大清光绪三十一年乙巳十二月初二日　公历一千九百零五年十二月二十七号

镇平令对于钟家办学冲突事之批词

◇镇平传习所师范生钟某乙请假回里办学，为钟某甲突出阻挠，并将钟某乙殴辱。传习所学生大为不平，联名在县禀请严办。随奉批云：据呈钟森系挟该增生钟万嵩议办乡间学堂，酌提文会公款，竟敢纠率子弟殴辱，殊为藐玩，候饬差传讯究办。但该增生既入传习所学习，尚未毕业，究因何事请假，何日回所学习，并候照会学务公所，查覆察夺。

秦前牧预印空白禀

◇嘉应秦牧交卸后，预印空白禀，倒填月日以混是非者，不一而足。甚至预印空白之件，已经用完，而又有既领贿允诺禀覆者，竟向新任陈牧伯借印，陈牧伯甚为不怿云。

大清光绪三十一年乙巳十二月初三日　公历一千九百零五年十二月二十八号

西阳小学堂招考简章

◇西阳公立高等小学堂，以本年所收学生未完考验，程度高下不一，教授极难适宜，因公同协商考选之法，准于十二月初六日十点钟考验。兹将其所拟考验简章录下：

一、招选三十名为正取学生，三十名为备取学生。除正取学生不收学费外，其备取学生，上户酌收学费十二元，中户十元，下户八元。

二、招选学生须合左所列之格：（甲）直隶西阳堡者；（乙）年在十岁以上，十八岁以下者；（丙）家世清白，身体强健者；（丁）曾读经书，文理粗通者；（戊）能在本学堂毕四年修业期限者；（己）能守学堂规则者。

三、凡获选在本学堂肄业者，须具志愿书，即邀名誉绅士，或殷实商户，具保证书钤印，备送本学堂收存。（志愿书式、保证书式，由本学堂发给填写。）

四、膳费：在堂寄宿者，每人每月先缴银三元，不得另自开火；如非在堂寄宿之人，听其自便。

五、学生除例假外，非有婚丧重大等事，不得请假。

六、学生书籍笔墨，一切用品，及寒暑操衣靴帽等件，由本学堂代为购置，以期一律预算，需银若干，先期缴足，不得推宕。

以上简明章程六条，须自审确能照行者，方可报名应考。

练勇通奸受惩

◇嘉应练勇林甲，素与邹姓某妇通。日昨窝藏于东门城楼上，为邹姓所知，即统率多人，亲往该处将林甲与邹姓妇二人拿获。然邹姓往拿者，均持金钱主义，故勒令出二百金，方许释放。讵林甲暗托其族人某乙，阳与说和，而阴以邹姓掳捉吊放事呈控，邹姓则以林甲窝奸事控之。陈牧伯即传两造堂讯，讯明林甲窝奸各情，立将林甲及邹姓妇鞭责数百了案云。

大清光绪三十一年乙巳十二月初四日　公历一千九百零五年十二月二十九号

李太尊请调剂属员办法

◇潮州、丰顺、大埔等县，地处边境，向称苦缺。经大宪将潮州府羡余银两提拨，给回每月办公费用银二千两，所有府缺盈余，作为调剂各州县津贴等情，已志本报。现闻丰顺、大埔、澄海等县，均经大宪拟定每年拨给银千余两，以资办公。惟该三县属巡检典史，如白侯、二河等司，大埔典史等缺，尤为异常清苦。现潮府李太尊拟请大宪或拨给津贴，或裁汰归并，以免办公竭蹶云。

潮嘉学务汇录

◇澄海莲阳李氏拟题捐木主以为兴办学堂经费一节，兹闻该族有巨房某乙，素无赖，近纳一监，即自命为绅士，力抗此议，并运动彼房绅士某甲，大出阻力云。

嘉应梁明经锡庆等，为开办公立两等小学堂，请立案出示保护由，具禀陈牧。随奉批云：该贡生等集众提倡，在于跨龙约中，拟建两等公立小学堂，具见实心兴学。惟经费尚未筹有的款，不足以资开办，着即赶紧妥筹的款，禀候核明立案，仍一面出示晓喻可也。

又长乐优行乡古姓，丁口数百户，迩来因科举已停，该处绅耆，即议设一家族小学堂以教育其子弟，现已择定校舍，预备来年开学云。

大清光绪三十一年乙巳十二月初五日　公历一千九百零五年十二月三十号

学务处嘉奖同文教员

◇岭东同文学堂，日前备文申缴堂中各科讲义，奉学务处批云："申及讲义均悉。经学，详于师承授受源流；中史，论正统处，具有己见；地理、外史，体例均尚完善，颇便教授；地理，论人类化生，确有至理；外史，详巴比仑事，足资考证，尤动人民族升降之感。该教员学有渊源，仰即传谕嘉奖，此缴。讲义存。"按同文地理科教习为邱少伯上舍光汉，外史教习为温丹铭上舍廷敬，二君皆温慕柳太史入室弟子，故学务处称为有渊源也。

同文教员之游历南洋

◇岭东同文教员熊泽纯君，以时值年假，学堂无事，特于日昨鼓轮至厦，拟盘桓数日，即至南洋各埠游历，约明春二月始行回堂云。

密查员再抵嘉应州

◇惠潮嘉道沈次端观察，前曾委危大令密查刘管带及保安局某绅劣迹，已纪前报。后复到州，拟与陈牧会讯管姓事，适已了结，随束装解缆而去。近日该委员又复抵州，现住陈牧署内。有谓守提刘宝崑者，有谓审讯著匪细罗子真伪者，想二者必居一于此矣。

加抽经费以充勇饷

◇嘉应勇饷不敷，前由保安局董面禀陈牧伯，拟加抽每间赌馆五毫，并责成原抽赌馆商人张甲包抽，赌商颇多不服。陈牧伯旋传经费局董理晤商办法，并询赌商毕竟愿抽若干，该局董理谓约抽三毫便可，陈牧伯旋即传谕经费局代为包抽，闻经费局已允照办矣。

大清光绪三十一年乙巳十二月初七日　公历一千九百零六年一月一号

秦州牧记大过一次

◇嘉应州兵书黄用初，经大宪批饬永远监禁。现秦直牧竟巧为卸脱，以黄用初监禁已逾一年，履经出示招告，无人举发，饬查亦无包揽实据，现因该书母病，暂提交保等由，详禀督辕。当奉批饬，略谓：州书黄用初包揽词讼，经委员查明属实，批饬永远监禁之犯，迄今甫阅一年，如果招告无人举发，其中或有冤抑，亦应先行具禀请示，乃竟擅自保领，殊属不合，应将该牧记大过一次，以示薄惩。仰广东按察司会同营务处，饬即勒保交出，照案永远监禁，将还禁日期具报查考云云。

陈牧伯微行察民事

◇嘉应陈牧伯近日尝于晚间二三更时候，偕仆役一二人，私出各街巷行走，倘遇有行踪诡秘之人，及烟林客店三更未眠者，必面加饬责云。

大埔令聘三河局为幕客

◇大埔胡大令幕友杨某，前因事被人告发，惧究，已潜回省，曾志本报。兹闻胡大令现已聘三河司巡检张少尹，以充杨某之席。埔邑人士，咸怏怏不乐，谓大令此举亦未得人云。

嘉应东山师范考选学生之问题

◇嘉应东山师范，经陈牧示谕，定于十一月二十八日，在学院衙局门考验，既志前报。兹闻是日应考者约有七八百人，限一□钟缴卷。兹将其五问录左：（一）问中西礼俗不同，不便设立女学，宜如何设法教养，以端风俗；（二）问科学相间讲授，乃各国成法，具有深意，试明言之；（三）问德、智、体三育并重，试取古大儒名言，以证明之；（四）问珠算笔算，其用孰广；（五）问教授地理，以乡土为始，其意何在。

大清光绪三十一年乙巳十二月初八日　公历一千九百零六年一月二号

嘉字营勇拐带妇女之被获

◇嘉应嘉字营勇侯某，拐带畲坑某氏妇，将某氏妇改扮男装，搭船至郡，意欲逃往外洋，适被某姓妇家摄踪追获。日昨特将该勇游街示众，并拟将该勇捆带回籍，送馆惩办云。

劫案又闻

◇近闻澄海属鸥汀乡李某家，本初三夜，突有劫盗明火撞门而入，劫去赃物二千余元。又闻有嘉属洋客二人，自汕由旱路回里，道经丰顺汤坑。贼以为洋客必厚于资，故乘夜纠众劫之，讵该洋客身边仅带银四元，该劫匪大为失望，随将该洋客斫伤而去。

大清光绪三十一年乙巳十二月初九日　公历一千九百零六年一月三号

民立学堂请自刊钤记不准

◇嘉应城西小学堂董事黄志伊等具禀，请催学务公所，将老五显宫及伯公祠二处庙祝，并城西地方演戏建醮无益之费，酌提三成，迅行议覆，并钤记尚未奉颁，暂由堂中自刊由。旋蒙陈牧伯批示云：城西小学堂筹款各节，前据该绅董等具禀，业经前州明白批示，并谕公所员绅筹议，禀覆在案。据禀前情，候谕学务公所，赶紧遵照前州谕饬事理，刻日筹议，禀复核夺，勿延！至各学堂钤记，前奉学务处宪颁发章程，嗣后无论官民各学，统由本处刊给等因，现禀由堂中自行刊用木质钤记开用，核与定章不符，未便照准，仰即知照。

嘉应患盗

◇嘉应近日以来，附城夜盗，颇形猖獗。前数夜，上市嘉源号、裕兴庄均有盗挖烧店门，被该店司事察觉，始行遁去。嗣后各处失盗之事，时有所闻，故现下商民颇形惶恐，为之寝不安席云。

大清光绪三十一年乙巳十二月初十日　公历一千九百零六年一月四号

务本学堂拟合办中小学

◇嘉应务本学堂合办中学小学，前已禀准学务处宪立案。近又蒙处宪颁给中学堂式木质钤记一颗，故该学堂绅董拟于明年限招中学新班生六十名，小学新班生四十名，以遵章办理云。

潮商请嘉应商会调停账目辘轳事

◇嘉应上市某号，往年生意颇旺，近来不知何故，忽为财政所困，有欲行收手之意。日前潮商福来号、永合丰、泰昌号、洽盛号店东，至州向该号讨账不获，遂于日昨到华光古庙商会公所设席，延请十二商董秉公处办，未悉如何了结也。

大清光绪三十一年乙巳十二月十一日　公历一千九百零六年一月五号

请看嘉应秦牧去任之活剧

◇嘉应秦前牧福和信任蠹弁刘宝崑，纵勇殃民，被州人士控诸督宪，岑督据禀，委员前往查办，查确属实，随将秦牧撤任各情，早志本报。兹闻秦牧去任日，五城门遍贴秦牧去世讣音，随在街上，烧化纸钱，形如送殡。秦牧睹此怪众，气为之沮，而州民则破涕为笑，举相告曰："贪酷吏去，吾民其或苏乎？"

嘉应东山师范定期揭晓

◇嘉应东山师范于十一月廿八日开考等情，已志前报。兹陈牧于本初四日牌示，准于十三日发榜，十七八日始行覆试。如各生童难在城听候，尽可回家安业，届期取录，再来州覆试可也云云。

大清光绪三十一年乙巳十二月十二日　公历一千九百零六年一月六号

岭东同文学堂拟酌办师范

◇岭东同文学堂陈、廖二副办，近以科举已废，学堂亟宜认真整顿，拟以明年考选学生之后，其中年少者，当援照中学堂学生卒业程度办理。如年纪稍大不合卒业程度者，拟酌办师范，归入师范班肄业云。

同济善堂拟办两等小学堂

◇本埠同济善堂各绅董，近日集议筹定款项，拟办一两等小学堂，以同济善堂之后楼为校舍。现已聘定彭孝廉略臣为校长，并拟聘教习四员，算学及正音教习各一员。高等学生每人年收学费十六元，初等学生每人年收学费八元，以津贴堂中经费。又闻该堂绅董等，拟并附设商业初等小学堂一区，分日夜教授，读日学生每人年收学费四元，读夜学生每人年收学费二元。俟寻得地方后，即行开办。

嘉应学务公所举定所长

◇嘉应学务公所绅董，于本月初七日会议，举定管理师范学堂人员，及兴办中学堂事宜。是日到所者百余人，由众先推举杨季岳大令为所长，经杨大令当众允许。惟管理师范学堂人员，则以为时急促，尚未定议，拟俟后期集议再举云。

潮郡屠捐局几乎滋事

◇潮郡屠捐局勇每日向各处查缉私屠，甚为严密。日前有丰顺某姓至郡祭祠，自行杀猪数头以为祭祖之用，适被该局勇查觉，向之索收捐费，不许，该局勇即扭某姓二人送局。某姓人等随往该局诘问，互相争闹，几酿事端，幸某茂才出而调停，始获无事。

拐匪被惩

◇嘉应五贡与英公会，前曾在上市油箩街合买一店，近年租与罗某甲居住，而罗某即以该处为拐带窝藏之穴，州人恨之，罗某惧，以番佛数百尊，赂州局某绅等为之护符。不料近日为局董某所禀，陈牧伯随即饬差拘罗某到案，当堂研讯后，交押差馆，旋有人为之到局调停，现尚未知如何了结也。

大清光绪三十一年乙巳十二月十四日　公历一千九百零六年一月八号

岭东同文学堂聘定教员

◇岭东同文学堂现年理化教员某君因事辞席，现经另行聘定朱君泽夫，其余经史、地理、算学、东文、体操、图画、国语诸科教员，则皆仍旧云。

大埔兴学之计划

◇大埔学务公所所长邱直判光涛，近以官立两等小学，内容已渐就绪，遂于十月下旬，亲诣各甲，调查地方情形，并代为各地方将来预备。现已至三河社、大麻社、源高甲、古源甲、同仁甲、白侯甲，岩上甲、保安甲等处，考察一切，并与各乡人士筹划办学事宜，拟于大麻社内设高等小学两所，初等小学八所；源高、古源甲内设高等小学一所，初等小学四所；同仁甲内设高等小学三所，初等小学十二所；白侯甲内设高等小学两所，初等小学八所；岩上甲内设初等小学三所；保安甲内设高等小学一所，初等小学三所；三河甲内设高等小学二所，初等小学五所。共计高等小学十一所，初等小学四十三所，俱定明年春一律开办。顷邱所长仍拟即日亲诣太宁、长富、长治、石上各甲劝办，以实行强迫教育主义云。

嘉应一般把持公款以阻学之劣绅听者

◇嘉应陈牧伯于本初六日，会同潮嘉查学员邱蛰仙工部，出示晓谕，略谓：各村堡及各族绅耆，提拨公款族尝，广设初级小学堂，倘有刁绅劣棍，从旁阻挠，任从各绅士指名禀明，定必严办，决不姑宽云。

嘉应东山师范榜揭晓

◇嘉应东山师范招考各生，经陈牧伯悬牌定于本月十三日发榜，十八日覆试，已志前报。嗣因应考各生，间有揭贴指摘等情，陈牧伯闻之，颇为不怿，突于初八日揭晓，嘉应正取九十名，备取九十名，四县正取三十名，备取三十名，并准于十三日覆试云。

大清光绪三十一年乙巳十二月十五日　公历一千九百零六年一月九号

大埔搜拿会匪之近闻

◇大埔会匪猖獗，经官军搜剿，早志本报。兹闻初四日，大埔胡大令会同李千戎至老鼠坜围拿匪党不获，顺道至崧里，借何氏宗祠为公馆。是晚，城守勇丁十余人到附近盘胡寺，拿获僧人两名，搜出女人裙衫十余件，随将该僧二人带回崧里，交胡大令，讯问有无拜会等情。该僧坚不认供，立责藤条数十，交差人押解县署候办。初五日，胡大令仍驻崧里，闻尚欲到湖乡、百侯拿匪云。

日本学务官游历至汕

◇日本大学务官长井金风，于客岁至南洋游历。今年由南洋至广州，勾留数月。现因台湾总督之召，于昨日由省搭轮至汕，随由汕鼓轮回日矣。

大埔建筑官学

◇大埔胡大令良铨，以近日官立两等小学已经开校，亟应建筑校舍，以便布置一切，业经照请学务公所所长邱直判光涛，会绅劝捐催收。现邱所长议将箭后仓敖旧地，建筑官立中学讲堂五所，礼堂一所；启元书院基址，则暂改为两等官小学全级讲堂；全班宿舍，将来即改为中学理化讲堂，及第一、二年学生宿舍，其中学第三、四、五年学生之宿舍，则议将学宫余地改建。业经牒行至县，已定于前月二十二日兴工建筑矣。

嘉应州牧对于学务批词汇录

◇嘉应城西小学堂正教员梁寅恩，日昨具禀陈牧，请饬各姓绅耆提拨尝产会业，并出示劝谕由。旋蒙批云：据禀各节，不为无见，候谕学务公所员绅公同劝办，禀覆核夺。

又城西小学堂董事黄志伊等禀，州院试已停，公费已免，请饬篷筏旧业，认缴学费由，具禀陈牧。随批云：据禀，现在州院试已停，小试篷筏公费已免，请谕饬篷筏旧业谢姓等，每年酌认一百元，为本里城西小学堂之学费，是否可行，候谕饬学务公所员绅，一并查明，禀复核夺。

又折田刘茂才声等，日昨具禀陈牧，请开设折田兴学会议所，给谕各绅筹办，以广教育由。旋蒙批云：该生等拟办折田兴学会议所，公举董事会议兴学事宜，尚属可行，候即给谕赶紧筹款开办学堂，以期集事，仍俟办有端绪，再将拟定学堂章程、图式禀报察核，以凭转禀学务处宪立案。章程存。

又下半图福全局董汝骏等，请谕绅筹款劝捐兴学，日昨具禀陈牧。旋蒙批云：据禀，该绅等拟在悦来墟中设立蒙小学堂，以资造就，洵堪嘉许，惟开办及常年约需经费若干，现拟如何集捐，在于何处建设学堂，均应逐一妥筹，开列章程、绘图禀复，以凭核明，分别示谕饬遵。

桂里蒙学堂年终大考榜

◇嘉应城东桂里蒙学堂于本月初五日举行年终大考，连日分科试验，现已评定甲乙。兹将其高等、初等前列各十名录下：

高等十名：徐谨龄、黄笃修、薛炜堃、刘岳华、刘琳芳、黄炎曾、黄君宝、谢焕章、温维训、黄涌芳。

初等十名：张尚贤、张春华、邓铣禄、薛尧堃、张广贤、张梅贤、张棣昭、钟雍昌、钟词良、黄思曾。

大清光绪三十一年乙巳十二月十六日　公历一千九百零六年一月十号

嘉应商会之成立

◇嘉应商会公所既禀准上宪立案等情，曾志本报。兹闻各行商董于本初六日在上市老庙会议，到者数百人，皆愿入会份者也。随由商董陈君次修、李君海山等，议定会份银，限十二月交清，并公举殷实商店存放生息，以为会所津贴云。

快快快单提刘宝崑至惠州行营讯办

◇嘉应嘉字营蠹弁刘宝崑因纵勇殃民事，奉上宪札饬提往惠州沈道行营讯办，秦前牧徇于私情，迁延未提等情，已志前报。兹闻上宪近又严札单提刘宝崑至惠州行营讯办，而绅商概行免提，经陈牧伯派张委员，会同道委危大令，并差勇数人，于初九日由州起程，押解往惠矣。

高磜寺寺产悉充平沙公学

◇大埔平沙社邱绅祖琦等，近日以建设平沙公学，预计常款不敷，请将无僧寺产，澈查拨充等由，具禀到县。即奉胡大令批云：该生等极力兴学，议定等级，预筹经费，洵属有条不紊，殊堪嘉尚。邱绅祖德，慨然愿以新宇借作校舍，嘉惠青年，尤深钦佩。应准如禀办理，即照会学务公所，会同该绅及张绅善祥，将高磜寺山场田产，澈底清查，除议留司祝工资外，悉数拨充平沙甲高等小学堂，作常费之用。如有土豪恶佃，霸匿不交，许指禀拘究，查明后，仍着开列清单送县立案可也。

务本学堂闭校仪式

◇嘉应务本学堂年终大考，已于本月初四日考毕，旋于初五日行闭校礼，先由董事、教习，偕全堂学生诣孔圣，行叩首礼，次各学生排班唱颂圣歌，次各学生向董事、教习行三揖礼，次各学生行对揖礼。礼毕，由各教习次第演说，以诱掖学生，继又由各学生演说，互相勉励，而后散学云。

潮嘉学务汇志

◎又嘉应古塘坪陈姓族人，近以科举既废，急宜兴办小学堂，以教育子弟。该族人陈君瑞卿，先慨然捐银三百元为开办经费；现陈晓东茂才与陈君柳堂既商酌一切，准于明春开学云。

又长乐西林乡钟绍峰上舍，近日亦拟在该乡创设小学堂一所，欲暂借西林庵开设，俟筹有经费，再行购地建筑。现已禀明县宪立案，俟明春即行开学。

嘉应林氏拟兴种植之近闻

◎嘉应上市林贰尹仪卿，热心实业，于种植果木，尤为讲求。近以其祖遗下荒地一段，约广十亩左右，向赁人耕种，年仅五六元，不如自行种植为妙，故特集股以为种植之费，拟聘请一精于种植果木者，试种蕉、橘、柑、梨等果云。

大清光绪三十一年乙巳十二月十七日　公历一千九百零六年一月十一号

纪某分司抽收冬防经费事

◎松口绅商以冬防吃紧，会议抽收经费募勇十名，以备不虞，每墟（松口以五日为一墟）上等店户收银一角半，中等店户一角，其次三分六，其次二分，下至补鞋匠、卖菜佣，亦抽一分。某分司窥其有利也，特向各绅商等请为之代理，每墟亲率勇数名，登门收费。近日有某寡妇而为卖菜佣者，适钱未便，请后墟一并完纳，不许，互相龃龉。邻店某甲见而代为排解，亦不许。甲因婉劝曰："贫妇营生，纵不宽免，亦当怜惜，且养勇不过十名，而松口之店，千有余间，抽收之款，计养勇外，尚多盈余，而此卖菜佣区区之数，抽收何太急也。"某分司遂迁怒于甲曰："尔何人，敢与我清算乎！"即喝勇拿之，行不数武，忽闻市中人皆曰："此卖丸药之某秀才也。"惧而释之。甲不肯，着地保送花红串炮，亦不许，嗣托某绅转圜，亲至其店谢过，事乃寝。

镇平金沙学堂之兴盛

◎镇平金沙乡，风气素开，自福岭村陈姓开办家族两等小学堂后，一时兴办学堂者，接踵而起，如林姓在南山下及回龙雇主二处，各设初等小学堂一区；邱、彭、叶、赖等姓，在西方村合设初等小学堂一区；陈姓则在金鞍寨、黄虞佑下二处，各设两等小学堂一区；附近之同福乡曾姓在新芳里设初等小学堂一区；邓姓在矮车设初等小学堂一区；谢、林、黄、曾等姓，在江下设两等小学堂一区，俱准于明年开办。其在城师范传习所肄业者，亦该乡人最占多数云。

长乐拨充学费之善举

◇长乐贡生李琼林等□□□□□□□□□□批：据呈该生等变通祖尝向章，族姓子弟应领小试帮费六元，酌加改给入县州学堂费；赴科川费十元，改给应考省学堂费；入学花红一百元，改给出洋游学费。似此化虚济实，允为通变知几，既堪称继述之美谈，更可作国人之矜式，应即照准立案，泐为定章，传谕族人，咸知遵守，仍候谕饬各约大姓绅耆，一体仿照，以宏作育可也。

觉民学堂教育之资助游学

◇长乐张君丽州有志游学，留粤诸学友，慷慨捐助。兹闻觉民学堂教员钟君毓麟，一闻是举，即与诸学生共捐助三十余金，以壮其行云。

潮属学务汇志

◇大埔民立乐群学堂买地筑校，需用石料颇巨，经移行学务公所所长邱直判光涛，请将启元书院考试石桌，借用三分之一。邱所长当即移覆照办，并牒行至县存案矣。

大清光绪三十一年乙巳十二月十八日　公历一千九百零六年一月十二号

陈牧伯出示招募巡勇

◇嘉应陈牧伯于本初九日出示招募巡勇，略谓：奉督宪电谕，裁撤绿营七成制兵，由州县挑募巡勇，以资巡缉等因，当经前州宪示谕招募在案。迄今日久，尚未募集，亟应赶紧招募。查奉行章程，本州应选募巡勇四十二名，每名月给口粮银三两六钱，月小扣建。选派千把总一员作为巡长，随时训练约束。挑选之法：年力精壮，不吸洋烟者为合格；制兵内如不合者，及不愿当勇者，准以团丁、土著选募充当。务即遵章招募，以资训练。为此示，谕军民人等知悉：尔等如有年在二十岁以上，三十五岁以下，身体强壮，不吸洋烟，并无过犯，愿充巡勇者，即速开具实在姓名、年岁、住址，以及的实保人，限十二月内亲身赴州，以凭验明挑选充补，训练成军，各额有限，限满不收，毋稍观望云云。

同文学堂拟酌办简易师范已准

◇岭东同文学堂拟办简易师范，俾年长学生得归师范班肄业一节，已志前报。兹闻已由陈、廖二副办具禀学务处，随奉批云：禀及附禀均悉，该学生年龄参差，拟于明年改照定章办理，令具志愿保证书，自属正办，唯年长之学生，因不合格而令其退学，不免前功尽废。现拟自明年起，加授管理、教育两门，专课年长之学生，令其改充简易师范，庶教育不至乏人，而学生亦无旷业，一举两得，洵具苦心，应即照办，仰即遵照。此缴。

覆试东山师范生问题

◇嘉应考选东山师范学生，榜业已揭晓，经陈牧定于本十三日在考院局门覆试，各生先缴像片一张，旋出题三问，兹录如左：泰西政治，颇多与周、秦时暗合者，诸生其博采群书，择要以对；儿童、少年、成人，为教育之三时期，德育、智育、体育，为教育之三纲领，何时期以何纲领为主要？西儒论说颇有异同，究以何人宗旨为最良？各引证而断论之；平时读何书？从何师？曾否课徒？各种科学曾否肄习？将来能否担任教育之事？家计能否自赡？中外各地曾否游历？诸生其详细自陈。

兴宁拿获著匪

◇兴宁麻坑乡著匪刘金鸡，前经悬赏一千元，曾被其族长捆送兴宁县监禁候办。嗣因羁丁不慎，忽被兔脱，该匪随将主使擒送之家长杀毙，逃遁业已甚久。近又潜回，出入逍遥，族人无敢议其后等情，早志本报。兹闻现为管带治安局勇守备李森华，纠线侦知，乃率勇星夜驰往，将该匪拿获解县，俟禀上宪惩办。

长乐安流火灾之惨状

◇长乐安流约古姓，近日忽遭火灾，焚去三十余家，产物俱成灰烬，幸人口无所损伤。然被烧之家，以此之故，皆逃散四方，穷无所归，有欲求一饭而不得者，呜呼惨矣！

大清光绪三十一年乙巳十二月十九日　公历一千九百零六年一月十三号

请看关吏索贿之丑状

◇嘉应松口某甲，日前由汕旋里，其友托带洋纸一包，置于舱面。过潮郡时，以不知洋纸须饷，故未报关，为关役所见，谓为走私，旋往他船，与人耳语，示某甲以赂免意。某甲乃亲诣东关，言明未谙饷规，请行补饷。关吏某应声曰："汝不具报于先，至查获后，乃仅言补饷，岂有理乎？"某甲再三婉言，以五毫授之，不许，悻悻而入。该关司事乃向某甲低声曰："你出大洋一圆，自可了事。"少顷，关吏出，某甲如其言，出一洋与之，关吏乃见钱眼开，欢笑而受之云。

岑督对于局绅把持学费之批词

◇丙市三堡小学堂董事江秉乾以奉示抽收学费，局绅郭海涛仍复把持各情，赴禀岑制府。随奉批，略谓：该堂学费，既经秦前牧出示准抽，何以郭海涛等指使抗阻，致学费无着，究竟系何实情，仰两广学务处饬嘉应州查案核办具报云云。

学务处对于大埔学务公所之批词

◇禀及公所章程均悉，现办学务，刻不容缓。据禀，该县公所与现办小学经费，既赖各绅捐助，其有力之巨富大绅，即当设法劝导，广为筹捐，俾成巨款，以作常支经费。至公所章程内第期应行调查及干预之事，豫即迅速实行，随时具报。所请公所关防，候编号，另札给发。

嘉应窃贼何多

◇嘉应自前月以来，窃贼蜂起，曾略志本报，兹闻近日异常猖獗。嘉应上市水浪口同泰号，于本月初七夜被盗，共失去银货数百元。初八夜，上市颜屋华兴号亦被盗，失去银货数十元。又有一贫妇在嘉应东门外东校场，开一小店，摆卖杂货物并缝衣为生；初十夜，亦被窃贼数人将缝衣机器，及床上被衣各物，席卷而去。其余被盗者尚不可胜计，故近日各商店俱严加防备，为之寝不安席云。

大清光绪三十一年乙巳十二月廿一日　公历一千九百零六年一月十五号

李太尊又请调剂属员

◇潮府李太尊以大埔、丰顺、澄海等县及该三县杂缺，清苦异常，曾具禀省宪，请酌加津贴等情，早志本报。兹李太尊以日久尚未奉批，特于近日再具禀大宪，略谓：卑府调权潮郡，半载于兹，每与各属僚因公进见之时，规勉清廉，咨询繁瘠，惟海、潮、揭三县，办公裕如，澄海时往汕头，赔累最甚，普宁情形变瘠，丰顺夙号偏枯，且同大埔、惠来，现均停给，每年练费，奉较微薄，竭蹶时虞。此外司捕各官，每月经费，不足一成，统年养廉，不及百两。求其怀清履洁，几如麟角凤毛，时势所趋，中材不免，厚增禄养，古语非诬。前奉大宪札提府税盈余，酌剂苦缺，当将府属正杂各缺艰苦情形，附单陈请，优加津贴，迄今尚未奉批。现据丰顺、普宁等县及揭阳县代理河婆司巡检，再三陈请前来，察阅情词，切无欺饰，用敢不揣冒昧，照录原禀，渎陈大宪，尚乞俯如卑府前请，迅赐批示祇遵云云。

续备军清办大埔会匪之详情

◇前报吴镇军派续备军到大埔办匪一节，兹悉大埔县胡大令先于前月中旬奉到府札，即会同李守府于十七日到高陂，随往大埔、丰顺交界地方，会勘命案毕，即到陈大峰青碗窑、老住垅等处清办。及续备军由饶平到埔，胡大令复折回署，会同续备军到老住垅、黄坑、高道庵、黄桐窠各处，勒令交匪，并将匪屋按址查封。至本月初四日，由崧里到湖寮及百堠、北坑、黎源一带，按乡清办。闻到处但令绅士约束子弟，并取具保结，尚不至丁骚扰，惟老住垅一乡，受累颇甚。又闻到崧里时，胡大令亲率差勇到盘□庵，拿获淫僧二人，旋为湖寮绅士保领而去。

大埔游历绅返汕

◇大埔县游历绅张六士广文，前以公派游历东洋，至省厅候选派，旋以日本留学界风潮，未能东渡，奉饬暂行回籍。俟风潮平靖，再行咨送，故广文已于日昨由省抵汕，随于十八日返里矣。

嘉应学务批词汇录

◇嘉应松口李以衡等，日昨具禀陈牧，请将历年祭坟丁肉丁钱及各房蒸尝，十分提一，拨充学费，请出示晓谕由。旋蒙批云：如禀，出示晓谕，以裕学费，而垂久远，仰即知照云。

又畲坑三堡镇安局董卜成镐等，为佥议畲坑缉捕经费，由学堂承充，以充学费，忽被刘其修狡串私充，请派员督追由，具禀陈牧。旋蒙批云：据禀畲坑缉捕经费，佥议此后，如再更管，当归学堂承充，以充学费，已另立约据等情，何以刘其修等，复又狡串私充，候谕州城缉捕经费总局，查明禀复核夺。

又水车大龙局董杨安涛等，日昨具禀陈牧，请开办大立、龙文两堡公立两等小学堂，请出示晓谕由。旋奉批云：据禀，该绅等集议倡设大龙两等公小学堂，公举校长，遴选教习等员，现已采办书籍仪器，备置几桌，改建校舍，并据堡内各绅耆题捐助学，一面酌提公款，设法劝捐等情，具见热心兴学。查核所拟章程，亦尚妥协，应准先行出示晓谕，仍俟明正开学时，再行复查，通禀学务处宪立案可也。章程、图式均附。

大清光绪乙巳三十一年十二月廿三日　公历一千九百零六年一月十七号

东山师范学堂之组织

◇嘉应学务公所绅董于月之十六日下午，集议东山师范学堂事宜于明伦堂，已公举陈牧伯宗万为正监督，李广文倬汉为副监督，蓝伯高茂才为会计，彭炜英孝廉为监学，张史铭茂才为副监学，并拟聘谢威谦上舍为国文教习，梁介侯茂才为史学教习。惟梁茂才现在尚留学日本，已于日前电致东京梁师五随员，敦促茂才回国，并订聘一日本教习，束修一千两，现经覆电谓，所聘日本教习不谐云云。

潮嘉学务汇志

◇又嘉应西阳堡蒋坑吴君鹏皞，倡议办家族小学堂一所，以款未筹集故，特于日前请务本学堂董事吴翰藻到该族劝捐。捐助者甚为踊跃，共捐有千余元，刻已购定地方，兴工建筑校舍矣。

又嘉应锦洲王某，家颇丰富，日昨特行倡议，将伊族昔设香文社址，改设一王氏初级家族小学堂，已向合族绅富签捐开办费数百金，准于来正开学，现已缮就章程□□禀州宪立案矣。

兴宁常备军之无状

◇兴宁罗冈，为往来江西孔道，上宪为保护地方起见，曾派常备军驻扎于是。讵该军某甲，竟于日前奸拐谢刘氏逃走，适为某乙拦获，送交罗浮司署。某甲夤缘脱归，怀恨，复纠勇十余人，将乙兄弟肆行殴辱，闻受伤颇重。

嘉应城西小学堂年终大考榜

◇高等甲班优等前列五名：蓝元珠、黄运仁、蓝成干、孙卓曾、黄长生。

高等乙班优等前列七名：梁杏华、李歆昌、陈春宜、张烈成、徐森林、孙豪曾、蓝成柱。

初等甲班优等前列六名：梁浩熙、陈展文、黄伟兴、黄畅仁、梁燕勋、徐桃宣。

初等乙班优等前列五名：黄景仁、陈兆柏、梁宝勋、张有成、蓝光孚。

六、光绪三十二年
（1906）

大清光绪三十二年丙午四月十九日　公历一千九百零六年五月十二号

张京卿桥梓热心助学

◇汕埠八属正始学堂，由杨季岳大令、张公善驾部等，经营创设，自开学以来，学生日增，进步亦速。近日复扩充校舍，规模益宏。兹闻张公善驾部之尊人榕轩京卿，捐银四千元为学堂经费。公善驾部，近又备资，自上海购回仪器标本数百种，及化学药品、哑铃等件，捐助学堂。夫潮汕铁路，为中国自办之始，而京卿既开其先，而兹又能独捐巨款，培育人物。京卿桥梓，真新世界中之翘楚矣。

半夜学堂定期开学

◇本埠八属正始学堂，附设半夜学堂，已纪前报。兹闻该学堂定期于闰四月初四日开学，八属青年子弟，有少时失学经商在汕者，得此教育，其亦可以稍补缺憾矣。

丰顺良乡学堂之成立

◇丰顺良乡现年公立高等小学堂一区，招足学生四十余人，已于本月初五日开学。教员聘师范毕业生曾君推我担任历史、地理、格致，何君寿南担任算术，李君仁甫担任体育、图画，中学堂修业生李君伯亭担任国文正音，张君小渊担任修身，张君蕴生担任经学。是日开学，单大令亲临该堂，行开学礼毕，施以训词，观听者莫不鼓掌，称为盛事。

纪司官之办奸拐案

◇兴宁人某甲，向在高陂开张豆腐生理。去年冬在媒人馆买一孕妇为妾，未几，举一子，甲喜甚。随有卖眼镜者某乙，亦兴宁人，到陂后，认甲为同乡，求寓甲店，甲纳之。讵乙寄居十余日，即与其妾通。月之初旬，竟敢拐带该妇，至距高陂四五里之乌茶乡藏匿。甲悬赏追寻，杳无踪迹。嗣乙与妇因僻住荒村，食尽，不得不潜至罗居渡头觅船，意欲逃回兴宁，比至河干，被人识破，遂将男妇拿回高陂，游街示众，后送至白侯司署过堂。该妇供称乙系前夫，今为甲妾，不堪大妇凌辱，欲随前夫回去等语。司主遂派差拘甲对质，殊妇又供乙系伊胞兄等语，供词前后不符。据甲供此妇前事，我不敢知，至买为妾，确系买自某媒，中证俱在，并非拐带者。司主被甲驳得无词，将甲释放。甲以捐有贡生顶戴，被官辱拿，愤不出署，其妻复到司署大肆咆哮，拟即到县禀请吊放。司官恐，托公亲调处了事，该妇亦交甲领回，乙则解县究办云。

汕头戒烟会序文

◇汕头邓君乾乾等，愤洋烟之害，因创一戒烟会，联合同人，设法劝戒，并为之序云：

中国之大害有三：曰八股，曰缠足，曰鸦片。然八股之毒仅在士人，缠足之祸仅及妇女，近皆一废一改。唯兹鸦片，无贵无贱，无贫无富，无老无少，无强无弱，无道僧娼妓，无城市村落，无日无夜，无刹那时间，无有不嗜之者，无论输出之资，岁亿万计，而举国已成为奄奄欲绝之病夫，虽欲不亡得乎？同人实恫乎此，演上海振武社之宗旨，于汕头特创戒烟会。明知嗜好之殊，各有本性，父不能诏其子，兄不能勉其弟，兹会之设，等于赘疣，然或有翻然思改而不妄自菲薄欤？□则不敢知，而个人之害既亡已。

大清光绪三十二年丙午五月十五日　公历一千九百零六年七月六号

兴宁学务所长引退

◇兴宁学务公所所长罗绅某，闻有踞所营私、借学牟利等情事，兴民学堂及各学堂学生，大动公愤，日昨遍发传单，拟联名禀请撤退，以维学务。该所长立恳萧绅某转圜，请其自行引退，各学生乃不为已甚云。

嘉应饶塘命案之详述

◇嘉应饶塘堡传匪与三点会匪，互相报复，传匪郑某被三点会匪邱某杀毙，灭去尸首一事，已略纪前报。兹探悉此事原因，系由从前三点会匪邱义山，诱奸饶塘张某甲之妻，并将其幼子掳去，张衔之，曾出赏格，迄无应者，卒无如何。张某甲素与上杭县匪首郑和尚善，因倩郑和尚与邱义山说情，令将张某之子交回，殊邱义山不允所请，且口出怨言。郑恐有后祸，思为先发制人之计，因预先埋伏人马，伪邀邱义山等，于某夜伙劫某处居民，到某桥头聚会。邱义山等信之，殊到某处，忽被郑和尚等突出伙计三十余人，将邱义山、孙桂仔、陈某乙三人，捆而缚之，立将三人之眼扑瞎，始行释去。后经邱义山等伙计寻获，始舁之归。三点会匪含恨在心，久思报复，适郑和尚等，于前月路出饶塘，被三点会匪侦悉，即擒而杀之，并将尸首灭去。嗣官兵围捕，邱义山等已悉数遁去，仅获孙桂仔一名，解归署内，审得供词。闻孙亦系著名会匪，如何按办，续闻再报。

虫毒致命

◇兴宁有饶某自外归，至家晚餐时，其妻出苋菜以进，饶食未及半而罢，至夜竟腹痛而死。一室皆惊，疑其妻毒杀，将缚之。妇指天誓日，称冤不绝口。嗣经族人再三研究，以该氏妇素无秽声，且伉俪甚笃，乃询及晚餐所食之菜，尚有食未竟者，检视之，则所剩苋菜中，犹有浓毛虫三四条，知中虫毒所致，众始释然。闻近来乡间，此中浓毛虫极多，其毒异常，触之即疽痛，几于无家不有。闻有人诡造妖言，引科场有抚院入闱祀白虫之说，而虫始不为灾，以煽惑乡民，近时乡间妇女竟有陈设牲仪以祀虫者。噫！女学不兴，其愚乃一至于此。

大清光绪三十二年丙午六月十五日　公历一千九百零六年八月四号

官场纪事

◇卸署兴宁县滕大令桂森，交卸篆务后，已于本月初二日启程，取道嘉应来汕，小住数日，闻俟有便轮，即行晋省。

禀设夏期师范讲习馆批词

◇嘉应东山初级师范学堂教员，杨君维徽、黄君之骏、梁君揆通、刘君声等，联同中学堂及城内小学堂各教员，设立夏期师范讲习馆，业登前报。兹由梁君揆通等禀请州牧立案，旋奉陈牧伯批示：披阅现禀及拟办学校简章，于研究理化，造就师范，两有裨益，足征热心兴学，深堪嘉尚，应准先行出示保护，以资提倡。惟该员等现充该学堂教习，其如何分任兼顾，亦应安筹毋误，是为至要，应俟将详细章程、员生名册缴到，专案禀报学务处宪察核批示，再行饬遵可也。简章、图式附。

潮镇奉裁绿营详纪

◇潮州镇奉裁绿营员弁兵丁，业已分别裁汰，兹将裁去及留存各员缺，详录如下：

（裁缺）潮州镇中营：守备、左哨千总、左哨二司把总、右哨二司把总、左哨头司外委把总、右哨外委千总、右哨头司外委把总、右哨二司头司外委把总各一员，额外共四员，步兵四十五名，守兵一百四十七名。

潮州镇左营：守备、左哨千总、右哨千总、右哨二司把总、右哨头司把总、左哨头司外委把总、右哨外委千总、右哨头司外委把总各一员，额外三员，步兵四十四名，守兵一百四十八名。

潮州镇右营：守备、左哨千总、右哨千总、左哨头司把总、左哨二司把总、左哨二司外委把总、右哨外委千总、右哨二司外委把总各一员，额外三员，步兵四十四名，守兵一百四十八名。

潮州城守营：都司、左哨千总、左哨头司把总、右哨二司把总、左哨二司把总、右哨头司外为把总各一员，额外三员，步兵四十九名，守兵一百四十八名。

黄冈协：左营副将都司、左哨千总、右哨千总、右哨头司把总、左哨外委千总、右哨二司外委把总各一员，又右营左哨千总、右哨千总、左哨头司把总、左哨二司把总、右哨二司把总、左哨外委千总、左哨头司外委把总、右哨外委千总各一员，两营额外六员，步兵五十五名。

饶平营：守备、左哨千总、右哨千总、左哨头司把总、右哨二司把总、左哨外委千总、左哨头司外委把总各一员，额外员数未详，步兵一十四名，守兵一百名。

惠来营：游击、左哨千总、右哨千总、左哨二司把总、左哨外委千总、左哨头司外委把总、右哨外委千总、右哨头司外委把总各一员，额外二员，步兵二十八名，守兵一百卅五名。（未完）

焚毙小孩

◇大埔弓州径刘姓妇，有子三人，大者已十余岁，日前因附近演傀儡戏，出门往观，妇亦他出，仅留其四岁及两岁幼子同睡在床，不知因何失慎，延烧床帐，及邻近闻知赴救，则两岁幼孩已被焚毙，四岁之孩，亦受伤甚重云。

相验命案

◇大埔半径林、赖两姓斗殴毙命一案，日前经胡大令亲诣该乡相验。闻两姓均各纠集枪械，预备械斗，虽经大令极力弹压，惟两姓积怨颇深，情势汹汹，未知果能和平了结云。

又平砂乡某甲，因种植树木屡被人盗砍，时常到山巡察。前日遇某乙在山砍树，遂乘其不备，槊石投之，适中要害，竟以毙命。现已禀报县主到乡相验矣。

崧社何氏明德学堂第一学期试验榜

◇大埔崧社何氏明德家族学堂，由一二绅士合同志苦心经营，开办以来，全堂人员，极为尽职。学生九十余人，日有进步，于上月杪举行学期试验，初一日散放暑假。兹将其试验前列榜，附录于下：

高等：何联封、何建封、何其馨、何捷轩、何赍封、何爵封、何孟封、何钦丰、何其侃、何嘉封、何日烘、何提封、何采薇、何启封、何琼初、何启基、何延绪、何诵易、何国雄、何师信、何师礼、何其鋆、何廉泉。

初等：何克诚、何其亮、何捷延、何嗣育、何石经、何廷谋、何师达、何创业、何师众、何宝岱、何莲台、何晋南、何允臧、何文铭、何馨绪、何诵乐、何尧绪、何乾欢、何国台、何永襃、何高绪、何师甲、何拱营、何衮奎、何慎绪。

大清光绪三十二年丙午七月初二日　公历一千九百零六年八月二十一号

嘉应招考生员考职

◇嘉应陈牧伯奉督县电饬选送州属生员四十名，赴省考职，当经酌量区域大小，分别选送，拟定本州属选送十四名，兴宁、长乐各选送八名，平远、镇平各选送五名，札行各县会同学官遵照遴选，已纪前报。兹以该州学正业已离任，虽经禀请藩宪委员接署，而现距赴省汇考期迩，该学正尚属悬缺，无凭饬选，自应汇齐考试，以定去取，昨已示期于七月十二日，在州考选各生员，申送汇考云。

批饬提醮会之费以办学

◇嘉应州绅李宗海等，以违谕建醮事，具禀督辕。奉批谓：醮会迷信神权，废时耗费，且恐滋生事端。前据侨商胡国廉寄呈演说，力陈六害，当经通饬剀切劝谕在案。据禀前情，该处松口地方，现复广募醮金，实为无意识之举动，仰东按察司即饬嘉应州，切实禁止，以除陋习而安闾阎。现共募集银若干，能否将款拨充公立学堂经费之处，亦即由州酌核妥办，具报毋延云。

潮阳令宣示施孤之害

◇潮阳每届七月举行施孤,最为伤财害俗,虽经官严禁,视同具文。现董大令再行出示,痛言其害,通饬禁止,录其示文于下:

为出示剀切晓谕通饬禁止事:照得藉神惑众敛财,大干例禁。本县访闻邑俗每届七月,竞为盂兰盛会,号曰施孤,误信佛氏虚妄之说,变本加厉,竭尽膏脂,付诸一掷;会场则演戏彩棚,请经则大锣大鼓,男人女妆,拥旗前导,备极丑态;会事将竣,藉散幽名目,抛弃粿品而外,复掷阄筹,听人捡拾,照取衣物,遂致举国若狂。匪徒恃其拳勇,聚众争抢,斗殴滋事。至并盂兰解救惨怛之本意,亦荡然无存。约计斯会,厥害有十:

朝廷方当宵旰忧勤之会,臣民同深感愤,乃无端锣鼓喧天,旌旗载道,欢呼观会,如乐太平,阻人忧国之心,莫此为甚。其害一。

学堂巡警,清道通渠,关系教育,保卫诸要政,民间观望,莫肯捐题兴办。而于此等不经之事,辄罄囊典衣以相助,计每年城乡耗资费巨万,民穷财尽,职此之由。其害二。

踵事增华,藉端角胜,族界乡界,因此会而械斗寻仇者,往往而有,既费钱财,复伤团体。其害三。

时当秋暑,供事者奔走不遑,看会者挤拥不已,杂处炎天烈日之中,人气热气秽气,熏蒸郁积,伤暑中痧,动遭危险,大碍卫生。其害四。

不分日夜,男妇老幼,竞集会场,不法之徒,混迹其间,伺隙求逞,失物之外,或贻羞别故,或致失幼童,奸拐并起。其害五。

游手光棍,藉会开设赌场,小民误入局中,一掷即成空手,及至反本不胜,任凭剥衣抵偿。其害六。

民贫物贵,粒食维艰,散会后白饭粿品,动被践踏,暴殄天物。其害七。

会所人山人海,良歹难分,盗贼潜滋,动成劫案。其害八。

火烛辉煌,加以冥衣冥金,纸料山积,皆引火之物,一或不慎,立兆焚如。其害九。

然此犹害之显焉者也,惟以亡魂为依赖,称曰"孤圣",以田子为威灵,名曰"孤王",竟尚崇奉,妄希庇佑,人人不求自立,事事凭藉渺茫,靡然成风,牢不可破,无老无幼,似痴似狂,以养成此特别奴隶之人格,其害尤烈。

具此十害,业经俞前县示禁于前;本年春间,本县复经示谕通禁在案。近闻复有阳奉阴违思举此会者,固由神棍之视为摇钱树,自图中饱,亦由民间之误认为做好事,谓可邀福。独不思福自己求,彼孤魂乃无嗣之鬼,不能荫庇其子孙,岂复能祸福他人?且施何等事,待我施者何限。孟子曰"施由亲始",我民平日锱铢必较,于所当施者,不能循序而及,乃欲施诸渺渺无凭之中,以邀幸福,有是理乎?孔子曰"未能事人,焉能事鬼",又曰"非其鬼而祭之,谄也",我民其熟思审此,万万不可再蹈覆辙,以无益之浪费,夺其有用之资财,致兴学、自卫诸要务,不能次第举行。除饬差札属通饬严禁查拿,并照会学务公所会同总分各局绅,一体遵照,随时随地,认真劝导外,合再出示,剀切禁止。除民间节届中元,祀先拜祖,烧香荐食,悉听民便,不在禁例外,自示之后,城乡各处,如敢再有擅设盂兰盛会,以施孤耗费滋事者,一经访实,定行拘案究办,援"藉神惑众敛财"之条,治以应得之罪,本县言出法随,其各凛遵,切切毋违!特示。

汛弁又拿获一匪

◇匪目罗阿水,兴宁人,操竹工为业,往来于大埔属百堠、同仁等处,经官查拿未获。现经石云汛张弁购线侦知,在黄湖塘某家,上月廿四日率勇围捕,获之解县。先由李守戎审讯,供称有在某处拜会等事;及送由胡大令讯供,则情词狡展,大令并不用刑,即收羁,候讯实究办云。又闻张弁押匪出县之勇,数日未回汛,侦骑四出,全无踪影,随身包裹,则仍在守府署内云。

争承牛皮之恶剧

◇嘉应丙市牛屠最多,而买卖牛皮一宗,则归李某甲专缴,世其业者已三代矣。近三堡学堂廖某、江某,皆请将牛皮承充,拨为学费,有温某乙与谢某丙,愿承充此项经费,认缴廖某所办学堂之学费,于是李某失其业,江某失其款,皆起而与之反对。日昨李某甲竟纠率江某所办学堂之学生数十人,夺去温某丙之牛皮数张、牛肉一蹄,温某丙并被刀伤数处,抬至州署验伤。李某家亦递禀控诉，并盖用三堡学堂钤记。州署以事关打架案件，某学堂不应出而干预，将原禀掷还，令遵状式呈递。现温某乙之伤已经验明，不知陈牧伯如何办理也。

洋门路劫之详情

◇前报嘉应白渡前廖某在洋门遇劫一案，兹探悉被劫者系赖姓，即洋门岌下人，往来于镇平、嘉应间，人颇诚实，商家多信之。是日由镇平下州，携带数百金，汇往十字街熊某匹头号银最多，被贼知觉，一路阴尾其后，未敢下手，直至冷水湾地方，贼四顾无人，突以木棍击甲仆，肱篋探囊而去，及至四处闻报追赶，已杳如黄鹤。日昨熊某号带赖某甲，往州署喊验，陈牧伯验毕，随派巡防营弁兵，前往该处及附近炭坜等处查缉，并以该处迭出劫案，一面传谕该处绅耆前来面商防捕之法，以善其后云。

大清光绪三十二年丙午九月十六日　公历一千九百零六年十一月二号

潮汕铁路定期开车

◇潮汕铁路督办张榕轩京堂不日返汕，预备行开车礼，已纪昨报。兹闻开车之期，有拟定来月初十之说。

嘉应实业学堂之先声

◇前两广学务所颁学务公所通章，第一期即有实业之预备，盖资遣学生，游学实业，预备毕业回国，即可为实业教员，以宏造就也。无如州县款绌，资遣寥寥，甚为憾事。嘉应松口堡大黄砂廖氏，近立一笃裕学堂，此学堂系两等小学，而附属工艺者，其开办常年两费，皆廖煜光观察鹏章一人所独任。观察系凤章大令之胞兄，慷慨好施，而雄于财，为南洋巨商，星架坡建设嘉应学堂，曾捐千元为之倡。今夏回里，慨族学未兴，恝焉忧之，因独肩巨款，以成此笃裕学堂，惟观察意在提倡实业，故建设附属工艺，以师资难得，旋由吧城选颖子弟，资遣日本，学习织造工艺，手订章程，俟毕业回华，即充当该学堂教习。其尽义务之年，悉准资遣之年以为衡，其给资之法，于神户则托廖君道明，于横滨则托吴君植垣，于东京则托邱君心荣，为之支应，其于各埠保护之法，亦即托三君为监督。闻其资遣子弟三人，一为有德君，一为达政君，一为湘兰君，皆廖氏；其附从东游者二人，一为梁君玉成，一为邱君茂荣，即于九月初十日，由吧城启程，联袂游东，学习工艺。俟章程访得，再行续登。

丰顺劝学所迁地

◇潮嘉各属，自奉文将学务公所改设劝学所，业已次第改办。丰顺学务公所于前月接奉单大令照会，当即邀集绅耆，选举人员，并拟迁入官小学堂，以节经费。于月之初六日，将所有文牍及一切器具，均迁入小学。其堂中教员，本属缺少，即请吴君伯谷兼担任修身科，闻已登堂授课矣。

学务公所员绅辞差未准

◇丰顺学务公所所长等，昨具禀单大令辞差。奉批如下：丰顺县乃属山城瘠苦之区，自该所长接办学务以来，时未一年，计据各乡报开学堂者，已十三处，足见与在事各员，均向认真竭力劝□，颇有成效。况前据赴提学宪恳辞差，又仅奉批饬照章由县出考禀委，并未准予遽退，即外董事兼庶务之吴伯谷，办事热心，不辞劳怨，本县已深钦佩，嗣又联络局绅，开办师范讲习所，兼任教科，洁己奉公，不支薪水，使四乡学生来学者百余人。现拟于毕业后，续集二班，实为丰邑学界大放光明，将来山陬僻壤，咸能讲学，教员普及，其功尤巨。且当兹奉宪通饬，划分区域，逐渐推广之秩，办理全资热手，据拟条陈，将在事各员，悉数更退，殊属难以照准。现在既奉宪饬将学务公所改劝学所，所长改董事兼县视学，禀请札委换给关防，其余文案、会计、内外董事各员，由县委充等因。事关合邑学务，尔等谊切梓桑，责无旁贷，应即始终如一，照常实心劝办，将所有应改事宜，照章禀复，分别转禀札委，以归画一而符定章。至所拟将学堂各员兼理劝学一节，原系节省经费起见，能否妥帖，俟会商定夺。条陈姑存。

严究丁书索礼

◇嘉应邱象坤，日前以超迁指日事，具禀督院。奉批谓：生员考职，系为寒士广登进之途。丁、书人等，胆敢讹索房礼、门礼银两，若不通贿，则虽名次在前，亦不申送。似此任意妄为，何以该直牧毫无察觉，致令寒畯抑屈，殊属荒谬。仰广东提学司，即饬嘉应州确切查明，照案秉公办理。倘丁、书实有需索情弊，即行严提究追惩治，毋稍徇隐干咎，切切云。

饬查镇平米捐

◇嘉应州镇平下坝、潮埔各米帮商人李振新等,赴商务局禀控镇平学务公所藉学抽米,有害无利等情。而商务局以该县学堂开办米捐,未据禀报到局,无案可稽,应如何维持,以期学费商情,两无窒碍,仰嘉应州饬查核议禀复夺云。

大清光绪三十二年丙午九月十七日　公历一千九百零六年十一月三号

黄会办禀请出洋考查铁路

◇潮汕铁路会办黄诏平观察,近以各国铁路日新月异,非亲自阅历,不足以增广见闻,特拟自备资斧,游历欧美各国,以增见识。昨经禀请岑帅给发文凭,并代咨明商部,原禀略谓:窃职道办理潮汕铁路,现已工竣,定期十月初十日,举行开车礼。惟铁路一项,建设与管理,我国皆为幼稚时代,若事事借材异地,不特受人掣肘,而且与国家振兴路政、挽回外溢之宗旨不符。职道念铁路系艺学专门,虽担任多年,仍属未敢自信,且管理之法,各国不同,非逐一详加考查,实无以为他日设施张本。现幸汕路已成,芳村商场,尚未工竣,乘此暇日,拟自备资斧,前往英、日、美、俄、法、比诸国,将建筑管理诸法,考察一周,或者阅历有得之时,可以薄技片长,为将来报称之地。应请宪台准将粤汉铁路副办职任开去,给予出洋考查铁路文凭,咨明商外部立案,并分咨驻扎各国钦使衙门,随时保护,实为公便云云。

长乐令因办税契不力记过

◇续定税契章程,如照原额征长仅止一倍者,免计功过;如不能长至一倍,则以在位之久暂,定功过之等差,仍照原额加一倍罚赔。惟改章伊始,各厅州县长征者固不乏人,而短征者仍复不少。现税契总局,查得开建向大令式恭与长乐王大令景沂,在任已久,未能长征一倍,详请将向令记大过三次,王令记大过二次,责令将短解原额一倍税银,照章罚赔,限期解缴,以示惩儆,随奉督县批准照办矣。

大埔梓里两等小学堂上学期试验榜

◇高等生前列十名:林为然、范锡文、范冠英、范其适、范其务、卢甲升、范其铎、曾令阶、廖德铭、林翼华。

初等生前十列名：曾纪朋、曾令铭、范质森、孔庆诜、曾祥学、黄接华、□□□、□□□、□□□、□□□。

大清光绪三十二年丙午十月初七日　公历一千九百零六年十一月二十二号

潮汕铁路拟添建浮桥

◇潮汕铁路开车以来，尚未载运货物，而搭客已日渐增多，各车站非常热闹。惟自本埠至车场，尚有厦岭一渡阻隔，往来稍形不便。该公司原拟于此建筑铁桥，以工程较久，不能赶及。现拟建设木桥一座，仿照同济桥式样，中间钓起，以通船只，并拟加造宽阔，以便东洋手车往来，日间即兴工赶造。此桥一成，搭客更为利便矣。

兴办实业学堂之先声

◇实业学堂，为当今要政，而各处困于经费，未能建设。现潮府约计各案罚款，不下数万金。闻李太尊拟将此款作为开办实业学堂之经费，可谓为政知要矣。

嘉应考送工业考生

◇嘉应陈州牧定期本月初二日，考选工业学堂学生，申送两广高等工业学堂投考肄业，已于日前牌示，各学生务于考期前五日，赴房报名领册，以便预备试卷。每名只准工房收取办理卷册纸张饭食银二毫，以资办公，毋许多索云云。闻州人士报名应考者，大不乏人。

嘉应火警

◇嘉应前月廿七日，鼍更五跃时，油箄街口失慎，一时火星喷发，势不可遏。火起处有金大兴号及同昌兴博馆二间，已成灰烬，经巡勇、店邻极力灌救，始行扑灭。左右邻店均揭去瓦面六七间，幸未殃及。

传闻之讹

◇前报纪兴宁某牧师，以近来各乡学堂林立，入教者渐见稀少，邀集各教堂传习之徒，拟改良一切办法，以广招徕。闻决议设立学堂，凡教会子弟，来堂就学者，一律不收膳费，以冀人心趋向等语。此系传闻之讹，盖依决议，自后教会所设学堂，凡初等每名应帮膳费八元；高等学生，每名帮膳费十四元至十八元，免收修金；中学及师范生，每名收膳费十八元，修金十元。以上各学堂如此办法，乃欲体恤贫寒子弟，故从廉酌收，然较旧章则既加倍矣。至嘉应所设乐育中学堂，则依旧每名修金十五元，膳费自备，并无减价以冀人心向趋之事云。

大清光绪三十二年丙午十月十九日　公历一千九百零六年十二月四号

学堂益人于无形

◇嘉应松口建醮，学堂要向醮费金内，每百元抽二十元为学费，因此冲突，建醮竟作罢。论云：按建醮，事神者也；学堂，致力于民者也；先王事神而致力于民，经训也。今松口人既能事鬼神，奈何因学堂要抽醮费二成为学堂经费，遂并神亦不祀，得毋神怒人怨乎？虽然，因抽学费而省了如许有用金钱，不作无益醮会，则学堂亦不得谓无功于松人也。

金盘堡银场之煤矿将出现

◇金盘堡银场向有煤，前已有人开采，其质颇佳，土人惑于风水，因之封禁。近日锦州堡有一二发起人，欲合金盘堡联名具禀上宪，准备开采金盘堡，绅商因邀集其本堡人合议，曰与其本地宝藏拱手让人，诚不若利权归己之为愈。闻近日已有数人出省，以营干此事云。

更正昨报

◇本报前载，兴宁布市略有牵动一则，兹查实非饶谦记，乃香港谦益倒闭耳。查谦记近年生意正旺，实于兴宁纱布大有关系，合亟更正。

大清光绪三十二年丙午十月廿二日　公历一千九百零六年十二月七号

咄咄竟有誓死仇学之蛮人耶

◇大埔枫朗黄某，素以顽梗著，其仇视学堂尤甚。日前聚集无赖多人，在安乐宫地方，歃血同盟，誓死阻抗学务，谓临会各人子弟，不得入学堂读书，并不得将祠堂屋宇，借为校地，及有分毫捐题学费事。若有学界中人，敢请官力压制者，同盟之人，当出死力抵抗云云。近有黄君子瑜在该乡开办一半夜学堂，借树德堂旧塾为校舍，报名就学者已有数十人，于本月初八晚开学。讵是夕谒圣时，突有黄阿约等，带令子弟持械至堂滋闹，且以危言恫吓，致学生散去大半。夫自去年以来，各处闹学阻学之事，时有所见，未闻有聚众誓死以相挠阻者。此等凶顽之徒，地方官若不尽法惩治，则学界前途，定有不堪设想者矣。

茶阳师范馆改办旅小学堂

◇潮郡茶阳师范馆将届毕业，校长萧君干臣等现议将该馆改办茶阳旅小学堂，学生定额一百名，凡埔属旅郡绅商子弟，自八岁以上十五岁以下，均准入学。各属儿童，有愿就学者，亦准附入，以期普及。其常年经费就茶阳书院，旧有年息，禀县拨充，不足者由绅商另行筹措，并按学生年龄酌收学费。教员就本年师范毕业生，择最优者三人充任。现已招生，定于明春开办云。

查拿狼狈为奸之劣棍

◇大埔太宁甲谢文彬、曹栋魁甥舅，狼狈为奸，专以唆揽词讼鱼肉乡愚为事，受其冤屈者不可胜计。现经各甲绅耆，联名禀县拘办，奉胡大令批谓：谢文彬唆揽词讼，与曹栋魁狼狈为奸，本县业已查悉，正在访拿究办。兹据呈指前情，候札捕衙据实查复，以凭查拿革究，并出示晓谕，免再被其唆弄云云。

严拘私开山票商人

◇嘉应州山票，历经各前州牧示禁有案；日前州商纷纷赴省局承办，又经局宪饬据该州查覆，州属向无开设山票，请即严行禁止，照旧不准开设等情，当札饬该州出示严禁在案。现有票商李少达，违禁私开山票，被保安局黄绅遵谟等，禀由陈直刺签拘该商到案讯办矣。兹将签文照录于后：

为签传讯问事：现据保安局绅黄遵谟等，禀控票匪李少达假借铺票开设山票等情，请将票厂查封拘究前来。查李少达承办铺票，并未奉到局宪文行有案，所禀假借铺票开设山票，如果真实，亟应禁止，合就签饬调据传讯。为此签，差本役刻即前往该处，立将开票之李少达一名，并饬将禀准来州开办铺票凭据及收票章程街招等件，带赴本州，以凭讯明核办。去役毋得玩延，索扰干咎云云。

长乐收成稍丰

◇长乐一县，专以农为业，自连年荒歉，每岁少收数万石，人民大受困难。今年收货稍见丰稔，故近日市价，亦渐形低落，大抵每谷一石，仅值银二元五六矣。

大清光绪三十二年丙午十月廿三日　公历一千九百零六年十二月八号

禀控纠殴教员之批词

◇嘉应州务本学堂董事吴翰藻等，以挟仇纠抗，殴伤教员，具禀提学司。奉批：昨据静福庵尼仁祥具禀，业已查案，批州核办。现禀张云松等摆串阻抗，并用铁尺殴伤生员吴捴藻脑盖等情，查核情节，殊属支离。庵产报效学堂，既已批州有案，应候官断。张云松等正在该庵滋闹之际，适吴捴藻经该庵，何相值如此之巧？且经止理责，何至铁尺殴伤？其中显有起衅实情。仰嘉应州验伤保辜，传案讯究。其庵报效一案，应遵前批查案办理，均毋徇延。

山票尚敢违例开设耶

◇嘉应州系未有山票处所，商人李少达违例开设，为陈太尊所签拿，既纪昨报。兹闻十七日，系山票开办之第一期，州中绅士大哄，保安局绅督率练勇，将该山票厂牌件，全行废去。陈太尊亦于是日出火签拘李少达，签尚未出，适李少达适入署禀见，陈太尊登即拘留，州人称快。

兴宁擅开墟场禀批

◇兴宁县附生李杖铭等，以擅开抗禁，具禀提学宪。奉批云：查阅粘抄，陈姓私开墟场，既控经该县示禁，何以仍敢抗违？仰兴宁县查案严禁，究办具报。又廪贡生陈德渊等，以纠械阻扰，禀奉提学宪。批云：前据李杖铭禀，尔陈姓私开墟场，业经批县严禁，现禀以办学筹款为词，是否藉学争利？仰兴宁县遵照先令批行，查明禁究具报。又新陂墟职商罗德纯等，以搀夺抗禁，禀奉商务局。批谓：西河背地方，从前向未开设墟场，陈善箴等果不先行禀报立案，擅自开设齐安墟，殊属玩法，既经赴县控准示禁拘传，仰兴宁县迅即差拘讯明，分别究断云。

大埔县之警察

◇胡大令前奉大宪札催速办警察，因埔地瘠贫，经费难筹，乃自捐廉俸三十金为开办费，并谕饬保安局绅，于前月暂招警兵八名，每名月薪六元，均由各店家按月认捐，缴局支给。惟开办伊始，所招之兵，多不合格，非力求改良，断无实效也。

烟叶涨价

◇闻上月有日商三井洋行，嘱人至大埔县城附近各村落，收买烟叶，运往台湾制造烟卷，因而日来烟叶价值，骤行昂贵，每元不过购叶两斤四五两而已。

张辽轮搭客受伤事已息

◇前报所纪张辽轮船由暹来汕，有丰顺徐姓搭客五人，与该船茶房因争盘碗口角，被茶房用滚水淋伤一事，刻闻被伤之人，已医治痊可。该茶房数名，业经法国领事及太古大班着该船交出，送由鮀浦司惩办，并赔补徐姓医药等费，以了其事。人皆称太古大班办事，最为公允云。

示谕改良验疫情由

◇改良洪漳山防疫一案，经新嘉坡总领事，拟定章程十条，照请英政府改革，旋准英辅政司文开，凡由有疫之埠来船，大舱搭客均不用赤身验体等由。当经孙领事申请粤督，札行沿海地方官出示晓谕，现已札行到潮。海阳县奉到札饬，已遵照出示，晓谕属内各商民人等一体知悉矣。

铁路与酒楼之关系

◇潮州府李太尊，于郡城严禁妓女，郡城酒楼，生意为之锐减。自潮汕铁路开车后，一般旗亭豪饮辈，乃预先折柬，邀饮于汕头；晚五点钟，由郡搭火车联袂来汕，赏花啸月，弦管通宵；及东方已白，复联袂于七点钟搭早车晋郡，人皆称快。迩来汕头酒楼，每座客满，校书之侑酒者，复疲于奔命。即此一端，既足觇铁路与商务之关系矣。

大清光绪三十二年丙午十月廿六日　公历一千九百零六年十二月十一号

南洋潮商电请保全金山学产

◇闻旅南洋潮商，昨有公电致道宪沈观察，略谓：汕头金山院产，关系全潮学界命脉。闽商林国瑛混耸报效，侨民骇然，乞鼎力保全，以造潮福云云。

嘉应州牧履任

◇新任嘉应州冯牧伯端，于本月二十日上午十句钟，由揭阳取道到嘉应，暂寓公学院署内，择吉二十三日卯时接任视事。

札饬严拿会匪首要

◇大埔县胡大令近奉道宪札饬，略谓：现准署理潮州镇黄函开，据饶平营中军守备李怀远禀称，据守蒲田汛弁李葵禀报，在丰顺县属大胜地方，拿获三点会首陈木华（即光史）一名，理合禀解讯办等情到镇，当将该犯发交海阳县提讯。据该犯供认，于光绪三十一年八月，听从素识之陈占鳌（即永山）等，在黄洞窝地方拜会一次，由陈占鳌刻送光史添记木伪印一颗，封伊为白扇军师。本年二月，伊又招集三十余人，在老鼠笼地方拜会一次。又于三月招集四十余人，在高道庵地方拜会一次。每人每次收会钱一千一百零八文，均交陈占鳌收存，伊先后共得钱十余千花用不讳。据海阳县录供抄呈核前来，查该犯听从入会，已得伪号，复又两次纠集多人拜会，敛钱得财，实属罪不容宽，法难轻纵，拟会衔电禀督宪，将该犯就地正法，以昭炯戒。除饬该营守备及防营各弁勇，一体严密侦缉，将供开会匪首要陈占鳌（即永山）等务获究办外，特抄录该犯供词，先行函送，即祈察核是荷等由，计附供抄一扣到道。准此，查陈木华（即光史）一名，既系会匪，应归入清乡案内办理，由县讯明录供解府，提犯复讯，供词无异，方可会电请办。除函覆并分行外，合就札饬，札到该县，即便查照粘抄内陈木华供开各犯，会营饬差严密查拿，务获禀办云。

谕饬选送中学预科生

◇大埔高等官小学堂邱校长，以县属各区高等小学生，不乏程度稍高之人，若不设法变通教练，则各该青年子弟，以之入高等小学本科已有余，以之入中学本科仍不足，学级已欠相当，教练终多窒碍。现拟就本校先办中学预备科一班，以为年长学生进身之路。其课程一切，均遵照高等小学堂章程第三、第四年之课程，酌为变通，加入外国语言一科，分配教授，亦名曰高等官小学选班，拟以年半卒业。其挑取学生之法，分为二种，一请二十区内绅董，各挑送合格子弟二名，一请饬各区高等小学堂校长，各保送学生五名，均到本堂誊册，届期听候管学官临堂试验，分别正取备取。业已订定章程,牒请胡大令出示招考,并分谕绅董及高等小学堂校长查照选送矣。

嘉应倡设研究地方公益会

◇嘉应士绅,近拟设立研究地方公益会,以为地方自治基础。现由保安局董黄太守遵谟,邀集中学堂师范学堂各职员,公同组织,既择定西门外育婴堂内为会所,每逢星期日,合群会议。闻其办法,范围颇广,内分农务部、工业部、商务部、学务部、词讼部数种。先行调查详悉,实力改良,以期日渐发达,不日即将开办云。其详细章程,俟访得续报。

抗捐阻学之愚顽

◇丰顺自助学堂禀提新渡戏金,致起风潮,已纪昨报。兹闻该绅商陈瑜璋、陈福合,经单大令传谕后,复煽动乡民敛钱集会,大张揭帖,誓与办学者为难。闻其揭帖,有"庙堂之上,朽木为官;草野之间,禽兽食禄。创设新法,征抽民间。若有人能获某某二人之首者,赏银一千两,能获其一者,赏银五百两"等语。呜呼!以地方之公款,不愿助学,而愿滥费,可谓愚顽极矣。

大清光绪三十二年丙午十月廿七日　公历一千九百零六年十二月十二号

州人不公认教育会

◇嘉应教育会立案之初,只系务本学堂董事所私拟,其所举正会长副会长,亦不知其何日举定。州中学堂九十余所,多未与闻,即初级师范学堂及中学堂,亦未签名其中。州人士闻此消息,为之哗然,颇不公认。

嘉应中学堂添聘体操教员

◇中学堂本下学期添招中学生四百名,其中年龄不合者,作为师范传习班。本堂不敷分布,乃添赁祠宇,分为成、德、达、材四所,合原有之中、东、西三讲堂,计共七讲堂。分班教授,学生共五百人,郁郁彬彬,于斯为盛。其监学为黎广文全懋、张上舍凤诏、黄孝廉焕亨、李茂才倬鋆,其教习为日本弘文卒业生黄君遵庚、清华学校卒业黄君干甫、李上舍梧齐、韩山师范卒业黄君季良、两广师范传习毕业生杨君叔颖、钟上舍实君、梁上舍伯聪、两广初级师范毕业生李君勋、吴君锷、建桂里学堂教习李君通,国语教习林君承鸿;张、李两监学,尚兼教员之职。闻尚缺体操教习,刻已聘到日本振武学校毕业生浙省邓若愚,以充斯职,与黄君干甫分班,近日教练真枪,颇有军国民气象云。

商会已换商董

◇嘉应商务分会,发起于黄文彬、陈其宗二人,而所举商董,亦半系二人所私,多不合商董资格。本年学商冲突,争承捐项,迭起风潮,为大宪所严斥,派委查明,或撤或换。刻闻商会中,于某日自行选举,既举定刘振大为正商董,萧华记为副商董云。

挞欠洋款之办法

◇兴宁县郑大令业崇,以遵札办理饶子瑶挞欠各洋行银两一案,查封谦益当情形,禀请察核批示祗遵等情,具禀督辕。奉批:据禀已悉,仰广东布政司即饬兴宁县,派差密查饶子瑶,现在有无潜匿回县,务获讯明,勒追清理。至现封谦益当所有赎出本息银钱,应汇齐送交广州英领事查收,转给各洋行,匀抵欠款,勿任稽延,致滋藉口等因,已批行藩司札饬兴宁县遵办云。

大清光绪三十二年丙午十月廿九日　公历一千九百零六年十二月十四号

普宁令之言论

◇普宁阳大令到任后,拟查视所属各学堂,大加整顿。近日查悉官立昆冈高学堂经费不敷,即对某绅言,必多筹二万元,为该学堂经费,办理方有起色云云。其言论如此,未识能否实现,姑志之,以观其后。

禀攻学生混考被斥

◇镇平县中学生陈天竞等,以斥退学生改名混考等由,具禀提学宪。奉批:学堂斥退学生,照章本不应更名另考,惟其中情节亦有轻重之别,涂文镇前在镇平县中学堂,究因何事被斥退学?现考法政学堂之徐元镇,是否确系涂文镇更名投考?既称该学堂监督不久当有禀呈,何庸该生为禀攻,致开挟嫌攻讦之渐?所请不准,词无保领,不合并斥。

茶阳师范学校监学对于学生之牌示

◇潮郡茶阳师范学校日前体操分班一事,学生中顿生意见,几致冲突。当经周教员与王监学牌示开导,其事始寝。兹将监学牌示,照录于下:本校此次体操分班，系周教员亟爱诸君进步，故省节改正时间，为分班教授，复经周教员亲行牌示，再三表明此意。乃乙班学生，以为程度不甚相差，未经与选甲班，终有所慊，足见诸君崇尚名誉，推此以增进人格，造就学问，本监学不胜厚望。此中始末，诸君所以未惬意者，乃对于从前挑选牌示而已。此虽系经班长代表多数人之意见来请，本监学不能体察群情，遽行宣布，自知管理无状，激动风潮，不能不引为深咎。第念诸君系将来国民之表率，应宜激发同情，共赴教育之目的，万不可牺牲自己学问，以图逞一时之忿。当此国家多敌，用此竞争思想，益当扩充之外界。若同堂互生意见，团体散沙，持此人才，何以胜天演之惨剧？思量至此，真堪痛心！为此示，仰诸君仍复如常上课，俾全体受平和之幸福，诸君价值从此日高，则茶阳师范前途，不胜幸甚云云。

又有承办鱼汁者

◇大埔县监生张敬业，以该县咸料豉油之外，以鱼汁为大宗，近年因龙湘桥归埠等处厘卡，重索规费，以致价值昂贵，愿集股承办，每年缴经费一千元，其盈余之款，除支销外，以二分之一，为该县乐群学堂经费，余归各股均派，拟具章程禀缴到善后局。现局宪以究竟所禀厘卡索费各节，有无其事，此项鱼汁每年销售若干，该监生所请承办，是否可行，有无垄断罔利情弊，章程是否妥协，候札潮州府督饬大埔县查明，妥议禀覆，以凭核夺云。

州绅严禁山票之公启

◇嘉应李少达，在城内义肃熊公祠，及城外卢氏祠，设厂私开山票，经保安局绅禀官毁拆，并□□□□□□□□□□□□□□□□□□□□公启，兹录于下：

公启者：山票之害，与小围姓等赌博，同巨同烈，以其随处可投，随人可赌也。迭经公局联合阖州绅耆，叠次奉州宪陈出示严禁，并详奉学务处宪批"禀悉该州属内，即向无开设山票，应仍照章查禁，仰即知照，此缴"等谕。又详奉善后局宪批"查该州属内，既据查明向来并无开设山票，自应严行禁止，不准开设，以杜流弊。至周商所请委员查办之处，应毋庸议，除分别批饬知照外，合行札饬，札到该州，即便遵照，迅即出示严禁，毋许再有代收私设，致滋藉口"等谕。旋因州中尚有代收山票者，公局再行禀奉，州宪陈批"禀悉，候即出示严禁，如有铺户人等再敢私自代收山票，准该局绅等指名控告，以凭查封拘究重惩，仰即知照"等谕。似此一禁再禁，自应悉绝根株，当无人敢私设代收，以显干国法矣。讵近日票匪李少达因前谋开山票不遂，竟敢假借铺票名目以开山票。查铺票章程，只有一元及中元卷，并无三毫卷，且各卷分派谢教，并无合派谢教。今李某所设嘉裕嘉丰公司，即前私开山票之嘉裕嘉丰公司，其街招乃有三毫卷，并统十卷、一百卷合派谢教，买票之费可以逐减，而获彩可以递增，竟至有一万八千元之多。又以天、地、元、黄编列铺号，且令随处可以代收，即随处可投，随人可赌也，非山票而何？非小围姓而何？名曰铺票，其谁信之！似此心居狡谲，目无法纪，妄作妄为，必欲贻害地方而后快，诚为害民蟊贼，论公理则人皆切齿，论王法则罪不容诛。伏读前督宪岑告示，内开：若再有乘间伺隙，假借名目，复开设小围姓等赌博，则是贻害桑梓，罪不容诛。前此奏明严禁有案，如再有禀请开设者，当以违旨论，无论何人，准将其托词禀承之人，扭送地方官，从重究惩，并将其开设此项赌博之房屋□□□□□□□□□□□□□。人之欲□，诚不如我，当不致言谆听藐也等因，敬告同乡官绅士庶人等，务须父诏其子，兄勉其弟，切勿听其煽诱，以致受害无穷，庶不负各大宪爱民之至意，并宜合群驱逐，以靖地方，而造梓乡之福，公局幸甚，阖州幸甚！

拦途抢劫

◇普宁城内方某，廿六日自大坝墟取账归家，行至水磨溪地方，忽有强盗数人，拦劫去路，肆行殴击，将方某所带银百余元，抢夺而去，方某只得负痛而归，徒唤奈何而已。噫！盗风如此，有地方之责者，可不亟求弭盗之法耶？

大清光绪三十二年丙午十月三十日　公历一千九百零六年十二月十五号

学堂招考两志

◇潮郡韩山师范学堂，自上年九月初一日开办，至本年年底，新旧各班学生，及添设练习科生，均应次第毕业，所有来年应取诸生，亟宜预期招考。现道宪沈观察，已示期于本年十一月廿五日，在学院行台，扃门考试，额定正取六十名，备取三十名，凡有志向学者，准其一体与试。兹将其报考规则，照录于后：

（一）报考者须亲递像片；（二）考试不得携带片纸只字；（三）年在卅岁以下，二十岁以上，身体强壮，能耐劳苦，毫无嗜好者；（四）籍隶惠、潮、嘉者，他籍不收；（五）校中每日除例假，乞假不得过三日，计年不得过三十日，诸生须自量才力，方可投考；（六）入学之后，如有犯规，经本校革退者，应责赔学费，以每月卅元照算。

禀控殴辱教员批词汇录

◇嘉应务本学堂正音教习吴掞藻与商会董事李镜湖等，在北门外静福尼庵滋事，被庵邻张姓殴辱互控一案，迭登前报。兹将陈牧伯批示，汇录于后：

务本学堂教员刘钟泽等禀批：被殴受伤，即成讼案，无论何人，自应照案办理，不必偏重教员。若专以教员论，恐人谓恃教员为护符，不免有所藉口矣。仰即静候提案集讯，无庸借众晓渎。

务本学堂学生温之载、钟权、吴振升、周世泽等禀批：查吴掞藻被殴受伤，系在静福庵内，并非在学堂地方。可见当时人众，庞杂喧器，或无从分别其为教员与否，但既经验伤，即成讼案，无论何人，自应照案严行查办，该生等又何必以"教员被殴，全体受辱"，张大其词，插讼于中，为推波助澜之地？总之，凡事以理为衡，初不系乎教员与不教员，更不关乎全体与不全体，是即子舆氏所谓"自反不足，虽褐宽博吾惴；自反而足，虽千万人吾往"之义也，诸生其细思之。□仁祥呈批，候查明集讯核办，粘抄附。张云松、张逢昕呈批，据呈是否属实，应候确切查明，分别办理。

大埔禀办巡警之批示

◇大埔县胡大令，日前将督同县绅，议办巡警及筹款章程，禀缴督辕。奉批：禀折均悉。警察为治安要政，必须一律举行，该县拟抽铺租及牛猪两项捐银元，支警员费，以本地之财，办公益之事，尚无不可。惟所拟章程，是否悉臻妥协，仰广东巡警总局，核明具覆饬遵，仍饬率属督绅妥等办理，务须实事求是，勿稍敷衍搪塞，是为至要，并将开办情形，另行详晰具禀察核。至各乡如何筹办，亦即妥商具报，均毋泄延云云。

谕饬停止设醮

◇长乐水寨地方，每于冬间，即有启建太清醮之事。近日预备举行，为王大令访闻，以设坛建醮，系属无益之举，且男女杂遝，贼匪窥伺，于地方治安大有妨碍。即谕饬该绅商值事人等，略谓：醮会酬神，徒费财力，不特风高物燥，火烛可虞，现值冬防届期，防范宜慎，所有本年醮会，即行停止。自谕之后，务即传知各首事一律遵照，如或不能停止，着即照附城塔冈、城隍二处，建醮成例，捃节报缴学费五十元，刻日照数呈缴，以便转发应用。倘敢故事阳奉阴违，查出定予严传究罚，决不姑宽云云。

大清光绪三十二年丙午十一月初二日　公历一千九百零六年十二月十七号

前长乐令请详核移尸案

◇前任长乐县赵大令子瑷，到任三年。于去岁十一月，突有兴宁县民马富古，挑货行抵龙川地方，被匪拦抢杀毙，埋尸于长乐界内，赵大令查有移尸事实，即移龙川县会同勘办。龙川县魏大令，以其推诿禀诸当道，遂被参革。嗣由赵大令获得黄亚理，供开"马富古案，实在龙川失事，移尸埋于长乐"等语。赵以无端被革，含冤莫白，刻赴大吏具禀，求详加察核，以彰公道云。

批饬查封店物变抵洋款

◇日前兴宁县郑大令具禀督宪，将奉札查封饶子瑶所开谦益当，抵还各洋行欠款各情，经详前报。现潮州府李太守崇洸，禀呈督宪，将饬查谦益号股东饶子瑶在潮州开设致和生店，先将奉文办理情形，及海阳县禀报查封府城致生和店物，照录清折，绘图注说，禀请察核。奉批：据禀清折图说均悉，仰广东布政司，即饬该府，速饬海阳、澄海两县，迅将谦益号股东饶子瑶，查传到案，讯明实情，勒令作速清理；并饬澄海县，刻日查明汕头致和生店是否饶子瑶所开，分别查封，禀候核办。所有现封府城致生和店物各件，应即变价，将银送交广州英总领事查收，转给各该洋行匀抵欠款，勿任宕延，致为外人藉口等因。批行藩司札饬潮州府，转饬海阳、澄海两县，遵照各节办理矣。

嘉应设立体育会

◇嘉应中学堂教员黄君由甫等，邀集同志，倡设体育会，逢星期日会集操演，以为各小学堂教员有志练习体操、无暇入学堂者，便于演习。现既公请邓君若愚、黄君干甫，担任教练。二君俱愿尽义务，不受薪金。刻与斯会者约有四五十人，已于上星期日开练云。

大清光绪三十二年丙午十一月初三日　公历一千九百零六年十二月十八号

捕厅之劣状

◇大埔县某捕厅勒索保费，已登前报。兹又闻该捕厅前奉胡大令札饬，密查县属劣绅九十余名，即将公事，先饬心腹捕役，按名给观。一班自危者，莫不托人或亲到捕署，纳贿关说，恳其善为禀覆。其贪劣与海属浮洋司刘某如同一辙，真可谓遥遥相对矣。

谕饬筹办团防

◇长乐横陂安全局，近接奉统领东路巡防队第十至十三等营胡及县正堂王谕，略谓：照得清乡之法，非亟办团不可。前已缕列联团章程，具禀督宪察核。兹准广东水陆巡防营务处兼缉捕总局移开，奉督宪批：禀及示稿均悉，仰广东缉捕局会同按察司，备移遵照，会同文员督饬绅耆，将联团清乡事宜，切实举办，毋得敷衍了事，此缴等因。准此，查人丁烟户，间属不少，亟宜举办团练，以资缉匪。合就谕饬，谕到该绅耆等，迅即开立团局，筹出常年之款，视款项之多寡，以定团丁之实数，详造团丁清册两份，一呈县存案，一申送本统领备查，以凭点验。此系奉准宪批应办之举，绅民中有敢于推诿阻挠者，许即密禀，本统领即当执法从事，决不宽贷云云。

严拿花会匪徒

◇大埔县胡大令，查悉长富甲交界之三层岭广福寺，仍有忠坑胡姓匪徒，开设花会。长治甲交界之清窑，亦有王姓匪徒，开设花会。城厢内外人民，溺于其中者不少。特签派差勇，前往该处，将各匪首及带批匪徒，一体缉拿务获，解县惩办，不得受赂庇纵，及以空禀销差，致干严究云。

丰顺县与新州尊会审匪首

◇三点会匪曾蕴山，为该会首领，久为民害，迭经惠、潮、嘉各地方有司，悬赏购缉在案。前八月间，被驻扎嘉应州常备军熊管带，饬勇搜捕，旋在桃源堡黄寿山地方拿获，解交州署，旋经前任陈牧伯通禀各大宪，随奉大宪札饬邻封官吏会审。上月经委潮属丰顺县单明府前往会审，于廿三日到州，廿六日会同新任冯直刺提出研讯，审供已确，拟即通禀各大宪，就地正法，以除民害云。

大清光绪三十二年丙午十一月初四日　公历一千九百零六年十二月十九号

大麻社兴办学堂

◇大埔大麻一社，地广人众，数年来各处竞兴学堂，而大麻尚未设立。近由郭君德庵会同各绅，妥筹兴办，业已规划一切，将该地福林寺，改为校舍，并函请胡大令谕饬刘绅乙光等，刻日兴修，限于本年内竣工。闻各绅奉谕后，已遵照办理矣。

批饬讯追巨款

◇昨有职商惠丰店具禀藩辕，以嘉应人古月根父子揭欠洋银八万余两，远飏潜匿，经商禀州严缉究追，为古贿差卧票，以致两载莫结各节。奉批：察阅所控各节，并无确切证据，殊难凭信。惟款逾八万，案悬两载，古月根父子久未获到，该地方官并不遵照节次批示，迅速办结，据称贿差卧票各节，恐非无因。仰嘉应州赶紧批差，勒缉古月根父子到案，讯追具报，并古禄元解赣讯办，毋任再延，致滋拖累。

请拨祖尝助学被斥

◇嘉应州速成师范生叶金城，具禀提学宪，请拨祖尝助学。奉批：该生在何处速成师范肄业，未据指明何校，殊属含混，禀词模糊，且有别字，可知非力学之士。即使该生实系无力就学，亦应自请家长，会商族众，酌量拨助，何得妄渎？所请不准，特斥！

请究冒名背签

◇嘉应丙市因屠宰事，屡起风潮，前据该堡绅耆陈际虞、林义根等，到丰顺司禀控屠夫陈来发种种不法情形，顺丰司随将该屠夫一名，解送州署，请示办理。现陈际虞等，复赴州署禀称"前时禀控，生等实不知情，不知何人冒名背签，请彻查惩办"等语。随奉批示：昨据顺丰司将屠夫陈来发一名，申解到州，当经提讯，于堂谕明白判示。据禀该巡司前解陈来发，系据林义根与该生等二人出名具禀，实在并不知情，究系何人冒名背签，候札饬顺丰司确切查明，禀复核夺。

嘉应匿名揭帖之恶俗

◇嘉应士习嚣张，迩来尤甚，靡论一二人之私见，动辄以阖州阖属，或阖州学界，或学界全体，公禀交飞，公启遍贴，其实主持其事者，不外一二人，甚且隐匿其名，托为阖属公启。不究情实，肆口谩骂，真恶俗也。近日通衢大道，遍贴揭帖，有谓与旧任州尊清算数目者，有谓向团局清算公款者，皆约同人假座城内教育会。至日，教育会内，仅有二三其人，嘐扰一室，及日中昃，一哄而散，是亦学界之一怪现象也。

大清光绪三十二年丙午十一月十四日　公历一千九百零六年十二月二十九号

饬属保护测勘广厦路线人员

◇张弼士太仆奏办广厦铁路，由广州省城东门外起，造至黄浦首段路线，早已测勘完竣。其由黄浦起，经增城、东莞之石龙镇，历惠州府属之博罗、归善、海丰、陆丰，潮州府属之惠来、揭阳，折入潮州府城外海阳、饶平等县境，直达福建之厦门。各段路线，现派美国总工程师卫林士君，接续勘测，并札委张委员启明，带同翻译护勇，沿途照料，经照会惠潮嘉道宪，转饬所属各县查照保护。闻奉派各员，业于初旬由黄浦勘起，不日即可达惠来县境界矣。

乐群学堂教员辞席

◇大埔乐群中学堂英文教员曾君启儒，近因丧偶，辞席回港。理化兼体操教员郭君德庵，为广府中学堂邱监督电促，就该学堂监学之任，亦于日昨晋省。现体操一科已另请潮嘉师范卒业生黄君照廷代任云。

嘉应研究地方公益会之简章

◇嘉应士绅，倡设研究地方公益会，以为地方自治基础，已略纪前报。兹将其简章照录于后：

一、立名。地方者，人民之生命所附托也，其盛衰利害，皆人民自作之而自受之，故无论官商士庶农工兵医，皆有维持地方之责。本会有取斯义，因名为地方公益研究会。

二、宗旨。本会图谋公益,以集思广益考察利弊为始基,以协力同情改良社会为目的。

三、会所。本会所设北西街堡忠孝里育婴堂。

四、经费。本会开办费,暂由各同人捐题,以后常年经费,分为常捐、特别捐,由各会员每月捐银几毫,特别捐则另行开会酌题多寡,由各人乐助。

五、职员。本会设主席一人,综理庶务;干事四人,分任各事;各处代表若干人,调查一切。其主席、干事、代表各员,皆由各会员公举,以一年为满期,若有不称职者,亦由各会员会议更换之。

六、资格。本会敬恭桑梓,冀图治安,入会之人,虽多多益善,但必须品行纯正、素无亏损公德者,方得予以选举职员及被选为职员之权。

七、义务。本会同人有维持地方之责,故属地方要政,必先详细调查,以为他日实行地步。兹撮其大概如左:(甲)农务调查部:凡山利田产,赋税物品,种植畜牧,皆归此部;(乙)工务调查部:凡山林矿产,手工制造,纺织劳役,河道桥梁等,皆归此部;(丙)商务调查部:凡商业市场,货物银钱,商人商会公司等,皆归此部;(丁)学务调查部:凡校舍地段,学生教习人数,及一切筹款教科等事,皆归此部;(戊)警务调查部:凡各乡户口、盗贼、词讼、团防等,皆归此部。以上各部,调查既确,一一汇记于薄,其有当与当革者,或禀知地方官,出示举行,其有需款措办者,则由各会员开会酌议,凑集资本以提倡之。

八、规则。(一)凡我同乡有热心公益,于本会章程,顾表同情者,均可随时入会;(二)凡欲入会者,有会员介绍书,即当延纳;(三)凡入会者,无论先后,即有会内一切之权利;(四)别会议;(五)会议所议一切是非得失,宜互相发明,折衷至当,不宜当众缄默,退有后言,致碍团体;(六)本会静商事件,凡会外之人,非由本会邀请,不得搀入。

大清光绪三十二年丙午十一月十六日　公历一千九百零六年十二月三十一号

又演竞争学费之恶剧

◇嘉应商人刘附基，认缴培风书院□□□□□□□□□，多历年所。自膏伙拨归学费后，该商加认东山师范学堂经费，嗣有邹、邱、叶等姓，藉报效务本学堂学费，出而争承，互禀州署。陈前牧以向归膏伙之款，今虽加缴，亦应归师范学堂，饬令刘商承挖认缴。乃务本学堂，竟于本月十一日，统率学生多人，将刘附基捉送州署，闻并有殴伤及抢剥衣物之事。经冯牧伯提讯后，暂交差带候，未识若何办断。

示办嘉应铺票

◇嘉应铺票，由嘉裕丰公司、新商李荣佑等承饷开办，因不循旧章，欲仿山票派彩，以期畅旺，又未经地方官出示，致前月十七开票之日，合州哗然。经保安局绅禀官拘究，并将票厂毁拆。兹冯牧伯遵照善后局札行，于初十日出示，略云：州属铺票，已经该商承办，不准各奸商混收各属山票，致碍饷项云云。今已示明铺票，想必循旧办理矣。

长乐大嵩之窑业

◇长乐之大嵩地方，出产陶土，色质颇佳，该处土人制造斗盘及大碗，贩运出口销售，每年不下十余万担。惟工艺窳陋，难以获利，若能改良造法，日求进步，其获利当不啻倍蓰云。

大清光绪三十二年丙午十二月廿四日　公历一千九百零七年二月六号

大埔令谕绅办学

◇大埔县胡大令，昨据源高甲桃花乡绅士张希俊等，禀请谕饬该乡各族绅耆，筹款办学，以期培植子弟。当即谕饬各该族绅耆，实力筹办，务即妥修校地，延聘教员，赶于明春开学，以免旷误云。

三河公立学堂禀准立案

◇大埔三河汇川公立学堂，现禀由胡大令转详段学宪。奉批：如禀，准予立案，并候另札给发钤记，仰即转饬陈元瑛等知照，此缴。禀册存。

平远令谕办团练

◇嘉属平远县谭大令，现下谕各乡举办团练，以资捍卫。凡市镇铺户，每家须派团丁一名；乡村人家有三丁者，亦派团丁一名。分别编入总团、附团，列册呈报。责成乡长、村长督率，以备有事随呼随应，以收指臂之效。业已照章实行云。

嘉应东山师范学堂招考简易科生规则

◇嘉应东山师范学堂续办简易科，经单州牧示期招考，已见昨报。兹将招考规则列后：

第一款　办法。本堂招考师范生规则，谨遵奏定章程"初级师范学堂考录入学章"各节，参以地方情形办理。

第二款　区域。本堂续办师范简易科，以一年半毕业，凡隶本州及各属县籍贯者，均得报名填册投考，惟隶各省外府州县客籍者，则不在此数。

第三款　资格。本堂来投考者，不论生童，一体照额选录。

第四款　年龄。本堂遵照奏定章程，并参地方情形，年龄须在二十岁以上，三十岁以下者，方准与考。

第五款　学行。本堂遵照奏定章程，须取品行端谨，文理优长，身体健全者，方为合格。惟现办速成科，则于文理尤为注重。

第六款　学额。本堂师范生额设一百二十名，本州占额九十名，以三十六堡各一名计之，余五十四名为通额，四县共占额三十名。另挑备取一百二十名，堂内倘有因事故缺额者，届时则挨次拔补。

第七款　学费。本堂续办简易科，每名收学费一十八元，第一年收十二元，第二年六元，入学之日，先行缴足，以津贴堂中经费；其饭食茶水等费，则每人每月三元六角。自入学日起，至出堂日止，俱于月之朔日，交会计室。

第八款　退学。本学生倘有犯规及因事故退学者，必以相当之学费赔偿。

第九款　履历。本堂凡与考者，必须亲自填册，开列年貌、三代、籍贯，并注明系某堡某乡居住，一经录取，届时由本堂发给履历书一纸，誊清钤印后，由本堂汇存。

第十款　保证。凡录取者，由本堂发给愿书一纸，听其自行觅公正绅商为保证人，书名钤印。倘日后有不守堂规及意外事故者，惟保证是问。

第十一款　考试。由本堂禀请州宪于学院衙署，择定日期考试，甄别榜示。

第十二款　示期。由本堂禀请州宪示期考选学生，准于正月廿四日，在学院衙署考试，先期由礼房填册，每名只准房书收取一毫五仙，以为备办卷册及纸笔饭食等费，限于考试前二日截止，届期齐集，勿自贻误。

第十三款　程式。届时由州宪发问题若干条，诸人平日素习者，如五经大义及教育浅理等，限以□点钟交卷。

第十四款　覆试。凡已经取录者，即须预备覆试，其程式与十三款同。

第十五款　摄影。招考之日，人各拍一小影，缴存本堂，以杜假冒顶替等弊，惟拍影费则须自备。

第十六款　入学。本堂决于明年二月开学，届时所有取录之学生，准于前一日入校。

大埔多盗

◇大埔近来夜盗猖獗，虽经胡大令迭饬缉捕，未见获案。近晚崧里某甲家被盗，连所畜猪鸡等物，均被掠去。又湖寮某匪，某夜伙同党类，行劫罗载周家，当场被事主擒住，竟敢用刀砍伤事主，逃脱而去，当经事主喊禀胡大令验伤，并派差勇会营严捕。闻该匪系某地保之弟，旋经该地保将差勇阻止，一面由其族绅调处，令赔给药费二十元了事。又离城里许之清泉寺，及黄沙之赤蕨寺，先后被劫。又大麻甲附近东瓜窝之某姓家，亦于日前被匪劫掠一空。

七、光绪三十三年
（1907）

大清光绪三十三年丁未二月十九日　公历一千九百零七年四月一号

嘉应绅商举办平粜之踊跃

◇嘉应米价昂贵，前经本埠延寿善堂致函各埠绅商，劝办平粜。张榕轩京卿已先在汕办米回州，兹谢梦池观察复在香港与潘君翔初、黎君子和、刘君梅君暨各行绅商酌议，先行买米五百包，运回嘉应松口分粜。而暹罗、吧城、北槟埠各处，尚源源而来，以资接济云。

八、光绪三十四年
（1908）

大清光绪三十四年戊申八月廿四日　公历一千九百零八年九月十九号

衙役包庇花会

◇大埔永定交界之三层岭，有匪徒开设花会多厂。日昨李令再派差前往严拘，务获究惩。讵差头谢阿光，得规包庇，嘱令各役将票延搁。嗣又经李令严批，始行供出，登即传谢阿光研讯，供称每月得规六十元，收发处计得若干元等情。李令大怒，再传收发胡某问，胡力辩其诬，当勒令谢阿光，限日拘拿各匪徒到案，并令将每月所得规银缴案，以凭核办云。

谕饬僧尼领费示文

◇大埔县正堂李为出示晓谕事：现据代理劝学所总董、在城区劝学员、廪生杨毓麟禀称，案查道巫人等，前奉上宪札行，饬令赴县报名注册，缴费领照。本年二月间，复蒙宪台札饬各区劝学员，查明区内僧尼道巫人数，详细开列姓名、地址，禀覆赴县，以凭核办等因各在案。廪生奉札之后，遵查本邑地方辽阔，所有僧尼，又多居山僻，传达有所不及，招致有所不能，欲令其各自赴县报名注册，实难一律遵行。去岁前宪胡设法举办，而遵谕照行者，寥寥无几。廪生再四思维，惟有派人携带凭照，亲往各处，劝令领缴，方易着手。查邑绅张沅祥，办事殷勤，廪生拟将此事，责令办理。每收一名，酌量津贴四毫，似于张绅无所亏损，而于公益不无小补，且此事系初经开办，得张绅亲往各处调查，劝令领缴，自可无虞遗漏。俟本年办理，已有头绪，则下年自无庸再行派员，以节縻费。为此据情呈请宪台裁夺，如蒙俯允，乞恩再行出示，俾众周知，并恳谕饬张沅祥，遵照办理，前往各处逐一调查，按名给照汇收公费，禀缴核夺，是否有当，伏乞批示施行，实为公便。计粘抄《各区僧道调查表》一纸等情到县。据此，查此项牌费，系奉上宪札行，饬令赴县注册缴费领照，每次每张缴费银一两四钱四分，随缴房书纸张银一钱四分四厘，尽数拨充学费等因，业经示谕在案。兹据前情，除批揭示，并谕饬张沅祥遵照办理，合行出示晓谕。为此示，谕县属僧道巫觋人等知悉：尔等须遵报名注册，缴费领照，如遇改业，将照缴销。领照之后，方准承接斋醮祈福等事，若隐匿不报，一概不许混迹，各宜凛遵毋违！特示。

是否开灯供客

◇嘉应邹牧伯密派差勇，查拿开灯供客烟馆，迭纪本报。昨晚东门外张蕴记烟馆，适有烟客在该馆买膏，为州署亲兵瞥见，遂将该店东并烟客带回署内。邹牧伯开堂提讯，据该店东及烟客均供，实无开灯情事，邹牧伯着将二人交兵房看管云。

大清光绪三十四年戊申八月廿六日　公历一千九百零八年九月二十一号

司局处核议兴宁禀办蚕业

◇嘉应兴宁县，拟将裁缺都司衙署公产规费，兴办实业学堂，已迭登前报。议先办蚕业，该堂监督等，赴县缴到各项绘图表册，并附禀请免该附设公司新出之茧丝绸匹厘税，及札行林把总不得借事阻挠。该县郑令据禀，当转禀督院请示办理，即奉督院批，饬提学司会同布政司、营务处、农工商局、善后局、关务处，即将所请各节，逐一核明，分别办理。闻司局处现经移请核议矣。

禀请札禁演戏

◇嘉应自治研究会，日昨具禀道辕云：

为违章演戏，酿祸病民，叩请照案札州严禁事：窃光绪卅年前督宪岑示禁案内，嗣后遇神诞喜庆，止准演戏三日，如有违抗，由该地方官从严拘究等因，通饬各属一律遵照在案。仰见大宪节縻费以恤物力，合省士民，罔不凛遵。嘉应州城外五显庙，于九月廿九日为神诞之期，向来演戏十天，縻费至二千余金。去年七月间，州绅钟海瀛等禀奉宪沈，札州严禁。州主曹虽遵札出示，当时以潮州戏班已经到州，不得不稍顺商户之请，卒未实行。煌煌列宪，前示谕视为具文，殊堪诧异！现今神诞之期，又将届矣，职等窃念州中连年饥馑，民不聊生，学费警费，抽捐频仍，困敝已极，岂宜又作此无益之举，重困民生乎？况观剧人众，五方毕集，既匪徒溷迹之堪虞，复争斗酿祸之可虑。敝会处研究时代，有开通民智，化除弊俗之责，爰拟帖演说，先期劝告商民，尚觉听从。惟闻有一班赌商，欲藉演戏热闹，希图网利者，复肆行煽惑，倡首举行，拟于下月下潮，订请梨园，仍旧开唱。若不先禀请宪台，札州照案，再行出示严禁，诚恐玩视如故，贻害匪轻。职等为地方利弊起见，用敢据实上陈，伏乞俯赐照准，实为公便云。

大清光绪三十四年戊申八月廿七日　公历一千九百零八年九月二十二号

批饬办结毁抢商店案

◇大埔高坡天生堂药店，被李姓烂匪因毁仰文学堂，乘势殴抢，县委瞒详销案各节，迭纪前报。现罗文光等，再以李令受贿祖族铸案蒙详等情，上控督辕。奉批谓：查阅粘抄，司批已属明晰，现经饬县查案覆讯，劝谕息结，仰广东按察司即饬大埔县，遵照覆讯结报，毋稍违！粘抄、保领并发。

嘉应巡警之起色

◇嘉应巡警，自道宪札委任子丹少尹接充巡长后，一切办法，悉照汕头警章整顿，人多勤奋。巡长又复亲历各街，稽察勤惰，酌加赏罚，以故无敢懈者。近来盗窃小手，俱较敛迹，商民甚为悦服云。

邹直牧对于互控抢掳案之批词

◇长乐县升平局绅李祯祥，以平粜米谷被抢事，赴州具呈。现奉批谓：查阅粘抄，龙川县差禀吴皖华被掳一案，系准铁车汛查覆。因吴楚官族人吴世村，截抢升平局运回长乐平粜谷石，屡讨不交，捏抢挟恨。因吴楚官之子吴皖华，路往鲤鱼岭，被长乐水寨李姓，将吴皖华掳回等情，是龙川吴皖华之被水寨李姓掳捉，实因藉案截留升平局运长乐米谷起衅，而掳捉吴皖华之人，又系水寨李姓。该生既为升平局绅，如果心地坦然，应将吴皖华交出，一面呈县移请追缴谷石，拘匪惩究，方是正办。且此次长乐水寨李姓因龙川铁场，约吴姓藉禁抢米，屡讨不交，掳捉吴皖华抵制，已有龙川县营移可证。现呈称该县贿差，借案添捏生名，铁场汛移文并无牵涉等语，是谓欲盖弥彰。仰长乐县迅即勒差协同龙川县差勇，先将吴皖华一名查起，一面严传该贡生及一干人等到案，讯明确情，分别移解归案审办，仍先会同龙川县将吴姓截抢升平局谷石一案办结，以杜衅端，是为至要，切切！粘抄、保领并发。词无副状，不合，特斥！

商业学堂孔诞日运动规则

◇第一章　总则

一、各学生在运动场上，宜遵守各种规则，以保秩序。

二、集队时，用三声号笛为号，开演时用两声号笛为号，决胜负时用一声号笛为号。

三、运动时宜听司令员之指挥，胜负时宜受裁判员之评判。

四、运动时宜肃静养气，不得喧哗。惟决胜负时，只可拍掌欢笑。

五、运动如有扰乱秩序时，闻号笛即停止，再为开演。

第二章　运动之种类

甲、走跳远（个人的竞争）。

乙、二人三足夺旗竞争（协同的竞争）。

丙、投网竞争（个人的竞争）。

丁、世界竞争（团体的竞争）。

第三章　运动的时间

十一点钟：齐集。

十一点半至十二点半：走跳远。

十二点半至一点：试验养气。

一点至两点：二人三足夺旗竞争。

两点至三点：投网竞争。

三点至四点：试验（酸性蓝变红轻气球）。

四点至五点：世界竞争。

五点至五点半：发奖品及散会。

第四章　运动之奖励

走跳远：共分三队，每队第一名得奖（特别奖品）。

二人三足夺旗竞走：共分六队，每队第一名得奖（普通奖品）。

投网竞争：共分六队，每队第一名得奖（特别奖品）。

世界竞争：共分两队，获胜之队得奖（普通奖品）。

第五章　运动之各则

一、走跳远规则：以跳得最远者为第一。

二、二人三足夺旗竞走规则：以夺得旗先回到决胜线者为第一。

三、投网竞争规则：以投果入网内占最多数者为第一。

四、世界竞争规则：两队自排头起，顺次持旗竞走至最末一人为止，以先走完之队为胜。

禀请严禁山票

◇嘉应自治研究会，日昨具禀吴观察，略谓：三十二年，有李少达（即李义伦），知山票违禁，不能私开，因假借铺票之名，以行山票之实，私定章程，每条收银三毫二，汇数千条为一卷，即以卷内之银，照数均彩，以致大动公愤。随由保安总局绅黄遵谟等，禀奉大宪暨前州主陈，批词严禁，而李义伦抗不停止。旋州主陈详奉局宪，将所承铺票革撤，以绝根株。不料李义伦死灰复燃，本年春复变商名李永康，承开铺票。州人士以为铺票曾奉革□□□□□□□□□□□□□□□。

大清光绪三十四年戊申九月初一日　公历一千九百零八年九月二十五号

通禀查勘埔邑大沙坝情形

◇埔邑城外大沙坝，前被饶荣光主唆毁抢一案，经潮州府派徐令蓉镜，会县查勘，禀覆核办。现已查明禀覆，并通禀督学、农工商道各宪，其禀文略谓：知县等奉委查勘等因，遵即会同前往，查勘得该坝坐落卑县北门城外，为历年水淤，积成四面浮沙，中间高耸，形如龟背，横阔六十丈，直长八十丈，浮面积泥，蔓生青草。该坝地势略高，非河流盛涨之时，不能浸没全面。察看情形，自属宜于种竹，至与河流有无窒碍，业经知县等详加考察，反复推求。缘卑县依山为城，三河环绕，汇至北门城外印山之前，绕坝曲流，西至狮崖水口，河身顿狭。该崖两山对峙，中距仅有三十余丈，即就平时水势，已属仅堪宣泄，若遇春夏，潦水涨发，则汪洋四溢，潦浸半□□□□□□□□□□□□□□□。□□□□□。居民□知目前，□□□□，而受水之害，常切剥肤。该坝贴近县城，原属出入孔道，若一经种竹，未免窒其往来，已属心存嫉忌，而不逞之徒，更以种竹为妨碍河流，易滋水患，尤足以耸人听闻，是以众口一词，不谋而合。是此案以舆情为向背，则种竹诚未协夫商民；以地势为权衡，则该坝实无关于利害：此知县等会同查勘之实在情形也。伏查乐群学堂，禀请将坝招商种竹，以充学费，先经知县出示晓谕，已有数月，附近居民，岂无见闻？即谓有碍河流，何以未经种竹以前，并不先行禀明，听候官断？乃甫经开种，即有吴阿杜等及妇女多人，出而拔毁，若无从中主使，必不敢如此猖獗。迨滋事之后，始据饶荣光等，倡率多人，以有碍河流为词，禀请将案批销，而拔毁一节，竟置不理，此中情弊，业已显然。续据彭石生指控饶荣光主谋庇纵，未始无因，似应先行拘集饶荣光及吴阿杜等讯明，勒令赔偿彭石生所失资本，并科以应得之咎。一面传集商民，晓以地势，切实开导，俟其翻然解悟，心悦诚服，再行断给乐群学堂招商种植，以儆顽梗而服舆情。由知县勒差徇传讯办外，合将会同查勘情形，禀覆宪台察核，俯准知县蓉镜销差，实为公便。

请照会总董入所办公之批词

◇大埔劝学所总董，前由学界公举萧绅传霖充任，并由杨绅毓麟禀请李令，转详札派，一面先行照会入所，以资办公。批谓：据禀已悉。此次公举劝学所总董萧绅传霖，既属最占多数，候据情禀请学宪，札派充任，并先由县照会入所办公可也。

官场消息汇述

◇新任饶平县龙大令朝翌，定于本月杪接篆视事。现该衙署书差，经已往郡接批云。

澄海李右臣明府，到任一年，亏空颇巨。闻道宪吴观察，欲为之禀请重任，未知确否。大埔县城守□□□□□□□□□□，已于本月二十四日接任。

学界之蠹

◇兴宁朱坑乡生员朱某，近充观海小学堂校长，因嗜染洋烟，放弃职守，闻尚有拖欠教员薪俸情事，为朱宏中禀揭，经由该县令谕劝学所查覆云。

严惩书办容留巫妇

◇兴宁乡署礼书陈某，容留巫妇某氏在家日久，藉通鬼神为名，煽惑近远妇女，得利分肥。昨警局查悉，派勇拘捕，讵为某家妇女恃泼抗拒，嗣复添派巡勇，始拿获某等四人，由巡官徐少尹提讯，拟从严惩究云。

镇平刘大令之新政

◇镇平刘大令思濂，下车以来，政治一新，于警务尤为留意。缘镇平瘠苦，警费难筹，前任禀请将巡防勇二十八名，归并警局。始开办，洪前任数月，竟将巡勇撤回，逻守衙门，警局几同虚设。幸刘大令履新后，规复一切，警员得以服务，商民咸颂祷不置云。

大清光绪三十四年戊申九月初二日　公历一千九百零八年九月二十六号

巡长提倡瞽说之可恶

◇大埔城厢内外，因街道污秽，沟渠不通，臭气所蒸，□为疫疠。近日各处地方，有一种时疫发现，势甚危险，染之者不满一二日，或数小时，遽行殒命。该邑巡长杨某，不知讲求卫生，清理街道，已属有辜职掌，乃竟倡为邪说，蛊惑人心，谓为"实有瘟神主宰其事，应斋戒迎神祈祷，方保无恙"等语。无知愚民，深为所惑，纷纷敛财，定于初一日举行云。

札饬整顿大埔学务

◇大埔县李大令近奉提学宪札开：现据视学员张教谕龙云禀称，该县学务情形，计官立高等小学一校，公私暨家族各小学七校，业经查视完竣，并将调查意见，列具报告表册呈缴前来。据此，查官立高等小学，规模尚有可观，惟寄宿舍通为两大室，殊不适宜，应饬设法改建，以期完善。该堂生徒，虽有七十余人之多，然预算明年下学期，均可毕业，若不设法添招，无以为继续增进之预备，应由该县觅筹经费，饬令广设生徒，加意教授，以资扩充而宏教育。公立明新两等小学，规模粗具，教授编制，尚未大见完善，然以二百余元之款，造就生徒五十余名之多，亦自不易，应饬认真改良，以树风声。育英、至善两学堂，一成立于光绪三十二年，一成立于光绪三十三年，均未禀准立案。然核其学科编制，诸未妥协，且生徒寥寥，不及三十名，尤为歧异定章。□应饬补招生徒，厘定学科，以求合于学制，毋沿私塾积习，致形妨碍，并饬将章程图册暨办理情形，另案禀报，以凭核夺立案给铃。饶氏、垂裕两等家学，大致尚属妥善。余氏、孙氏两家族学堂，经费支绌，学徒寥落，几无规模可言，孙氏较之余氏，尤为逊色，惟均未禀报立案，无从加以干涉。应饬劝学所谕知各族绅，务须组织完全，教授管理编制等，尤宜注意办理，一面饬将办理情形暨章程、图册，禀缴核夺，以凭立案给铃。总核各官私学堂，完全者少，而不完不备者甚多，核其病原，多由劝学不力之过。劝学所为一邑学务行政之汇，若对于学堂不相闻问，则学堂必以稽核无人，不免各存膜玩之心，废旷学务，实非浅鲜，合就札饬。为此札，仰该县即便□□□□□□□□□□□□□□□□□□□□□□□□□□□□□□□□□□□□宣讲劝谕，并组织教育会、私塾改良会等，认真次第举办，毋得玩忽！此札。

申报考试塾师之批词

◇大埔李令前奉文考试塾师，分别等第，造具名册，申请提学宪察核。现奉批回谓：据申已悉。考试塾师，原为整顿教育起见。该令自此次试录各塾师之后，仍须督同劝学所绅董，认真考察，如有陋习未除、误人子弟者，仍当随时严加淘汰，追缴文凭，勒令闭塾。将该塾生徒，分别拨归就近各私塾及各小学堂肄业，妥为安插，毋令失学。一面并饬该绅董等，遵照前升司札饬，迅筹私塾改良会办法，以期施行改良，是为至要。此缴。塾师名册存。

大清光绪三十四年戊申九月初四日　公历一千九百零八年九月二十八号

巡警学生禀请差委

◇嘉应州警察毕业生李辅材，以学无所用，具禀省垣巡警总局，恳请饬州委用，以资历练而符定章事由。现州署奉到批行谓：警察速成科毕业学员，除旗籍及广西各员咨回原籍委用外，业经本局通饬各属，遇有警务差使，即行委用在案。查该生在堂肄业，成绩尚优，如果该州警务需人，自应挨次委用，以副本局设学育才之意。仰嘉应州查明该生在籍名誉如何，酌予差使，照章禀由本局加札派委可也。

缉捕总局札饬严缉劫盗

◇嘉应邹牧伯，近日奉到广东水陆巡防营务处兼缉捕总局批云：

为饬遵事：光绪三十四年六月十七日准臬司衙门移开，光绪三十四年六月初八日奉两广总督部堂张批，据嘉应州详事主钟谢氏家被劫案勘讯由。奉批：仰广东按察司会同营务处兼缉捕局，饬再会营悬赏购线，督率兵役，勒限严缉，并移催邻封营县，一体协拿，务将本案赃盗，速获究报，勿稍懈纵干咎，限满不获，照例开参。此缴。图册存等因。奉此，并据该州具详到司，除札嘉应州遵照外，移局一体饬遵照施行等由。准此，并据该州具详到处，合就札饬，札到该州，即便遵照办理，毋违！此札。

拐案

◇兴宁县廖沼源，以串拐等情，赴州具呈。现奉批云：查阅粘抄，案经该县催差，并移长乐县查拘解讯，究竟李禄等，有无串拐吴、黄两氏情事？李官元等，所诉李鼎禄教武至诬拐，是否属实？仰兴宁县迅即催差勒限起拘，并移长乐县一体查拘解讯，分别按究，给领具报。粘抄、保领并发。

大清光绪三十四年戊申九月初五日　公历一千九百零八年九月二十九号

开办潮汕火车货捐近闻

◇潮汕火车货捐，前由厘局委员，禀请上宪，派员来潮开办。现潮郡各行商，以该局章程，每百元货物，抽银一元，较之东关落地税，多至三倍，碍难照办。昨已举定代表，至该局陈明连年潮郡商务困苦情状，请予核减。闻所议尚未有头绪，以后日昨各于果行及布匹等付货，概行停配云。

谕饬整顿嘉应官学札文

◇嘉应邹直牧昨奉署广东提学使司札云：现据视学员张教谕云龙禀称，查视该州官立中学堂暨东山初级师范学堂，业经查竣，并将调查意见，列具报告表册，呈缴前来。据此，查官立中学堂规模，粗有可观；教授管理暨编制等，均称合法；学生百八十人，亦属济济。具见该堂员热心教育，深堪嘉许。惟定章中学名额，须达二百名以上，三百名以下，方为合格。核该堂经费，尚不足以扩充至此，应由该州宽筹的款，藉资补助，俾得广选生徒，添开豫科，以为将来推广之地。东山初级师范学堂，系由简易改办，值兹师资缺乏之时，办理自不可缓，然必认真教授，广为储蓄，方可作异日之预备。其附属之小学，亦必按照定章，编制教授，始足以树模范，而资练习。该堂名额，极形寥落，合师范、小学，且不足三十之数，而年费巨资至三千余元之多。似此虚縻款项，何能坐收实益？应由该州督同劝学所，认真整饬，先罢其不职者，以示惩处，仍一面另选堂员，饬令添班编制，推广名额，至达百名以上，宁多而毋隘。教育事业，重在普及，师范、小学，尤应注意，合就札饬。为此札，仰该州即便遵照，分别核饬办理，具报核察，切切！

大埔定议举办宣讲所

◇大埔劝学所、教育会协议设立宣讲所，派员宣讲，以开风气。业经拟定简章，禀请李大令，分别谕绅筹款设立，不久当可举办云。

招学工艺示文

◇饶平县正堂单为出示招学事：现据岁贡生潘锡三等，禀称窃自海禁既开，染织多由外洋输入，利权外溢，莫此为甚。幸有工学染织专科毕业生黄鸣高等，为谋公益起见，在本邑倡办染织简易科学堂，限四个月毕业，拟招学生六十名。伊等极力赞成，以武生黄金英为董事，师范生黄炳辉为校长，聘请韶州英德县人，充广东光华学堂及潮州染织学堂教习，朱省为教员，现已到堂。定期本月廿八日开学，但地方辽阔，各处未能周知，刻下到堂学习者，仅十五名，若不广招徕，利益安能普及？叩乞出示招生来学等情到县，据此，除批振兴工学，为当今求实业，挽回利益之要务，□□□□□□□□□□能热心□学，在于□□□□□学堂，□□生等，亦□□为赞成。而察阅章程，亦甚妥协，具见关心时务，均堪嘉尚，应准立案，一面出示招收学生，妥为保护。并候如有闲款，酌拨款项，以资提倡，而昭鼓励，章程存等因，挂发外，合行出示。为此示，仰阖邑商民诸色人等知悉：尔等讲求实业，为当今挽利权、图富强之急务。如有子弟情愿学习染织工艺者，立即遵照后开章程，即刻到堂报名入堂学习，弗稍观望违延，切速！特示。

殴辱巡勇

◇埔邑牛商胡某，昨在场交易，抗缴中佣，私自放行，为巡勇缉获，当将牛只牵回。讵该商竟敢恃蛮，逐殴巡勇，幸该公司人出而解救，始免受伤。闻现已由巡警局禀请李令，派差拘究矣。

呈批赶杀毁掠不准

嘉应范宪成，日昨以赖鼎开钉恨纠众赶杀毁掠等情，赴州呈控。奉批：歌唱淫词，调戏妇女，实为州中恶□□□□□□□□□□□□□□□□侧，歌唱调戏，该职之孙阿开，向前斥责，事无不合。赖鼎开等，何至钉恨，纠众赶杀，并将该职等门首所晒衣服，毁掠一空，甚因该职弟妇钟氏向阻，亦被赖鼎开拳脚踢地？毁掠既属空言，踢伤亦无部位，显系架词希图朦耸，词无副状，不准。

大清光绪三十四年戊申九月初六日　公历一千九百零八年九月三十号

禀请核减火车货捐不准

◇潮城京果各行商，以潮汕火车货捐，值百抽一，未免太重，具禀陆大令恳请核减。现奉批云：据禀已悉。查火车货捐，照章按海关子口半税，值百抽二五办法收捐。本委员为体恤商艰起见，一再上禀，力陈商民困难情形，始蒙上宪批准仿照潮汕厘金章程，值百抽一试办，业经定案，断难更改。该商等乃欲挨照东关税则，每货纳税百两，定厘十两左右，似此率请，未免有心尝试，至所虑无一定例则，深恐奸商司巡等，或串同一气，乘机图利，瞒价舞弊，以致官商交困，亦属实情。现经本委员查取厘金抽捐章程，再四斟酌，订定货捐试办则例，盖用关防，共资遵守。须知本委员变通值百抽二五定章，而仿照厘金办法，为水陆运货平均捐厘起见，亦已至平至允，务望该商等勿再观望，照常营运，毋负本委员一片苦心。倘此后如有司巡舞弊，尽可来局面陈，直接商办，一经查实，定当分别革惩，决不姑容也，着即遵照。禀及则例均存。

兴宁令示禁演戏聚赌

◇兴宁各墟市，近有奸徒乘新旧令交替之际，藉名酬神，演戏聚赌。事为茹新令所闻，出示严禁，示文照录：

为照案示禁演戏聚赌以卫治安事：照得县属城厢各市墟，往往酬神为名，搭台演戏，开场聚赌，最易□□匪类，滋生事端，大为□□之害，□□□□□□□示禁在案。兹本县下车伊始，诚恐有不法之徒，乘新旧交替，巧为尝试，违禁演唱，亟应重申厉禁，俾免扰害治安。除票差谕局随时查禁外，合行出示。为此示，谕县属诸色军民人等知悉：须知演戏聚赌，最为本邑陋俗，不特耗财，且匿藏奸宄。自示之后，倘敢故违，一经访闻，或被告发，定将为首之人严拿究办，其戏箱班主一并查封拘究，其各凛遵毋违！特示云。

查究妖术女巫

◇兴宁礼书陈海龙前因窝藏女巫，诈财惑众，由警局派勇拿获，经徐巡官提讯，已志前报。近悉警局员绅已将办理情形申报，茹大令以妖术煽惑诈财，伤害风俗，特票差查明该女巫下落，拘究并勒陈交案云。

家丁违例苛索

◇兴宁县验伤案件，历任家丁，俱不敢向两造索取陋规。近有钟姓控李某殴伤一案，茹大令开堂验讯。闻其家丁竟向保验人，多方索取堂礼，而值堂某亦从中附和，未悉茹大令其有闻否耶？

官场纪事

◇署兴宁县郑大令业崇，早经省县牌示饬赴阳春县新任。昨由兴宁交卸来汕，准本日乘惠州轮船晋省，禀谒大宪后，再行诹吉履新云。

提学司批词二则

◇据会员代表曾昭鉴呈挟恨横诬莠言轻听由，批：陈新宇、徐院麟，分控钟应熙各节，是否自有公论。案经饬州查核办理，毋庸另行派委。仰嘉应州遵照确切并查，通禀察夺，毋稍偏徇，切切！状发，保领附。

据五全学堂校长附生林玑等呈，为势豪扑学死灰燎原由，批：现据镇平县中学堂监督钟应熙等及教育协会代表曾昭鉴等，分词具陈，均经批示遵照。呈称徐院麟弟兄，去年抗缴义仓息谷各节，究竟是否，仰嘉应州迅往查明，分别核办禀覆，切勿瞻徇延玩为要。状粘并发，保领附。

广东嘉应州属留日学生最近之调查

◇姓名：王国栋、邱树人、邱心荣、张仁任、蔡汉良、邱君实、何公博、梁石孙、邱均毅、饶羌石、李驾千、陈相铭、杨汉钟、杨耿凡、萧笃材、钟公任、李良材、张锐、邱新荣、林奉肖。余续报。

大清光绪三十四年戊申九月初七日　公历一千九百零八年十月一号

查复长乐令被控各款已禀准免议

◇嘉应州属长乐县王令景沂，前被周云章等列控遇案苛罚，及信任张重瀛，把持舞弊各节，当经大吏批行嘉应邹牧增祐查复。昨该牧复称，查明长乐县王令，办事尚属认真，所有地方一切新政，均能提倡，其被控各款，或查无其事，或事出有因，罚款悉属济公，并无自私之见。张重瀛人尚公正，虽地方公事，王令每与相商，亦无把持学务，从中渔利情弊。督院据禀，已免准其置议，并以兴学诸务，固不能不就地筹款，而于纠斗拒捕等案，罚令缴款充公，亦系金作赎刑之意，惟必须罚当其罪，尤当逐案禀明。其罚缴缉凶花红，亦不便移作别用，且举办地方公益之事，尤应妥筹公款。若专恃罚款，以充经费，则难免有滥罚波累，妨政病民者。特饬行布政司，会同学按二司，特饬该牧遵照，谕饬王令加意审慎，毋稍率忽云。

东关税馆分厂之苛勒

◇东关税馆，因铁路开车，分设两厂，一在西关外车站，一在北关外竹峰庵地方。闻北关外分厂，日前有一登荣都人某甲，由上海挈眷旋梓，在意溪站下车。该厂丁将某甲行李，尽行开验，既无纳税品物，又向某甲勒索数元，巧立其名曰红包，真善于措辞也。

劫匪猖獗

◇嘉应东厢堡挖里村李亚发，年前由外洋旋里，家颇小康。廿九夜有匪十余名，明火持械，撞门而入，肆行搜掠。李亚发共妻二人，并一子一姪，俱各受伤。亚发伤重垂危，两眼俱被打穿。初一日赴州呈报，邹牧伯即于初二日会同白游府亲往该村勘验。当抢劫时，该屋妇人认识有持火之匪一名，系邻居打铁匠人，籍隶长乐者。初一日报知后，差勇即到该处拿获铁匠三名，俱长乐人，内有一名曾观添，当因□送究。邹牧伯提讯，该三匪供出伙党甚多云。又廿九夜书坑乡吴姓亦被劫，失去赃物甚多。

状纸违章加价

◇兴宁官纸状式，前由郑令发交架阁房书曾如代售，每套按局宪定章，取银六毫。讵该书定价外，浮收二分四厘。近以茹大令接篆伊始，复再浮收，每套连前加之价，计共加银六分。似此违章多取，恐有加而无已矣。

禀控增设赌馆之批词

◇嘉应自治研究会郭海涛等，日昨以赌商增设赌馆，禀请严禁等情。现奉批示，谓：向无赌馆之处，不准增设，历奉通饬有案。据禀，鸡鸭巷集丰外馆，并南门外集丰银牌馆，均系增设，候谕承办缉捕经费商人，查明办理可也。

派勇督拆戏台

◇兴宁茹大令，因城乡墟市，近有奸徒乘新旧交替，藉酬神演戏聚赌，出示严禁，已志昨报。近大令复闻得坭坡地方，竟敢违反禁章，特派差勇，前往督拆戏台，查封戏箱，并将为首之人拘究云。

日本学生抵州

◇嘉应近日到有日本学生近藤龙雄、中村忠三郎等八人，据称均系上海东亚同文书院学生，于暑假时游历江西、福建等处，调查商务学务等项，现假期将满，在州勾留数日，即当由潮汕返上海云。该学生等在州，每日分往各行店询问货价，不厌求详。连年以来，日人屡至内地，侦探无遗，吾商学两界中人，其惕息否耶？

饬查捕殴案件

◇嘉应廖焯华因被黄梁氏控其挟恨捕殴，日昨赴州诉呈。奉批：昨据黄梁氏以廖习荣等，盘踞村口凉亭，调谑子媳，伊子理责，被廖习荣等挟恨捕殴等情，来州具呈。业批檄丰顺司查禀在词，现呈恐系捏词抵卸，殊难遽信，究竟其中因何起衅，候一并檄饬丰顺司查明覆夺。保领附。

大清光绪三十四年戊申九月十三日　公历一千九百零八年十月七号

平远县通报坝头劫案

◇嘉应平远之坝头乡，于八月初三，突起劫案。经刘大林分头承缉并通报列宪，其禀云：案奉宪行，嗣后遇有据报抢劫盗案，于诣勘后，先将大概情形通禀等因，遵照在案。兹于光绪三十四年八月初五日，据卑县坝头乡民陈细三呈称，伊向住县署坝头乡间东岸刘玉丞山寮（土名新娘坑）地方。本年八月初三夜三更时候，突被凶贼十余人，各涂面持械，黑夜由屋后入室，将伊并妇女三人捆缚，并将伊寮中银服牛鸡被账等物，尽劫一空。幸一妇廖氏未缚，由后门跑报。寮主刘玉丞等，统率子弟，协同兵练跟追，赶至超竹乡（土名樟坑里），当拿获劫贼陈木郎一名，并夺会耕牛两只，余贼四散逃走，追赶不及。理合查开失单，报乞勘缉等情，并据该乡地保余荣三，报同前情，并据将陈木郎一名送案各到县。据此，当即提讯，事主与地保供与词同。据该犯陈木郎供，认听从未获之兴宁田阿城纠邀，伙同曾二等行劫得赃等情不讳，当将该犯收候，一面移行选拨兵役，严缉逸犯，并会同营员，亲诣该处勘验明确，绘图估赃，列册附卷。除再催营勒差悬赏购线，暨关移邻封营县一体严缉，供开赃贼，务获究报。暨将诣勘情形，另文通详外，合将据报大概情形，先行通禀宪台察核。再本案文员印官承缉，系兼理平远县知县刘思濂；捕官承缉，系坝头司巡检周登镛；武员专防承缉，系平镇营右部城守吴光典。又该处系属山僻地方，离县城七十里，并无设立墩铺防兵，亦无河道巡船，合并声明云云。

禀请小学立案给钤批
◇嘉应温钟汉，日昨以该处小学堂名册章程，赴州呈缴，并禀请给钤立案。现奉批谓：禀册并章程均悉，候据情转请学宪立案给钤可也。

批饬有心庇匪者
◇嘉应李汝陶，因邓天保控李大连等盗牛，特赴州具呈，代为辩诉。现奉邹牧伯批谓：李大连牵牛向李德舜卖钱，事在六月廿五日，有李德舜到案供词可查。现呈混称李大连、李大福二人，已于五月出洋。其有心庇匪，已可想见，是谓欲盖弥彰，应候饬传该监生到案，押交讯办。

重修青龙庙之侈靡
◇潮俗信神，于青龙为尤崇奉，盖以其为水神也。郡南堤青龙庙，前月重行修筑，一切工程，颇为浩大，不日可以落成。查灰泥一行，其工头分作四班，每班互相角胜，皆画栋雕楹，鸟革翚飞，各亏本数百金。有一工亏至力竭，无从填补，乃至鬻一子，卖一屋，以助工料而争胜者。吁！何其愚也。

桥梁其宜时修乎
◇嘉应近来连天大雨，各处溪水暴涨，铁炉潭有木桥一座，日久不甚坚固。时有该处黄姓妇女三人担物，一齐经过，桥适卸开，三人俱登时坠水。其一人浮沉近岸，自行扒起，得庆更生；余二妇则竟嫁波臣去矣，现身尸尚未寻获。

大清光绪三十四年戊申九月廿二日　公历一千九百零八年十月十六号

论设立戒烟总会
◇近日官绅商民，切实戒烟。兹有"湘江钓徒"来函，论潮郡必实行立戒烟总会，言之綦详，兹为录之，以供众览。其文曰：

鸦片之流毒甚矣哉！潮州僻处海滨，风气质朴，然因有汕头为通商口岸，且文明进化，在在可与各省并驾而驰。乃何以禁烟一事，持之不力，岂流毒滋深，不能改革乎？抑或规则不良，不能祛除乎？鄙人窃有虑焉。朝廷自庚子而后，政治一新，煌煌谕旨，谆谆诰诫，于禁烟一事，尤为注意。大宪上承天子命，檄行郡县，潮虽去京师万里，亦经森严示禁，谕绅办理，始也按户给牌，限瘾买膏，无牌则不能买，逾瘾者不准买，措置颇周，组织颇善。无如膏店杂厕，难期画一，且渠辈惟利是视，窥禁律稍松，无牌亦听其买，售卖不拘其限。不数日间，通邑大都，贸易如故矣。在绅者，则谓枵腹奉公，既无薪水，又没靴金，何必破除情面，径相过问？呜呼！堂堂宪章，视为具文，用此腐败之伦，以干新政，其可恃乎？其不可恃乎？若非早为严究，各界前途，何堪设想！间尝观东西各国，非无吸烟之民，然大致禁绝，能于寰球之上称雄争霸者，实由于此。盖鸦片为阴柔之贼，一经嗜好，弱我性质，灰我心肝。睹欧美而回念同胞，不禁潸然泪下。今欲实行剪除，必先立会以为之倡。会也者，上流社会之表率，下流社会之宗绪也。所有组织，不可徒具形式，外饰禁烟之名，内无禁烟之实，徒借此以筹经费，而饱私囊，为一般下流所藉口也。夫董理者，一郡禁烟之机关，内容规则，虽采舆论，然终归定律，理有固然。公等热心时事，慎勿人云亦云，投筒举董，书签举员，必勤勤焉，恳恳焉。择其经济学问，夙有所闻，而又烟瘾素著，程度最高，曾经解断者，举其出而尽此义务，使相砥砺，以底于成。因而推及于乡村僻壤，使人人知烟之易除，以身示教，不几立脱全潮之黑籍，而跻光明之世欤？虽然，扬汤止沸，尤宜去火抽薪。全潮土行，百有余家，川土洋土入潮口者，无所限制，来源浩大，定贻传染之弊。在会长职有攸关，应就地方酌量，除供老者病者及调制戒药之外，禀请上宪，札行税关，认真调差，不准多运入口，逾于应用，递年按减，终易奏效。然其最要者，尤须禁其播种。近十余年来，乡村农圃争植罂粟者，十居二三，盖为收成易而获利丰也。早经列宪饬差查禁，无如承差阳奉阴违，藉此为发财之数。每奉票下乡，三夫肩舆，危然高乘，白役三数，步随于后，至其地，则任意恫吓，必得中饱而后已。迨其复命，则曰某乡之罂粟，种在前，禁在后，以待来年然后已。吁！野蛮烟蠹，何能了事？要必热诚会员，逐乡查办，责承里长，共肩义务，无论放花结实，概行拔除，以靖根株。至城厢内外，设灯渣馆，街巷林立，凡属挑夫俗子，嗜吸其中，而为馆东者，利其渣以供自吸。于斯烟店，最易蔓延，虽在示禁之中，实为皂隶宿身之所，平昔欠账，权作贽仪，此日土膏，用为贿赂，颠倒横床，遂称知爱。在烟馆，更恃若辈为护符，迁延日月，绝无别业思想。当兹改良之秋，必立一戒烟总会，专禀巡警长，请其派弁，协同稽查员，克日严禁，着令他图，以免蔓草难除之忧。旷观都城上海，以及邻省州县，自奉禁烟之命下，莫不洗刷精神，锐志自新，以副圣朝振兴至意。今也十年之期，迫在目前，公等蒿目时艰，愿未雨绸缪，以除沉痼。间或耄耋之年，体魄懦弱，痼疾之躯，脑根颓唐，虽欲戒而不能者，则听其便。总之土膏必归官卖，不准市镇滥设，致难稽查，而留此烟界种族，听其自生自灭也。鄙人生长岭东，睹烟户之繁盛，曷胜浩叹！仅就管见，略陈数语，敢烦质诸高明。

兴宁戒烟会兼办烟膏章程

◇兴宁戒烟分会接办膏牌，为此禁烟，经茹大令转禀列宪，既见前报，兹将章程列左：

一、宪章允宜遵照也。查熟膏牌费，系奉上宪饬办之件，通省一律，所有捕衙抄来前由州宪奉发善后总局饬知拟定章程各条，自应恪遵办理。

一、兼办须请谕示也。县署膏牌，开办已久，拟请准给谕贴，并出示晓谕，以便由戒烟分会兼理，应如何酌量改良，自当悉心经理，以杜流弊。

一、饷项亟须认定也。全属膏牌，前蒙禀请核准，每年五百五十元，四季汇解，自应遵照禀准之数，认定包缴。兹拟自七月初一日接办起，应交饷项，按季由本会缴赴县署，转解省局，以七二毫洋匀计禀缴，不敢拖延。

一、余利酌拟充费也。膏牌由会兼办，除将正饷按季清缴外，所有经收员役薪金伙食杂费，由会内议定，其余利无论多少，悉拨归戒烟会充费，以为逐渐扩充之助。收支数目，按季填表，于解饷时列册呈报转详。

一、收款拟仍仿办也。附城内外各膏店，每日各认缴饷银若干。俟奉谕后，由本会调查簿据，核实膏数，照章每两四分实收，不准隐瞒，逐日派人经收，不准藉词延欠抗缴。并请示禁在人家密室，熬膏私卖，一经访查属实，禀请重罚，以儆效尤。自煮自吸者，不在此内。

一、分承切实改良也。各乡墟市膏店，非严密稽查，不免有碍额饷。迩因禁戒严切，其胆大妄为，违禁开灯者，在所不免，而无赖之徒，混冒索诈者，亦时有所闻，遂至膏店与分商，藉词抗缴，任意拖欠。若不切实改良，则弊混于以丛生矣。拟请尔近公正客绅董，协□严查，选择殷实商户，承充接办，认定间数，酌加包承之费，不得仍前少报。倘系赀本微薄，及不在墟场之膏店，不给牌照，一概勒令闭歇，如有违抗，准禀请封拘严究。

一、认饷须发牌照也。附城各膏店，前经捕衙奉发，善后总局宪牌照，又发加给凭照，于本年春间奉到时，陆续报领填换，仍应用旧照，遵照新章，有减无添，不准再发新牌照，以期实行禁绝，另由本会加认饷凭单为据。

一、将来戒烟者众，县署膏牌经费，势必日形减少，是认定包缴之款，万难依数办到，拟俟潮、嘉各首治均已减饷，本会亦一律照减。禀请示遵。以上各条，如有未尽事宜，另行禀明办理。

邹直牧筹措中学费

◇嘉应官立中学堂，当陈直牧开办之初，曾禀准将考棚为校舍，而暂借文庙为之。后以经费支绌，不能建筑，只就文庙扩充。嗣曹直牧时，曾准将考棚桌凳召变，以充学费。兹据中学堂监督李绅倬汉等，以寝室不敷，请将文昌殿右旁余地，添建校舍，并将桌凳召变，以充费用等情，具禀邹牧伯。现据牧伯出示晓谕，略云：查州署考棚桌凳，既于上年九月间，禀奉提学宪批准有案，自应准予召变，合行牌示。为此示，仰木石各厂号及诸色人等知悉：尔等如需此项物料，或木或石，可依时值平沽，随时报明中学堂，转报州署，由本州酌核，以价高者得之。其银单仍立限照缴中学堂监督收领，署内人等，不得需索分文，以恤商情而重学费云。

兴宁令整饬县署

◇兴宁茹明府莅任以来，仍暂驻行台，因署房间，诸多破漏，业经饬派工匠多名，妥为修理，日昨始行告竣，已于十三日迁原署办公。

调谑妇女之可恶

◇兴宁城内长春井，向由萧姓凿井一口，泉源颇旺，附近居人，悉皆仰汲，以此日逐取水者，男女混杂，无停□□。讵会馆有某□□水夫□某甲，□□□井前调戏邻妇，为其家人窥见，群起而逐殴之。幸为傍人解释，始免无事。刻拟将男女取水分别，点钟为限，以免混杂滋事云。

窃盗枷号游街示众

◇嘉应任子丹巡长，日昨拿获窃盗一名，提讯之余，供认每夜行窃不讳，任巡长爰判令枷号游街示众，枷号满日，始行释放云。

邹牧伯对于指禀刘宝焜之批示

◇嘉应墩犯刘宝焜，曾经某廪生指控，串同羁差克扣口粮。现经邹牧伯批云：查此事系因墩犯刘宝焜，在墩不安本分，管束严密，不准出入，遂造生事端，以图报复。昨提各案羁犯查讯，均称"黄升发给口粮，按日给足，并无克扣"等语。墩犯刘宝焜无论矣，该廪生等身列胶庠，率听墩犯蛊惑之言，代为出头呈控，不知其意何居！此饬。

呈控迫嫁之批词

◇嘉应西街堡曾陈氏，以魏姓迫嫁伊女等情，赴州具呈。现奉批谓：氏女果无暧昧不明之事，岂容魏阿宏等，无故造谣迫嫁。既经哑女矢志不从，由该氏将女送回魏家，魏阿宏等何又各持木棍，将该氏等乱打殴伤，既未请验，显系捏饰空言。即着听候武生古鸿奎妥为调处可也。

大清光绪三十四年戊申九月廿三日　公历 一千九百零八年十月十七号

不宜反对广潮米商

◇粤省向恃芜米接济，前年安徽设立路矿局，加抽米捐四分，广潮帮不允。经当道调处，作为股本，其案始定。近日广潮米商利源长等，以生意艰难，禀请暂免加捐。皖绅周馥特函请江督，勿翻前案。闻江督复称，业经明晰批驳云。

兴宁令对于神权之批示

◇兴宁陈清澜，前控阻黄绅善邦倡建赞化宫。昨黄绅复联名具禀，当奉茹大令批云：查此案原禀，该绅等联名数十人禀请给示晓谕，经前县批准，并捐款赞助，旋以陈清澜等控阻谕局札捕，调处未妥，遂未出示，并非因值交卸，有所未遑也。现呈谓遵制建宫，推行善举，存心固自无他，立言尤为得体，使三十年前而有此举，倾囊赞助者，必指不胜屈。虽素与该绅等积有嫌隙之人，亦将以亵神为惧，不敢稍有异同。陈清澜何人，敢犯不韪以阻尊神明裡哉！无如科学日明，民智日开，谈哲理者多，神权遂因以替，谋公益者众，小善乃有不为，此该绅等正正堂堂之善举，所以致启讼端也。本县细核全案，并访询□人士，审此举为黄绅发起，黄绅耆年宿望，乐善不倦，慨输巨款，洵属难得。列名各绅鉴其热诚，故亦乐与维持。特以有济世之心，而不审因时制宜，致令少年后进，有所藉口。方今本邑教育实业各事，可为兴民世世之利益者，待举孔殷，需款尤繁。该绅等倘能以现筹建宫之费，移作地方公益之用，将见学校如林，不待于宣讲，民生日厚，无取乎赠施，较之报赛，既非虚糜，以为善举，尤属久大，人心既和，神会福焉。本县素怀与人为善之意，又□悉该绅等实有为善最乐之诚，故以此意度之，并非以陈清澜之控，使该绅变计也，该绅等其有意乎？想兴邑素称文化，必有与本县同心者。除分谕列名局所各绅筹议覆核外，特批。

二十日风灾纪闻

◇鮀江都陈芷云参军来函云：二十日风灾，澄属近海塭田被海潮冲入，田禾遇咸即萎。各乡淡田，前苦于螟螣，今又遇风，颗粒仅存其半。鮀江都一带居民，每种弓蕉，此亦出口货之一宗，是日蕉丛，大半摧折。养鱼池塘，大水泛滥，鱼随水奔出，而养鱼家已损失不堪。园蔬被风摧残，将来菜价，亦必大昂贵。天港乡某姓家有丧事，是日延客，大水骤来，初尚没踝，继则水高于桌面者数寸，杯盘狼藉，座客沾泥带水，如鹭鸶然。另标一小房，借席馆住宿，是夜倾圮，幸厨人不在其中，不然殆矣。玉井乡人，多以海面为生涯，二十日艕船并出，忽遭此危险，损失不堪言状，阖乡之妻哭其夫，母哭其子，惨不忍闻。蓬洲新关边林元盛杉厂，漂流一空。本埠木头，亦有流入内地者。

又本埠访函云：前日飓风为害，略见昨报。兹探悉有卸任南澳同知忠司马堃，于是日自携眷口，搭渡由东陇赴郡，谒见道府宪，行李则另雇驳船装载，驶运来汕。四句钟后，方抵马屿外之红萝山，风浪猛涌，躲避不及，遂遭沉没，幸已近岸，所有家人及勇丁数名急踊身跃上，得庆更生，而各物则全付洪涛中矣。又有井美乡渡二艘，装载糖、麻等物，开驶来汕，行至中途，被冲破一艘，其一尚得无恙。又本埠贫民住屋，多用竹木搭盖，半被风掀揭，破损不堪，既难栖身，更难举火，正受冻饿之苦。巡警局冯警长，爰命各社煮粥，并购饼干，沿查施赈，而同时新关司员，亦令将粥□□□□□□□□□□□□□□□□□□□□□□□□□灾。省港各处，尚不为害。港中天文台，亦预防及，惟查得起风路源，尚远在三百里之外，故得免于灾，亦云幸矣。

准派勇追起木排

◇此次风灾，潮水盛涨，木排之多散失。昨木商庄得月等，具禀巡警局。奉批：岐山乡民，捞抢木排，昨经派勇弹压不遵，准札澄海县迅派差勇，追起给领，如违拘究。

潮阳同日风灾

◇潮阳本月廿日，午尚微雨，迨十二点与一点之间，飓风大作，是夜益狂，至次日二十一午始息，计风作共二十四小时，拔木坏屋，前后溪及贵屿和平，所有船渡，多被损失。晚造田禾，将成穗者，颗粒无存，未成穗者，淹浸受害，似此则晚造难望有秋矣。

兴宁留东学生北上

◇兴宁刘君立群，留学东洋士官学校，兹值四年毕业，由东旋梓，抵家后，因病耽延。昨闻已渐痊可，已于十五日，由兴束装北上，以便赴京投考云。

催拘毙命之正凶

◇兴宁刘骆氏呈报伊男被陈耀海致毙一案，经前县饬差先后拿获陈、木、古三人，讯不认供，分别收押。刻该氏以正凶未获续呈，经由茹大令勒差限五日拿获正凶解案云。

兴邑时疫续闻

◇兴宁近来时疫蔓延，多生血痢恶症，伤者甚众。闻善医者云，若能用清凉解毒荡涤污垢之剂者，或有回生之路；如以形体虚弱，遽用温补，则贻误良多。凡业医者其知之。

大清光绪三十四年戊申九月廿六日　公历一千九百零八年十月二十号

官场纪事

◇大埔县胡大令良铨，奉省宪牌示饬回本任，早登报端。兹于日昨乘广生轮船抵汕,闻未登客栈,即日封民船驳过。俟抵郡谒见道府宪后,便赴任所接篆云。

邮部饬潮汕路改用华工师

◇邮传部于各路工程司,以改用华员为宗旨。查潮汕铁路公司,多用日人,现在所聘合同,一年期满。现邮部饬改用华人为工程司,不得再雇他国人云。(录省城报)

税务司饬查各属禁烟情形

◇中国自奉诏禁烟,率皆颟顸,近日特设大臣,督率颇力,各省官场,亦自顾考成,乃力为示禁,迭见本报。潮海关税务司兼邮政局事宜葛税司,特谕饬各属供事,切实调查。兹从惠来函寄,据称系从代办邮政局事商人奉到者,兹将原文录后:

钦加五品衔、代理潮海关税务司兼管邮政事宜葛为谕饬事:现奉总税务司札饬,查内地禁烟情形,限一月内,将下开各节查覆,兹特饬该供事速行查确禀报,勿延!

一、该县属地方,所由何处而来,共有若干?其土药系由中国何省所产?输入有洋药,系若干?

一、洋药、土药两种,何者销多,各居几成?吸烟人数,约有几成?现在吸烟者,较前减少,抑或增多?经奉旨禁烟之后,该处官民,作何举动,是否烟民有志自勉,相与戒禁,或系由地方官设法勒令革除?

一、本属县内罂粟收成,系何法制成烟膏?其烟膏较外来土药佳否?价值若何,销市得利否?

一、该处有无吗啡发售?有由何处进境,何地所产?销路若何,价值若何?其吗啡针具由何处办来,价值若干?此项吗啡并针具由何项商人贩卖,如何售法?

一、该县境内有无栽种罂粟,其栽种地方,约占若干亩,每年所出约几何?现种罂粟地方,较前或宽或窄,其种植有无增减?该处有无设法减其种植,其法若何,成效若何?

一、近两年内所有地方官禁烟告示,并一切禁烟章程,可即设法抄录呈送前来。另该州县属地方,所有走漏土药,多由何路输入,有由别省运入该处销售否，每年约共多少担？

右谕仰惠来代办局黄泰昌知照。光绪三十四年八月廿一日谕。

饬核窃犯改归习艺

◇嘉应邹直牧日昨奉到按察使司蒋札开：

为饬遵事：光绪三十四年六月二十五日奉两广总督部堂张批，据兴宁县具禀，获贼朱阿新一名，讯认迭窃匪徒，改收所习艺，察核示遵由。奉批：据禀已悉，所拟是否允协，仰广东按察司核明饬遵具报，此缴等因。奉此，并据该县具禀到司，合就札饬，札到该州，即便核明饬遵通报，毋违！此札。

查封分赃匪店

◇嘉应东厢堡挖里乡李阿发家被劫，贼伤事主，旋拿获铁匠曾观添等一事，曾登前报。嗣曾观添等供出伙党甚多，并供所劫物件，系在大旺口墟曾尚利打铁店内均分。邹牧伯即派差勇围拿，曾尚利业先远飏，现经邹牧伯饬差，先将该店钉封矣。

大清光绪三十四年戊申九月廿七日　公历一千九百零八年十月二十一号

嘉应晚稻之遇风

◇嘉应晚稻，自插莳以来，雨水调和，各乡俱有丰收之望。讵近日禾稻，正在晒花，而骤雨狂风，一连三四天，日夜不息，各处禾苗，均被吹偃。本年冬季收成，恐又歉薄矣。按此函系廿六日接到，则此风雨，谅亦与汕头同日之风雨乎？

殴辱司官之禀批

◇平远县刘俊兰，日前以殴辱司官被押，昨复赴州呈控，奉邹牧伯批谓：查阅粘抄，县判该监生等，系因殴辱坝头司巡检被押，罪有应得，何得来州续控！仰兼理平远县讯提刘俊兰等，讯明殴辱坝头司实情，从严禀办。一面仍将刘金进奸案，拘集讯明，分别究办。

平远中学是否腐败

◇平远县饶芳具呈学务危迫，迅派员查办，以维学务由于提学司。奉批：据称中学腐败，并粘所控黎、凌教员各节，如果属实，自应严加整顿。仰平远县确切查明，认真办理。至该员应否准予辞差之处，并由县体察情形,分别饬遵具报。状粘并发,保领附。

提学司批嘉应学案两则

◇嘉应州锦洲堡绅耆李燕祺等,禀设明善公立初等小学堂,呈缴章程图册,禀请提学司立案给钤。奉批:据禀,该绅耆等倡办明善公立初等小学堂,筹立的款,择定校地,业经招生开学各情,热心兴学,洵属可嘉。查阅章程,大致尚是,惟缺赏罚及各室规则,应按章补载,俾学生知所遵守。校图各室,应注明宽广若干丈尺,以便查核。以上各节,应订章图缴州转呈覆核,既据禀州有案。一面俟嘉应州转详到司,酌予立案给钤可也。仰嘉应州转饬知照。禀抄发,章程、图册存。

镇平县劝学所总董兼中学堂监督钟应熙,禀控徐院麟等主毁公所,揽夺学费,贿嘱诬控等情,饬州查办由于提学司。奉批:案奉督宪批行,并据县禀,均经札饬该州亲往查办在案。据禀前情,仰嘉应州遵照迭饬澈查明确,传集质讯,秉公核办,通禀核夺。禀抄发,粘单并甘结一纸附。

为师范学堂催收膏火

◇嘉应旧时培风、东山两书院膏火,经拨归师范学堂,惟延欠颇多,几成有名无实。邹牧伯为出六言韵示催缴,其示云:旧时书院膏火,历年征收有案。拨归师范学堂,例应一体经管。为此示谕佃户,不准短少延缓。限于冬至节前,并将旧欠核算。亲到学堂完纳,照数印票给换。如有抗匿情弊,拘究定无可逭。

大清光绪三十四年戊申九月廿八日　公历一千九百零八年十月二十二号

州牧伯之得民

◇嘉应州邹牧伯抵任以来,政绩昭著,颇得人心。九月二十五日,为五十二岁寿辰,各属纷纷送礼,州中绅民,亦多备制寿帐、寿联等项致祝,以伸爱戴之忱。

灭匿命案之严批

◇嘉应长滩堡刘甲之妻刘邱氏,去岁八月,被潘鋆铭等殴毙灭匿,报州叠控一案,迭讯未结。现邹牧伯堂讯数次,业经证实。兹刘以叠蒙批示,勒交尸身,而屡事延宕,冤抑莫伸,刘又复具呈赴控。奉牧伯批云:潘鋆铭等，匿不将刘邱氏尸身交出，候即详情斥革，从严讯办云。

兴宁令查验孤贫

◇兴宁茹大令近出示云：照得孤贫五十名口，业经前县关粮在案。兹本县定期于本十五日，一律查验，合亟先行牌示。为此示，谕尔各老民老妇知悉：各宜正身到堂，缴旧换新，以凭给牌关粮。至期如有不到，抑或已故不报，临堂查明，年貌不符，即行扣除。其未补者，俟有缺额即补。尔各凛遵毋违！特示。

严惩左道骗财者

◇兴宁黄木奎在伊家设坛，名拜廖仙伯，大致以其左道，诱惑乡民，另有邪符一套，骗取民财。每日男妇云集，颇多暧昧，被龙田学堂禀控。茹大令得禀，特饬差将神坛封禁，并拿获黄木奎一名，经大令提讯，薄责省释矣。

是否恨责殴伤

◇嘉应李林氏，以李培丰恨责殴伤等情，赴州具呈。奉批：昨据李培丰等，以氏子李菊亭盗卖尝田，背收学谷等情具呈，当以词意含混，批斥不准。据称李培丰吞匿修理氏翁坟穴银两恨责，激羞成怒，将该氏殴伤等情，控如非虚，大属不合。惟词出一面，恐有不实不尽。既据喊控丰顺司有案，应候札饬丰顺司查明，禀覆再夺。

是否藏匿妇女

◇嘉应冯周氏，以媳被藏匿等情，赴州具呈。奉批：姑媳口角，家庭常事，何至因此卷逃。至谓张管氏匿女，纠同张亚标等到家，将该氏母子乱打殴伤一节，既未请验伤痕，所言显系捏饰。究竟氏媳张氏如何下落，是否在张管氏家藏匿，抑系该氏诬控，应候饬差查明，禀覆再夺。保领附。

大清光绪三十四年戊申九月廿九日　公历一千九百零八年十月二十三日

陈太尊对于汕头自治研究会禀缴规册之批词

◇汕头自治研究会，曾经会长杨君沅等，将详细章程规则，并开具任事各员衔名，列折禀呈列宪。刻奉潮州府陈太尊批云：禀册均悉。该绅等参酌天津各属章程，于汕头倡设自治研究会，立市会之基础，备宪法之机关，披阅再三，殊堪佩慰。所有应发钤记，业奉藩宪刊发，昨已另文转领矣。仰即择期开幕，认真办理，以期法学精进，智识交通。幸毋稍涉浮嚣，致滋流弊，是所厚望。余候道宪暨汕头巡警总局批示。此缴。册存。

汕头自治研究会禀请开幕之批词

◇汕头自治研究会于颁到钤记时，曾经会长杨沅禀报开用日期，并请列宪莅会开幕。刻奉府县陈太尊批云：禀悉。该绅等在汕头组织自治研究会，为宪政之预备，开市会之先声，开幕有期，极为欣慰。查周礼设乡官，管子详制国，与泰西社会团体，其意略同。自治之法，自古有之，并非用夷变夏。自秦政并吞六国，改建郡县，订法律以慑平民，焚诗书以愚黔首，纯用其专制手段，冀为子孙帝王万世之业。后世尤而效之，以致民智渐灭，民气闭塞，民格日见低下，只知服从义务，无复有独立性质，视国家为个人私物，治乱不闻，休戚无关，沉迷黑暗，数千年矣。自海禁大开，列强环伺，军政外交，着着失败，偿金割地，损辱国权，大局岌危，时艰日逼。而一二先知先觉之士，察世运盛衰之故，强邻致治之源，始晓然于社会团体，实于国家有密切之关系。知英法德日之日臻强富，非立宪无以救亡；鉴印度、缅、越之降为奴隶，非自治无以保种。由是激发热闹，著为论说，或罕譬而喻，或疾声而呼，甚或痛哭流涕而相告，舌敝唇焦不辞，碎骨粉身不惜。幸吾君吾相，同种同胞，始而疑虑，继而警觉，终而奋兴，得有此实行改革之一日。今者预备立宪，已奉明诏，国会亦定限期，薄海臣民，同深忻舞。幸逢旷代盛举，默察国民程度，在上流社会，已知国家为公共物，地方为国家之分子，国家为地方之总体。人民对于国家，有应尽之义务，应负之责任，应享之权利。智识日长，风气渐开，顽固者已非胶柱鼓瑟，而阻力横生；即貌为开通，向以平等自由为口头禅者，近亦知有权限，无复从前之放纵，而渐就范围。连年以来，法政警政，学务商务，农工实业，政府之提倡，绅民之鼓吹，不遗余力，进步甚速，大有一日千里之势。而社会之最为发达者，抵制美货，西江捕权，辰丸取缔，虽未尽达其目的，然于国际交涉上，已大放光明而增物色。九万里疆土，四百兆同胞，睡狮已醒，一鸣惊人，异日雄飞大陆，执牛耳而盟主全球，固意计中事。黄祸之忧，列强殆亦寝馈不忘矣。惟是现今当过渡时代，教育尚未能普遍，乡曲愚民，骤闻自治名词，群相惊骇。□□□新进具热心而达时务者，或以资望太浅，而□□□□□欲一展所长，终难竟行其志。而前之所谓乡先生老学究盘踞约局，藉为恒产者，知阻扰之不能，破坏之不敢，假自治之名目，或藉端而敛钱，或遇事而恐吓，不顾公益，只便私图，未进文明，徒增武断，与从前之约绅乡局无异，而流弊更或甚焉，则此守土者不能不虑及者也。该绅等组织斯会，诚为当今切要之图。窃维自治为宪政之预备，研究为自治之基础。凡所谓警察之改良，学务之推广，商务实业之振兴，皆为事实上之研究，其显著于形式者，犹为易事。至于自治有三大要素，若性质，若能力，若权限，东西各国哲学家，发明已无遗义，中国精深法政者，参订亦著有成书。该绅等具提倡之热心，负教育之责任，应如何屏倚赖而合人群，如何策治安而谋幸福，如何维秩序而守范围，举此三者，一一而研究之，务使人人解释此理由，增长其毅力，培养其道德，毋过激烈，勿涉偏私。庶几今日之所以研究者，异日见诸实行，于自治之事实，措置而裕如，即形式亦推行而无阻，社会之组织完全。斯国家之团体固结，行见国会开时，实行选举，在会诸君，先占优胜，有厚望焉。本府学识迂拘，忝膺郡寄，有维持之责，有纠正之权。幸逢盛举，亟欲亲临谘商，藉增智识。惟视事未久，积存尘牍，亟待处分，未能赴约，殊以为憾，因请法政毕业生危通守道济，届期位会参观，代致贺忱，一俟因公到汕，再与诸君讲求一切也。仰即遵照。缴。

大埔水患

◇埔邑来函云：埔邑地势低陷，沿河一带田亩，全赖晚稻收成之佳否以为丰歉。刻值禾将吐花之际，忽于廿一二两日，连下大雨，河水暴涨，所有田禾暨番薯等项，多被冲坏，农人遇此，有下泪者。

教育会成立

◇大埔教育会成立，议定每逢四九月开小会一次，近因修整会所，尚未告成，改于十月十二日，邀集学界诸君，到所决议一切云。

兴宁令开夘查比粮役

◇兴宁茹明府莅任后，因查前任交代征册，各里户积欠甚巨。核其原因，均由粮役玩惰舞弊，遇卯期，则雇小差替代比刑，差□徇情轻打。明府访悉其弊，特行牌示，定期于本月二十日开卯，查比玩役，着一律正身到堂，不得如前故犯云。

兴宁之代收潮郡山票者

◇兴宁函云：兴宁城外某号，向代接潮郡山票。月前带得南檀陈某，独中头彩一票，计可得银二千余元。闻陈某持票向兑，经该号先兑五百元，余约容日补领。殊陈本贫苦乡愚，获此数百元，喜出望外，并未晓将票批回，该票根即行存落该号。及数日往兑，该号则以票根未交，复向陈取，以致互相龃龉，均行投诉商会。而该号指称其票并未交存，系自遗落。经商会处办令陈扣出花红三百元，以了其事。所可疑者，该号前兑银时，岂并不取批票根，竟肯轻兑数百元于人，其中曲直，可不言而喻矣。

记者案：潮郡山票，则售之潮郡而已，乃觅素无山票之地之某号接收，又复失其信用。但据函云云，为之确否？此事若确，是宜有以惩之，庶使枭獍之徒，知所惧也。

大清光绪三十四年戊申九月三十日　公历一千九百零八年十月二十四号

自治乎不治乎

◇汕头自治研究会，系合外省及本省及潮嘉绅商所创办。日昨合众会员公议，择于十月初一日开幕，既禀准列宪在案。乃在会办事某，于经手数目，并无结册，迭经会长催促，并为定格式，迭任意执拗不从。开幕本应在会所，又特借六邑会馆行开幕礼。会长以意见不合，至初一日，拟不莅会云。

邹牧伯之守正

◇嘉应邹牧伯于九月廿五日寿辰，曾纪昨报。兹闻各处致祝送礼者，邹牧伯均辞不受，即绅商学各界前往祝寿，亦一概辞谢云。

镇平戒烟公所之开幕

◇镇平刘大令到任后，对于戒烟一事，颇为认真。日昨会同巡警局及环城士绅，织组一戒烟公所，附设于巡警局中。由陈绅云龙，首先认定每年常款四百元，由刘大令先拨出公款银二百两，为开办费。于本廿四午刻开办，到会者共百余人，极形踊跃。

专利者戒

◇大埔牛只牙中商人张楚波，具禀愿承牙中各节，略志前报。兹闻傅甲、谢乙等，从中运动牛贩及客户牛只，不来埔发售。至十七墟期，果无一牛至埔贩卖。

埔邑近事两则

◇埔邑来函云：大埔近来患痢疾而毙者，时有所闻。现闻某学堂，患此症者有数人，内有选科学生某名患痢最剧，于前日坐肩舆回家，数日即毙命。各生咸有戒心，陆续请假回家者甚多。现在堂中上课，仅有三十余人，极形寥落云。

又函云：埔邑大麻钟某甲，家甚富，于日前某夜，有贼匪数人，对伊家围劫。钟某知觉，连放数炮，贼始逃去。

洁净须知

◇嘉应巡警总局，近日发贴四言告示云：粪桶尿桶，须用掩盖。警律严明，卫生有碍。谕尔乡民，亟宜添改。十日逾期，责罚不贷。

得毋桥梁不修乎

◇嘉应日昨风雨伤禾，曾纪前报。兹闻是日摺田村芦竹坑，有桥一处，风雨交作，时有一幼女，先至不敢遽度，嗣有一五十余岁之老妇携之而过，行至半桥，二人均被风吹落水，其时溪水暴涨，溪边又阒其无人，二人均经淹毙。人皆谓此桥逼仄，宜多加数板，行人便得安全云。

九、宣统元年（1909）

大清宣统元年己酉正月十二日　公历一千九百零九年二月二号

拒官抗纳之怪剧

◇兴宁茹大令，去腊因届旺征，查阅征册，完纳无几，特出乡亲督站催。昨抵黄陂岗背，驻保安局内，查钟姓各户丁柱下，尚欠银米数千金有奇，签差催令完纳。讵该绅钟宝昆、钟澄元等，从中造谣，捏说新皇登极，免粮恩诏已到，把持唆抗。大令闻悉，不胜震怒，当饬差拿究。殊该绅等纠数百人，围住局所，人声啾沸，并掳殴钱粮爷们朱某，及粮役廖忻。后由大令飞函调来巡警暨驻防营勇为之解围，又有生员钟怀尊出而遣散围局凶徒，始得无事。未识茹大令如何惩办，访确续登。

嘉应卫生洁净局简明章程

◇一、宗旨。我州商学开通，文明进化，而洁净一事独缺然不讲，诚憾事也。夫道途不洁，常为疠疫之媒介，是洁净与卫生有密切之关系。兹将已设立之卫生社，实行扩充，兼办卫生洁净局，以洁净城厢内外街道、沟渠等事。

二、办法。洁净之办法，各处不同，有归巡警办理，另行设局，用清道夫者；有归衙门办理，用犯人以清道者。我州警费无多，不能另行设局，即用犯人清道，而警兵有限，诚恐逃亡，兹只得由卫生社内，择一公地合办其事，以省经费。其办卫生事宜，既另立有简章。

三、地方。办理洁净地方，宜行适中之地；焚烧擿擤地方，宜于空旷之地。我州城厢内外，其适中空旷之地甚多。兹权宜暂借城内吕帝庙为办理卫生洁净局所，于上下市甚为适中。其焚擿擤之地，上市则择树湖、水浪口、大觉寺、社坛左右空地；下市则择东桥坪、教场坪空地；城内则择北门岗空地。各处取其近便，无碍行人为主。

四、经费。办地方公事，必须地方公款，今公款属少，只得禀请州宪出示晓谕，劝各铺户敛钱，每店每日多不过十文，少不减一文，视铺号之大小，人情之乐从以为准。每十日收钱一次，将此款为雇用清道夫，及修补器械之费。其钱自开办之日起，收其开办经费，暂由卫生社内拨出，容有余款，或有公款可请，再行扩充。

五、办员。现在开办伊始，款项有限，得暂只由卫生社内，公举一人驻

局，兼办其事，薪水从廉，以专责成。局内仅用伙夫一人，兼管出入收钱等事。其清道夫，现拟暂用六人，每日分三班打扫。（未完）

命案

◇兴宁县张陈氏，去腊以其夫被殴毙命事，赴州具呈。奉邹牧伯批：此案现据该县通禀到州，查阅粘抄，案经该县勒催差勇，严拘讯办。究竟氏夫张义辉，因何被张凤古等搁截殴毙？所失银两，是否乘机攫取？仰兴宁县迅即勒催差勇，严拘控凶张凤古等，务获传集该氏及见证人等，研讯起衅致伤张义辉身死及乘机掠银各情，录具切供，分别详办。仍将讯验缘由，填格通详，毋稍泄延！粘抄并发。

育婴堂附设女学校

◇嘉应育婴堂绅董等，本年在该堂倡办女学，兹将其招女学生广告，照登于后。

本堂附设女学校，现已聘请梁浣春、宋因明女史为教员，所有简明办法，开列于左。学额：六十人。学级：分为甲乙二班。学金：十岁以下二元，十岁以上三元，兼习女工者加一元，寄宿费一元。保证人：须有正大职业，由本堂认可者。开学期：二月初一日。填册处：育婴堂。

东山学堂招考高等小学规则

◇嘉应东山师范学堂，附属高等小学堂，招考规则列下：

一、资格。凡得有初等小学之凭照者，准由该校长申送入学，其未得毕业之凭照，而程度足以相副者，亦准收取入学。

二、考例。凡报考者，须合后开四格：（甲）籍隶嘉应者；（乙）自十一岁以上，至十四岁以下者；（丙）能读经而略通文字者；（丁）身体健全无疾病者。

三、誊册。与师范学生同，惟征收卷费酌收银二毫。

四、学费。凡升入学生，每名每学期缴学费一元五毫□□□□□□□□□□□□□□□膳费及堂费。如远乡来学，愿寄食宿在堂者，则照师范学生例办理。

五、学年。遵照定章修业年限，定为四年，余与师范同。

六、学科。遵照奏定章程教授，惟加英文一科，以资造就。

七、毕业。毕业时照章，由管学官选送，升入中学堂，及程度相当之初级师范，或中等实业学堂肄业。其毕业奖励，按照学部定章，考列最优等作为廪生，优等作为增生，中等作为附生。

邹牧伯禁龙灯舞狮

◇嘉应邹牧伯于腊廿九日出示云：恭照此次国丧，百日之期未逾，现在节届新年，城乡均宜肃静，所有龙灯舞狮，概行禁止毋备。倘敢故违不遵，定即严拿究治。

惩办伪票诈骗者

◇兴宁张木兰，因娶何清林弟妇为妻，互控票银不清等事。昨腊由茹大令，集讯明确，何姓伪造票据徒赖，即押候示儆，并着张木兰备出洋银四十元，缴充蚕业学堂经费云。

大清宣统元年己酉正月十三日　公历一千九百零九年二月三号

税契不准滋扰

◇平远县属代表职员李载文等，具禀税契总局。奉批：定章，业户购买田塘地基，已税契后，如建上盖房屋，照地价加两倍投税。并无按照工料价值投税之说，现呈系属误会。民间典卖产业，及自建房屋，延不遵章税契，所在多有。县令有稽征之责，查办固应认真，然亦不得假手差勇，按户搜查，致涉骚扰。现据番禺县酌拟整顿税契办法，禀经本局核明，饬由地方官亲往城乡，传见绅耆，将老屋各契，抽查调验，有未税或失契者，催令补税，从宽免究，不准假手官亲、书差、家丁，免滋弊混等因。详奉督宪批准，承印刊刻详细章程，通行示谕遵办。仰平远县遵照另檄办理，该县先将购地自建房屋投税办法申明定章，剀谕绅民，以免误会；一面将派出差勇，一律撤回，毋任需索滋扰云。

提解汕头洋务局陋规充公

◇省报云：汕头客店积弊，迭经大宪札饬认真整顿，然成效仍未大著，盖客店与洋行，互相维系，且有陋规送给洋务局。前经大宪札饬明白，查报在案。兹闻大宪复查悉该处陋规，除过堂、保结各费外，尚有荷国每年招工前往日里轮船，载运华工约十余次，华工约八九千名。除每轮每次均有款致送外，另每华工一名，缴洋四五毫不等，每年此款，约有四千元等情。现大宪以此等款项，相沿已久，自应一并提解充公，由该局按季列明收银实数，批解善后局，专款存储，备支稽查华工经费之用云。

兴宁令筹办立宪之预备

◇兴宁茹大令莅任已来，屡与学商界诸绅等，筹议仿行宪法。昨腊已派员前往四厢等处，调查乡选票举议员，以为预备立宪基础。

续嘉应卫生洁净局简明章程

◇六、区域。地方寥阔，非分区分班，不能遍及。兹将地段划分三区，由上南门直至东桥，及东门街、嘉应桥，并城内下节为一区；由上南门直上至十字街、新街、马石下、西门街，并地内上节为一区；由油笋街，上至老庙、新庙、□觉寺前矮街、十甲尾为一区。每区一人一班打扫，每日分甲、乙、丙依次轮班。

七、时期。我州街道窄狭，上午往来人众，不便打扫，势必早晚打扫，方便行人。其上午打扫各区内巷路，下午及早晚打扫各区大街。至于堆撒擤处，限五日焚烧一次，其灰则分送农人担去，以免积久生端。

八、权限。洁净之地方，亦应各有权限，如官街巷路，以及沟渠，此概系清道夫之事；其各铺户内，系各人自行打理，不干清道夫之事。惟各铺之撒擤，如未送至空地倒完者，可俟清道夫到时，倒在清道夫车内。

九、责罚。自开办之后，人各自宜洁净，不得在道旁大小便，及遗弃死鼠秽物，以及畜猪晒粪等弊，如违者，由巡兵查出重罚。其清道夫有打扫不到及扫不洁净之处，各铺户宜到局报明重罚。

十、核实。局内所有一切支收用费，无论多寡，必逐款标明，每月结算一次，至年终结一征信录，遍发铺户，公同稽查，以昭核实，以维公益。

以上不外略拟试办简章，如有未尽事宜，俟开办后再行斟酌，随时删订。

龙田学堂应展期毕业

◇兴宁县公立龙田两等小学校长，禀修业期满，请照章毕业，恳核示由于提学宪。奉批：禀悉。该校于三十二年上学期，始改办两等，是第一年仍是初等小学，按照高等小学，四年期限，尚未满足。虽据称课授已毕，但既已少一年，讲授必不完备，未便准予毕业。该生廖论新等六名，应再补习两学期，始符毕业定章。其因故旷课一二期学生罗藻辉等六名，及初等插入本科学袁砚芳二名，亦照此等展期办理。至虑功课已完，无可教授，查从前所缴教授简表，凌乱无序，则第一至第五学期教授，尚未如法可知，再展限一学年，应查明以前学科，何者欠缺，概行补习，则功课务臻美备，而于高等小学请奖章程方合。仰兴宁县速行转饬遵照。禀抄发。

又一女学堂招生

◇嘉应新明女学堂，设于东门城外虹桥头云屏书室，聘定张宝云女史为教习。所有简明章程，开列于左：学额限五十名；学级分甲、乙两班，并训正音；学金由人乐题，习女工者另议；开学二月初一日，填册到云屏书室。

兴宁商务两则

◇兴宁连岁荒歉，商贾百行生意，入息平淡。惟囤卖油塘货物，幸逢年晚涨价，川糖每百斤沽银九元零，茶油每百斤沽银廿二元零，计较前日成本，可获加三息云。

兴宁新正上元，寺庙街衢，灯景繁华，极为雅观。近因各商家，以国丧未满百日，不用鼓乐，所有灯会，概议停祭，从便神祀。而花灯生意，较上年销售，大减其半。

嘉应邮政局之迁居

◇嘉应邮政局，原在西门城内直街，因该房屋不甚宽敞，本年既赁定上南门城外西街首甲铺店一间，上下市寄信，较为顺道，亦复适中。拟于灯节后，即将邮政局移在该店云。

大清宣统元年己酉正月十五日　公历一千九百零九年二月五号

绅士之包揽词讼者看看

◇兴宁绅士某甲，前在某碾坊雇工，幸姻亲提拔，报捐例贡，赁馆苍巷街，充番摊经费公司，遇事包揽，枉取人财，家遂巨富，加捐分发某省县丞。被人告发，上控大宪，其案计有四起，均已被札到县查覆。日前由茹大令查案提讯，将某绅交号房看管，未识如何拟办也。

改良私塾之议案

◇嘉应城西两等小学堂，日前合西街堡学绅等，集议西街改良私塾办法，旋将其议决事件，拜贴各处。兹照登于后：

改良之件

第一条、州宪示：十里内不得设塾。西街全堡，不及私立，所有私塾，应一律消灭。

第二条、西街人烟稠密，公立学堂，仅城西一校，恐未能容此多数学童，似宜变通办法。兹拟绘一图，图以内所有私塾，一律消灭；图以外所有私塾，一律渐改为初等学堂。须先报明本所，由本所汇报，以省周折。

第四条、图外所改设之初等学堂，俱系合堡公立，惟以报明本所之先后，编为城西第一、第二初等学堂名目。余可次第类推。

第五条、图外所设之初等学堂，悉应遵照《钦定初等小学章程》科目及课表，一律教授。

第六条、本堡之通明塾师，可由本所荐充各学堂教授。

第七条、各初等学堂生，有年龄过十二岁以上者，该学堂须移送城西高等肄业。

干涉之件

第一条、在堡内设私塾者，勒令解散。

第二条、在图内私塾改设学堂者，勒令解散。

第三条、图外改设之初等学堂，非先报明本所，编定学堂次第名目，私自标贴学堂为抵制之计者，勒令解散。

第四条、编定之初等学堂，由本所随时调查，如学科有违背钦定章程教授者，勒令遵照。

第五条、外堡塾师，毋论在图内图外设塾及改设学堂者，俱勒令消灭。

第六条、图外所设之初等学堂，其学生不上三十人者勒令归并。

第七条、如有恃蛮抗拗、不遵议决改良之件办理者，禀官究办。

第八条、无论祠堂、书房、人家、试馆，有租设私塾扰乱学务者，责罚金十大元，以充学费。

第九条、馆东如有恃蛮违抗者，禀官查封究办。本所暂借城西学堂，其图则忠孝里、老庙、水浪口、新庙、寺前塘、长巷、禾旱塘、布篙下、黄泥墩、山川坛、更楼下、社甸周围为图内云。

办学确有成效岂患揭帖耶

◇嘉应州绅士宋宗堤等以莠言煽惑，禀奉制府。批示谓：查阅粘呈留东学生刊布文，系讥评务本中学堂监督教习吴、黄两绅，并未出具姓名，即属匿名揭帖。此等风气，本非正士所为。如果务本中学办理确有成效，公论自在，断非一二金壬所能摇惑。仰广东提学司即饬嘉应州，转谕教育会各绅及务本中学堂认真办理，一面查禁揭帖，以端士习而挽浇风。

斫木几酿械斗

◇兴宁近神光山之李姓某甲，于初七日试斫甘葛岭陈族之祖山树木。山主和尚阻李不可，李遂把和尚殴打，和尚不得已报知陈族。陈族诸人，闻报大怒，即合百余人大擂战鼓，各持军器，拟与李姓相持。幸乡人拦阻，遂暂从中调停。

拦获假办男装之逃妇

◇嘉应龙虎墟叶张氏，年约二十余岁，假办男装，随同其邻人邓某甲搭船赴汕，将往外洋。讵该舟至丙市泊宿，被丙市巡警查出，即将邓某甲及张氏一并拦获，于本月初十日解送州属讯究。

控争田亩应缴契查核

◇嘉应房作霖，以控争田亩事，赴州具呈。奉批：土名老雅山长坑里伯公树脚下田亩，果系该监生等之父，于光绪二十一年内，向邹刘氏买受，执有印契为凭。邹文三嫂等，岂不知物各有主，何至平空谋占，抢割田禾？如谓占田割禾，事出情真，何以事逾一月，始来呈控？词不遵章，缴契无凭查核，即着遵批粘契，另呈察夺。

大清宣统元年己酉正月十八日　公历一千九百零九年二月八号

人和学堂禀开煤矿

◇嘉应州人和公立小学堂校长谢奋熙等，具禀劝业道，请开煤矿，以助学费。奉批：该生等集股承办牛角坑煤矿，并议酌提溢息，为人和学堂经费，开辟利源，兼裨学务，所订章程，亦属妥协。惟该矿地纵横若干里，四至以何为界，有无干碍四围庐墓，众情是否乐从，均须勘查明确，方能给照试办。据禀前情，仰嘉应州按照指饬各节，督同该绅等亲诣勘明，绘图注说，取具亲供，山邻甘结保单，每样二套，由州加结，并送煤样，缴呈禀覆，再行核办，该生等速赴州引勘可也。

伍氏学堂之奖励

◇嘉应州松口堡伍绅应鹏，捐资建设家族两等小学堂，去年具禀提学司，请移奖子弟，缮具履历并章图表册，禀缴察核批示立案，刊发钤记等情。奉批：禀及章程图表均悉，该职绅伍应鹏，独捐巨款，兴办学堂，实属急公好义，深堪嘉尚，候转详督宪，援案奏请移奖，以示鼓励。查核所缴《宏育两等小学堂章程》，大致尚妥；校图亦合；经费表开支数目，亦尚撙节；员生名册，开列均晰。并予照准立案，钤记候刊就，另札给发，仰即转饬遵照。此缴。章程、图表、履历存。

官立中学堂赶筑讲堂

◇嘉应官立中学堂开办数年以来，管理教授，均臻完善，迭奉提学宪批示嘉奖。今春更添招生以广造就，现各高等小学堂，既遵照邹牧伯示谕，申送学生入中学本班，其有程度未及格者，仍入预科班。该学堂定于二月初旬，考选分别入学。惟是生徒日盛，校地不敷，现已在该学堂文昌祠后，赶筑讲堂三所，不日即将告成矣。

又一懿德女学堂招生

◇嘉应懿德公立女学堂，现已悬帖招生，其校地、资格以及学费、学科，俱详简明章程内。其教习现聘定叶润生女史为正教习，报名处在城内州署右侧林家祠对面顺新隆店，开学则定于二月初二日云。

城西学堂招生

◇嘉应城西两等小学堂，近日悬帖谓：本校开办，已届四年，高等一班，已经毕业，遵照定章，详给奖励。本年为第五学年，堂中所有办法，再加整顿，力求完善。兹拟另招高等新生六十名，初等学生不限额，以广造就。务望热心诸公，派遣子弟，踊跃入学，是所欣幸。报名先到本堂填册，学费七岁、八岁二元，九岁、十岁三元，十一岁至十四岁四元，十六岁以上六元，开学定正月廿五日。

请看塾师之布告

◇嘉应西街改良私塾议决事件刊贴后，各塾师见之，纷纷筹谋抵制。

且新年以来，各私塾之馆标被人扯去者，时有所闻。故本月初六日，各塾师邀集数十人，在城内三槐堂会议，遍发传单。初九日在城隍庙集议，到者百余人。初十日遍悬长红谓：为布告事：近日遍处标贴消灭改良蒙塾浮帖，见者骇异。不知钦定章程所载蒙学教法，合州蒙学，早已遵照改良，今浮帖所云，势必消灭蒙学，是直显违朝旨也。夫合州童蒙所赖以识字者，全在蒙塾，果如所言，其贻害塾师者犹小，而贻害通州童蒙者实大也。兹佥议先行禀明州宪，如若辈敢出野蛮手段，同志等亦必以野蛮手段对之，祸福所不计也，谨此布云云。又悬红谓：诸友请于本十三日十点钟，到上市曾井宫会议。合州塾师公启。

小冬繁熟之可喜

◇兴宁去年冬稻扬花时，因遭风雨，故收成减色。农民恐米价腾贵，乃为防饥馑计，特多种小冬、豆麦等项，幸逢天气晴缓，山畲低陇，极目繁熟。农人窃喜，谓得此可补助两月□□云。

兴宁征收之起色

◇兴宁地□钱粮，历年逢冬至节旺征，殊届期已过，仍寥寥无几。茹大令于去腊底，特出乡督站严催，各里户始踊跃赴房完纳，计去年征收，约有九成余云。

大清宣统元年己酉正月十九日　公历一千九百零九年二月九号

有则改之无则加勉

◇嘉应务本学堂，因留东同乡纠斥谬妄，特赴道具禀，请出示晓谕。现奉吴观察批谓：凡事为公为私，或利或害，纵或一时混淆观听，日久有定评。该监督等筹办务本中学堂，原为作育人才，力谋公益，但求问心无愧，一切毁誉，均可不论，若能有则改之，无则加勉，尤为克己之道。现禀谓"传单不署姓名，则为匿名，本不足辩"等语，所见甚是，毋庸禀请出示晓谕。此后该监督等，惟当实事求是，公尔忘私，设法扩充，力求进步，以期学务日盛，人才辈出，本道有厚望焉，勉之。仰嘉应州转饬知照。传单一纸存。

嘉应学务批词两则

◇嘉应州松源堡监生刘耀仪等，禀控刘万杰等阻学吞款于提学司。奉批：此案前据刘万杰等呈控刘书年挟嫌诬捏等情，业经饬州查究在案。该生等现禀刘万杰阻学吞款各节，核与刘万杰所呈不符，究竟孰是孰非？仰嘉应州遵照前此批饬，迅即查明实情，分别办理，禀覆察核，勿延！

镇平县同志两等小学堂校长阮汝衡等，禀报各项表簿转呈日期于提学司。奉批：禀悉。仰镇平县察核该校所呈各项报告表簿，迅速转缴察核，勿延！

嘉应公立懿德女学堂章程

◇嘉应州本年倡办公立女学堂，兹得其简明章程，照登于后：

定名：本学堂为教育嘉应女子而设，名曰嘉应懿德女学堂。

宗旨：本学堂以养成女子之德操，与必须之智识技能，期裨补家计，并留意使身体发育为宗旨。

设置：（一）凡女子学堂建设之地，其位置及规模，必须与学堂相称，且须择其邻近人家之风俗于道德、卫生均无妨碍者。兹择城内城隍庙前半街地方，暂赁黎氏学堂为校舍，先行开办；建置一切，暂从权宜，俟后有款，再行择地建筑。（二）本学堂内，兼设寄宿舍，以为远来女子年龄稍长者寄宿，凡应守规则，由女堂长管理，服役使唤，由女仆供应。

筹款：本学堂事经创始，未有的款，一切开办费用，拟由热心兴学之绅商学界诸公，乐意捐助。其条款如下：（甲）凡捐银至十元以上者，准送学生一名，初年不收学费；捐银至二十元以上者，准送学生一名，两年不收学费；捐银三十元以上者，由此类推。（乙）凡捐银至百元以上者，概作董事员；二元以上者，概作赞成员，均列衔名禀请立案。（丙）凡捐银至千两以上者，按照定章，禀请大宪题奏奖给。（丁）本学堂系属公立，如有地方公款，愿意拨助为常年经费者，本学堂按照多寡，禀请立案。

学科：本学堂分初级、高级两班。其科目如下：（甲）初级教科凡五：修身、国文、习字、算术、女红（内分裁工、缝工、机织工、刺绣工、造花工）。（乙）高级教科凡十：修身、国文、习字、历史、地理、算术、生理、图画、家政、女红（内分裁工、缝工、机织工、刺绣工、造花工）。

编制：（一）本学年分初级高级二班，凡学生来堂，其未经读书识字者，入初级班；已经读书识字者，入高级班。（二）开办之后，不拘何时，学生陆续来堂，本堂即可陆续添班，无论初级高级。可以甲、乙、丙、丁之字，编为班次，□□□□□□□□□□□之资格：（甲）年龄七岁以上。（乙）身家清白，性行端淑。（丙）身体健全无疾病者。

职守：本学堂设女堂长一员，统理全学教育事宜；女教习若干人，以学级多寡配置之；女仆若干人，以供呼唤役使。

经费：（一）本学堂为教习普及起见，学费格外从减。初级每名，年收学费三元；高级每名，年收学费四元，按月摊缴。（二）本学堂经费按月结算一次，每学期总结算一次，刊列表册，分送众览，以昭信实。

附条：（一）中国向来最重女德，学生入学，总期不背礼教与懿美之风俗，其一切放纵自由之僻说，如不谨男女之别，及自行择配等事，本学堂务必加意屏绝，以端女范。（二）照定章开办之后，倘有劣绅地棍，造谣诬蔑，藉端生事，及佻闼之徒，乘学生上学放学时，在途中有非礼之举动等情，地方官有保护之责，拟请出示严禁，并饬地方巡警，随时稽查。

呈控奸拐案

◇兴宁黄陂某乙，其胞兄甲往洋佣工，遗妻在家，颇有姿色，被曾某丙诱奸拐匿。昨腊乙查确下落，乃控诸茹大令，现未识如何批判也。

争地基田池之呈批

◇嘉应蔡同书，以争地基田池事，赴州具呈。奉邹牧伯批：昨据邹光宜等，以伊于上年八月，向鱼子坝蔡月秋买受土名大富坑地基小池菜地，并原带质田，经已封山，并竖立先祖牌炉，暨由买主指明号界，经管期年。因蔡阿四等，勒补银元不允，冒亲勒赎等情具控。当批：粘契绘图另呈去后，据呈该处地基小池菜地质田，虽是伯田遗业，因仅存蔡田达数口，恐祠宇难保，已于乾隆五十七年将祠宇点交该生等管理，书有字据为凭等情。核与现呈大相径庭，究竟其中如何实情，应候饬差查明禀覆，一面饬传两造，调据讯明，分别核断。

提议禀请学堂具禀不用官纸

◇嘉应教育会，于初十日开春季大会，曾纪前报。兹闻该会是日开会时，该会员等，并提议各学堂具禀，不宜遵用官纸局呈纸，议决后即日昨赴州具禀，请邹牧伯批示照办矣。

是否强借不遂

◇兴宁户吏张某乙，因房屋低湿，价买张甲屋居住。昨腊张甲向张乙强借不遂，于元旦日，甲窥乙已祀祖，竟持刀赶逐，撞入乙间房，将所有器具，打毁一空。张乙报由巡警前往拿究，而甲已经跑走。近闻张乙业已禀官矣。

大清宣统元年正月二十日　公历一千九百零九年二月十号

复设都戎莅兴

◇兴宁都司缺，前已奉裁，以该地方关系险要，奏准复设，檄饬施都戎署理新缺。都戎已于本正初九日到兴，因衙署建设蚕业校舍，乃暂驻行台，拟将城守处改设都衙，接印视事云。

塾师竟干涉城西学堂校长

◇嘉应城西学堂，上年系孙君波庵为校长，本年因该学堂干涉塾师，而西街各塾师反邀集该堡绅商学界多人，商议另举该学堂校长。本月十四日绅商学界诸人，即在该学堂开会，至者颇众，惟议论不一，聚讼纷纷，卒未举定。嘉应学界之前途，其危其易，于此可见一斑。

劫匪不准保释

◇兴宁陈毓藻家被匪劫抢，前由茹大令关移邻封长乐县，获解曾赐粦等三犯，归案讯办。日昨曾魏氏以恳求开释具呈，奉茹大令批示：查氏子曾赐粦，系因伙劫县属事主陈毓藻案内，准长乐县获解之犯，迭经提讯，虽不认供，难保非畏罪狡展，仍候覆提磨讯确供，分别究办，不准保释，原呈掷还云。

人命催拘凶犯

◇兴宁张陈氏，因伊夫被控凶张凤古等谋杀致毙，前经茹大令诣验拘凶。日昨尸妇因日久凶未弋获，以犯逸赃悬事具控。奉茹大令批示：案经催拘日久，未据承差拘获一人解案，实属畏葸无能。据呈前情，候再移营，勒催差勇，务将控凶张凤古等，设法拘获，以凭讯问，按拟详办云。

筹办嘉应卫生事宜条款草议

◇一、宗旨：为州人预防灾害，共保健康，实行公众卫生事业。

二、界说：卫生事业，有个人之卫生，有公众之卫生。个人之卫生，人人得而行之；公众之卫生，则非合群策群力不可。

三、办法：传染之病不一，预防之法亦因之而异。现专注意防疫，因一时财力有限，先择其最切要者行之。拟暂借南门外熊氏进士第内为开办之地。

（甲）日本现出预防液，为预防瘟疫要品，惟不能存贮至三个月以外，拟轮流广购，以备不虞。现已订定黄塘医院西医生韦崧山、梁靖臣担任注射药水义务。闻前年亲经试验多人，该药注射身体后，毫无妨害，且免传染，至其细则另详。

（乙）洁净为卫生之源，如街道、沟渠之不洁，当为传染之媒介。卫生社成立后，如款项充足，必以清理街道、疏通沟渠为首务。

（丙）设焚擳捭地方，必择四围空旷之地，无妨害于人家者。

（丁）择街衢短巷，少人经过之处，遍设石灰缸，为收藏疫鼠之用，每日由卫生社派人往收一次，择地焚烧掩埋。

（戊）广刊关于疫症之理论，及预防之方法分送，并定期演说卫生之益，为州人兴起卫生之观念。

四、款项：暂时由热心者量力捐题，俟有成效，再行禀请地方官，以公款补助之，或由同人另行设法筹款，以为久远之策。如现时有捐助巨款者，照广济善堂章程，禀请地方官奖给匾额。

五、核实：社内所有一切收支，无论多寡，必逐款标明，每月发刊征信录，遍发同人，共同稽察，以昭核实，以维公益。

六、扩充：此举范围之大小，全视财力之盈绌，若州中仁人君子能踊跃捐助，则卫生事宜，可以次第举行，为州人造莫大之幸福焉。以上所刊，不过举其大略，其详细办法，俟卫生社成立□□□□□□□□□□□□□□□□□。

殴伤未验

◇嘉应折田乡，刘、姚两姓共村而居。日昨不知为何，两姓互殴，刘某甲被姚姓打伤，将欲抬赴州署呈验，姚姓请出孔方兄调停，其事遂寝。

大清宣统元年正月廿一日　公历一千九百零九年二月十一号

仍候研讯匪伙

◇兴宁石赤古被匪劫杀，前获匪头曾金生，送由茹大令提讯，因供词狡展，收候讯办。日昨石某以匪伙未获催呈，奉茹大令批示：候覆提讯该犯曾金生，研讯究明石研之是否伙党，务得确供，分别饬拘究办云云。

藉命讹诈未便详销

◇兴宁罗长旭以母被罗耀宗杀毙私和，越控州宪，押发至县讯办。日昨陈绅渊以两造劝处平允，请息详销。奉茹大令批示云：罗长旭系因藉命讹诈，奉州宪发回讯办之犯，迭经前县拘传案内人等，集讯未到，候照案催拘提集，讯明核办，案关上控，未便以两造劝处平允，详请注销云。

郭赖之胡闹

◇埔邑大埔角郭某甲与赖某乙，因借款事，始而争论，继而互殴，终则各邀同族，持械混斗，二家互有所伤，计郭姓受伤较重，赖姓受伤者四人。近由绅士调处，尚未了结。

呈控卷逃之批示

◇兴宁罗锡恩，以侄媳卷逃具控。奉茹大令批谓：尔侄往洋贸易，遗妻曾氏在家，已无子女，又无翁姑，何以无故逃走，其中显有别情，着投明外氏，协同□□，并候饬□□□云。

埔邑官学员大加更动

◇埔邑官立高等小学校长范元，去冬因事辞职，而教员亦复大加更易，惟至今尚未另行聘定，本年一切办法，毫无头绪云。

兴仁学堂之招生

◇嘉应城内侯氏兴仁小学堂，悬贴招生谓：本校开办，业经三年。现年系届高等卒业之期，除旧班外，拟招高等插班生二十名，以凭今冬一体卒业；又招初等插班生三十名，计共新招五十名，准本月廿五日开学。凡来本校肄业者，务望预日到本校报名注册为幸，九岁以下二元，十岁、十一岁三元，十二岁至十四岁五元，十□□□□□□□□□□□□

□□□□□□□□。

师范学堂聘定英文教习

◇嘉应东山师范学堂，本年添设英文一科，现既聘定香港皇仁书院毕业生曾君汉池，每日担任一点钟功课。曾君系长乐县人，兼充黄塘乐育学堂教习。

请酌分学租之批示

◇兴宁罗锦，前在学兵营练习毕业，提升一标二营学习官，日昨遣抱以酌分祖尝、花红、学租等情具禀。当奉茹大令批谓：禀悉。着谕劝学所，传谕生员罗葆椿等，将祖尝、花红、学租，如数酌分可也。

挟恨截抢之可恶

◇埔邑百侯杨某甲，经营江浙，积资颇厚。去腊旋里，由高陂行至吊犁凹，被匪抢掠一空。人言此案实非盗匪拦抢，盖杨族因陈姓整祠，殴毙陈谦吉一案，尚未了结，吊犁凹附近陈姓，因怀挟此恨，遂乘机拦抢云云。某甲抵家后，随即集众商议报案，胡大令已经札属查办矣。

大清宣统元年己酉正月廿二日　公历一千九百零九年二月十二号

埔邑报告表由学堂自缴

◇前奉提学宪颁发各学堂教育报告、经费报告各表，皆令各具二份，呈由管学官分别存留，转缴核夺。近闻大埔胡大令，因去岁缴表邮费亏垫太多，欲令各学堂将一份缴县备查，其余一份，由各学堂领文，自行申缴提学宪，以省邮费。未知与各学堂商定否也。

兴宁拐逃风之盛

◇兴宁刘宗淮之妻被余安仁拐逃，淮为悬赏，缉获该匪，送由水口司申解到县。经茹大令提犯堂讯，因供词狡展，将犯收候。日昨刘宗淮呈催请办，奉大令批云：昨据水口司巡检，将余安仁申解到县，业经提讯押交。据呈前情，候即饬派差勇，严拘余庆元，务获，究明尔妻黄氏下落，分别查起，给领究办云。

严禁窝留妇女之示文

◇嘉应州正堂邹为出示晓谕事：现据督标中营世袭云骑尉颜锡鹏等呈

称，伊先祖讳鸣汉，曾为水陆福建提督；先伯祖鸣皋为台湾挂印镇。归田时，择居于曾井忠孝里市塘唇，是时风清邻睦，迄今历数百年，并无佻达无耻之徒，在门前屋后往来戏谑。讵近年来切邻杨姓式微，将伊住房典卖于各姓，而各姓贪图重利，赁于闲杂人等，遂混居不一。始则藏匿良家妇女，或奸淫卖柴村妇，继则设赌赚局，陷溺良家子弟，致害不敢回见父兄，被诱骗出外洋卖猪仔者，不知凡几，终则结党恃烂，窝盗分肥。种种妄为，实难枚举。尤可骇者，此原系大街僻处，入则人家，出则街市，竟开设"义和客寓"字号，歇宿者多半兴、长人等，踪迹诡秘，每当漏静更深，洋烟之气袭人，箫管之声聒耳，淫词艳曲，达旦不休。原其所恃而不恐者，恃人家而窝巢，窝巢而大街僻处故也。职凛国法，遵祖训，从不干预人事。似此害根常伏，诚恐如燎原之火，难以扑灭，势得亟叩宪天冰鉴，下车以来，德政日隆，家弦户诵，恳恩严批出示严禁，庶奸徒敛迹，邻里安，地方靖，不胜感戴之至，切叩等情。当经札饬巡警局随时查禁去后，随据该局获解杨菊（即式微）一名提讯，不认窝顿妇女情事，当将杨菊收押候办在案。兹据颜锡鹏呈请示禁前来，除揭示外，合行出示严禁。为此示，谕州属该处居民人等一体知悉：自示之后，不准再有窝留妇女卖奸局赌情事，倘敢故违，一经访闻，或被指控，定即拘案严办，决不姑宽，其各凛遵毋违！特示。

控抗赎田亩之呈批

◇嘉应李炳文，腊月以抗赎田亩等情具呈。奉邹牧伯批：土名门首左片外窝田亩，光绪壬午年内，该职之父营寿，与该职向谢井生赠钱，如果契内实载有活赠字标，此次该职备价向赎，何得意外勒销？惟词出一面，恐有不实不尽。究竟其中如何实情。姑候饬差查明禀覆再夺。粘抄并保领附。

志失慎

◇嘉应西街堡拔俊杨屋，本月十四夜四更时候，不知因何失慎，火焰蓬勃，已烧瓦面，幸该处警勇人等，或升屋，或取水，登即扑灭，仅烧去房屋一间，未至蔓延，亦云幸矣。

妖尼踞庵之可恶

◇埔邑同仁甲幻住庵，向住女尼，招摇妇女，藏污纳垢，无所不至。前由该乡绅士，禀请县宪驱逐妖尼，并将该寺产拨为湖山公学经费。近有奸尼某，乘年假时期，贿托二三劣绅为之保护，竟敢搬回住宿，意在盘踞。嗣由该绅董勒限迁去，否则即行禀县拘究云。

有为年关紧逼而死者

◇埔邑湖乡蓝某甲，与其家人语言不合，并以年关紧逼，借贷无门，遂以死自矢，并自行觅地掘穴。事竣后，甲乃卧穴内，即行自裁。其某媳某氏得悉，前往验其尸身，喉际胸际腰间，计共有七八伤云。

大清宣统元年己酉正月廿三日　公历一千九百零九年二月十三号

严惩包粮抗官者

◇现闻兴宁县茹大令欲可，将冈背村钟宝焜欠粮不完，聚众抗官，掳殴差勇，并捏枪饰抵等情，具禀张安帅。奉批：钱粮为国家正供，不容包收抗缴。钟宝焜身列缙绅，乃敢包抗族内钱粮，并于县官亲往催收，纠众掳殴差勇，实属目无法纪。应如禀将其附生衣顶斥革，由县勒传讯究，并将该革生所开星聚当店查封，俟将该族欠户钱粮完清，并将滋事匪徒交出惩办，再行揭封给还，以为恃符蔑法者戒，仰广东布政司转饬遵照缴云。

澄海戒烟会四言韵示

◇澄海戒烟总会，昨十九日开会，兹将其四言韵示录下：戒烟总会，另换小牌，正月给领，二月实行，廿一日起，廿九日止。尔各烟户，须带户牌，到会核给，无则补领。二月初一，无牌买卖，一经查觉，从严罚款。

迷信神权酿成斗械

◇埔邑竹洋何族，向分上下两房，该乡俗气，每逢元宵，则迎某神以赏灯，惟上下两房，皆以先迎为不利，互相推诿。本月十四夜，因此事争论，竟至械斗，受伤者计七八人云。

借绅惑众之可恶

◇埔邑民俗，多信神权，而以中兰乡民为尤甚。本月某日，为该乡会期，惟因国丧，不敢循用鼓乐，及穿衣顶。有奸猾某甲，随同各绅至神庙时，假托扶乩，妖言惑众，□吾□本□□君□□，安得以国丧之故，竟不穿衣顶，亵渎吾神，大众闻之骇然。呜呼！使吾民尽如某甲者，则地方治安之事，将不可问矣。

手炉焚毙

◇埔邑同仁某甲之女，年方数岁，近因天气寒冻，偶不谨慎，衣服被燃，满身火起，竟至焚毙，腰腹及胸际焦烂，不堪寓目，其父母悲痛几绝。怀手炉者其谨之。

大清宣统元年己酉正月廿五日　公历一千九百零九年二月十五号

嘉应巡警之得力

◇嘉应往年，自冬徂春，盗窃小手，必极猖獗。自去年吴观察派任警长子丹，管带巡警，办事认真，稽查得力。故自去冬以迄新正，城厢街市，夜盗鲜有所闻，小手亦颇敛迹，州中商民，莫不称颂。

城西学堂之风潮

◇嘉应西街堡塾师暨绅商等，日前议举城西学堂校长一事，曾登本报。嗣后该学堂原日校长孙君金声，既赴州具禀辞退。各绅商等，复开会举定黄君鸿士为校长，亦既赴州具禀。而该学堂董事、教员等，复具禀请留孙君为校长，但未知邹牧伯如何批示办理矣。

竟有阻抗津贴学费者

◇兴宁杨济时，考取中学堂肄业，经族议定支给祖尝、花红、租谷，以资津贴。讵被杨远泗等诋毁，极力反对等情具禀。当由茹大令据情饬差前往，传谕杨远泗等，将该谷如数交收，津贴学费。倘敢故违，即予拘案追办云。

桂里学堂又另举校长

◇嘉应东街堡桂里学堂，去年李君同为校长。日昨该堡绅士等，在东山师范学堂开会，公议另举校长，既举定杨子乾茂才云。

控纠匪抢赌之呈批

◇嘉应温烈芳，以纠匪抢赌等情，赴州具呈。奉批：李阿桃与阿律耶，在该职等馆内撞着口角，该职等出头劝阻，理无不合，何以李阿桃等，遽行纠匪入馆，将桌面按彩来去，及缸内银包一百余元掠去？核词显有别故，既报经费局有案。究竟当日因何起衅，应候谕饬承办商人，查明禀覆可也。保领附。

呈控抗赎之不准

◇嘉应罗林章，以抗赎田亩等情，赴州具呈。奉批：土名张坑子旱窝口圳下田亩，果于同治年间，经该民之父洪连，契卖于本族罗文渊为业。既已批有□□□□□□□□该民于十月十四日，□□房□罗□□等，当众交银取赎，罗文渊竟拒不交契，且赎取田业，契未交出，断无轻易交银之理，所呈显有不实，不准。

僧徒被殴述闻

◇嘉应竹林寺僧徒，因奸被殴，致送警局。嗣闻该僧徒在警局供称，伊因出游到南口堡葛蒲寺住宿，并无奸淫人家妇女情事，系因葛蒲寺住持僧某，平日曾带妇女，故该处绅士人等，误将伊殴打，及送警局云云。任警长询讯得实，爰传竹林寺住持僧，将该僧徒领回矣。

大清宣统元年己酉正月廿六日　公历一千九百零九年二月十六号

电饬释放被诬革党马兴顺

◇马兴顺经商南洋，去年被仇家在左领事署密禀，诬为革命党，于其回潮州时，电请地方官拿究，严刑拷供，坚不承认，潮人冤之。事为督院所闻，商令李提行查寓港潮商，经潮商力为伸辨，闻已电饬地方官将马省释矣。

萨摩岛招工之示文

◇海阳徐明府昨为出示晓谕事：现奉府宪札开，光绪卅四年九月二十七日奉惠潮嘉道札开，光绪三十年九月十九日奉农工商总局移开，光绪三十四年九月初八日奉两广总督罗堂张札开，光绪三十四年八月二十四日承准外务部咨开：光绪三十四年八月初八日准德公使照称，奉本国外部札开，据本国理藩部交称，按照迄今牛金尼亚公司，与德华银行订定合同，凡在德属牛金尼亚，及萨摩岛地方佣工之华人，所得之马克工银之节省盈余，可以寄回本国原籍地方，不致受亏。其办法系在牛金尼亚属地者，即由牛金尼亚公司办事公所，代德华银行，结与华工支取银票，该票可在亚洲各处德华银行及其代理处取银，在该公所付银领票时，扣百分之一，以充经费。其在萨摩岛属地者，则由亚皮亚城德国总支应局发给，可在亚细亚德华银行，及其代理处取银票据，并不扣除经费。所以银票上写之马克数目，在亚洲各德华银行各分行取银时，按照其地市价，换给其地通用钱币。惟无该银行之处，由代理处取银者，扣除用费等因，照请转咨前来，相应咨行查照，饬属通知可也等因到本部堂承。准此，札局移行道行府，饬县出示，晓谕各华工人等亲属一体知照等因。奉此，合行晓示，为此示，谕各华工人等亲属一体照知。特示。

志嘉属缉捕经费

◇本埠潮嘉缉捕经费换批，嘉属一处，经熊商加饷乙千，并按柜一个月，递禀承充，早登报牍。兹闻旧商黄饶等，迫得依新商所加照办。且嘉属巡防营饷，年来由该经费项下缴拨，往往逾期延误，冯总办亦责令见领即拨，故仍批归旧商蝉联，第额饷已增，而该旧商兼有积欠，对于经费，因有咄咄难辩之苦云。

查封开灯烟馆毋庸议充学堂

◇兴宁廖金生，在龙田墟开灯卖烟，由茹大令饬据巡士拿获，并将店查封在案。日昨龙田公立小学堂校长廖森槐，以学堂常费支绌，请将该店充拨学堂等情具禀。奉茹大令批云：查上封开灯烟馆定章，应充戒烟会常用，所禀应毋庸议云。

牌示学堂仍遵用状式纸

◇嘉应邹牧伯于正月十八日悬牌谓：

为牌示事：案据教育会代表广州中学堂监学王藩、廪贡生温士瑶等禀请学堂公事遵用白禀等情一案，查学堂购用状式，系于光绪三十四年六月，奉官纸局宪通札局定章程，学务中苟事关控告，亦应购用本局状纸，饬即严行查核，遇有牵缀学务，擅用红白禀，谕令换具状式投递等因，业经牌示在案。是此项章程，系奉官纸局宪通札，本州系遵宪札饬换，牌札具在，全省如是，不仅嘉应一处也，且学堂购用状式，本州所令遵办者，仅止因学成讼一项，其余仍用白禀，有学堂案卷可查。所请凡学堂公事，照章用官禀纸一节，总以分别是否调讼为断，若因牵缀学务涉讼，既奉宪札饬用状式，本州实无权力抗拒，应仍一律遵用状式，不能借口学堂公事，概用白禀。惟盖用钤记，尚可通融办理，嗣后学堂控告事理，及牵缀学务控案，仍遵宪札购用状式，准盖本学堂钤记，不必再赴代书盖戳，合行牌示遵照。须至牌示者。

私开烟馆揭封

◇埔邑柳树街曾炎记号，去岁因私开烟馆被封，李前县拟将该铺变价充公，为办戒烟会基础。近闻该店主托人斡旋，愿缴揭封费二百五十元。奉胡大令批准，并将该款分拨劝学所与官学，以资补助云。

官学聘定校员

◇埔邑官学校长范元辞职后，迄未续订，已志前报。兹得悉已聘定杨君瑞庭为校长，兼充教员，又邱绅工螯、饶绅晋恭、邱绅文澜、童绅监明为教员，分科教授，惟闻此次聘请各员，皆郑绅黻廷一人主持云。

匪窝不准领回建造

◇兴宁□□□□卢某房屋，因窝藏著匪李凤山、胡本郎，经茹大令获匪正法后，旋督饬差勇，焚拆该房，并将基址充公召变在案。日昨卢毛氏恳请领回基址建造具呈，奉茹大令批谓：该氏房屋，系因窝藏著匪，暨本县督饬差勇，焚拆召变充公，应不准基址领回建造。特斥！

兴宁令防匪之严密

◇兴宁茹大令，以西门外布商生意甚大，去岁大令任内，匪徒劫至盐铺前谦记土栈，被失多赃。现因地方土匪猖獗，抢案叠出，恐匪再次犯境，特调东路巡防苏哨弁，督勇驻盐铺前严防，并谕巡警，不分日夜，按段搜巡。似此防患，诚可谓严密矣。

大清宣统元年己酉正月廿七日　公历一千九百零九年二月十七号

兴宁抗粮之惧罪

◇兴宁冈背乡钟宝昆等，把持抗纳钱粮各节，已志前报。兹悉该绅闻茹大令通禀大宪严办，知罪难逃，央托生员钟怀尊在巡警局备席，邀请诸绅到县调停。闻茹大令言，要钟绅交出持械滋事凶匪，带同三十名到堂惩办，尚可从宽发落，不然惟有执法从事云云。

懿德女学堂募捐

◇嘉应懿德女学堂，其章程已登前报，惟经费不充，作启募捐。其启云：自天赋人权之说明，而世界女子日益高贵，与男子居同等之地位。而所谓普通国民之教育，尤视为人人应尽之义务，国无男女，未有不受学者焉。中国古昔，女学昌明，良妻贤母，代不乏人，史策昭垂，夐乎尚矣。嘉应之为州，僻在岭隅，若论风气，似不能与中原比拟，然自客族迁徙以来，千百年间，所称为贤母良妻其人者，则不在中原之下。昔黄公度京卿，尝评我州女子，勤苦耐劳，为五大洲之冠，可知京卿此言，实为我州女子性质之特色，所缺乏者，智识与技艺耳。同人深维女学之重，与家庭社会，皆有密切关系，拟组织一小学校，延聘教习，招集女士，课以修身、国文、手工、算术等科，其宗旨则一以奖进妇德，益以普通之智识技艺为主。（未完）

假公义以泄私愤

◇兴宁潭坑乡陈金兰，恃姻亲萧某为护符，因现充县刑书，平素横行乡曲，被人呈控，案积颇多。昨因伊族陈木长，再醮侄妇，而金兰欲显分身价，辄被杨林驼责斥，挟恨在心，恰值黄渡水地方有棍徒招唱采茶纠赌，串同陈词源，冒称仁安局董，诬禀杨某在案。近悉杨已投诉请质，由茹大令交取妥保，饬传集案讯究，未识其能水落石出否耶？

大清宣统元年己酉正月廿八日　公历一千九百零九年二月十八号

懿德女学堂募捐（续）

◇盖有智识，则足以因应一切，及教育子女而有余；娴技艺，则足佐男子以生利，而长社会之经济。考日本教育大家，所论女学甚多，约分两派，一则有积极主义，专以养成贤母良妻为目的，欲其率循妇职，不出女子范围，如《周礼·内则》所训诫者是也。一则兼有消极主义，不仅以贤母良妻为目的，欲其自由活动，能于妇职之外，多所发表，而不以顺从为贵。如近今英国女子，且要求□政权是也。日本学校规制，现仍欲保存国粹，其女学犹重贤母良妻一派。以我州旧日之习惯，且准以中国女子现时程度，自应以贤母良妻派为宜。惟是地方公益，须得公众团体以提倡之，扶助之，而后其益乃可见，是在热心诸君子，踊跃捐赀，多多益善。俾学堂早日成立，则所以嘉惠女界，造福桑梓，而为我梅山梅水增光荣者，亦不少矣。

殴辱校长之恶剧

◇埔邑漳溪明新两等小学堂校长张君少槎，因筹款办学，多所取怨，近复因收回漳溪墟店铺主权事，致被踞店奸商张阿招横加殴辱。十九日张君赴县□验，并乞拘究。一面由漳溪办学绅董公启教育会，以解决此问题，其启云：

教育会同人鉴：同会友张君梨云，为明新公学校长，因办学筹款，多在墟市，以致取怨市人，每欲借端中伤。近时适因张君撤私传赁之祖尝店，为收回主权，故漳溪墟市井杂流于本月十五日，贿串商会，私派警勇，并□票据，到店威吓。又于十九日唆耸霸店人张阿招，痛殴张君，胸膛受伤，遍身痾病。是夜经县宪验明伤痕确凿，视为淡漠，仅扯饬传讯。但张君为办学受祸，事属间接，而以下流社会，伤吾同类，此风亦何可渐长？凡吾同会诸君，有何善策以为应付，请各□一筹以解决之。

西厢堡又多一小学堂

◇嘉应西厢堡寨中黄、留两约，日前未设学堂，本年该两约学绅等，倡设一公立端本两等小学堂，既议定以岗上池氏书室为校舍，业经禀请州宪立案，拟于二月初一日，即行开学。

校长放弃职守

◇兴宁朱坑乡族立观海学堂，前经朱姓绅耆，禀由前郑立案，并举朱某为校长。近闻校长吸烟，嗜好甚深，放弃职守，素不驻堂，其学生各学期积分，列表缴县转送提学宪查核者，均他员所代为。又前抗欠教员薪金，被朱宏中禀揭。经茹大令批谕劝学所查覆，未识如何复命也。

教育会开议定期

◇大埔教育会，于本二十二日开特别大会，到者七十余人，并由胡大令委派陈捕厅到场监视，其所议各件，均关紧要云。

拘追欠租之奸佃

◇兴宁罗展顺者，有尝田批与佃户刘木生耕种，因欠租不清，禀由茹大令签差，勒令如数补供。昨卯罗续催呈，当奉批云：案经勒催日久，未据遵照，殊属貌玩。据呈前情，准改差拘集刘道兴等，讯明押追云。

大清宣统元年己酉正月廿九日　公历一千九百零九年二月十九号

辞办调查所及各职之禀批

◇嘉应邹牧伯于□月初间，给谕举人萧莘饬办调查等事，其谕文曾登本报。嗣闻萧绅欲于本年北上，意图进取，乃以缴回宪谕，恳另择贤办理调查事务，并辞自治会、戒烟会、保安局各职由，赴州具禀。现奉批谓：近来举行新政，非老成持重、深悉地方情形者，不能收其效果。该绅在局任事有年，情形熟悉，调查一事，应由该绅会同各该绅耆，妥议章程，禀候核办，毋庸固辞。谕仍发。

谕办调查事务人员

◇嘉应邹牧伯谕饬举人萧莑开办调查所一事，既登本报。兹闻邹牧伯既谕萧莑为正所长，复以张君凤诏为副所长，梁君佩恩为书记员，萧君笃材为会计员，均各另给印谕矣。

大埔教育会条议

◇埔邑教育会，于廿二日开特别大会一节，已志昨报。兹将其条议照录如左：

第一条、关于本会之职务应行公举接办者，会长乃主持全会事务之职，刻下正会长已经向众力辞，亟宜另举接充。其选举章程如何，请公定。

第二条、关于本会经费应行筹定者，西岩山官荒面南一带，已垦未垦，均蒙列宪拨归本会。查绝顶处仙人桥，有自生茶，出息颇厚，向被饶平山腰九村乡张姓越界采取，应如何请地方官设法争回。其西岩寺前一带，近被饶人占垦，并应如何向征地租，请公定。

第三条、关于本会之成绩亟应实行者：（甲）《研究报》总纂，已由温君丹铭担任，分纂各员，去岁七月开会时，亦由各会员分行担任；惟日久未将门类认定，以致出版无期，应如何请分纂各员早日认定门类，并订送稿日期，转缴总纂，请公定。（乙）《研究报》或月出一册，或间月出一册，其报费数目之多寡，及如何定期缴费，请公定。（本会为研究教育而设，凡在会员，即应实行，《研究报》已出版，各会员均应认领一份，其报费之数及缴费之期，即照此次议决之案缴纳。）

第四条、各会员现在住址及代收店户，宜各自行注明，以便邮寄函件。

杨氏学堂改办初等

◇埔邑维新甲杨氏深造两等小学堂，因学生人数太少，而高等小学生，尤属寥寥，除送入官立高等小学外，仅有二三人。近该堂校长杨绅纪清，拟改办初等，以节糜费。业将情形禀请胡大令，转请立案，另给钤记，并将两等小学钤记缴县，以便换领。

玉水杨氏学堂开办

◎嘉应下半图堡玉水乡杨姓，聚族而居，丁口繁盛，族中拟办学堂，既于年前赴州具禀立案。兹于本年开办，定以梯云轩为校舍，二月即可开学云。

世德学堂议建校舍

◎嘉应半径乡杨姓，筹办世德学堂业经两年，颇著成效，但尚系借鸣岗书馆为校舍。本年为第三学年，该族绅耆人等，集议敛赀，于该乡适中之地建筑校舍，现既议定，拟即绘图粘缴，赴州禀请立案矣。

德济医院施种牛痘

◎嘉应黄塘之德济医院，日昨遍悬贴谓：本医院□年所种牛痘，□□□□□□□□□□□□本年起，每逢正二三月为施种之期，凡亲朋有儿女未种者，可速来敝医院施种，切勿迟疑，俾免天行痘之传染也。专此布云。

惧内纳宠胡为者

◎兴宁县署巡长王某甲，前娶妾妇李氏，二八青春，颇有姿色，王某甚宠爱之，另赁潘家馆居住，朝夕眷恋，情甚浃洽。旋被河东狮所闻，不胜痛恨，辄投邀外氏，前往该馆，大兴问罪之师，声称"贱婢妾妇，敢惑我结发男子，若不作速驱逐，情难姑饶"，且大闹不已云。

大清宣统元年己酉二月初一日　公历一千九百零九年二月二十号

劫案

◎澄属山边乡益盛批馆，于昨廿六日，遣伴二人，到莲阳南砂等乡，分送银信。闻两人乃系父子，各带银二百余元，至某乡外分路，一由南至莲阳下社一带地方，一由北至莲阳上社及南砂一带地方。该由北路者，方行至石鼓山脚，即被贼徒三四人拦途殴劫，夺其银物而去。时路上亦有行人，就附近亦有耕种田园者，均各观见，尾追不及，有识其人者，以为数贼匪均系该左近乡匪云。

◇又闻该贼匪拦劫时，该由南路者，在途瞥见，亦尝拼命向前，该贼已饱掠而逃。及后亦尝奔报巡防局，然及局勇到时，贼已无踪云。

拐案之待查

◇兴宁张燮堃，因在暹罗经商，伊媳谢氏被匪拐匿，现在查确下落，在县叩请起拘等情，当由茹大令批云：黄海姐果于光绪三十二年在暹罗拐匿谢氏，何敢明目张胆，带回作为妻室？其中恐有别故。候谕该堡局绅，确切查明，禀复核办云。

呈控抗粮之批示

◇兴宁罗湘琳，以抗纳粮米事呈控。奉茹大令批云：民间置买田产，例应推收过割，信如所呈，罗亚彬父子买田并不完粮，殊属故违定例。惟查阅粘单，该监生光绪二十年，陆续买给罗亚彬福全岭田种一石七斗升余，何以粮米仍由尔罗清□户文英丁完纳？其中是何情弊，候饬传到案，验契讯明究追。

埔邑学务两志

◇埔邑乐群学堂，招收预班学生，定于二月二十五日开学，其资格如下：（一）资格：能恪守本堂规则者；（二）年龄：十六岁以下，十二岁以上者；（三）程度：（甲）初等小学毕业，或有相当之程度者，（乙）高等小学第二、三年者；（四）学费不收（各备膳费，由本校专雇厨役照料一切）；（五）考期：二月初五起，随到随考，至十五日止。

又官立高等小学，本年招收学生，原议另开一班，作为第一年级。昨廿二日，投考学生仅有十一二人，恐难另开一班，若插补乙级，则程度又不能勉赴，故现取之学生，颇难布置云。

大清宣统元年己酉二月初三日　公历一千九百零九年二月二十二号

志嘉应调查所

◇嘉应邹牧伯，谕饬举人萧莘办调查所一节，迭纪本报。兹既择定，借城内考棚前萧氏宗祠为会所，萧绅等即于本月廿八日搬入所内办公云。

邹牧伯上禀辞任述闻

◇嘉应邹牧伯，上年曾禀请上峰恳辞嘉应州任，未奉批准。兹闻本年正月，邹牧伯复上禀请辞斯任，但未知能奉准否耳。

议定借东官厅为洁净局

◇嘉应卫生社熊绅清华等倡办洁净一事，既纪前报。正月廿五日，各绅在该社办事处南门外熊寓开第一次会议，系议开办洁净各事，并议定借考棚侧东官厅为洁净局。各铺户绅商认捐款项者，甚形踊跃。

集议开女学堂事

◇嘉应育婴堂董事，本年在该堂倡办女学校，其招生情节，曾登本报。该堂董事等，于正月廿六日，特请各绅耆人等，在该堂开一茶会，商议女学校办法及一切事宜，各绅耆莫不赞成。并闻现到该堂报名填册之女学生，既颇不乏人。

绍德学堂不收学费

◇嘉应城内杨氏家族绍德学堂，近日再刊发传单，谓本堂开办二年，业既给钤在案，一切办法，颇著成效。今同人等，为普及教育起见，极力改良，所收学生，概免学费，并添聘教员，加意讲授，以求教育进行之效果。有志就学者，务望先到本堂报名，定于二月初一日开学，以便教授。计开章程四则：（甲）凡在七岁以上者；（乙）各姓一体收纳；（丙）不论各姓，一概不收学费，惟每年仅收杂费五毫；（丁）毕业奖励，悉照钦定章程办理。

得毋勇于私斗乎

◇大埔茜坑邱某甲与某乙，因细故起衅，各率子侄数人，手持凶械，互相斗殴，闻甲乙各受刀伤二三人。又大麻甲姚姓，近日不知因何起衅，殴毙廖姓一人。其殴毙起衅之原因，及如何了结，俟探明确，再行续登。

大清宣统元年己酉二月初四日　公历一千九百零九年二月二十三号

寄信往萨摩岛华工者须知

◇寄居德属萨摩岛种植之粤、闽华工，人数甚多，惟由家属寄往书信，每难递到。汕头洋务局林委员树芬前往萨摩时，曾与萨政府妥筹取递各处华工信件，现已妥定办法。兹番禺县奉到府宪札饬，出示晓谕所有赴萨摩岛华工家属知悉：如有信寄往，得以径交汕头洋务局，汇交驻汕德领事署，转寄查收，是为至要。

示谕当押商人遵用官纸

◇嘉应邹牧伯，于正月廿七日出示，略谓：

抄奉广东官纸印刷局为出示晓谕事：照得本局行销官纸，系为全省筹款兴学之计，经屡奉督宪批饬通行。凡各衙署局所，莫不一律改用官纸。当押商人，年中所用票纸甚多，尤宜首先倡领。俾各处风闻兴起，争相购用。（中略）兹本局再为尔等酌定两种办法：一、如认领官纸，即按照原定二钱之价，核减一半，每百张准缴银一钱，并令纸色质地，合尔当押纸之用，任便向总分局购领。一、如以官纸或有窒碍，准赴局请领戳记，自行盖印票面，以示区别。本局只为筹款办学之计，他不过问，断不复以苛细相绳。倘当押之人，藉端与尔等为难，本局亦必力任保护。如票面无官纸戳记，一经涉讼，或被觉察，定饬地方官严行究罚，将所得九折陋规，全行提充学费，并出示永远不准复有九折给价情事。此外复不准稍涉欺朦，以为不遵功令者戒，合行出示晓谕，为此示，仰全省当押商人一体遵照。自出示之日起，统限一月内，遵章赴局，购用官纸。倘届期仍存观望，是则有意抗违，惟有详请督宪从重办理，不稍宽贷，其各凛遵毋违，切切等因到州。奉此，合行出示晓谕。为此示，谕当押商人一体遵照：自出示之日起，统限一月内，遵章赴官纸分局，购用官纸，倘届期仍存观望，是则有意抗违，惟有详请督宪从重办理，不稍宽贷，其□□□□□□□□□□□□□□□□□□□□□□□。

禀控匿白不税批示

◇兴宁陈元光以匿白不税具禀，奉茹大令批：据禀陈寿勋匿白不税等情，如果属实，大属藐玩，候饬传到案，调契讯明究办，并着尔随差到堂备质可也。

呈控毁坟之待查

◇兴宁周绅，日前以周老乌毁灭坟骸，强筑占葬，遣子往阻，反被掳禁等情，喊报县署。茹大令据情批谓：周老乌觅地葬母，无故将他人坟骸毁灭，殊不近情。迨尔次日闻知，遣子往阻，棺已下葬，不听则已，反将掳禁，尤属无理。察阅现词，难保非意存架笙。究竟该处是否官山，抑系契赁物业，并尔有无藉坟讹诈情弊，候谕该堡局绅，确切查明，据实禀复，一面秉公调处息事了也。

大清宣统元年己酉二月初五日　公历一千九百零九年二月二十四号

嘉应选举调查事务所简章

◇第一章　会所

第一条　本所拟租借祠堂为会所，以办理调查选举人一切事务。

第二条　本所指定办事人员、事务室及会议式场、接待所、事务室，办事时间，不得谈别事。倘有来宾，须在接待所会晤。

第二章　职员

第三条　办事人员，所长、副所长各一名，书记、会计各一名，均常川驻所办事。调查常员，以三十六堡局董充之，并由局董择各堡之士商一二人补助之；如有不足，经所长、副所长认可，得临时添派。

第四条　所长、副所长，总理本所事务纲领，每日办事时间，至少以二时为限，系以下午一时起，至三时止。

第五条　书记，掌理各书类调查报告登记，及撰拟缮校收发各事。

第六条　会计，掌理收支出入，及逐月结算清册，兼理所中庶务。

第七条　本所拟雇用厨役、杂役各一名，以便差遣。遇事务匆遽时，得暂时拨用巡警及保安局丁，酌予赏金。

第八条　所长缺席时，由副所长综理所长事务，其副所长缺席时，如万不得已，由书记、会计会议代理。俟两所长到会时，请其承认，惟两所长不得同时缺席，以昭慎重。

第九条　所长、副所长缺席，不得过一星期，如过一星期，须请地方官改派，但有不得已事故，经地方官认可者，不在此例。

第十条　书记、会计，遇有不得已事情，得告知所长，临时派人代理，其代理人行为，由本人任其责。

第十一条　书记、会计，如有不正当行为，或玩愒误公，得由所长、副所长呈请地方官改派。

第三章　调查事务

第十二条　三十六堡调查员派定后，须依本所择定日期，召集开第一次大会，如期莅所，将如何调查方法，讨论一日，然后由本所调查。须知选举人草簿、记事簿、调查手续、铅笔等件，交付各调查员，归各乡调查，并议定若干日调查，竣事，汇交本所覆审。

第十三条　各堡调查员，须将选举权利，宣告境内住民，合式者登录选举人原簿，如有挂漏，得自行报告增补，不合格者，虽经入册，查明删除。

第十四条　各调查员调查时，须于每星期内，将调查情形，报告本所，如有疑义，得随时函问，本所亦随时覆答，不得稽延。

第十五条　调查员应办事务，经本所函知后，不得推委。其选举人原簿，均编列号数，即空白亦当由一律交还，万勿遗失。

第十六条　选举人原簿造成后，由各调查员，将簿内人员，宣示于众，声明订正期间，即由各堡调查员先覆审之。

第十七条　各选举人原簿，经各调查员覆审后，汇交本所，由本所汇齐，公布于众，声明订正期间，再由本所覆审之。

第十八条　原簿填正后，由书记校阅，所长、副所长覆查，如无违误，即呈送初选监督，是为选举调查事务蒇事之期。（未完）

邹牧伯给调查所副所长谕

◇嘉应邹牧伯，于正月廿六日给谕张绅凤诏谓：

为谕饬事：案照嘉应应设选举调查事务所，先经谕饬萧举人辇，查明设立在案。现在州属调查事务所，已据缴到章程，拟租借祠堂为办公之地。所有所内执事人等，除正所长事务，应由萧举人辇充当，毋庸再行给谕外，其副所长及书记、会计、各执事，亟应先期派委，迅速开办，以专责成，合行谕饬。谕到该绅等，即便遵照充当。调查事务所副所长，会同正所长，将城乡各调查事务，按照章程，认真办理，仍速会同正所长，另议选举章程，禀候出示。均毋懈延，切切！特谕。

嘉善女校兼聘德国女教员

◇嘉应育婴堂，遵照民政部王大臣奏定章程，兼办女学校，其招生各节，曾纪本报。该女学校准于二月初一日开学，其梁浣春、宋因明二女史为文科教员，并聘定德国瑞女史为工科教员。现在既经报名填册之女学生，有三十余名矣。

黑夜被劫述闻

◇嘉应州境蓬辣坑黎某家，前月廿六夜，忽有匪徒十余人，各持凶械，撞门直进，搜及某卧房，有从帐幔中揭视者，被匪用刀劈下，砍去数指，遂栗伏不敢动，一任劫掠。闻劫去衣物两箱，及洋银数百元云。

大清宣统元年己酉二月初六日　公历一千九百零九年二月二十五号

开办自研究分会之简章

◇嘉应水南、白土两堡，去年由梁绅毓芳等，组织一自治研究会，名曰水南白土两堡自治研究分会，经立有开办简章，照录于后：

一、本会名为自治，范围甚广，而以联结人群，排解争讼为第一要义。

二、会所现未议定，暂借蒙养学堂会议，俟成立之日，视款项如何，再由各会员择适中之地，会议租筑。

三、本会并无的款，专赖捐募，今拟题五元以上者，为特别会员，题一元者为普通会员，均有选举及被选权。其有热心公益，捐赀至一百元以上者，当由各会员特别议酬，以志不朽。

四、本会之设，以联结人群，排解争讼为第一义，则凡属两堡地方之人民，利益既已均沾，义务自应各尽，人人可以捐题，人人可以入会，□□□□□□□□□□□□□□不论多少，均可量力捐助，集腋成裘，众擎易举，我同人其勉之。

五、本会成立后，应举正会长一员，副会长一员，正干事一员，副干事一员，案牍员一员，度支员一员，各职员均由各会员中公举选充，一年一任，满期后，如再被举，仍得续任，但不得连任三年。

六、收放银钱，暂公举梁毓芳管理。

七、本会虽草创，而案牍员刻不可少，今暂公举张殿飏担任。

八、本会应先具禀立案，已公举侯家骥领衔，余名次列入。

九、各姓应举定一人，责成就近募捐。

十、捐款仅恃内地，恐所得无多，不足以资成立，众议应发簿外洋，募捐巨款，俾当款有赖，得垂永久。

十一、会员接到传单，开会之日，自应到会公议，若有事故，须预声明，抑另举人代议。倘有放弃义务，三次不到者，公议将该员名字注销，以肃会规而重会务。

十二、各约须举定名誉会员两员，此名誉会员之资格，必须品行纯正，众望所归者方合，已被选举，每次会议，必须亲到，不得推宕。若将该员名字注销，由该约另举。

以上所列简章，略举大纲，其余详细规则，俟续刊布告。

争举东屏局董事

◇嘉应东厢堡屏团局，自去岁董事张绅其敬逝世后，该堡绅耆，纷纷争举董事。始则诰职叶奋扬等，以当众公举三坑约人布政司经历衔张麟昭为局董，并公举东山师范优等毕业生姚拱枢、附生张林寓、职员张国恩、传习师范张汝楫为副办等情，赴州具呈，奉邹牧伯批谓"如呈，准以张麟昭充东屏局董，姚拱枢等充该局副办，仰候知照，仍候给谕可也"等谕。继而优附生曾昭光等，又以张绅其敬身故，其侄张麟寓将局戳携取回家，麟寓身故，其子张向皋匿不交出，正在邀集各约绅董，公推管戳之人。及添补各约襄办绅董间，忽闻有叶奋扬等，潜行县禀，推举张麟昭五人办局。查叶奋扬等，系三坑约人，所举五人，尽皆住居三坑约，除杂入姚姓一人外，其四人皆三坑张族一脉至亲。夫以统辖全堡六约数十里之公局，几欲归一约一族，岂能服众乎？以知麟寓之子据戳不交，有由然矣等情，赴州具禀。奉批：据禀与叶奋扬等，情节两歧，究竟张向皋有无据戳情事，候谕保安局查明办理可也云云。嗣后廪贡生张明皋等，复以公举生员李镕金、监生林振声为局董，赴州具禀。□□□□□□□□□□□□□□□□□□□□。

定期考选师范生之牌示

◇嘉应邹牧伯于正月廿九日悬牌谓：照得东山师范学堂，改办完全科，附设高等小学既届第二学年，所有第一年师范生暨附属高等小学生，亟应早日回堂开学，以免旷废光阴。兹本州定期于二月初五日先行开课，至补招师范及附属高等小学生，统限于二月初四日一体考试，如有志愿肄业者，作速到该学堂报名填册。届时携带笔墨，齐集该学堂，听候本州亲临点名考选，慎勿逾期自误，切切毋违！特示。

大清宣统元年己酉二月初七日　公历一千九百零九年二月二十六号

劝学所开春季大会

◇嘉应劝学所，于二月初□日开春季大会，是日三点钟，邹牧伯、白游府均既莅会。邹牧伯登坛演说，略谓：本日开会，系为维持学务，所有办学诸位，自应遵照钦定章程办理。至于各处蒙塾，尤宜勒令改良，但总须以和平为主云云。江秉乾演说，略云：鄙人才疏德薄，本不足胜此任，惟既蒙众人公举，复奉上宪札委，自当实行整顿学务。整顿维何？一在消灭蒙塾，一在淘汰教员，蒙塾不除，学堂断难起色。现本所既拟定办法，业先呈送州宪核阅，旋交石印多张，俟日间印好，即当分呈众览。闻各学堂教员，往往有仅识之无，即敢充当教授者，若不淘汰，适足为塾师借口。鄙人非与各塾师有仇，今言消灭蒙塾，则得罪塾师，然不实行消灭，则得罪多数青年子弟。当今惟教育可以救亡，教育既善，强国保种可望诸多数青年。不去蒙塾，学堂难兴，教育何由而善？故与其得罪青年子弟，实不如得罪塾师。此后若有不照本所办法办理者，本所惟有禀请州宪封禁云云。

是讵尚武精神乎

◇兴宁永和乡，曾、何两姓，因争坟地起衅，斗械滋事，惟曾姓被伤六人。经曾乙报由茹大令，分别验明填单，随会施都戎，即于廿二日驰往弹压，勒令两姓族老，缴械交凶承办。

又合水乡朱戊四，新正在祖堂做灯会，邻近罗姓有三个幼童，到来同看舞狮，语言讥讽，被朱姓赶逐，有一童慌走，失足跌地，脱齿一个。罗姓见此情形，不肯干休，次日乃宰猪聚众，摆列军装器具，计图决斗，朱姓亦已购械预备。近闻该堡局绅，出而调停，未识能听处寝息否也？

又北厢灌水塘乡，罗乙与赖甲，因抗赎田产起衅，两造各恃其族大，均图械斗滋事。旋经父老闻悉，恐干重咎，严而约束，嗣由绅士调处寝息，亦云幸矣。

兴宁令拟减收戳费

◇兴宁茹大令莅任以来，留心民事，查悉历任卯期，族呈背架公结，及喊报掳抢，收发所受具呈人茶仪陋规，殊属剥民，特行一律革除在案。兹又闻代书戳费，新呈收银一元二，旧呈收银八毫，似于贫民，恐有冤抑。大令近已将戮吊回署中，拟酌减收，通禀上宪，奉准之日，勒石头门，以垂久远云。

提释墩犯

◇兴宁郭亚时，客岁在番禺街坊滋事逞凶，被巡警拿获，移送该处地方官，递解回籍，墩禁六个月示儆。日昨茹大令以该犯墩期届满，提堂省释，饬令保人递结，领回约束矣。

诣水口相验命案

◇兴宁水口乡蓝记祥，因争筑塘圳，被凶蓝金凤炮伤伊弟毙命。据情喊报县署，当由茹大令提讯取结，将尸亲收候，带领刑仵，即于前月廿八日，亲诣尸所相验矣。

一般扛讼者看看

◇平远中学堂曾昭鉴，前以镇平学界控案，竟藉教育会名目，越境插讼，诪张为幻，且有领衔控官偏袒劣绅，倾陷学堂情事，镇人大生愤怒，必欲得而甘心。前月廿五日，曾到该邑属之新市，寄宿蓝应昌店，被□□□□□□□□□□□□□□□□□□□，谓有人请到某处坐谈，行不数武，突有四五人向前扭落厕缸，曾某疾声喊救，无有应者。少顷，自己着力抓起，然已江头尽醉归矣，寻即赴县报案，呈称被匪掠去洋银百七十元，并剥去衣服时表等件。刘大令诘以时方白昼，何有抢掠，况在巡警局之侧乎？随奉批云：据呈各节，疑窦多端，显有不实不尽，究竟是何实情，候饬差查明核办，该生毋得远离，切切！噫！如曾某者，可谓大不值者矣。彼一般之好出头扛控者，可以儆矣。

外人重视轮船诞子

◇前日有厦门某甲，挈眷来汕，即趁丰远轮船出南洋者，其妻已身怀六甲，初谓临盆尚远也，殊登轮后，忽呼腹痛，不一时已居然生子。船主闻知，立延医生为之调和其身体，并别授一房以为安置，且着某洋行到英国领事府衙门注册。外人之重视生产如此，闻系其国中定有此例云。

大清宣统元年己酉二月初八日　公历一千九百零九年二月二十七号

嘉应自治研究分会续刊简章

◇嘉应水南、白土两堡地方自治研究分会简章，已登昨报。兹因章程稍有更改，特为刊发广布，名曰"续刊简章"，照录于后：

近日吾州社会，办事有一通病，即铺张行迹，不事实行是也。试观州属各会，条列章程，何尝不完全整齐，然不过徒取美观而已。而见诸实行者，十无一二，有名无实，欲以此求良效果，难矣。本会现在研究时期，宜先力矫此弊，所有规条，俱当从切近处着想，已列条议，必期实行。其有章程虽善，目前为财力所限，不能实行者，概从缓议，此今日研究章程之大旨也。前定简章，已经刊送会众。本第一次会议，复增订章程数条，虽经会场宣布，但恐仓猝之间，未能细心研求，用特将补议章程刊成，各送一份。列翁阅后，或可或否，不妨附批空处，至开第二次会时缴还，集众取决；如不能到会者，批后托会友代缴亦可。再两堡济济人才，凡我同人，尚望各抒卓见，着成条议，惠寄本会，以便汇齐集众讨论，俾收集思广益之助。祷甚盼甚！

简章补遗

（一）会长及各职员，如有擅权弄弊情事，会员得当众宣布其过失。

（二）每年出入款项，至年终时，会计须明白结算，造册示众。如有吞蚀，经会员查出，责令赔偿外，仍公众议罚。

（三）原议简章第四条，内载有无力为会员者，则不拘多少，均可量力捐助云云。按本会自倡办以来，热心捐助者固多，而放弃义务者亦不少，是两堡之人，对于此会，既有冷热之殊，使本会一体对付，窃恐人人持私利主义，不肯捐金入会，而此会终无成立之日。今拟各烟户题会份半元，既纳会份金者，有事投到，本应调处。一切费用，均由本会担任，未纳会份金者，亦可一律投会处办，但开会一切费用，须本人自备。其第四条一条应拟注销。

（四）原议简章第十一条，有会议三次不到者，除名一则，立法似嫌过严，堡内之人，因此而观望者有之。且第十二条，各约名誉员，既严不到之罚，其余似可从宽。应拟将第十一条注销，请众议决。

会场议事规则

（一）开会演说时，无论何人，均不宜喧哗嘈杂，以肃场规。

（二）开议时，本会各会员，按次坐定后，先由拟稿员宣述所议之事之原由宗旨，及其意见。

（三）本会各会员，讨论利弊，或按法理，或凭事实，须于本事应有问题切实着想，不宜涉及他事，以省时间。

（四）本会各会员，于讨论利弊后，即表决可否，须直截了当，不宜为含糊笼统之语。

（五）凡发表意思，及问难答辩，均须起立，使人注目。

（六）凡登场发议时，各会员均宜肃静，如有辩驳，须俟其词毕，再行问难，不宜中间发言，以乱众听。

（七）凡会员问难辩答，均宜婉转达意，不宜语带讥讽，以敦睦谊。

（八）凡事议决后，既经书记记录，即为定议，不得更改。

（九）决议后，由拟稿员书定议案，朗诵一遍，如有错误，即时声明改正。（未完）

布头坝蓝姓之械斗

◇嘉应畲坑相连之布头坝，系属兴宁县辖地。该处蓝姓分上下两房，下房人等，欲将两房公共尝塘，禀请升科作田，归为一房之业，上房不愿，两房竟于日昨，各持枪械互斗，下房被上方枪伤三人，旋毙一命，既即赴县报验。茹明府业经亲诣勘验，旋即勒令缴械交凶云。

兴宁又有劫案

◇据兴宁商人来州云：该县豆腐街，日昨有匪行劫一木料厂，仅掠去银二百七十元，幸未伤人。该匪内有三四名骑马者，该县兵勇闻之往追，业既杳无踪迹矣。

绍德学堂生之多

◇嘉应城内杨氏绍德学堂，本年免缴学费各节，曾纪前报。该堂于本月初一日开学，既有学生一百一十余人。闻尚有多数学生，欲就该堂肄业者，该堂因限于校地，不能再收，惟系本姓，则不得不收云。

懿德女学堂开学

◇嘉应开办懿德公立女学堂，其章程各节，曾登本报。兹该女学堂既于二月初二日开学，既到堂者三十九名，其既填册而尚未来者，仍有数名，初五始行开课。该讲堂不甚宽敞，仅足容学生四十人。该堂董事等，拟择有宽大地方，即当另迁校舍云。

交差之酷滥

◇兴宁茹大令审理词讼案，有供词参差，抑或要补传人证者，则将两造交差，听候覆讯，此常事也。讵杂务丁某，贪酷滥赃，竟向交差人索勒茶敬，如稍拂意，即将人私押落旧羁棚，并不许亲属往见，驯至差役，亦从中效尤。以大令勤求民瘼，未识有所闻否也？

谕查所举局董应否补充

◇嘉应邹牧伯，于正月廿七日给谕保安局谓：

为谕饬查覆事：现据廪贡生张明皋等禀称，窃稂莠不除，嘉禾不植，选择不当，则滥竽堪虞。生等堡内自开办东屏局以来，凡团防缉捕诸要事，董事诸绅，克尽厥心，颇有成效。不幸天不永年，老成凋谢，如董事张其敬、张麟嵩二绅，本年相继逝世。其余各绅，或距局十里，或二十里，有警不便磋商，必举附近之绅，驻局省费，于事乃有裨益。现在冬防吃紧，夜盗不当窃发，抢劫时有所闻，万一各约送匪，局内无人，有似散沙，谁肯身任其责？爰集各约绅耆会议，公同推举堡内附城法政讲习生员李镕金为董。此是中学堂监督李倬汉之弟，人为望族，名誉素隆，身列胶庠，公评共许。若以斯人膺其选，与余绅参谋，年届五旬，平日老成练达，临时不致观望周章，况当开办至今，凡遇筹款一切，亦曾不惮劳瘁，赞襄有成。但堡内辽阔，东南至黄坑约，东北至书坑、石子岭，西北至折田，局务繁重，独力亦难支持，因添举石子岭约殷绅监生林振声为襄助，首尾相应，缓急相商，必能和衷共济，且家颇殷实，人亦持重老成，倘有不测要需，必能好义急公，不负绅耆推举之望。势得据情联恳宪台，可否恩准给谕，将生员李镕金、监生林振声，补充为董事，庶主持有人，以专责成而维局务。他日地方有赖，皆宪天之赐也，合堡不胜感恩待命之至，上禀等情到州。据此当批：东屏局董事，应否以李镕金、林振声二人补充，候谕保安局速查覆夺，仰即知照在禀。除揭示外，合行谕饬。谕到该局绅董等，即便遵照，查明张明皋等所举李镕金、林振声二人，应否补充东屏局董，刻日据实禀覆赴州，以凭核办，切速！特谕。

是否强盗抢夺

◇兴宁函云：夫头李研精，在西城外孝顺街外赁铺一间，与妻同住，近数年生意颇旺，长有银数百元，存贮店内。被匪闻悉，于前月二十八夜，涂面持械，冲门而入，将李夫头及妇，缚住一房，用布紧闭其口，所有银圆抢夺一空。迨邻店闻声往救，始得松缚。后李登驰报巡警，拨兵踩缉，然匪已跑走矣。

大清宣统元年己酉二月初十日　公历一千九百零九年二月二十九号

张督以循吏望邹牧

◇署嘉应州知州邹增祜以地方为难情形，挽救无方，禀请督院另委贤员接署。奉批：嘉应民俗刁健，好讼喜事，比年以来，绅商界交相冲突，各分党派，迭起风潮。诚有如该牧所云者，固由地方风气酝酿而成，然亦未始非列任有司化导无方，敷衍因循之所致。该牧赋性笃诚，办事切实，由县令荐升州牧，乃系实任人员，正宜力挽颓波，认真整顿。若实缺者尚思引避，则署事者更不免畏难苟安，增长刁风，伊于胡底？大非朝廷整饬吏治之意也。该牧务当细心任事，勉图上理，遇有劣衿刁棍，尽可执法绳之，勿存诿卸之心，用奏循良之绩，本部堂有厚望焉。所请委员接署之处，应毋庸议。

谕绅襄办保安局务

◇嘉应邹牧伯，于日昨给谕举人张衡皋谓：为谕饬襄办局事务：照得州城保安总局，前经议定章程，谕饬张绅芝田接管局戳，随时认真办理在案。近来时事日艰，革党会匪，时虞窃发，巡查防缉，在在均关紧要，自应添派正绅，帮同襄理，以报治安。兹查该绅张衡皋，勤慎老成，望重乡闾，堪以派令襄办。除谕保安局遵照外，合亟谕饬。谕到该绅，即便遵照，会同在事各绅，和襄商办，务宜切实整顿，毋得有名无实，始勤终怠，致负委任，毋违！特谕。

劝学所定期会议改良私塾之布告

◇嘉应劝学所近日悬贴布告谓：本所奉州宪谕开、光绪三十四年三月十九日奉学宪电开，遵前饬传考塾师，从严甄别，名册呈核，试卷免缴，仍督率劝学所绅董，迅设私塾改良会，实行干涉，勿稍徇延等因。兹定期本月初九日开第一次会议，研究办法；十六日开第二次会议，宣布章程。届期各塾师务望贲临为盼！此布。

城西学堂校长仍旧

◇嘉应城西学堂，日前争举校长各节，叠纪本报。嗣后邹牧伯以该学堂前校长孙君金声办理，颇著成效，其具禀辞退，系因兼充官立中学堂教习。邹牧伯本已批准，现因该校风潮未息，邹牧伯特留孙君仍为该校校长，以息争端。

考选师范生及高等小学生

◇嘉应邹牧伯日前悬牌，于本月初四日考选东山师范生及附属高等小学生，曾登本报。邹牧伯于是日亲诣该堂考试，其报名投考师范生十三名，高等小学生二十八名，容日即当选取榜示，入堂肄业。其旧班生，即于初五日开课矣。

车捐委员抵汕

◇潮汕铁路车捐委员兼膏牌总办王大令启曾，日昨由港抵汕，寓公鸣安客栈，闻拟晋郡禀谒道府宪后，始行择吉接办云。

巡警乃为人帮斗耶

◇大埔三河树子村黄、范二姓，时有龃龉。正月间有黄甲、范乙二人，在途偶相冲撞，乙跌于地，足有微伤，遂禀司官请验，黄甲亦具呈伸诉在案。日前黄姓有数人赴三河墟，范家乃挟同巡警勇数人截殴，势甚汹汹，幸有老成喝阻，始免于难。嗟呼！三河巡警，直是厉民而已矣。

蠹书诈骗之伎俩

◇兴宁刑书某甲，前因不法，被前滕令斥革，嗣某乙具保复充。客岁因包许王命案，旋由绅处息，该书无所开销，因之私囊不充，乃藉讨酬谢为名，带同差役数人，前往许某家，诈骗滋闹，后许出银数十元，始得无事。

夜盗

◇兴宁城内梯云里萧某，素贩生果营生。昨伊妇归宁，将卧房锁闭，殊上月廿六夜，被夜盗扑开窗牖，扒入房内，窃去衣服器具多赃。迨天明知觉，萧乃投地保邻右勘明，随即四处悬红侦缉赃贼矣。

组织赤十字会之集议

◇中国赤十字会，昨日假座商业学堂集议，到者百余人，由杨君季岳主席，张君叔平宣布，李君耀宇书记，陈君翰臣招待，梁君子仞、杨君祺镛、邓君振武、廖君伯扬相继演说，发挥赤十字会与社会上之关系，众鼓掌如雷。兹将议决事件录于下：

（一）筹办所，举定商业学堂；

（二）暂收基本金商店，举定怀安街惠安药房；

（三）编辑章程，举定邓君振武（此项章程，下星期由报纸录出，以供研究，如有卓见，函知筹办所，俟下次开会决议）；

（四）选举干事员，定期本月三十日。

大清宣统元年己酉二月十一日　公历一千九百零九年三月二号

兴宁令减收戳费牌示文

◇兴宁茹大令，以代书旧例名目太多，易于欺朦，拟减戳费，已见前报。兹大令已悬牌示，略谓：向来告状，须由承发房挂号，代书盖戳。查代书旧例，三八卯期，每新呈一张，收戳费钱七百六十文，代书名下得钱三百九十文；旧呈一张，收戳费钱五百七文，代书名下得钱二百九十七文；无论命盗拦舆，一律照收，喊呈无分新旧。又新旧呈内，提出公族粮结，喊息背架，拦舆首明等十项戳费，悉数赏给代书，津贴办公。而代书遇有前项呈词，往往不照定章，格外多索，藉称弥补充规，其实图饱私囊。本县访悉其弊，已将充规一项，全行裁免，并因旧例名目太多，易于欺朦，一律删除，酌中定价，全数提充公用，其代书由官酌拨薪资伙食，以昭划一而杜弊混。自本月初三卯起，每新呈一张，减收银七毫，旧呈一张，减收银五毫。又新呈一张，向有戳捐银四毫，旧呈一张，向有戳捐银□毫，此系代劝学所捐收之款，并官纸局词讼案纸每张收银六毫，命盗纸每张收银一毫，保状一张收银二分，仍归架阁房收汇解。此外不许代书多索分文，至喊呈亦照卯期收费。真正命盗，加章盖戳，免于缴费；如非真正命盗，仍应照收；拦舆呈禀，不阅不批。合行牌示云云。

局绅禀可冒递耶

◇兴宁陈绍裘，因拐陈康氏，案内获押，前经族绅暨局绅以该贩怙恶不悛，禀请严办在案。日昨陈文质以族局绅禀请，委系冒递等情具呈。奉茹大令批：查该犯陈绍裘，系因拐陈康氏案内获押，前据族绅陈绍棠暨石马局陈鸿，禀请严办。究竟有无冒递，候谕该局绅查复核办，毋得遽准保释，致滋借口。

自治研究传习之定期

◇嘉应自治研究会，日昨复悬帖谓：敝会开办自治传习所，业经禀请，州宪出示晓谕，并谕各堡公局绅董，选送学员，来所练习。兹拟定于闰二月初一日开学，用特布告合州士绅，凡有志向学，能合资格者，即来本会报名填册，限于本二月廿五日止截，幸毋观望。此布。

议办梅商团体自治会

◇嘉应梅商团体自治会，日昨遍发传单，谓我州梅商团体自治会，已于去年秋间提倡开办。嗣由会友周耀廷等，联名禀请民政部立案，现经督宪准到咨部，即奉批云："如已设会，应饬改为梅商自治研究所，先将自治理法，研求明白，俟部章领到，再行遵照办理"等谕。兹特拣取本月初十日三打钟，暂假西门宫，集议遵批改办。凡我会友，到日务望踊跃莅会，是用殷盼。

嘉应劝学所刊布化除私塾分别办法

◇一、城内为管学官亲临之地，又为劝学所直辖之地，现有城内学堂、梅州高等小学堂、绍德学堂、兴仁学堂四所，尽可容纳学生，应不许开设私塾及组织简易学校，以杜各乡私塾之口。如有私塾既招学生三十名以上，应准其并入城内、梅州、绍德、兴仁各学堂习业，该塾师即可充当教习，薪金由该校长会同本所酌定，惟学级之编制，则由该校长主之。

一、东西街东西厢各堡，应以该堡公学为总校。离公学一里内之子弟，应送入公学肄业，不许开设私塾及改良等名目。一里之外，若有学生三十八人以上，乃能开设初等简易小学校。无论成立多寡，皆统系于公学，由该区劝学员及本所调查员编列号数，标明某公学初等□□校。惟校之教授管理，由公学之堂员，随时指导。如塾师中有不能算术、体操者，亦应由该公学设法担任。离公学二里外，能自办学堂者听。公学之外，无论何项学堂，先经设立之地，亦准此办理。

一、上游十二堡及中枢城厢以外各堡，应办学堂而未办者尚多，拟由各区劝学员及本所调查员，会同该堡绅士，划地建设，遇有应设学堂之地，自不准塾师借口阻挠。果因地僻人稀，不能不听其改良者，亦须统系于公学，仿下游各堡章程办理。

一、下游十二堡成立之学堂较多，无论公立私立，在学堂一里之内，不许开设私塾简易学校，亦不许藉名分校，以杜分争。倘因地势阻隔，又无力开办学堂，不能不听其改良者，亦应听就近之学堂指导之。十二堡中，有应办学堂而未办者，如隆文、饶唐、桃源、嵩山及上下半图等处，须照上游十二堡办理。

展期考选中学生

◇嘉应官立中学堂，本年春招考第七学期学生，业经邹牧伯于去腊出示晓谕，并定期本年二月初六日考选。兹因各县堡地方辽阔，其申送投考学生，恐不能如期到州，纷纷函恳中学堂展缓考期。邹牧伯特于日昨牌示，改期二月十二日，始行考试，俾各学生齐集投考，以免向隅。

大清宣统元年己酉二月十二日　公历一千九百零九年三月三号

长乐令具禀农林试验场之述略

◇长乐县王大令以设立农林试验场情形，具禀大吏，其略云：种植一项，先从棉、桑两项入手，以外杂种果木，附畜鸡豚。一年以来，计种棉一千余株，桑一千余株，畜蚕三造，收获均有成绩，民间多有来场观览，取各项回家仿办。察看情形，必可渐期推广云云。

族学请提寺租之禀批

◇平远县大柘乡姚族乐英学堂，近日禀将闲关寺等五处粮租，拨充学费。现奉提学司批云：据禀拟将大柘乡内闲关寺、文殊庵、天然堂、紫气庵、静然堂五处粮租，七成拨充乐英学堂经费等情，查核所开各寺粮数，声叙殊不明晰。究竟各寺田亩，确有若干，能否提充学费？该校系属姚氏族学，请提寺租，众情是否乐从？仰平远县确切查明禀复核夺。

嘉善女学校开课

◇嘉应育婴堂兼办嘉善女校各节，均纪本报。兹该学堂于二月初一日开学，女学生有四十余人，即于本月初六日业既开课云。

大埔学务两志

◇大埔高坡仰文学堂，往年学生寥寥，去腊公举邱绅铭光为教员，学生趋之。惟恐校舍不足，不□□□□□□□□□□□□□□□□□□□□。

大埔广陵乡赖绅凤祥、子源二君，热心兴学，去岁邀集族人，创办赖氏育群初等小学堂，暂借该族树德堂为校舍，栽培族中子弟。其堂中一切校具，俱赖绅自办，聘请茶阳师范毕业生赖君寿祺为教员，兼任各科。闻本年新正，又着伊二男往郡，添购书籍及堂中应用各品，其热心如此。

何得觊觎产业

◇嘉应杨侯氏具禀道辕，奉批：该氏嗣子杨阿名身故无子，族戚公议，欲为该氏再立嗣孙，即为该氏抚养，产业亦归该氏经营，自系名正言顺，既已立有约据。杨阿名之本生父杨阿佑父子等，何得觊觎该氏产业，混行霸屋掠物，并将该氏殴辱？控如非虚，实属贪横不法。仰嘉应州饬差，速传杨阿佑等到案，集讯究断具报，毋任匿延滋讼。粘抄、保领均发。

大清宣统元年己西二月十三日　公历一千九百零九年三月四号

有无为匪情事

◇嘉应州古彭氏具禀道辕，奉批：据禀氏子古群观，被刘奸挟嫌捏控，究竟刘姓何人，控告何案，并未叙明，殊属含混。现据古赞扬等，以古阿壬素安本分，被古群观挟嫌妄扳等情，来辕禀诉。是氏子古群观业已在州认供，未据粘抄判语，无凭查核，所称古群观从无过犯，难保非舐犊饰卸。至古阿壬有无为匪情事，抑被古群观诬扳，自应认真责讯，以分泾渭。仰嘉应州查明原案，复提古群观澈讯明确，分别究办具报。

拐案两则

◇兴宁石头岭乡李黄氏，以孙被李丑二拐卖等情喊报，当奉茹大令批谓：所呈如实，李陈氏等殊属不合，候饬差查起尔孙李佛有，并拘李丑二到案，集讯明确，分别给领究办。又黄陂乡邱火生，诱匿拐奸，控奉茹大令批云：尔兄邱官姐出洋佣工，如果常有银□寄回，尔嫂叶氏，何致不安于室？现称被曾凤生奸匿径口祥丰店，是否属实？票差前往查明，分别起拘，带案讯究可也。

灭尸案勒限拘办

◇嘉应赤水乡刘芳粦控潘鋆铭等灭尸一案，迭纪本报。兹刘芳粦复控奉邹牧伯批谓：候批差勒限拘起，并传该民及应质人等，提同在押之潘鋆铭等，讯明究办。

塾师反对劝学所之近闻

◇嘉应劝学所日前悬贴，于本月初九日开会研究化除私塾办法，曾登昨报。兹闻是日塾师到劝学所者数十人，开会议时，各塾师大略均谓：改良则可，化除则断不能云云。劝学所江秉乾乃谓：至十六日，拟定章程，再行商酌办理云。

叶塘公立学堂毕业

◇兴宁叶塘公立小学堂，已开办□□□□□□□□□□□□□□□□□□，核准毕业。昨初四日，请管学官到堂考试，统计各学期积份，分别等第，揭晓请奖矣。

惩罚私运毛鬈者

◇嘉应侯国珠，以请讯追毛鬈等情，赴州具呈。奉批：抽收毛鬈，系为提拨官立中学堂及不敷警费而设。本州到任，即将毛青一项，禀请免抽，所以体恤商艰者，至矣尽矣。乃犹不知感激，胆将毛鬈私运赴汕，不缴经费。若不罚充公用，不足以儆效尤。所请讯追不准，原呈掷还。

嘉应缉捕经费公司之布告

◇嘉应缉捕经费公司近发一公启云：本公司承办嘉平镇三属缉捕经费，所有两县及各村墟市，前经分批承办。自去年二月十六起，至本年二月十五日止，已届一年期满，其无欠饷者，应先缴足预按等项，再批认饷承办，其有欠饷及未缴足预按银两者，定即另批他人承办，业经预先分函，布告各处分厂，以免后谕。兹奉总局谕饬，加缴按饷一个月，并另加正饷银两，合再布告。如有欲承充者，须速到本公司面议，认领承办，幸勿迟延观望。特此布告。

麦价之昂贵

◇嘉应自冬徂春，雨水太多，各乡小麦，俱不见佳。现届小冬收割之际，麦价尤形昂贵，每石价银七两二钱，面粉每边一元，仅卖至十二三斤。

大清宣统元年己西二月十四日　公历一千九百零九年三月五号

准师范生陆续报名之牌示

◇嘉应邹牧伯于近日悬牌谓：照得东山师范学堂，本年补招师范暨附属高等小学生，由本州考试，已经揭晓。惟名额尚未招定，如有志殷向学者，应准到该堂，陆续报名补考，以宏教育云云。（余略）

私运毛鬃之续闻

◇昨报惩罚私运毛鬃一则。兹探悉侯国珠系在去腊底，做好毛鬃一百四十包，不及一箱，毛鬃公司又不肯为之出挥。国珠急于求售，以为度岁计，故散包配运，适为查出充公。而此百四十包中，该公司中人以一半充赏，一半归入私囊，国珠不服，现尚在州呈控云。

大清宣统元年己西二月十五日　公历一千九百零九年三月六号

奉贴悬赏购缉革党之督示

◇嘉应州牧伯邹，日昨奉到督宪悬赏一千元购拿散保亚票之革命党谭馥（又名谭文炳）之告示，当即发贴四城门及各处要冲矣。

新墟屠捐

◇嘉应王煜枢，以抽收屠捐事，赴州具禀。奉批谓：新墟屠捐，每宰猪一只，实缴正饷若干，学费若干，词未分晰声叙，实属有意朦混，着即明白另呈再夺。

命案

◇嘉应石坑堡陈姓与吴姓，日前不知有何嫌隙，昨陈姓因祭扫坟墓，路经吴姓门首，彼此口角，陈某甲被吴某用枪击毙。业于本月十一日由陈李氏赴州呈报矣。

会议修复拱极关

◇嘉应北门城外，向有拱极关，倒塌已久，惟墙址至今尚存。迩来州绅杨国镠等，拟行修复，既于日昨在城内公立小学堂，邀集众绅会议，旋即具禀州宪矣。

控被骗卖之不准

◇嘉应黄定辉，以被人骗卖猪仔事，赴州具呈。奉邹牧伯批：卷查黄沈氏初呈，该民黄定辉，系在南洋槟埠，并有时寄银信回家之语。如果该民当日系被富春客栈骗往日哩为猪仔，何以迭寄银信回家，并无只字提及？案卷具在，可以查考。案外捏控，断不准理，原呈掷还。

墟船失水

◇嘉应西阳墟，本月十五日当午时候，有走大埔墟船驶至该处，撞着石头，水即入舟而沉。幸左右船多，并未损伤有人，即货物亦所失无几云。

埔邑商务分会之来函

◇岭东报馆列先生大人执事：读贵报正月廿八日"潮嘉新闻"，所载殴辱校长之恶剧一节，不胜骇异。查此件于正月十五日，据漳溪张高展等，以叛批逼迁纠众强抢等情，具禀警局。经县署刑席兼警局文案批准，饬勇查勘虚实，移县核办，与商会何涉，学校何涉？竟谓殴辱校长，贿串商会，平地风波，真觉令人骇怪。想彼等藉学凌人，诬陷商会，公理具在，日月何伤！况敝会开办以来，事事皆遵商律，调息纷难，任怨任劳，未尝稍存歧视之心。今者怒潮澎湃，初不知衅自何来，再四访查，始知因去岁牛皮捐一案。敝会同人，共悯微业商民，惨被苛索，曾照《商律》第七款，代为伸诉，致学界结此不共之仇，事事横诬，希图陷害。问心无愧，谁怕风狂！彼也纯用强权，不谈公理，一索不遂，怒气冲霄，结党营私，无理取闹，种种若此，夫复何言！但贵报持正不阿，向称铁笔，声名扬溢，钦佩不遑，何期去岁至今，记载敝会十余事，捕风捉影。（中略）清夜扪心，令人真难索解，岂以为彼则强硬可怕，此则和平可欺耶？虽然，息谤之方，莫如不辩，似亦无庸置辩，只以春光有暇，热血来潮，聊具数言，伏祈大主笔遇事推详，严加访察。如果敝会有背公理，贻害人群，请贵报三千毛瑟，鸣鼓而攻，敝会任其责，亦断不辞其咎也。不然，已失公正之主义，徒长猖獗之枭风，异日月白风清，相逢萍水，列先生又将何以为情也？

大清宣统元年己酉二月十七日　公历一千九百零九年三月八号

严禁贩运米谷出境

◇兴宁茹大令，因商人贩运米谷出境图利，有妨民食，特出示禁，其文略谓：照得民以农为本，农以食为天，而米价之贵贱，民生之苦繁攸关，即地方之治乱所系。县属山多田少，户口甚繁，本境之米谷，供本地之食用，尚虞不敷，势不能任商贩运，置民食于不顾，且上年两造收成，尚非丰稔，晚稻登场未久，米价即日增。本县未雨绸缪，业经谕饬惠继义仓绅董，分赴龙川铁场等处，买备运还，以备不虞。本年米价和平，来日方长，固不能不禁贩运出境，以裕民食而杜漏卮。除谕饬巡警稽查外，合行出示严禁。为此示，谕县属军民商贩人等知悉：须知米谷为民食所关，本境已无赢余，自难移济别处。自示以后，县属米谷，只许在本境流通，不准图重利贩运出境。各行亦宜公平交易，随买随卖，不准囤积抬价居奇。倘敢故违，一经查出，或被扣留，定将米谷全数查封入官，其各凛遵毋违！特示。

严惩需索之厨役

◇兴宁署厨役某，昨随茹大令出乡相验，该役窥事主某，家计小康，竟盘踞需索。迨大令相验毕，已回到署，而该役至翌日仍未回来。嗣为大令闻悉，不胜震怒，即将该役收押内羁所，严惩示儆矣。

拟辑中国赤十字会章程草案

◇汕头前开赤十字会议，议决由邓君振武编辑章程，兹由邓君编定章程草案，照录于后：

第一章　定名

第一条　本会定名为中国赤十字会。

第二章　宗旨

第二条　本会以救护平时人民伤病，战时军队损害为宗旨。

第三章　会地

第三条　暂附属汕头商业学堂为筹办所，俟有适当公地，或借或租，再设置永久场。

第四章　组织

第一节　会员

第四条　凡品行端正，无论各界如何宗教者，皆得为会员，会员分为五种：一、会员捐基本银一元为限，或捐至十百千万者，并认俟后当年费一元，但月内交基本金者，为第一期发起人；二、赞助会员，捐银不拘多少，系一次过者；三、慈惠会员，一时寄捐银物值百元以上者；四、特别会员，有勋劳于本会，经评议会决定特别会员者，免纳会费；五、名誉会员，凡有助特别品物，价值五百元以上，认捐助常年费百元以上者。（未完）

明德学堂扩充校舍

◇埔邑双坑何氏明德两等小学堂，近因学生日增，校舍未敷，去腊，武帝庙左傍添筑校舍，现将告竣，定于本月十二日开学。

乃有劫谷之盗

◇嘉应西扬堡黄某甲，家虽洋客，并非巨富。本月十一夜十二打钟时候，有匪三四十人，手中非枪即刀，撞门围劫。匪进屋内，挨破房门，破一房搜一房，搜毕，并将各房尿缸打碎（谅恐妇女匿银于尿缸）。衣服物件搜完，仍询某甲尚有银钱否，某甲答以枕箱尚有三四十毫，其余则并无银，惟有谷二十担而已，乃该匪将枕箱取去后，并将谷亦挑去，直至□打钟后，始尽散逸。该处邻人，翌早始知。闻劫去服物，总共约值银一千左右云。

诣石坑勘验

◇嘉应石坑吴姓枪毙陈某甲，既于十一日报案。邹牧伯据报后，因十二镇日大雨，该处距州七八十里，莫能前往，旋于十三日早轻舆减从，亲诣勘验矣。

大清宣统元年己酉二月十八日　公历一千九百零九年三月九号

拟辑中国赤十字会章程草案（续昨）

◇第五条　会员之权利如左：一、选举权及被选举权；二、发言权及表决权；三、监视本会一切行动；四、稽核各种簿籍及诘问会计员数目之权；五、有到会研究救伤法之权；六、凡非有不法行为者，得受本会保护之权。

第六条　会员之义务如左：一，交纳会费之义务；二，遵守会规之义务；三，有受本会委任调查地方灾变，及其他关于救伤之事项，报告于本会之义务。

第二节 职员之职务权限及任期

第七条，本会职员皆为名誉职员不受俸给，由正会员中选充之，其职务权限分为二部：一，评议部；二，干事部。

第八条 评议员定为三十名，专司本会一切讨论之事。

第九条 干事员。（一）干事总长一名；（二）干事长五名，区分劝捐、调查、临时护伤、演说、平时会务；（三）医生无定员；（四）干事二十名；（五）书记二名；（六）会计二名，在评议员中选举；（七）正副会长俟本会办有成效再举。

第十条 干事总长，应提理一切会务，而代表本会，或设定处务细则，或选任当务委员。

第十一条 干事长辅理总长，如总长有事故时，可代理其职务。

第十二条 置书记员二名：（一）专办理书牍，及收发保存一切文件，但所作文件，要依本会会议决之意见，并商诸干事发行之；（二）专管开会时议决事项，及会员对于本会提议及通布事项，皆须登记之。（未完）

批准出示保护女学堂

◇嘉应黎绅全懋、李绅倬汉等，倡办懿德女学堂，禀请州宪出示保护。现奉批谓：中国女学，古称发达，《礼经》传姆之教，具有明征。自范《书》创立《列女传》，晋、宋以下诸史，率踵其例，是以大家道蕴之流，余韵流芳，有光彤管。徒以教育未能普及，遂至敬戒无违之训，闾里罕闻。今该绅等，睠怀桑梓，拟设女子学堂，洵知当务之急，深堪嘉尚。查阅简章，亦均妥协，应即如禀出示，并饬□□□□□□□□□□□□□。

墩犯俟讯明发落

◇兴宁罗矮古，因不法为匪，经前令禀奉墩禁。昨墩期届满，原告罗开科，恐该匪放出，怙恶复仇，续呈茹大令。奉批云：查罗矮古，系经前令禀准墩禁一年，现届期已满，并据监生罗济时具禀请保，是以批饬到堂备质。现称罗矮古确系著匪，被罗济时扛帮袒庇等情，果否属实，应俟到堂讯明，分别饬遵。

殴毙之原因

◇大埔大麻姚甲殴毙廖乙一节，已志前报。兹访确其起衅之原因，乃系廖乙调戏姚甲之妇，姚甲即持刀逐殴，廖乙被受刀伤数处，行有十余里许，竟毙命矣。嗣由乡邻出而调处，令姚家出银若干元为了结云。

巡勇捉奸

◇嘉应水南堡叶某甲，与半坑村熊某氏私通。日昨携至城向松轩、侯公祠左近之余某馆内，相聚合欢，被熊姓侦知，邀同东路巡防勇，到该馆内，双双捉获。后由余某处办，令叶出银七十大元，即行了事。

呈控窝匪销赃之批示

◇兴宁曲塘乡刘胜，以窝赃短交事，呈奉茹大令。批示云：陈壬姐窝匪销赃，该民投经局绅，饬据巡士往起，匿不交足，大属藐法。惟所控是否尽实，候一面谕饬合水局绅，查明实情，一面谕饬陈壬姐将窝抢该民牛只，全数交足，并将陈松生等，交出该局捆送，如敢抗延，即由局绅禀明，以凭封拘究惩。

大清宣统元年己酉二月十九日　公历一千九百零九年三月十号

华暹轮船公司成立

◇暹罗一埠，潮人营业者最占多数，过此则嘉属亦渐臻繁盛。向年往暹船价，往往招客互争，起跌无常。旧岁以来，经暹埠钜商，组织一华暹轮船公司，专以利便客商为宗旨，一切章程，早已设立，甚为美备。兹闻上月廿五日选举总理，当以金成利张君见三为最多数，作正总理，刘君鸣成为协理。现已租定坚固快轮八艘，不久当即驶来汕埠，轮期开行。张君于暹称巨擘，居然首选，共庆得人云。

嘉应选举调查事务所简章（续初五日）

◇第四章　会议

第十九条　本所重要事务，如有更张，所长及副所长则须开临时会议。

第二十条　关于调查内容事务，有大多数要求开会时，所长、副所长非有正当理由，不得拒绝。

第二十一条　会议事件，须于三日前，预发传单，以资赴会者之研究。

第二十二条　议案以过半决之，可否同数，则取决于所长、副所长，二所长意见不同时，则请州宪，或初选监督决之。

第二十三条　议案议决后，一于调查事务范围内各有遵守之义务，非有后次会议更改，则不失其效力。

第二十四条　会场规则，由所长及副所长定之，不守规则者，得令退席。

第五章　经费

第二十五条　本所开办及一切经费，得禀请地方官指发公款及库存款充之。

第二十六条　收入支出，由会计经理，如有错误，经理人须任其责。

第二十七条　本所公款交殷实商店存放，其折簿交所长或副所长收执。如应支用，须由所长或副所长承认盖戳。

第二十八条　会计员须逐月造具四柱清册，呈报地方官。

第六章　附则

第二十九条　选举章程分区法，至多不得过十区。若先清户口，后分区域，始行调查，恐需时日，故本简章止就嘉应三十六堡原定区域，先行调查之。俟调查事竣，再核明各堡选举人之多少，定地方之广狭，划分十区或八区。

第三十条　凡违背本简章者，得请州宪，或初选监督，加以制裁。

第三十一条　本所特为调查而设，至将选举人原簿呈送初选监督后即行解散。

第三十二条　本简章未尽事宜，得临时会议，修改增补。

此简章以厦门选举调查会、苏省咨议局《调查述略》为底稿，参以嘉应地方之情势而斟酌变通之，合并声明。

调查所定期开会

◇嘉应选举调查事务所，定期于本月十六日下午开会，业经预发传单，请绅商学界，届期到所会议矣。

松源自治分会之禀批

◇嘉应州绅温万等，将研究自治简章，呈请制府立案。奉批：讲求地方自治，实为宪政之预备。惟设会研究，必须遵照部章所指事理，若自拟规则，难免纷歧，且恐有轶出范围之病。现在自治章程，已由民政部酌订，经宪政编查馆核定具奏，不日即可颁行。所有松源分会，暂缓办理，应俟部章颁到，由该管地方官宣示明白，再行商订妥章，禀州核明转禀，听候批饬开办。仰广东咨议局筹办处，即饬嘉应州，特饬遵照。

严饬照章备办丁祭

◇兴宁茹大令，前数日春祭文帝，因屠户陈洪贵备办祭牛，违章塞责，不胜震怒。昨逢丁祭孔圣，特检档卷，着值差传该屠户到署，照章领价一千六百文，不许胥役折扣多少，以为备办。至祭牛以满百斤为额，如违，严办不贷云。

图南语学会招生简章

◇嘉应李君耀三等，近组织一图南语学会，专学巫来由语及英语，其招生简章如左：

定名：本馆为欲旅南洋者而设，故定名为图南语学会。

场所：本馆暂设纯笃李氏祠为授业之地。

定额：以六十人为足额，虽三十人以上，亦得开班。

时间：每夜八打钟起，十打钟止。

学费：学巫来由及英语者，每人每月一元，按月缴清。

计资：不限年岁，以为有志向学者劝，但必依如左之规定者，始得列为会员：一、无嗜好者；二、不受私刑之宣告者；三、士农工商，各有职业者。

学期：以六月为学期，其语音单简如巫来由者，限二学期毕业。

开学日期：二月十六日。

附则：所有愿入本馆学问者，请到本校，或嘉安泰处报名，不取册费。

议抽教员薪水为劝学所经费

◇大埔劝学所经费奇绌，屡次呈请筹款，多未蒙上宪批准。日前胡大令致函与总董萧孝廉剑卢，略谓：贵所经费，再四思维，惟邑中学堂不下数十，其中教员奚啻百人，各教员身居学界，自应热心，共谋公益，酌议自受关二百元者，捐银十五元；百五十元者，捐十元；百元者，捐五元；不及百元者，捐三元；不及五十元者免捐。其各塾师，不论多少，均按数捐十分之一，以补助贵所经费，似此当不致滋生物议云云。不知果可实行否也？

埔邑在城公学归并一所

◇大埔在城初等公学，向分二所，现因经费不足，已归并一所办理，聘饶君星帆、经史二人，担任教授。惟有戴绅某，以为二人过少，随举荐黄君介士，嘱聘为分任，现在亦已到堂。但学界中人，有谓黄君向少涉猎新学，不知果否胜任也。

邹牧伯由勘场回署

◇嘉应邹牧伯，于十三早往石坑勘尸，曾登昨报。邹牧伯十四晚始回抵州署，闻得验明陈某甲，受枪伤一处，受刀伤十余处云。

大清宣统年己酉二月二十日　公历一千九百零九年三月十一号

拟辑中国赤十字会章程草案（再续）

◇第十三条　置会计员二名：一、专司收入之款；二、专司支出之款。分掌收支款目，及预算决算。遇支出时，由支出会计员内，收入会计员处支取，若于常费外，有余金存储银号生息，要由二人签名带负其责任，无论何人，不得移用。

第十四条　凡职员十五人以上，会员三十人以上，认某事为开全体会公议者，得要求开全体会议决之。

第十五条　凡开会时，临时议长有维持本会秩序之权。

第十六条　凡议事之可否，以人数过半决之；若可否同数，决于议长。

第十七条　本会对于会外，遇有重要事项，则公举代表员，其员数临时酌议。

第十八条　凡开全体会及评议会时，公举纠议员，以助议长维持会场之秩序，其员数临时酌定。

第十九条　凡常设各职员，以一年为限，连举者亦得连任，但会计员不得连任。

第五章　集会与会期

第二十条　本会聚集，分为二种：一、评议会；二、全体会，又分为两种：（甲）通常会，（乙）临时会。

第二十一条　评议会定每月头星期举行一次，全体通常会定于每年正月末星期举行一次，有特别事项时，开全体临时会。凡会期，必于开会前三日登报通告，但住居距会场较远者，要除登报外，预为通告。

第二十二条　凡评议会，必莅会之职员过半数以上，全体会会员五十人以上，乃得议决。（未完）

商会集议驳船之不可行

◇本埠职员姚敬思等，到巡警局禀请准予承充设立公司，专载外洋回华客商等情。警局照会商会议覆，现商会开会集议，咸谓设立载客驳船公司，均不赞成。上年到巡警局请准承充公司甚多，名目虽异，其事相同。外洋商会公所，概有信函阻止；本埠商会，当据情备文移覆巡警局停准各等情云。

女学试验题

◇嘉应懿德女学堂，于本月初二日开学，有学生三十九人，曾登本报。旋又有十一人，共五十名，日昨由女教习试验以分等级，其试验题云"维新世界女子必须读书论"。

开发潜钞禀牍之家丁

◇嘉应邹牧伯，于年内奉上宪札，亲往镇平查办学案，其禀覆大宪稿底，尚未发房。该县在事之人，冀先睹为快，爰嘱托州署家丁叶某甲，叶某甲转托刑名家丁某乙，潜行钞出。事为邹牧伯查悉，爰将甲乙二家丁，一并开发矣。

批候饬差查起

◇嘉应罗胜喜，以弟妻卷逃事，赴州具呈。奉邹牧伯批：据呈该民弟妻梁氏，于上年十二月十二日，藉称归宁，一去不返，查看房中银物，概卷一空。控如非虚，实属伤风败俗，即饬差查起可也。

大清宣统元年己酉二月廿一日　公历一千九百零九年三月十二号

嘉应调查所开会志盛

◇嘉应开办选举调查事务所各节，暨于本月十六日开会，均纪本报。是日莅会者，邹牧伯、白游府、邓捕厅、保安局、官立中学堂、东山师范学堂、劝学所各绅董，及附城绅商学界，俱极踊跃齐集。闻开会时，先行宣布开会宗旨，继则宣布调查须知，旋由各官绅自由演说，然后摇钟散会。散会后，邹牧伯尚在该所，与各绅晤谈两点余钟，以磋商种种办法。

拟辑中国赤十字会章程草案（三续）

◇第二十三条　遇有战事或非常之灾变，救护伤病，由干事总长临时招集议员开议，不论议员多寡，亦可决议。倘遇灾变至惨至急，干事总长若不遑招集开议时，则尽本会现存财力，先行救护，事后告知议会，请其赞成。

第六章　选举

第二十四条　本会选举常设职员，每年一次于开通常会举行之，其临时选举，于开临时会举行之。

第二十五条　选举用单记投票法，由本会于收基本金时以后，收常年费时，发出票式，选举时必注名加用印章，或加花押，不如式者无效。

第二十六条　凡选举以有效票比较多数者为当选，票同则以拈阄决之。

第二十七条　数职同时当选者，以得票最多之一职为当选，不得兼职，票同则以抽签决之。

第二十八条　选举票齐集时，由干事及书记员，于会场检阅被选举者得票之数，即时缮写布告。

第二十九条　被选举者就职期限，不得逾三日，如有故不就，应即日于会场宣告其理由，以得票次多者代之。被选举者不在场，要于次日发函通知，其就职与否，同前项之规定。

第三十条　依于本会第二章第二条宗旨施行，务从左开二次事务：一、平时养成看护救伤人才，及搜集应物，以为平时救护之准备；二、战时随同军医部，协力救护伤病。

第三十一条　依于本会第二条宗旨施行左列二项事务：一、遇有地方灾变之伤患者，往救护之；二、费用开特别募捐补充之。

第三十二条　本会业务，总期无缺军队卫生之备，先禀请地方官存案后，当禀请军政部监督。（未完）

选取嘉应官立中学生榜

◇嘉应官立中学堂，于本月十二日考选第七学期学生，曾纪本报。兹邹牧伯既于十六日选定发榜，其姓名开列于左：

正取廿二名：刘树敏、谢宝璜、古廷枢、梁宝箴、赖时中、谢光尧、孙豪曾、邓水华、蓝成干、张基成、杨捷、谢耿勋、谢昌言、古万存、温竞时、洪黄源、古上槐、蓝吉卿、熊宧、古超、熊其祥、杨士碎。

备取一十六名：蓝其渊、黎辅汉、黎瑞麟、黄焕华、刘可清、黄震华、魏晋、黄菊、谢云江、黄履沅、胡俊樾、罗天文、熊涛、古作梯、黄震欧、吴芳声。

学堂抽捐亦有不同

◇嘉应王庆辉，以抽收排捐事，赴州具呈。奉邹牧伯批：成达学堂，抽收排捐，系五局认可，与道南学堂不同，不能一律抽收，仰即自赴镇平县具呈可也。

大清宣统元年己酉二月廿二日　公历一千九百零九年三月十三号

嘉应调查所会场规则

◇一、本所会场，专为研究选举调查方法而设，故与会人员，皆有发言权，但不得涉及范围以外之争。

二、开会散会，均有定时，如过时未决，得由所长别定时日再议。

三、会场秩序，首贵肃穆，凡与会各员，无分阶级，均须确守本会场规则。

四、凡于会场上，对于监督官厅及演说员之登坛，均宜直立，以示敬意。

五、会议得临时举招待及宣布书记纠正各员。

六、凡驳议者，必俟其人演毕，然后登坛，其发言不得在本座。

七、提议各员，以次演讲，不得喧嚣嘈杂。

八、于会议时，倘有起居自由、不守静听之旨者，纠正员得制止之，毋得瞻徇情面。

九、会场上不得吸烟吃茶。

十、痰涎不得唾地，以示清洁。

十一、议案以多数决之，同数则取决于所长、副所长；二所长意见不同时，则请复选监督或初选监督决之。

十二、所有会议事件，悉由书记员录记，于散会时宣布，俾众周知。

十三、本规则对于本所之会议时，得适用之。

十四、开会散会,均以鸣钟为号。

拟辑中国赤十字会章程草案(四续)

◇第七章　经费

第一节　收支

第三十三条　凡发起人初入会时,纳会费一元,除开办支用外,储归本会;二月卅日后续入会者,基本金亦一元,常年费同。

第三十四条　凡支出款项在十元以上者,要经评议会之议决;一百以上者,由全体会之议决。

第二节　预算及决算

第三十五条　每年举行全体会后,新任会计员,当编制预算表,由干事员揭示于会所。

第三十六条　每年举行全体会时,前任会计员,当编制决算表,由干事员揭示于会所,经多数会员之认可后,年终刊布一册公布之。

第八章　制裁

第三十七条　凡会员经评议会认为违反律及妨害公益,凡损本会名誉者,由本会宣布斥退之。

第三十八条　凡会员放弃其对于本会之义务,经一月不履行者,由评议会议决,揭示其姓名于会所,并停止其在本会一切之权利,自履行之日,乃得回复。

第三十九条　凡常设各职员,有前两条之事情,经全体会议决后,准用前两条之规定。

第四十条　凡会计员,有侵蚀及浮冒等弊,两会计员,连带负损害赔偿之责,选举人之负责亦同;但各会计员之连带负责,限于储存银号之款。

第九章　会所规则

第四十一条　会所置会员录一册,登载各会员姓名、籍贯、职衔、执事、住址,凡会员出入会,必自登记。开会时会所置一报名簿,会员莅会者,必自行书名。

第四十二条　凡开会由议长预揭本日议事次序于会场,会员皆宜遵守,勿得紊乱。(未完)

嘉应警员述闻

◇嘉应州城巡警开办已来，其警官系邓捕厅兼摄。自任警佐接管营勇，邓、任二人，未知因何意见不合，嗣闻邓警官禀请邹牧伯，将二人差事，一并撤销，邹牧伯未准所请云。

图南语学会夜馆缘起之意见书

◇嘉应李耀三等，近组织一图南语学会馆，其简章已登昨报。兹将其缘起之意见书，照登于后：

嘉应僻在万山之中，地势弯远，人烟稠密，而谋生道艰。自海禁大开，往南洋者岁以万计，徒以语言隔阂，侏离莫辨。其能托足于廛肆，逐什一之利者，百不得一焉。且广府、福佬，其人皆传世数十世，又往往视南洋为乐土，其经济上之势力，实足以左右吾人。夫以客音之清晰，比广府、福佬音之重浊，则又钩輈格磔，与该地土音一例，视所由于话不投机之时，而辄起离乡去国之悲感者也。抑又闻之，巫来由者，英属荷属之地主也。泰西学者甚至谓他日黑种，必为世界主人翁。故虽若欧人，咸断断无不普通矣。其能操英语、识蟹行书者，尤其上焉者耳。某等怀此有年，亟欲为吾州人之欲往南洋者，相率而入于预备时代，俾旅斯土者，无论与内国外国人接洽时，自无枘凿不相容之势。此则区区之心所耿耿不去者也。适郑君慎根自南洋回，某等知其谙于土话，而又娴于英语也，爰请开馆以授州人。郑君重跫某等之意，遂欣然许诺。某等乐观厥成，用赘数语于此，以告乡人之善学者。办理人李耀三，发起人梁贯之、黄之骏、梁瓒，赞成人李锦光、李铁军、张炳芳。

请修拱极关禀

◇嘉应杨绅国镠等，日前会议修复北门城外拱极关一事，曾纪前报。兹将其具州宪禀，照录于后：

为禀请修复旧址，整理溪路事：窃因州城北门外拱极关，建自康熙年间，溯当日原因，其要点为全城屏障，正系□□□□□□□□□□□□□□后至嘉庆年间，斯关年久，朽坏倒塌。适戴前宪莅治州时，考究城池形势，谓州城山环水秀，学宫文庙，地灵钟央南面。虽经王前宪力辟文澜门，吞吐山川灵秀，而背北尚属空虚，遂为提倡修复拱极关，并倡建催官、朱衣两亭于城上东北、东南隅，为州人救弊补偏美意。自建修后，吾州文明进化，商务日兴，全州士商，莫不感慕戴前宪之大德也。及至己未发逆之变，拱极关催官亭、朱衣亭俱废。至光绪五年，绅士张其翮等，禀请修复催官亭。十七年，廪生杨畚经等，禀请修复朱衣亭。现惟拱极关，至今日久，尚未修复，且地近人家，日积粪土瓦砾，壅塞道路小溪，不特虞洪水之患，诚恐有碍卫生。职等兹拟提倡拱极关照旧修复，并拟将拱极关之左右傍小溪堤面，栽种竹木。惟小溪堤面左傍种竹之处，系借有杨姓空地界址，悉载图内。日后该业主界内竹木繁盛，所出余利，归杨翰园收理，惟不能尽行砍削，现该业主亦甚为乐允。其余堤面，系属公地，理合绘图联名，呈请宪台立案，并恳出示晓谕禁止，无论远近人家，嗣后永远不得堆积粪土瓦砾，致碍卫生行人，实为德便。切禀。

大清宣统元年己酉二月廿四日　公历一千九百零九年三月十五号

札派鮀江浦司清查华工出洋

◇ 汕头招工及男女出洋，弊混甚深。前经大吏查出洋务局及各署陋规，饬令悉数提解善后局，专案存储在案。惟大吏以诱拐华工，情形最惨，且汕头招工积弊已深，故仍一再严密澈查。并以鮀浦司向驻汕头，耳目接近，所有出洋华工易于稽查，现特札派该巡检，赴洋务局兼同清查华工出洋一切事宜，每月准由善后局支给薪水五十元，以资津贴，而期周密。现已札司移行惠潮嘉道及洋务局遵照矣。

咨查潮河行轮之利益

◇ 张督准邮传部咨船政司案呈，案查前据广西试用道张步青等禀称集股设立潮河轮渡有限公司，恳请立案保护一案，当经抄录原禀章程，咨请查复，并批候查明核办各在案。兹据总理潮汕铁路张京堂煜南呈称"据敝公司代理张步青等函禀，潮河轮渡起讫码头处所，潮州则设于公司意溪枝路车站附近，三河泊则靠河堤公路，期于转运便捷"等语。据此，伏查敝公司所车费，时虞不敷，曾呈请援案添筑意溪枝路，以期韩江上游，客费能事运载，工竣伊始，正资有心公益之人兴办要举，以利交通。今该公司潮州码头设于敝公司意溪枝路车站附近，使行旅卸车登舟，越日可抵上游各局，快捷安全,洵于车务货商,两获其益。至韩江水浅,春夏秋时,沿河均约深七八尺;冬季稍浅,亦在三四尺上下。由此推测,小轮自当畅行无碍。用敢代行呈请迅赐批准饬办等因到部。又据张道步青禀称,前以创设潮河轮渡公司,当蒙批咨粤督饬查,嗣海阳县徐令庆元,经据该县李绅芳兰等称,以"水道淤浅"诸语具覆,殊不知该绅多住潮州下游,闻见不周。由潮下汕,先年怡和洋行曾驶行小轮,时常搁浅,为之停办,潮汕铁路之筑,原因乎此。至潮州上游,则嘉应之水,及闽省永定之水,至三河泊总汇,河身较深,实有不同之势。用特遵照前批,将公司轮船起讫码头处所,及轮船经行地段,所有测量深浅,勘定水线,绘图列表粘呈,伏乞核准批示,并咨粤督饬属出示保护等情前来。查潮河水程,用小轮拖渡直接铁轨,如果行无窒碍,似于十属商民,及意溪枝路,尚有裨益。本部统筹航政,自应查明批准,以利交通。惟前经咨请饬查,尚未见复,相应咨行贵督,饬属详查,迅速咨复,以凭核办云。

邹牧伯查勘银矿

◇嘉应桃源堡银石溪地方有银矿,该地前后左右,俱距三四里外,始有人家。经张君汝和、张君文恩、温君国桢组织同益银矿有限公司,禀请大宪札饬嘉应州查勘明确,由州禀覆,领照开采。其招股章程,曾登去年本报。兹邹牧伯奉札后,即于本月十九日亲诣该处查勘矣。

拟辑中国赤十字会章程草案(五续)

◇第四十三条　凡接到开会之通知,必依期依时到会,不得迟误。如有事故,不克莅会者,必于前一日函知本会。

第四十四条　凡入会场者,不得任意喧嚣,及吸烟涕唾,不守秩序,违者议长及纠仪员得告诫之,或令退出。

第四十五条　凡提议及辩论者,必须起立,他人说词未竟,不得搀越。

第四十六条　凡议事同意者,皆起立,以示赞成。

第四十七条　凡发议不论诱起多数员反对者,宜受议长及纠仪员劝告,即行停止。

第四十八条　凡开会未有终事,欲退出者,须俟议长许可。

第十章　战时评议会及派出战地干事员

第四十九条　方战地施行救护事宜，总长改常议会为临时议会，加增临时议员及临时干事员，所派出战地干事员，委之全权总长。俟平和后，六个月内解任。临时干事，临时议员，复临时会议为常会议，报告战时施行事宜。

第十一章　记章

第五十条　会记章，由白地赤十字为号。

第五十一条，本会员章样式，分三种，如左：第一种，□□□□□□□□□□□□□□□□□□□绶赤绢，两边各三条蓝线，上附彩花；第二种，特别会员，章银，形花同前，绶赤绢，式同前；第三种，正会会员，章银，形花同前，绶赤绢，式同前。（未完）

户吏浮收杂费

◇兴宁张某前充库吏，因事被滕令斥革，迨郑官莅任，复贿充户书。兹悉该吏自接充至今，弊端百出。闻各里户赴房完纳，竟增设朱墨挂号纹水名目，浮收杂费多数，计每额征一两，约需三十四毫，可能扫数完清。又毫银一圆，市用七钱二，减作六钱八伸算；大洋一圆，市用七钱四，减作七钱伸算。弊端百出，邑人颇有烦言。

大清宣统元年己酉二月廿五日　公历一千九百零九年三月十六号

拟辑中国赤十字会章程草案（六续）

◇第五十二条　本会勋章。章银，六条光线，中心形圆，面花龙竹凤赤十字；绶赤绢，两边各三条蓝线。

第五十三条　凡赠与勋章，必录其功，经评议员议定后，由详请督宪上奏敕批之后，赠与本人。无论何人，虽尽力会务，但有薪金，概不赠与勋章。

第五十四条　凡会员章，男女均佩左肋，勋章则配其次位，佩外国勋章，亦佩次位。

第五十五条　凡佩会员勋章，无论何处公会，到会均可佩戴，止佩终身，不许传佩子孙。至于退会，宜即将会员章还纳本会。

第五十六条，凡有佩章，或被盗火，或有遗失者，报名本会，偿费再领。

第十二章　附　则

第五十七条　凡本会章程，俟一月三十日议决实行后，有提议改良者，必经全体会议决，乃得修改。

第五十八条　本会凡议立一切规则，先由评议会公选起草员拟定章案，经全体会议决，乃得实行。

保释命案干证之不准

◇嘉应长滩堡叶邱氏，以其子并未与闻潘刘命案情事等词，赴州呈恳保释。奉邹牧伯批谓：潘鋈铭已奉批革审，如果氏子叶阿悦（即桂馨）委未与闻潘刘控案情事，潘鋈铭列作干证，何以当时不来呈明？所呈恐系饰卸，应候勒差拘传案内应讯人等，提同潘鋈铭并氏子叶阿悦，讯明确情，分别究办。

巨商热心教育

◇嘉应巨商梁碧如都转，于前数年在宅旁建筑校舍，规模宏敞。丁未春，开办蒙养小学堂，教员三人，堂中一切仪器，均极完整。自备常年经费千余金，来就学者，不拘同姓异姓，一律免缴学费，并贴供书籍纸笔。唯该乡风气闭塞，蒙塾林立，经都转令弟建侯君沿门劝导，始觉稍有起色。此等学堂，在州属尚称仅有。都转昆仲之热心教育如此，彼拥有巨赀不谋公益者，吾不知其对之感情何如！

泾渭宜分

◇嘉应州钟喜绪呈控钟俊三、黄进福，系属窝匪于道辕，奉吴观察批：查阅粘抄州批，案据福全学堂查复该商被劫之日，钟俊三实在学堂佣工，并据黄廷飞亦以伊子黄进福先已出洋，均被李文彬四仇供等情呈诉，经该州准将钟俊三、黄进福二名摘除。该商何犹以钟俊三、黄进福系属匪窝，坚执指控？查盗匪固应澈惩，而良民亦不容株累，总宜泾渭攸分，无稍枉纵。现又续获徐佛生等三匪，讯认从劫该商家得赃不讳，自应复讯惩治，拘伙并究，□□□□□□□□□□□□□□□□情形，先行通禀察核，一面复提李文彬四等各犯，研讯明确，录取切供，按拟禀办，并催营勒差悬赏购线，严缉各供伙务获究报，毋稍宕延。

诣枫山乡勘案

◇兴宁枫山乡刘李氏，本十六夜，被匪徒持械撞门入室，劫去多赃，到县传呈喊报。茹大令当即开堂，问供取结，将具保人交差带候。即于十九日午刻，减从轻骑，亲勘劫所，并移营饬派差勇，踩缉赃贼矣。

告状人应盖用粮戳

◇兴宁茹大令，以钱粮大典，查阅征册。各粮户积欠银米甚多，特谕代书，转饬告状人遵照，先将自己承当某户丁名，赴粮房报查，有无新旧积欠，先盖用粮戳后，方始盖代书图记。如违，除将原呈不阅掷还外，并提该代书究处云。

拿获劫匪

◇嘉应西杨堡黄某家，于本月十一夜被劫一事，曾纪本报。兹悉黄某系黄汝康，号晋庭，屋在黄坊马头地方。业经报案，旋由邹牧伯派差探悉，该堡塘尾李跏子有窝匪情事，登将李跏子拿获，提讯后，即派差勇并扛跏子前往拿获劫匪一名，于十九早解到州署。闻该事主妇人，认识此匪系绞红头引贼入室行劫者云。

大埔学务汇述

◇埔邑官学新生，初招考时，到者仅十二人，自后自行投请补考者甚多。闻该校员以校舍有限，如再有多人欲行投考，当以暂行收录，与先后所取各生，严加考选，以定去留，而求程度之画一云。

大埔邱君常之，比年来常叹大埔实业不兴，而学界中人，大都徒托空言，无着实从事。现年已就其里中设一纸厂，拟先自投身工作，学习利弊。俟三四月间，即行收买竹笋，雇匠制造云。

大埔乐群中学原定十五日开学，因自初旬以来，连天霪雨，未见晴亮，各学生多往来不便。兹拟展期五天，俟学生到堂稍齐，始行开学云。

大埔砂片甲成人学堂，系溪北坪罗黄二族公立两等小学，开办已五学期，教授管理，颇著成绩，学生年有增加。惟顽固劣绅及塾师等，极力阻挠，其款项虽已禀准，亦归无效。现拟由劝学所萧总董，商之胡大令，将该校改归官办，以期整顿。想大令热心办学，当必有以维持之矣。

批饬严拘奸淫妇女之寺僧

◇嘉应卢运球，以寺僧奸淫伊堂婶等情，赴州呈控。奉批：卢超元既为该生堂叔，其妻潘氏，果于上年五月间，被赖伍氏勾引与王寿山祥光寺僧黎云招有暧昧之行，何以当时隐忍不言，直至潘氏将金银物服席卷逃奔，窝藏周永丰店内，始来具控？揆情殊不可解，应候饬差先将卢潘氏一口查起，一面严拘黎云招等到案，传同该生讯明究办，仍札丰顺司将赖伍氏解州讯办。至周永丰应否查封，应候讯明办理。保领并失单附。

大清宣统元年己酉二月廿六日　公历一千九百零九年三月十七号

嘉应选举调查事务所

◇克期筹办事宜，现在初选之期已过，而为时甚促，各处调查，恐有迟误，致碍全局。特稍为变通，订定期限，按日记功，将调查事分为三小期，以闰月初十日前，召集各堡调查员为第一期；三月二十日前，各堡汇送填正人名册草簿为第二期；四月二十日，本所填正草簿，划定选举区，申送初选监督，为第三期。兹将其按日筹办之事，详列如左：

（一）发选举告示，张贴各城厢乡镇，本月二十日前。

（二）分谕派定各堡调查员，本月底前。

（三）召集调查员到所，发给调查须知等，及回本堡，协同士商实行调查，闰月初十日前。

（四）各堡调查员，造成原簿，闰月底前。

（五）各堡公布订正期间，三月初十日前。

（六）各堡汇送填正人名册草簿，三月二十日前。

（七）本所公布订正期间，三月底前。

（八）本所覆查订正，四月初十日前。

（九）造具选举人名，填正草簿，划定投票区，申送于初选监督，四月二十日前。

以上为本所事务完竣之期。

毋得恃妇刁健

◇兴宁吴林氏与刘林氏，同胞姊妹也。日昨刘林氏违犯族法，奸情败露，由族耆处以男出女嫁之法。讵吴林氏恃伊奸夫壮役王海扛帮，竟狡商礼书，做案承行，诬捏多端。当由茹大令集讯，廉得真情，当堂判令吴林氏：尔妹刘林氏，如系恪守闺阃，纵使刘水龙有此不良诬捏，当自有姑夫出控，岂待尔恃妇刁健出头？本应澈究唆讼之人，姑念尔女流，从宽办理云。

大埔学务三则

◇大埔大能公学，旧岁学生寥寥数人，本年因附近各塾师，曾经饶君百我禀究之后，多观望未敢设塾。各校员乘机招生，所以来学子弟，骤然加增，现已有学生五十二人。聘钟君砚秋、黄君命臣担任教授，于正月二十八日已行开学。

大埔官小学堂，现年改聘饶君晋恭、邱君藺臣二教员，皆从未研究新学，学生多不满意，以为现年已将毕业，复聘此不谙科学之教员，将来难免缺憾。十八，值日生摇铃上课时，诸生皆不之应课，抗拒良久，继思犯禁，始照常上课。

大埔劝学所经费奇绌，所有既定经费，供一总董一书记尚不足。旧岁所议举定劝学员，月给薪水十五元之议，于今已成画饼，而各劝学员以毫无夫马之费，难于枵腹从公，皆未有实行到区劝导。故今年各处私塾，日益见加；学堂之停办者，亦已不一。现在总董萧孝廉剑卢，拟所地修葺竣工，即行辞退云。

大清宣统元年己酉二月廿七日　公历一千九百零九年三月十八号

提讯毁墟亭案

◇兴宁何景潮与罗师扬争款毁墟亭案，业经前令集讯未结，旋将讯办情形通禀大宪，请将何景潮等附生衣顶褫革，勒交滋事匪徒在案。昨卯何景潮续呈，奉茹大令批：仰即遵照督宪批示，迅将滋事匪徒交出，提集讯结，毋得自贻押累，至尔功名已经褫革，不得仍混称生员。特饬。

沿田又有花会

◇沿田为大埔永定之区，向有匪徒开设花会；附近各村乡，又有匪徒每日沿门收带批票，代为赴厂投买，为害不可胜言。近闻漳溪张阿银等又在漳溪墟开设受厂一间；大靖杨阿坦等，亦在北塘开设受厂一间，每日均百余千之多。而地方官绅，均置而弗问，正不知害伊胡底也。

禀请修复拱极关之批词

◇嘉应杨绅国镠等，赴州具禀，请修复北门外拱极关，其禀既登本报。

兹奉邹牧伯批谓：城北拱极关，既为全城保障，自应设法修复，藉资拱卫。至于平治道路，并在小溪堤面杨姓空地种竹，保护溪堤，即以庇荫行李，尤为布置得宜。惟种竹木处所，既为杨姓空地，将来竹木成林，自仍应归杨姓管业，仍不准砍伐净尽。所请立案，应准照办，仍出示晓谕禁止可也。

匿白案亲诣勘丈

◇兴宁罗远明控何彤辉匿白不税，经前令集讯，查验所缴印契，均多小纸，并无司尾，乃判令何照章补税。惟两造供词各执，罗谓何仍有白契未缴；何谓罗私开垦田，匿粮沉税。彼此赴省上控，攻讦不休。近茹大令奉到批札，当饬传两造，听候诣勘，未识如何断结也。

汇纪师范生与塾师事

◇嘉应西厢堡黄塘村潘某甲等，有蒙塾二所。日昨该堡劝学员前往查视，彼此口角，劝学员将该塾桌凳，概行推翻，并将该塾师被帐撕烂云。

大埔学务事汇

◇大埔保安甲漳溪乡明新小学堂，旧岁仅四十余人。本年经各校员力为劝导，入学者渐见踊跃，现在计有学生七十余人，由黄君秋舫等二人担任教授云。

大埔大能甲公学，前由饶君百我禀准，将赐规溢利，津贴学费一百二十元，经传承办商人，立单认缴，自旧岁下学期为始。间有曹栋魁、谢文彬二人者，暗为唆纵，抗缴不交。去腊叠禀县令，饬差追缴，而承办商人曹寿卿等，竟置之不问。现二十日校长饶君百我等，已将单据禀缴县内，请即饬差拘追矣。

大埔明德学堂甲班学生，现年已届毕业之期，校员等以兵式枪操，殊为紧要，日前已专派一员，到乐群中学借木枪三十枝，以资甲班学生演习云。

曾氏家族学堂之成立

◇嘉应西厢堡曾姓，聚族而居，丁口繁盛。近由曾君伯谞、曾君心泉等，组织一族立学堂，先于去年冬禀报立案，本年开学，学生有八十余名。

因赌轻生

◇兴宁马某甲，素开酒米铺，以之营生。昨与李乙赌牌输银，因被父兄闻悉，恐遭诘责，乃于某日自寻短计，服毒轻生。旋马某父兄，以其子因赌丧命，遍投绅耆，向李理论。经各绅耆出中调处，令李给还殡殓打斋银数十金以之寝事云。

大清宣统元年己酉二月廿八日　公历一千九百零九年三月十九号

轰放鱼雷之交涉

◇黄冈西山寨乡洋客吴某，日昨率多人至钱塘乡脚坡水中，轰放鱼雷。钱塘人以坡水系该乡所食之水，向前阻止，吴某不听，被钱塘乡人掳殴。吴恃为某洋行保家，经即电达某洋行，向地方官交涉，地方官已派勇诣钱塘乡查办矣。

西扬黄姓劫案之续闻

◇嘉应西扬堡黄姓被劫，旋拿获李跏子，并由李引拿一匪，均登昨报。兹闻引拿之匪名邱阿森，系兴宁交界之窑上堡人，年前在州城为窃，曾被拿者。此次拿获，供认不讳，并供出有匪党在丙村。邹牧伯当即于十九日派勇令任警佐带邱阿森引拿，乃该匪党消息灵通，早既远扬，无从拿获。

严禁招摇撞骗之示文

◇嘉应直隶州正堂邹为严禁招摇撞骗事：照得求治必先剔弊，立法要在厘奸，欲正本而清源，宜塞流而治末。本州恭膺宪命，来莅是邦，下车之始，业经出示晓谕在案。溯自到任以来，事无巨细，悉出亲裁，亲朋尽是端人，家丁悉归约束，权操自上，柄不下移。惟丁胥之更换不时，人性之情伪不一。若不先事防闲，难免仍污旧筑，合再出示晓谕。为此示，谕阖属绅商军民诸色人等知悉：自示之后，如有外来游客，内境奸民，并有亲幕友书差丁役，及在州就员役人等，如有借案牍以招摇，指□□□□□□□□□□□□□□□，容隐不举，甚或通同作弊，一经访闻，或被告发，定即严拿到案，尽法惩办，勿谓言之不先也，各宜凛遵毋违！特示。

逃犯改押羁所

◇兴宁船夫刘运传，前因私窃潮商载运青靛事，经事主拿送茹大令提讯，将该犯交差带候。昨十八夜，刘窥役睡熟，乃潜由天池上屋兔脱而逃，未出至衙署头门，被查夜巡勇，撞见捉获，禀报署中。大令不胜震怒，即将该犯改押羁栅，以示加等治罪。

讯判因奸耸报案

◇兴宁刘运贵，因犯族法，烝婶败露，而其族人刘月贵乘奸滋事，运贵心怀不平，计图报复，日前以纠匪劫抢等情，到县传呈喊报。旋刘月贵投案赴诉，业由茹大令察悉前情，当堂将二人扣留。日昨提出集讯，真情败露，大令乃判刘运贵奸婶败伦，固应法所必究，至刘月贵乘奸滋事，亦属咎无可逭，各笞五十板，递结完案，取交妥保，仍责令严行约束云。

邹牧伯出示保护懿德女学堂

◇嘉应邹牧伯近日出示谓：

为出示晓谕事：现据候选训导黎全懋等禀称，窃以学无中外，教育必本乎家庭；德养童蒙，训诫不遗夫女子。所以世界各国，最重国民教育，无男女贵贱，凡在就学之年龄者，未有不受学者也。嘉应地处偏隅，自奉明诏兴学以来，学堂之设，陡增至二百余所，然女学则甚少，间有一二，亦绌于款项，缺于科学，而无完全久远之基。职等睠怀桑梓，邀集同人，特组织一女子学校，名曰嘉应懿德女学堂，为教育嘉应女子，授以普通之智识，与日用必需之技能而设。其开办经费，系由诸热心绅商学界，乐意捐助。现经聘定教习，赁定校舍，准于二月初二日开学。至所有一切办法，除拟订详细章程，缮具员生名册、教授时间、校舍图式，再行禀请立案外，兹特先拟简明章程，粘缴察核。惟是学堂重地，防闲不可不周，而女学之视男学，则尤觉其重。伏查学部新定女学堂章程，凡学堂开办之后，倘有烂崽地棍，造谣污蔑，藉端生事；及挑闼之徒，乘学生上学放学时，在途中有非礼之举动等情，地方官有保护之责。宪台关心学务，声施所及，化雨均沾，理合联请出示严禁，并饬地方巡警，随时稽查，俾学堂藉以保护，而宵小不敢非为。异日者女才发达，成绩昭然，则所以颂宪台培植之功，而收地方文明之效者，为不朽矣等情。（未完）

大清宣统元年己酉二月廿九日　公历一千九百零九年三月二十号

太平乡捕获劫盗

◇嘉应太平堡雷公窝李姓，聚族而居。本月廿二日夜，有劫盗十余人，到该处行劫一屋，该屋内妇女四五人，男丁仅二三人。乃贼甫冲门，该男丁即既知觉，一人持螺角从后门出，将角乱吹，一人持洋枪从屋内击出。旋而各屋族人，闻角群起，持械齐出。贼即纷纷惊逃，一贼跌落湖洋田，当被擒获，于廿三日解送到州，余贼悉皆遁去。

呈控女被迫毙之批词

◇兴宁县李罗氏，以伊女被夫兄迫毙等情，赴州呈控。奉批：如果氏女李玉昭，实有被夫兄陈松秀等，因谋吞家产，恨迫弄毙情事，既据该氏赴该前县郑令报验。究竟郑令如何判示，陈松秀等如何呈诉，并不将县判及彼造诉词抄呈，显系隐匿真情，捏词图耸。着即遵照词批，抄录郑前令堂判及彼造诉词，另呈察夺，毋徒匿情朦耸。特斥！

续邹牧伯出示保护懿德女学堂

◇据此当批：中国女学，古称发达，《礼经》传姆之教，具有明征。自范《书》创立《列女传》，晋、宋以下诸史，率踵其例，是以大家道韫之流，余韵流芳，有光彤管。徒以教育未能普及，遂至无违之训，闾里罕闻。今该生等睠怀桑梓，拟设女子学堂，洵知当务之急，深堪嘉尚；查阅简章，亦均妥协。应即如禀出示，并饬巡警随时稽查保护，仰即遵照。简章附在禀。除揭示外，合行出示晓谕。为此示，谕军民诸色人等知悉：尔等须知该绅等设立懿德女学堂，实为当今急务，毋许烂棍造谣污蔑，藉端生事；及挑闼之徒，乘学生来往在途，有非礼之举动。倘敢故违，定即严行拘究，决不姑宽，各宜凛遵毋违！特示。

族立光宗学堂开办

◇兴宁陈族绅耆，因科举已废，舍学堂无由出身，特组织两等光宗小学堂，禀由茹大令立案，现已开办。举定某为校长，维持全堂事务，择赁衙背陈祠为校舍，招定学生数十名，编分甲、乙两班，拟于本廿一日开办云。

晓谕设私塾改良会之示文

◇嘉应州正堂邹，于近日出示谓：现拟劝学所总董江秉乾禀称，窃查接管卷内奉宪台谕开、光绪三十四年三月二十九日奉广东提学宪养电开："遵前饬传考塾师，从严甄别，名册呈核，试卷免缴；仍督率劝学绅董，迅设私塾改良会，实行干涉，勿稍徇延等因到州。奉此，除札属遵照外，合就谕饬，谕到该劝学所，即便遵设立私塾改良会，实行干涉，毋延"等谕。奉此，三十四年七月二十八日又奉谕开，现奉署广东提学使司沈批：本州申缴塾师名册，请察核由。奉批："申悉，名册准予备案。自此次考录塾师之后，该牧仍须督同劝学所绅董，认真考察，如有陋习未除，误人子弟者，仍当随时严加淘汰，追缴文凭，勒令闭塾，即将该塾生徒分别拨归就近各学堂肄业，妥为安插，毋令失学。并饬遵照前司札饬，迅筹私塾改良会办法，以期实行改良。此缴。名册存等因到州。奉此，合就谕饬，谕到该劝学所，即便遵照办理，毋违"等谕。奉此，伏读两谕，仰见私塾改良会，为亟应实行，刻不容缓之举。总董遵即妥拟简章，并明定办法，在劝学所附设私塾改良会，定期于本月十六日开办，以期实行改良。然徒有其法，而不派员分往各乡堡，确切调查，妥为安插，则塾师仍属茫无头绪，不知何所适从。总董现聘定邱亮邦为下游十二堡查学员，李杰为中路十二堡查学员，邱世芳为上游十二堡查学员。理合遵谕，缮具筹设私塾改良会简章，及刊布分别办法，禀缴察核。俯赐先行出示开办，仍恳谕饬查学员，协同各区劝学员遵照办理，并转详提学宪立案，实为德便等情到州。据此，除批揭示，并转报学宪立案，及分谕查学员遵照外，合行出示晓谕。为此示，谕各塾师人等知悉：尔等须知现设私塾改良会，系为整顿学务，普及教育起见，所有后开章程办法，务即一律查照办理，毋得违抗，其各凛遵，切切！特示。

大埔事汇

◇高坡廿二迎灯，异常热闹。迎至下横街，忽有沙坪王与北浦刘，因跻踊蹴踏，酿成打架，闻二族已重伤数人。

大埔近日，河水陡涨。月之二十二日下午，有小湖口饶姓妇，年方十四五，负一幼妇五六岁者，往溪南归宁父母。适渡至半桥，桥梁骤折，二妇皆堕，幸有一人善于水者，即下河水，救起其幼者一人。其十五六岁者，则顺流而下，莫知其所止矣。

大埔维新甲李氏学堂，因经费无着，已决停办之计。现在该校员以开办已历三载，学生将届毕业之期，于此中辍，殊大可惜。兹复勉强支持，再行开办，聘教员二人，将于日间开学。

棍徒知悔悟乎

◇兴宁黄绍濂与朱添姐争控坟山案，业经前令集讯，因朱理曲，迭次抗断，查系朱戊生从中摆弄，收押外羁在案。日昨该犯在押日久，颇知悔悟，由茹大令提堂，切实教诫，并据朱戊生递具悔结，业已交保释放矣。

大清宣统元年己酉闰二月初一日 公历一千九百零九年三月二十二号

大埔士绅拟改增法政员名额

◇友人来函云：潮属九县，向以海、潮、揭为大县，澄、饶、大为中县，惠、普、丰为小县，历来具有成例。曩金山改建学堂时，编定名额。前惠守曾误信人言，以海、潮、揭、澄为大县，饶、大、惠、普、丰俱为小县。经大埔绅士等禀明惠守，始知为人所误，于考取时，不用前定章程。现陈太尊设潮郡法政学堂，饬九县分送学生，每大县送二十四名，中县十六名，小县十名。海、潮、揭、澄俱送二十四名，饶、惠、普俱送十六名，大埔、丰顺俱送十名，不知为何人所定。闻大埔士绅以该章程列大埔于惠、普之下，任意升降，不胜骇异，拟禀请太尊改正云。

邹牧伯晓谕选举调查之示文

◇为出示晓谕事：现据选举调查事务所所长萧㧑、张凤昭等禀称：窃所长等前奉谕饬办选举调查事务，业经拟订简章，赶速筹办，伏查各省咨议局之设，乃国家予人民与闻政事之权，即为实行立宪开设议院之渐。案照定章，筹办期限，仅止一年，现在初选之期已过，而所务方始成立，为时已极促迫，而事理又极繁重。约期举办，首当调查选举人，次乃举行选举法，欲定本属分配议员额数之若干，须视合格选举人额数之多寡。惟是此次选举事宜，为中国数千年之创举，调查着手，非仗群策群力，断难克期成功。我州风气较通，各堡局绅，均向热心办理公务，拟请予以责成，协同各乡士商，分任调查，办理似较易为力。第恐偏远村区人民，未知国家用意之所在，或因选举资格内，列有五千元以上之营业资本或不动产一条，非以为抽捐，即以为加赋，妄生疑虑，故意隐匿，放弃应享之权利，致碍新政之举行。为此仰恳宪台，分谕派定各堡调查员来所妥议，将调查进行手续，逐条研究，即就原定区域，协同绅商学界，开导调查。仍请迅赐出示晓谕，俾知此次调查，得有选举权者，即有与闻政事之权。一俟调查员到日，该处有年龄、事迹、名誉、财产，能合后开选举资格者，即照本所刊发之名册草簿，明白登载，断不可轻自放弃。各堡调查完竣，即汇齐本事务所，审查填正呈报。所有恳请分派调查员，及出示晓谕缘由，理合缮禀呈请察核等情。并粘章程一纸。（未完）

邹牧伯勘案述要

◇嘉应邹牧伯，于本月十九日，往桃源堡银石溪查勘银矿一节，曾纪本报。邹牧伯于十九晚抵松口，二十日入桃源，廿二日履勘该处矿地，委系无所阻碍，周围相距三四十里内，俱田园庐墓。勘毕后，于廿三日入松源，查勘王姓与王姓争控教堂地基之案，旋又督饬查封该处犯禁烟馆一所。出至松口，勾留一天，该处丰顺乡司请酒，新任叶分州衍兰，亦同赴席焉。翌日，到雁洋堡松树坪，勘赖姓与张姓等控争山场。后至丙村，查勘人和学堂禀请开挖煤炭之山。回至汾水乡，复勘邹、范两姓互争山场。勘毕，回抵州署，既二十六晚矣。

禀文前后不符之被斥

◇学司牌批：据嘉应州东溪公立小学堂校长陈崧，日前以串同舞弊，推翻定案等情，请移道查办，并批示由于提学司。奉批：此案前奉督宪札行，据该校长电禀张耀南，串同州署家丁王杨舞弊翻案，票差骚扰等情，并据该长具禀前来，当经分别移行，并批示各在案。现禀各情，并粘抄一纸，细加查核，与前禀微不合，候移道追查明究办，毋再晓渎。至控州署家丁杨达泉、王显芝舞弊一节，前禀未曾声叙，迨经批斥，始于此次禀内略叙，殊属疏忽，并斥。此批。

宫市学堂之成立

◇嘉应西阳堡白宫市初等小学堂，迭历风潮，已于上月初一日开学，学生六十人，聘请东山师范毕业生邱廷经，传习师范卒业生杨普、黄纪各教员，担任科学。至其学费，现经邹牧伯核定各捐，出示晓谕，俾众周知。兹将捐项计开：一，堡内卖鱼每担捐银二毫。一，□□□□□□□□□□□□等处，挖凿石碑，每年捐银四十元。一，堡内佛子岩香田，每年早冬两季收谷四十余石，酌拨四成，为白宫市初等小学堂经费。一，堡内猪屠捐，由团局每头捐银五仙，今提拨为学堂经费。一，堡内石灰，年可捐银六十元，乳猪年可捐银四十元，鸡鸭年可捐银三十元，俱向由团局捐收，今暂行提拨学堂经费。俟筹有另款，仍行拨还。

一尸两验之异闻

◇兴宁茹大令，昨据叶塘乡某乙喊报人命，二十一日即往诣验。尸亲则谓因伤毙命，被告则谓伤后服毒。当据刑仵喝报，谓该尸指甲有青蓝色，似有服毒情状，因未下探。大令回署后，再于二十三早晨，复往相验矣。

禁用不知控由之抱告

◇兴宁民情刁健，每因口角微嫌，动辄架词，雇用衙署小差作抱，顶名递呈，希图朦准。迨经诘该抱以呈内控由，则懵然不知，真通病也。昨茹大令每于三人告期收呈，查前项弊端居多，特谕代书传谕告状人：如系监生妇女，例准用抱告者，须用亲属子侄作抱，以便盘诘；如违，除勒令保家交出原人外，并将原呈掷还。

大清宣统元年己酉闰二月初二日　公历一千九百零九年三月二十三号

邹牧伯履勘银矿事续闻

◇嘉应州桃源堡银石溪银矿，旧经张刺史绶卿、张广文少琴、温二尹伯藩，集股开采，联名禀请劝业道宪，转详督宪批准，札州履勘。经邹牧伯于二月廿一日，亲临履勘，已略纪昨报。兹闻勘得该矿地系公司契买永之执业，四无妨碍，当即丈量绘图，不日当即申覆各大宪咨部立案，给发执照开办。其矿地未勘之先，有相距十里外之邱姓，背金人名，朦禀州宪，声称有碍田庐等情谎渎。履勘之日，饬差传邱，而邱自知谬妄，避不敢到云。

邹牧伯晓谕选举调查之示文（续）

◇到州，据此当批：如禀分谕各堡，仍一面出示晓谕在禀。除分谕外，合行出示晓谕。为此示，谕各堡绅士等即便遵照：尔等须知调查一事，系为后日选举咨议局议员之始，如查有合后开资格者，慎勿轻自放弃，切切！特示。计开选举资格于后：

凡属本籍贯男子，年满二十五岁以上，具左列资格之一者，有选举咨议局议员之权。（一）曾在本省地方办理学务及其他公益事务，满三年以上，著有成绩者。（二）曾在本国或外国中学堂及与中学堂同等，或中学以上之学堂，得有毕业文凭者。（三）有举贡生员以上之出身者。（四）曾任实缺职官，文七品、武五品以上，未被参革者。（五）在本籍地方有五千元以上之营业本或不动产者。（六）凡非本籍之男子，年满二十五岁，寄居本籍满十年，有一万元以上之营业资本或不动产者。凡本籍或寄居本籍满十年以上之男子，年满三十岁以上者，得被选举为咨议局议员。

凡有下列之一者，不得有选举权及被选举权。（一）品行悖谬、营私武断者。（二）曾处监禁以上之刑者。（三）营业不正者。（四）失财产上之信用被人控实，尚未清结者。（五）吸食鸦片者。（六）有心疾者。（七）身家不清白者。（八）不识文义者。

下列人等，停止其选举权及被选举权：（一）本省官吏或幕友。（二）常备军及征调期间之续备后备军。（三）巡警官吏。（四）僧道及其他宗教师。（五）各学堂肄业生现充小学堂教员者，停止其被选举权。（完）

批饬解散梅商自治会

◇署嘉应州邹直牧，将州属职商周耀廷等设立梅商自治会一案，具禀安帅。奉批：职商周耀廷等，既因嘉应商会构讼，先经撤销，遂改立梅商自治之名，以行其争夺商会之计。既不禀报地方有司，亦不禀明本省长官，而率行赴部具呈。且于设会之初，招集众商，登堂演说，以设立商团为主义，令各商分认枪支，实属荒谬已极。若准该会成立，必致结党械斗，横行滋事，流弊不堪设想。该牧应即速令该会解散，倘敢故抗，即将该商周耀廷所捐职衔详革，拘案究惩，以儆藐玩。该州民情刁健，好讼成风，自设商会以来，争端纷起。不以为讲求兴利之举，而以为敛钱聚讼之资，非独于商务有妨，且隐贻地方之患，应如该州所请，不准自行设会。俟风潮稍息，商情妥定，再由该牧体察情形，查明实系殷实正商，方许成立；其好讼生事之流，一概不准入会干预，以免争竞而杜弊端。再商会与自治各有范围，不容牵混，而奸商刁棍，难免假托名义，淆乱部章。嗣后凡未经该管地方官具详咨报，而径自赴部具呈者，无论或请设会，或举商董，均请大部行查明白，再行分别准驳，俾免若辈营私害公。候分咨民政部、农工商部查照，仰广东布政司，会同劝业道、咨议局筹办处，转饬遵照。

嘉应私塾改良会章程

◇嘉应私塾改良会，邹牧伯已将设立理由，出示晓谕矣。兹将谕内之

《开设私塾改良会章程》列左：

一、宗旨。本会为教育普及起见，凡限于地势（查照"化除私塾办法"）无力再办学堂，不得已权设私塾者，应遵章实行改良，以无误学童、有益民智为宗旨。

二、会所。本所即附设于劝学所。

三、资格。以文理明通，资性勤敏，得有塾师文凭者为合格。

四、办法。本会系叠奉州宪转奉学宪札办，亟应实行干涉，其条目如左：

甲、注册：凡塾师俱到本会注册，将自己年岁履历，及私塾所在地址，距就近学堂里数，现年学生人数，逐一注明，以便查核汇报。

乙、教则：一，科学：应照初等简易科办理，其科目凡五：（一）修身、读经，合为一科；（二）中国文字；（三）历史、地理、格致，合为一科；（四）算术；（五）体操。各塾师务按学生程度，编表讲授。兹将奉颁《简易科课程表》付印，每塾师分给一本，以资遵照。二，教授管理：本会拟设改良研究所，定期暑假时开办，专研究教授管理诸法，届时再将章程宣布。兹未举办以前，各塾师务随时到就近学堂参考，以资则效。

丙、调查。本会随时派员调查，有应改良处，俾得即行指导，分别整顿，以副循名责实之义。

丁、报告。各塾师务按月将教授细目，及学生成绩，造成表册，分两学期报告本会。上学期以暑假，下学期以年假前十日为期，以昭核实。

戊、限制。各塾师如未经入会，及不遵本会办法实行改良者，本会惟有勉尽干涉之责，勒令闭塾，并禀请严办。

五、附则。以上所列，如有未尽之处，再当随时增布。

附"化除私塾办法"四则。（此办法既登本月十一日本报，兹不再录。）

禀究抗学费之劣棍

◇大埔大宁甲公立学堂，向筹定缉捕经费溢利一百二十元，每年缴为学费。去年下学期，忽有曹莼三、谢文彬，暗中唆使谢寿卿抗延不缴，以致校员兴无米之叹。去腊十二月，已二次禀请饬差追缴，又复顽抗如故。现于二十三日，校员饶君爱群等，已再禀请胡大令签拘押追，尚未蒙批示，不知如何办法也。

大埔学务汇述

◇大埔乐群中学，前因连日阴雨，河水陡涨，学生多不能来堂，故十五日开学之期，已赴不及。现于二十日，各生来堂渐齐，即于二十一日开学上课。

大埔三洲坑廖族，每年学童凡四五十人，前拟开办族学，竟以议论不合，不能成办。闻本年由廖君德星等极力提倡，始得其端绪，办为初等小学一所。即于日间聘定教员二人，开学上课，学生来者，颇为踊跃。

大埔洲田务滋学堂，旧岁教员二人，本年加聘一人，以助课授。惟前因所聘教员，以因他务，不能担任，致开学之期，为之延宕，故于本月中旬始行开学。闻其教员，除刘君吉芙仍旧担任外，一为刘君跃门，一为杨君芷香云。

惩责图告不审者

◇兴宁黄绍濂与朱添姐互争坟山案，前由茹大令复讯，殊朱西斗托病不到，迨经讯出朱姓理曲抗断，将朱添姐押收外羁。昨朱西斗又复饰词狡辩，大令阅毕呈词，不胜震怒，笞责二百板，将呈掷还，以为图告不审者戒。

中兰村之夜劫

◇大埔中兰村尾禾畲里，居民张姓六七家。本月廿四晚，有贼十四口涂面明火撞门，劫张吉祥家，失赃数百元；比屋张阿营夫妇，出与贼敌，俱被刀伤甚重。劫后贼将赃物担由公洲上村经过，业已天明，被失主追及，几为拿获，贼丢物而逸，上村某甲拾得衣物甚多。此番之劫，系附近竹木坑之刘娘意作线，引匪伙劫。该地山深林密，有卢家坪、大丘麻、竹木坑三处，俱系贼匪巢穴，近年来各乡失去猪牛，皆向该处赎回云。

大清宣统元年已酉闰二月初三日　公历一千九百零九年三月二十四日

禀究抗费之续闻

◇大埔大能甲初等小学禀请追究学费一节，已录前报。嗣因适赌商曹素卿，先托大兴公司瞒禀胡大令，有"藉学索费，承商裹足"等语，故胡令现批该学堂之禀云：昨据大兴公司陈俊合等，以大宁、永青二甲缉捕经费，均因该处学堂，责令缴纳学款，亏累不支，以致原办者本年莫敢领办；另招承批，亦因此率皆裹足，实于正饷大有妨碍。叩请示谕该学堂，嗣后另行筹款济用，勿于经费项下，再行提抽，以保饷源等情具禀，当以所禀尚属实情，应准照办，业经饬谕该学堂查照在案。惟曹素卿等，上年已认学费，立有单据，岂容屡追不缴，候再饬差，催令速行缴清云云。

三河公学拟办高等第二班不果

◇大埔三河公立学堂高等本班，现届毕业学期，初拟添招高等小学第二班生，加开一级，后因报名者仅数人，而初等甲班优等生徒，又多已退学改业，是以不果。刻下惟于初等甲班中，年岁已长者，升为高等豫班，赶加功课，以备明年高等毕业后，即行升级。其教员为范君松岩、曾君梦生、余君象乾、陈君子和、杨君英，学生五十六人，已于月之初旬开课。

镇平商会开第二次选举之踊跃

◇二月十二日，为镇平商会开第二次选举总理之期，是日绅商学巡警各界到会者三百余人。登由会中请刘大令莅会，监临开票。计徐望鲁君，占三百七十八票，最占多数，现已到所办事。

邹牧伯查封盐埠铺店房屋

◇嘉应邹牧伯，于月之廿九日，饬差查封州城盐埠，及该财东屋，并查封义和隆店及屋。闻系该盐埠黄某、义和隆廖某，均系前经凑有汕头瑞华庄号股份，瑞华庄倒闭欠款甚钜。经该债主等，禀准领事，照会粤督，由督宪札饬嘉应州查封云。

记高陂近事三则

◇二月廿七日高陂古野王坤泰，与其堂弟某甲争耕尝田，酿成打架。某甲之面，被坤泰用锄头击伤甚重，刻已经投族长理处。

高陂赤水蔡氏学堂，前因蔡元龙把持祖尝租谷，遂致停办。去腊杪，张省视学函催续办，言辞甚厉，蔡元龙等畏罪俯从，现已公举蔡鼎臣君昆仲续办。

高陂洲田乡张族，去岁在廖族祖坟，约距三丈，做新坟一穴，既已安葬，廖族谓有碍祖坟，控之于县。经县宪堂判迁骸，张族尚不肯具遵。及二月十五日，张某甲被廖族痛殴，大肠已突出数寸。

嘉应警局判钱债案

◇嘉应有连城县客商杨森盛，来州贩卖条丝水烟。日前在长沙墟向黄瑞祥号买有茶叶，旋将该茶叶转卖州城钟福盛丙记店，该价银五十余两，由钟出单，单内则写黄、杨二人向收。至期黄持单收银，钟仅兑一半，仍银二十余两，则谓杨仍欠伊数目，以此抵对等语。黄寻杨询问，杨亦言系欠钟数目，黄责杨骗欠其数目也，始而口角，继乃互殴。杨寡黄众，被黄殴伤，并拖送巡警局。警局传同钟丙记讯问得实，爰判令杨将现有之条丝值银数两，并令钟再出银数两，统交与黄，即行了事云。

批饬严拘究坐

◇嘉应杨王氏，再以纠匪强劫等情，赴州具控。奉批：昨据生员钟之彦等，以氏子杨传兴素行不端，众议驱逐。该氏因家贫难度，跪求族长杨国勋（即应祥）担认，将子永远驱逐。上年氏子回家，复有煽惑妇女，敛钱拜佛情事，经伊等责令杨应祥驱逐，该氏听唆捏控等情具诉，并据杨应祥呈同前情，业批严拘究坐在案。现呈不知悔悟，胆敢狡执前词，来州辩渎，尤属不合。候即饬差严拘杨传兴到案，传同该氏及杨应祥质讯明确，分别究坐按办。

大清宣统元年己酉闰二月初四日　公历一千九百零九年三月二十五号

藉端抢掠之待查

◇兴宁黄咸章，因住兴、长交界地方，被乐属匪徒钟亚崇，恃祖父承办乐属膏厘，昨十九晚，越境闯入黄室内，藉端抢掠，而黄当呼邻右，将该匪擒获，送交巡警，转解到县。昨由茹大令提讯，因该犯供情狡展，将两造交差带候，派巡警员张绅其愕，前往确查禀覆，再行核办云。

兴宁劝学总董辞差

◇兴宁劝学所总董王绅灵歧，在邑办学多年，现由副贡叙选直隶州州判，引见后签分江西。近已领到凭照，特将总董差告辞，茹大令拟另选绅士接办。

大埔学务事汇

◇大埔大麻甲北浦刘氏学堂甲班生八名,已足八学期,校长刘绅懿生具禀学宪,拟于三月间举行毕业。现任各科教授者,为刘君东生、懿生,曾君推我,正在赶习功课云。

大埔崧里何氏明德家族两等小学堂,去年校长曾绅辑雅,因就潮城官运局聘,告辞厥职,现由众公举何君次咸接任云。

大埔湖山公立高等小学堂,本年复办,聘定杨君培萱、蓝君光华,担任各科教授。近闻杨君培萱,因教育会事务尚多,未能交卸,转聘温君晓沧代任云。

大埔县大麻第二官立学堂筹办之初,议先行筹款而后招生开学。近以筹款艰难,未能照议,乃由校长出示招生,现已到堂报名者,有廿余人矣。

大埔百候甲杨氏家族学堂,丙午开办,为老绅阻止者经年。去岁杨君琼石,力为支持,现年学生,骤增至六十余人。

白宫市学堂之示谕

◇嘉应州邹牧伯近出示云:

为出示晓谕事:照得白宫学堂先与西阳新文祠学堂争款涉讼,经本州会同龙委员集讯断结,将西阳禀定学款,悉数拨归西阳;宫市学款,责成钟炳刚等,如有可筹之款,无碍商人,不涉苛细重抽等弊,准其禀州,核明筹拨;并将讯结情形,列折呈请道宪,转禀在案。嗣据钟炳刚等,禀列筹款章程,以堡内卖鱼捐,先经黎元庄办有成规,并筹屠老弱病牛捐,提明山宫、佛子岩两处寺产,燕生岩、杉山尾等处石碑捐,及提拨永清团局抽取猪屠、石灰、鸡鸭、乳猪各捐,请出示等情。当经批饬明白呈覆去后,旋据覆称,各款均未经别处学堂请拨,卖鱼捐有商人均记请承,牛屠捐商人和大号请承,并据永清局董事李觐光以局抽各款先系收存未用,商定拨为学费各等情。明山宫田租,据龙冈学堂校长李任衡等禀称,伊祖施出租谷九石,先经请拨伊族龙冈学堂有案,调查档卷相符,此条应即删去。兹据钟炳刚等,禀请派定校长,并出示保护等情前来。除批揭示,并谕陈生士豪充当校长外,合行出示晓谕。为此示,谕该处诸色人等知悉:尔等须知白宫市设立初等小学堂,系为培育人材起见。惟常费孔钜,必须就地筹措,所有后开款项,务

各遵照款目，依数缴交学堂，不得延欠，毋许棍徒藉端阻挠，致干严究，各宜凛遵毋违！特示。（计开已登前报）

争收花红之批示

◇丰属汤坑徐姓，立有花红谷石，向章入学者即归收管三年。去岁岭东同文学堂毕业生徐呈祥，照章收取，讵料有丙午冬金山师范毕业生徐伟坤出与纷争，互控至县。闻后经大令谕饬房族查明禀覆，并批示应归徐呈祥收取，始得无事云。其示文如下：案据徐呈祥与徐伟坤互控争收花红谷石，前经谕饬房族查明禀复，据生员徐宝田等禀复前来，当批：凡学堂毕业，给发文凭，与毕业后，奖给实在功名者，本属不同。据称，该姓祖上立有花红谷石，向章只归入学者劝。现在徐呈祥，既奉奖作增生，行县移学注册有案，则与入学无异，所有花红谷石，似应照章归徐呈祥收取三年，以成该姓祖上奖励子孙之志。徐伟坤虽系毕业，并未奖有功名，且该族亦议有定章，本属不应预闻，既已劝处，应允照禀办理可也等批在禀。又据徐宝田等禀称，伊等劝令徐伟坤父子，不得恃蛮争收，特恐乡人无知，致多疑议，叩乞出示晓谕，花红谷石，给徐呈祥收管等情。据此，合行出示晓谕。为此示，仰佃户人等知悉：所有该徐姓花红谷石，应归徐呈祥收管三年，徐伟坤不得互争，各宜遵照毋违！特示。

大清宣统元年己酉闰二月初五日　公历一千九百零九年三月二十六号

嘉应之调查须知

◇嘉应选举调查事务所，近日刊发调查须知，照登于后：

第一项　姓名、年龄、籍贯、住所

一、调查首填姓名、年龄、住所，次及他项。合格某项，即于某项下注明；苟有一项合格，即可入册，其兼有数项资格，愿并填者听。

一、册内人名，有与今上御名下一字从"亻从""乂"相同者，务当敬避，改换音同字异之贻、怡等字，一面知照其本人。

一、调查，须问其本人或其家属，并可访之邻右。

一、填写年龄，如有可疑，当告以如不确实，须防人指摘。

一、填写年龄，如系职官及举贡生员，当以官册为凭。

一、填写籍贯，系非本籍人，除问其家属外，并须问之邻右。

一、填写住所，须注明堡名乡名。

一、本籍人，不须填寄居年限。

一、非本籍人，寄居满十年及有财产一万元以上者，方可入册。

一、如系外府州县之举贡生员，确在本州寄居地置有产业，则不论其年限财产如何，亦可入册。惟须本人呈请其本籍地方官，撤销本籍选举权，将批词作为凭证，宪覆闽电。

第二项　办理学务及公益事务

一、办理学务，如学堂监督、监学、校长、教员、庶务及劝学所教育会中办事人员，皆是已满三年，即可入册，但必须以官准有案者为限。

一、学务成绩，以已满三年而于办理并无不合者为标准。

一、办理公益事务，如商会及各善堂公局董事等，但满三年，应一律入册。

一、公益成绩，以继续三年并无遗误者为标准。（宪覆晋电）

一、办理学务公益，不能两项继续，并计作三年。（宪覆闽电）（未完）

批饬呈验管业凭据

◇嘉应赖耀珍，以秤背岌山场系伊屡世管业等情，赴州具呈。奉邹牧伯批：产业以契据为凭。土名秤背岌，自阐屈路起至大窝里萝白凹顶止，既为该职等屡世樵牧之所，历经前州封禁有案，必有告示碑志为凭，何以现呈无一粘呈？究竟该处山场，该职等有无管业凭据及告示碑志，即着明白另呈再夺。绘图、保领姑附。

查封铺屋事续闻

◇嘉应邹牧伯查封盐埠义和隆店屋一事，曾登本报。嗣闻邹牧伯，实系奉汕头巡警局宪札（前报谓奉督宪札，系属误闻），据汕头增兴庄，控黄体仁及廖吉初欠伊款项，饬查封黄廖屋产等因，此札去腊已奉到。日昨牧伯饬房叙稿，旋于十二月三十晚，先发出封义和隆封条，饬任警佐查封。当经该街店邻商号多人，出为具结担保，禀恳免封，得以无事。至于黄姓盐埠及房屋，系五六房人公共，并非黄体仁一家产业，故封条并未发出云。

志嘉应师范学堂龃龉事

◇嘉应东山师范学堂，本年有师范学生三十余人，附属高等小学生四十余人，其初聘定镇平钟君公任担任理化等学科，嗣因钟君辞而不就，理化教员，尚未聘定。各学生等以科学不全，于二月廿九日全堂不肯上课，以要求监督；该监督乃谓此系某监学所鼓弄，特悬牌将某监学革退。因此全堂职员教员等不服，邀同齐赴州署，谒见州宪，禀明理由。翌日，州宪请监督入署面商，而监督又面递革退监学之禀，闻禀内并声明"除禀提学宪外"云云。本月初一日，邹牧伯正将亲诣该学堂时，该学堂全体学生，又赴辕请见，牧伯乃令该学生回堂，即自亲往该堂，谆谆劝导，嗣监督及职员教员等，并令学生依常上课，各人均未听从。后邹牧伯回署，未知如何办理也。

在押私逃之犯绅

◇兴宁李怀天呈控李彩文主谋伏毙命案，前经茹大令集讯，因人证未齐，将两造押候覆讯。日昨李彩文在押，贿看役王升，私逃回家。旋被尸亲闻悉，呈诸大令，大令阅呈后，不胜震怒，当提该看役呵责，勒令刻日缉回。迨该役前往，则该犯惧罪难稍逭，竟坚避远逃，杳如黄鹤矣。

大清宣统元年己酉闰二月初八日　公历一千九百零九年三月二十九号

再续嘉应直隶州调查须知

◇第五项　营业资本及不动产。

一、营业资本及不动产两项，可并计足五千元，但须逐项注明确数若干，及格以上，无须尽行填入。当调查时，当告以如不确实，须防人攻讦。

一、与人凑伙之营业资本，虽有五千元，不能入册。

一、营业资本者，如商店生理及各项股票、债票等是。

一、不动产者，如田地、房屋附着于土地者是。

一、营业资本及不动产值五千元以上者，必以在本省地为限。

一、祭产、会产系一族或团体所共有者，不得入册。

一、家有五千元以上之资产，而父子、兄弟、叔侄同居，则以家长之名入册。

一、父有五千元以上之资产，而适为不准有选举权者，可以其子之名入册，但其子必年在二十五岁以上。

一、兄弟共有五千元以上，则其以一人入册，或兄或弟，听其本人自便。

一、巨富家父子兄弟，实经分析，尚各有五千元以上，均可入册。

附　则

一、有选举资格而本人因职业他出不在乡里者，一律入册，但调查员须注明记事簿。

一、现任教官，非行政官，一律入册。

凡有资格而适为不准有选举权之人，应于调查时记清，汇送官长剔别之，不得有选举权及被选举权者：

一、品行悖谬、营私武断者（指宗旨歧衺、干犯名义、及讼棍土豪、劣迹昭著而言）。

一、不识文义（以不能自书选举票为断）。

一、监禁以上之刑（指现行律例徒以上之刑而言）。

一、失财政上之信用（指倒账未还，判官有案者而言）。

一、吸食鸦片（指未戒绝者而言）。

一、有心疾者（指疯狂呆痴者而言）。

一、身家不清白者（指娼优隶卒而言）。

停止其选举权及被选举权者：

一、本省官吏或幕友（现充胥吏之人比照此例，宪覆浙电）。

一、常备军人，及征调期间之续备、后备军人。

一、巡警官吏。

一、僧、道及其他宗教师（宗教师指天主、耶稣等教士而言）。

一、各学堂肄业生（指现在未毕业者而言，若系讲习所、传习所学生，不在此例）。

停止被选举权者：

一、小学堂教员。

邹牧伯开用换颁新印

◇嘉应邹牧伯，以旧印残蚀，禀请换颁新印。现已奉到，即于闰月初三日巳时行开印礼，以开用新印。

澄海令履勘海坦

◇探闻大埔张裕记，前在岐山乡烟墩尾购买海坦三百余亩，并由清佃局给领有新生海坦三百亩。昨已请澄海县率带差役，乘舟亲往履勘，以便择日兴工填筑。想经之营之，不日成之，汕头邻近，又多一块好地方矣。

是否恃学健讼

◇镇平县王兆蓉，近又以粮山遭禁，学堂垂危，呈控于提学司。奉批：查此案该生与王荣光、王思兴等，互控已久。前由县禀督宪批示，当以三造均无确据，俱属无凭管业。断令仍将该山封禁，不准盗砍树木，由司转饬该县遵照办理在案。既据该生以"粮山遭禁，学堂垂危"具呈，案经断定，王荣光、王思兴均无异词，何以该生藉词纠缠？迹近恃学健讼，殊属不合。仰镇平县转饬遵照办理，毋再哓渎干咎。状发，保领附。

中学堂行开学礼

◇嘉应官立中学堂，虽于二月初间先行开课，但旧班各生以及新招学生，尚多未到。现始陆续来齐，新旧学生，共有一百六七十名。邹牧伯于本月初三日，亲临该堂，督率堂中职员学生等，行开学礼，以重学务。

茂芝前乡家族学堂之成立

◇饶平茂芝前乡绅耆，迭奉宪谕，遵章创办学堂。日昨到祖祠集议，倡办家族学堂一所，名曰拱辰初等小学堂。族内生员詹向荣君为校长，延聘师范生詹占春、詹升平两君为教员，分科教授，学生四十余人。堂中黑板桌凳，一切器具购备，定于闰二月初三日上课云。

大埔官小学堂之来函

◇刻据大埔官小学堂来函云：昨阅贵报岭东记闻栏，载大埔官小学堂学生停课一节，传闻似属失实，日期亦复未确。查此事系担任修身科某教员，因师生间难闲，彼此语锋，略有抵触，至廿四日，甲班学生暂不上修身科课一小时。其中情节，与邱君辅臣毫无干涉，邱君品端学粹，担任全堂经学、国文，绰有余裕，学生亦称悦服。应请函赐更正，以符事实而昭确核云。

乐群教员易人

◇大埔乐群中学教员饶君百我，已于月之初一日，买舟他往，以就平远中学堂之聘。刻下乐群中学堂责任，已另聘蓝君贰川按充。

失去一婢一媳

◇大埔湖寮蓝姓妇携一婢一媳，往高坡暂住，忽于廿八日，共一婢一媳，俱杳无踪迹。连日侦骑四出，到处查询，究不知其下落。岂高陂地方，亦有诱带女孩之风乎？

大清宣统元年己酉闰二月初九日　公历一千九百零九年三月三十号

调查所定期开全州大会

◇嘉应选举调查事务所开办各节，均详本报。现该所刊发传单，定期于闰月初七日午后第二时开全州大会，以讨论调查方法云。

调查所缩期办事清单

◇嘉应选举调查事务所按期筹办事宜，曾登本报。兹得该所缩期办事清单，照录于后：按筹办处《订定办事期限清单》第三期，汇造选举人名册，一律告成，以四月初十日为限，则各堡公布订正期间，须缩限三月初五日前；各堡汇送填正人名册草簿，须缩限三月初十日前；本所公布订正期间，须缩限三月二十日前；本所覆查订正，须缩限三月廿九日前；本所造具人名填正草簿，汇送于初选监督，即缩限四月初十日前，以符筹办处期限。

自治传习所之成立

◇嘉应自治研究会开办自治传习所一节，曾纪本报。嗣经邹牧伯札委法政毕业员杨君衢亨、李君宗海，充当讲员。现报名就学者五十余人，定期本月初六日试验，初七日请邹牧伯莅会开学云。

师范学堂龃龉事续闻

◇嘉应东山师范学堂监督与监学，因学生要求请理化教员，致起风潮一节，曾登本报。嗣□□□□□□□□□□□□□，监学革退，并即禀派现充劝学所书记之谢君镇华为监学，管学官尚未批示。而教员会卢文铎，即送谢君将铺盖等项，于初二日搬入学堂，时堂中学生等哗然，欲将铺盖掷出。幸值杨绅兆清、谢绅威谦、萧绅犇、张绅凤诏等，适在该堂排解劝处，始免滋闹。但监督始终坚执，以监学某为不职，必须革退。现闻此事已经电禀提学司，而监督与监学等，亦均各电禀大宪。而该堂教员学生等，既遵管学官谕，于初四日照常上课，谅不至生风潮云。

西扬劫案呈批

◇嘉应西扬堡黄坊村黄汝康家被劫事，曾志本报。兹闻黄汝康在州具呈，奉邹牧伯批云：贼匪明火持械，夤夜撞门入室，恃强肆劫，实属目无法纪。候即会营诣勘，一面移营饬差，严缉本案真正赃盗，务获究办。

懿德女学堂之选生

◇嘉应公立懿德女学堂，其正教习为叶润生女史，管理教授，均臻妥善。其副教习杨恒昭女史，兼教习女工，亦循循善诱。该堂所有学生，多属世家妇女，性行端淑，决不习染自由举动。其家世稍不清正者，该堂即不收取云。

批准再禁私收山票

◇嘉应西厢堡西安局董事李祖纲等，以藐示违禁，私取山票，禀请再行出示严禁等情，赴州具禀。奉邹牧伯批：嘉应向无开设山票，应准如禀示禁，并札任巡佐督饬勇丁，实行干涉可也，仰即遵照。

提讯凶犯

◇兴宁岗背乡钟石氏，伊夫被凶钟庚生炮伤毙命一案，因差玩泄日久，凶手至今尚未弋获。昨伊子钟光户，于放水坑撞遇该凶，力为扭获，送交合水局绅留住，到县喊报。现由茹大令提讯问供，饬派差勇，前往提解矣。

藉命讹诈其知悔悟乎

◇兴宁唐金祇，因姊病故，藉命讹诈，前经茹大令集讯，收押惩办在案。日昨该犯颇能省悟，递具悔结，恳求开释。由茹大令据情传谕保人到堂，提同该犯训诫，令递领状保释，仍责令保人约束云。

大清宣统元年己酉闰二月初十日　公历一千九百零九年三月三十一号

毋庸再编纂乡土历史教科书

◇嘉应州某上舍呈《嘉应州乡土历史教科书》于提学司。奉批：据禀，《嘉应州乡土历史教科书》文字冗繁，体例亦不整齐，教授参考，似属未分，断不适学堂之用。该州乡土历史课本，已有成书，无庸率行编纂，原书发还。

毛捐未准加认学费

◇嘉应州侯族兴仁两等小学堂，日昨具禀提学司，请饬毛鬃捐承商加认该校学费。奉批：据禀已悉，侯族争承鬃捐一案，前据该州查明情形，核议通禀，业奉督宪批示，仍归旧商侯纬泰承办，免□毛青，□□□□□□□□□□□□□□□□□□□□，当经本司暨巡警道一体饬遵在案。现禀请将毛捐换商承办，或勒令现在承商加认学费等情，核与定案不符，碍难准行，仰嘉应州转饬遵照。禀抄发。

旅畲商人设立半夜国文讲习所

◇嘉应畲坑墟，客帮商人甚众，且多系巨商。本年该客帮怡隆当、黄光记等，在该墟组织一商立半夜国文讲习所。日昨在该墟善堂开会集议，客商无不赞成，登即捐题有开办经费数十元。由杨君子铸，到州购置桌凳、图书、仪器等项，拟暂借天字街杨姓店楼上开办，现在业经成立矣。

商债纠葛之布告

◇刻得嘉应商号义和隆布告云：

为布告事：缘敝号前于丙午冬，与饶翙梧、黄体仁等，凑股伙开瑞华庄字号，系做匹头什货生理。旋于丁未六月，将股分拆出，所有瑞华庄来去数目，概行找楚清白，此后瑞华庄生理盈亏，与敝号并无干涉。自拆之后，该庄生理如故，后至十二月始行收庄，新旧已经三载。忽有饶翙梧在汕警局，控黄体仁案，牵涉敝号，突起风潮。幸承各行绅商，维持公理，邀同禀见州宪，剖明情节，邀恩镜察，水落石出。诸君与小号有往来者，请勿介意。谨此布达。

大清宣统元年己酉三月初七日　公历一千九百零九年四月二十六号

嘉应官立中学堂饬遵学宪简章牌示

◇监督李为牌示饬遵事：照得本监督现奉管学官谕开，转奉提学宪札开：现当教育方兴，朝廷已悬奖励一途，鼓动士子向学之心。各该学堂，应将历年试卷、算草、书稿、日记、请假薄、临习楷字、作文等，缴司察核，本司于振兴学校之中，仍寓综核名实之意。自非明定毕业章程，通饬全省中小学堂，一律遵守，殊不足以示限制而维学务。现据图书科副长冯愿折禀，并拟具简章前来，本司察核所拟各条，尚属可行，合就札饬，札州即便转饬所属中小学堂一律遵照，毋违等因到州，合行谕饬，谕到该学堂，即便遵照办理等因。奉此，合行牌示。为此示，仰全堂学生等，即便一体遵照，切切！特示。

计开简章六条：

一、自本年上学期起，所有各属学堂成立，禀请立案，除缴通常表册外，应连同相片缴司。嗣后每学期添招新班，亦一律备缴相片，将来毕业考试，即调取查封，以防顶冒。（未完）

呈控移尸赖命

◇嘉应畲坑堡赖姓甲乙两家，同居一屋。赖甲家中，日前作一火灶，兴工之后，赖乙家有一小子，年甫十余岁，适于日昨患急症而毙，乃谓甲家作灶碍死，移尸图赖。赖甲无可如何，既即赴州以移尸赖命等情喊控云。

巡防勇之凶横

◇驻镇平县巡防勇苏哨弁洪标，去年奸淫徐姓妇女，复诱勒妇之夫兄写字，妇翁出而干涉，始求徐姓族长调停寝息。其勇尤而效之，到处调戏妇女，夫家因而出妇者，不知凡几。且其勇屡次逞凶，中学堂学生徐某，监生邱某，商董刘某，均被辱殴，合邑不平，亦仅前后受罚了事云。

大清宣统元年己酉三月初八日　公历一千九百零九年四月二十七号

兴宁冈背钟姓抗粮案之近状

◇兴宁北庙冈背地方去冬抗粮事，当经茹明府将该处局绅钟宝昆等通禀上宪严办，嗣明府奉到上宪批札，已将钟宝昆开设之星聚当查封，并勒交滋事凶匪各等，迭纪本报。近闻该绅知罪痛悔，托绅调停，愿从罚款，并将各柱所欠钱粮扫数完清，及交出几名滋事凶匪惩办，恳明府从宽发落等情，未审能否邀准耳。

续嘉应官立中学堂饬遵学宪简章牌示

◇一、现在已成立之学堂，无论年期多寡，所有学生名籍相片，均准本年上学期，开学后三个月，一律补缴。经此次明定章程后，如有不遵缴者，将来不予毕业。

一、学生人名册籍，每学期报告一次，应责成省视学员，随时调查稽察，比较在堂学生名数，与册报是否相符，以防虚报名额。

一、学生学期考试课卷，须存贮该堂，以备视学员随时调查，及毕业考试时，缴司核对，如无期考试卷，即以插班论。

一、从前司署所定教授表册，须按照学期，一律造报，不得欠缺，以稽核教授良否，功课勤惰。

一、嗣后学生转学插班，应遵照部定新章办理，必须得有修业单，方准作为第几学年。如由甲学堂修业一年，因事转入乙学堂，应于甲学堂得有一年修业单，方准插入第二学级。其原修业之学堂，亦于学期报告时，分别造报，以杜蒙混取巧。

控妻被拐之呈批

◇嘉应伍赞光，以妻被拐事，赴州呈控。奉邹牧伯批：该民之妻廖氏，既在州属畲坑地方，被长乐魏阿二甜诱逃，已投武营局绅，理责认交，何延至二□□□□□□□□□□□□起，提同该民讯明给领，该民仍前赴长乐县衙门呈请核办可也。保领附。

呈催严拘偷靛船户案

◇兴宁潮商德兴荣号，前办到青靛，被船户刘运传等盗窃，即将该船户送县。当经茹明府提讯，供出有刘逢生伙窃不讳，已将该船户管押，饬拘追究。昨卯该商呈催，奉大令批：候覆提比追，一面催差严拘刘逢生，讯明所窃之靛，窝顿何处，分别起追给领云。

兴宁令诣勘控被巡士冲坏房屋

◇兴宁巡警局之巡尉张冕莹，前被萧姓禀控饬令巡士冲毁房门，扒破瓦面等情，已纪前报。兹悉茹大令据禀后，于上月廿八日十点钟，亲诣高楼下萧宅勘明，随往兴民学堂坐谈片刻回署。惟萧某等见明府之回，道经伊门，复请再勘他处，明府未允。如何办法，刻尚未闻。

严办得钱卖放之蠹役

◇兴宁民妇陈许氏，前呈控欺孀凶殴一案，早经茹大令验明，饬差拘究。嗣因承差管顺奉票带到陈清兰一名，受贿释放。随经陈许氏得悉报县，大令即于上月廿八日，据报迅提该役讯问，不胜震怒，即将该役重笞二千，枷号示儆，另签差勇严缉究办云。

大清宣统元年己酉三月初九日　公历一千九百零九年四月二十八号

惩责喊禀者

◇兴宁茹大令，因见宁人好讼，多方劝戒，无以应命，告状者仍复不少，近闻动辄刑辱，欲民无讼。上月廿九日有县民黎凤生，因伊弟讨欠口角，被黎豹皮押禁，禀由十三都分司，将黎豹皮拘获押候司署，特赴县击鼓喊报，恳请提解。大令据报，传堂问供，当将黎凤生严加申斥，谓昨值告期，并不遵章呈递，辄听讼棍伎俩，击鼓叫喊，无论控情果否属实，应笞责四百板，以为咆哮公堂者戒。有谓大令或用刑辱，以戒民之好讼欤？

讨巨债者远来汕口

◇有汕口人，被大埔吴某店号倒欠巨款，携赀潜逃，正在上海默访。忽遇吴某司事廖某，亦偕同逃亡之人，当扭送巡捕房，供称吴某已回汕头，因特跟踪而来。昨已到汕埠，其廖某亦由捕房派人押同前来，抵后，即找某客栈询问吴某踪迹，不料早已远离。闻吴某于上月会同廖某来汕，易姓陈氏，冒称父子，数日后，廖某复出上海，故致被获，现债主拟亲到其原籍，设法禀官追讨云。

松口学堂抽收牛捐纸折捐告示

◇嘉应州正堂邹为出示晓谕事：现据松口高等小学堂校长温士藩禀称，窃松口学校自遭焚毁，书籍、仪器、文件、表册，荡然无存。办理一切，头绪既属纷繁，款项均极支绌。虽暂借校长温氏精庐及新建楼房为校舍，亦只仓促开办。洎年假校长接办，百废待举，动形棘手。本年学生，合新旧一百四十余人，按定章，高等小学应分四班，自必扩充教室，始能容之。但新校建筑，竣工尚遥，权将温氏精庐门首，暂建木质教室三间。学生年龄画一，程度整齐，教授管理，俱易为力。惟学生既增，教员不能不加多，以应支配。毕业期近，功课尤不能不加密，以补前缺。且添置图书，加购器械，事事均属要需，度支亦难撙节，若非添筹的款，必难长此支撑。本正月廿一日开学，邀集绅商学界人等会议，分发去年征信录，统筹常年的款。查照各堡定案，拟将屠宰残废老牛屠户，归学堂招人承充。又松口纸折一项，专造冥器，徒以荧惑妇女，殊非正业，当寓禁于征，以营业获利之丰绌，分为上中下三等办法，由学堂商招抽收。至贩卖牛只，向无定牙，拟每牛一头，向卖者抽银二毫，亦学堂招承。经殷富各绅，乐为赞成，以资弥补，亲书姓名，以为证据，众议金同，俱视为兴学整俗，两有裨益之事，理合仰恳核准，出示晓谕。又缉捕经费，各摊馆、各堡俱供款助学，独松口涓滴未筹。现与承办商人梁世珍等商酌，亦愿援各堡办法拨提，以资公益，俟议有头绪，再行禀请示遵等情到州。据此，当以该学堂，拟招商承充牛屠抽收、纸折捐、贩牛捐等项，查阅现禀，仅有"卖牛一头，向卖者抽银二毫"之语，其余如纸折捐，虽据称分上中下三等办法，禀内并无银数，牛屠亦然。批饬将拟抽捐银数目，另禀□示去后。（未完）

勒令停闭不知教科之私塾

◇兴宁东区劝学员张绅鹗，昨奉县谕甄别乡塾。近经查悉该乡塾未经考取给凭，仍前腐败不知教育者，计十余处，列单禀请勒令停闭。兹悉已奉管学官茹大令批：禀悉。准饬差勒令并无文凭、不知教育之书塾师曾启文等，立将所设私塾，刻日停闭，不准误人子弟。并传谕该塾学生父兄，各将子弟送入附近学堂，或附近塾学肄业可也。

大清宣统元年己酉三月初十日　公历一千九百零九年四月二十九号

兴宁商会奉饬解货品至京陈列所之照会

◇兴宁商务分会，日昨已奉到省垣总商会照会，其文谓：宣统元年二月十一日奉农工商部札开，本部劝工陈列所，于光绪三十四年三月间，曾被延烧，所有陈列各品，悉遭焚毁。旋经奏明，择定本部工艺局地方重建新所，调取各省货品，以备陈列。前已咨电各省督抚，饬属遵照办理在案。兹据该所文称，新建房舍，约于今夏竣工，应行陈列各品，亟须预备，拟请函致各省督抚，札饬商会，速筹解送，事关工业前途，自应广询博采，力求美备，以为观感之资等语。据此，合亟札发表格一分，札到该商务总会，遵照各事内开各款，通告商民，各就本地制造土货最优之物品，有愿寄售陈列者，或由该商会转送，由商人径送京师劝工陈列所，以备陈列。札到，仰即转饬各分会一体遵照，迅速办理，以期不误开办为要，切切等因。奉此，合行照会。为此照会贵分会，烦照事理，希即传知各处商人，遵照格式内开各款，各就本地制造土货最优之物品，有愿寄售陈列者，或交由本总会转送，或由商人径送京师劝工陈列所，以备陈列，务须迅速办理，以期不误开办，望切施行。须至照会者。计表式一本。

兴宁戒烟分会之禁烟不力

◇兴宁戒烟分会，对于禁烟一事，近闻颇不经心，尚未认真实行，查禁烟铺。凡城厢内外烟铺，并无节制卖膏等事，而烟客不携带牌照，亦可任使挑卖灯吸，甚至奸巧烟馆，招引熟客，藏匿内堂，抑或楼上公然设灯售吸，无人稽查，其禁烟殊为不力云。

著匪获案

◇兴宁著匪陈木之，前因罗冈拜会谋叛案，经冯前县悬红二百元购缉未获。近因潜回圳坡地方，被县署巡长王荧探悉，即于上月廿九夜，督勇围获，解由茹大令提讯。该匪供认不讳，当堂钉上双镣，即收监候拟办。

续松口学堂抽收牛捐纸折捐告示

◇兹据该校长温士璠禀称，遵将捐款原委详陈：一、为牛屠捐，原拟凡屠残废老牛，每头抽银九毛，由屠户认缴；二、纸折捐，分上中下三等，由各店认缴，每年上等抽银三十元，中等抽银二十元，下等抽银十元，按月匀缴；三、贩牛捐，每卖牛一头，向卖者抽银二毛，由牙家向学堂承充照缴。以上三款，其总数若干，约略计之，如归商承充，可望及五百之谱，更益之以番摊捐项，较预算之数，虽尚属不敷，亦稍可藉资挹注等情。当批：既据遵批，将纸折捐、牛屠捐银数禀明，惟纸折一项，系属手艺生理，近来薪桂米珠，谋生不易，应酌减一半，以示体恤，余均如禀办理，仰候出示晓谕在禀。除揭示外，合行出示晓谕。为此示，谕□□□□□□□□□□□高等小学，现在学生加多，添聘教员，加置书器，需费较巨，自应就地宽筹，俾资办理。所有后开添筹各项，务悉照依数目，缴交学堂，不得延欠，并不准棍徒藉端阻抗，倘敢故违，定即严行拘究，决不姑宽，各宜凛遵毋违！特示。计开：一、屠老羸废疾之牛，每牛捐银九毛；一、纸折捐，分上中下三等办法：每年上等捐银十五元，中等捐银十元，下等捐银五元；一、贩卖牛只，每头捐银二毛。

兴宁商务之近况

◇兴宁地方制造土货，向以扇、布两款为大宗，其次笔、墨、炮竹等类。本春调查得布匹一款，较之去年春间所销情形相等。惟独扇庄一门，销路日窄，外客无来，兼之驻省发售家，因今年市贱亏累，客腊收庄者数家。刻来扇市日下，造扇之家，近多改业。其笔墨销路，今春颇旺。至炮竹一门，现在荒淡，出洋各庄，较昔减半云。

控盗砍山场松杉

◇嘉应杨鑫余，以山场松杉被盗砍事，赴州具呈。奉邹牧伯批：土名本村岩前泉水窟松杉山场，果系光绪三十三年，向本族杨黄氏买受契业，断非邻近所能盗砍。惟词不遵章，缴契亦未声叙山场界址，无凭查核。着即遵批缴验印契，绘图注说，另呈再夺。保领姑附。

大清宣统元年己酉三月十一日　公历一千九百零九年四月三十号

征取条陈之谕文

◇嘉应邹牧伯，日昨给谕保安局暨调查局谓：

为谕饬事：宣统元年二月二十七日奉广东调查局宪札开，案照本局遵照宪政编查馆奏定章程，分科按股调查，以资编订。业将法制第一股之民情风俗，及民事之习惯，分别纲目成册，发由地方官调查。其绅士地方办事、商事、诉讼事之各习惯，亦已责成府厅州县调查。至第二股之督抚权限内之单行法及行政规章，并详请督宪饬承录案发局查拟各在案。兹查律设大法以防闲，礼顺人情而从俗，凡行政上之变通尽利者，相沿成习，自有原因。且法历久而必敝，弊亦因之而生，弊如何革，利如何兴，尤宜详审，此为法制第三股应查之事。各该府厅州县，身任地方，百废具举，凡平日政事之设施，自必洞澈底蕴，应即推原其始，各就各处办法，据实以闻。至利弊本互相倚伏，或利已著而弊未形，或弊未甚而利为重。各该处士绅，生长是邦，谅无不深悉者。并由各该府厅州县，照会士绅暨各会员，征取条陈，以期集思广益。除颁示转发晓谕外，合行札饬，札州即便遵照，分别调查汇报。仍于奉文之日起，予限三个月具覆，再查得后，编册仍用前发册纸造送，毋违！计发告示十道等因到州。奉此，合行谕饬，谕到该局，即便遵照，毋违！特谕。

邹牧伯晓谕调查统计示文

◇为出示晓谕事：宣统元年二月二十七日，奉广东调查局宪札开：照得本局遵照宪政编查馆奏定章程，分别法制统计调查，以资编订。查法制上所推行，有条理秩序之可寻，名物数目之可纪，皆摄于统计之内，此法制与统计，相因而相别者也。统计分列八门：曰外交，曰民政，曰财政，曰教育，曰军政，曰司法，曰实业，曰交通。前因宪政编查馆所颁表式，迄未到粤，先拟预备表式一通，呈奉督宪核准。当即饬据刊就呈缴前来，合行札发，并空白表纸五百张，札州即便遵照，查收办理等因到州。奉此，当经谕饬保安总局兼设调查统计所去后，旋据该局以事属创办，此邦风气，虽号开通，而僻壤民情，尚多愚昧，一闻调查各项，非以为将抽户税，即以为将加丁捐。拟请先行出示晓谕，俾知此项调查，系为宪政编查馆编纂统计年鉴之用，并无他意，以释群疑等情，拟具说帖前来。据此，合行出示晓谕。为此示，谕各堡人等知悉：尔等须知此项统计调查，朝廷系为编纂统计年鉴之用，并无抽捐思想，无庸疑虑，切切！特示。

严拿私收山票者

◇嘉应西厢堡西安公局董事李祖纲等，禀请示禁私收山票一节，曾纪本报。日昨邹牧伯复札任巡佐查拿，任巡佐于本月初七日，将南门往外私收山票之蓝源大捉去，旋即解到州署。

捆送抢匪讯不认供

◇兴宁陈汝霖，因住屋被劫一案，前已获匪一名罗发喙捆送到县，已纪昨报。日昨经茹大令提出该犯罗发喙，当堂磨讯，坚不供认为匪情事。大令细核本案，事主并未起有确切赃证，遽难定谳，已暂将该犯交差看管，听候查办云。

呈控匿白之诣勘

◇兴宁罗远明前控何彤辉匿白一案，早经前县提讯，因何缴出契约，多吝小费，悉用库票小纸，未粘司尾，判令按章罚价充公补税等情在案。近罗赴县，复指控何彤辉仍有白契未缴，并具切结请勘。茹大令即饬差传集两造，于上月杪减从轻舆，带领弓丈，亲诣该处勘明该出，即令何缴契核对号段。未审如何判断也。

嘉应官场纪事

◇长乐县捕厅盛兴史,系实任人员,既放两人在六日抵县履新,其□该缺之张巡检国超,卸事后,既于本月初间回州听鼓。

诉控灭骸之呈批

◇嘉应张雷氏,因管焕扬控其子灭骸,特赴州诉呈。奉邹牧伯批:昨据管焕扬,以伊母叶氏骨骸被氏子张阿镜窥吉毁灭等情,绘图具呈,业批差查禀覆在词。据称该氏夫弟九华坟穴,向葬土名长潭口地方,上年修坟,管应寿(即焕扬)藉坟胁诈,捏控陷害等情,一面之词,不能尽信。究竟其中如何实情,应候饬差一并查明,禀复再夺。粘抄、绘图、碑文、保领均附。

大清宣统元年己酉三月十二日　公历一千九百零九年五月一号

嘉应保安总局拟办嘉应统计调查说帖

◇一、谨查宪政编查馆奏设各省调查局章程,分别法制统计调查,以资编订。惟专属创办,此邦风气,虽号开通,而僻壤民情,尚多愚昧。一闻调查各项,非以为将抽户税,即以为加丁捐,拟请宪台先行出示晓谕,俾知此项调查,系为宪政编查馆编纂统计年鉴之用,并无他意,以释群疑。

一、查统计调查表式,有总表,有专表,有分表。总表分八门,专表分七十五门,分表子目繁多,有必由官调查者,有必由绅调查者,有州中并无此项名物,无须调查者,拟先分别,以便办理。兹将各项子目分别列后:

(甲)必由官调查者:

外交门:游历(指各国来游历者)、交涉(指民教、洋商、盗窃、命案聘用外人等事);民政门:户籍(查各堡每姓男女大小若干丁口)、官署、库藏(指军械火药、粮饷仓谷等项)、城邑、田地(查明各堡田地各若干亩,仍分别荒熟及山田、平田、沙田各隶何村)、警察、缉捕;财政门:丁粮、税契、杂税(指牲、畜、屠酒等捐)、经费(指办理地方工程,加修衙署、城垣、河堤、基围等类)、杂款(指各项公款,如恤嫠、育婴、救生、防火各善举);教育门:学堂、学所、游学;军政门:巡防队、绿营、官募勇队;司法门:词讼、上京控、人命、盗匪、监狱、待质所、习艺所、配犯;实业门:渔盐;交通门:驿站路程(指官站道僻路)。

（乙）必由绅调查者：

外交门：传教（指教堂名称处所、房屋租建价值、籍贯；民政门：寺庙、村镇、山川、堤围、沟渠、善举、救灾；财政门：仓谷；教育门：教读书馆；军政门：团练；司法门：无；实业门：种植、蚕桑、织绣纺缫（如织布履纺纱等类）、工艺（如织布厂之类）、制造（如玻璃厂之类）、陶冶、矿产、畜牧；交通门：轮舶帆船、关津桥梁、水陆输运、邮政。

（丙）无须调查者：

外交门：通商、领事、商埠；民政门：局所（情常海关及厘卡等项局所）、厂屋；财政门：无；教育门：无；军政门：陆军、陆军警察营、学兵营、新练军、礮台、水师、军舰、新旧局所（指军械、军火、军装制造各局）、缉私营、缉私舰、商募勇队、军学堂；司法门：无；实业门：路工；交通门：火车、路轨、电政、自来水。

一、凡事独任则劳而鲜功，分任则轻而易举，况此项调查，多有非就近士绅不能深悉者，拟请宪台分给印谕，饬令各堡乡局绅董，或学堂绅董，或劝学员，或开通绅士，分任调查，以专责成。

一、总所即设在保安总局内，所有调查事项，概由局内各绅兼办，故拟命名曰兼办嘉应统计调查所。

一、分给各堡绅董印谕，拟请统交总所，由总所加函，分寄各绅董收领查办。

一、所有由官查各项统计，拟由总所开列详细子目，呈请宪台，分饬各房查明，按照填注，填毕，仍交总所汇缴。

一、总所应需纸笔印刊等费，统由局款支给。至各堡绅董调查应用款项，应由该堡公款支销。

一、查省调查局札，限奉文二月内，按各表式，查明造送。兹各堡调查，拟限奉谕一月内，将表式查明填缴，不得迟误。

一、各堡调查表式填完后，即交总所汇齐，统呈宪台，以便总编转缴。

一、以上各节，谨就管见所及，缮呈钧览，如有未尽妥善，伏乞训示祗遵。

查学堂财政委员抵州

◇提学宪派委员谢宝华来嘉应调查各学堂财政,先行造报本年正二两月收支数目册,嗣后按月造册禀报。邹牧伯日前奉到学宪札后,既先谕饬各学堂赶紧填报去后。现谢委员于初七晚抵州,邹牧伯复即派差前往各乡堡学堂,催令从速填报矣。

调换师范学堂监学监督

◇嘉应东山师范学堂监督、监学龃龉各节,曾登本报。本月初七日,邹牧伯奉督宪电饬,将该学堂监督杨瑛、监学张史铭,一并撤换。邹牧伯于初七日戌刻,即给札请杨绅兆清为监督,张绅凤诏为监学。闻杨绅兆清于初早即具禀请辞,邹牧伯复行函劝,旋于初八下午,更亲诣杨绅书房,请其暂行担任,杨绅仍未愿就云。

赤水乡余家劫案续闻

◇大埔赤水乡余万兴田舍被劫,已志前报。兹闻余万兴赴县,呈控蔡义和纵匪围劫,失赃甚多。经胡大令札派三河司查办,该乡绅耆谓田舍被劫,事尽子虚,以余万兴架空捏陷,扰乱治安等情,联名公禀,并请严办余万兴诬告之罪云。

票追把持学费者

◇大埔高坡赤水乡蔡氏小学本年续办,已志前报。现闻该族上年拨充学费尝款,蔡元龙仍把玩不交,阴图抵制。办学绅董遂将详情禀明胡大令,已蒙票差追究矣。

札丰顺司查勘命案

◇嘉应松口堡李赞,与同屋某甲,素不相睦。李赞有子年方六岁,于日昨忽因腹痛而死。有同伴幼孩,亦患腹痛,因说某甲曾分粄二块与李赞子,赞子食块半,伊食半块,食后即腹痛云云。后李赞母某氏,痛孙情切,又即毙命。李赞爰即赴州报案,邹牧伯据报,既即札委丰顺乡司查勘覆办矣。

事非干己之被斥

◇嘉应州属监生李仰曾以国制娶妻事,近赴道辕呈控。奉吴观察批云:谢信祥在国制期内,为其弟谢赞贤娶妻,本属貌玩。业经该州提讯,罚锾示惩,自系金作赎刑,并非率免其罪。该监生事不干己,何独哓哓呈控,所称谢信祥等，寻害无休，并未指明如何寻害，词甚悬虚，难保非饰控徒累。仰嘉应州查案，分别核究具报，毋任缠讼。粘抄、保领并发。

诉控暴拆店铺之呈批

◇嘉应李淼荣，因李克刚控其暴拆店铺，特赴州呈诉。奉邹牧伯批：昨据李克刚等，以该生主使胞侄李科贤将伊店暴拆，并将该店存木料搬掠等情，来州具呈，业批饬差查禀在词。究竟有无主使暴拆情事，是否李际芳等挟嫌擎诬，应候饬差速查，禀覆再夺。

大清宣统元年己酉三月十五日　公历一千九百零九年五月四号

劫匪正法六名

◇嘉应邹牧伯奉文，于本月初九日午刻，将劫匪六名，一并押出法场正法。一为曾传郎，系劫四堡管天宜家之匪，此一名系绞死；又徐佛生、张拔源二名，系劫嵩山堡钟李氏家之犯；张阿三、张阿四二名，即在乌泥坪劫墟脚者；王得生则劫松口梁雨垣案匪。以上五名，俱斩首示众。

自暹回者俱愿搭华暹轮船

◇华暹新公司轮船，日昨自暹抵汕，所装回客，计有一千余名。闻在暹华侨，俱以新公司之船为我同胞所组织，无不愿意搭赴。只限于足额，始有二三百名，搭自别轮。人咸以为发明同种之爱，自立自强，即于此基之云。

局绅卖放凶犯之上控

◇兴宁钟石氏，前报伊夫被凶炮伤毙命一案，上月已获首凶钟庚先，送交合水局解县，旋被该局绅曾树南释放，禀由茹大令将该局绅提案押交各情，已纪本报。兹闻曾惧罪，运动某绅转圜出押，尸亲闻而不休，昨已赴州上控矣。

解送盗匪六名

◇嘉应驻扎巡防勇冯线，在大沙村罗姓山寮内，拿获盗匪六名。概系兴宁县人，且皆姓罗，闻日间周游各村，托名染色布，夜间则不免凑同为盗。既于本月初九日，概解州署收羁，听候讯办。

幸庆重生

◇大埔湖乡罗恭裕之媳，年约十龄，与群儿嬉戏井边，失足误堕井中，群儿狂叫。幸邱凤宾之母，慈而多智，拾一箩疾趋而前，置小石箩中，系以长绳，垂下援之，幸庆重生。

大清宣统元年己酉三月十六日　公历一千九百零九年五月五号

记嘉应师范学堂监督监学

◇嘉应东山师范学堂，邹牧伯奉督宪电调换监督、监学各节，既登本报。现闻杨绅兆清，坚辞不就监督之职；而张绅凤诏，亦既禀辞监学。邹牧伯旋以杨绅辞甚力，乃改札委张凤诏为监督，梁佩恩为监学，并饬即行入堂办事。现张、梁二君，既于本月十二日搬入该堂矣。

记派查禁烟委员莅兴事

◇兴宁茹明府，前奉戒烟总局宪札，即会同委员拣发知县郭姓桂芬，查悉邑属并无栽种罂粟，当由明府出具公文，交付邱委员，于本月初四日启程，回省销差。

谕饬清理缉捕经费交接饷项文

◇嘉应邹牧伯，于日昨给谕前办嘉应缉捕经费泰安公司谓：

为谕饬遵照事：案奉广东海防兼善后总局札饬，迅将前承办缉捕经费分商钟瑞麟等欠缴饷项，勒限赶紧清缴等因。当经票饬勒令解缴去后，随据承差禀称：据熊商凤祥声称，和益公司光绪三十一年八月十六日起饷，至二十七日始行接办，计八月十六以后之饷，被广加兴梁春荣等霸收去银一千一百余两等情，禀复前来。又经谕饬梁春荣，迅将收长银两，自向钟瑞麟等理楚在案。兹据梁春荣等禀称：遵查，职商等前于光绪三十年九月承办嘉应五属缉捕经费，十月初一日到州开局起饷，维时兴宁子厂系旧商泰安公司自办，适神会热闹，抽收正旺，职商等派司事前往开办，乃前商泰安公司不肯交盘，计霸收去十五日饷银八百二十余元。又镇平子厂，亦系该商自办，被霸收去十日饷银一百一十余元。两处共计霸收去饷银九百三十余元，屡讨不交。讵料职商等尚未满期，该泰安公司商人突变名和益公司，钻谋搀充，致职商等卸办，亏累难堪。所有各子厂之示张贴日止，历届如斯，惟职商等，前被该泰安公司（即和益公司）商人，霸收兴宁、镇平两处子厂饷银九百三十余元。当经禀请前州宪并督办宪，严追该商迅速缴案给领，有卷可稽。奉谕前因，职商等理合缕晰禀复，伏乞宪恩俯赐追给，俾得清理亏累，实感德便等情到州。据此，除批揭示外，合行谕饬。谕到该商等，即便遵照，迅将该商等前与梁春荣等交接饷项，其中如何轇轕，赶紧理楚解缴，毋再宕延，均干未便，切速！特谕。

是否挟讼殴辱

◇兴宁生员傅在衡，近业岐黄，前因与陈贵云控争店业，由茹明府覆讯完案。兹闻陈竟因挟讼未胜之嫌，于本初七日，托一面生人到傅馆，并送上步仪四毫，称请其到神光山某宅诊脉。傅信以为然，行约数里，地名竹子莱，见树林中突有四五人，不分皂白，将傅扭殴污辱一顿而逃。傅随即奔回，据情控县，当经茹大令验明，未识如何批判也。

互控挖骸案处息

◇兴宁张其彬与萧金兰互控抛棺骸一案，业经郑前令集讯，将萧收押追交，日久尚未完案。近悉两造允听局绅调处，令各交原骸。惟两造均怀疑伪，恐搪塞了事，随令各具誓状，齐赴城隍庙鸣誓释疑。日昨已由局绅等，即具两造遵结，呈请茹明府省释销案矣。

大清宣统元年己酉三月十七日　公历一千九百零九年五月六号

记大埔预备选举事

◇大埔胡大令，因奉上宪饬办预备立宪第二年应办各事，即于近日划埔属为三区：一在城区，二大河区，三梅河区。并每区发咨议局章程一册，令各乡绅耆传阅，趁早预备举行选举议员之事云。

胡令以选举之事，不容延缓，即札派张君略臣、潮平等三人，分区调查户口及有不动产五千银以上者，限一月内禀报，以备实行选举云。

催缴每月经费表

◇大埔劝学所奉财政局饬，查属内各学堂经费，刻期缴到。总董以埔地交通不便，恐误期限，乃派专员到各校取具表簿，并盖钤记，以便上呈云。

斥革师范学生之牌示

◇嘉应邹牧伯本月十二日，特悬牌示谓：

为牌示斥革事：照得东山师范学堂前监督杨瑛、监学张史铭，现奉督宪电饬并换，业经本州遵电遴员札委在案。兹该堂学生黄白竞、廖福、温丹、林育材、谢国昌、温大华、林文杰等七人，签列多名，来署谒请慰留前监督，措词狂悖。查学堂禁令第二节，学生不准干预本学堂事务，妄上条陈。又第六节，学生不准聚众要求，藉端挟制停课罢学等事。似此藐抗宪批，违背定章，谬妄已极。查温丹、温大华二名，系本年取录入堂；黄白竞、廖福、林育材、谢国昌、林文杰五名，均未考取有名；且林育材前经协攻杨监督，今又前来挽留，尤为反复无常，应将七人一并照章斥退。合行牌示，为此示，仰该堂员等即便遵照，毋违！特示。

仰文闹学已了结

◇高坡仰文学堂，丁未九月被烂匪李石连、李云淡等捣毁，并殴伤堂董罗文光，抢毁天生药店事，前经李大令将烂匪重罚。惟罗文光被殴及天生失赃，尚未了结，屡次上控，刻胡大令谕高坡绅士处理。该绅等已令李族赔天生三十元，并二十台酒席，到罗文光处悔罪了结。已将详情禀请矣。

大埔复有花会

◇大埔湖乡双坑毗连之处，前月杪有赌匪罗某甲，复设花会一厂。不识有地方之责者，何以处之？

大清宣统元年己酉三月十八日　公历一千九百零九年五月七号

兴宁王刘两姓又将械斗

◇兴宁地方，械斗之风已息廿年，今春以来，忽闻数处，幸各劝息。近访悉坭陂墟属有王、刘两姓，均在该处附近聚族而居者，衅因互争田产细故，数日前竟各出械相斗，幸未伤人。昨初八日，又各邀族众，拟欲大斗，当经该墟局绅奔报到县。茹大令即于初九日，会同林把总并巡警局等，前往弹阻劝处，幸以得息。大令已于初十回署，尚留巡警局会同该绅耆调处，未悉能否寝事也。

洋务局将收牌费述闻

◇本埠洋务局对于各客栈，闻近日出有示文一道，详列规条十余款。内有各客栈年换牌照，按纳牌费，分官商兼过俄并单住客及住工者，为上中下三等；缴纳照费，亦各有差，日列多为限制，违则议罚等条。据示系奉准照行，但牌照之举，始于去岁，原为防范贩卖人口出洋，并以便稽查匪党混迹之弊。当曾声明领牌免费分文，今忽有缴纳照费名目，则未免因以为利矣。

大埔花会复兴

◇大埔花会，若成一新会上之惯习，自去岁李大令严惩以来，稍为敛迹。近日又有湖乡河头罗奎甘、罗确开等多匪，开设花会于蔡坑附近地方，不胜骚扰，惜无正绅出首禀究，以杜其患。

又高坡桃源乡，有赌徒廖某甲，在白芒畲开设花会，为白堠司探悉，本十一日已着差人向前干涉矣。

毕业生争尝致斗

◇兴宁县民古锦荣与古锦标，同胞兄弟也。前各因其子考入嘉应某学堂，毕业回家后，互争管祖尝、油灯、花红等事，致伤和气，竟手足伤残，互相斗殴。而古锦标，被古锦荣纠喝其子殴伤多处。上月杪赴县，报由茹大令验明，饬差传讯，刻下尚未了结。

抛挖尸骸之呈批

◇嘉应陈绍仁，以抛挖尸骸事，赴州具呈。奉邹牧伯批：土名龙山外角地方，该民之媳钟氏坟穴，果被陈阿杰勒卖田山不遂，将钟氏尸骸抛挖，既投巡警员理处，赔回修坟银两。则是抛挖事真，何以陈阿杰抗不遵处？究竟其中如何实情，姑候饬差查明，禀复再夺。保领附。

特派劝学员

◇埔邑胡大令，因查明劝学所之困窘，去岁所举劝学员三名，又皆不能切实奉行，故此特札杨绅培萱，到所领办劝学之职，每月给予薪金十二元，由署发给。

嘉应织染传习所简章

◇嘉应杨君研萍、朱君毓衡等，开办织染传习所，已志昨报。兹访得其章程如下：

一、本所专为贫民生计起见，分为男工传习、女工传习两所。

一、男工借城隍庙左巷巫家祠开办，聘定湖北毕业、梧州毕业教习教授。

一、女工传习聘女教习，另则适宜之地开办。

一、男工以习织斜纹及各种花纹毛巾为大宗，并教授漂染法，如愿习平纹者听。

一、女工以习织平纹为大宗，如愿习斜纹者听。

一、本所教授织类如下表：

（一）纹斜；（二）仁布；（三）桂花纹；（四）人字纹；（五）汉纹；（六）回字纹；（七）芝麻点花纹；（八）长连山峰纹；（九）风吹水浪纹；（十）敷布；（十一）八卦纹；（十二）毛巾；（十三）排水纹；（十四）白果纹；（十五）梅花纹；（十六）秋罗纹；（十七）新式柳条；（十八）白压布；（十九）蚁口布；（二十）平纹柳条。

一、本所教授染色如下表：

（一）漂白法；（二）茶青；（三）葱绿；（四）深红蓝；（五）银红；（六）杏黄；（七）青莲；（八）桃红；（九）朱红；（十）毛乌；（十一）鼠灰。

一、凡传习学生，须将姓名、籍贯、年岁、住所，注明填册。

一、凡传习学生，均须有的确之殷实绅商保送。

一、凡传习学生，自备伙□。

一、男工学生三个月毕业，收学费六元。如愿八个月毕业者，悉照女工之例。

一、女工学生八个月毕业，免收学费，初学三月，每日给工资半毫，三月以下至毕业日，给工资一毫。如愿缴学费六元者，悉照男工之例。

一、各学生每名，先缴机价八元，代购机一架，毕业后由学生带回自用。

一、各学生毕业后，或愿留堂，或领纱自织，或自买纱织，悉听其便。

一、本所教授时间，上午自八点钟起，至十二点止；下午自二点钟起，至五点止。

一、本所招收学生不限额数。

一、本所另有规则专条，苟有违犯，即令退学。

髻山产茶之良

◇大埔双髻山，高大而荒芜。前岁崧里何小洪君，兴种茶种数千百株，现年收茶三百余斤，较之去岁，增加二倍有奇。其味之厚，泡出寻常。将来茶林畅茂，获利可卜不赀。

兴宁复起核疫症

◇兴宁地方，查自壬寅传染鼠疫核症后，连年来，该症尚未消灭。兹悉该地自入春来，复发此症，南庙现已蔓延，患者多难治。兹将汕巡警总局送来由省传抄方，名为治核良方，录供采择，其方如左：正麝香三钱、陈皮五钱、大黄五钱、五倍子二两、麻黄五钱、红黄五钱、朱砂五钱、红大戟一两、半夏五钱、紫苏五钱、羽箭鬼五钱、苍术五钱、细莘五钱、木香五钱、香付五钱、丹参五钱、星麻五钱、川岛五钱、山豆根五钱、滑石五钱、银花五钱、桔梗五钱、藿香五钱、山菇二两、续随子二两。右选上等君臣药二十五味，共为极末，此散切勿误食！

此散专治起核急症，无论起在何处与及阴阳等症，用圣水开搽患处。若遇无形质可见，但见肚痛、喉痛、头晕、身热、抽搐等类，用圣水开搽鼻脚，及搽通身骨节，均能立刻见效。更用红铜钱周身刮沙，用手箝眉心，使毒气尽出，其效更神。此是屡试屡验，切勿轻视为要。散内有麝香，孕妇切切勿闻勿用！惟羽箭鬼一味，实与鬼羽箭不同，切勿误用为要。

大清宣统元年己酉三月十九日　公历一千九百零九年五月八号

责革吸烟之巡勇

◇兴宁茹大令，昨九日特到内羁处查犯，适遇一看守犯房巡勇方某，在所仍卧榻吸鸦片烟，走避不及。大令不胜震怒，喝令即将该勇提堂，重笞二百，枷号发出头门示众，并饬王巡长随将勇名开除。

禀究飞尸之烂匪

◇大埔崧里明德学堂，横遭飞尸混赖，事见前报。当时校长投报，胡大令只出差勇八名，粉饰了事。刻新校长蓝绅家杰，复禀催胡大令密拿烂匪，以警顽恶云。

示期考验学生

◇嘉应邹牧伯于本月十四日悬牌示谓：

为示期考验事：照得东山初级师范学堂，上年改办完全科，经二学期，迭次招考生徒，缺额尚多。昨据各县堡学生，陆续到堂报名，自应汇同考试，合行牌示。为此示，仰该学生等即便知照，届期齐集，听候本州诣堂，督同堂员试验，毋稍迟误，切切！特示。

批准免捐松竹

◇嘉应锦洲堡东溪学堂拦抽三乡出水松柴竹木捐一案，闻现奉督宪批准豁免，并将东溪学堂校长革退云。

良耶歹耶

◇嘉应驻扎东路巡防勇，于日昨在半坑乡，拿带林阿发一名送案，谓系劫齐州寺及谭公庙之匪。而林阿发称伊在田中耕种，因平日与熊姓不睦，故被勇拿等语，当经邹牧伯刑讯，林阿发尚未供认行劫。

拿获挖冢匪

◇西扬堡某甲，洋客也，于日前身故，有金玉等物殉葬。被盗侦知，即于葬后掘挖，盗取棺内金玉。嗣经某甲家人探悉，拿获郭某一名，日昨解送州署。邹牧伯提讯，既供认盗挖不讳云。

被押上控之呈批

◇兴宁城内陈森南，近与饶某等再争祖尝店业，控由茹大令，于上月传集两造堂讯，大令遽将该铺业断归饶有，而陈不遵，被押不休，随赴州上控。近悉已奉邹牧伯批示：府馆前店底，果系该监生等□祖于嘉庆年间，向饶姓顶受。既因涉讼，经滕前县集讯断结，饬照旧约，换给三联契纸。何以该县覆讯，竟将该铺断归饶姓，甚因该监生不肯遵断，遽将该监生看管？词不抄呈县讯供判，虚实无凭查核。仰兴宁县迅即覆讯案内□质人等，验契讯明，分别究断结报，无任押延。

拐匪骗客迫殴毙命之惨闻

◇本埠洽德兴猪仔馆姚紫东，本拐匪也。日前有自暹回来之蒲四喜，姚与相值，知为可欺，遂骗至馆内，初以酒食相待，继则酣言相交，谓日里工价，近益增高，愿一劝驾。殊蒲甲此时，知落牢笼，终不肯从。姚无如何，遂恐吓之。恐吓之不可，复毒殴之，当受伤甚重，遭其驱逐。即投警局诉冤，经验明伤痕数处，着自调治。殊延至昨十六日，竟以暗伤吐血盈碗而毙。闻现已由鮀浦司转详澄海县，前来相验，则此案当有究办之日矣。

大清宣统元年己酉三月廿一日　公历一千九百零九年五月十号

劝同胞捐助卫生社之小启

◇嘉应卫生社员黄干，近为卫生社作劝捐小启云：耗矣哀哉！吾嘉应岌岌乎其危哉！迩年来疫疾流行，遍乎全州。沾疫毙者，年甚一年。若不亟筹善法而预防之，吾恐数十万之同胞，不及百年将澌灭以尽，如美洲之红种，亦不可得矣。言危及此，辄为之不寒而栗也。嘉应自疫疾发生以来，绅、商、学各界，能讲求平时卫生之政，先事预防之策者，寥若晨星焉。疫疾之事，多说为固然者，岂不可怪耶？故疫疾一发，如疾风一卷枯叶，所至辄靡矣。蚩蚩者氓，漫无知识，则归咎于苍天之不仁，拜佛祈神，醵金礼醮，以为可驱疫疠，而登寿域，徒耗金钱，其愚孰甚！去年同人等，痛愚民之无知，悯同胞之疾苦，邀集同志，筹办卫生社，欲以人力，鏖战天行，先醵金数百，汇至日本，买回预防液，注射同胞，以救燃眉之急，以尽蚁驼一粒之意。其余卫生诸要政，拟款项稍裕，即次第举行。开办以来，成效略见，然限款项，不能扩充，虽得少数同胞捐助，亦杯水舆薪，无济于事。愿吾嘉应同胞，发大慈大悲之心，慨然捐助，赞成斯举，兴办卫生诸要政，将疫疠之源，一举而空之，造吾嘉应莫大之幸福，则嘉应同胞幸甚。非然者，恐吾轰轰烈烈之同胞，将步红种之后尘，吾如火如荼之嘉应，将成荒凉寂寞之地。呜呼！同胞！同胞！当不以吾言为河汉也。

调查土药之来函

◇昨据友人来函云：调查各省今年土药减少情形，云贵、河南、山西、山东、江苏、安徽、黑龙江、奉天、直隶、湖北，均于今春将土苗拔除净尽，陕西亦有几府拔除，上宪已经出示禁种。四川今年约种一半，有数府土苗坏去甚多，约收三四成云，以致旧货皆欲存留，不愿出售。近来川中，纷纷报涨，自十四两，涨至十九两、二十两矣。上海川土，自二十八两，现涨至三十三两矣。皆由东三省、直隶、河南、山东、烟台各商，知本土拔苗，各货缺少，皆到沪收买云土、陕土，不下千数百箱。陕、云各土价，前只二十九两余，现已涨至三十四两余，亦无货可买，均被搜罗净尽。徐州土，日前价仅三十三两，现涨至三十七两矣，货亦缺少。近日北边客，又到汉口、九江、芜湖，收买川土数百箱，由火车运往奉天等处；现又托镇江帮，在上海收买装去不少。查沪上云、陕各土，皆已卖空；川土亦仅存数百箱，亦易售完。苏杭各乡镇，存底货甚缺，一经报涨，纷纷来沪购买，连日销路大好，人心大为转机。因本土各货皆无，只有川土数百箱，何能接济？将来必食洋土，是以各处人心，皆看大土将来可望涨至一千两云。因各省罂粟拔苗，无新货可以接济，势必趋食洋土，销路必可畅旺故也。川中底货不多，恐一日禁种，有绝粮之虞，是以咸欲待价而沽，或留为自用耳。此系近日调查情形，请登贵报可也。

争地挑衅之野蛮

◇兴宁罗廷枢筑造房屋，因堵塞朱炜昆家族义冢，各恃子弟人多，均出械挑衅，意图互斗。幸被巡警局闻悉，即派巡士驰往弹阻，乃止。嗣经两造到县传呈喊报，当经茹大令提供，以两造动辄械斗，洵属野蛮，令各约束子弟，不准滋事。随将两造交差，于本月十四日减从轻舆诣勘云。

何至平空指奸

◇嘉应张云官，以平空指奸等情，赴州具呈。奉邹牧伯批：该民张振铭之子齐文，果与李梁氏无苟且之行，李亚海等何至平空指奸拉杀，致伤颅门等处？殴伤既未请验，显有不尽不实。应候照案催差，速传两造，讯明确情，分别究断。

□□□□□刁告

◇兴宁蓝记祥，前控蓝金□围杀炮毙等情，业经茹明府诣验拘凶在案。近悉该凶惧罪，不敢赴诉，竟使妇女蓝熊氏、蓝陈氏两人出头，昨卯赴诉。明府将呈阅毕，喝将该妇各责掌颊四十，以为恃妇出头刁告者戒，并将原呈掷还该妇矣。

宽释诬告掳禁者

◇兴宁林顺生，前赴县呈报伊弟被张万记掳禁情事，当经茹大令提讯，因词出一面，恐难取信，将林交差带候，谕饬巡警局查覆。兹悉巡警查覆，事殊诬掳，昨经大令收呈毕，随堂提出林顺生覆讯，林即递悔，大令判以林姓诬告掳禁，本应究坐，惟念已递悔结，姑从宽交保发落云。

提释拐犯

◇兴宁茹明府，已奉上宪札饬，清理监羁。近悉所有收押日久之轻罪犯人，肯准保释。日昨闻据看役禀报，内羁押犯朱林玉、曾兰凤两名，患病沉危等情。明府据禀，即检察控卷，查悉该犯虽被控拐，迭讯无确切证据，于本十三卯收呈后，随堂提出该犯，交保递结，领回约束矣。

枷责淫徒

◇兴宁县民余某乙，因奸通李姓妇被获，李乃掩丑讳饰，以为诱拐妇女，将余捆送，交维新局转解到县。昨由茹大令提讯，廉得本案真情，当判余虽非拐带，但奸淫妇女是实，亟应枷责一个月示儆，俟限满覆提发落云。

不知何故致毙死尸

◇兴宁城北约里许，有土名青岸塘，该处荒郊，数日忽有死尸一具，右手已被砍断，似因伤致毙者。不知为何许人，因何故致毙，曝露数天，无人认领。附近居民，往来避道，无敢掩埋。昨经该处村人，唤由地保看明，禀官准饬押埋矣。

大清宣统元年己酉三月廿三日　公历一千九百零九年五月十二号

续长乐官立小学之禀批

◇再前奉饬缮造各项表册，谨遵照程序，自三十三年下学期起，作为一次报告，连同本年上学期第二次报告，统共二十二册，随文禀缴。其三十三年上学期以前员生进退、经费出入各项，县中均有成案可稽，拟请邀免重造，以省繁牍，合并声明。现奉提学司批：禀册均悉，详阅该堂校长所陈历办情形，尚属实在，其整顿一切，亦规画合宜。至甲班拟办毕业，查成绩表，第四学年分数未开，第八学期教授细目表，亦未经缴到，应俟该两种表册，缴齐详核后，再行酌夺。又现在学部给奖，年限綦严，必须学期满足，方能核准。该校已满四年生李自箴等五名，查历届表册禀报有名。由觉民学堂转入学生钟自强一名，乙巳年该校详报有案，均系年限无欠。此外曾宪辉、缪凌欧二名，乙巳年原校名册，未列其姓名，当与插班三年生叶类春等五名，及转学凑满三年插班生张焕谋等五名，再展一年，方行毕业，不能通融办理，致将来请奖，反遭部驳。至所缴各项表簿，复核第六、第七学期报告册表簿八种，填注均尚明晰，经费表亦合式，应由县查明核销。惟合计不敷之数尚巨，亟应由县设法筹拨的款，以为持久之计。毕业生教授程度，及历年成绩表课程，大致不差，但三年生与四年生相较，功课成绩，究少一年，未便同办毕业。教授细目表，先核札知。三十三年上学期以前该校各项事件，虽报县有案，仍应禀明司署，以备查核，即补缴各种简表，毋许延漏，仰该县转饬遵照。此缴。册存。

接办缉捕经费委员将来矣

◇潮嘉缉捕经费，早有委卸任丰顺县张小平大令接办，嗣又有商人禀请仍归商办各节，屡登本报。兹闻有接省函者，述云：上宪以着张大令办理为是，现已札委早日到差，闻于月杪转初，即可来汕云。

劝学员之冲突

◇嘉应大立堡劝学员廖某，与龙文堡劝学员卜某，本师弟也。日昨不知因何事故，在水车大龙学堂，互相嘈闹，几至互殴。旋经该处绅耆排解，并为调停，始未再行滋闹云。

买永山场应有契据

◇嘉应钟应亨，以买永山场等情，赴州具呈。奉邹牧伯批：土名鸦髻嶂山场，果为该监生永买之业，必有契据为凭。既于同治七年及光绪八年，呈请彭、李两前州出示有案，即着粘抄示稿，检同印契，呈候核明，批示遵照。绘图、保领姑附。

种植官荒山场应候勘明核办

◇嘉应钟绍先，以种植官山事，赴州呈请出示。奉邹牧伯批：土名坜坭坑、呵史岗一带山场，既系俱是官荒，自应遵照垦荒章程，取具甘保各结，呈候勘明，听候核明给照，方准垦种。现呈以本年正月，将该处荒山，遍植松木，核与定章不符，所请出示之处，未便照准。仰即取具甘结，用官定弓步，推段数宽长，绘图注说，另行呈候勘明，再行核办，并饬知之。

天行痘之盛行

◇嘉应龙牙堡内，迩来幼孩发天行痘者綦多，患此症者，往往数日之间，即致毙命。闻该堡附近人云，该堡幼孩因此丧命者，近既有五六十人矣。

拐案仍俟集讯发落

◇兴宁罗俊煌前呈控潘亚佛拐卖婢女各节，业由前县集讯，将潘收押。

嗣经茹大令票差查起，罗因久未带案，一再呈催。近奉大令批：案经饬据承差禀复，奉票协同州差，往起婢女添才。询据侯贞华声称，伊凭媒林谢氏，买得罗玉泉婢女一口，经崇丰兴兑银，罗玉泉立有卖字据，买卖明白，不肯交出，以致无从带案。查罗玉泉与该职嫡堂兄弟，共住一室，该职控拐，多有不尽等情，是以批饬传罗玉泉讯办在案。据呈前情，饶刘氏迭向寻闹，固属藐法，而该职控拐不实，亦有不合。着赶紧邀同罗玉泉到案，据实禀明，提集究结发落可也。

大河流尸之可骇

◇嘉应南门外大河中，于本月十七日下午，流下死尸一具，仰而肿胀，惟不见其首。观者谓系无头死尸，未知何处流出，无人取埋，将葬江鱼腹中矣。

大清宣统元年己酉三月廿四日　公历一千九百零九年五月十三号

记藉官撞骗事

◇平远林钦淑，二日前以建筑遗税被控，为县署所押，后林由某城守处，用数百金，卒以了事，已出押矣。讵近日县令通禀批遵，复勒原保交押甚紧。林钦淑三父子，始知被某城守撞骗，大出怨言。此事为王大令所闻，刻经大张告示，严防撞骗，盖有所指也。

产土区只潮属饶平等县

◇粤省禁烟禁种情形，及销烟数目，前经奉准部咨，饬即覆加确查，以便核实递减办法，迭纪本报。现闻此事业经大宪逐覆查明，详晰列表册报，计除本年未经截算呈报外，去年一年内销售鸦片，共九百二十七万二千七百二十五两。其产土之区，只潮属饶平等县，业已一律禁种。吸烟人数，约四十七万余人，已戒者三万余人。此外一切查禁，及官员戒烟发给牌照情形，均已详列具报，以期详确，而筹逐渐严禁地步云。

控媳私逃之呈批

◇嘉应刘李氏，以媳私逃等情，一再赴州呈控。现奉邹牧伯批谓：昨据李壬生等，以伊侄女传姐，因氏子刘荣官往番，被刘官秀等唆母迫嫁，经伊于十一月二十六日，托李龙喜夫妇送落轮船，交该氏族人刘焕元带往，已于上年腊底到店等情，具诉前来。核与该氏所控情节，大相径庭，究竟其中如何实情，案已饬差传讯，应候催差速传集案，讯明确情，分别核断。

大清宣统元年己酉三月廿五日　公历一千九百零九年五月十四号

长陆廖庄械斗

◇长乐留砂约廖姓与陆丰上砂庄姓械斗，已经多日，该处有董教士禀请上宪派兵弹压。其禀云：

为禀明事：长乐留砂约廖姓与陆丰庄姓械斗，至今三月之久，致毙廖姓四命，庄姓一命，两姓被伤者三十余名。该两姓教民，各遵教士之命，不敢帮斗，奈两姓均有侵害教民之意。廖姓教民均有各自守平安，独亏近堂杂姓教民，并庄姓三百余口，各有被害。始则甘姓教民耕牛，被廖姓牵去六头，教士亲至放回。次则蔡姓教民岭山松杉，被廖姓焚烧约银五百元之度。三则蔡亚聘之媳陈氏、张亚贤之媳廖氏、甘亚周之媳庄氏、温如龙之妻古氏，往山采薪，概被廖姓赶逐。四则廖姓每次捕掳上山教民，幸窥觉，免遭毒手。兹上山教民出入无人，聊生无地，势必坐视田园荒芜，束手待毙而已。惟渴望上宪派大军弹压止斗，教民方可得安。如不派大军，教士实难传教之任，将来教民被害无穷矣。又闻本月十一日，有该处居民徐锡慈、李先章、吴云辉、宋具汉等十六人，将两姓械斗实情，联名赴县递具公呈，大意谓两姓挟仇，彼此互相捕捉，至掳掠妇女，两姓并无此事。惟廖人少，越境寻杀无；庄人众，越境寻杀多。董教士禀长乐上山大乱，其中所禀，俱属子虚云云。

闻有西人赴厦查矿产者

◇日前有英人罗君，自香港搭轮来汕，将以赴厦，藉资游历，当曾登岸到某号小坐，据述如此。昨复自厦返港，道再经汕，仍复找某号。谈次之间，始悉厦门之行，乃为调查矿产计。是君闻能操中国客音、闽音。在南洋吉隆埠，经营锡矿有年，挟赀颇厚，乃不惮远来内地调查。岂亦久闻中国之矿向未开采，故垂涎及之乎？

喊报嫂逼夫弟毙命案

◇兴宁县民邱彝良，因邱李氏闹分家产，威逼夫弟缢毙，邀请族绅，将该凶妇捆获，并同尸妻某氏赴县报案。闻途抵新陂地方，被凶妇外氏李树荣，将该凶妇夺脱，并掳匿尸妇等情。昨十七日，到县传呈喊报，茹大令当据报提案讯供，即饬递结收候，未识如何□□□□□□。

师范学堂请假一星期

◇嘉应东山师范学堂，本月十八日，有一学生林某忽得急病，头痛发热，该堂堂员为之延医诊治，药石罔效，旋即毙命。其同房之某乙又患疾归家，兼之堂中近日亦有死鼠出现，全堂学生，纷纷请假。该堂张监督，爰具禀管学官，请放假一星期。

挟嫌被殴

◇大埔同仁甲五斗背邱阿朝、邱阿初，本初□□□□阿初即买物，交该妇寄彼舅母，罗某甲见之，疑彼有私，擒着重殴。

案犯复获

◇大埔湖乡罗娘应癸卯冬因盗案，被蓝族拿获送县，经查前令羁禁在案。丙午年，因差役失慎逃走。本月十五晚，为张巡长镇邦在湖市罗显东烟馆缉获，遂即送县究办。

大清宣统元年己酉三月廿六日　公历一千九百零九年五月十五号

兴宁令勒闭私塾之榜示

◇兴宁茹大令，前因派出各区劝学员禀报，查得各乡不遵改良，混设私塾之塾师多名，前纪本报。兹悉大令除票差前往按处勒令闭塾外，昨特悬榜示通衢，俾众周知，其文略谓：照得改良私塾，为教育普及之预备，实目前办学之要图。县属私塾林立，流品不分，不特未谙教育并无文凭之人不准混行设塾，即经考取未能遵章改良力图进步者，亦应严行淘汰，俾免误人子弟。业经出示严禁，并谕各区劝学员周历调查去后。兹据南区劝学员罗绮文、东区劝学员张鹗、北区劝学员李瞻韩，先后调查得各乡私塾不知振作者，各若干间，列单禀请勒令闭塾，分别追凭，以期惩一儆百前来。除均批揭示，并票差勒令各私塾即日闭塾，及将各塾学生送入附近学堂肄业外，查各私塾师，多系嗜利无耻之徒，诚恐阳奉阴违，尤复易地设立，应将已令闭塾之塾师姓名，榜示通衢，俾众周知，合行出示晓谕。为此示，谕阖属绅商士庶等一体知照，嗣后尔等不得省费，再将子弟送入私塾，荒废学业。所有后开有名塾师，已票差勒令闭塾。其张佩铭一名，并饬追缴文凭，不准易地复设，误人子弟。倘敢故违，一经访闻，或被告发，定即拘案究罚。本县为维持学校振兴教育起见，断不容腐败者滥竽其间也，其各凛遵勿违！特示。

殴灭重案三载未结述闻

◇嘉应州长滩堡刘芳粦妻被潘姓殴灭一案，控经三载，刘经赴省上控。上月十外，札文到州，刘复具呈原控在押之工书潘健臣，为某房杨次山所保者。邹牧伯着将潘交出，而潘已匿，因勒杨限交。又批刘呈云：潘健臣匿不到案，显系情虚惧究，候饬差拘传质讯究办云。

严惩擅埋死尸之地保

◇兴宁锦洞堡内地余西斗，因悉何顺郎呈报，伊妾往石马探视，被罗松古拦回，奸毙匿尸等情，报由茹大令谕局查覆。昨十八卯，该地保竟将当日掩埋该尸情形，及攻讦何顺郎为藉尸讹诈情事，赴县具禀。大令阅毕，大怒，即将该地保痛答五百，当判以余西斗身充保役，地方遇有死尸，并不到官报明，遽自擅埋，无论所禀有无扛祖，应答责五百板，以示惩儆云。

兴宁县卯呈减少之原因

◇兴宁茹明府莅任以来，因见每卯所收呈词太多，知宁人好讼所致。近闻明府欲民无讼，除命盗重情，据报即问供批判外，所收卯期呈件，寻常控案，一概停批。现卯呈已递两月之久，尚未批发者有之。好讼之家，因而暂止。昨卯递呈者寥寥无几，故渐见减少云。

邓谢命案余闻

◇大埔高坡桃源乡邓谢命案，去岁经胡令劝谕了结在案。讵料谢四知分偿命银不遂，本十五日，在白堠司署禀控谢阿尤私和命案。白堠司即行出拘票，拘谢阿尤。

大埔之劝学所

◇大埔劝学所，此次奉财政局饬查各校经费，并由所转饬各校按月报告。现在劝学所备造表张，分给各校，每月必须补回工费一角五分，以资津贴，即□□□□。

禀控抗缴学费

◇嘉应桃源堡张氏族立学堂，前经拨定既立案之款，如寺产、树捐等项，被该堡张子良、张振舜等，从中把持。今日竟出头阻抗，以致迭起风潮。该学堂董事等，既于日昨赴州禀控，但未知邹牧伯如何批示也。

焚烧窝藏妇女之店铺

◇嘉应罗衣堡胡某甲，在该村内开设一店，素惯窝藏妇女。日昨该村田某乙，带陈姓妇女，在该店奸宿，被陈姓人等察觉，呼唤多人，将野鸳鸯双双捉获，后以罚钱释放。旋陈姓人等，将胡某店屋，付之一炬云。

诉控毁拆之呈批

◇嘉应刘发荣，因杨建章控其毁拆掠取，特赴州具诉。奉邹牧伯批：此案前据林选臣等，以杨□□□□□□□□□□□□□案，嗣据杨建章以林选臣等不候差查，主使林荣秀、刘开华等，将伊门框窗石破碎，乘机掠取衣物等情，呈请诣勘，又经批准饬传勘断在案。如果该民十世祖毓坤坟穴，实有被杨建章斩骑架造情事，何以不先来州呈报，而遽纠众毁拆？揆核情词，恐未尽实。究竟两造控诉各情，谁实谁虚？候即饬传两造，诣勘明确，集讯究断。摹碑绘图并保领均附。

大清宣统元年己酉三月廿八日　公历一千九百零九年五月十七号

嘉应调查所会议划区

◇嘉应选举调查事务所，近日遍发传单，订定本月二十七日，下午第三时开会，集议划区，及指定投票所、开票所等事。请各调查员等，踊跃贲临云。

开辟地利事可照行

◇嘉应龙文堡侯履权，以种植松杉等情，赴州具呈。奉批：土名龙文堡南山下荒田，果系该监生祖遗契业，执有印契为凭，种植松杉，系为开辟地利起见，事可照行。惟该处荒田是否尽止该监生一姓田业，抑另有他姓在内，所荒田亩围宽共有若干弓步，呈词绘图，概未声注，无凭查核。着即粘连印契粮串，绘图注明弓步，另行呈候，核明批示。

诣验命案

◇兴宁邱彝良，前赴县呈报邱李氏逼缢夫弟毙命各情，已纪前报。兹悉茹大令以案关人命，覆提具报人，讯得确供取结。昨二十日辰刻，减从轻舆，带领刑件前往尸所相验，并另票拘凶，查起被掳尸妇，带案讯明，分别办理云。

条陈甄别塾师之批示

◇兴宁东区劝学员附生张鹗，因见该区内村乡私塾林立，查无凭塾师，方圆改良进步者不少，而已经考取仍极形腐败者，尚不乏人。特陈条议甄别塾师办法三条，禀请茹明府。批：察核所议甄别私塾办法之条，系就现在地方情形，变通办理，于强迫改良之中，仍寓委曲成全之意。所见甚是，应准照行。仰仍认真随时调查报告，并候谕饬各区一体遵照可也。

景宪学堂缴回钤记

◇嘉应荷田堡黄氏景宪学堂，上年由黄君荫槐倡办，业经请给钤记领用。本年因乏款项，无人办事，邹牧伯催缴造报正等月收支清册，甚为紧促。黄君爰于日昨，将该学堂钤记缴回州署。

续控诱拐之呈批

◇嘉应伍叶氏，以夫弟之妻被梁阿元诱拐等情，再赴州呈控。奉邹牧伯批：昨据梁广达以佢侄阿元之妻李氏，系雁洋堡叶芸秀出退之妻，并非该氏夫弟之妻等情，具诉前来。业批邀同叶芸秀，并携李氏赴案听审在词。究竟两造控诉各情，谁实谁虚？案已催差起拘，梁广达现已投到。候即催差，刻速交传集案，讯明确情，分别究办。

大清宣统元年己酉三月廿九日　公历一千九百零九年五月十八号

晓谕洋商得有选举权

◇嘉应邹牧伯，于本月廿三日出示谓：

为出示晓谕事：现据初选监督赵文彬面称，据调查事务所萧绅莃等、司选员张承皋声称，奉处宪来函云：三月初六日奉宪政编查馆电复："粤闻营业外洋，愿回籍有选举者，应□变通入册投票，以示招来"等因。现在距名册告成之日甚迫，势难再行调查。若不调查，则各堡人在外洋有货产，已回籍未入册者尚多。顷与所长等商酌,拟变通办法,禀请州尊,将此情由,出示张贴三十六堡,使调查员若查得有合此项资格者,即来禀补。又或由本人,请调查员书明"经查访得实"字样,附禀请补。又奉处宪覆函云:同家兄弟,共有五千元以上之资产,兄既有他项资格者,得以其财产资格,移诸其弟,但须以年满二十五岁以上,不犯剥夺选举权者为限各等由。准此,查调查选举一事,先经分谕员绅调查,已据各堡调查员,陆续将名册缴回,自应变通办理,仍由各调查员,分别查明补禀,合行出示晓谕。为此示,谕各堡绅商人等知悉:如有合前项资格者,准由本人开列资格,自请调查员覆查,禀请补入名册。限四月初六日止截,毋稍逾延,切速!特示。

是否受贿庇匿

◇兴宁县钟石氏,赴约控告局绅曾寿南。现奉邹牧伯批谓:钟庚生既为氏子钟光耀在土名放坑水地方扭获,局绅曾寿南等,何得一并押入升平局内?甚至该氏报县,饬派差勇提解,复敢受贿庇匿,控如非虚,寿实属貌法。既经该县将曾寿南拘押勒交,仰兴宁县迅即勒限曾寿南,速将钟庚生交案。传同该氏及应质人等,讯明确情,分别详办。如再抗延,即行详革并究,切切!粘抄并发。

贼匪刺毙线工

◇兴宁县曾阿潘,在州游府衙署,充当线工。日昨邹牧伯派差,会同游府所派营勇,前往松源围捕贼匪,并无拿获。本月廿二日,曾阿潘反被匪徒赚在僻处,用刀刺伤,肠既流出,扒回该差勇处,始行毙命。

警局薄惩小窃

◇嘉应城内梅州高等小学堂,日昨傍晚,有小窃潜入堂中房内,经觉拿获,送巡警局。任巡佐以该盗未窃获赃,爰加以鞭挞,以示薄惩,然后交保释放矣。

何必指奸为盗

◇嘉应小乍堡林某甲,与三坑乡饶某氏,素有私通。某夜林竟敢潜入饶姓屋内奸宿,被该屋人知觉,当经捉获,送交巡警局,谓系夜盗。任警佐询明实非夜盗,爰并将饶某乙留住,拟并解送州署质讯。饶某乙惧反坐,求勿送官。任巡佐爰将二人一并释放。

十、宣统二年（1910）

大清宣统二年庚戌九月廿六日　公历一千九百一十年十月二十八号

种植公司请钤之禀批

◇大埔洲田乡刘召元，开设种植公司，缴章程、地图、股分、会长衔名，由县转禀劝□道。现奉批云：集股种植，领垦荒地，具见热心公益。惟承领山场，究竟官荒粮荒，未勘丈清楚，但称甫经筹设，暂予通融，姑准先立案试办。俟稍获利，赶紧丈量，划分界限，按恳章酌定升科。至章程，大致不错，惟其中字义，应饬更正。至给钤，应候订正禀缴，再行核办云。

纵火焚毙人命

嘉应隆文堡李某氏，初与李某甲通，后竟作为夫妇，而偕往松口墟住焉。既阅数年，日前乃偕回家。李姓人等，实不能容，某甲见机逃去。某氏被该族人，捆而置之积薪之上，纵火而焚毙之。其外氏，乃赴州呈报。章牧伯拟于廿四日，前往勘验云。

禀请毕业之批回

◇大埔官高等乙班本班插班生，由胡令禀请毕业。现奉学宪批谓：该堂本班饶朝鼎十名，各科教授虽完，而报告表，只缴戊申、己酉两年，余尚阙如，学历完否，无从得知，应照补缴，再予汇核。插班童永年十二名，有原校系高等预科者，有原校系初等者，有原校无表可查者。现缴表内所开各校年期分数，概不作算，应按该生入堂日起计，尚短若干学期，务须补完，方能毕业云。

履勘五星桥案

◇嘉应松口、隆文两堡交界之五星桥，日久倾圮，近拟修复。隆文李姓，欲移于下面，梅教童姓人等不允，彼此涉讼，曾登本报。迩来仍复争执，将滋事端。章牧伯定于廿四日前往履勘，以凭核断云。

朋比跟丁挟妓之被斥

◇兴宁城内司前街罗某甲，伊父遗业颇丰，因留连风月，不数年间，家赀荡尽。昨朋交县署跟丁郭某甲，往来情谊甚浃，无以为欢，复常招妓侑酒。事为茹大令闻悉，特饬差传罗入署申斥，并将郭某严行惩究云。

互相殴伤之处息

◇嘉应下市张联盛、时利和等，与该处林姓，于本十九晚，因口角起衅，互相殴打，均未受伤。翌日，经绅士调处，以串炮了事。岂二十晚，因烧放串炮，彼此复打。时两家之人益众，各持木棍等项，当街斗殴，均各殴伤数人，张姓受伤较重。嗣复由和事老人调停，令林姓出酒席赔罪。闻两家遵办清楚矣。

十一、后记

十一、后记

本书是我们承担的《广东华侨史》编修工程、广东省哲学社会科学"十二五"规划2013年度特别委托项目《梅州侨乡资料收集与整理》（编号：GD13TW01-24）的结项成果。同时也是我们承担的广东省普通高校人文社会科学省市共建重点研究基地嘉应学院客家研究院2012年度招标课题"粤东北民间文献与近代客家侨乡社会变迁研究"（编号：12KYKT01）、2016年度中央支持地方高校发展资金专项项目"客家华人华侨（梅州）与海上丝绸之路研究创新团队建设"和2017年度嘉应学院省市共建重点项目"客家华人华侨(梅州)与21世纪海上丝绸之路研究"的阶段性成果。

十六年前，当我还在中山大学求学时，便看到不少师友在利用当时非常罕见的《岭东日报》资料写文章，特别是听说办报人主要还是梅州客家人，因而非常期望能一见真容。后来为写学位论文，特意去了《岭东日报》的主要收藏地汕头市档案馆，得以查阅《岭东日报》全档。其中《潮嘉新闻》栏目所刊登的地方新闻，详细记录了1902—1910年间粤东地方社会的发展与变化，是研究近代粤东社会变迁不可多得的好材料，非常希望有朝一日能整理出来。

六年前，我们承担相关课题而得到相当经费资助，因而有机会和条件组织有兴趣的学生和研究助理对《岭东日报》中的《潮嘉新闻》进行录入和整理。先后参与这项工作的同学，有我校历史学专业2011级的黄惠莹、李森楷、郑彦霞，2012级的林婷、魏媚、苏仪、黄颖渝、吴静霞，2013级的陈璇、冯静雯，2015级的邓炜霖、叶发体，以及我院与南昌大学联合培养的专门史专业客家文化方向硕士研究生田璐、许颖、钟敏丽、宋心梅。我们先后录入所找到的《潮嘉新闻》共150多万字，这次选编的只是其中与研究课题关系较密切的部分内容。我们既把这项工作作为研究项目来做，更把它作为培养学生的工作来做，训练学生句读、标点、解读等基本功，成效显著。尤其是钟敏丽、宋心梅等，利用相关资料来完成自己的学位论文。因此本书的出版，既是项目研究的成果，更是科研与教学紧密结合的教学成果。

在本书资料收集与整理过程中，先后得到业师中山大学陈春声教授、刘志伟教授的关心和指导，还得到暨南大学华人华侨研究院张应龙教授、五邑大学中国侨乡研究中心张国雄教授、中山大学亚太研究院袁丁教授，韩山师范学院潮学研究院黄挺教授、文学院吴榕青教授等的关心和大力支持。特别是黄挺教授，还希望我们能把潮汕部分也包含进去，但因人手和能力有限，只好割爱了。广东人民出版社的王俊辉、李永新等，为编辑本书付出了辛勤的劳动。汕头市档案馆、广东省立中山图书馆、中山大学历史系图书馆、梅州市剑英图书馆等，为我们收集相关资料提供了便利。《广东华侨史》编修工程领导小组办公室为本书的印刷出版提供了相关费用。在此，谨向以上个人和单位表示衷心感谢！

肖文评

2018年4月30日于嘉园